中華書局

三十歲前的孫中山

翠亨、檀島、香港

1866~1895

黃宇和院士著 時值辛亥革命
一百周年 辛卯年夏 鄧偉雄題

□ 責任編輯：黎耀強

□ 裝幀設計：甄玉瓊　林立偉

三十歲前的孫中山
——翠亨、檀島、香港 1866-1895

□
著者
黃宇和

□
出版
中華書局（香港）有限公司
香港鰂魚涌英皇道 1065 號東達中心 1306 室
電話：（852）2525 0102　傳真：（852）2713 8202
電子郵件：info@chunghwabook.com.hk
網址：http://www.chunghwabook.com.hk

□
發行
香港聯合書刊物流有限公司
香港新界大埔汀麗路 36 號
中華商務印刷大廈 3 字樓
電話：（852）2150 2100　傳真：（852）2407 3062
電子郵件：info@suplogistics.com.hk

□
印刷
陽光印刷製本廠
香港柴灣安業街 3 號 新藝工業大廈 6 樓 G, H 座

□
版次
2011 年 9 月初版
© 2011 中華書局（香港）有限公司

□
規格
特 16 開（240 mm×170 mm）

□
ISBN：978-988-8104-67-3

序 言

　　辛亥百年，筆者一直希望撰寫一本書，以茲紀念。至於題材，則探索孫中山革命思想的來源，最是適合不過。鑑於孫中山嘗言，其走上革命道路，是由於在香港唸書時所受到的影響。[1]

　　首先謹向先後編寫《國父年譜》和《孫中山年譜長編》的前輩們致崇高敬意。他們不辭勞苦，把所有能蒐集到的有關著作集中起來為中山先生編寫日誌，是為不容或缺的工具書，故筆者尊稱其為「正史」。正因為他們走了第一步，筆者才能走第二步，按照他們所提供的線索，尋覓更多的史料和原始檔案，來豐富我們對中山先生的認識，解決一些前人未解決的問題。本書錯漏當然不少，佇候賢達指正。且長江後浪推前浪，學術滾滾向前，期待着後進蓋過。

　　嚴格來說，本書所及時期，「孫中山」這個名字還未產生：本書主人翁乳名「帝象」，十歲開始讀書時村塾老師為其取名「文」，1884年5月26日在翠亨村成親，按照翠亨村慣例而舉行上「字」架儀式時，取字「德明」。1884年5月4日在香港領洗進入耶教（見本書第五章）時取名「日新」，蓋取大學盤銘「苟日新、日日新、又日新」之義。厥後區鳳墀據「日新」二字，為他改號「逸仙」。[2]自此就一直在英語世界自稱「孫逸仙」（Sun Yat Sen），最早的文獻記載是他於香港西醫書院讀書時在測驗試卷上的簽名。至於「孫中山」這名字，全名「中山樵」，而「中山樵」這名字又源自日本人平山周與孫中山在1897年秋於日本最初交往的片段：「總理來京曰：『昨夜熟慮，欲且留日本』。即同車訪犬養〔全名犬養毅〕，歸途過日比谷中山侯爵邸前，投宿寄屋橋外對鶴館，掌櫃不知總理為中國人，出宿泊帖求署名。弟想到中山侯爵門標，乃執筆書〔姓〕中山，未書名；總理忽奪筆自署〔名〕樵。曰：『是中國山樵之意也』。總理號中山，蓋

1　Hong Kong *China Mail*, Wednesday 21 February 1923.

2　羅家倫、黃季陸主編，秦孝儀增訂：《國父年譜》（臺北：中國國民黨中央黨史委員會，1985），上冊，頁34-35，1883年冬條。

源於此。」[3] 由此可知在1897年之前,即本書所及時期,「孫中山」之名還不存在。所以,若本書稱他為「孫中山」,在學術上說不過去。但鑑於海峽兩岸暨海外華裔都已經習慣了稱他為「孫中山」,而在辛亥百年之際,大家掛在口頭的全都是「孫中山」,故筆者決定隨俗,萬望讀者鑑諒。

當初筆者為本書展開研究的時候,原來只計劃探索孫中山在香港所受的教育。經過多年努力,尤其是發掘出孫中山在香港活動的有關細節並進行分析後,突有斷層之感。理由有三:

第一、孫中山於1883年底到達香港時,雖仍不是基督教徒,但早已在夏威夷深受基督教義影響,並隨時准備領洗。終於他在香港接受了喜嘉理牧師(Rev. Charles Robert Hager)施洗了。[4] 至於孫中山在夏威夷是如何受到基督教影響的情節,則沒有涉獵,以致給人一種斷層的感覺。

第二、孫中山到達香港時,已經在夏威夷的意奧蘭尼學校及奧阿厚書院預備學校總共接受了近四年之教育。筆者進一步發覺,該等學校課程內容按照當時英美本土的學制來安排,就像當時香港學校的課程內容模仿英國學制一樣。正因為如此,孫中山到達香港後,馬上能進入拔萃、中央(後來改稱皇仁)等書院讀書,1887年更考進香港西醫學院肄業。准此,竊以為孫中山在夏威夷(當時華僑通稱為檀香山,兩詞在本書中交替使用)和香港的教育是一氣呵成的。可惜孫中山在檀香山讀書的情況,也沒兼顧,以致再一次給人斷層的感覺。於是筆者就決定向檀香山的有關檔案進軍。

第三、把孫中山在檀香山讀書的情況弄清楚後,仍不感滿足,覺得必須把他到達檀香山讀書之前,在翠亨村的童年生活理出個頭緒,以便找出其連貫性。於是又集中精神鑽研這段歷史。結果把孫中山的前半生——從1866年他出生之日到1895年廣州起義失敗後他離開香港之時——共約三十年這自成一個單元的時

3　據《總理年譜長編初稿各方簽註彙編》(中國國民黨中央執行委員會黨史資料編纂委員會編,油印本)。該文是平山周在〈追懷孫中山先生座談會〉上的發言。後來全文收錄在陳固亭編《國父與日本友人》(臺北:幼獅,1977年再版)。後來又轉錄於尚明軒、王學莊、陳崧編《孫中山生平事業追憶錄》(北京:人民出版社,1986),頁528-529。關於筆者對平山周〈追憶〉之考證,見本書第八章。

4　見本書第五章。

光，追蹤發掘出來。準此，本書就命名為《三十歲前的孫中山：翠亨、檀島、香港1866-1895》。

本書經常用「耶教」以涵蓋新教（基督教那數不清的流派）和舊教（天主教），目的是凸顯大家都是信耶穌的教友，絕對不必像過去那樣鬥個你死我活，現在是握手言和甚至携手合作的時候了。君不見，孫中山在澳門行醫時，他租用仁慈堂的物業——在其右鄰的寫字樓——做醫館，是孫中山主要收入來源。而仁慈堂是天主教的慈善機關。孫中山雖然身為新教徒，但與舊教卻無門戶之見，可見胸懷。又本書第七、第八章的部分內容，與拙著《中山先生與英國》第二章的部分內容有相似的地方。事緣陳三井先生力邀筆者撰寫《中山先生與英國》時，筆者已經展開了《三十歲前的孫中山》之研究多時，並一邊研究一邊撰寫底稿。為了節省時間，在撰寫《中山先生與英國》時，就挪用了部分《三十歲前的孫中山》之底稿，敬請讀者留意。

本書蒙香港衛奕信勳爵文物信託贊助部分研究經費，特此致謝。

目　錄

序　言　III

第一章　**辛亥百年：孫中山革命思想來自何方？** 1

第二章　**家世源流：孫中山祖先來自哪裏？** **9**

　　一、導言　10
　　二、總結六十年來關於孫中山祖籍的爭論　22
　　三、進一步探索「紫金說」　24
　　四、進一步探索「東莞說」　65
　　五、孫中山是本地人（廣府人）還是客家人？　77
　　六、結論　91
　　七、四枚計時炸彈　92
　　八、後論　109

第三章　**國學淵源：三字經、千字文、四書五經** **115**

　　一、出身寒微　116
　　二、孫中山的誕生　130
　　三、讀書明理　136
　　四、學以致用　151
　　五、社會學校　155
　　六、人神之間　162
　　七、小結　169

第四章　**檀島西學：英耶？美耶？—— 耶穌** **173**

　　一、導言　174
　　二、1879年孫中山從翠亨村往澳門的交通工具　175
　　三、孫中山是坐葡國船前往檀香山？　179
　　四、通過澳葡文化去了解世界？　184
　　五、為何如此？　188

六、　　鐵樑英風　191

七、　　抵火奴魯魯入學　194

八、　　全英制的意奧蘭尼學校（Iolani School）　198

九、　　為何如此英國氣？　201

十、　　英式寄宿學校　202

十一、孫中山是寄宿生還是走讀生？　208

十二、韋禮士主教的為人　215

十三、學習與生活點滴　218

十四、再談孫中山在意奧蘭尼學校的宗教生活　224

十五、奧阿厚書院預備學校（Oahu College Preparatory School）　226

十六、提出領洗　232

十七、小結　240

第五章　**中學時代：香港拔萃書室及中央書院（今皇仁書院）**．．．**251**

一、　　拔萃書室　252

二、　　孫中山在拔萃讀書有多久？　263

三、　　孫中山就讀之拔萃屬什麼性質？　267

四、　　拔萃書室的課程　271

五、　　孫中山在拔萃的課餘活動　276

六、　　小結　281

七、　　在中央書院讀書前後三年　283

八、　　中央書院的校長、老師、同學　284

九、　　中央書院的學費、統計數字、校舍、出路　287

十、　　中央書院的班級編制、課程安排　293

十一、　英國歷史　296

十二、　劍橋地方試　302

十三、　文學、拉丁文、常識　307

十四、　漢譯英　312

十五、　猜題？選修？　317

十六、　中文部的課程　323

十七、　小結　326

十八、　孫中山領洗進入耶教　326

十九、　孫中山與陸皓東何時領洗？　330

二十、　喜嘉理牧師的背景　336

二十一、喜嘉理對孫中山可能產生的影響　343

二十二、喜嘉理力邀孫中山帶他到翠亨村　349

二十三、孫眉與孫中山決裂　356

二十四、分析兄弟決裂鬧劇對孫中山的影響　360

二十五、「推」、「拉」之間　362

第六章　**大專時代：寓廣州博濟醫院及香港雅麗氏** **373**
　　　　　（拿打素）醫院的兩所西醫書院

一、　廣州博濟醫院　374

二、　香港西醫書院的創立　379

三、　康德黎醫生倡議並孕育了西醫書院　390

四、　倫敦傳道會試圖行醫的歷史　392

五、　孫中山與康德黎的深厚友誼　394

六、　雅麗氏醫院：推離傳道　397

七、　雅麗氏醫院：強人所難　402

八、　基督神掌伸入西醫書院　404

九、　西醫書院：推向革命　406

十、　閱兵典禮所引起的思想震撼　412

十一、西醫書院：改革耶？革命耶？　417

十二、所謂四大寇　420

十三、他想得很多　431

十四、對萬能政府的構思　435

第七章　**澳穗濟世：治病救人莫如治病救國要緊** **443**

一、　導言　444

二、　孫中山創辦了《鏡海叢報》（中文版）？　452

三、　開設中西藥局是為了從事革命？　457

四、　「孫醫館」設在議事亭前地十四號？　464

五、　究竟「孫醫館」曾否存在？　473

六、　孫中山澳門行醫情況　478

七、　為何脫離事實的信息能出現並被廣泛引述？　483

八、　是什麼逼使孫中山離開澳門？　496

九、　用溫和辦法來爭取中國「現代化」　506

十、　行醫目睹「苛政猛於虎」　512

十一、上書李鴻章　520

十二、孫中山見了李鴻章？　528

十三、小結　534

第八章　**廣州起義：出師未捷唯足見大公無私** **537**

一、　籌備起義　538

二、　部署廣州起義　549

三、　採取行動　568

四、　為何「決死隊」沒有按時到達？　570

五、　缺乏經驗　573

六、　為何密謀瓦解？　581

七、　外人的介入　590

八、　敘事排列　593

九、　後話　594

十、　後論：香港為孫中山的革命理論和革命實踐打下基礎　640

十一、總結　646

第九章　**任重道遠：**「同志仍須努力」 **651**

一、任重　652

二、道遠　652

三、總結　676

英漢、葡漢對照表　678

參考資料及書目　688

謝　辭　717

Contents

Preface III

Chapter 1   The Significance of the October 1911 Revolution I

Chapter 2   Was Sun Yatsen of Noble Descent? 9

Chapter 3   Village Education, 1876-1879 115

Chapter 4   Anglo-American Education at Honolulu, 1879-1883 173

Chapter 5   Anglo-American Secondary Education at 251
             Hong Kong, 1883-1886

Chapter 6   Anglo-American Tertiary Education at Canton 373
             and Hong Kong, 1886-1892

Chapter 7   Medical Practice at Macao and Canton, 1892-1894 443

Chapter 8   The Aborted Canton Uprising, 1895 537

Chapter 9   Exploring Macro Issues Through Micro Research 651

Word List 678

Bibliography 688

Acknowledgements 717

第一章

辛亥百年：

孫中山革命思想來自何方？

天下為公

孫文

辛亥百年，舉國慶祝。華人華僑，紛紛紀念。公認的事實是，沒有孫中山就沒有辛亥革命。那麼，孫中山的革命思想來自何方？

孫中山本人曾公開宣稱："Where and how did I get my revolutionary and modern ideas? I got my ideas in this very place; in the Colony of Hong Kong."[1]無論是臺灣出版的《國父全集》還是大陸出版的《孫中山全集》，甚至在網絡上盛傳的版本，都把這句話翻譯如下：「從前人人問我，你的革命思想從何而來？我今直答之：革命思想正乃從香港而來，從香港此一殖民地而來。」[2]與英語原文比較，可知漢語本譯漏了modern ideas——現代化思想。這個錯漏不比一般：革命所為何事？為了現代化！否則光是為了改朝換代，國家落後依舊，則絕對不是革命先烈的意願。編寫《全集》者，皆「正統」史學界的專家，這個錯漏，屬無心之失？若果真如此，則另一個錯漏似乎是有意的。在談到孫中山革命思想來源時，他們都極少提到孫中山這句話，反而提倡另一種說法：即一位逃回翠亨村老家的太平天國老兵啓發了孫中山的革命思想。曾一度被廣泛引用的胡去非編、吳敬恆校：《孫中山先生傳》說孫中山在翠亨村讀書時之村塾：「塾中教師皆洪楊中人，每從容演述洪楊歷史，學童咸為所化。先生秉性靈敏，同學⋯⋯樂與先生遊，稱為洪秀全第二。」[3]據此，畢生致力研究太平天國的簡又文先生又寫道：「先生以洪

---

1 Sun Yatsen's Public Lecture at the University of Hong Kong, *Daily Press*, Hong Kong 21 February 1923, cols. 1-3: at col. 2-3.

2 孫中山：〈革命思想之產生〉，1923年2月20日，載秦孝儀主編：《國父全集》（臺北：近代中國出版社，1989），第三冊，頁323-325。孫中山：〈在香港大學的演說〉，1923年2月19日，載《孫中山全集》，第七卷（北京：中華書局，1985），頁115-117（據上海《國民日報》1923年3月7日〈補記孫先生在港演說全文〉）。為何兩個版本竟然出現不同的演講日期？據筆者考證，應1923年2月19日。見拙著《中山先生與英國》（臺北：學生書局，2005），第七章，頁335-337。至於網絡的版本，見〈孫中山先生1923年香港大學的演說〉全文，www.mnap.com.hk/history/SupMaterials/01/1 ... 2004-6-1。

3 上海：商務印書館，1928，頁2-3。

秀全第二自許，……可見辛亥革命與太平天國乃中國近代革命運動延綿不斷的兩位一體，無瞬刻間斷」。[4]當代的「正統」歷史工作者雖沒像胡去非、簡又文走得那麼遠，但是臺灣出版的《國父年譜》[5]與大陸的翠亨村孫中山紀念館網絡，[6]仍鄭重強調太平天國老兵對孫中山的影響。

為何孫中山與中國史學界之間，竟然出現如此重大分歧？這是本書探討之主題。

所謂「革命與『現代化』思想來自香港」，孫中山所指乃其1883－1886年及1887－1892年這共約十年時光，他在香港讀中學和大專時所受到香港正規教育與潛移默化的影響。此外，孫中山在香港所受到的教育，是他到達香港之前，在夏威夷（當時華僑普遍地泛稱之為檀香山）[7]所受教育（1879－1883）的延續。所以，夏威夷對他的影響，亦不容忽視。又至於他抵達夏威夷之前，在翠亨村的童年生活（1866－1879），對他思想的形成，難道不留絲毫痕蹟？最後，1892年孫中山在香港西醫書院畢業了，三年之後的1895年，就策動了廣州起義。這三年之間究竟又發生了什麼事，而促使他終於走上革命的道路？準此，本書探索的時間，是孫中山的前半生（1866－1895）；空間，就包括翠亨、檀島、香港，以及與近在咫尺的澳門和廣州。至於他在這時間和空間之中，具體受到什麼影響，則除了上述那片言隻字之外，世人至今所知甚少。為何如此？

4　"[T]he Taiping Revolution and the National Revolution of 1911 formed a successive and continued nationalist movement, even in chronological order, without the gap of a single year" — Jen Yu-wen, "The Youth of Dr Sun Yat-sen", *Sun Yat-sen: Two Commemorative Essays* (Hong Kong: University of Hong Kong Centre of Asian Studies, 1977), pp. 1-22: pp. 2-3.

5　羅家倫、黃季陸主編，秦孝儀增訂：《國父年譜》（臺北：中國國民黨中央黨史委員會，1985），第一冊，頁34。

6　http://www.sunyat-sen.org:1980/b5/192.168.0.100/cuiheng/100204.php，2010年3月23日上網。

7　夏威夷群島，原名三文治群島（Sandwich Islands），是英國航海家發現該群島時，用三文治勳爵（Lord Sandwich）之名命名。群島之中的一個島嶼稱夏威夷島，後來就以該島之名稱冠以群島，而改名曰夏威夷群島。同樣地，華僑所說的檀香山，當初只是指火奴魯魯這一城市，而火奴魯魯是三文治群島當中奧阿厚島（Oahu Island）的首府。但是慢慢地，檀香山又變成了夏威夷群島的泛稱。有鑑於此，本書將夏威夷與檀香山交替使用。

如此種種，也是本書要探索的問題，而以孫中山大事日誌開始：

表1.1　孫中山關鍵大事日誌

以下詞句，若文法上無主語（subject），主語就是孫中山。

日期方面，首二數目代表年份，次二數目代表月份，後二數目代表日子。若後二數目是00，則代表該月某日。

420829　清朝由於在鴉片戰爭中被英國打敗，被逼簽訂中國近代史上第一份喪權辱國的條約——《南京條約》：割地賠款，香港的港島就是通過此條約割讓了給英國。

501104　拜上帝會洪秀全等舉事，進攻廣西省桂平縣思旺墟。

530319　洪秀全的太平軍攻克南京，十天後正式建都，改名「天京」。

561008　英國駐廣州代領事巴夏禮（Harry Parkes）刻意製造了「『亞羅』事件」，趁清朝深受內戰（太平天國起義）之苦，發動第二次鴉片戰爭。

601018　清朝由於在第二次鴉片戰爭中被英法聯軍打敗，被逼簽訂中國近代史上第二份喪權辱國的條約——《北京條約》：割地賠款，香港的九龍半島就是通過此條約割讓了給英國。

601018　英法聯軍原意是要把北京紫禁城焚毀，以便盡掃清朝國威，但更屬意在紫禁城強迫清朝簽訂「城下之盟」——《北京條約》，故改為大肆搶掠圓明園，然後把這「萬園之園付之一炬」。

661112　孫中山誕生於廣東省香山縣翠亨村。乳名帝象，上村塾讀書時取名文，成親時取字德明。

691009　祖母黃氏去世。由於家窮，乃兄孫眉（1854－1915）到鄰鄉南蓢地主程名桂家當長工。

710903　妹秋綺（1871－1912）生。由於家計實在無法維持，孫眉赴檀香山當華工。

711112　童年的孫中山，與姐姐妙茜上山打柴，無論從金檳榔山山頂或犛頭尖山山腰，遙望珠江河口，都能看到金星門雲集了大批走鴉片煙土的外國商船。

760000　〔日期酌定〕孫眉在檀香山做工匯款回家，家境慢慢好轉，孫中山得以進入村塾讀書。第一位老師是位癮君子，煙癮發作時就曠課；由於老師煙癮頻頻發作，孫中山也沒法好好讀書。

770609　孫眉回鄉準備成親。

770715　孫眉在翠亨村成親。

770922	孫眉再度赴檀香山，孫中山擬隨兄赴檀，未果。
790521	隨母坐駁艇到澳門坐英輪「格蘭諾去」號（S. S. Grannoch)赴檀香山。
790900	〔日期酌定〕以孫帝象之名入讀火奴魯魯意奧蘭尼（Iolani）學校。
820727	畢業於奧蘭尼學校，獲英文文法第二名，由國王King Kalakaua頒獎。
830000	火奴魯魯華裔知識份子何寬、李昌等組織中西擴論會。
830115	以孫帝象（Sun Tai-chu）之名入讀火奴魯魯的奧阿厚（Oahu）書院預備學校。
830331	美國綱紀慎會喜嘉理（Rev C. R. Hager）牧師在香港登陸。
830630	奧阿厚書院學年結束，孫中山坐船回到孫眉在離島所開的牧場。
830700	〔7月初〕迫不及待地求孫眉同意他領洗進入耶教，孫眉勒令回國。
830700	〔7月初〕坐輪船到香港轉坐淇澳島的帆船回鄉，抗議清朝官吏向該船乘客勒索。
830700	〔7月底〕回到翠亨村。
830800	〔8月中〕毀壞北帝像，經崖口、淇澳逃離家鄉前往香港。
830818	喜嘉理牧師收留了孫中山在其香港中環的傳道所寄宿。
830818	〔前後〕進入附近的拔萃書室（Diocesan Home and Orphanage [Boys]）讀書。
831000	〔酌定為10月11日〕喜嘉理為宋毓林施洗，是其第一位教友。
831029	在喜嘉理牧師宿舍重逢檀香山傳教士芙蘭‧諦文及其父母。
840415	轉香港中央書院（Government Central School）讀書。
840501	檀香山傳教士芙蘭‧諦文牧師在廣州結婚。
840502	芙蘭‧諦文牧師等再次路過香港並住在喜嘉理牧師的傳道所作客。
840504	在喜嘉理牧師的傳導所受其洗禮，取名日新。
840526	奉父命回鄉與同縣外壆村（今珠海市外沙村）盧慕貞成親。
840727	喜嘉理牧師所設福音堂兼宿舍的廚子曹國謙（音譯），和該福音堂主日學的主管宋毓林，共同坐在一張公共長椅上欣賞從軍營裏傳出來的、當地駐軍演奏的銅管樂。突然來了一位英國人查爾斯‧邦德（Charles Bond），高舉手仗，像趕狗般要趕他們離座。
841100	〔日期酌定〕奉孫眉急召赴檀，交還家產。芙蘭‧諦文為其籌募盤川。
850500	芙蘭‧諦文為其籌足盤川，自檀香山回到香港復課。
850600	〔日期酌定〕回到香港中央書院復課。
860731	〔日期酌定〕沒畢業就離開中央書院。
860900	〔日期酌定〕入讀美國傳教士在廣州開設的博濟醫院（Canton Hospital）學醫。

861000	〔日期酌定〕認識英國倫敦傳道會宣教師區鳳墀，區鳳墀為其改名逸仙。
871001	星期六：西醫書院教務長孟生醫生在香港大會堂宣佈該院成立。
871003	星期一：在西醫書院正式上課，第一課是康德黎醫生講授的解剖學。
880324	父達成公在翠亨村病逝，孫眉對孫中山加倍愛護備至，凡所需學費，均允源源供給。
900100	〔日期酌定〕介紹陳少白入讀香港西醫書院。
900000	〔日期酌定〕與陳少白、楊衢雲、尤列等在西醫書院附近，楊衢雲雜貨店名楊耀記，高談反滿，被店伙稱為「四大寇」。
900000	〔日期酌定〕上書鄭藻如，建議禁煙及改良農業和教育等。
901230	陪康德黎夫婦往廣州痲瘋村研究痲瘋病。
910327	與四十多名香港道濟會堂年輕教友組織教友少年會。
911020	子孫科在翠亨村誕生。
920313	香港輔仁文社成立，舉楊衢雲為會長，謝纘泰為秘書。
920721	以優秀成績畢業於香港西醫書院。
920922	在恩師康德黎醫生帶領下，與同期畢業的江英華同赴廣州。
920923	英國駐穗領事引見兩廣總督李瀚章，李命填寫三代履歷，孫拂袖而去。
920924	在恩師康德黎醫生帶領下，與江英華同返香港。
921218	與澳門鏡湖醫院簽訂〈揭本生息贈藥單〉，貸款2,000銀元開設中西藥局。
930716	之前不久，在澳門議事亭前地十六A號開設「孫醫館」。
930729	其澳門中西藥局開業。
930926	在澳門刊登廣告〈晉省有事〉，實質赴穗籌辦醫務所。
940100	藉廣州城外南關之聖教書樓懸壺、西關之冼基設東西藥局。
940100	〔日期酌定〕在翠亨村寫就〈上李鴻章書〉。
940725	甲午中日戰爭爆發。
940700	後來當選檀香山興中會副主席的何寬，參加夏威夷人抵抗旅檀美人發動政變後成立的共和臨時政府。
941124	在檀香山成立中國有史以來第一個現代革命團體興中會。
950221	在香港中環士丹頓街(13 Staunton Street)成立興中會，以「乾亨行」做掩護。
950221	香港興中會與香港輔仁文社合併，仍稱興中會。會長(總辦)一職未決。
950301	拜會日本駐香港領事中川恆次郎，請其援助起義，未果。
950318	《德臣西報》發表社論，指出革命黨準備成立君主立憲。
950530	謝纘泰在英文《德臣西報》致光緒皇帝公開信，促請憲政改革。

951000　〔日期酌定〕10月初，香港警方獲線報，謂有三合會份子招募壯勇赴穗。

951000　〔日期酌定〕朱貴全偕兄朱某及邱四聲言招募壯勇，每名月給糧銀十元。

951010　興中會選舉會長（稱總辦），楊衢雲志在必得，孫中山退讓，楊當選。

951023　〔日期酌定〕朱貴全之兄招得四百苦力，自己先行他往，壯勇由朱貴全帶領。

951024　穗南關鹹蝦欄李公館有數十人在屋內聚集。是屋崇垣大廈，能容千人云。

951025　星期五：朱湘假其弟朱淇之名向緝捕委員李家焯自首。

951025　革命黨人原定當天從香港乘夜輪去廣州，因募勇不足，未能成行。

951026　重陽節：原定當天趁掃墓而出入廣州人潮擠擁之際舉義，未果（原因見上下條）。

951026　清晨6時，原定起義主力之所謂「敢死隊三千人」沒從香港開到廣州。

951026　晨8時許，接楊衢雲電報說「貨不能來」。

951026　晨8時許，忽有密電馳至，謂西南、東北兩路人馬中途被阻。

951026　晨8時後，決定取消起義，遣散埋伏水上及附近準備響應之會黨。

951026　覆電楊衢雲曰：「貨不要來，以待後命。」

951026　黃昏，陳少白乘「泰安」夜航返香港。孫中山留穗善後。

951026　黃昏，緝捕委員李家焯擬逮捕孫中山，向兩廣總督譚鍾麟請示。

951026　黃昏，兩廣總督譚鍾麟以孫中山為教會中人，着李家焯不可魯莽從事。

951026　晚，與區鳳墀宣教師連袂赴河南王煜初牧師兒子王寵光婚宴。

951026　晚，李家焯探勇掩至婚宴，仍不敢動手，反被孫中山奚落一番。

951027　星期天，在河南宣教師區鳳墀福音堂與來自香港及穗本土教眾主日崇拜。

951027　禮成，扮女裝在教眾掩護下避過探勇坐自備小汽船赴唐家灣轉乘轎子到澳門。

951027　李家焯突然掩至雙門底王家祠農學會拿獲陸皓東、程懷、程次三人。

951027　李家焯於鹹蝦欄屋內拿獲程耀臣、梁榮二名人，搜出洋斧一箱，共十五柄。

951027　守備[8]鄧惠良在城南珠光里南約空屋內，搜出洋槍兩箱及鉛彈快碼等。逮四人：其中二人身著熟羅長衫，狀如紈袴。餘絨衫緞履，類商賈中人。

8　守備是清軍綠營的一種官階，詳見黃宇和著、區鉷譯：《兩廣總督葉名琛》（北京：中華書局，1984）。禮貌上守備稱守戎，故有關文獻稱鄧惠良為「鄧守戎惠良」。

951027	晚,番禺惠明府開夜堂提訊該四人,供稱所辦軍火,因有人託其承辦;並供開夥黨百數十人,定翌日由香港搭附輪來省,或由夜火船而來。
951027	香港士丹頓警探長獲線報謂會黨已募得約四百人,將於當晚乘船赴穗。士丹頓探長親往碼頭調查,發覺為數約六百名苦力,因無船票被拒登船。
951027	朱貴全等帶了一袋銀元來為苦力買船票。
951027	大批警員步操進現場搜查軍火,既搜船也將各苦力逐一搜身,沒發現武器。
951027	大約二百名苦力怕事離去。
951027	黃昏,約四百名苦力登上「保安」夜渡赴穗。
951027	楊衢雲早已同船託運多隻載有短槍的木桶,充作水泥。未被搜出。
951027	啟航後,朱貴全給四百名的苦力各五毫銀;又對諸苦力說:船上藏有小洋槍,抵埠後即分發候命,苦力方知受騙。
951028	守備鄧惠良於晨光熹微之際,即帶兵勇駐紮火船埔頭,俟夜輪船抵省。
951028	清晨6時,朱貴全等暨四百苦力抵穗,比原定時間遲來了兩天。
951028	船甫靠岸,四百苦力即發足狂奔,其中約五十名自首表示清白。
951028	朱貴全、邱四同時被捕,各指為頭目。
951029	自澳門坐船抵香港。
951102	坐日本貨船「廣島丸」號離開香港,前往日本神戶。
951107	陸皓東、朱貴全、邱四在廣州被處決。
951113	楊衢雲離開香港,前往越南西貢,輾轉流亡南非。
960304	香港政府下令驅逐孫中山、楊衢雲、陳少白出境,五年內禁止在香港居留。
961011	孫中山被幽禁於清朝駐倫敦公使館,康德黎獲悉後奔走營救。
961023	孫中山終於獲釋。
961114	〔日期酌定〕覆劍橋大學翟理斯教授。
970900	〔日期酌定〕孫中山從英國再度訪日,平山周為了隱蔽孫中山身份而為其改名中山,孫中山自己再加一「樵」字。

上述這個「表1.1 孫中山關鍵大事日誌」,從鴉片戰爭開始,以孫中山改名換姓繼續革命結束,顯示鴉片戰爭與辛亥革命一脈相承的緊密關係。這種關係,直接影響到孫中山的童年生活,他思想的成長過程,以及他終於走上革命道路的基本動因。

第二章

家世源流：

孫中山祖先來自哪裏？

一、導言

關於孫中山家世源流的爭論，有兩大派長期以來相持不下，即「紫金說」和「東莞說」。由於居住在廣東省紫金縣的人絕大多數是客家人，而居住在廣東省東莞縣（現東莞市）的人絕大多數是廣府人（又稱本地人），故有關孫中山家世源流的爭論，就變相成為孫中山是「客家人」還是「廣府人」的爭拗。

從宏觀歷史的角度來看，筆者徹查孫中山是廣府人還是客家人這微觀事件之主要目的，是為了探索其最初進行革命時的基本支持者是誰的問題找尋線索。由於當時的客家人，無論在海內還是海外，都是弱勢社群；加上當時土客之間的敵對情緒，儘管是出洋華工之中的廣府人和客人，也壁壘分明，此點從夏威夷芙蘭·諦文牧師父子文書，就看得很清楚。若孫中山是客家人，他最初發動革命時，要得到廣府人的支持，難矣哉。但是，正由於他是廣府人，他從一開始就得到了海內外部分廣府人的支持，對於他的革命事業，不無影響。[1]

徹查孫中山家世源流這微觀細節，而牽涉到的另一個宏觀問題，是孫中山是否貴冑的後裔。蓋「紫金說」堅稱他是唐朝侯爵的後裔，耕讀世家，「東莞說」則只謂他為農家子弟。貴冑後裔與貧窮的農家子弟，對於革命思想之萌芽，其腦袋提供了不同的土壤！

在開始探索之前，開宗明義，首先為「孫中山祖籍問題」一詞做詮釋：

1. 1866年孫中山誕生於廣東省香山縣（即當今的中山市）翠亨村。對於這個史實，從來沒有任何爭議。

---

1 誠然，1895年的廣州起義和1900年的惠州起義，很多基本戰鬥人員均為會黨中人，而這些會黨中人有不少更是客家人。但是，這些客籍會黨中人都是通過客籍的鄭士良去發動的，與孫中山並無直接關係。而且，他們參加起義的主要目的是「反清復明」，與孫中山以及他在夏威夷和香港那些受過西方教育的支持者建立共和的目標，也不一致。

2. 孫中山的遠祖，從北方遷移到廣東生活。進入廣東以後，蕃衍之餘，幾經轉折遷移。終於，孫中山的近祖那一支孫氏在廣東省香山縣翠亨村定居。對於這個史實，也從來沒有任何爭議。

3. 有爭議的，是孫中山的祖先進入廣東之後，中途在什麼地方停留過較長的時間；以至最後，孫中山的近祖那一支孫氏，才定居於香山縣翠亨村？

4. 換言之，孫中山祖先進入廣東之後，曾在什麼地方停留過較長時間的爭論，就成為所謂「祖籍問題」的爭議。由是觀之，所謂「祖籍」者，屬「過渡性之祖籍」也。

5. 有一派學者謂這個過渡性之祖籍是廣東省的東莞縣，是為「東莞説」。所謂「祖籍在東莞」者，具體來説，是指孫中山的祖先從江西南移到廣東南雄珠璣巷，之後遷東莞的圓頭山村和上沙鄉，再移居香山縣。進入香山縣後，先居左埗頭，分支到涌口，再遷翠亨村。據筆者到上述各地實地考證，發覺南雄珠璣巷再沒孫氏後裔，因為當時的孫氏已經全部南遷。東莞的圓頭山村和上沙鄉目前仍有孫氏另支的後人在那裏居住，並曾給予筆者熱情接待與通力合作。[2]

6. 另一派學者則認為這個過渡性之祖籍是廣東省的紫金縣，是為「紫金説」。所謂「祖籍在紫金」者，具體來説，是認為孫中山的祖先從北方南遷，先到福建，再從福建入廣東，曾經在紫金縣的忠壩鄉（當今的忠壩鎮）停留過較長時間。據筆者實地考察，該鎮的孫屋排附近目前還有孫氏後人在那裏居住。紫金當局同樣地曾給予筆者熱情接待，並大力支持筆者的實地調查。[3]

2　黃宇和：〈東莞圓頭山孫家村實地調查報告〉（手稿），2008年12月19日，以及黃宇和：〈東莞上沙鄉實地調查報告〉（手稿），2008年12月19日。感謝廣東友協介紹；中山市翠亨村故居紀念館蕭潤君館長細致安排；東莞市、長安鎮、上沙社區居民委員會薰委孫錫明書記，以及茶山鎮、圓頭山、孫屋村村委孫旺根書記暨同仁的熱情接待。

3　黃宇和：〈紫金實地調查報告〉（手稿），2008年1月8-9日。感謝廣東省檔案局張平安副局長的精心安排，紫金縣人民政府鍾振宇副縣長、紫金縣檔案局龔火生局長暨同仁的熱情接待，並介紹孫愛雄（1937年生）、孫建明（1953年生）等先生與筆者一起參觀訪問，又安排這兩位孫先生在早、午、晚三餐都與筆者共桌細談。兩位孫先生都自稱是孫氏第十八世後裔，與孫逸仙同輩。

7. 無奈學術界自始至終把這個過渡性之祖籍稱之為「祖籍」。本文姑且沿用之。

8. 紫金忠壩的孫氏是客家人。因此，「紫金說」所衍生的結論是：孫中山乃客家人。

9. 東莞圓頭山村與上沙鄉的孫氏皆本地人（又稱廣府人）。[4] 所以，「東莞說」所衍生的結論是：孫中山乃本地人（廣府人）。

　　準此，筆者設計了下面圖2.1，顯示「東莞說」所指的孫中山祖先從江西大庾到廣東南雄再到東莞轉香山的路線；以及到了東莞後，圖2.2先到東莞的圓頭山村、上沙鄉，然後再橫過珠江到香山的路線圖。

　　提到孫中山所誕生的1866年，以及十九世紀中葉廣東省的本地人和客家人，筆者馬上聯想到1968年初抵牛津大學當博士研究生時，筆者的一位師兄 J. A. G. Roberts 所寫的博士論文 "Hakka Punti War"，[5] 讀來觸目驚心。這位師兄用「客家本地戰爭」這樣的詞彙來形容中國人所通稱的「土客械鬥」，是因為他認為械鬥之慘烈，已經達到歐洲國家對戰爭一詞的定義。後來牛津大學人類學教授 Maurice Freedman 委託筆者找尋一批有關廣東土客械鬥的學術論文，讀後至今心神不安。[6] 隨着筆者在自己的博士論文中對兩廣總督葉名琛的研究逐漸地深入，對葉名琛從巡撫到總督的治粵十年（1848－1858）期間之土客情況，也有了進一步認識。[7] 最近得閱劉平《被遺忘的戰爭——咸豐同治年間廣東土客大械鬥研究》，所取英語書名乃 "The Hakka-Punti War in Guangdong, 1854－1867"。[8] 該書甚為倚重之《赤溪縣志》，描述土客「仇

4　英語稱之為Cantonese（廣府人）。

5　J. A. G. Roberts, "The Hakka-Punti War", Unpublished D.Phil. thesis, University of Oxford, 1968.

6　他們都是1930年代廣州市中山大學郎擎霄的研究成果，分別是：〈中國南方民族源流考〉，載《東方雜志》（1933年），第三十卷，第1期；〈中國南方械鬥之原因及其組織〉，載《東方雜志》（1933年），第三十卷，第19期；〈清代粵東械鬥史實〉，載《嶺南學報》（1935年），第四卷，第2期。

7　筆者的博士論文後來由劍橋大學出版社出版，書名是 *Yeh Ming-ch'en: Viceroy of Liang-Kuang, 1852-1858* (Cambridge: Cambridge University Press, 1976). 中文譯本見區譯，《兩廣總督葉名琛》（北京：中華書局，1984）。2004年上海書店出版社出版了該書修訂本，作為「黃宇和院士系列之一」。

8　上海：商務印書館，2003年出版。

殺十四年，屠戮百餘萬，焚毀數千村，蔓延六七邑」。[9]

上述中、英文著作均一致認為，土客之爭主要是由於經濟矛盾。

漢人南移到廣東，早在唐代（618－907）已開始。早到的漢人，佔領了珠江三角洲這肥沃的土地，中央政府劃為廣州府，故他們又稱廣府人。後來更建立了著名的都會廣州。他們的口語稱白話。他們的生活比較優越，大興文教，科舉亦甚為得意。同樣是由於他們早到，慢慢地就成了變相的本地人，他們也很驕傲地自稱為本地人。

客家人雖然同樣是漢人，但由於他們晚到，剩下能供立足者，只有廣東的東北山區，生活艱苦，更難談得上興文教，參加科舉也極為困難。唯一興旺發達的，是他們的人口。人口迅速增長，結果很快就資源嚴重短缺。為了拓展生存空間，廣東惠、嘉、潮各屬客家人，大量南下廣東中西部那些早已是人煙稠密的、本地人聚居的地區。他們無法獨立謀生之餘，很多成為本地人的僱農，備受剝削歧視。更由於他們文化相對地落後，以至一些狂妄的廣府人指「他們為『犵』、『獠』、『猺』，[10] 或直接在『客』字上加上侮辱性的『犬』偏旁，以示客家為野蠻民族」。[11] 其實，大家都是漢族人，「本是同根生，相煎何太急」？[12]

但是，在這殘酷的歷史背景面前，對於孫中山是本地人還是客家人的問題，筆者就不容忽視了，更加不敢怠慢，必須認真處理。

9　王大魯主編：《赤溪縣志》（1921年出版），第八卷，附編〈赤溪縣開縣記事〉，頁1a。編者皆客家人。感謝黃淑娉教授不辭勞苦，親到中山大學圖書館為我查閱該書。又與我切磋該附編之中「屠戮百餘萬」句，及比較和參考附近各縣之縣志。最後雙方同意，該句有誇大其詞之嫌，但具體數字卻無從查考。與真正的學者一起切磋學問，其樂融融。港澳學者鄭德華對王大魯、J. A. G. Roberts、劉平等的作品有中肯的評價。詳見其〈關於咸同年間廣東土客大械鬥研究的歷史回顧〉，《九州學林》，第8期：頁246-267。鄭德華對該事件做過深入細緻的研究，見其〈廣東中路土客械鬥研究（1856-1867）〉，香港大學1989年博士論文，未刊稿。更難得的是，他在博士畢業後仍長期到事發地點作實地考察，筆者期待着他更多作品面世。

10　「犵」、「獠」、「猺」都用「犬」偏旁，這是對南方一些少數民族的侮辱性稱呼。

11　孔飛力（Philip A. Kuhn）的序言，載劉平：《被遺忘的戰爭——咸豐同治年間廣東土客大械鬥研究》（上海：商務印書館，2003）。劉平把這些侮辱客家人的話，解釋為「人種矛盾」（頁59-63），是不符合事實的，因為本地人和客家人都是漢人。黃淑娉等做過認真細緻的實地調查和研究，見黃淑娉：《廣東族群與區域文化研究》（廣州：廣東高等教育出版社，1999），頁105-108。感謝黃淑娉教授賜我是書，讓我深受教益。

12　曹植（192-233）七步詩：「煮豆燃豆萁，豆在釜中泣。本是同根生，相煎何太急。」

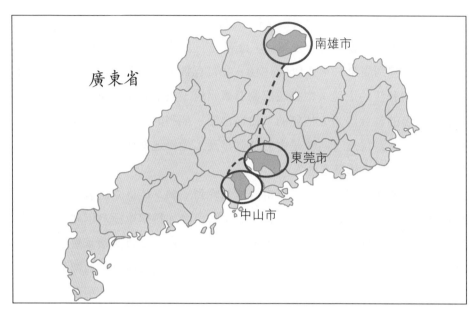

圖2.1 「東莞説」孫氏從江西大庚到廣東香山路線圖（孫中山祖先南移路線：1.江西省；2.廣東南雄縣珠璣巷；3.東莞圓頭山；4.東莞上沙；5.香山縣）

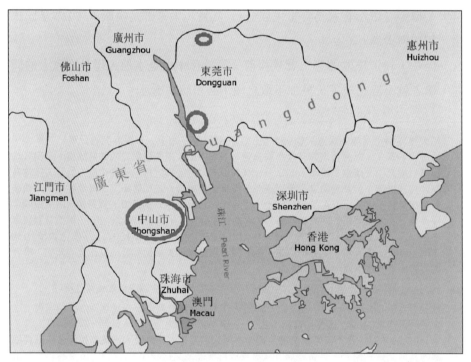

圖2.2 「東莞説」孫氏從東莞圓頭山村轉上沙鄉再橫渡珠江到香山路線圖（北方→南雄珠璣巷→東莞上沙→香山）

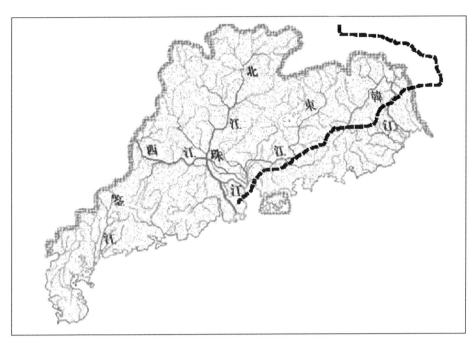

圖2.3 「紫金説」孫氏從福建橫跨韓江和珠江流域到香山路線圖

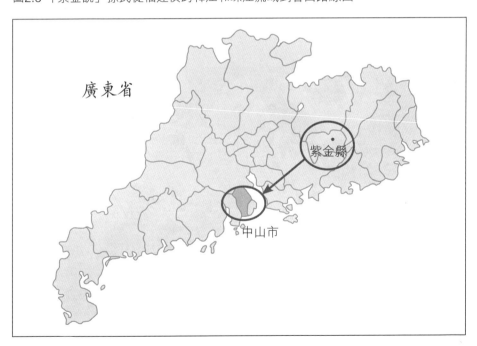

圖2.4 「紫金説」孫氏從紫金橫跨韓江和珠江流域到香山路線圖

圖2.5　廣東省外辦區少武副巡視員（右一）陪筆者到南雄梅嶺實地考察（2009年2月
　　　11日）

圖2.6　江西省大庾縣領導解釋江西歷史（2009年12月22日）

圖2.7　孫中山祖先從江西
　　　　入粵後先居南雄珠
　　　　璣巷（2009年12月
　　　　22日）

圖2.8　孫中山祖先從南雄
　　　　珠璣巷南移東莞圓
　　　　頭山村（圓頭山村
　　　　孫氏宗祠，2008年
　　　　12月19日）

圖2.9　孫中山祖先從東莞圓頭山村南移東莞上沙村（採訪東莞上沙鄉耆老，2008年12月19日）

圖2.10　孫中山祖先從涌口村移居翠亨村（涌口實地調查，2008年12月18日）

圖2.11　紫金縣忠壩鎮孫氏祖祠
　　　　大堂（在紫金縣忠壩鎮
　　　　實地調查，2008年1月
　　　　9日）

圖2.12　中山市翠亨村孫中山故
　　　　居紀念館羅振雄攙扶
　　　　筆者在犛頭尖山實地
　　　　調查基碑（2007年12月
　　　　7日）

　　而且，關於孫中山祖籍問題的爭論，在中國近代史上更是曾經引起過兩次不大不小的政治風波以及一場官司。第一次風波與那場官司發生在1940年代，第二次風波發生在1990年代，兩者相隔半個世紀，可見貽害之既深且遠。

　　先談第一次政治風波，發生在1942年12月羅香林的《國父家世源流考》剛出版不久。該書提出孫中山祖籍是廣東省紫金縣的說法，與中國國民黨中央黨史委員會[13]歷來所掌握到的史料，以及根據這些史料而得到的結論，發生嚴重衝突，引起該會強烈反對。

　　據該會李雲漢前主任委員賜告，該會成立於1930年，首要任務是調查清楚革命領袖孫中山的祖籍。被委任為該會纂修的全部是曾經長期與孫中山共事並非常熟識的革命元老，而且大部分是廣東人，唯沒有一位是史學家。[14]經過近十三年的辛勤勞動，包括多次到翠亨村做實地調查，他們得到的初步結論是：孫中山乃廣府人，近祖的祖籍是東莞。

　　因此，當羅香林的《國父家世源流考》出版後，該會鄧慕韓撰文批駁，並致函中央黨部的鄒魯，說：「此事最妙由足下通知羅先生自動停止發行，宣告錯誤。」[15]鄒魯沒有直接回覆，結果該會的孫鏡委員，[16]欲議決禁止該

13　該會原稱中國國民黨中央執行委員會黨史史料編纂委員會，1930年5月1日成立於南京，職司革命文獻、文物之徵集與典藏。見林養志：〈中國國民黨中央黨史委員會之資料簡介〉，載《民國史研究叢書之八：中國國民黨黨史資料與研究》（臺北：中華民國史料研究中心，1989），頁375-405：其中頁375。

14　李雲漢在中研院近史所筆者的學術報告討論會的發言記錄，2009年7月3日1500-1700時。李先生又說，這批革命元老，都不是史學家，只是憑着滿腔熱情，承擔了這份差事。筆者從李雲漢先生，以八十三歲高齡，仍專程從木柵居所坐一個小時左右的公共汽車到臺北市政廳轉車、再坐一個小時左右的公共汽車到中研院來聽筆者演講孫逸仙祖籍問題；會後又不懼大雨、黑夜和疲勞，同樣地坐公共汽車再轉車回木柵寓所，就完全可以想像到他的黨史會先輩們對於查清楚孫逸仙祖籍那種工作熱情與忠誠。李先生又說，國府遷臺後，才任命史學家當黨史會的編纂，主任委員先後是著名史學家羅家倫、黃季陸、杜元載、蕭繼宗、秦孝儀、李雲漢、陳鵬仁。

15　鄧慕韓函海濱盟長〔鄒魯〕，〔1943年〕7月27日，收入〈忠壩孫氏族譜節抄及有關文件〉（手稿合訂本），藏香港大學馮平山圖書館特藏部，編號：羅222/50。

16　孫鏡，湖北人，長期在國民黨中央黨部負責黨務，為人客觀耿直。國府遷臺後，任黨務部長。見李雲漢在中研院近史所筆者的學術報告討論會的發言記錄，2009年7月3日1500-1700時。

書出版；莫紀彭、龍毓峻諸人也贊成。林一厂[17]則認為不必禁止，待將來派員赴翠亨、紫金、增城等地覆查為妥。[18]鑒於當時國民政府處於抗日戰爭最艱苦的時刻，黨史會只好等待抗戰勝利後，進一步廣為蒐集史料再行評估，[19]可謂甚有風度。唯抗日戰爭接下來的是國共內戰，國府遷臺。黨史會的願望始終無法實現。[20]

次談那場官司，則同樣是發生在1942年12月羅香林的《國父家世源流考》剛出版不久。由於該書提出孫中山祖籍是廣東紫金忠壩的新說，該處孫氏家族突然發覺國父乃其本家苗裔，竟然聲大氣粗起來，「為地方豪劣訟棍所擺弄。舉凡孫姓歷代賣出產業，均指為國父先祖遺產，控之於縣府司法當局，強判人以竊佔國父先祖遺產之罪。致拆屋毀墳、拘押勒榨，無不令人感慨。」[21]

三談第二次政治風波，則發生在1995年10月。當時廣東省中山市翠亨村的孫中山故居紀念館正準備出版該館編輯的《孫中山家世：資料與研究》（以下簡稱《家世》）。該書稿既把羅香林《國父家世源流考》的三幅題詞、四篇序言以及最具關鍵性的五個章節（一、引論；二、近人所述國父上世源出東莞說之非是；三、國父上世與左埗頭孫氏同源說之非是；四、國父上世源出於廣東紫金忠壩公館背之證據；五、紫金忠壩孫氏之源流與遷移背景），一字不漏地轉錄。同時也把反對意見收進去，其中反對最力者莫如邱捷、李伯新聯署的〈關於孫中山祖籍問題——羅香林教授《國父家世源流

17　「厂」同「庵」，多用於人名，它並非「廠」字之簡體。香港《明報月刊》，1987年2月號把「林一厂」換作「林一廠」，不對。

18　林一厂之工作日記，1944年2月22日，中山大學孫中山研究所藏。鄒佩叢在其〈部分黨史會成員對羅著的反應〉一文，曾引用此日記。見鄒佩叢編著：《孫中山家世研究與辨析》（太原：山西人民出版社，2008），頁239-240：其中頁239。本文則轉引自鄒著。以後簡稱鄒佩叢編著：《研究與辨析》。

19　中國國民黨中央黨史委員會對羅香林一書之結論，無日期，原件收入〈忠壩孫氏族譜節抄及有關文件〉（手稿合訂本），藏香港大學馮平山圖書館特藏部，編號：羅222/50。

20　黨史會的願望無法實現之餘，反遭羅香林公開斥其「乖謬」。見羅香林：〈復版再跋〉，《國父家世源流考》（臺北：臺灣商務印書館，1954年8月修訂臺灣1版），頁59-60：其中頁59。以後簡稱羅香林：《國父家世源流考》（1954）。

21　溫濟琴致羅香林電，1944年1月18日發，31日收。原件收入〈忠壩孫氏族譜節抄及有關文件〉（手稿合訂本），藏香港大學馮平山圖書館特藏部，編號：羅222/50。

考》辨誤〉一文。該文在1986年出版後，遭到已經接受了羅香林紫金説的各方人士群起反對，筆戰歷時近十年。《家世》的編者把正反雙方的有關論文、意見、函電等統統收進去。當然也把正反雙方的原始史料諸如《紫金忠壩孫氏族譜》和《東莞上沙孫氏族譜》以及《翠亨孫氏家譜》、翠亨孫氏《列祖生歿紀念部（簿）》等等也收進去，以便學者能較全面地了解這場爭論的來龍去脈。不料有人向中國共產黨廣東省委員會宣傳部指控《家世》的編者篡改孫中山祖籍。經廣東省孫中山研究會公函辯説，省委終於放行，可見亦甚有風度。該書也於2001年11月順利出版。[22]

既然已經發生過兩次政治風波和一場官司，現在筆者涉足其間，如履薄冰。

二、總結六十年來關於孫中山祖籍的爭論

最近，沈道初總結了六十年來有關孫中山祖籍的爭論。關於紫金説，他認為：

羅香林的根據主要是紫金的一本《孫氏族譜》。這本紫金《孫氏族譜》記載十二世祖諱璉昌公歸居公館背，後移居曾（增）城，「於後未知」。羅香林又説：孫中山「曾述家廟在東江公館村」。因此，羅香林認為，紫金《孫氏族譜》中的璉昌公就是翠亨村孫氏《列祖生歿紀念部（簿）》中所記的孫氏十二世祖連昌公。於是，他作出孫中山「上世源出於廣東紫金縣忠壩公館背」的結論。此説得到孫科等人的贊同。1996年孫穗芳在所著《我的祖父孫中山》一書也採取羅香林的説法。孫穗芳在書中説：「孫家入粵以後的情況考證較細較多的，還是羅香林教授的《國父家世源流考》一書。」[23]

22　關於這件風波，從該書頁696-705所附錄的有關信件，可見端倪。

23　沈道初：〈青少年時代〉，載茅家琦等著：《孫中山評傳》（南京：南京大學出版社，2001），頁39。所引為孫穗芳：《我的祖父孫中山》（北京：人民出版社，1996），頁5。

至於東莞説，沈道初認為邱捷用力最深，並把其論據歸納為下列四點：

第一、紫金説的前提是孫中山曾自述「家廟在東江公館村」。這一條不能成立。孫中山沒有説過這句話，羅香林所依據的僅僅是對美國人林百克所著《孫中山傳記》中譯本的一處誤譯：「我和我的幾代近祖，的確是生在翠亨村裏的。不過我家住在那裏只有數代。我們的家廟，卻在東江上的一個龔公村裏。」羅香林認為「龔公村」即是「公館村」，按英文原文是：at Kung Kun on the East River。邱捷同意如下的譯法：Kung Kun當是東莞；全句應譯為：「吾人祖祠所在之鄉村，乃在東莞，屬東江水域。」

第二、在孫中山故鄉翠亨村，無論家族文物，還是口碑相傳，都沒有片言隻語提及過紫金。

第三、翠亨村孫氏語言、風俗與來自紫金的客家人不同，歷代只與講香山本地白話的家族通婚，居住在全講香山本地白話的翠亨村而不住在附近大量存在的客家村。這些客家村的住戶不少是祖籍紫金的客籍人。

第四、紫金方面也提出了一條足以徹底推翻紫金説的有力證據——紫金孫氏十二世祖璉昌公參加過發生於1646年左右的鍾丁先抗清起義的事實，現尚有遺址。這一點，自40年代至今從無異辭。而孫中山祖先香山的連昌公確知生於1669年。〔筆者按：以此推算，璉昌公生年當在1620年左右，甚至更早。兩者相差五十年甚至更長。〕紫金之璉昌與香山的連昌並非同一個人，當無可懷疑。[24]

兩派孰是孰非？沈道初引述方式光的話説：

東莞説最重要的證據是翠亨村《孫氏家譜》。據方式光説：這本家譜，是殘缺不全的草稿本，「內容錯漏甚多，文字粗糙，似是個尚未完成的初稿。譜中各祖妣只列出世次，多數未註明何人所出。同一世次，

24　沈道初：〈青少年時代〉，載茅家琦等著：《孫中山評傳》，頁40-41。

是親兄弟還是堂兄弟也無法弄清。尤其是這個家譜究竟是誰寫的？哪一年修的？如何保存下來的？至今仍然不清楚。」因此，方式光認為：紫金説「不足為據」，東莞説「亦有問題」。東莞説「要成為大家都接受的説法」，有待於「發掘更多的族譜、墓碑、先祖牌位及口碑材料。」[25]

既然紫金説「不足為據」，東莞説「亦有問題」，則筆者嘗試在前人大量辛勤勞動的基礎上，進一步探索此問題。

三、進一步探索「紫金説」

此節分五個部分：(i)「紫金説」之發軔；(ii)「紫金説」之華寵；(iii) 羅香林撰寫該書的動機？(iv) 遺害；(v) 消災。

(i)「紫金説」之發軔

羅香林對其如何得出紫金説的準則，有如下自述：

余曩者著《國父家世源流考》，蓋純以國父所述家廟在東江公館村，及國父故里所藏《列祖生歿紀念簿》所記十二世連昌公始居香山縣一史實，為研究準則。[26]

分析羅香林所樹立的這兩項準則，則其邏輯似乎如下：
第一、既然孫中山説其「家廟〔即其孫氏家族的大宗祠〕在東江公館村」，那麼，如果羅香林能夠在廣東省、東江流域之內找到一座名叫「公館

25　同上註，頁41。所引為方式光：〈評孫中山祖籍問題的爭論〉，《東莞文史》，第26期（1997年9月），頁151-158：其中頁156-157。該文最先發表在廣州《南方日報》，1987年12月21日，後全文收錄在孫中山故居紀念館編：《孫中山家世：資料與研究》（北京：中國大百科全書出版社，2001），頁512-518。以後簡稱故居編：《家世》（2001）。

26　羅香林：〈復版再跋〉，《國父家世源流考》（1954），頁59-60：其中頁59，第1-2行。

村」的村落，則這座村落的孫姓人家應該就是孫中山的祖籍。

第二、孫中山故里所藏《列祖生歿紀念簿》所記十二世祖孫連昌，是從外地遷到香山縣創基的始祖；那麼如果羅香林能夠在廣東省東江流域之內各地族譜之中，找到有十二世祖孫連昌其人、而這位孫連昌同時又離開原籍他往者，這個人就是孫中山的祖先。而這位孫連昌的原籍，就是孫中山的祖籍。

至於如何運用這兩項準則，以得出紫金說之結論，羅香林有如下描述：

> 先以之為普遍諮訪之依據，繼乃分析公館村地望，為建立紫金忠壩為國父上代所嘗居止之假設；然後，乃蒐集有關資料，並於紫金為特殊調查，賴友好協助，果於忠壩孫屋排孫桂香家，發現《孫氏族譜》舊本。其譜所記一事，即十二世祖璉昌公，舊居公館背，遭時多艱，遷徙外地。其年代、名諱、世次及地望，皆與國父所述與《列祖生歿紀念簿》所記相密合。由假設而獲致證明，而以科學方法治史之功能以顯。[27]

現在讓我們把羅香林這個結論當中的一些關鍵性的句子進行分析。

第一、羅香林這個結論當中所提到的「公館背」、「忠壩孫屋排」等，都不是一般的名詞，讀來非常難懂。筆者不敢妄猜臆想，於是決定親往紫金實地調查。結果有如下發現：關於「公館背」，承紫金《孫氏族譜》之中的第十八世老人孫愛雄先生賜告，「公館」者，武館也。紫金孫氏第十一世祖孫鼎標設武館授徒，勤練武功，抵抗清兵。「公館背」，就是位於該「公館」之背後的意思。在孫鼎標的「公館」之背後，有一排房子，是孫氏家族聚居的地方，自成一個據點，無以名之，就叫孫屋排，採其一排孫屋的意思。[28] 2008年1月8日，承紫金縣檔案館龔火生館長帶筆者實地考察「公館背」舊址，還見到附近遺留下來鄰居溫姓的一座大型泥磚屋。

徵諸文獻，則紫金忠壩《孫氏族譜》的編者、居住在孫屋排的孫桂香

27　同上註，頁59，第2-6行。
28　黃宇和採訪紫金孫愛雄（1937 年9月生），2008年1月8日。

曾書面向羅香林解釋說：忠壩孫氏「總祠附近僅有二十人左右，大都業農」。[29] 此言另有文獻做佐證，忠壩溫秀如等曾書面報告說：孫桂香住「上孫屋排」，「人口二十人左右」；佐證了孫桂香所言「總祠附近僅有二十人左右」。溫秀如等的報告又顯示，孫屋排這小小地方，也分「上孫屋排」和「下孫屋排」，各有祖祠，是兩房人分居。把居住在忠壩之上、下孫屋排的孫姓人口加在一起，只「約共五六十人」。[30]

　　綜合上述五方史料，可知孫屋排確實是一個人數極少的、談不上是什麼村落的孫姓聚居點。毗鄰孫屋排者，還有「溫、張、陳等姓，為人最多；餘葉、鄒、蕭、孫、劉、李都是小姓」。[31] 準此，筆者明白了：當地並沒有一座名為「公館村」的村落。只因為孫氏家族聚居的地方，位於孫鼎標的「公館」之背後，羅香林就擅自為其取名「公館村」。這一點很重要，下文再加伸論。

　　第二、羅香林上述結論當中提到的「忠壩」是什麼地方？當筆者在2008年1月8－9日到紫金實地調查時，承紫金檔案館客家人李少峰副館長相告，在紫金的客家方言，壩是小盤地的意思。[32] 後來筆者採訪紫金老人、客籍的黃蔭庭，他也是這麼說。[33] 筆者親臨其地，發覺忠壩果然是一個小盤地，四面環山。小盤地的中央地帶有一條小河，發源在北部的山區，往南流經孫屋排旁邊，然後穿過南部山區的峽谷繼續往南流。這條小河的名字叫忠壩河，往南流入琴江。[34] 琴江注入梅江；梅江流入韓江；[35] 韓江流入南中國

29　孫桂香等函羅香林，1942年7月23日，附件第10、11項，收入〈忠壩孫氏族譜節抄及有關文件〉（手稿合訂本），藏香港大學馮平山圖書館，編號：羅222/50。

30　溫秀如等覆溫濟琴，1942年7月3日，第6-7項；附於溫濟琴覆羅香林，1942年8月5日；收入〈忠壩孫氏族譜節抄及有關文件〉（手稿合訂本），藏香港大學馮平山圖書館，編號：羅222/50。

31　孫桂香等函羅香林，1942年7月23日，附件第10、11項，收入〈忠壩孫氏族譜節抄及有關文件〉（手稿合訂本），藏香港大學馮平山圖書館，編號：羅222/50。

32　黃宇和在紫金縣城採訪李少峰，2008年1月8日。

33　黃宇和在紫金縣城採訪黃蔭庭（1940年7月生），2008年1月9日。黃蔭庭是《紫金黃氏族譜》編者，住紫金縣城。

34　黃宇和在紫金縣城採訪黃蔭庭，2008年1月9日。

35　據《廣東省地圖冊》（廣州：廣東省地圖出版社，1993），頁151、150、50、59、60、55、57、74、139、29。感謝黃淑娉教授鼎力幫忙。

海。就是説，忠壩河是韓江的上游；忠壩及其轄下的孫屋排這個孫氏聚居點，位於韓江流域。它並不屬於東江流域。[36]這一點同樣重要，下文也會詳加討論。

現在讓我們回過頭來衡量羅香林紫金説所採用之準則和提出之證據。

他的第一項準則，是「純以國父所述家廟在東江公館村」。[37]至於證據，則正如上文考證所得：首先，公館村這個名字，當時在紫金忠壩並不存在，它只是羅香林發明的一個村名。其次，紫金忠壩並不在東江流域，而是在韓江流域。無奈羅香林硬把紫金忠壩説成是位於東江流域。其實從一開始，羅香林為自己設計的這項準則就不能成立。因為孫中山從來沒有説過「家廟在東江公館村」這樣的話。孫中山只是對美國人林百克（Paul Linebarger）用英語説過："The village of our ancestral temples is at Kung Kun, on the East River"。[38]（見圖2.13）

徐植仁把這句話翻譯成：「我們的家廟，卻在東江上的一個龔公村（譯音）裏。」[39]徐植仁既把Kung Kun音譯為龔公、同時又把Kung Kun意譯為村，都存在着問題。首先，他採取音譯此下策，證明他並不知道Kung Kun所代表的具體漢語地名為何。其次，他將Kung Kun意譯為村，就明顯地錯誤：看英語原文，孫中山説他祖廟所在的那座村莊，坐落在Kung Kun範圍之內；就是説Kung Kun並非一座村莊，而是比村莊更大的一個範圍。因此，徐植仁把Kung Kun視作一座村莊而把它翻譯為「龔公村」，是錯誤的。羅香林把「龔公村」與他自己所發明的「公館村」劃上等號，是沒有説服力的。

36　筆者曾考慮過一個微乎其微的可能性：即孫中山會不會對中國地理不太了解而誤把韓江作東江？經考證，這個可能性並不存在。孫中山在1919年對林百克自稱其家廟在東江的同時，也在其正在撰寫的《建國方略》之內的「實業計劃：第三計劃」，「第二部、改良廣州水路系統」，「丁、東江」，第二段寫道：「……自新塘上游約一英里之出，應鑿一新水道直達東莞城，而以此悉聯東江在東莞與新塘之各支流為一……」，可知孫中山很準確地認識到，東莞在東江流域。筆者除了實地考察以外，徵諸《辭源》，則「東江」條曰：「東江……在廣東境……至東莞縣，合增江；西南流至波羅南海神廟前；合珠江；由虎門入三角江，注於南海」。可知東莞確在東江流域，且是主流所經。

37　羅香林：〈復版再跋〉，《國父家世源流考》（1954），頁59-60：其中頁59。

38　Paul Linebarger, *Sun Yat-sen and the Chinese Republic* (New York, 1925. Reprinted, New York: ASM Press, 1969), p. 5.

39　林百克著，徐植仁譯：《孫中山傳記》（上海：三民公司，1926），頁3。

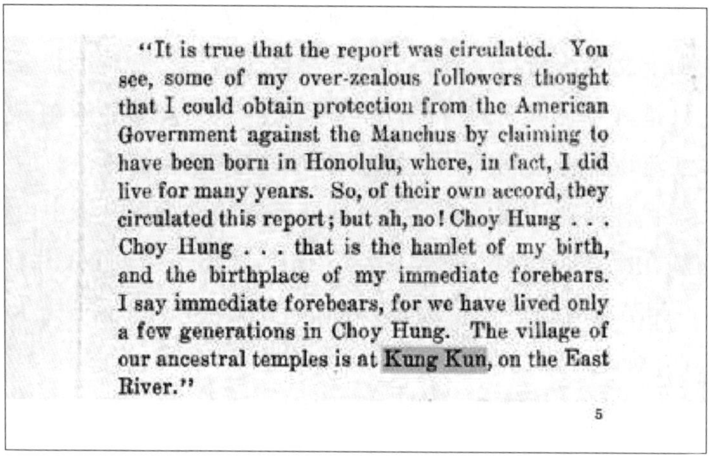

"It is true that the report was circulated. You see, some of my over-zealous followers thought that I could obtain protection from the American Government against the Manchus by claiming to have been born in Honolulu, where, in fact, I did live for many years. So, of their own accord, they circulated this report; but ah, no! Choy Hung . . . Choy Hung . . . that is the hamlet of my birth, and the birthplace of my immediate forebears. I say immediate forebears, for we have lived only a few generations in Choy Hung. The village of our ancestral temples is at Kung Kun, on the East River."

5

圖2.13　林百克原文提到的 Kung Kun

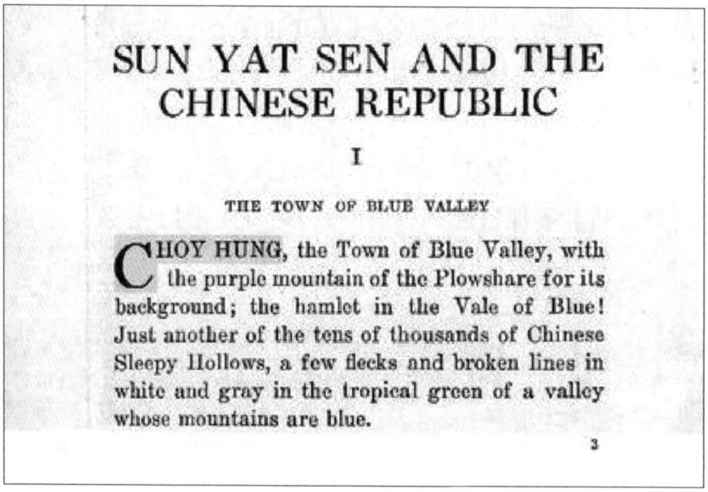

SUN YAT SEN AND THE CHINESE REPUBLIC

I

THE TOWN OF BLUE VALLEY

CHOY HUNG, the Town of Blue Valley, with the purple mountain of the Plowshare for its background; the hamlet in the Vale of Blue! Just another of the tens of thousands of Chinese Sleepy Hollows, a few flecks and broken lines in white and gray in the tropical green of a valley whose mountains are blue.

3

圖2.14　林百克原文提到的 Choy Hung

　　歸根究柢，像林百克這樣一位沒有受過標準漢語發音訓練的外國人，很難用英文字母準確地拼寫出漢語名詞。例如，他把孫中山出生的村莊拼寫成Choy Hung。[40]（見圖2.14）

　　假如我們全都不知道孫中山出生的村落名字叫翠亨村；那麼，居住在香港普遍說白話的廣府人，看到林百克用Choy Hung這村名，很自然就會錯誤地聯想到九龍牛池灣的彩虹邨。又由於孫中山的兄長孫眉曾經在九龍牛池灣耕種，供養其母親楊太夫人於附近的九龍城，[41]一般人更會誤認淵源。在1950年代到1970年代，彩虹邨的知名度很高。[42]在這種情況下，不知情的香港人，很容易就會把林百克的Choy Hung誤作九龍牛池灣的彩虹邨。這個例子說明，我們不能把林百克用英文字母拼寫出來的漢語地名諸如Choy Hung、Kung Kun等，作為可靠的研究資料。[43]

　　究竟林百克所說的Kung Kun是什麼地方？羅香林心裏很清楚。在他出版《國父家世源流考》之前十年的1933年，他寫道：「Linebarger氏謂孫公自述，祖祠在東江Kung Kun，下一字為莞對音，上字當是Tung之誤，據其地望推之，當是東莞無疑。」準此，羅香林下結論說，徐植仁在翻譯Kung Kun一詞時「誤作龔公，非是」。[44]在那個年代，漢語拼音以十九世紀兩位英國人威妥瑪（Thomas Wade）和翟理斯（Herbert Giles）共同設計的方式為標準，稱為威妥瑪·翟理斯拼音法（Wade-Giles System，一般稱為威瑪妥拼音

40　Paul Linebarger, *Sun Yat-sen and the Chinese Republic*, p. 1 and passem.

41　馮自由：〈孫眉公事略〉，《革命逸史》（北京：中華書局，1981年重版），第二冊，頁1-9：其中頁7-8。

42　當時沒有海底隧道，也沒有獅子山隧道；九龍半島市區內，只有十四條公共汽車路綫。其中第5、9兩路從尖沙嘴碼頭出發，分別沿漆咸道和彌敦道等往彩虹（Choy Hung）；第13、14號兩路從佐敦道碼頭出發，分別沿彌敦道和上海街等往彩虹（Choy Hung）。彩虹之名，路人皆知。在1950年代後期，又有人編寫了一篇名叫「彩虹灣之戀」的小說，在當時唯一的娛樂電台——麗的呼聲——廣播，廣受歡迎，彩虹之名，更是不脛而走。1950年代，筆者居住在九龍牛池灣，對這一切都很清楚。

43　1950年代至1970年代，羅香林都居住在香港，面對這種情況，不知有何感想？他的感想如何，我們無法知道，但確知他在1954年於粉嶺郊寓修訂其《國父家世源流考》時，仍然堅持Kung Kun乃公館村。見羅香林：〈復版再跋〉，《國父家世源流考》（1954），頁59-60。

44　羅香林：《客家研究導論》（興寧：希山藏書，1933），頁274。希山藏書是一家作坊式的出版社。香港大學有藏是書，編號是羅211/33。

法）。按照該拼音法，K唸G，而T則唸D；以至「廣東」的英語音譯就成為Kuang Tung，[45] 至於「東莞」的英語音譯正是Tung Kuan。[46] 所以，1933年的羅香林認為Kung Kun的「下一字為莞對音，上字當是Tung之誤」，是猜對了。[47] 無奈到了1942年，羅香林為了提倡紫金說，就自食前言，轉而硬說Kung Kun即「公館背」，並把「公館背」說成是一條村。

　　隨着研究的深入，筆者發覺，早在其《國父家世源流考》於1942年12月出版之前的1942年7月，羅香林應該已經準確地了解到「公館」及「公館背」的意思。蓋1942年6月間，羅香林已就此函詢當時在粵北馬壩財政廳工作的溫濟琴。[48] 溫濟琴馬上函詢其紫金忠壩的鄉紳溫秀如。1942年7月3日，溫秀如等很清楚地函覆溫濟琴轉羅香林曰：「公館原名連升館，今既頹毀。」[49] 1942年7月23日，紫金忠壩的孫啓元（源）等，又已直接函覆羅香林曰：「公館係孫大食公練武場所，兼辦連升學校，故稱為公館。其背，孫家有祭祀田產，有墳數穴。」[50] 1942年12月20日，紫金忠壩孫啓元（源）等又函羅香林

45　而不是現代漢語拼音的 Guang Dong。

46　而不是現代漢語拼音的 Dong Guan。

47　筆者在1960年代後期唸大學和研究院時，西方學術界普遍採用威瑪妥拼音法（Wade-Giles System）。直至1971年中華人民共和國進入聯合國以後，北京設計的漢語拼音法，才慢慢被西方學術界採納。羅香林當學生的1920年代甚至以後執教的歲月，正是威瑪妥拼音法雄踞英語學術界的時期。他熟識地運用威瑪妥拼音法，理所當然。按羅香林1924年夏畢業於廣東省興寧縣興民中學，然後往上海就讀承天英文學校，他熟識地運用威瑪妥拼音法，理所當然。次年1月，考取吳淞國立政治大學。1926年夏，由上海政治大學考入北京國立清華大學經濟系，後轉歷史系。1930年夏以論文《客家源流考》畢業，獲文學士學位，留在清華研究院繼續深造，師從陳寅恪、顧頡剛，致力中國民族史、唐史和百越源流與文化研究，課外注重「搜集與客家有關的資料，尤其是閩粵贛客家各姓的族譜」及此前所出中外有關客家歷史、語言、風俗等著述。見鄒佩叢編著：《研究與辨析》，頁239-240：其中頁239。

48　「1937年，抗日戰爭爆發，我畢業後被分配到廣州市社訓總隊任教官。1938年廣州淪陷，我隨軍撤退到廣寧，後在馬壩財政廳工作」——溫濟琴：〈溫濟琴在紫金各界人士紀念孫中山誕辰一百二十周年大會上的講話，1986年11月12日〉，全文收錄在《紫金各界人士紀念孫中山誕辰一百二十周年會刊》（1986年12月編印），頁10-11：其中頁10。感謝紫金檔案館龔火生館長把該會刊複印後寄廣東省檔案館張平安副館長掃描後於2009年7月30日電郵筆者，該文全文又轉載於鄒佩叢編著：《研究與辨析》，頁459。

49　溫秀如等函覆溫濟琴，1942年7月3日，收入〈忠壩孫氏族譜節抄及有關文件〉（手稿合訂本），藏香港大學馮平山圖書館，編號：羅222/50。

50　孫啓元（源）等，又已函覆羅香林，1942年7月23日，收入〈忠壩孫氏族譜節抄及有關文件〉（手稿合訂本），藏香港大學馮平山圖書館，編號：羅222/50。

曰：「鼎標公之墳，係在公館背後。」[51]可惜羅香林對紫金忠壩各姓居民這三番四次回答其關於「公館」及「公館背」的查詢，[52]皆視而不見，堅決把「公館背」説成是「公館村」。

羅香林的第二項準則，是「國父故里所藏《列祖生歿紀念簿》所記十二世連昌公始居香山縣一史實」。[53]他能提出的唯一證據，正是紫金忠壩「《孫氏族譜》舊本。其譜所記一事，即十二世祖璉昌公」。[54]就是説，羅香林認為翠亨村的十二世祖孫連昌，與紫金的十二世祖孫璉昌，是同一人。現在，讓我們來評估羅香林為自己所樹立的第二項準則以及所得到的結論。

徵諸紫金忠壩《孫氏族譜》舊本，果然有下面具關鍵性的一句話：「十二世祖璉昌公，移居曾城，於後未知。」[55]羅香林認為這句話符合他預先樹立的第二項準則：那就是，在廣東省東江流域之內眾多孫氏族譜之中，若能找到有十二世祖孫連昌其人、而這位孫連昌同時又離開原籍他往者，這個人就是孫中山的祖先。但這個邏輯，哪怕在表面上也存在着三個問題：首先，紫金的孫璉昌與香山的孫連昌是否同一人？此「璉」是否即彼「連」？其次，「璉」的父親是孫鼎標，「連」的父親是孫瑞英，難道孫鼎標與孫瑞英又是同一人？孫鼎標逝世後，埋葬於紫金忠壩的水口。[56]孫瑞英逝世後，先埋葬於香山涌口；後移葬於香山翠亨村附近的譚家山。[57]難道兩座墳墓可以混為一談？又「璉」的母親是葉氏，「連」的母親是梁氏，難道葉氏等同

51　孫啓源等函羅香林，附訴訟一紙，1942年12月20日，收入〈忠壩孫氏族譜節抄及有關文件〉（手稿合訂本），藏香港大學馮平山圖書館，編號：羅222/50。

52　同上註。

53　羅香林：〈復版再跋〉，《國父家世源流考》（1954），頁59-60：其中頁59，第1-2行。

54　同上註，頁59，第4行。

55　忠壩孫氏族譜舊本，雍正七年（1729）孫宗麟等修，光緒二年（1876）孫見龍重修，1933年孫桂香三修。該譜藏香港大學馮平山圖書館，編號：羅700/14。又見〈忠壩孫氏族譜（節抄）〉，民國三十年〔1941〕八月三日抄於曲江子居，興寧羅香林識，〔蓋羅香林章〕，收入〈忠壩孫氏族譜節抄及有關文件〉（手稿合訂本），藏香港大學馮平山圖書館特藏部，編號：羅222/50。

56　忠壩孫氏族譜舊本，雍正七年（1729）孫宗麟等修，光緒二年（1876）孫見龍重修，1933年孫桂香三修。該譜藏香港大學馮平山圖書館，編號：羅700/14。

57　黃宇和三訪翠亨譚家山孫氏基群（共39穴）的〈調查報告〉（手稿）以及所拍照片，2006年3月28日、2006年12月4日和2008年9月26日。

梁氏？三者，紫金《孫氏族譜》只說孫璉昌「移居增城，於後未知」，並沒有說他移居香山。

在這種種疑團面前，羅香林仍堅稱此「璉」即彼「連」；又堅稱彼「連」從增城繼續西走而最後定居香山；更漠視孫鼎標不能等同孫瑞英，葉氏不能等同梁氏等等。這兩個堅稱與一個漠視，本來就談不上有絲毫邏輯。再加上先前邱捷所發現的「璉」、「連」出生前後相差了約半個世紀，[58] 則羅香林所採用第二項準則而取得的結論，更加缺乏說服力。

準此，羅香林所設計的兩項準則和提出的證據，都不能證明孫中山的祖籍是紫金。對於這種情況，羅香林當時應該心裏有數，但他還是勇往直前，提倡紫金說。為什麼？

最具關鍵性的問題是：究竟當時孫屋排所在的那條村落叫什麼名字？筆者終於查出來了：它當時叫「忠壩村」！[59] 因此，建築在孫中山祖籍是「公館村」的紫金說，再也沒絲毫根據。而道出這條村之名字的公文，在《國父家世源流考》出版前的1942年8月初，已經轉交羅香林了。[60] 但這並沒有促使羅香林改變初衷，他仍然堅持紫金說。

(ii)「紫金說」之華寵

若我們改變思路，不純粹從紫金這個角度考慮問題，而是從紫金忠壩《孫氏族譜》所提供的一條線索來思考，則別有洞天。羅香林追憶說：「由

58　邱捷：〈也談關於孫中山祖籍問題的爭論〉，廣州《嶺南文史》，1993年第4期，收入故居編：《家世》（2001），頁644-657：其中頁652。邱捷說孫璉昌曾參加過發生在1646年左右的鍾丁先起義，所據乃羅香林：《國父家世源流考》內吳鐵城、陳立夫等序和其他資料。至於孫連昌出生在1669年，邱捷則沒有提供註釋。徵諸孫滿編：《翠亨孫氏達成祖家譜》，可知確實如此。該譜收入故居編：《家世》（2001），頁12-28：其中頁16。

59　溫秀如等覆溫濟琴，1942年7月3日，最後一段；附於溫濟琴覆羅香林，1942年8月5日，第10項；收入〈忠壩孫氏族譜節抄及有關文件〉（手稿合訂本），藏香港大學馮平山圖書館，編號：羅222/50。下文將全文轉錄此件，以觀全豹。詳見本文第（三）（iv）節。由於人口迅速膨脹，到了2008年1月8日筆者到該地考查時，所見皆密密麻麻的房子，過去的忠壩村已經升格為忠壩鎮，孫屋排就在鎮政府辦公大樓附近。

60　溫濟琴覆羅香林，1942年8月5日；附上溫秀如等覆溫濟琴，1942年7月3日；收入〈忠壩孫氏族譜節抄及有關文件〉（手稿合訂本），藏香港大學馮平山圖書館，編號：羅222/50。

新發現之忠壩《孫氏族譜》，更可上溯其先世，原居河南陳留。自唐末黃巢變亂，有孫誗公者，南下平亂，遷江西寧都，以功受封為東平侯。」[61] 所據乃紫金忠壩《孫氏族譜》舊本當中、「重修孫氏族譜序」裏面的一句話；「怠及誗公，族眾曰伯將公，因唐末黃巢變亂，以公才武，選為伯將，引兵游於閩越江右之間，遂定居於虔州虔化縣，即今贛州寧都是也。以功受封為東平侯。」[62]

　　這可是關鍵性的一句話。若倡議孫中山之祖籍是紫金，那麼作為翠亨孫氏《列祖生歿紀念簿》後人的孫中山，馬上就從極為平凡的農家子弟，搖身一變而成為東平侯的傳人，貴冑的後裔了。

　　按紫金忠壩《孫氏族譜》，初修於雍正七年 (1729)，當時所寫的〈孫氏族譜·序〉，隻字沒提孫誗其人。在描述其唐代祖先時，只輕輕帶過地說：「至隋唐由宋元之時，祖何僅兄弟，魁元登仕冊，擢高科，亦不勝舉。」接着，該譜重修於光緒二年 (1876)，而當時所寫的〈重修孫氏族譜·序〉，才首次提到唐代東平侯孫誗。[63] 由此可見，孫誗這個名字是重修該譜時，才被加進去的。

　　名字可以加進去，但獨力負責重修紫金《孫氏族譜》的孫見龍，卻無法一世接一世地上溯到江西寧都的孫誗，而只是在序言中泛指其祖先之中有東平侯孫誗其人。羅香林怎可以單憑紫金〈重修孫氏族譜·序〉裏面的片言隻字，就一口斷定孫中山的祖先是孫誗？

　　紫金〈重修孫氏族譜·序〉，武斷地把孫誗加進其祖先行列這種現象，讓筆者聯想到中山大學人類學系黃淑娉曾對筆者說過的話：「過去編族譜，往往為自己家族的祖先找一個顯赫的家世，其實查無實據。」[64] 復旦大學中國歷史地理研究所所長葛劍雄在總結他的研究經驗時也說：「一般的家譜都要找出一位烜赫的祖宗，不是帝王、聖賢，就是高官、名人，甚至要追溯到

61　羅香林：〈復版再跋〉，《國父家世源流考》(1954)，頁59-60：其中頁59，第7-8行。

62　見羅香林文書〈忠壩孫氏族譜節抄及有關文件〉（手稿合訂本），藏香港大學馮平山圖書館特藏部，編號羅222/50。

63　忠壩孫氏族譜舊本內封，雍正七年（1729）孫宗麟等修，光緒二年（1876）孫見龍重修，1933年孫桂香三修。該譜藏香港大學馮平山圖書館，編號：羅700/14。

64　黃宇和採訪黃淑娉（1930年8月生），2008年1月28日。

三皇五帝。」[65]後來筆者接觸到各方各面的族譜的數量大增，結果亦是深有同感。準此，竊以為紫金孫氏宗族自稱是孫詗後人，不必大驚小怪。但從嚴謹的歷史考證角度看問題，則族譜序言當中，高攀達官貴人的片言隻字，實在不能當真。

　　究竟羅香林是如何發現紫金《孫氏族譜》者？他的文書當中有紫金縣長李蔚春的一封信，提供了線索：

> 香林教授吾兄大鑒：弟前月奉令入川受訓。畢業後返縣，奉惠書敬悉。一是承囑調查孫總理上世源流一節，經派委員前往縣屬忠壩向孫氏族人調查，並索閱該族族譜。足以證明孫公確係由紫金忠壩遷出。茲將調查所得先行轉[66]上，敬希查閱。又弟出席八月一日行政會議，本午始抵曲江，現寓互勵社503號房。孫氏族譜抄本亦已帶來。如吾兄來韶之便，乞用電話通知，以便趨訪。匆匆奉覆，順頌
>
> 教祺
>
> 　　　　　　　　　　　　　　　　　　弟李乙蔚
>
> 　　　　　　　　　　　　　　　　　　七、二十九。[67]

　　該信沒有寫上年份。但羅香林後來節抄該族譜時注明是民國三十年

65　葛劍雄：〈家譜：作為歷史文獻的價值和局限〉，《歷史教學問題》，1997年第6期，頁3-6：其中頁3。感謝香港中文大學的黎耀強先生找出該文擲下。

66　這個「轉」字，在全篇手稿之中是最難識別的。我請教過多位專家，均束手無策。2008年6月19日，承香港大學馮平山圖書館的張慕貞女士熱誠幫忙，建議是「敷」字，以成語中有「敷陳」之詞，意思是把不完整的調查結果先行報告。她拿出臺灣藝文印書館編：《草書大詞典》（臺北：藝文印書館，1964）查「敷」字，似乎有點相似。但竊以為李蔚春並非把自己的調查結果向羅香林「敷陳」，只是把下屬的調查結果呈羅香林，故對「敷」字仍有保留。同日黃昏向蕭滋先生請教，飯席間不斷推敲，終於蕭滋先生認為是「轉」字。這符合該信之上文下理，返澳後徵諸《草書大詞典》，則該書下冊第1418頁所複印的「凝式」手蹟，與之極為相近，故決定乃「轉」字。

67　李蔚春函羅香林，〔1941年〕7月29日，收入〈忠壩孫氏族譜節抄及有關文件〉（手稿合訂本），藏香港大學馮平山圖書館特藏部，編號：羅222/50。至於該信的具體年份，見下注之考證。

八月三日（1941年8月3日）開始動筆節抄，[68] 如此則可知李蔚春寫信的日期是
1941年7月29日。

　　把李蔚春的信以及所附之調查報告一起分析，可知羅香林最初寫信給李
蔚春時，曾明確要求他派員到指定之地點——忠壩孫屋排——調查並索取孫
屋排居民的族譜。這一點顯示羅香林早已聞知居住在忠壩孫屋排之孫氏族譜
有十二世祖孫璉昌其人。否則紫金縣那麼大，而散居紫金縣各地的孫氏家族
又那麼眾多，要找一位名為孫璉昌的故人，猶如大海撈針，李蔚春也不會答
應幹這傻事。同時，羅香林很可能開宗明義就說明，若忠壩孫屋排之孫氏族
譜註明十二世祖孫璉昌曾遷往外地居住，此人必定就是國父的祖先無疑。難
怪李蔚春看過該族譜後，就言之鑿鑿地說，該族譜「足以證明孫公確係由紫
金忠壩遷出」。[69]

　　至於羅香林從哪裏早就知該族譜之中有十二世祖孫璉昌其人，則他自言
為了逃避日本侵略軍，而於1938年就遷往雲南的中山大學，在1940年9月又
從雲南遷回廣東北部的曲江（當今的具體位置是韶關市樂昌縣坪石鎮[70]）。羅
香林返校授課，唯「山村講授，如漢初經生，失其本經，口以傳習。香林懼
訛偽失實，乃與所授學生，倡史蹟考訪，與資料蒐索」。[71]

　　2009年12月24日，筆者前往韶關市樂昌縣坪石鎮坪石陳家坪鐵嶺山中山
大學抗戰時期臨時校舍文學院遺址實地考察，則時至今日，仍深覺其荒涼與
落後。村民禁不住向筆者投訴，當地在山野間，種植的多是番薯，抗戰時突
然來了大批師生，吃不飽，學生就在夜闌人靜之際，偷偷挖村民的番薯吃。
在這樣的環境，哪來書籍？也虧得羅香林想到史蹟考訪與資料蒐集這主意，
並用以訓練學生。

　　羅香林發動學生訪查蒐集各類族譜之餘，就曾聽一位來自紫金忠壩的學

68　「忠壩孫氏族譜（節抄），民國卅年〔1941〕八月三日抄於曲江子居，興寧羅香林識，
　　〔蓋羅香林章〕」，收入〈忠壩孫氏族譜節抄及有關文件〉（手稿合訂本），藏香港大學馮
　　平山圖書館特藏部，編號：羅222/50。

69　李蔚春函羅香林，〔1941〕7月29日，收入〈忠壩孫氏族譜節抄及有關文件〉（手稿合訂
　　本），藏香港大學馮平山圖書館特藏部，編號：羅222/50。

70　見鄒佩叢：〈羅香林的繼續調研〉，載鄒佩叢編著：《研究與辨析》，頁178-179；其中
　　頁179。

71　羅香林：〈國父家世源流考跋〉，《國父家世源流考》（1954），頁57-58；其中第四段。

圖2.15 樂昌縣坪石鎮坪石陳家坪鐵嶺山中山大學抗戰時期臨時校舍文學院遺址
（2009年12月24日）

圖2.16 樂昌縣坪石鎮中山大學抗戰時期臨時校舍大禮堂石柱（2009年12月24日）

圖2.17　樂昌縣坪石鎮中山大學抗戰時期臨時校舍在三星坪的理工學院遺址
　　　　（2009 年12月24日）

生溫濟琴説過，家鄉曾有位武師孫大食聚眾抗清，結果敗走他方。[72] 羅香林
很可能因此進而聞知紫金忠壩孫屋排之孫氏族譜的大概，[73] 於是點名要求看
該族譜。

羅香林在1941年8月1日拿到該族譜，[74] 於1941年8月3日開始節抄，[75] 並
很快就通知中央通訊社。結果「自民國三十年九月六日（即1941年9月6日），
中央通訊社桂林分社，發表關於余新近發現國父上世譜牒一專電消息後，各
地報紙悉為揭載。」[76] 浙江《東南日報》轉了中央通訊社所發表的羅文以
後，即派記者至江西寧都考察，並在「該縣南門外直街孫世通家，借閱其第
八修與第十一修各族譜」，結果發現該譜果然提到孫誗其人。[77]

這種現象，讓筆者聯想到黃淑娉的另一句話：「編族譜，常有從其他地
方同姓的族譜中抄襲的現象。」[78] 看來紫金忠壩的孫見龍，在重修其《孫氏
族譜》時，很可能抄襲了江西寧都《孫氏族譜》有關孫誗的記載。

但是，歷史上是否真有孫誗其人？若孫誗是虛構的，那麼羅香林儘管提
倡了紫金説，也不能證明孫中山是貴胄出身。其次，即使歷史上真有孫誗其

72　溫濟琴：〈溫濟琴在紫金各界人士紀念孫中山誕辰一百二十周年大會上的講話，1986年
　　11月12日〉，載《紫金各界人士紀念孫中山誕辰一百二十周年會刊》（1986年12月編
　　印），頁10-11：其中頁10第4段。

73　對於其中過程，羅香林有如下描述：「余於紫金孫氏之源流及現狀，自民國二十二年以
　　後，即甚注意。嘗以東返之便，親往忠壩調查，並向國立中山大學紫金籍學生詢問一切。
　　惟初無結果。二十七年復囑中大助教紫金人郭溫敬君，為致函紫金各界，詳為調查，亦無
　　所獲。蓋以紫金孫族，僻居山地，訪問實甚難也。直至友人李蔚春先生為紫金縣長，始得
　　查出忠壩孫氏之現狀，及其與國父上世之關係。」羅香林：《國父家世源流考》（重慶：
　　商務印書館，1942年12月初版），頁49，註4。以後簡稱羅香林：《國父家世源流考》
　　（1942）。羅香林這種説法，似乎倒果為因。

74　「本年（民國三十年）八月一日，紫金縣長李蔚春先生，至曲江出席廣東省行政會議，始
　　克將其所借得之忠壩孫氏族譜舊抄本攜出相示」。羅香林：《國父家世源流考》（1942），
　　頁49，註5。

75　「忠壩孫氏族譜（節抄），民國卅年〔1941〕八月三日抄於曲江子居，興寧羅香林識，
　　〔蓋羅香林章〕」，收入〈忠壩孫氏族譜節抄及有關文件〉（手稿合訂本），藏香港大學馮
　　平山圖書館特藏部，編號：羅222/50。

76　羅香林：《國父家世源流考》（1942），頁50，註9。

77　同上註。該記者用「留爪」的筆名發表了題為〈國父世系考〉一文。該文剪報藏臺北
　　中國國民黨中央黨史館，編號030/176。該文又轉載於鄒佩叢編著：《研究與辨析》，
　　頁189-190。

78　黃宇和採訪黃淑娉（1930年8月生），2008年1月28日。

人，但若並非貴胄，那麼羅香林儘管提倡了紫金説，仍屬徒勞。於是，羅香林求證於江西通志館館長吳宗慈。1941年11月4日，吳宗慈覆曰：

> 香林先生史席：奉十月廿八日手書，關於國父世系源流考，具悉梗概。現派專員調查其族譜墓地等，尚未蕆事。茲先略覆大概如後：
>
> 初以為孫訒之後，第一步即遷廣東循州等地。第二步再遷香山。今接來函，則有由虔化先遷閩，再由閩遷粵之一段史實。容函探訪員，再據此詳為調查。據已查得之譜系志，將由虔化遷居各地之記載，抄奉其詳，當再及也。
>
> 訒公之子侯房，遷江西雲都〔即寧都〕青塘等處。
>
> 訒公之子伯房之第四世曰承事者，譜載其後裔今居福建汀州河田。
>
> 訒公之子伯房之第七世曰十九秀才者，老譜載今居廣東循州者為其後裔。
>
> 訒公之子伯房之第五世曰四郎者，即老譜載遷居浙江餘姚。
>
> 又第六世曰宣教者，譜載其子孫俱遷餘姚。
>
> 訒公之子子房之第九世曰七郎者，徙居雲城〔即雲都，又即寧都〕南山下。
>
> 訒公之子男房之第六世曰大貢員致純者，宋寶慶四年舉人，遷徙廣東韶州。
>
> 孫姓譜載其子孫由虔化再徙居他處者止此。而由閩再遷粵，祇伯房第四世承事一支。
>
> 孫訒之墓，今尚在。亦有祠。傳今祀張巡之廟，即孫訒之東平侯廟，然無確據。譜有孫訒像，有東坡贊。核其文，似非宋文，並不似東坡文，疑偽品。餘續詳覆，頌
>
> 撰安不一。
>
> 　　　　　　　　　　　　　　　　　　弟吳宗慈拜啟
> 　　　　　　　　　　　　　　　　　　十一月四日。[79]

79　吳宗慈函覆羅香林，〔1941年〕11月4日，收入〈忠壩孫氏族譜節抄及有關文件〉（手稿合訂本），藏香港大學馮平山圖書館特藏部，編號：羅222/50。我把此函年份酌定為1941年，是因為羅香林如此說，見其《國父家世源流考》（重慶：商務印書館，1942年12月初版），頁50，註20。

　　由此可知確有孫誗其人，因為既有墓，也有祠等實物為證。至於他曾否被冊封為東平侯，則查無實據。而且把祭祀張巡之廟，傳為孫誗之東平侯廟，是誰散播的傳言？譜有孫誗像，此像是否真實（見下文）？至低限度譜中聲稱之所謂蘇東坡讚揚孫誗像之文章，吳宗慈認為「似非宋文，並不似東坡文，疑偽品」。

　　筆者同意吳宗慈的判斷，且看這篇所謂東坡讚的水平：

才全文德武備乾剛
兵平閩越屯鎮虔邦
不疾終於桂竹之陽
英靈顯於太平之鄉
廟貌如故至今闡揚
禦災捍患無求不應
護國保民有禱必祥
千枝萬流世代榮昌[80]

　　如此鄙陋不堪的坊間劣品，怎會出自蘇東坡之手？這使筆者再一次想起葛劍雄長期研究家譜所得出的結論：「很多家譜都有名人所作序跋，但仔細分析，其中相當大一部分都是假托偽造的！」[81]

　　羅香林把吳宗慈的覆函收錄在其《國父家世源流考》，但略去「譜有孫誗像，有東坡讚。核其文，似非宋文，並不似東坡文，疑偽品」等考證結論。如此這般，羅香林就把否定寧都《孫氏族譜》有關孫誗記載之可靠性的一份調查報告，變成一份肯定東平侯孫誗後人曾移居閩粵的文獻，並在這基礎上著書立說，以證明孫中山是孫誗的後裔。

　　江西寧都《孫氏族譜》的編纂人，為其祖先孫誗繪了一幅東平侯像、然

80　江西寧都《孫氏族譜》，轉載於孫燕謀編纂：《香山縣左埗孫氏源流考》（無出版社，1994年印刷）。

81　葛劍雄：〈家譜：作為歷史文獻的價值和局限〉，《歷史教學問題》，1997年第6期，頁3-6：其中頁5。

後把它收進族譜這種現象，讓筆者聯想到2008年1月9日，在廣東紫金縣城參觀新修復劉氏宗祠時所見所聞：劉氏宗親在祠裏左廂房圖文並茂地介紹漢高祖劉邦（公元前206－前195在位），把劉邦的繪畫像，以及漢朝歷代君王的繪像，按時間先後排列並介紹其生平，讓筆者瞠目結舌。歷代漢皇，果真是如此模樣？漢朝的每一個朝代都曾有人先後為他們寫真？但察紫金劉氏宗親之目的，明顯地是要把紫金劉氏追溯到漢高祖，以抬高自己的身價。可惜紫金劉氏宗親同樣沒法列出世系表，以證明其宗族是劉邦嫡傳。[82] 但紫金劉氏要比寧都孫氏藝高一籌，因為歷代漢皇的確曾做過皇帝，但孫訶曾否當過東平侯，則查無實據。

　　竊以為吳宗慈若進一步考證該江西寧都《孫氏族譜》，會發覺更多破綻：例如其中提及之「宋寶慶四年舉人」，[83] 則宋理宗在寶慶三年（1228年）即駕崩，歷史上並無宋寶慶四年之年號。[84]

　　此外，江西寧都《孫氏族譜》沒有說明孫訶來自何方，但羅香林原籍廣東省興寧縣，則其中有個地方叫官田的孫氏家族也編有《孫氏族譜》，並言之鑿鑿地說孫訶「原居汴梁陳州」。[85] 對於這個「汴梁陳州」，羅香林的詮釋可圈可點。他寫道「陳州素不屬汴梁」，把官田《孫氏族譜》編者的無知，暴露無遺。但羅香林馬上為其補救說：「此當為陳留之誤」。在這個基礎上，羅香林下結論說：「是忠壩孫氏，其先蓋宅居陳留。至唐末始以黃巢之亂，徙居寧都。」[86] 如此東拼西湊的結果，就是讓孫中山家世更上一層樓：由江南貴冑之後裔，擢升為中原貴冑之後裔。

　　在此，羅香林好像在為孫中山編家譜。復旦大學的葛劍雄教授寫道：一般編家譜的人都要找出一位煊赫的祖宗，但由於這些古代貴人，「基本都出在北方的黃河流域，要使本族、特別使不在黃河流域的家族與這些先祖聯繫

82　黃宇和：〈紫金調查報告〉（手稿），2008年1月9日。

83　見吳宗慈函覆羅香林所引該譜片斷，〔1941年〕11月4日，收入〈忠壩孫氏族譜節抄及有關文件〉（手稿合訂本），藏香港大學馮平山圖書館特藏部，編號：羅222/50。

84　徵諸薛仲三、歐陽頤合編：《兩千年中西曆對照表》（上海：商務印書館，1961），頁246。

85　廣東興寧官田《孫氏族譜》，轉載於羅香林：《國父家世源流考》（1942），頁16。

86　羅香林：《國父家世源流考》（1942），頁16。

起來，就只能編造出一段遷移的歷史。」[87]

　　羅香林這樣做之目的是什麼？

　　從他接下來所採取的行動，可見一斑：他在1941年12月1日完成了《國父家世源流考》初稿後，[88] 很快就把書稿呈孫中山的兒子、當時任立法院長的孫科，並請其賜序。

　　孫科閱後，大為讚賞，並於1942年5月5日欣然賜序。[89] 他劈頭就說：「羅君深治史學，探究國父家世源流，且十年矣。所闡發，皆明確。」可謂推崇備至。更有趣的是，孫科馬上接着寫道：「或有以譜乘世系，多侈言祖先華寵，不足深究而幾研之者，是不知世系研究有其重要意義與嚴密法則也。」如此這般，孫科把羅香林的弱點（所用的史料屬不足深究而幾研之者），說成是羅香林的強項（讚羅香林的法則嚴密）。在快要結束該序時，孫科更表揚羅香林「貢獻實鉅」，其書「誠賅矣備矣」。[90] 準此，孫科推崇紫金說。

　　有趣的是，在此十年前的1932年9月，中國國民黨黨史委員會所編印的《總理年譜長編初稿》，[91] 記載了翠亨村孫氏先祖的遷徙過程是：「……浙江杭州—南雄珠璣巷—東莞員頭山—〔東莞〕上沙鄉—香山涌口—左沙頭—逕仔—翠亨」。其中隻字沒提紫金，孫科看後，沒有異議。於此可見，當時他是同意東莞說的。接着在1933年，《總理年譜長編初稿各方簽注彙編》一書出版了。該書是對《總理年譜長編初稿》內容進行審定、從而簽注意見

87　葛劍雄：〈家譜：作為歷史文獻的價值和局限〉，《歷史教學問題》，1997年第6期，頁3-6：其中頁3。

88　羅香林：《國父家世源流考》（1942），頁52自署落款。

89　該序收入羅香林：《國父家世源流考》（1942），諸序言部分。據說孫科的侄子（孫眉的孫子）孫滿，在1982年回憶說：「先叔在世時，祝秀俠因事謁見，談話中曾論及此序是否親撰？哲公答係羅香林送原稿請渠簽名而已；又問吳鐵老，亦復如此。」見孫滿口述，祝秀俠筆記：〈恭述國父家世源流〉，載臺北《廣東文獻》，第12卷，第4期（1982年12月31日），頁30-33：其中頁32：轉載於故居編：《家世》（2001），頁86-92：其中頁90。上述所謂孫滿的話的記錄方式，有點奇怪；它不在孫滿談話的正文，而是由記錄人祝秀俠，用括號的方式，加進祝秀俠他本人的話。究竟這是孫滿的原意，還是祝秀俠的意思？無論如何，該序以孫科的名義發表了，序裏的每一個字，都責無旁貸。

90　孫科：「序」，1942年5月5日，載羅香林：《國父家世源流考》（1942）（1954）。

91　承李雲漢先生賜告，該稿乃油印本。正因為當時還沒有定論，才稱之為稿。見李雲漢在中研院近史所筆者的學術報告討論會的發言記錄，2009年7月3日下午1500-1700時。

的權威性資料，孫科的簽注文字被全部收入，而孫科僅將錯誤的「左沙頭」改成正確的「左埗頭」，[92]並無其他任何異議；於此又可見當時他仍然同意「東莞說」。但1942年5月5日，孫科在看過羅香林呈他的書稿之後，就寫序推崇羅香林所倡議的「紫金說」。為什麼？雖然孫科深知「譜乘世系，多侈言祖先華寵，不足深究而幾研之」。又雖然孫科深知羅香林的「紫金說」是把紫金《孫氏族譜》、寧都《孫氏族譜》、興寧《孫氏族譜》等東拼西湊而成，但這拼湊的結果是侈言孫中山的先祖是唐代那位來自陳留的東平侯孫訶，孫科就顧不得他自己曾為《總理年譜長編初稿各方簽注彙編》所做的簽注以證明孫中山的祖先來自東莞，反而贊同「紫金說」。

再後來在1948年，孫科又為東莞上沙孫氏家族題詞曰：「國父先代故鄉」；以行動來支持「東莞說」。上沙孫氏將孫科題詞刻在上沙車站之茶亭以及村口「中山大道」牌坊之上。[93]該牌坊在1960年代文革期間，被紅衛兵以破四舊為名，毀掉了。茶亭亦於1981年修建廣深公路時拆毀。唯2008年12月19日筆者往上沙實地調查並到孫衍佳先生府上拜訪他時，蒙他出示他多年以來珍藏的該茶亭照片，並慨賜看來是該牌坊繪圖的照片，皆孫科同意東莞說的明證。[94]而上沙村民更把此明證刻於碑記中：「今孫院長題書石坊，曰『國父先代故鄉』者，亦即其樂稱本源云爾。」[95]

鄧小平改革開放後，東莞經濟高速發展，上沙村富裕起來後，深盼重建村口「中山大道」牌坊，並在牌坊上重新刻上孫科「國父先代故鄉」之題詞，於是找出原來牌坊之建築模型做參考（見圖2.18）。後來終於重建而成之牌坊卻不採孫科題詞，橫額改為「孫中山先生先代故鄉」（見圖2.19），就失掉歷史意義了。

但是，在孫科為上沙村題詞之前六年的1942年5月5日，孫科在看過羅香

92　孫科為東莞上沙車站的茶亭題詞，1947年；見故居編：《家世》（2001），頁81暨相關註釋，以及頁220-221。

93　邱捷函香港《明報月刊》，1986年12月8日，刊於鄒佩叢編著：《研究與辨析》，頁456-457：其中頁457。

94　黃宇和：〈上沙調查報告〉（手稿），2008年12月19日。筆者當場請隨行的翠亨村孫中山故居紀念館李寧館員拍照，以便該館也有一份電子檔存案。

95　上沙村民在1948年5月修建完成的車站茶亭——樂安亭——所立碑記，照片藏香港上沙同鄉會，全文轉載於於鄒佩叢編著：《研究與辨析》，頁254。

圖2.18 孫科1948年題詞「國父先代故鄉」牌坊模型（東莞上沙鄉孫衍佳先生供圖，
2008年12月19日）

圖2.19 當今東莞上沙村村口牌坊（李寧攝，2008年12月19日）

林的書稿之後，就寫序推崇羅香林所倡議的紫金說。

更有趣的是，孫科深知「譜乘世系，多侈言祖先華寵，不足深究而幾研之」。[96]唯一旦在1942年羅香林根據紫金《孫氏族譜》、寧都《孫氏族譜》、興寧《孫氏族譜》等，而提出唐代那位來自陳留的東平侯孫訽是孫中山祖先時，孫科就不顧族譜「多侈言祖先華寵」，也不顧他自己曾為《總理年譜長編初稿各方箋注彙編》所做的箋注以證明孫中山的祖先來自東莞，反而贊同「紫金說」，後來在1948年又為東莞上沙「國父先代故鄉」之詞，以行動來支持「紫金說」。

同樣有意思的是：鄒魯、吳鐵城、陳果夫等相繼為羅香林的書稿撰寫序言。蔣中正、張繼、于右任等先後為該書題署。這些都是當時的黨國要人，[97]為了一本正文只有五十六頁、倡紫金說只有八頁的小冊子，卻擺出如此陣容，可謂空前。接着教育部擢昇羅香林為教授，中央黨部又委任他為文化專員，[98]奉中樞電令赴重慶服務。[99]接着教育部全國學術審議會決定把羅著「送請吳稚暉先生審查」，[100]結果該書榮獲「教育部學術審議會民國三十一年度學術發明獎金」。[101]羅香林有生以來，可從未享受過如斯華寵。他為什麼撰寫《國父家世源流考》？

（iii）羅香林為何撰寫《國父家世源流考》？

首先，讓我們探索為何1942年國民政府的黨國要人，包括孫中山的兒子孫科，如此隆重地推介羅香林那本查無實據的《國父家世源流考》？

96　孫科：〈序〉，1942年5月5日，載羅香林：《國父家世源流考》（1942）(1954)，第一段。

97　當時蔣中正是黨國首領，吳鐵城是國民黨黨中央秘書長，協助陳果夫主持國民黨中央黨務。

98　趙令揚：〈香港史學家羅香林教授傳〉，載馬楚堅、楊小燕主編：《羅香林教授與香港史學：逝世二十周年紀念論文集》（香港：羅香林教授逝世二十周年紀念學術研討會籌備委員會，2006），頁10-15：其中頁12。

99　何廣棪：〈羅香林教授事略〉，載馬楚堅、楊小燕主編：《羅香林教授與香港史學：逝世二十周年紀念論文集》，頁16-17：其中頁16。

100　羅香林：〈復版再跋〉，載羅香林：《國父家世源流考》(1954)，頁59。

101　羅香林：《客家史料彙編》（香港：中國學社，1965），頁34。

有一條線索可供參考。在羅香林的文書當中，有如下一封信：

香林吾兄鑒：奉校座諭，寄上鄧函及鄧著「羅香林著：《國父家世源流考》正誤」。校座並言：「此事昨晤哲生先生，伊謂『鄧實糊塗。余十二世祖與紫金者相同其名字，竟稱偶合。且孫氏無祖祠，不能強余認翠亨村之其他孫氏宗祠為余祖祠也。』希為文駁斥，並逕就正哲生先生」。耑此奉達，祇頌
勳祺[102]

> 弟丘式如敬啟
> 〔1944年〕8月10日
> 鄧稿用後寄回

寫信人丘式如，是鄒魯的秘書。[103] 信中提到的校座，竊以為正是鄒魯本人，因為他是廣州市中山大學創校校長，任校長十餘年後，才於1940年6月呈辭。他的秘書稱呼他為校座，順理成章。事緣《國父家世源流考》出版後，中國國民黨中央黨史委員會的鄧慕韓撰稿正誤，並把該稿附在他寫給鄒魯的信，又建議鄒魯通知羅香林自動停止出版、宣告錯誤。[104]

信中提到的哲生先生，正是孫科。孫科斥鄧慕韓糊塗，表面上是責其在此「璉」與彼「連」的問題上喋喋不休，骨子裏是罵他缺乏政治智慧。的確，作為歷史工作者，鄧慕韓當然把捍衛歷史的準確性視為神聖目標。但作為政治人物，孫科首先考慮的是《國父家世源流考》的政治影響。

至於鄒魯，他曾當過中山大學的校長。作為大學校長，他當然贊成學術必須有確實的標準。但他同時也是中國國民黨中央執行委員會的常務委員，長期在政壇上打滾。1925年3月12日孫中山快逝世時，他與孫科等是孫中山

102　丘式如函羅香林，〔1944年〕8月10日，收入〈忠壩孫氏族譜節抄及有關文件〉（手稿合訂本），藏香港大學馮平山圖書館特藏部，編號：羅222/50。

103　見羅香林：〈國父家世源流再證〉，原載羅香林：《客家史料彙編》，轉載於故居編：《家世》，頁341-348：其中頁345，註2。

104　鄧慕韓函海濱盟長〔鄒魯〕，〔1943年〕7月27日，收入〈忠壩孫氏族譜節抄及有關文件〉（手稿合訂本），藏香港大學馮平山圖書館特藏部，編號：羅222/50。

在「總理遺囑」上簽名的見證人。他優先考慮的，同樣是《國父家世源流考》的政治影響。

至於該書的政治影響，則與那位替孫中山起草「總理遺囑」的汪精衛有密切關係。

汪精衛是國民黨元老，1905年7月在東京謁見孫中山，加入同盟會，參與起草同盟會章程。8月被推為同盟會評議部評議長。後以「精衛」的筆名先後在《民報》上發表〈民族的國民〉、〈論革命之趨勢〉、〈駁革命可以招惹瓜分說〉等一系列文章，宣傳孫中山的三民主義思想，痛斥康有為、梁啟超等的保皇論，受到孫中山的好評。1910年1月，汪精衛在北京暗中策劃刺殺攝政王載灃，事敗被捕。1912年1月1日，孫中山的臨時大總統就職宣言，是汪精衛按孫中山囑咐而代為起草的。1925年2月孫中山病危時，汪精衛又受命記錄孫的遺囑。孫逝世後，汪精衛以孫中山忠實信徒的姿態出現。同年6月26日，汪精衛主持召開國民黨中央政治會議，將國民黨的最高行政機關改稱國民政府。同年7月1日，國民政府正式成立，汪精衛當選為國民政府常務委員會主席兼軍事委員會主席，權重一時。在後來的權力鬥爭中，由於蔣中正掌握了軍權，汪精衛只能屈居其副。長期積下來的怨憤，終於在1938年12月8日爆發。當天，汪精衛秘密離開抗日戰爭時期的臨時首都重慶，潛赴越南的河內。同月29日，當他仍在河內的時候，就通過香港通電全國，表示「抗戰年餘，創巨痛深，倘猶能以合於正義之和平而結束戰事，則國家之生存獨立可保，即抗戰之目的已達」。如何達到此目的？他建議：善鄰友好、共同防共、經濟提攜，以此奠定中日兩國永久和平之基礎。1940年3月30日，汪偽國民政府在南京正式成立，汪任「國府主席」兼「行政院長」。繼而展開「新國民運動」和「清鄉運動」，向淪陷區民眾灌輸其賣國思想，以消除人們的抗日意識和在心理上對傀儡政權的抵觸。由於汪精衛在國民黨的身份很高，又曾長期以孫中山忠實信徒的姿態出現，他的投日對中國的抗日戰爭造成了無法估量的打擊，光是在軍事上，汪偽集團就策反了近百萬國軍。[105]

105　關於汪精衛的傳記，見聞少華：《汪精衛傳》（長春：吉林文史出版社，1988）；黃美真：《汪精衛集團投敵》（上海：上海人民出版社，1984）。

　　國民政府對汪偽國民政府之成立的反應，就是在兩天之後，即1940年4月1日，通令全國尊稱孫中山為中華民國國父。[106]察其目的，顯而易見是要抗衡汪精衛那自命為孫中山忠實信徒的形象，並以此表示重慶的中央黨部而不是南京的偽中央黨部，才是孫中山的真正繼承者。

　　在這關鍵時刻，羅香林大約在1942年4月，把其書稿呈孫科，並聲稱國父的祖先是唐朝的中原貴冑，其十二世祖孫連昌曾參加過明末抗清義舉。對重慶國府來說，這可是及時雨、不可多得的宣傳材料，符合當時緊急的政治需要，國府可藉此大事宣揚一番，表示重慶國府極為尊重孫中山，重慶國府才是孫中山的真正繼承者。難怪黨國要人紛紛賜序題詞，以壯聲威。不單如此，考慮到當時羅香林在學術界還沒有什麼地位，[107]人微言輕，於是教育部把他擢昇為教授，大大地增加了快要出版之《國父家世源流考》的份量。中央黨部又召他到重慶，委為文化專員，巡迴演講國父的光明偉大、中華民族的悠久歷史等，為抗日戰爭打氣。[108]

　　讓筆者把當時錯綜複雜的要事列表，便可一目瞭然：

表2.1《國父家世源流考》出版前後大事記

19	月	日	要　　事
38	10	21	廣州淪陷。為了避難而在這之前，廣州市中山大學遷滇。
38	12	29	汪精衛在河內發出其賣國投敵豔電，抗日士氣遭沉重打擊。
39	09	01	中山大學自滇轉遷粵北曲江，羅香林前往復課，廣求族譜。
40	03	30	汪偽國府在南京成立，訛稱汪精衛乃孫中山嫡傳弟子。

106　國民政府1940年4月1日渝字第319號訓令，載《國民政府公報》渝字第245號（重慶：國民政府文官處印鑄局，1940年4月3日），頁11。轉載於《國父年譜》（1985），下冊，頁1305。其實，早在1925年孫中山逝世之際，各地悼念活動已經廣泛使用「國父」一詞，只是尚未變成正式官方封號而已。見李恭忠：《中山陵：一個現代政治符號的誕生》（北京：社會科學文獻出版社，2009），頁346-350。

107　羅香林當時的學術地位，從其岳父朱希祖教授寫給朱倓（羅香林的夫人）的一封信，可見一斑。該函收入羅香林《乙堂函牘》，第81冊，藏香港大學馮平山圖書館，編號：羅110/81。筆者會在下文引述該信，敬請讀者留意。

108　趙令揚：〈香港史學家羅香林教授傳〉，載馬楚堅、楊小燕主編：《羅香林教授與香港史學：逝世二十周年紀念論文集》，頁10-15；其中頁12。

（續上表）

40	04	01	為抗衡汪偽訛稱，國府通令全國尊稱孫中山為國父。
41	07	29	李蔚春函羅香林，謂已把紫金《孫氏族譜》帶韶，讓來取。
41	08	01	李蔚春在韶關親自把紫金《孫氏族譜》交羅香林。
41	08	03	羅香林在曲江開始節抄紫金《孫氏族譜》。
41	09	06	中央通訊社發表羅香林新近發現國父上世譜牒專電消息。
41	09	某	浙江《東南日報》記者在寧都發現《孫氏族譜》提到孫誗。
41	10	28	羅香林為了該譜而求證於江西通志館館長吳宗慈。
41	11	04	吳宗慈覆羅香林謂該譜中之孫誗像、東坡贊等，疑為偽品。
41	12	01	羅香林完成《國父家世源流考》初稿。
42	04	某	羅香林就《國父家世源流考》書稿事，求孫科賜序。
42	05	05	孫科為《國父家世源流考》作序。
42	12	某	《國父家世源流考》在重慶出版。羅香林被擢昇為教授。

　　自從羅香林的《國父家世源流考》面世以後，國府治權所及地區出版的各種孫中山傳記、年譜等，都採羅說。甚至孫科，在其1971年的《八十述略》當中的「先世述略」一節，也公然全採羅說。[109]這也難怪，到了1971年，羅說已經成為國民黨官方眾口一詞的說法，孫科可不能例外。

　　但1942年的孫科，如履薄冰。他在《國父家世源流考》的序言中，除了對該書百般推崇之外，還鄭重地補充了下面一段話：「然自晚唐以至趙宋，其各代名諱事蹟，與自贛遷閩經過，則第條列大體，未遑詳述。斯固資料不備，有以致之，而閩贛之仍須調查，以別為一書，亦至明焉。」[110]可知孫科也看出，羅香林只憑紫金《孫氏族譜》當中〈重修孫氏族譜‧序〉裏面之片言隻字，就一口斷定孫中山的祖先是江西寧都的孫誗，而未能把孫中山本人一代接一代地上溯到孫誗，是個大缺陷，故敦促他盡快補救。

109　孫科：《八十述略》（臺北：孫哲生先生暨德配陳淑英夫人八秩雙慶籌備委員會，1971）。選錄於故居編：《家世》（2001），頁82-83。

110　孫科：〈序〉，1942年5月5日，載羅香林：《國父家世源流考》（1942）（1954）。

　　孫科此言，似乎是有鑒於江西寧都《孫氏族譜》說孫誗之子伯房之第四
世曰承事者，其後裔今居福建汀州河田；[111] 又有鑒於廣東紫金忠壩《孫氏族
譜》謂其開基祖孫友松、孫友義兩兄弟，自閩遷粵；[112] 故孫科認為，若能
把孫友松、孫友義兩兄弟上溯到福建汀州河田的孫氏家族，以及把江西的孫
氏家族下尋到福建汀州河田，則至低限度能為紫金孫氏上溯到江西寧都的孫
誗。

　　羅香林拿着孫科所賜的序言作為尚方寶劍，在《國父家世源流考》出版
翌年（1943年），公函中國國民黨福建寧化縣執行委員會的主任委員伊壽言
和江西通志館的吳宗慈查詢。伊壽言之經過長時間的認真調查後，於1944年
1月20日首先覆曰：

> 囑詳查國父先世自寧都遷長汀之始祖孫承事公事蹟，弟以此事關國
> 父家世源流，不得不詳為確查。經弟親往禾口石碧將孫氏譜牒詳為
> 遍查，均無孫承事公之名字及歷代傳演與友松、友義有關之各代事
> 蹟。[113]

　　結果又是一樁查無實據的無頭公案。福建之路不通，江西之路又如何？
吳宗慈於1944年4月6日覆曰：

> 關於由虔而閩而粵其遷徙源流，費半年時間，耗旅費頗大，均無價值
> 之材料，迄今無所得。[114]

111　吳宗慈覆羅香林函，〔1941年〕11月4日，收入〈忠壩孫氏族譜節抄及有關文件〉（手
　　稿合訂本），藏香港大學馮平山圖書館特藏部，編號：羅222/50。

112　〈孫氏族譜序〉，忠壩孫氏族譜舊本，雍正七年（1729）孫宗麟等修，光緒二年
　　（1876）孫見龍重修，1933年孫桂香三修。該譜藏香港大學馮平山圖書館，編號：羅
　　700/14。

113　伊壽之函覆羅香林，〔1944年〕1月20日，收入〈忠壩孫氏族譜節抄及有關文件〉（手稿
　　合訂本），藏香港大學馮平山圖書館特藏部，編號：羅222/50

114　吳宗慈函覆羅香林，〔1944年〕4月6日，收入《乙堂函讀》，第87冊，藏香港大學馮平
　　山圖書館特藏部，編號：羅110/087。

羅香林仍然窮追不捨。他拿着孫科的尚方寶劍，於1944年9月10再函吳宗慈催辦。吳宗慈除答應繼續特派專員調查外，強調曰：

> 先生於國父家世源流，素有調查考證，務懇充分予以原始的史材。弟處亦將以調查所得者貢獻，以補充先生之用度，當邀許可也。[115]

吳宗慈已經明顯地不耐煩了，這封貌似彬彬有禮的信，骨子裏在質問羅香林為何不用可靠的原始資料寫書，卻偏偏用道聽塗說的東西來捕風捉影！

為什麼羅香林決心撰寫《國父家世源流考》這樣的一本書？茲引述羅香林的岳父朱希祖教授在1937年7月16日寫給朱倓（羅香林的夫人）的一封信，可見一斑：

> 香林來信，託寫信於吳敬軒〔中山大學文學院長吳康〕，謀教授名義，姑且為寫一信，別行寄去。然大學教授雖無一定資格，然余為香林謀此名義，已碰釘子數次，皆曰實至名歸。羅志希〔央大校長羅家倫〕、鄒海濱〔中山大學校長鄒魯〕，皆持此論者也。故此次進說，恐亦未必有效。余嘗勸香林深研唐史，非下最大功夫，不能得最高名譽。香林好虛名而不務實際，實為一大弊病；好作文而不讀書〔原註：非不讀書；為作文而讀書與為學而讀書異撰〕，又為一大弊病。歲月蹉跎不居，成就實難深，望婉為規勸。[116]

結果，《國父家世源流考》一書，終於圓了羅香林的教授夢。

該書也圓了羅香林多年以來要把國父說成是客家人的夙願。自從南京國民政府舉行孫中山遺體「奉安」南京的1929年開始，就在廣東梅縣的客家人中出現了下列傳聞：

115　同上註。

116　朱希祖函朱倓，1937年7月16日，原函收入羅香林《乙堂函牘》，第81冊，藏香港大學馮平山圖書館，編號：羅110/81。香港大學中文學院何冠彪教授，曾專題討論過朱希祖與羅香林兩人關係，並引用過這封信，見其〈朱希祖擇羅香林為婿說獻疑〉，《九洲學林》，第八十六輯（2007年夏季），頁132-159。

光宣之際，有梅人張君，往謁孫公。相見之初，張君強操國語，顧字
音不正，出口為艱。孫公睹狀，笑慰之：聽君語，粵人也。蓋以粵語
談論可乎？張乃改操廣州語。顧亦不熟練，所言多不達意。孫公曰：
子殆客家人乎？吾當與子講客家話也。張怪孫公能操客語，叩曰：總
理亦曾學客家話乎？孫公曰：吾家之先，固客家人也，安得而不解客
家話？[117]

對於這種無稽傳言，羅香林卻如獲至寶。他在其《客家研究導論》（興
寧：希山藏書，1933）的正文中，雖還不至言過其實而仍中肯地寫道「孫公
本人，是否即為客家，且待將來再考」。但在該句的註釋中卻言之鑿鑿：

按孫公中山的先代確為客人，唯其母已為廣府系人，關於這層，余已
在〈試評古著「客人對」〉一文稍為提及。[118]

在該〈試評古著「客人對」〉一文中，羅香林武斷地說：「愚按孫公
祖先，確為客籍」。[119] 但如何取信於人？終於，在九年後的1942年，羅香
林把林百克的 Kung Kun 附會在紫金忠壩的公館背，而斷言國父乃客家人。
待他得到孫科等黨國要人認同其說後，羅香林即公開斥責鄧慕韓等人「乖
謬」。[120] 又待陳寅恪先生去世後，[121] 更追憶說：

首先想講的，就是我在清華唸書的時候……做了一篇講〈客家源流〉
的論文，曾請先生指正……陳師……說：「……論文我看過了，很

117　羅香林：〈評古層冰先生「客人對」〉，載《北平晨報副刊：北晨評論及畫報》，第一
　　　卷，第16期（1931年4月27日）。有關部分轉引於鄒佩叢：〈客家族群問題與孫中山系籍
　　　「客家說」的緣起〉，載鄒佩叢編著：《研究與辨析》，頁137-146：其中頁137。

118　羅香林：《客家研究導論》，頁30，註46。

119　羅香林：〈評古層冰先生「客人對」〉，載《北平晨報副刊：北晨評論及畫報》，第一
　　　卷，第16期（1931年4月27日）；有關部分轉引於鄒佩叢：〈客家族群問題與孫中山系
　　　籍「客家說」的緣起〉，載鄒佩叢編著：《研究與辨析》，頁137-146：其中頁144。

120　羅香林：〈復版再跋〉，《國父家世源流考》（1954），頁59-60：其中頁59。

121　陳寅恪先生在1969年10月7日去世。

好。現在我到房裏去拿了給你。」我拿回了論文，就告辭回校。……
在結論裏，我提到孫中山先生的上代是出自客家的系統……[122]

筆者無從考證陳寅恪先生曾否說過上述的話。儘管曾說過，則歷史研
究，不能靠某某人說了什麼話就算數，必須有真憑實據，才能服眾。羅香林
就是拿不出史學界最需要的真憑實據。那麼，無論他如何招魂助陣，皆無補
於事。

孫科等黨國要人，利用羅香林的《國父家世源流考》這樣一本查無實據
的小冊子，來企圖提高抗日士氣，完全是出於當時的政治需要。羅香林利用
該書為客家人爭光，完全是出於私心自用。該書對抗日戰爭曾起過多少積極
作用？為客家人爭取了多少光彩？皆無從考量。唯它所造成的遺害，卻既深
且遠。

(iv) 遺禍

首先，它馬上掀起了一股趨炎附勢以打擊報復的歪風。這股歪風，早在
1942年5月5日孫科賜序之後、《國父家世源流考》還未出版之前，就在紫金
忠壩孫氏家族之中颳起來了。

重建當時的歷史，過程似乎是這樣的。由於孫科在序言中叮囑羅香林必
須查清楚紫金孫氏自江西經福建抵達粵東的過程，羅香林順理成章地從紫金
《孫氏族譜》之中找線索。但該譜用方言寫成，其中一些專有名詞諸如「不
子上」、「林和塘」、「發岡頭」、「公館背」、「孫屋排」、「黃牛挨磨」、「公
坑」等，若非當地人很難看懂。尤需查勘的是祖墳，若連祖墳都不存在，則
無論族譜寫得如何天花亂墜，也變得查無實據。於是羅香林開列清單，向一
位來自紫金忠壩、名字叫溫濟琴的舊識[123]查詢。溫濟琴以茲事體大，必須

122　羅香林：〈回憶陳寅恪師〉，臺灣《傳記文學》，第17卷，第4期（1970年10月），〔總
　　101輯〕：頁13-20：其中頁13-14。全文（圖片除外）轉載於張傑、楊燕麗合編：《追
　　憶陳寅恪》（北京：社會科學文獻出版社，1999），頁97-111：其中頁98-99。

123　溫濟琴：〈溫濟琴在紫金各界人士紀念孫中山誕辰一百二十周年大會上的講話，1986年
　　11月12日〉，全文收錄在《紫金各界人士紀念孫中山誕辰一百二十周年會刊》（1986年
　　12月編印），頁10-11：其中頁10，第5段。

慎重行事，馬上函囑專人展開調查。然後溫濟琴在1942年8月5日覆羅香林曰：

> 濟琴離鄉日久，對原籍情形略感生疏。垂詢各節，恐稍有出入，影響大作。用曾將先生提示各節，函請敝鄉鄉長溫秀如等，慎重查考詳告，俾免貽誤。[124]

溫秀如鄉長接函後，立即連同鄉中得力幹事認真實地調查，並把所得，既聯名又各蓋私章回覆曰：

> 濟琴先生：昨奉大函，備悉一切。當即按照所開，向地方父老切實尋訪。各則均有頭緒，茲臚列於後：

1. 孫氏始祖：友松公、祖妣駱孺人均有墳墓。
2. 不子上：係在忠壩溫阿集屋右片，是一草墩，高約一丈，周圍約乙百尺，上葬孫氏祖妣駱氏，墳式碑志一一存在。
3. 發岡頭：即發岡圍，今改為發昌社〔原注：是嶺下、龍福石腳下、上下孫屋排、鎦頭一帶之地〕。
4. 賀岡約林和塘：係在張培光新屋右片，坑內是葬孫氏開基祖友松公，墳式碑志亦俱存在。
5. 公館背：公館原名連陞館，今既頹廢，與孫氏開基祖、黃牛挨磨形，距約四十丈。館居右，祠居左，在大草坪下。
6. 下孫屋排：即黃牛挨磨，與上孫屋排分居得名。在大草坪下。現仍有祠宇一座，上下三棟，右片略破。額曰「慶衍東平」。旱塘仔在祠後，今稱山唐仔，有孫氏墳一穴。
7. 公坑：在鯉仔湖內一小地名。離忠壩約二十里。有孫氏十世祖宗榮公墳一穴。該地昔有孫族人居住。今既遷移他去（公坑四，即係八

124　溫濟琴覆羅香林函，〔1942年〕8月5日。收入〈忠壩孫氏族譜節抄及有關文件〉（手稿合訂本），藏香港大學馮平山圖書館特藏部，編號：羅222/50。

月夆¹²⁵ 下片大凹之名）。

8. 上孫屋排：亦有祖祠乙座，安放二世祖孫敬忠公。此排係孫總理直
屬祖祠。孫桂香居此祠內。

9. 袁田孫氏：亦有祖祠一座，安孫氏榮忠公牌位（係黃牛挨磨祠生
下，與總理房分房者）。該處男女約有一百餘人。

10. 孫桂香：現年五十六七。少時讀書十餘年。長時曾往南洋勿里洞一
次。守份農工，家中僅足溫飽。在忠壩之孫氏，男女約共五六十
人。與鄰居各姓，互通昏〔婚〕好，尚稱和睦。

11. 琴江都清溪約：即今紫金第三區。秋溪約離嶺南約乙百里。離忠壩
三十里。

以上各點均採訪確實。今昔名稱校正無訛。除將黃牛挨磨、上下孫屋
地址繪圖附呈外，合將調查所得，具函覆上。祈念地方關係與史實所
在，轉呈中央黨部。並請設法懇請中央如何紀念（最好請在忠壩村辦一
中學，或將現有六小轉辦也妥）。此覆

公綏

劉海帆、張首民、溫時新、溫秀如、溫佩英〔均各蓋私章〕
覆上，〔1942年〕，七月三號¹²⁶

這份調查報告，價值連城。它道出孫屋排所屬的那條村落，名字叫忠壩

---

125 此字唸she，同畲，原指畲族，中國少數民族之一，承黃淑娉相告，她在福建、浙江、
江西、廣東、安徽等地進行過的實地調查發現，畲族原來居住在廣東、福建、江西等三
省交界的地方，後來多移居福建。但後人仍把畲族原來居住過的地方稱畲。「八月夆」
就是這樣的一個地名。

126 溫秀如等覆溫濟琴，1942年7月3日；附於溫濟琴覆羅香林，1942年8月5日，第10項；
收入〈忠壩孫氏族譜節抄及有關文件〉（手稿合訂本），藏香港大學馮平山圖書館，編
號：羅222/50。溫秀如等在此函欄外補充說：「鍾丁先公，係南嶺人，明末解元。明亡
起兵勤王。紫金城的垛子眼，是他所開。文字奇古，所作詩對、策對，甚好。有文集一
部，在江玩雲君手。如要，我可借來抄幾篇寄上。勤王兵敗，出家為僧。（以上事實，永
安縣志猶可考者）。」

村，已如前述。它又說明忠壩村的鄉親、幹事辦理此事快速，調查全面扼要，報告認真徹底，稱讚孫氏睦鄰，關心該地教育。是一份得體的文獻。

但村幹事到孫屋排調查，難免驚動孫氏家族。孫桂香等「聞報，登詢其濟琴函託之人，經再三邀求，方得一看。嗣查所問種種，方知何者要查，何者要報。回憶敝族與他向來不睦，誠恐調查各節不實不盡，只得再將先生所問各條，逐一奉告，俾便查考」。[127]

孫桂香等所覆各節，除證明溫秀如等關於地名、各地之間的距離等項之準確性外，幾乎每一項都屬告狀性質。例如：

公館背：……現公館背各地概被強鄰築屋做墳。

旱塘仔：……有嘗田數畝亦被強鄰佔去。

黃牛挨磨：……祖祠……被近鄰居住……四圍地點，概為強鄰佔去。

下孫屋排：……宣統年間，因強鄰侵佔過甚，即生反抗。奈寡難敵眾，避居四方。該下孫排地點又被佔去。[128]

竊以為孫桂香等之言，大致上有其真實性的一面。當時的紫金忠壩，說它是深山野嶺，也不過份。在資源奇缺、生存極難的情況下，居民互相打鬥，搶屋奪地，頻頻發生。大姓欺負小姓，屢見不鮮。[129]小姓的孫氏長期被大姓的溫氏欺壓，不在話下。衝突發展成械鬥，下孫屋排的部分人口敗走他方，完全可以想像。本文以廣東土客械鬥作開始；其實，為了爭奪資源，廣府人與廣府人之間、客家人與客家人之間，同樣是鬥個永無休止。紫金忠壩溫氏欺壓孫氏，正是客家人互相爭奪資源的例子。孫氏長期被欺負，現在突然有人說國父是紫金孫氏後人，孫桂香等馬上趨炎附勢以圖打擊報復，完全可以理解。

127　孫桂香等函羅香林，1942年7月23日，收入〈忠壩孫氏族譜節抄及有關文件〉（手稿合訂本），藏香港大學馮平山圖書館，編號：羅222/50。

128　孫桂香等逐一答覆羅香林過去對溫濟琴的提問，附孫桂香等函羅香林，1942年7月23日，收入〈忠壩孫氏族譜節抄及有關文件〉（手稿合訂本），藏香港大學馮平山圖書館，編號：羅222/50。

129　這種情況，黃淑娉做過深入細緻的調查研究。見黃淑娉、龔佩華合著：《廣東世僕制研究》（廣州：廣東高等教育出版社，2001）；黃淑娉主編：《廣東族群與區域文化研究》（廣州：廣東高等教育出版社，1999）；黃淑娉主編：《廣東族群與區域文化研究：調查報告集》（廣州：廣東高等教育出版社，1999）。

圖2.20　紫金忠壩，説它是深山野嶺，也不過份（2008年1月8日黃宇和攝）

圖2.21　僻壤雖窮，水牛活得開心（2008年1月8日黃宇和攝）

圖2.22　孫屋排旁邊的富貴人家大屋，也不外泥磚而已（2008年1月8日黃宇和攝）

圖2.23　儘管在當今的紫金縣城內，這樣的泥磚屋也觸目皆是（黃宇和攝於2008年
　　　　1月8日）

孫桂香等唯恐羅香林的份量不夠，於是直接寫信給其「科叔」孫科。孫科心裏有數，不覆。再函，又不覆。三函，仍不覆。孫桂香等以「前寄數函，未見一覆」，故「殊深念甚」。雖知「非命莫覆，而濟琴所託，與族內不睦，恐不直呈，故擬以答」。[130]孫科仍是不覆。孫桂香等發狠了，決定先斬後奏，讓族人把溫氏家族控於紫金縣法庭，告其「拆毀祠宇、強佔村場、毀墳佔葬」。[131]然後雙管齊下，把訴狀紙分別寄孫科和羅香林。孫科仍然置身度外，只把信件轉羅香林，請其「查收核閱」了事。[132]

紫金縣司法當局不知底蘊，但似乎為了討好孫科，「竟然強判人以竊佔國父先祖遺產之罪」。結果溫濟琴也急了。他沒想到，好意幫助羅香林，卻為族人惹來一場官司。於是連忙趕回家鄉，待了解情況後，發電報給〈渝中央黨部羅專員香林勛鑑〉：

> 國父祖祠祖墳均仍全在，〔溫氏家族過去〕所買產業，均係祖產，縱有竊佔，亦已歷有年代，依法已屬和平佔有，可免罹罪。今竟為人假借紀念國父先祖，致遭法紀，迫〔必〕不甘服，事勢演變，恐非地方之福。晚鑒茲實況，特電陳情，乞轉請孫院長迅飭紫金縣府法院，對事件處理，應本國父寬大博愛精神，明辯論斷，不得任人假借紀念國父先祖，故加人罪，以息紛擾，地方幸甚。[133]

溫濟琴所陳，均屬實情。若忠壩發生紛擾，人丁單薄的孫氏必敗。到了那個時候，難道孫科要派兵鎮壓？儘管要派兵也無能為力，因為孫科不是陸

130　孫桂香、孫啟源函孫科，1942年9月1日，收入〈忠壩孫氏族譜節抄及有關文件〉（手稿合訂本），藏香港大學馮平山圖書館，編號：羅222/50。

131　孫錫蕃、孫載林控訴溫燦三等八人，1942年12月；附於孫啟源等致羅香林，1942年12月20日；收入〈忠壩孫氏族譜節抄及有關文件〉（手稿合訂本），藏香港大學馮平山圖書館，編號：羅222/50。

132　立法院祕書處函羅香林，1942年12月；收入〈忠壩孫氏族譜節抄及有關文件〉（手稿合訂本），藏香港大學馮平山圖書館，編號：羅222/50。

133　溫濟琴電羅香林，1944年1月18日發，31日收。原件收入〈忠壩孫氏族譜節抄及有關文件〉（手稿合訂本），藏香港大學馮平山圖書館特藏部，編號：羅222/50。

軍部長，沒權調兵遣將！[134] 時值抗日戰爭的艱苦時刻，理應一致對外，不能鬧內訌。而且，當溫濟琴大談國父寬大博愛精神，更令孫科尷尬。孫科最後採取什麼行動，目前沒找到有關文獻，看來他仍是不理不睬。至於這件事情的最後結果，可從後來在1947年孫啟源等致羅香林的另一封信中得悉：

> 當日判結，交回敝祖業。邅遇又被佔奪，一切均屬無效。對於國父體面，殊關重大。在忠壪敝族處於姓小人單，人材凋落，實為最大之原由也。[135]

早知今日，何必當初？孫桂香等本以為趨炎附勢可以對溫氏進行打擊報復，想法也太天真。俗謂天高皇帝遠，況且孫科不是皇帝。

紫金那場官司，只是紫金說所造成的短暫之禍害。更深更廣的長遠禍害，還在後頭。由於紫金說聲稱孫中山祖籍是紫金的孫氏，而紫金孫氏全是客家人，以此理推，「國父」就是客家人了。因此，客家人無不以此為榮為幸。若任何人對紫金說表示絲毫懷疑，都會引起國內外客家人強烈不滿。1986年邱捷發表了其東莞說的論文後所引起超過十年的筆戰，是為明證。

遺憾的是，爭論並不限於文化圈子，廣大的社會階層也被牽進去了。且看翠亨村孫中山故居紀念館的鄒佩叢、張詠梅聯名在網絡上發表了東莞說的文章後，引來大批網民以〈張詠梅，鄒佩叢為了論證孫中山祖籍東莞而非紫金，竟然大肆攻擊客家人！〉為題，展開激烈的爭論。[136] 筆者看過這篇文章，它只是擺事實，並無任何攻擊客家人的言辭。但由於所擺的事實肯定了

134　竟然有人寫道：「當年孫科先生為了保衛連昌公的練武『公館，曾派出部隊處理孫氏族內、族外的糾紛。』」佚名：〈嚴肅認真，積極籌備〉，載《紫金各界人士紀念孫中山誕辰一百二十周年會刊》（1986年12月編印），頁3-4。

135　孫啟源等函羅香林，1947年12月12日，收入〈忠壪孫氏族譜節抄及有關文件〉（手稿合訂本），藏香港大學馮平山圖書館，編號：羅222/50。

136　張詠梅、鄒佩叢：〈也談孫中山祖籍問題〉，以及此文上網後，圍繞着「張詠梅，鄒佩叢為了論證孫中山祖籍東莞而非紫金，竟然大肆攻擊客家人！」這個題目所展開的爭論。詳見下列網址（筆者是在2008年6月8日登上該網址的）：http://bbs.southcn.com/forum/index3.php?job=treeview&forumname=guangdongjinshen&topicid=241234&detailid=1256354。

東莞説而否定了紫金説，似乎讓某些客家人老羞成怒，而誣告鄒、張「大肆攻擊客家人」，企圖藉此引起客家人的公憤而已。它似乎是十九世紀土客械鬥的延續，只是發展到二十一世紀時，變相成為文鬥而已！

但有何辦法，消除1942年國民政府大力支持紫金説所遺留下來的災禍？

(v) 消災

竊以為，若要消除這頑禍，可行辦法至少有二。

第一、徹底解決已經維持了六十多年的、由於紫金説之出現而引起的無休止的爭論。要達到這個目的，首先必須探索羅香林所提倡的紫金説，是否能站得住腳。本文發現，此説的確是查無實據。其次，自從1986年邱捷發表了其支持東莞説的論文以來，那些仍堅持紫金説的學者能拿出的最重要的證據，正是收藏於紫金縣檔案館的忠壩《孫氏族譜》，所以下一步必須鑒定該族譜的性質。

它有如下記載：

十一世鼎標公：……生三子……次曰連昌公，移居增城，後移香山縣開基。[137]

筆者注意到，羅香林在其《國父家世源流考》中，凡是提到紫金忠壩《孫氏族譜》時，都千篇一律地書明是「舊本」。這意味着，羅香林已經知道有「新本」，而這新本的內容與舊本不同。他從何得悉此情況？

自從他在1941年8月1日接到紫金縣長李蔚春送來的《孫氏族譜》後，得悉了紫金孫氏果然有十二世祖孫璉昌，馬上就以此為根據，來斷定孫璉昌就是孫中山的祖先，並把這「發現」通知中央通訊社。從此他對誰都説孫中山

137　紫金忠壩孫屋排《孫氏族譜》，1986年9月8日孫屋排孫仕文獻交紫金縣檔案館。感謝紫金縣檔案館龔火生館長暨李少峰副館長，在2008年1月8至9日筆者到紫金實地調查時，讓筆者親自鑒定該譜原件，並賜複印本，以便帶返澳洲鑽研。

的祖籍是紫金。1942年7月他面詢溫濟琴時是這麼說。[138] 1942年9月寫信給孫桂香查詢，肯定也是這麼說；以致孫桂香等於同年9月15日覆信時說「感甚感甚！」，並「附敝族家譜二本」。[139] 這兩本家譜，相信就是羅香林所暗示的新本。這新本的內容，與舊本之重大分別有二：

（1）新本把璉昌改為連昌

（2）新本加上了「後移香山縣開基」等字樣。

新本此等內容，羅香林是絕對不能引用的，因為李蔚春甚至溫濟琴，都肯定看過舊本。若引用新本，羅香林的紫金說就會失掉一切公信力。這就是為什麼，羅香林凡是提到紫金忠壩《孫氏族譜》時，都鄭重聲明他所用的是舊本。

目前筆者所掌握到的紫金忠壩《孫氏族譜》，共有三個版本：

（1）舊本：即1933年孫桂香的三修本，也就是李蔚春在1941年8月1日交給羅香林的版本。有關部分曰：「十二世祖諱璉昌公，移居曾〔增〕城，於後未知。」後來羅香林似乎沒有把此舊本交還給忠壩孫氏，而孫桂香等似乎也沒有索還。結果這舊本就變成羅香林藏書之一，遺留給香港大學馮平山圖書館，編號是：羅700/14。

（2）節抄本：1941年8月3日，羅香林在曲江把舊本節抄。節抄時忠實地抄寫。有關部分曰：「十二世祖諱璉昌公，移居增城，於後未知。」羅香林在抄寫時，唯一改動過的地方，是把舊本之中錯誤的「曾城」改為正確的「增城」。節抄本後來也成為羅香林藏書之一，留給香港大學馮平山圖書館，編號是：羅222/50。

（3）新本：1942年9月，由孫桂香心領神會了羅香林紫金說的意思之後，把舊本重抄一遍，並在重抄過程中，把璉昌改為連昌，並加上了「後移香山縣開基」等字樣。同時，對於上述舊本的有關部分諸如「十二世祖諱璉昌公，移居曾城，於後未知」等字樣，則通通不錄。代而興之，是在十一世祖

138　見溫濟琴覆羅香林，1942年8月5日；收入〈忠壩孫氏族譜節抄及有關文件〉（手稿合訂本），藏香港大學馮平山圖書館，編號：羅222/50。

139　孫桂香等覆羅香林，1942年9月；收入〈忠壩孫氏族譜節抄及有關文件〉（手稿合訂本），藏香港大學馮平山圖書館，編號：羅222/50。

鼎標公項下，加上如下字樣：「鼎標公……生三子：長曰連橋公，未傳。次曰連昌公：移居增城，後移香山縣開基。三曰連盛公：往外未詳。」接着，孫桂香把兩份新本寄了給羅香林，但羅香林的藏書當中卻沒新本的踪影，可能是羅香林把它們扔掉了，以免造成混亂，或避免不知底蘊的人誤會是羅香林自己弄虛作假。但由於孫仕元在1986年把新本獻給紫金縣檔案局，故該局藏有新本原件。[140] 其上級、廣東省檔案局又向其求得新本的複印本，自己收藏。而中山市翠亨村孫中山故居紀念館，又向廣東省檔案局求得新本的再複印，自己收藏。

結果，中國大陸的一些學者寫道：「經考證：紫金檔案局所藏《紫金縣忠壩孫氏族譜》（光緒二年重修）所記載的『十二世孫連昌移居增城，後移香山開基』，才是可靠的歷史事實。」因而又認為，羅香林那「十二世祖孫璉昌，移居增城，於後未知」。這樣的引述，「是羅教授書中引用的一個不可靠的材料」。更由於紫金檔案局所藏《紫金縣忠壩孫氏族譜》所記載的是「連昌」而非「璉昌」，就下結論說：「這純屬當時作者〔羅香林〕失誤而造成後人的訛傳。」[141]

這些學者劈頭第一句就說「經考證」。至於做過什麼「考證」，他們並沒有作任何說明。鑒於他們只提出過紫金檔案局所藏《紫金縣忠壩孫氏族譜》這一孤證來討論，證明他們考證的範圍，也只可能是囿於這孤證。所謂「孤證不立」，他們用孤證來立論，已犯了史學方法的大忌。立論之後，進而指責羅香林「失誤」、引用了「不可靠的材料」，又犯了史學方法的另一大忌——受個人感情影響，而感情衝動的程度，已經完全超出切磋學問的範疇。他們指責羅香林「失誤」，更使羅香林蒙受不白之冤，引起「香老」在香港的門人憤憤不平！

總之，1942年國民政府的黨國要人大力支持紫金說，結果不單挑起了全球土、客之間激烈的感情衝突，也挑起了大陸與香港某些群體強烈的感情衝

140　見紫金縣檔案局所藏、該譜封面所書。

141　洪永珊、舒斯華：〈翠亨孫氏源出東莞之說不能成立——與李伯新、邱捷同志商榷〉，南昌《爭鳴》，1987年第四期，轉載於故居編：《家世》（2001），頁471-478：其中頁475。

突。筆者盼望：本章所指出的紫金忠壩《孫氏族譜》，其實存在着三個版本這一事實，以及三個版本的來龍去脈和曾遭改動過的地方，能夠平息孫中山祖籍問題的爭論。

第二、自從羅香林在1942年提出國父祖籍在紫金的説法之後，六十多年以來，廣大海內外客家人對此深信不疑。臺灣的四百多萬客家人，更經常組團到紫金尋根。大家對於客家人當中曾產生了像孫中山這樣的一位偉大人物，由衷地感到無比驕傲。若現在有人對他們説，國父的祖籍並非紫金！他們在感情上，無論如何接受不了，因為他們對紫金説之深信，已經到了「信仰」的程度，這從上述種種感情用事的例子可知。準此，竊以為我們可否改變思路：把紫金説完全排除出歷史考證的範疇之外，從此不提；反而把它作為一種「客家信仰」來看待？

君不見，關羽（160？－220）是真正存在過的三國時代歷史人物。但是，民間卻把他作為神來供奉。全球凡是有華人居住的地方，則那裏的華人商店，大都供奉着關聖帝君的神像。相信沒有任何一位歷史學家，會荒唐到逐一跑進華人商店，推開正在叩拜關帝的店主説：「歷史上只有關羽這樣一個人，沒有關帝這樣一個神，別拜祂！」

同樣地，如果我們尊重客家人的「信仰」，響應紫金縣人民政府在忠壩籌建孫中山祖籍紀念館，讓海內外的客家人有一個「朝聖」的地方，凝聚全球客家人的積極性，以支持紫金縣的建設，對中華民族只有好處。筆者這種想法，是由於2008年1月8至9日前往紫金忠壩實地調查時所受到的啓發。紫金，的確是一個非常貧窮落後的地方。筆者在回程時被紫金一批待業青年開無牌汽車從後硬碰企圖勒索，幸得鍾振宇副縣長及龔火生館長及時趕到解圍，才免於難。2009年4月趁復活節期間再飛香港轉廣州追查有關孫中山祖籍的史料時，驚悉紫金所屬之河源市，竟然有歹徒在光天化日之下，街頭強搶小學女生：

> 許多家長擔心孩子一旦被拐，遭歹徒弄成殘疾行乞或被迫犯罪，甚至遭殘殺，以至人心惶惶。廣東《南方日報》記者在河源實地採訪，發現在10多個傳聞兒童失蹤地點，證實至少有4名兒童被擄走。當記者在

當地採訪時，又有一名10歲女童在等校車時險遭擄走。[142]

　　這一連串事件，讓筆者不怒反悲。竊以為當今的紫金縣人民政府，在資源極度短缺的情況下，仍苦心孤詣地花了一百多萬元人民幣，把那座後來也被溫氏大姓佔據了的上孫屋排孫氏總祠買回來推倒，企圖重新建築孫中山祖籍紀念館。察其目的，就正如紫金縣委辦公室1999年9月20日所發出的通知所云：「為緬懷偉人的豐功偉績，加強海外聯誼，開發旅遊資源，促進我縣經濟建設，經縣委、縣政府同意，決定成立紫金縣孫中山祖籍紀念館籌委會。」推倒孫氏總祠多年了，現在仍是空地一塊！資金短缺可知。懇請歷史學家，再不要替紫金人民雪上加霜。客家學者由於情急而曾有冒犯之處，亦請海涵，為禱。筆者發覺全世界都是史實與神話共存。在神話不干預史實的大前提下，歷史學家為何不讓神話有生存空間？像關帝之普遍存在，紫金說將永遠是「切不斷、理還亂」！

　　下面重返嚴肅冷靜的歷史事實。

四、進一步探索「東莞說」

　　此節分三個部分：(i)「東莞說」之發軔；(ii)「東莞說」所遇到的挑戰；(iii)「東莞說」之定位。

(i)「東莞說」之發軔

　　1928年北伐成功，中國復歸統一。大局初定後，中國國民黨即於1930年委任鄧慕韓為中央黨史會委員，專職編撰《黨史》及《總理年譜》。接着，鄧慕韓被委派到廣州成立辦事處，就近調查。如此這般，鄧慕韓就率先調查孫中山的祖籍問題，並於同年「親往國父翠亨故鄉，調查其世系及幼年事

142　蘋果日報記者：〈狂徒街頭強搶小學女生〉，香港《蘋果日報》，2009年4月25日星期六，第A17版〈中國新聞〉。又見東方日報記者：〈河源拐子佬，家門前擄童：傳10日逾10宗，人心惶惶〉，香港《東方日報》，2009年4月25日星期六，第A31版〈兩岸新聞二〉。

圖 2.24 擬建之紫金孫中山祖籍紀念館，至今仍是一塊空地（2008年1月8日與紫金
　　　　孫氏後人和龔火生局長合照）

蹟，得閱家譜，知其族由東莞長沙始遷涌口，再遷翠亨，所載簡略」。[143]結果1930年代報刊文章談到孫氏家世，多轉抄鄧慕韓所披露的內容。[144]鄧慕韓並不因此而感到滿足。他在總結其初步調查結果時說：

> 余前編孫中山先生年表，為世所許，然七八易其稿，猶未敢刊而問世，恐一出入，貽誤無窮也，茲被命編纂黨史，且兼承總理年譜主任，負此重責，尤不敢不勉。適派赴粵組織廣州辦事處之便，乃約總理之又姪滿（壽屏先生之孫，現供職廣韶鐵路）往澳，邀同同事王編纂斧君（王君奉中央黨史會派回調查總理少年事蹟）前往總理故鄉詳查一切，並得總理胞姊及其家人所談述，益知前者所紀，尚有出入，無任愧悚！爰將大要摘錄。其詳則俟諸王君也。[145]

鄧慕韓初步調查成果如下：

> 孫氏之先，居粵東莞縣屬長沙鄉。至明代，其五世祖禮贊公與姊莫氏遷於香山現改中山縣東鎮涌村口；生二子，長樂千，次樂南。樂千分居左步頭。旋二人因賦稅催迫，回東莞以避；卒以兵戈擾亂，竟不能返香山新遷之處，只留後嗣以居焉。爰及十一世祖瑞英公，於清代乾隆時，再遷鎮內翠亨村邊之逕仔蓢，建有祖祠，然以人口稀微，老壯出外，乏人料理，故祠久圮矣。……
>
> 總理之譜系，可得而考者，自十世祖始，至總理已十八世矣。（其始祖至四世祖，均無名號，須往東莞長沙鄉再查。六世祖至九世祖，則不甚明瞭，須往涌口村再查）。茲將可考者，列之於後：[146]

143　鄧慕韓：〈總理世系及家庭〉，《新生路》月刊，第八卷，第2、3期（1944年出版），選錄於故居編：《家世》（2001），頁141-142：其中頁141。

144　見故居編：《家世》（2001），頁126，註1，「編者按」。

145　鄧慕韓：〈總理故鄉調查紀要〉，中國國民黨廣東省黨部宣傳部編：《新聲》第18期（1930年出版），收入故居編：《家世》（2001），頁109-112：其中頁109。

146　同上註，頁109-110。

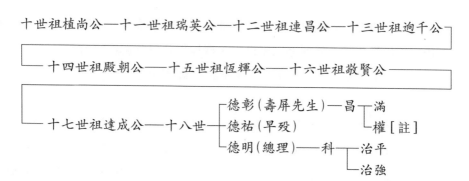

〔註〕：「權」應為「乾」。

　　鄧慕韓寄望他的同事——那位被派往廣東省中山縣翠亨村調查孫中山少
年事蹟的王斧編纂——會有所收穫。王斧也不負所託，於1930年12月中旬成
功地採訪了孫中山的姐姐孫妙茜（當時虛齡六十八歲）。這是王斧第二次採
訪孫妙茜了。第一次是同年11月中旬隨鄧慕韓前往，並草擬了一份報告。[147]
在這第二次採訪中，孫妙茜自稱文盲，但似乎記憶力特強，她說：

> 我的高祖殿朝公，是生在滿清乾隆乙丑年，四十九歲卒。高祖母林
> 氏，六十歲卒。曾祖恆輝公，是生在乾隆丁亥年，三十五歲卒。曾祖
> 母程氏，是乾隆丙戌年生，嘉慶辛丑年卒。祖父敬賢公，是生在乾隆
> 戊申年，六十二歲卒。祖母黃氏，七十八歲卒。[148]

　　孫妙茜所言，佐證了鄧慕韓所知，卻沒有補充其所不知。但既然翠亨
《孫氏家譜》謂「其族由東莞長沙始遷涌口，再遷翠亨」，故鄧慕韓即向旅
居廣州的東莞人查問長沙所在，惜均無所知者。於是「致函東莞黨部、縣府
調查。莞之孫氏聞之，遂有員頭山、長沙兩族出而爭認總理所自出，訴之中

147　該原件細節是：王斧錄：〈總理家譜照錄〉（原件，3單頁），1930年11月8日。原件藏
　　臺北中國國民黨中央黨史館，編號為030/82。

148　王斧：〈總理故鄉史料徵集記〉，載《建國月刊》，第五卷第1期（1931年出版）。轉
　　載於故居編：《家世》（2001），頁113-119：其中頁116。又轉載於鄒佩叢編著：《研
　　究與辨析》，頁39-44：其中頁40。手稿原件藏臺北中國國民黨中央黨史館，編號為
　　030/118。

央，而就正於余。然無細閱族譜，均欠完滿之證明。厥後又與總理姪孫滿、乾二人，先後往東莞上沙鄉、中山左步頭孫族，將其祖墳、族譜、神位、對聯等，細為研究，計閱時數載，而總理之世系，乃得真確焉」。[149]

鄧慕韓的結論是：

> 翠亨孫族之先，系出金陵（員頭山鄉族譜所載）。其遠祖固，號元中，謚溫靖，宋代進士。……至玄孫常德，號員沙，為元杭州刺史，遭陳寇之亂，乃遷於南雄珠璣巷，後〔再遷〕至東莞員頭山鄉而家焉，是為來粵之始祖。……後以次子貴華分居上沙鄉（即家譜所稱長沙鄉），愛其風景清幽，遂頤養於此而終（上沙鄉族譜所載）。爰及明代，五世祖玄，號禮贊，遷於香山（現改中山）東鎮涌口……至清乾隆時，十一世祖瑞英公由涌口遷至翠亨鄉逕仔蓢，建宗祠，明祀典，顧丁口甚稀，老壯出外，乏人料理，未幾祠圮（家譜所載）。溯自常德公至粵，以至總理已為十八代矣。[150]

鄧慕韓注意到，各地孫氏族譜之間，所載多有出入。例如：（1）《員頭山孫氏族譜》載常德公生二子。（2）《上沙孫氏族譜》載常德公生四子。（3）《左步頭孫氏族譜》載常德公生五子，唯圖載常德公生四子。各譜於人數既有不符，而次序亦復相異。對於這種矛盾現象，鄧慕韓試作解釋說：「大抵世遠年湮，縱不遺失，亦為蟲蝕，事後回憶，傳聞遂異，致有此誤，此屬常有之事也。故特識於此，以備考核。」[151]

149　鄧慕韓：〈總理世系及家庭〉，《新生路》月刊，第八卷，第2、3期（1944年出版），選錄於故居編：《家世》（2001），頁141-142：其中頁141。

150　同上註，頁141、142。南雄珠璣巷叢書之二收入了一篇〈孫氏族譜序〉，曰：「……衍於南雄府珠璣巷」──見南雄縣政協文史資料研究會、南雄珠璣巷人南遷後裔聯誼會籌委會合編：《南雄珠璣巷南遷氏族譜、志選集》〔南雄文史資料第十五輯〕（南雄：1994年4月），頁34-35：其中頁34。究竟這篇「孫氏族譜序」選自哪一個地方的孫氏族譜？比較之下，可知出自香山左步頭的《孫氏族譜》。見故居編：《家世》（2001），頁29。

151　鄧慕韓：〈總理世系及家庭〉，《新生路》月刊，第八卷，第2、3期（1944年出版），選錄於故居編：《家世》（2001），頁141-142：其中頁142。

　　綜觀鄧慕韓的調查方式，是查出什麼說什麼。是黑的，就說是黑的；是白的，就說是白的。發現矛盾，就直言矛盾，並特識以備考。他的結論是：出生於翠亨村的孫中山，其祖先遷自東莞。他的結論被學術界簡稱為東莞說。

　　回顧羅香林的調查方式，是首先設計了一個特定目標——他先入為主地認為孫中山的祖先來自廣東省東江流域之中一個名字叫Kung Kun的地方，並把Kung Kun定性為一條村落。在調查過程當中，凡是符合這個目標的材料就採用；凡是違反他那個特定目標的材料，就摒棄甚至攻擊。

　　鄧慕韓所蒐集到的材料，違反了羅香林之特定目標，就難怪遭到羅香林的挑戰了。

(ii)「東莞說」所遇到的挑戰

　　以〈近人所述國父上世源出東莞說之非是〉為題，羅香林首先抓住那些贊成東莞說的作者諸如胡去非、葉溯中、鄧慕韓、吳稚暉等之間口徑不一、甚至互相矛盾之處，作為排斥東莞說之根據。[152] 繼而針對鄧慕韓的結論寫道：

> 逕仔蓢與翠亨，本為二村。所謂於乾隆時始由涌口遷至之瑞英公，乃為逕仔蓢孫氏始祖，與翠亨無涉。[153]

　　奇怪的是為何羅香林不用權威的第一手資料諸如原始文獻，來挑戰東莞說，卻挑選了所謂第二手資料的近人著作來糾纏不休？第一手資料包括翠亨孫氏家族所藏的《孫氏家譜》，翠亨孫氏家族留下來的口碑，以及實地調查該處地理環境、風土人情、村民口碑等等。羅書出版的1942年，當時中國正處於抗日戰爭的水深火熱期間，鄧慕韓無法馬上跟進這一系列工作。筆者卻

152　羅香林：《國父家世源流考》(1942)，頁3-6。

153　同上註，頁6。

決心深入跟進這個問題。[154]

　　翠亨村孫中山故居紀念館珍藏之翠亨孫氏家族的《孫氏家譜》、[155]《列祖生歿紀念簿》、[156]《家譜略記》、[157]《孫達成兄弟批耕山荒合約》、[158]崖口《陸氏族譜序》、[159]翠亨《楊氏族譜》[160]等文獻，均為國家一級保護文物，不輕易讓人觸摸。唯筆者幾十年來在中、英、美、法、日、澳等各國檔案館鑽研文獻所積累的經驗證明，觀摩原件與光是看微縮膠卷，或複印件，甚至排版的印刷品，觀感完全不同，並可能直接影響結論。故執著地要求察看原件，蕭潤君館長體諒筆者不遠千里而來，破例俯允，至此為感。[161]除了《陸氏族譜序》和《楊氏族譜》以外，上述文獻均收錄在孫中山故居紀念館編：《孫中山家世：資料與研究》（2001年），故本文引用時，就援用該書，以便讀者查閱。

　　翠亨《孫氏家譜》劈頭第一句就說：「茲以前先祖在涌口村所葬之山，於光緒六年七月，一蓋〔概〕已將先祖之墳墓一切盤〔搬〕遷回來，在翠亨村黎〔犁〕頭尖土名竹高龍真武殿安葬……以得清明拜掃來往就近之便也。」[162]這是翠亨孫氏確認其祖先遷自涌口村。

154　詳見卷首語。

155　宣紙手抄本，編號C1/6。

156　宣紙手抄本，編號C1/7。

157　只有照片，原件是一張紅紙，仍由孫滿保存。

158　共兩紙，日期分別是清同治二年和清同治三年，編號分別是C1/9 和C1/10。第一紙沒有成事。第二紙才生效，具體日期是1864年 3月20日。

159　一紙，編號是FY/1。後來方知該紙乃節抄。見下文以及黃宇和：〈崖口調查報告〉（手稿），2008年9月26日。

160　影印本，編號是FZ/174。

161　蕭館長體諒筆者不遠千里而來，決定懷柔遠人，至以為感。黃宇和：〈翠亨調查報告〉（手稿），2008年9月25日。這批珍貴文獻當中的《孫氏家譜》，承蕭潤君館長俯允，筆者曾於2006年3月30日先睹為快。後來再閱故居編：《家世》（2001），其中第6頁謂十四世祖考植尚公，「卒於乾隆年二月廿一日」，究竟是乾隆哪一年？故又懇求再度觀摩原件，果然原文有缺漏如上。

162　翠亨《孫氏家譜》，收錄在故居編：《家世》（2001），頁1-8：其中頁1。2008年12月18日，筆者往涌口實地調查，發覺涌口村在翠亨村東北大約11公里。若清明、重陽二祭，每次徒步來回約共22公里，的確甚為不便。若一次過遷葬，則該等距離亦屬能力範圍之內。

該譜第四段説：「十一世祖瑞英公即遷來逕仔蓢村居住，建造祖祠」。[163] 這是翠亨孫氏確認逕仔蓢村之瑞英公是其祖先。

上述兩段文字，都有力地回答了羅香林之所謂「由涌口遷至之瑞英公，乃為逕仔蓢孫氏始祖，與翠亨無涉」之質疑。[164] 準此，筆者又曾多次親自往翠亨村附近譚家山孫氏墓地群實地考察並拍照，其中就有瑞英公之墓。[165] 每年清明、重陽，過去翠亨孫氏後人皆來此拜祭祖先。現在他們都定居海外或臺灣，就由翠亨孫氏同宗另房的後人來拜祭。誰敢説，他們每年清明、重陽都拜錯祖先？

此外，孫中山故居紀念館藏有孫達成（孫中山的父親）三兄弟的《批耕山荒合約》兩件。兩件的簽訂日期分別是1863年11月23日和1864年3月20日；涉及的地點均是「瑞英祖遺下『逕仔蓢』税山埔一段」；涉及的種植人均是嗣孫達成、學成、觀成。[166] 兩件文獻都確認那位曾在逕仔蓢擁有一段山埔的孫瑞英，是孫中山的祖先，因而同樣有力地回答了羅香林的質疑。

最後，孫中山的姐姐孫妙茜回憶説：「從前孫家居住於逕仔蓢的。到翠亨建屋也極困難。」[167] 把這口傳、翠亨《孫氏家譜》、《批耕山荒合約》，結合筆者的實地調查報告，放在一起分析，結論是：瑞英公的後人從逕仔蓢村遷入翠亨村居住。但究竟是後人之中的哪一代人？孫妙茜在1931年回答黨史會鍾公任的採訪時説：「至十四世始住翠亨村。」[168]

筆者曾多次步行往返逕仔蓢與翠亨村之間，發覺兩地相隔大約五百米，

163　翠亨《孫氏家譜》，收錄在故居編：《家世》(2001)，頁1-8；其中頁2，第2行。

164　羅香林：《國父家世源流考》(1942)，頁6。

165　黃宇和三訪翠亨譚家山孫氏墓群（共39穴）的〈調查報告〉（手稿）以及所拍照片，2006年3月28日、2006年12月4日和2008年9月26日。

166　該兩件合約均排版載於故居編：《家世》(2001)，頁64-65。

167　李伯新採訪孫錦言（七十四歲），1965年10月10日，載李伯新：《孫中山史蹟憶訪錄》，中山文史第38輯（中山：中國人民政治協商會議廣東省中山市委員會文史學習委員會，1996），頁108-110；其中頁110。以後簡稱為李伯新：《憶訪錄》(1996)。孫錦言，男，其祖父原居翠亨村，與孫中山兄弟很要好，後遷居附近的南蓢墟。孫錦言童年回到翠亨逕仔蓢孫中山紀念中學讀書，在當時負責看守孫中山故居的孫妙茜家中寄宿。

168　鍾公任：〈採訪總理幼年事蹟初次報告〉〔1931年4月26日〕，原件藏臺北中國國民黨中央黨史館，轉載於故居編：《家世》(2001)，頁120-124；其中頁121。查翠亨《孫氏家譜》，十四世是殿朝公。

步程約十分鐘。從此遷彼，絕對不是什麼了不起的事情。但為何搬遷？大約
有兩個原因。第一是受到逕仔蓢的大姓——何姓——的壓迫。孫妙茜說：

> 中山〔孫中山〕五、六歲大，祖母問他，何姓佔他的園（孫、何爭地
> 界），什麼時間給回我們？中山說：「給！我長大就給！」這是其母
> 作占卦，問卜，自己的地有希望，詢問於無知兒童的。當時逕仔蓢何
> 姓族大，常佔孫、麥二家地面的。即現在紀中〔孫中山紀念中學〕，
> 最低一層地面是何家的，上一層以上是孫家地界，現凡孫姓的都葬於
> 此。[169]

　　至於第二個原因，筆者將於下文交代。

　　在這大量史料面前，羅香林這第一道挑戰，恐怕再也無法成立。

　　羅香林的第二道挑戰，是「國父上世與左埗頭孫氏同源說之非是」。他
引經據典地試圖證明孫中山並非源自左埗頭的孫氏。[170] 這就讓筆者更感奇
怪。蓋鄧慕韓早已言明，據其考證所得，翠亨孫氏並非源自左埗頭這一支，
而是源自涌口那一支。[171] 羅香林長篇累贅的論述，實屬無的放矢。察其動
機，無疑是要砌詞以打擊東莞說的公信力。這種手法，與其說是切磋學問，
倒不如說是在玩政治遊戲。綜觀古今西方的政治辯論，這種手法屢見不鮮。
這也難怪，羅香林的最終目標並非要在學問上求真，而是要迎合當時中國國
民黨的政治需要。既然其最終目標屬政治性質，則羅香林用政治手段以達其
目標，就不必大驚小怪了。

　　退一步說：據翠亨村《孫氏家譜》記載，涌口與左埗頭兩支孫氏的始祖

169　李伯新採訪楊連合（五十一歲），1965年 9月20日，載李伯新：《憶訪錄》（1996），頁
　　　86-89；其中頁89-90。楊連合是孫妙茜的男孫。

170　羅香林：《國父家世源流考》（1942），頁9-15。

171　「總理家譜所載五世祖禮贊公由東莞遷居香山涌口，長子樂千居左埗頭，次子樂南遷逕仔
　　　蓢，再遷翠亨，查核與左埗頭族譜及神位，實在同一本源。」見鄧慕韓：〈總理世系確
　　　由東莞上沙遷來之考證〉，《建國月刊》，第十卷，第3期（1934年3月出版），轉載於
　　　故居編：《家世》（2001），頁259-260。

的父親是同一人，[172] 羅香林憑什麼否認孫中山的上世與左埗頭孫氏同源？此外，2008年12月18日筆者到左埗頭村和涌口村實地調查，發覺《涌口村志》所載，證實涌口與左埗頭的孫氏皆同源；[173] 而兩村相隔僅五百米左右。[174] 近人更考證出，1912年5月28日，孫中山曾到左埗頭的孫氏宗祠祭祖。[175] 而左埗頭孫氏家族也藏有當天拜祖後孫中山與該家族父老合影於大宗祠的照片。[176] 為何孫中山不往其直系的涌口拜祭近祖，反而到左埗頭拜祭遠祖？筆者的實地調查發覺，當時的左埗頭孫氏後裔茂盛，建有祖祠，而涌口孫氏則只剩下一兩戶人家，沒有祖祠。目前在左埗頭村仍有孫氏後人居住，至於涌口則只剩下一口孫家井以供後人緬懷而已。[177]

　　總之，羅香林對東莞説的兩道挑戰，皆不能成立。

(iii)「東莞説」之定位

　　既然羅香林對東莞説的挑戰已不能成立，而他用紫金説以代替東莞説之嘗試亦全盤失敗，結果除非有人能拿出更有力反證，否則東莞説是目前最能服眾的説法。

　　而且，鄧慕韓後繼有人，翠亨村孫中山故居紀念館（以後簡稱故居）的工作人員，一直努力不懈地廣為蒐集有關文獻、文物等原始資料。從1955年夏天開始在故居工作的李伯新，到了1986年，已經大大地豐富了故居所藏。在1986年於翠亨村舉行的「慶祝孫中山誕辰120周年國際學術討論會」上，邱

172　「始祖、二世、三世、四世祖俱在東莞縣長沙鄉（今上沙鄉）居住，五世祖禮贊公在東莞縣遷居來涌口村居住，妣莫氏太安人，生下長子樂千、次子樂南。樂千居住左埗頭，樂南居住涌口。」翠亨村《孫氏家譜》，轉載於故居編：《家世》（2001），頁1-8：其中頁1。

173　涌口村志編纂領導小組編：《涌口村志》（珠海：信印印務廣告中心，2006），頁128-129。

174　黃宇和：〈左埗頭村和涌口村調查報告〉（手稿），2008年12月18日星期四。

175　鄒佩叢、張詠梅：〈民國元年孫中山與親人的左埗之行〉，時間：2008/01/18 14:22　文章來源：民革，http://www.minge.gov.cn/chinese/pplrevo/unitedzine/18594.htm，accessed on Sunday 8 June 2008。

176　孫燕謀等編纂：《香山縣左埗頭孫氏源流考》（無出版社，1994年印刷），頁9，圖3。

177　黃宇和：〈左埗頭村和涌口村調查報告〉（手稿），2008年12月18日星期四。

圖2.25　左埗頭孫氏宗祠（2008年12月18日）

圖2.26　涌口村只剩下孫氏祖先所打之水井（2008年12月18日）

捷與李伯新聯名發表了一篇題為〈關於孫中山祖籍問題──羅香林教授《國父家世源流考》辨誤〉的論文，[178] 得到好評。[179] 該文資料豐富，而論點更是明確。其傳達的主要精神是：要研究孫中山的祖籍問題，必須從他出生地的翠亨村所存在的有關文物入手。是為鄧慕韓以來有關東莞說最具說服力的文章。

　　該精神為故居指出了未來努力的方向，而故居的工作人員也勤懇地朝這方向再接再厲，蒐集了更多翠亨村方面有關孫中山祖籍的資料。在這些資料的基礎上，邱捷在2006年，從社會史的角度把它們進行分析，寫就另一篇論文，[180] 談到孫中山的祖籍問題，但重點已轉向於論述翠亨村的社會狀態，以至不久之後，原故居的鄒佩叢[181] 與現故居的張詠梅，[182] 也利用這些資料在2007年4月，聯名在網絡上發表了一篇文章。他們從文字、口碑、實物、著述、調查等各方面，闡明「東莞說」的可靠性。[183] 最後，就是鄒佩叢的不朽之作，其編著的《孫中山家世研究與辨析》（太原：山西人民出版社，2008年10月）。鄒佩叢雖然從2004年中葉已經離開孫中山故居紀念館，回到天津南開大學圖書館工作，仍充份利用業餘時間研究孫中山的家世，其敬業精神，令人欽佩。

　　「東莞說」所得出的結論是：孫中山乃廣府人。由於那些仍然居住在東莞縣上沙鄉的孫中山遠祖同宗的孫氏家族乃廣府人，故「東莞說」就變相成

178　邱捷、李伯新：〈關於孫中山祖籍問題──羅香林教授《國父家世源流考》辨誤〉，載《孫中山和他的時代：孫中山研究國際學術討論會文集》（北京：中華書局，1989），第三冊，頁2274-2297。

179　見金沖及：〈在孫中山研究國際學術討論會閉幕會上的發言〉，1986年11月9日，載《孫中山和他的時代：孫中山研究國際學術討論會文集》（北京：中華書局，1989），第一冊，頁4-12：其中頁8。

180　邱捷：〈翠亨村孫中山故居文物的社會史解讀〉，《歷史人類學刊》，第四卷，第2期（2006年10月），頁71-98。邱捷禮貌地鳴謝曰：「本文關於香山縣、翠亨村的地理、風俗等知識，很多是歷年向孫中山故居紀念館原館長李伯新、現館長蕭潤君以及近年向孫中山故居紀念館工作人員黃健敏先生等請教得來」。

181　鄒佩叢已回其母校南開大學圖書館工作。

182　張詠梅現在是故居宣教部主任。

183　張詠梅、鄒佩叢：〈孫中山怎麼成了客家人？他後代好像沒有……〉，2007年4月20日，http://tieba.baidu.com/f?kz=192702217，accessed on Sunday 8 June 2008。

了「孫中山乃廣府人」的代號；就像「紫金說」變相成了「孫中山乃客家人」的代號。準此，研究焦點就轉移到孫中山乃廣府人還是客家人的問題上。

五、孫中山是本地人（廣府人）還是客家人？

大家所熟識的孫中山出生地翠亨村，據厲式金所主修、1923年刊刻的《香山縣志續編》卷一、圖、頁6b–7a上面所印刷的「東鎮圖」，標出的村名卻是「翠坑」。[184]「坑」這個字，據廣府人的理解，是溝的意思，而且一般泛指污水溝。廣府話稱排污的水溝為「坑渠」。但在客家方言的詞彙裏，「坑」卻是「山」的意思。[185]紫金忠壩客家孫氏始祖友松公墓建在「坑」上。

上述地圖標出「翠坑」的位置，東北有竹頭園，東南有伏隆、石門等村，無疑是當今翠亨村的所在地。但是，「翠坑」這個村名之中的「坑」字，應如何理解？若把這個「坑」理解為「溝」，那是不可思議的。誰也

184　據厲式金主修，汪文炳、張丕基總纂：《香山縣志續編》（無出版地或出版社，但印有「癸亥〔即1923年〕冬月刊成」等語），卷一、圖、頁6b-7a 上面所印刷的「東鎮圖」。廣州市省立中山圖書館（編號K/25/8/〔2〕）及中山市檔案館（編號 d1/38-43）均藏有該書線裝原本。在筆者追查此圖的過程中，承廣州市省立中山圖書館的倪俊明副館長、中山市檔案館的高小兵副館長暨黎佩文科長、廣州市中山大學圖書館的倪莉主任，為筆者提供方便，廣州市大元帥府博物館的李興國君和廣州革命博物館的李嵐女士幫助覆核，謹致衷心感謝。美中不足的是，從2008年12月5日到2009年1月15日，筆者往返這些圖書館，折騰了共約六週，均還無法查出李伯新先生在其大作《孫中山故鄉翠亨》第8頁所標出翠坑等字樣的「東鎮圖」的出處。由於翠坑之村名與翠亨是否客家村的問題有關聯，決心追查到底，2009年1月16日追到香港大學，2009年1月20日追到倫敦大英圖書館，普查該館所藏各種版本的《香山縣志》，均屬徒勞。終於，2009年1月21至22日，在劍橋大學圖書館找到了！發覺李伯新先生誤把1923年的版本說成是1750年的版本。欲為本章作補充之際，又嫌並非絕對切題，唯待將來另文交代。

185　張倬文的調查報告，無日期，附張倬文覆羅香林，〔1942年〕12月26日，收入〈忠壩孫氏族譜節抄及有關文件〉（手稿合訂本），藏香港大學馮平山圖書館特藏部，編號：羅222/50。張倬文乃廣東省紫金縣上義鄉人，紫金忠壩孫氏有分房在上義鄉居住，故羅香林向張倬文了解有關上義鄉的情況。不但張倬文的調查報告闡明在客家用詞方面「坑」是山的意思，本文所引用過諸紫金諸如溫秀如等1942年7月3日覆溫濟琴函，也內有「坑內是葬孫氏開基祖友松公」等字樣，而筆者親往實地調查時，發覺友松公的墳基位於一座山的接近山頂處。在客家詞彙裏，「坑」的確是山的意思。見黃宇和：〈紫金調查報告〉（手稿），2008年1月8日。

圖2.27　遠眺建在「坑」上接近山頂之紫金忠壩客家孫氏始祖友松公墓（2008年1月
　　　　8日黃宇和攝）

不願意在「溝」裏生活，既不愉快也不吉利。但是，若把它理解為碧翠的
「山」，則所謂上風上水，心曠神怡！因此，「翠坑」這個村名，本身就存
在着濃厚的客家風味。難道「翠坑」是條客家村？而生於斯長於斯的孫中
山，難道是客家人？

不，該村的居民，是清一色的廣府人；而該村絕對不是建築在山上甚至
山腳，而是在一片平地上：無論從文獻鑽研、文物鑒定、口碑相傳或實地調
查，都説明這兩點。所以，翠亨村與客家「人」和客家詞彙中的「坑」字所
指的「山」，屬風馬牛不相及。

但為何上述地圖竟然標出「翠坑」等字樣？這個謎必須揭底，否則將來
又被利用為客家説的佐證而引起另一場爭論。

準此，我們可以從下面兩個層面探索：

第一、該圖所在之方志——厲式金主修《香山縣志續編》——的其他部
分，則：

卷二、輿地、山川、頁11a曰：「石門溪〔流〕經翠亨村」。

卷二、輿地、戶口、頁7b－8a曰：「翠亨〔有〕147戶」。

卷四、建置、學校、頁11a曰：「翠亨〔有〕尚武簡易小學」。

第二、徵諸此志之前各種版本《香山縣志》的地圖部分，則：

光緒五年（1879）《香山縣志》卷一、輿地上、圖、頁15a－b：標「翠亨」。

道光七年（1827）《香山縣志》卷一、輿地上、圖説、頁15a：標「翠亨」。

乾隆十五年（1750）《香山縣志》圖：非常簡單，沒標「翠亨」也沒「翠坑」。

康熙十二年（1673）《香山縣志》圖：更簡單，沒標「翠亨」也沒「翠坑」。

嘉靖二十六年（1548）《香山縣志》圖：最簡單，沒標「翠亨」也沒「翠
坑」。

由嘉靖到乾隆的三種《香山縣志》圖，皆沒標「翠亨」也沒「翠坑」，
説明該地哪怕已經有人定居，但還未形成一條有規模的村莊，以至官府也沒
記載。

從上述縱橫兩個層面探索，可知「翠坑」一詞屬孤證。為何出現這孤
證？則可能性有多種。例如，第一、厲式金主修之《香山縣志續編》，由
一個編纂班子分工合作而成。分工方面，則從該志「職名」部分，可知「測
繪」由「監生黃萼彬」獨當一面。其他部分則由主修（一人）、總纂（二人）、

分纂（三人）、各區總採訪（十三人）等分別承擔。至於合作方面，則測繪員標了「翠坑」，而各區總採訪員則大書特書「翠亨」，可見分工有餘而合作不足。主修、總纂、分纂等人沒有察覺這矛盾並予以糾正，是工作上的疏忽。測繪員之用上「翠坑」一詞，可能是手民之誤：即他在參考前人所繪的地圖時，誤把「亨」字抄作諧音的「坑」字。又可能他是客家人，而客家人用「坑」字作為村名的組成部分，甚為普遍；[186] 他下意識地把「翠亨」標作「翠坑」，毫不奇怪。無論如何，「翠坑」一詞，不能用作孫中山乃客家人之佐證。

值得提問的是：雖然遲至道光七年（1827）的《香山縣志》才標出「翠亨」之村名，[187] 唯在此之前，已經有人在此定居（見下文），那麼居民如何稱呼該地？孫中山故居紀念館珍藏之崖口《陸氏族譜序》，提供了線索。它說：「蘭桂二公，遷翠軒地」；又有附註曰：「翠軒地即今日之翠亨村」。[188] 那麼，蘭桂二公，生長在什麼年代？按崖口位於翠亨村東北約四公里，是清一色廣府人聚居的大鄉。於是筆者追蹤到崖口鄉，拜見陸氏後人、崖口鄉鄉委書記陸漢滿先生，[189] 得閱該族譜全文，可知德蘭公生於明朝弘治十四年（1501），卒於嘉靖四十二年（1563）。[190] 假設陸德蘭在十八歲時前往翠軒地開基，則時為1519年。由於崖口廣府人子孫蕃衍而愈來愈多地遷往翠軒地，看來待村落定型後，就定名翠亨村，取其碧翠亨通之意。

有云：「相傳清朝康熙（1662–1722）年間，蔡姓人在此建村。地處山坑旁，名蔡坑……方言『蔡』與『翠』、『坑』與『亨』諧音……道光（1821–1850）初年改稱翠亨，沿用至今。」[191] 這種傳說，恐怕再也站不住腳。早在

186　見本文所引述過的那些紫金手稿。目前翠亨村附近的石門九堡之內就有一條名為「後門坑」的客家小村落。見黃宇和：〈翠亨調查報告〉（手稿），2007年12月21日。

187　見該志卷一、輿地上、圖說，頁15a。

188　《陸氏族譜序》，孫中山故居紀念館珍藏，編號FY/1。

189　見黃宇和：〈崖口調查報告〉（手稿），2008年9月26日。

190　崖口《陸氏家譜》，頁76：德蘭公。筆者所見之版本是手稿的影印件。承陸漢滿先生賜告，崖口原稿在1950年代土改時，在破除迷信的號召下，燒掉了。近年才從河北唐山老家的譚氏把族譜複印回來。

191　邱捷：〈翠亨村孫中山故居文物的社會史解讀〉，《歷史人類學刊》，第四卷，第2期（2006年10月），頁71-98：其中頁74，引《廣東省中山市地名志》，頁259。

康熙蔡姓之前的一百多年，已有崖口陸德蘭（1501－1563）前往翠軒地開基。陸德蘭乃廣府人，不會為他開基之地取名為「坑」。而且，看崖口《陸氏族譜》的上文下理，陸德蘭並非第一個到達翠軒地之人。在他之前，已經有人到此開村，所以「蔡坑」云云，純屬妄猜臆說。

翠亨村，地處一條狹長山谷的東端，三面環山。西面的山脈最高，名五桂山，海拔531米。[192] 在此發源的一條小溪，過去名叫石門溪，[193] 現在稱蘭溪，由西往東流，當流了約四公里而到達翠亨村附近時，就拐一個灣，改向東北方向流，注入珠江。[194] 這個山谷，無以名之，美國人林柏克（Paul Linebarger）似乎是按照孫中山的意思而稱之為Blue Valley（碧翠的山谷，簡稱翠谷），筆者覺得此詞甚富詩意，在此沿用之。

整個翠谷，都是個非常貧窮落後的地方；而且逐漸出現人滿之患，終於導致大批村民出外謀生。1923年戶口調查說翠亨村有147戶人家。[195] 1964年翠亨耆老陸天祥則說該村大約有70戶人家。[196] 戶口數目從1923年的147戶銳減到1964年的70戶左右，則可能與1920年代大批華工出洋謀生有關。華工出洋，大約在1850年代開始。孫中山的兩位叔叔，都是在貧窮落後的翠亨村無法立足之餘，出外謀生，結果客死異鄉。孫中山的父親也迫得在十五歲時就往澳門當學徒，拜師學習造鞋，待三十二歲稍有積蓄才回鄉成親。[197] 孫中山的哥哥孫眉，在1871年僅十七歲時，也遠涉重洋到夏威夷謀生。[198]

翠亨村雖然貧窮，但與翠谷內其他村落比較，卻似乎是最富有的一座村

192　黃宇和：〈翠亨調查報告〉（手稿），2007年9月28日。

193　厲式金主修：《香山縣志續編》，卷二、輿地、山川、頁11a。

194　黃宇和：〈翠亨調查報告〉（手稿），2007年9月28日。

195　厲式金主修：《香山縣志續編》，卷二、輿地、戶口、頁8a：第四區「第七十六段翠亨」：147戶。

196　李伯新訪問陸天祥（1876年生），1964年5月13日，載李伯新：《憶訪錄》（1996），頁73-78：其中頁73。

197　王斧採訪孫妙茜，載王斧：〈總理故鄉史料徵集記〉，載《建國月刊》，第五卷第1期（1931年出版）。轉載於故居編：《家世》（2001），頁113-119：其中頁117。又轉載於鄒佩叢編著：《研究與辨析》，頁39-44：其中頁41。手稿原件藏臺北中國國民黨中央黨史館，編號為030/118。

198　黃健敏：《孫眉年譜》（北京：文物出版社，2006），頁13。

莊，也是唯一建有村牆的一座村。村牆的主要功能是防盜，尤其是水盜。因為翠亨村位於珠江河口的西岸，水盜頻仍，孫中山就曾回憶其童年時代，被水盜乘虛入村打劫的往事。[199]

翠亨村還建有祖廟，供奉北帝。該廟建於清康熙年間；[200] 準此，又組織了廟會，是翠亨村的管理委員會。祖廟有廟產100多畝，[201] 收入用作維修和供奉祖廟，以及村內的公共支出諸如僱用更夫、建築更樓、開辦村塾等。孫中山的父親孫達成，就曾長期當過翠亨村的更夫。[202] 孫中山童年時代也在村塾唸過書。可以說，無論從人力、物力、組織、教育、基本設施等各方面，翠亨村都是翠谷之中其他村落望塵莫及者。

過去，翠谷之內還有另外兩座廣府人聚居的村落，[203] 但規模極小，只得幾戶人家。其中一條村位於翠亨村以北大約500米的逕仔蓢，另一條在翠亨村東南大約600米的山門坳。[204] 兩村都建在山邊，村民肯定都是後來的移民。兩處的居民都亟盼搬入翠亨村居住：在那裏，既有村牆保護，也有人多勢眾的翠亨村村民互相照應。孫中山的十一世祖瑞英公（生卒年月無考）於清朝乾隆時代（1736－1795）遷到翠谷時，首先在逕仔蓢開基，建祖祠。[205] 至十四世殿朝公（1745－1793）才遷入翠亨村居住。[206] 孫妙茜回憶說，殿朝公遷

199　Paul Linebarger, *Sun Yat-sen and the Chinese Republic* (New York, 1925. Reprinted, New York: ASM Press, 1969), p. 55.

200　道光八年（1828）《重修翠亨祖廟碑記》云：「我翠亨村上帝祖廟，創自大清康熙年間。」原碑藏翠亨村孫中山故居紀念館。

201　李伯新訪問陸天祥（1876年生），1964年5月13日，載李伯新：《憶訪錄》（1996），頁73-78：其中頁73。

202　李伯新訪問陸天祥（1876年生），1959年，載李伯新：《憶訪錄》（1996），頁59-64：其中頁59。

203　李伯新採訪楊珍（1897年生），1965年9月，載李伯新：《憶訪錄》（1996），頁99。

204　黃宇和：〈翠亨調查報告〉（手稿），2007年9月28日。

205　鄧慕韓：〈總理故鄉調查紀要〉，中國國民黨廣東省黨部宣傳部編：《新聲》，第18期（1930年出版），收入故居編：《家世》（2001），頁109-112頁：其中頁109-110。

206　鍾公任：〈採訪總理幼年事蹟初次報告〉〔1931年4月26日〕，原件藏臺北中國國民黨中央黨史館，轉載於故居編：《家世》（2001），頁120-124：其中頁121。

入翠亨村建屋居住極為困難。[207] 困難之一是：入村必先入廟會，入廟會就必須交廟費。「如山門〔坳〕陳鳳源，要求入翠亨村，需出資500元，送給祖廟，才能入廟。」[208] 但是，無論多麼困難，所有原來居住在逕仔蓢和山門坳的村民，都一一爭取了搬進翠亨村居住。[209] 目前，兩處都空留其名而已。[210]

至於翠谷內的其他村落，則全部是客家村。客家人移居翠谷西端之五桂山，從明代已開始。[211] 其大量遷到者，有待清初遷界、復界之後。事緣清初鄭成功據臺灣抗清，康熙元年（1662）清廷下令東南沿海內遷三十至五十華里不等，並將該處的房屋全部焚毀，不准沿海居民出海，以致沿海地區漁鹽廢置、田園荒蕪，居民流離失所。後來地方大吏體恤民困，奏請解禁，結果到了康熙八年（1669）開始撤銷禁令。地方官員同時為了增加稅收，鼓勵那些聚居在廣東東北窮苦山區的客家人遷移到珠江三角洲，結果大批客家人湧入香山等地區，造成翠亨村在該山谷之內被客家村重重包圍的現象。而土客之間，肯定有對峙情緒。這種對峙情緒，沒有發展到像《赤溪縣志》描述那樣：「仇殺十四年，屠戮百餘萬」。[212] 但此言可以作為該山谷之內土客對峙情緒的參考。

在這種情況下，孫中山的第十四祖殿朝公（1745－1793）之申請入住翠亨村，很可能與當時該地區日漸緊張的地區土客對峙情緒也有關係：一旦土客發生衝突，人丁單薄的逕仔蓢就不堪一擊。而他申請入住進廣府人聚居的翠亨村這行動本身，就足以證明他是廣府人。若他是客家人，則不會被批准入住。相反地，若他是客家人，則會申請遷入附近的客家村。而附近客家村的

207　李伯新採訪孫錦言（1891年生），1965年10月10日，載李伯新：《憶訪錄》（1996），頁108-110：其中頁110。

208　李伯新採訪楊珍（1897年生），1965年8月15日，載李伯新：《憶訪錄》（1996），頁96-96：其中頁96。

209　同上註。

210　黃宇和：〈翠亨調查報告〉（手稿），2007年9月28日。

211　鄒佩叢：〈《國父家世源流考》的出版與「紫金說」的正式出爐〉，載鄒佩叢編著：《研究與辨析》，頁200-226：其中頁214之中的提示第4點。

212　王大魯主編：《赤溪縣志》（1921年出版），第8卷，附編「赤溪縣開縣記事」，頁1a。編者皆客家人。

村民，有些更是從紫金遷來的，[213] 則若他是來自紫金的客家人，更會遷入那些有來自紫金的客家人所居住的客家村。結果，他終於被翠亨村的廟會「批准」搬入該村居住，而這個「批准」本身，也足以證明他是廣府人。

翠谷之內的村落，土客之間壁壘分明，絕不同村雜居的現象，維持了很長時間。至低限度在1930年代初，羅香林到翠亨實地調查時，仍然如此。當時，他發現「翠亨距石門坑凡四里，周圍凡二十四村，就中除翠亨村及逕仔蓢村外，其餘都是純粹的客家村落」。[214]

清初遷界與復界一事，也被羅香林用以推斷孫中山乃客家人的佐證。他寫道：「蓋連昌公之初遷增城，本屬流移性質；其迫於生事，而謀再遷沃壤，乃人情之常。而當時粵東大吏，又能明為招來，則其遷居涌口村之底蘊，不難推證而知矣。」[215] 關鍵是：翠亨村以及毗鄰的崖口等村莊，曾否被列入遷界範圍之內？據鄒佩叢的最新考證，結論是沒有。他發現，上述崖口《陸氏族譜》所載，「明末清初崖口陸氏的十至十二世族人絕大多數出生、嫁娶、活動、卒葬於崖口及南蓢地區，並無大批族人外遷、回遷的任何跡象，表明崖口地區並未受到遷界、復界影響，亦即崖口地區並不屬於遷界、復界地區。」[216] 翠亨村是崖口鄉的延續，屬崖口地區，所以也沒受影響。鄒佩叢解釋說：「羅香林誤以為香山縣的遷界是以象山縣城──石岐為起點，把距縣城五十里以外的西、南、東部地區視為遷界地區。」[217] 殊不知澳門葡人堅決拒遷，終於獲准豁免遷界；清廷的補救辦法是派重兵把守珠江河口水

213　李伯新、蕭潤君、林家有等訪問翠亨地區客家村的甘桂明、甘國雄、甘水連等，1992年1月13日。載故居編：《家世》(2001年)，頁170-173；其中頁170，訪問甘桂明(翠亨賓館離休幹部，1925年生)，頁172，訪問甘桂明、甘國雄(石門鄉田心村村民，1921年生)、甘水連(石門鄉蘭溪村前生產隊長，1919年生)。http://bbs.southcn.com/forum/index3.php?job=treeview&forumname=guangdongjinshen&topicid=241234&detailid=1340799; accessed on Sunday 8 June 2008. 另文見：http://tieba.baidu.com/f?kz=192702217.

214　羅香林：《客家研究導論》，頁264。

215　羅香林：《國父家世源流考》(1942)，頁25。

216　鄒佩叢：〈南蓢地區族譜證明羅香林所謂「香山縣東部遷界、復界說」並非事實〉，載鄒佩叢編著：《研究與辨析》，頁892-897：其中頁896。

217　同上註，頁893。

域。[218] 如此這般，造成防守之界前移，結果本來處於遷界範圍之內的的崖口、翠亨等地均幸免於難。[219] 羅香林用遷界與復界之歷史來推斷孫中山乃客家人，純屬隔靴搔癢。

就是說，居住在翠亨村的人，並沒有受到遷界政策影響而搬出該村，他們自始至終在該村居住，並在該村附近的耕地上繼續耕作，安居樂業。復界時雖然有大批客家人蜂擁而來，而且總人數大大超過翠亨村村民，但他們並沒有雀巢鳩佔，仍奉公守法地在山邊開墾、建村。土客相安無事。

至於婚姻，則在孫中山那個年代，土客之間不會通婚：若孫氏家族是本地人，男的必娶本地婦，女的必嫁本地男。孫中山的祖父敬賢公，為兒子達成公選媳婦時，不在翠亨所在的翠谷之內眾多的客家村中挑選，而終於在谷外，位於翠亨村東北約四公里的、[220] 廣府人聚居的崖口鄉隔田村楊勝輝家中挑了淑女。[221] 孫中山的父兄為其選媳婦時，不在翠谷之內眾多的客家村中物色，而終於在谷外，距離翠亨村西南約十五公里的[222] 廣府人聚居的外沙村之中，屬意盧耀顯的女兒盧慕貞。[223] 孫中山的姐姐，適其母親故鄉——崖口鄉隔田村——的楊紫輝。[224] 這一切都說明，孫中山一家是本地人。

有云：「孫中山，實為客家與廣府族之混血種，所住翠亨村，原字菜坑，蓋客家移民，初以種菜為生，故以菜坑名其村也。」[225] 真是一派胡言，

218　韋慶遠：〈清初的禁海、遷界與澳門〉，載趙春晨、何大進、冷東主編：《中西文化交流與嶺南社會變遷》（北京：中國社會科學出版社，2004），頁345-370：其中頁345-49。

219　鄒佩叢：〈《國父家世源流考》的出版與「紫金說」的正式出爐〉，載鄒佩叢編著：《研究與辨析》，頁200-226：其中頁214之中的提示第5點。

220　黃宇和：〈翠亨、崖口實地調查報告〉（手稿），2006年3月14日。

221　羅家倫主編、黃季陸、秦孝儀增訂：《國父年譜》（臺北：中國國民黨中央黨史委員會，1985），頁3。以後簡稱《國父年譜》（1985）。

222　黃宇和：〈翠亨、崖口實地調查報告〉（手稿），2006年3月14日。

223　《國父年譜》（1985），頁37。

224　孫滿：《翠亨孫氏達成祖家譜》（1998年12月印本），收入故居編：《家世》（2001），頁12-28：其中頁18。

225　羅香林引范捷雲言，載羅香林：〈評古層冰先生「客人對」〉，載《北平晨報副刊：北晨評論及畫報》，第一卷，第16期（1931年4月27日）；有關部分轉引於鄒佩叢：〈客家族群問題與孫中山系籍「客家說」的緣起〉，載鄒佩叢編著：《研究與辨析》，頁137-146：其中頁144。

不料此胡言亂語也真派用場——羅香林曾用它來推斷：「愚按孫公祖先，確為客籍」。[226]

此外，在孫中山那個年代，土客之間有一個重大分別。廣府人的婦女皆纏足。客家人的婦女則絕對不會纏足。[227] 孫中山的祖母、母親、[228] 姐姐、[229] 嬸母（程氏）、嫂嫂（孫眉的妻子譚氏），以及後來孫中山娶其為妻的盧慕貞，[230] 皆纏足。女童被纏足時，痛苦異常。當孫中山目睹姐姐被纏足的苦況而向母親求情時，導致孫母說出下面一段話：

"Behold the Hakkas!" declared the mother of Wen. "No Hakka woman has bound feet. The Hakkas do not bind their feet, as so the Bandis or Chinese. Would you have your sister a Hakka woman or a Chinese woman? Would you have her as a stranger or as one of us?" [231]

茲意譯成漢語如下：

「看！」孫母說：「本地婦女通通纏足。只有客家婦女才不幹。你要姐姐做本地人，還是變成客家人？你要她做自己人，還是變成陌路人？」[232]

226　同上註。

227　李伯新採訪楊珍（1897年生），1965年8月15日，載李伯新：《憶訪錄》（1996），頁96-96：其中頁97。

228　李伯新訪問陸天祥（1876年生），1964年5月13日，載李伯新：《憶訪錄》（1996），頁73-78：其中頁76。

229　李伯新採訪楊珍（1897年生），1965年8月15日，載李伯新：《憶訪錄》（1996），頁96-96：其中頁97。

230　張詠梅、鄒佩叢：「也談孫中山祖籍問題」，http://bbs.southcn.com/forum/index3. php?job=treeview&forumname=guangdongjinshen&topicid=241234&detailid= 1340799; accessed on Sunday 8 June 2008. 另文見：http://tieba.baidu.com/ f?kz=192702217.

231　Paul Linebarger, *Sun Yat-sen and the Chinese Republic*, p. 81. 文中提到的Wen，是孫文，即孫逸仙。Bandis，是本地人，即廣府人的意思。

孫母此言，是為明證。

　　當然，筆者並不滿足於這些證據。故近年來仍不斷蒐集更多資料，以便徹底查明真相。茲據前人所得，以及筆者在（i）翠亨村所在之翠谷之內，及翠谷以外的崖口、外沙、淇澳、翠薇、前山、石岐等地方；（ii）紫金縣城以及縣屬的忠壩、上義、塘凹等地方；（iii）廣州市內以及市屬的南海、番禺、花都等地區；（iv）東莞市即該市下轄下的上沙鄉與圓頭山孫家村；（v）新會開平等五邑；（vi）南雄珠璣巷；（vii）香港；（viii）澳門；（ix）夏威夷；（x）波士頓；（xi）牛津；（xii）倫敦；（xiii）劍橋等地，[233]進行實地調查（包括墓碑、口碑），文獻鑽研（包括家譜、契約、書信、手稿、方志）等，蒐集到的大量資料，濃縮以列表如下，便一目瞭然：

表2.2　翠亨村本地人（又稱廣府人）、紫金客家人，以及翠亨孫氏家族的特徵排比

特　徵	紫金客家人	翠亨本地人	孫中山的家庭
婦女纏足	不纏足	纏足	纏足
婦女從事耕種	從事耕種	不從事耕種	不從事耕種
成親對象	客家人	本地人	本地人
族譜對已故婦女的稱謂	孺人	安人	安人
墓碑對已故婦女的稱謂	孺人	安人	安人
族譜對已故男士的稱謂	諱	考	考
墓碑對已故男士的稱謂	諱	考	考
在家裏所說的方言	客家話	本地白話	本地白話
在家村所說的方言	客家話	本地白話	本地白話
後人所說的方言	客家話	本地白話	本地白話
孫中山所說的方言			本地白話

232　徐植仁在翻譯林百克的英文原著時，用自己的語言敘述了孫母以客家人不纏足的事實來反駁兒子，而沒有把孫母的原話譯出。見林百克著，徐植仁譯：《孫中山傳記》，頁73。細心的邱捷，在比較過原著與譯本之後，指出了這一點。見其〈關於孫中山家世源流的資料問題〉，載廣州市中山大學學報編輯部：《孫中山研究論叢》，第5集（1987年），頁82-92：其中頁87。

233　在以上各地學者曾給予筆者的幫助，見本文第八節、謝辭。

　　這個表，應該可以結束一場虛耗了國人七十年光陰、無數人力物力、大量思想感情與脾氣的爭論。

　　但是，必須鄭重指出，此表所列，乃十九世紀中葉、孫中山出生那個年代、在翠亨村這個特殊地方與紫金那個同樣是很特殊地方的現象。當然，若論當今土客情況，則由於時代更替、通婚同化、農村城市化等等，造成了土客之分在廣府地區再也不那麼明顯。很多曾遷移到廣府人聚居的客家人，被廣府人同化了。而廣府人也接受了一些客家文化。土客之間，變成你中有我，我中有你。茲列舉幾個最明顯的例子：

　　第一、在城市方面，筆者在廣州市的客家摯友，在廣州市出生，在廣州市讀書，在廣州市長大，大半生在廣州市做事，半句客家話也不會講了。本表所列的所有客家特徵，在他們身上，早已蕩然無存。他們完全被廣府人同化了。[234] 2009年7月3日，筆者在中央研究院近代史研究所，以本文為題做學術報告時，有學者質疑此表之可靠性，理由是他在臺北市所認識的客家人都沒有上述特徵。竊以為以今況古，乃史家大忌，切切。

　　第二、至於農村方面，則正如上述，在目前的翠谷之內，除了翠亨村是本地村，其他所有村莊皆客家村。唯時至今日，此等客家村民，仍保存了多少客家特徵？先探索族譜，則七年以來（2004－2011），筆者不斷跑翠谷，明查暗訪，可惜還沒發現一部客家族譜，所以無從考核。至於客家墳墓，筆者把翠谷之內大小山頭的客家墓地已幾乎跑遍了，只發現了一塊墓碑是按照客家風俗而刻。筆者的有關調查報告曰：「西走到達何氏坳，有修復墓地。原碑：光緒七年辛巳十一月初八日〔按即1881年12月28日〕清二十四世祖甘門黃氏孺人墓」。但是，旁邊的另一穴客家舊墓，卻有新碑說：「公元一九九五年農曆十月初五日。顯孝二十世祖元滔甘公之墓：妣甘門除氏安人、妣甘門楊氏安人。三和堂眾子孫叩立」。同是翠谷、後門坑村、甘氏家

234　此外，承臺灣高雄師範大學經學研究所葉致均同學相告：「我父親親生父母是屏東縣萬巒鄉的客家人，但是他從小就給福建省林森縣來臺的婦女所撫養，我也許有客家血緣，但是我一點也不知道。」（葉致均致黃宇和電郵，2009年7月8日）。「每逢過年父親帶我們回萬巒的生母家探望，聽着堂妹、姑姑和奶奶説着流利的客家話，我卻聽不懂，覺得自己很像客人（guest），縱使身上流着客家人的血緣，但我『從來不認為自己是客家人』。」（葉致均致黃宇和電郵，2009年7月15日）。

族的墓地，1881年還按照客家風俗而稱孺人，1995年就按照翠亨村廣府人的風俗而稱「安人」了。附近其他甘氏墓碑，同樣是採翠亨村廣府人的風俗而稱「考」與「安人」。[235]是否翠谷之內眾多的客家村，竟然被孤零零的一座翠亨村同化了？筆者不解之餘，向翠亨村孫中山故居紀念館蕭潤君館長請教。蕭館長解釋説：在翠谷之內，翠亨村固然是被客家村重重包圍。但翠谷本身，又被汪洋大海般的廣府村、廣府市集等重重包圍。翠谷客家人種植的蔬菜、水果等，必須送到翠谷以外的、廣府人控制的市集諸如南蓢等地售賣，又必須從該等市集購入日常用品。很自然地，為了生存，慢慢就被當地的廣府人同化了。而且，翠亨村很多村民曾到外國謀生，態度開放，善待附近的客家村民，土客關係極佳，從未發生過像內地的械鬥。所以，翠谷的客家人也樂於本地化。[236]

第三、這就是為什麼，筆者跑到老遠的紫金實地調查。因為那裏的居民幾乎全部仍是原封不動的客家人，還沒被廣府人同化。結果發現紫金的客家人，比較完整地保存了他們自己的文化。無論族譜還是墓碑，還沿用「孺人」、「諱」等稱謂。[237]

第四、為何客家人稱已故的男人為「諱」、已故的婦人為「孺人」？2008年1月9日筆者在紫金實地調查時，特別向《紫金黃氏族譜》的編者黃蔭庭請教。他説：男人死了，不能直呼其名，故尊稱死者為「諱」。至於「孺人」，則按其丈夫的官階排七品：一品、二品官的配偶稱夫人；三品：淑人；四品：恭人；五品：宜人；六品（如州官）：安人；七品（如縣官）：孺人。但在紫金，女人死了，則通稱孺人。相傳南宋文天祥來到南嶺之中的烏頓山峰佈防，突然見到很多婦人在山上打柴，其擔杆都削得很尖，走起來像武士一樣，便差人往問是幹什麼的？女的説，是抵抗元兵。文天祥很感動，就説，以後她們死了，均稱為孺人。從此，紫金客家女人死了，通稱孺人。

235　黃宇和：〈實地考察中山市翠亨村附近各山崗客家墓碑調查報告〉（手稿），2007年12月21日。

236　黃宇和採訪蕭潤君，2007年12月22日，黃宇和：〈翠亨調查報告〉（手稿），2007年12月22日。

237　黃宇和：〈實地考察紫金忠壩等地調查報告〉（手稿），2008年1月8-9日。

這個制度就固定下來了。[238]

　　竊以為這掌故甚有意思。[239]

　　第五、筆者也曾把翠谷之內各個山頭的翠亨孫氏墓地跑遍了，而且是多次重複審視。同時，又蒙翠亨村孫中山故居紀念館蕭潤君館長特別恩准，也把孫妙茜交給該館珍藏的孫氏族譜等原始文獻原件鑒定過了。它們都保存了翠亨村廣府人過去通用的「安人」、「考」等稱謂。

　　第六、至於翠亨村廣府人把已故婦女稱「安人」之習慣，比較特殊。一般來說，廣府人當面稱呼還健在的老婦人為「安人」，以示尊敬。已故的婦女，則無論在族譜、墓碑、或供奉香火的神位（廣府話俗稱「神主牌」），都不稱「安人」。[240] 至於為何翠亨村廣府人稱已故婦女為「安人」，以及其他地區的廣府人稱呼仍健在的婦女為「安人」，則似乎沒有類似紫金「孺人」抵抗元兵之掌故。很可能是一種習慣上的尊稱吧，像當今不少人尊稱其朋友的配偶為「夫人」一樣。

238　黃宇和採訪黃蔭庭，2008年1月9日，黃宇和：〈實地考察紫金忠壩等地調查報告〉（手稿），2008年1月8-9日。黃蔭庭強調說，此制度只代表紫金，不代表其他地方。承臺灣高雄師範大學經學研究所葉致均同學相告，她查「百度百科，孺人」（http://baike.baidu.com/view/162394.htm），所得結果是「按宋代政和二年（1112年）定命婦的等級由下而上的排列是：孺人、安人、宜人、恭人、令人、碩人、淑人、夫人。一品是夫人，二品也是夫人，三品是淑人，四品是恭人，五品是宜人，六品是安人，七品是孺人，八品是八品孺人，九品是九品孺人」（葉致均致黃宇和電郵，2009年7月8日）。葉致均同學又查《清通典》卷四十職官，發覺：「國朝定命婦之制凡封贈一品之妻為一品夫人，二品妻夫人，三品妻淑人，四品妻恭人，五品妻宜人，六品妻安人，七品妻孺人，八九品止封本身。」（葉致均致黃宇和電郵，2009年7月8日）可見紫金客家對「孺人」的稱謂，似乎是按《清通典》行事。

239　這掌故有意思之處在於：（1）筆者曾向一位非紫金地區的客家婦女請教過，她梅州（過去稱嘉應州）家鄉所有的客家婦女都削尖了擔杆，目的是為了方便把擔杆插進捆綁好的稻草，左一插、右一插，就可以挑起來走路。（2）至於封贈，文天祥是沒有資格封贈的，只有君主才有這個權力。所謂封贈，《大清會典·吏部》曰：「存者曰封，歿者曰贈」。掌故者，姑妄言之，姑妄聽之。

240　筆者是廣府人，原籍廣東番禺，幼時聽家母當面尊稱當時還健在的家祖母為「安人」。當時筆者天天早晚為祖先上香時，所見各神位也沒「安人」字樣。清明掃墓，所見各墓碑亦沒「安人」字樣。徵諸黃淑娉教授，則她在四邑的家鄉、以及她幾十年來在珠江三角洲的實地調查結果，發覺廣府人的風俗習慣，與筆者的家鄉相同。翠亨實為例外。

六、結論

第一，紫金説不能成立。唯鑑於該説已成為大部分客家人的一種信仰，建議與史實共存。

第二，東莞説有憑有據，也有人證物證；而對東莞説的挑戰，亦已證實不能成立。從此，東莞説可作為歷史研究的基礎，弘揚孫學。

第三，孫中山是本地（廣府）人。

畫龍點睛：1895年廣州起義失敗，清廷追捕孫中山，禍及家人。剛巧他在夏威夷、意奧蘭尼學校的學弟陸燦，回翠亨村成親，目睹此險狀，於是冒着生命危險，趕快帶領孫中山的家人逃往夏威夷，交孫眉照顧。後來陸燦在回憶錄中寫道：

Hawaii was especially fertile as a field of sympathetic support to Dr Sun. To begin with, we were all Cantonese and closely allied to him and to the first outbreak in Canton. [241]（筆者意譯：夏威夷是支持孫中山的温床。首先，我們大家都是廣府人，當他籌劃廣州起義時，我們廣府人都緊密地團結在他四周。）[242]

廣府人在夏威夷人多勢眾，若孫中山是客家人只説客家話，1894年11月欲在檀香山組織興中會來發動廣州起義，難以哉。廣府人在香港同樣是人多勢眾，輔仁文社社員，無論其原籍哪裏，都説廣府白話，若孫中山是客家人只説客家話，1895年2月欲與其合併來發動廣州起義，亦難以哉。

---

241 Luke Chan, Memoirs (Typescript, 1948), p. 35. 感謝牛津大學聖安東尼研究院舊同窗 Dr. Kennan Breazeale 代筆者向旅居在夏威夷的 Mrs. Freeman，求得該英語打字稿副本。

242 筆者對上述 Luke Chan, Memoirs (Typescript, 1948), p. 35 當中一句話的翻譯。

七、四枚計時炸彈

釐清了羅香林之客家說後，筆者繼續發現不可靠的有關史籍與史料共四則，猶如四枚計時炸彈。驚弓之餘，覺得必須趕快處理拆除，以防後患。

(i) 孫中山出生的翠亨村是否客家村？

翠亨村孫中山故居紀念館前副館長李伯新先生，最近出版了其大作《孫中山故鄉翠亨》（香港：天馬出版有限公司，2006）。其中頁8轉載了一幅〈東鎮圖〉，內有「翠坑」之地名。李先生似乎害怕「翠坑」二字體積太小，故刻意把他們放大標出（見圖2.27），以享讀者。筆者審視該地圖時，發覺右側邊緣包括了「《香山縣志》卷一，〔頁〕六」等字樣。究竟是哪一版本的《香山縣志》？李伯新先生寫道：「乾隆15年（即1750年）《香山縣志》」。[243] 不但如此，李先生還在其正文之中特別樹立一專題名「翠亨行政設置沿溯」，開宗明義地闡述說：「翠亨村名，早名有蔡坑之說，但無史料可查。有史料為據的乾隆15年（即1750年）的《香山縣志》則名為『翠坑』。」[244]

繼而翠亨村孫中山故居紀念館研究室的負責人黃健敏主任出版了其大作《翠亨村》（北京：文物出版社，2008），並在其中頁14寫道：「翠亨村舊稱『蔡坑』……『蔡坑』一名因何而來，傳說甚多，有說最早居於此地的村民姓蔡，建村於山坑之旁，故名『蔡坑』，但現在翠亨乃至附近的村落並無蔡姓聚居。亦有人稱因昔日翠亨村山坑長有蔬菜甚多，故稱為『菜坑』，後來就寫成『蔡坑』。這種說法大抵是望文生義。」黃健敏主任沒有為這段文字注明出處。

筆者一看到兩位先生均在其大作之中提到「坑」這個字，心內警鐘大鳴。因為「翠坑」這個村名，本身就存在着濃厚的客家風味。難道「翠坑」是座客家村？難道李伯新和黃健敏兩位先生也認為「翠坑」是座客家村？這

243　見該圖腳註。

244　李伯新：《孫中山故鄉翠亨》（香港：天馬出版有限公司，2006），頁11。

同樣是不可思議的，因為據筆者了解，兩位先生均不認為「翠坑」是座客家村。但為什麼他們均突出「翠坑」並大書特書？「翠坑」之詞必須澄清，否則將來又被利用為客家説的佐證而引起另一場爭論，破壞社會和諧。筆者不敢怠慢，於是趁2008年9月19日星期五到10月5日星期天悉尼大學學期小休時飛香港轉廣州，到中山大學圖書館把該館所藏各年代編纂的《香山縣志》查遍，卻沒有發現乾隆十五年（1750）的《香山縣志》。

承廣東省檔案館張平安副館長賜告，廣東省中山市檔案館藏有乾隆十五年（1750年）的《香山縣志》。於是筆者在2008年9月25日星期四，坐長途車專程從廣州趕往翠亨村，蒙孫中山故居紀念館蕭潤君館長派車派員接待，並送筆者到石岐中山市檔案館查閱，可惜該書已借出展覽。承該館高小兵副館長慨允，待該書回館後，按李伯新曾轉載過的地圖中所顯示的卷一、頁六之中的〈東鎮圖〉，將其掃描擲下。

辭別高小兵副館長後，即往中山市人民政府地方志辦公室拜會吳冉彬主任，蒙她慨贈甚為罕有的《香山縣鄉土志》一套四冊。該志完稿於民國初年，沒有序言和跋，也沒編者署名，屬手抄孤本，原來珍藏在北京的中國科學院圖書館。中山市方志辦於1987年11月派專人前往複製回來，按複印本影印出版。筆者迫不及待地翻閱，可惜全書沒有一幅地圖！

中山市檔案館的高小兵副館長不負所託，2008年12月23日以電郵附件方式傳來乾隆十五年（1750年）《香山縣志》之內的全部圖片，可惜當中並沒有名為〈東鎮圖〉者，更沒有「翠坑」二字的蹤影。筆者大感迷惘。後承高小兵副館長再三找尋、核對，東鎮圖仍如石沉大海。

2008年12月5日，從盛夏的悉尼再次空降到隆冬的廣州追查。承中山大學人類學系前輩黃淑娉教授賜告，廣東省省立中山圖書館的地方文獻部所收藏的廣東方志最為齊全。於是筆者在2008年12月7日到該館查閱，承倪俊明副館長熱情幫忙，調出乾隆十五年（1750）的《香山縣志》。筆者查閱之下，發覺其中有關地圖部分，果然非常簡單，的確既沒東鎮圖，也沒「翠坑」之地名。難道李伯新先生搞錯了？繼而查遍該館所藏明清兩朝的香山縣志，也毫無結果。那麼，李伯新先生所轉載的那幅〈東鎮圖〉，究竟出自何經何典？

束手無策之際，留在廣州已無多大作為。故改變思路，把目光轉到海外。2009年1月17日清晨出境，到香港大學圖書館特藏部，蒙陳桂英、陳國

蘭兩位主任把馮平山圖書館所藏全部《香山縣志》預先調出來，筆者抓緊時間查閱，唯毫無結果。

當晚連夜飛往更為寒冷的英國，2009年1月20日到達大英圖書館。筆者首選大英圖書館，是由於1860年英法聯軍洗劫圓明園而搶走的財物當中包括各種珍本。珍本送英國後就存放在當時的大英博物館（藏書部分後來獨立出來而成為大英圖書館）。承該館東方部主任方思芬博士（Dr Frances Wood）預先把該館所藏全部《香山縣志》預先調出來，筆者抓緊時間查閱，又是毫無結果。黃昏坐火車前往劍橋大學，並打算若劍橋之行仍無結果，即轉母校牛津大學圖書館。

2009年1月21日清晨，大雪過後的「康橋」，份外妖嬈；但也無心細看，快步趕往大學圖書館，拜會東方部主任艾超世先生（Mr Charles Aylmer）。承他指引，到書庫把該館所藏曾由臺北學生書局與成文出版有限公司等影印重版之全部中國地方志徹查。結果發覺李伯新副館長那幅〈東鎮圖〉，與《新修方志叢刊·東方志之三·重修香山縣志之五》（臺北：學生書局，1968），頁1986所載的〈東鎮圖〉，一模一樣，就連欠缺筆劃的地方也如此。李伯新先生顯然是轉載自此。尤記2006年3月28日下午。筆者到李伯新先生在翠亨村附近石門村的新居拜訪他時，[245] 也曾在他的書房見過一本臺北學生書局出版的《香山縣志》，是為佐證。

但是，臺灣學生書局所賴以影印出版的《新修方志叢刊·東方志之三·修香山縣志之五》，原件又是什麼？該原件何年何月刊行？若是在孫中山出生的1866年前後刊行，是否顯示「翠坑」就是當時流行的村名？可惜學生書局沒有做「出版說明」，唯一之說明是版權頁之中這句簡單的話：「重修香山縣志，清光緒五年〔1879〕刻本（附香山縣志續編，民國十二年刻本，屬式金修，汪文炳纂，影印本精裝五冊）」。該圖在第五冊，屬《香山縣志續編》部分，故應該是民國十二年（1923）刊刻。到了1923年，距離孫中山逝世的1925年3月12日不足兩年。假設到了那個年代翠亨真的已經變成客家村，亦已經與1866年出生的孫中山之家庭背境和成長環境毫無關係。況且，實情並非如此：到目前為止，翠亨仍是百分之一百的廣府村。但「翠坑」一詞，

245　黃宇和：〈翠亨調查報告〉（手稿），2006年3月27-30日。

實為心腹大患，非查個水落石出不可。

於是懇請中山市檔案館再度幫忙。2009年2月6日，接高小兵副館長電郵傳來該館所藏《香山縣志續編》之東鎮圖，赫然發現該圖與李伯新先生所轉載的東鎮圖，不是同一幅地圖。滋將兩圖複印如下，以作比較。

兩圖比較之下，發覺有如下顯著分別：

1. （1）圖2.28頂部很齊全地標出黃旗都三個大字。

   （2）圖2.29的黃旗都三個大字之中的「旗」字只剩下一撇。若無圖一做參照，較猜出所闕乃「旗」字。

2. （1）圖2.28右上角是馬尾洲，其下是爛山。

   （2）圖2.29右上角是爛山，其下是馬尾洲，上下次序與圖一剛剛相反。

3. （1）圖2.28右上角蟻洲用以表達山脈所用的是中國傳統式、用多撇組成的週線，其高度與形狀（contour）不明。而且只用了一週。

   （2）圖2.29右上角蟻洲用以表達山脈所用是現代西方的簑狀線（hachurings），而且用了三週，較清楚地表明了它的高度與形狀（contour）。

4. （1）圖2.28用以表示所有山岳的中國古式撇線非常簡單。

   （2）圖2.29用以表示山岳的簑狀線就複雜多了。

5. （1）圖2.28沒有指南針。

   （2）圖2.29則按照西方慣例繪了指南針。

6. （1）圖2.28之中的漢字歪歪斜斜。

   （2）圖2.29則較為工整。

7. （1）圖2.28很明顯是中國傳統的木雕板（wood-block）印刷。

   （2）圖2.29則明顯是近代金屬版（lithograph）印刷。

8. 結論：李伯新先生所轉載的地圖（即圖2.29），屬於近代金屬版，故刊刻時間應該比中山市檔案館所藏的《香山縣志續編》更晚。

9. 若按照學生書局所說，圖2.29是1923年初次刊刻的話，那麼圖2.28所屬的中山市檔案館所藏的《香山縣志續編》，是否比1923年更早面世？

10. 若是，則早到什麼時候？早到孫中山出生前後、他所出生的村莊就叫翠坑？

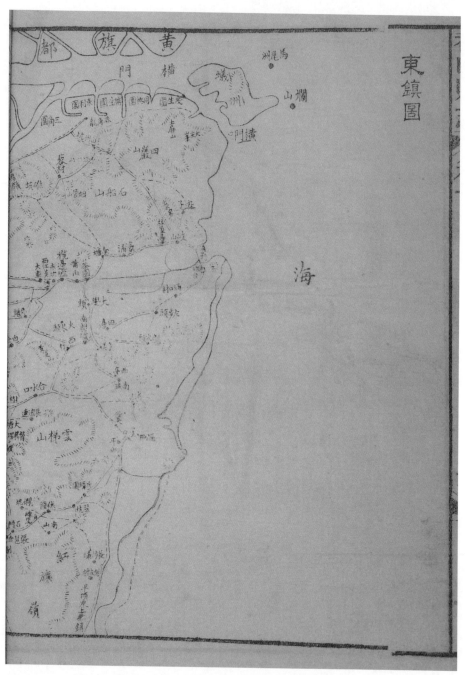

圖2.28　中山市檔案館所藏《香山縣志續編》之內的〈東鎮圖〉

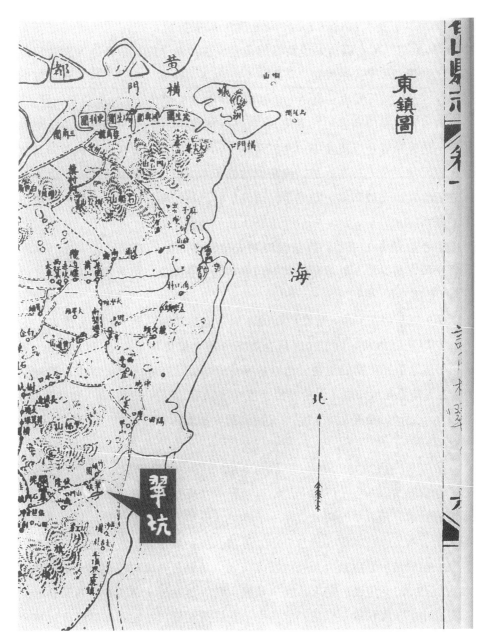

圖2.29　李伯新：《孫中山故鄉翠亨》

（香港：天馬出版有限公司，2006）其中頁8所轉載之〈東鎮圖〉（現經證明是轉載自《新修方
志叢刊・廣東方志之三・重修香山縣志之五》，〔臺北：學生書局，1968〕，頁1986）

筆者不放心，2010年1月17日星期天又飛英國，乘往劍橋研究之便，1月20日星期三再到劍橋大學圖書館複查。在該館徵諸《中國地方志總目提要》，則據丁和平先生考證，該續編有「刻本，抄本」。[246] 半途竟然又殺出個「抄本」，這「抄本」是用毛筆抄寫的？抄寫時間比「刻本」更早面世？

廣東省立中山圖書館負責地方文獻部的倪俊明副館長，對廣東方志深有研究。於是筆者在返澳途中，再經廣州，2010年2月8日專程前往該館向其請教。他解釋說，「抄本」是民國時期的油印本；該志印刷數量極少，供不應求之際，就出現油印本。既然是民國時期的產物，與孫中山出生的年代就拉不上關係。

但出於好奇，筆者仍然請倪俊明先生調出該館所藏的油印本與刊刻本《香山縣志續編》，赫然發覺其中刊刻本的〈東鎮圖〉與上述兩個版本又不一樣（見圖2.30）。

圖2.30酷似圖2.29，唯最明顯的不同之處在於圖三最上部〈黃旗都〉的「旗」字完好無缺，圖2.29則只有剩下一撇。這種現象似乎可以解釋。圖2.30可能是最初印刷的產物，所以各字完好無缺，字體、圖案等也很清晰。圖2.29可能是後期印刷，由於磨損過度，既缺字又較為模糊。圖2.30與圖2.29既屬同一源頭的金屬版，注意力又回到那明顯屬木雕版的圖2.28，它是何年何月刊行？

徵諸《中國地方志總目提要》，則謂《香山縣誌續編》乃「民國四年修，志成於民國九年，民國十二年刊。」[247] 所據顯然是該書的序、跋等所提供的線索，蓋其中的厲式金序，下款是「庚申（1920年）夏月」。而該書的跋，下款是：「辛酉〔1921〕年大暑後」。可知1921年跋成之時，該書的輿圖，無論是木雕版或金屬版均已經完成，而筆者更傾向於相信，初版是木雕（見圖2.28），但由於需求甚欣，地圖木雕版無論是文字或繪圖的筆劃都比正文細小，故很快就磨損到不能再用，於是有關當局把地圖修訂過後改為金屬版（見圖2.30）。儘管是金屬版的地圖，也終磨損過度，既缺字又較為模糊（見圖2.29）。

246　金恩輝主編、胡述光共同主編：《中國地方志總目提要》一套三冊（臺北、紐約、洛杉磯：漢美圖書有限公司，1996），中冊，廣東省頁19-35。

247　同上註。

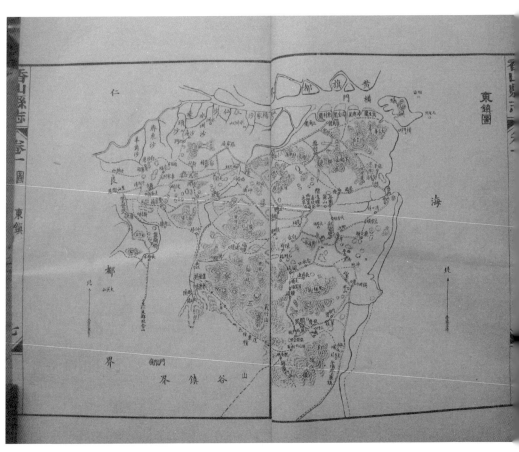

圖2.30　廣東省省立中山圖書館所藏《香山縣志續編》之內的〈東鎮圖〉

　　若這種推論屬實，則哪怕是木雕版的圖2.28，其刊刻年份不會早於1923年，如此就不牽涉到孫中山1866年出生的翠亨村是否客家村的問題。

(ii)《湘、贛、粵、桂孫氏族譜》

　　若純粹從探索孫中山祖籍的角度考慮孫中山是客家人還是廣府人，則在翠亨村北方約十一公里的左埗頭村是個關鍵。該村的孫氏耆老，更是佔了舉足輕重的地位。蓋1912年4月1日孫中山卸任臨時大總統之後，在同年5月28日與兄長孫眉，攜同家眷到左埗頭孫族宗祠拜伯祖會宗親，並合影留念。[248] 這是孫中山公認左埗頭孫氏家族是其直系宗親的明證。

　　若左埗頭的耆老認為其先祖是江西的孫誗，甚至把孫中山先祖具體地上溯到紫金的孫鼎標，後果將如何？羅香林先生正是如此這般地藉江西的孫誗與紫金的孫鼎標，一口咬定孫中山乃客家人。

　　2008年12月18日，筆者專程前往翠亨村實地考察，到達珠海邊檢時再度承翠亨村孫中山故居紀念館蕭潤君館長派員派車陪同，這次前往左埗頭村，拜訪該村資格最老的孫燕謀先生。

　　承孫燕謀先生慨賜其編纂的《香山縣左埗頭孫氏源流考》，[249] 大開眼界。雖然只是二十四頁的小冊子，但彩色印刷精美，圖文並茂，極具魅力，是用來贈送給海內外孫氏後人的紀念品，影響深遠。該冊封面印有所謂「東平侯像圖」，內封全文刊登了所謂蘇東坡所寫的「唐東平侯誗公像讚」。圖與讚皆轉載自江西寧都《孫氏族譜》。看圖讀讚，回想羅香林利用江西寧都《孫氏族譜》那虛構的圖與冒名的讚來著書立說，結果導致紫金說與東莞說兩派超過一甲子的激烈爭論，其中包括兩次政治風波和一場官司，[250] 筆者不禁汗流浹背。（見圖2.31）

　　又承孫燕謀先生出示他珍藏的《湘、贛、粵、桂孫氏族譜》。[251] 該譜不

248　鄒佩叢蒐集了有關文獻四通，有關照片四張，皆足以證明其事。見鄒佩叢編著：《研究與辨析》，頁5-6。

249　該件屬私人印刷性質，無出版社，1994年印製，孫燕謀先生家藏。

250　見本章第一節。

251　該譜同樣屬私人印刷性質，無出版社，1995年印製，孫燕謀先生家藏。

圖2.31　孫燕謀編纂：《香山縣左埗頭孫氏
　　　　源流考》

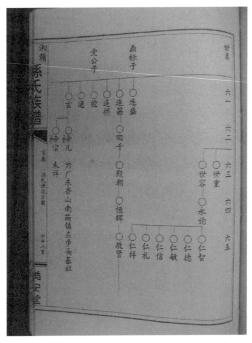

圖2.32　《湘、贛、粵、桂孫氏族譜》頁68a。

單轉載了上述之所謂「唐東平侯諏公像」和東坡讚（頁10a-b），更印有世系表如下：「鼎標——連昌——迴千——殿朝——恆輝——敬賢」（頁68a）。敬賢公是孫中山祖父。如此這般，就把孫中山先祖上溯到紫金的孫鼎標！（見圖2.32）

該譜由一個名為「粵、贛、湘、桂孫氏族譜理事會」所編輯，而左埗頭村孫燕謀先生的名字赫然出現在理事名單上。若紫金孫氏作這種表述，毫不奇怪。現在竟然是左埗頭的孫氏耆老似乎也參與了這種表述，則將來若再起什麼爭論，如何是好？筆者辭別孫燕謀先生後，2009年1月17日清晨按照原定計劃出境到香港連夜轉英國，繼續追查李伯新副館長那幅〈東鎮圖〉（見上文），但心裏一直忐忑不安，故在劍橋鑒定了李伯新先生所轉載的〈東鎮圖〉是出自臺灣學生書局所影印出版的《香山縣志續編》之後，即於2009年1月31日坐夜機飛返香港再轉廣州，待克服時差後又專程趕往翠亨村，再次承孫中山故居紀念館蕭潤君館長派車派員接待，直趨左埗頭村，唯這次卻被孫燕謀先生拒諸門外。

筆者電廣東省人民政府外事辦公室（簡稱省外辦）求助。省外辦建議筆者就近向中山市外事僑務局請教，於是汽車改道往石岐，拜會該局張峻峰副局長。筆者道明來意後，張峻峰副局長深明大義，慨允援手，並建議筆者公函翠亨村孫中山故居紀念館蕭潤君館長和中山市孫中山研究會楊海會長，另抄送省外辦和中山市外事僑務局，希望各方聯手説服孫燕謀先生再度接見筆者。筆者遵囑在當晚即草擬電子公函；由於該函分析了事態的嚴重性，特全文轉錄如下：

潤君館長、楊海會長賜鑒；

今天我專程到中山市來，目的是再度拜訪南蓢鎮左埗頭村的孫燕謀先生，準備懇請他老人家：

（一）容許我為他擁有的《粵、贛、湘、桂孫氏族譜》全文拍照。該譜1995年出版，向粵、贛、湘、桂四省各房孫氏後裔及海外蕃衍各支廣為推薦，影響深遠。

（二）介紹該譜的籌備、蒐集資料、編輯、出版的過程，有沒有紫金的人參與等等。

（三）請他進一步闡述他過去與已故的孫中山故居紀念館前負責人李伯新先生爭論的內容、經過與結果。

（四）與我一起查閱其收藏的《宋史》孫固傳。

2008年12月18日我初次拜訪孫燕謀先生時，承他面告，《宋史》中的孫固，其字並非「允中」，與《粵、贛、湘、桂孫氏族譜》之中的「允中公」不是同一人。這次我是要進一步核實其事。

其實，把孫氏祖先之中的「允中公」攀附為《宋史》中的孫固，只是該譜毛病之一。更嚴重的是該譜把紫金的客家人孫鼎標說成是孫中山直系祖先。

正是1942年廣州市中山大學的客家人羅香林教授，在其名著《國父家世源流考》中，把紫金的孫鼎標說成是孫中山直系祖先，並準此而把孫中山說成是客家人。

羅香林所倡導的新說，在政治上曾引起過兩場不大不小的風波，在法律上引起一場官司，在學術界引起幾十年來無休無止的爭論，在社會上引起海內外廣大客家人和廣府人激烈的對峙情緒，大大破壞了民族團結與社會和諧，遺害既深且廣。

現在《粵、贛、湘、桂孫氏族譜》把紫金的客家人孫鼎標說成是孫中山直系祖先，恐怕會引起一場新的、更為激烈的爭論。理由如下：

（一）該譜由「粵、贛、湘、桂孫氏族譜理事會」編輯。

（二）左埗頭村孫燕謀先生的名字赫然出現在理事名單上。這是否顯示孫燕謀先生曾參與該譜的編輯工作？他過去與已故的孫中山故居紀念館前負責人李伯新先生激烈的爭論，是否與此有關？因為李伯新先生暨故居同仁皆反對紫金說。

（三）左埗頭村的孫氏家族在孫中山是廣府人還是客家人的爭論之中，佔舉足輕重的地位，因為1912年孫中山卸任臨時大總統後，於5月與其兄孫眉舉家前往左埗頭村的孫氏大宗祠拜祭伯房先祖，是孫中山親自承認其與左埗頭孫氏同源的明證。

（四）現在左埗頭的耆老孫燕謀先生，若曾參與編輯了《粵、贛、湘、桂孫氏族譜》，又把紫金的客家人孫鼎標說成是孫中山直系祖

先，無疑在孫中山是廣府人還是客家人這場爭論中，火上加油。客籍的羅香林把孫中山說成是客家人，毫不奇怪。若孫中山宗親、廣府人的孫燕謀把孫中山說成是客家人，後果會怎樣？

2008年12月18日我初次拜訪孫燕謀先生並閱讀過該譜之後，曾指出上述險情。他老人家馬上否認曾參與該譜編輯之事。準此，我請求他撰寫一段簡短文字存案，澄清其事，以免給人話柄，把左埗頭孫氏家族牽進漩渦。他說會考慮考慮。

事後我回想其事，愈想愈是心寒，而孫燕謀先生又久久沒有動靜。擔心之餘，我決定必須火速防患於未然，並在2009年2月9日向潤君館長您表達了我專程赴中山市再度拜訪孫燕謀先生的願望，希望藉此了解箇中情由如上。我的最終目標是自己親自撰文澄清其事。因為，我考慮到孫燕謀先生遲遲不動筆的原因，很可能是他的確曾參與該譜的編輯。果真如此，則若他事後撰文否認其事，會給其他編輯一種出爾反爾的感覺。若由我代勞，可省了他的尷尬。

不料今天09:15時甫見您派到珠海邊檢接我的黃鳳霞主任，即承黃鳳霞主任相告，孫燕謀先生拒絕會見任何客人。我退而求其次，要求光是全文拍攝《粵、贛、湘、桂孫氏族譜》。不料答覆是：孫燕謀先生再不願意出示任何資料給任何人參考。無計可施之餘，特修書求教。若孫燕謀先生終於同意合作，我願意在2009年4月復活節假期，再度自澳大利亞專程赴左埗頭拜訪孫燕謀先生。

我沒有楊海會長的電郵地址。懇請潤君館長您把此信列印出來後轉他。我期待佳音，並遙祝各位

身體健康，萬事如意

黃宇和

2009年2月17日星期二23：00時

於中山市翠亨村翠亨賓館

最終結果是：四方八面的人士似乎也說服不了老先生。

筆者另闢蹊徑，詳細審閱該《粵、贛、湘、桂孫氏族譜》，試圖找出一些蛛絲馬蹟，結果發現曾負責印製該譜的機構是一家名叫上票浪潮複印打字

部的公司之後，估計該公司就在石岐市，於是在2009年3月16日和29日又先後電請中山友協向該上票浪潮複印打字部：

（1）代購一本1994年印製的《粵、贛、湘、桂孫氏族譜》

（2）了解是誰委託該公司印製《粵、贛、湘、桂孫氏族譜》，以便筆者向他採訪，結果又是徒勞無功。最後，筆者試圖從網絡上查出該上票浪潮複印打字部所在何方，也是白費時間。

2009年4月10至26日，筆者趁復活節假期兼學期小休，再度飛香港轉廣州及中山市作最後努力，結果仍是束手無策，只好作罷。

若將來有人用該譜來大做文章，甚至藉此企圖證明孫中山乃客家人，則本文已經指出該譜把孫中山祖先上溯至紫金客家人孫鼎標的做法，是毫無根據的，純屬移花接木之舉。

過去有些編族譜的人諸如江西寧都《孫氏族譜》的編者，刻意把先祖包裝成達官貴人之餘，虛構爵位、偽造像讚，在所不惜。結果紫金忠壩的孫氏又把自己的祖先硬接上去，讓羅香林有機可乘，強把翠亨孫氏也硬接上去而編造了「國父乃客家人」之說，挑起土客筆戰垂一甲子，大大不利於民族團結。[252] 中國改革開放三十多年，經濟起飛帶動了各地大修方志、家譜的熱潮，粗製濫造之作，比比皆是，《粵、贛、湘、桂孫氏族譜》是潛伏着殺傷力最大的計時炸彈之一。

近代家譜學開拓者之一的潘光旦曾告誡曰：編家譜必須「嚴謹翔實」。[253] 編者與讀者，能不慎之！

（iii）王斧（錄）：〈總理家譜照錄〉〔1930年11月8日〕。臺北中國國民黨文化傳播委員會黨史館藏，編號030/82。

中國國民黨中央委員會黨史委員會所珍藏的文獻，堪稱權威。該會原名黨史史料編纂委員會，1930年5月1日成立於南京，職司革命文獻、文物之

252　見拙文〈孫逸仙祖籍問題探索——孫氏是本地人（廣府人）還是客家人？〉，《九州學林》總23輯（2009年春季），頁101-191。

253　見張笑川：〈潘光旦家譜學研究〉，《蘇州科技學院學報（社會科學版）》，卷23，期2，頁105-109；其中頁107。感謝香港中文大學的黎耀強先生找出該文擲下。

徵集與典藏。抗日戰爭期間（1937－1945），遷駐重慶，勝利後遷返南京。1949年國府遷臺，該會亦將全部史料轉移，庋藏於南投縣之草屯荔園。隨着1972年的政制改革，該會改稱黨史委員會，職掌亦隨之擴展為史料文獻之徵集、整理、研究、編纂、出版與展覽。1979年6月，會址遷至陽明山陽明書屋。陽明書屋座落於陽明山後山，雲山環抱，花木扶疏，為學術研究提供良好環境。世界各地學者趨之若鶩，聲名大噪。後來雖然精簡了人員，縮小了業務，會址也退到臺北市中心，名字亦改為中國國民黨文化傳播委員會黨史館。但其珍藏的文獻，權威不減。

該會所藏有關孫中山祖籍問題的珍貴文獻之一，是〈總理家譜照錄〉。事緣1930年11月8日，黨史會成立不到半年，就委派其編纂王斧到翠亨村調查孫中山祖籍，並採訪了孫中山姐姐孫妙茜。結果王斧寫了〈總理家譜照錄〉。筆者多年來從事孫中山祖籍問題探索，臺北之旅，志在必行。終於在2009年7月1日如願以償，到達了臺北中山南路十一號六樓、中國國民黨文化傳播委員會黨史館查核。結果發現了如下文獻，原件有三單頁，用「中國國民黨中央執行委員會黨史史料編纂委員會箋」抄寫，編號是030/82：王斧（錄）：〈總理家譜照錄〉，油印八十份，十一、八〔1930年11月8日〕。

為何王斧稱之為〈照錄〉？蓋孫妙茜在接見他的時候，曾出示孫氏家藏的〈孫氏家譜〉、〈列祖生歿紀念部〔簿〕〉等手稿，看來王斧自稱是「照錄」了。筆者在前往臺北之前，已經頻頻參閱過孫中山故居紀念館編：《孫中山家世：資料與研究》（北京：中國大百科全書出版社，2001），因為該書早已把〈孫氏家譜〉和〈列祖生歿紀念部〔簿〕〉這兩份手稿排版轉載。但筆者恐怕排版稿與原稿有別，又曾專程到翠亨村孫中山故居紀念館懇請蕭潤君館長讓筆者鑒定原件。蕭館長也不以為忤，破例讓筆者戴起手套觀摩，果然是一字不改地排版了。

但筆者仍決心追閱王斧的〈照錄〉，總是希望看到王斧另有發現並有所補充。不料當筆者鑽研該〈照錄〉的內容時，卻發覺王斧是有選擇地抽錄上述兩份手稿來拼湊了他自己的〈照錄〉，也明顯地擅自增加了一些內容。譬如，王斧首先列出「十一世祖考諱瑞英公」，比兩份原稿所列瑞英公的內容多了一個「諱」字。至於十八世孫中山，〈孫氏家譜〉只列到十四世，自然沒有孫中山名字。〈列祖生歿紀念部〔簿〕〉有列孫中山，但它是這樣記錄的：

十八世祖考字德明，達成公三子，生同治丙寅年十月初六日寅時，卒民國十四年二月十八日乙時，壽六十歲。

且看王斧是如何「照錄」的：

十八世祖考，諱德明，乳名帝象，字日新，又逸仙（達成公五子，是為總理）。生於清同治丙寅年十月初二〔筆者按：後改為初六〕日寅時。卒於民國十四年二月十八日乙時。享壽六十歲。

王斧加鹽加醋之處，最讓人不忍卒睹者，莫如他替孫氏歷代祖先皆增加了一個「諱」字，無意中把孫中山變成客家人！因為，誠如筆者多年來在翠亨村及翠谷之內大小村落鑽研各家族譜和墓碑所得之結論，在孫中山那個年代，翠亨村廣府人尊稱其已故的男人為「考」。而筆者到紫金縣城及忠壩鎮孫屋排實地調查的結果是，該地客家人的族譜和墓碑皆尊稱其已故的男人為「諱」。

諷刺的是，當時王斧實地調查所得的結論是孫中山乃遷自東莞的廣府人，且看其〈照錄〉裏的最後一段文字：「以上就總理家譜抄錄。其餘總理遠祖乃由粵東之東莞縣遷往香山縣。較詳史料，容續告。」

可惜當今的黨史館也太落後，不像英國國家檔案館那樣，容許讀者任意為原始文獻拍照或複印，否則筆者可以將其轉載在此，以便「奇文共欣賞」。

尤幸2009年7月3日，筆者在中央研究院近代史研究所以孫中山祖籍問題為題做學術報告時，承黨史會李雲漢前主任委員解釋說：當時被委任為該會纂修的，全部是曾經長期與孫中山共事並非常熟識的革命元老，而且大部分是廣東人，唯沒有一位是史學家，所以在處理史料時，就缺乏史學家的嚴謹。[254] 可惜，從此史學家都必須依靠那些像存放在權威的檔案館諸如黨史館內王斧的「照錄」，史家能不慎重？能不多方比較？……

254　李雲漢先生在中研院近史所筆者的學術報告討論會的發言記錄，2009年7月3日1500-1700時。

多方比較的結果，讓筆者深深地體會到，雖然黨史會的鄧慕韓並非一位訓練有素的史學家，但其堅持治史必須嚴謹地、不畏權勢地查明歷史真相的精神，令人敬仰。正如上文考證所得，他逆流而上，堅決指出羅香林《國父家世源流考》查無實據之處，就是一例。後來為了探索1895年廣州起義失敗後，孫中山何時離開廣州及其他問題時，鄧慕韓根據「孫中山先生所談，及當日親與其事諸同志所述」編成〈乙未廣州革命始末記〉一文，「復經陳少白先生審核」後，[255] 勇敢地指出：「〈孫文學說〉第八章『有志竟成』云：三日尚在城內係誤記」。[256] 為何誤記？是孫中山記憶錯誤還是故意誤記？則鄧慕韓沒有深究。這宗歷史懸案，筆者將在本書第八章試圖破案。

(iv) 孫滿(編)：《翠亨孫氏達成祖家譜》，1998年12月印本。

孫中山長兄孫眉先生之嫡孫、孫滿先生，1998年所編寫的《翠亨孫達成祖家譜》，在描述其叔公孫中山時，偏偏又加了一個「諱」字。[257] 孫滿是否受到王斧的影響而這樣做？同樣諷刺的是，看其序言，可知孫滿是極力反對羅香林之客家說的。

無論如何，若羅香林復生而作風未改，則必定振振有詞地說：「看！翠亨孫氏後人也尊稱國父為『諱』，國父還不是客家人！」

(v) 小結

本節涉及的四種史籍與史料，都是名副其實的計時炸彈。筆者是否已經成功地將其拆除，則有待時間考驗，在此不贊。

255　〈乙未廣州革命始末記〉，載《辛亥革命史料選輯》(長沙：湖南人民出版社，1981)，上冊，頁9-19：其中頁19〈慕韓附識〉。

256　同上註，頁18。

257　孫妙茜所藏的《列祖生歿紀念部〔簿〕》對孫中山的描是「十八世祖考字德名」。孫滿的描述為「十八世三房考德明諱文……」。分別見故居編：《家世》(2001)，頁11和頁20。

八、後論

　　1949年國府遷臺，羅香林從廣州移席到香港教書，終於當上香港大學中文系講座教授兼系主任，桃李滿門，被譽為香港史學界的泰山北斗，以「國父祖籍」與「客家源流」兩大研究領域的成就著稱。[258]

　　關於羅香林對「國父祖籍」的研究方法與成果，本文商榷過了，結論是查無實據。[259]為何用查無實據之所謂「史料」來寫歷史？除了個人動機以外，從宏觀方向諸如意識形態的角度看問題，則羅香林的《國父家世源流考》，完全配合了當時國民黨的黨國意識，是歷史為政治現實服務的典型。如此當然歪曲了歷史真相，後繼者誡！[260]

　　至於其對「客家源流」的研究方法與成果，則已故的澳大利亞華裔學者梁肇庭所得出的結論，與筆者略同。[261]美國哥倫比亞大學人類學家Myron Cohen所得出的結論，亦不遠矣。[262]福建師範大學的謝重光，在分析羅香林的個人動機時寫道：

　　　　大家知道，羅香林先生寫作《客家研究導論》的初衷，是為了回擊某些對於客家的惡意攻擊中傷，也是為了將客家人的正面形象揭之於

258　詳見馬楚堅、楊小燕主編：《羅香林教授與香港史學：逝世二十周年紀念論文集》（香港：羅香林教授逝世二十周年紀念學術研討會籌備委員會，2006）。

259　早在1980年代，孫甄陶已經奔走於港、臺之間，大聲疾呼《國父家世源流考》屬「查無實據」，可惜他本人沒法找出「查無實據」的實際情況而已。詳見孫甄陶：〈國父家族歷史尚待考證——讀羅著《國父家世源流考》存疑〉，臺北《傳記文學》，第三十八卷，第3-4期（1981年）。後來孫甄陶又以〈讀羅著《國父家世源流考》存疑〉為題把稿子投香港的《新亞學報》，第十四卷（1984年）。最後，該文收入故居編：《家世》（2001），頁351-367。

260　對於黨國意識這個問題，潘光哲有不錯的闡述，見其〈詮釋「國父」：以羅香林的《國父家世源流考》為例〉，《香港中國近代史學報》，第三卷（2005年），頁57-76。感謝香港城市大學范家偉博士賜寄該文。

261　見Sow-Theng Leong, *Migration and Ethnicity in Chinese History: Hakkas, Pengmin, and Their Neighbors*, edited by Tim Wright (Stanford: Stanford University Press, 1997)。

262　見Myron L. Cohen, *Kinship, Contract, Community and State: Anthropological Perspectives on China* (Stanford: Stanford University Press, 2005)。

世。特定的歷史情景，決定了他特殊的立場和感情，他是懷着衛道者
的凜然正氣投入客家研究的。秉持為客家人爭地位爭正統的立場，他
的筆端總是流瀉出深厚的感情⋯⋯[263]

本文證實，羅香林「秉持為客家人爭地位爭正統的立場」，已經發展成
「為客家人爭國父」。辦法是：

(1) 把「公館背」說成是「公館村」；

(2) 把「公館村」等同「龔公村」；

(3) 直把韓江作東江；

(4)「指鹿為馬」般硬把此「璉」作彼「連」。[264]

在分析羅香林進行「客家研究」的意識形態時，謝重光寫道：

羅先生在學理上造成失誤的原因並非其特殊立場、感情一端。究其失
誤，概要地說：一是種族論和血統論的民族觀；二是中原正統的文化
觀。這兩個方面，乃是當時相當一部分人的看法。就此而言，他的失
誤，又是時代的通病。[265]

所謂時代通病之一的「中原正統文化觀」者，謝重光詮釋曰：「就是認
為中原文化是中華文化的正統，是高雅的、博大精深的。而周邊各族的文化

263　謝重光：〈羅香林先生客家研究的貢獻與局限〉，載嘉應學院客家研究所編：《客家研
究輯刊》，2007年第2期（總第31期），頁80-85：其中頁83，段4。感謝廣州市中山大學
八十高齡的人類學家黃淑娉先生，在2009年7月9日，冒着烈日當空，在攝氏36度的高溫
之下，拿着沉重的十五冊《客家研究輯刊》來到中大紫荊園專家樓，放下書包就走，水
也不喝一杯，讓筆者非常過意不去；也不曉得如何感謝她。她從來就是堅持送書；無論
筆者如何勸諭，她也不改變主意。黃淑娉先生乃當今中國大陸著名的人類學家，畢生從
事雲南、貴州、廣西、廣東、福建等地的少數民族、華南各民系等實地調查和研究。年
前她陪筆者到翠亨村做實地調查。經過一天辛勞，筆者已累得幾乎散了架，她仍健步如
飛，是幾十年來在極度艱苦的環境下做實地調查工作而鍛煉出來的堅強體格與不屈不撓
的個性。

264　見本章第三節（i）紫金說之發軔。

265　謝重光：〈羅香林先生客家研究的貢獻與局限〉，載嘉應學院客家研究所編：《客家研究
輯刊》，2007年第2期（總第31期），頁80-85：其中頁83，段5。

都是非正統的、粗鄙的、低下的。」[266]準此，羅香林把翠亨村孫中山的祖先，像移花接木般接到紫金的孫氏。蓋紫金的孫氏又曾在重修其族譜時，移花接木般將其祖先接到江西寧都的孫氏。而江西寧都的孫氏，又曾杜撰出一個東平侯的祖先，並硬指張迎之廟乃東平侯廟。唯江西到底不是中原，於是羅香林就把那份甚至與紫金都毫無關連的廣東省興寧縣官田村的《孫氏族譜》接上去。因為該譜自稱其祖先來自中原「陳州」，於是羅香林就硬指「陳州」即「陳留」。如此這般，就把國父包裝成為中原「陳留」的後代。羅香林把其重重包裝的《國父家世源流考》書稿呈孫科求序，是否也估計到，當時的黨國要人，除了當時緊急的政治需要以外，[267]同樣是深受時代通病之「中原正統文化觀」的影響，而博其華寵？結果，孫科、蔣中正、鄒魯、吳鐵城、陳果夫、于右任等，為了塑造出一個完美的「國父」形象，通通跟着羅香林團團轉，捂着眼睛照單全收。羅香林寧不雀躍！[268]

　　至於時代通病之二的「種族論和血統論」，謝重光詮釋如下：

> 種族論和血統論的民族觀，就是用種族和血統的因素詮釋民族和民系的形成，以及民族和民系的特性。其論早在羅香林先生之前就頗盛行。……羅香林先生受到時代潮流的影響，加之以本人強烈的客家自尊自強的立場和感情，遂將此種頗有種族主義之嫌的理論加以放大和強化……不僅在《客家研究導論》裏一再表述，到了1950年寫的《客家源流考》還認為客家人周圍的漢族各民系如越海系、湘贛系、南海系、閩海系等，都因與南方各部族接觸而發生混化，唯獨客家人「仍

266　謝重光：〈羅香林先生客家研究的貢獻與局限〉，載嘉應學院客家研究所編：《客家研究輯刊》，2007年第2期（總第31期），頁80-85：其中頁85，段1。這個「中原正統文化觀」，與過去「歐洲正統文化觀」（Orientalism），有異曲同工之妙。見 Edward Said, *Orientalism* (New York: Vintage Books, 1978).

267　見本章第三節（iii）羅香林為何撰寫《國父家世源流考》？

268　見本章第三節（ii）紫金說之華寵。

為純粹自體」，因而「客家民系實在是一群強者的血統」，「他們有優者的遺產」。[269]

這個時代通病之二，根源在於歐洲。十九世紀英國人建立了史無前例的日不落大英帝國，為了解釋其強大之由，就杜撰了「英以色列民族」（British Israel）這樣的一個神話。德國為了與英國爭雄，又杜撰了「條頓民族」（Teuton）這樣的一個謊言。兩者有一個共同點：都強調「純血統民族」是優者。這一切，又與當時極為盛行的、以社會科學形式出現的變相達爾文學說混在一起。孫中山1896至1897年間旅英自學，也深受影響。結果，1924年在其民族主義的演說裏，為了重建民族自信，孫中山迫不得已把血統混得不能再混的中華民族，極為牽強地說成是純血統的民族，以抵抗當時貌似全世界最強大的、唯同樣是混血得很的盎格魯‧撒遜（Anglo-Saxon）民族。[270]

但是，孫中山所說的、中華民族乃純血統的民族，是對外而言。至於對內，孫中山是強調五族共和、中華民族大團結的。[271]客家人乃中華民族之中、眾多的民系之一，羅香林強調客家人純種、周邊其他民系雜種，就嚴重地違反了國父遺教，極端不利於民族團結。

若把眼光放到中國以外，宏觀地看世界歷史，則在羅香林撰寫《客家研究導論》的1933年，第二次世界大戰還未爆發，德軍還未進行民族大清洗。可是，到在羅香林撰寫《客家源流考》的1950年，當幾乎全世界的知識份子都強烈譴責德軍曾為了淨化本國國民血統而大量屠殺猶太人時，羅香林竟然還堅說客家人周圍的漢族與其他民系諸如越海系、湘贛系、南海系、閩海系等皆雜種，唯獨客家人「仍為純粹自體」，「是一群強者的血統」，「有優者的遺產」；[272]就實在說不過去了。

269　謝重光：〈羅香林先生客家研究的貢獻與局限〉，載嘉應學院客家研究所編：《客家研究輯刊》，2007年第2期（總第31期），頁80-85：其中頁83，段6，引羅香林：《客家源流考》（北京：中國華僑出版公司，1989），頁41、105。

270　孫中山：〈民族主義第一講〉，載《國父全集》（1989），第一冊，頁6，第15-17行。

271　同上註。

272　謝重光：〈羅香林先生客家研究的貢獻與局限〉，載嘉應學院客家研究所編：《客家研究輯刊》，2007年第2期（總第31期），頁80-85：其中頁83，段6，引羅香林：《客家源流考》（北京：中國華僑出版公司，1989），頁41、105。

　　筆者這種看法，是一位歷史工作者對另一位歷史工作者（哪怕是前輩），在學術標準上的要求。至於羅香林先生已經製造出來的神話，竊以為歷史與神話之間糾纏不清，古今中外皆然。發展至今，在西方已有共識：即我們既需要歷史也需要神話。而且，出於對神話製作者及信仰者的尊敬，乾脆把神話尊稱為「記憶」（memory）。「記憶」者，人們選擇以記憶之事也。所記憶者，包括確實曾發生過的事情（歷史），也包括從來未發生過的事情（神話）。之所以把曾發生過的事情稱之為歷史，是因為經過嚴謹的歷史學家發掘了真憑實據以證明的確曾發生過這樣的事情。之所以把從未發生過的事情稱之為神話，是經過嚴謹的歷史學家冷靜地鑑定以後，發覺查無實據。

　　「記憶」所及之故事，可以通過口述、小說、電影甚至教科書等渠道以達教化之功。當這故事被大眾接受以後，就成為「集體記憶」（collective memory）。若這個被大眾所接受了的故事是關於歷史上真正出現過的真人真事，而製作者又曾竭盡心力保證其準確性，那麼歷史就變成「集體記憶」。若這個故事純屬虛構或半真半假，目的是要滿足某種感情上、政治上或其他需要，則此舉雖屬誤用歷史，但當它被大眾所接受以後，同樣地成為「集體記憶」，無法抹掉，歷史學家必須接受這個現實。而且，歷史與記憶，沒必要互相排斥。歷史哺育了記憶，記憶活躍了歷史，增強了歷史的生命力，使普羅大眾也能從歷史吸取教訓，浩氣長存。[273]

　　作為近代史講座教授，筆者堅持在科研上竭盡所能求真。作為社會科學院院士，為了社會和諧，筆者贊成歷史與那些已經成為記憶的神話相輔相成。但歸根結柢，竊以為愈多實事求是，愈少製造新的神話，社會可能更和諧。

273　Wood, Gordon S. "No Thanks for the Memories — A review of Jill Lepore, The Whites of Their Eyes: The Tea Party's Revolution and the Battle Over American History (Princeton University Press, 2010)", *New York Review of Books*, 13 January 2010, quoting Bernard Bailyn's concluding speech at "a 1998 conference on the Atlantic slave trade that had threatened to break apart, as many black scholars and others present emotionally reacted to the presentation of the cold and statistically grounded scholarly papers dealing with the slave trade. With his distinction between history and memory, Bailyn calmed the passions of the conference."

第三章

國學淵源：
三字經、千字文、四書五經[1]

一、出身寒微

1866年11月12日，孫中山在廣東省香山縣南蓢鎮翠亨村誕生了。

孫中山在1925年逝世後，國民政府把香山縣改名中山縣，以資紀念。自從1978年鄧小平改革開放以後，中山縣經濟迅速發展，1983年12月22日，撤銷中山縣，設立中山市（縣級），以中山縣的行政區域為中山市的行政區域。1988年1月7日，縣級中山市升格為地級中山市，由廣東省人民政府管轄。中山市躋身廣東「四小虎」之一的經濟地位。若以中山市當今的繁榮來考量1866年那貧窮落後的香山縣，屬以今況古，不符合歷史事實。

至於孫中山出生的那幢房子，現在已不存在，但必須考證它是什麼性質的房子？用什麼材料建成的？面積有多大？因為從孫中山出生的房子來看，某程度上可知其出身是寒微還是富裕。像考證孫中山的家世源流一樣，這種微觀探索，直接影響到我們對宏觀歷史的了解。而本書要了解的宏觀歷史問題，正是孫中山的革命思想來自何方？若他家境富裕，他會有一套想法。若出身寒微，思想感情又會不一樣。

從這角度看問題，則最強烈的對比之一，是孫中山與楊鶴齡。兩人同一輩份，源自同一條村，後來在香港時同是四大寇之一。楊家先在澳門做生意有成，生意隨即發展到香港，在港島成立楊耀記商店。「嘗在店內獨闢一樓，為友朋聚集談話之所。……孫〔逸仙〕、陳〔少白〕、尤〔列〕、楊〔鶴齡〕四人每日在楊耀記高談造反覆滿，興高采烈，時人咸以四大寇稱之。」[2]

---

1 有關孫中山童年時代的原始文獻，極為稀有。為了撰寫本章，筆者只好倚重口述歷史（oral history）。口述歷史，自有其珍貴之處，唯眾說紛紜；除了記憶有誤之外，有意誇張或惡意低貶，在所難免，以至矛盾百出。筆者利用這些史料時，除了加倍小心、去蕪存菁以外，遇到疑點或矛盾而無法定案時，只好在註釋中作如斯說明，敬請讀者留意。

2 馮自由：〈興中會四大寇訂交始末〉，《革命逸史》（北京：中華書局，1981年重版），第一冊，頁8-9。

圖3.1 翠亨村舊貌（翠亨村孫中山故居紀念館供圖）

圖3.2 當今的翠亨村孫中山故居（翠亨村孫中山故居紀念館供圖）

為何楊鶴齡出生富裕家庭，卻「高談造反覆滿」？看來主要原因，並不是因為他像孫中山那樣，對滿清政權有切膚之痛的認識，也不是因為他像孫中山一樣對廣大受壓迫的人民有深切的同情，而只是因為他為人「性不羈，喜戲謔」[3] 而已。所以，到了真正採取行動來推翻滿清——1895年廣州起義——的時候，楊鶴齡就拒絕參與了。[4] 後來孫中山革命有成，對楊鶴齡等舊識禮遇有加（見本書第六章），唯楊鶴齡要求的卻是實際官職，且理由並非因為楊鶴齡本人才具出眾，而只是「始謀於我，而收效豈可無我乎？」[5] 孫中山批曰：「真革命黨，志在國家，必不屑於升官發財；彼能升官發財者，悉屬偽革命黨，此又何足為怪。現無事可辦，無所用於長才。」[6] 為何楊鶴齡「性不羈，喜戲謔」，無他，寵壞了的孩子，紈袴習氣，奈何！

　　富裕與貧寒，也直接影響到一個人的情操——是謙虛還是狂妄。孫中山雍容大度，眾所周知，就連受過美國高等教育的妙齡宋慶齡，也為之傾倒。反觀楊鶴齡，翠亨村的同村人士回憶說：「關於楊鶴齡的生平，第一是粗口，待客人極端無禮，迎客不穿面衣的，只坐在家中，開口第二句就『丟那媽』地罵人，使人見了害怕。」[7] 楊鶴齡不把心思放在國家大事，徒知顧影自憐，以致個人修養也每況愈下。

　　家庭背境之貧富也影響到一個人的健康。孫中山當上西醫後，把楊鶴齡這樣的富家子弟之實際情況與西醫育嬰的理論結合起來，1897年在倫敦時就

3　同上註，頁8。

4　陳少白：〈四大寇名稱之由來〉，載陳少白著《興中會革命別錄》，轉載於《中國近代史資料叢刊——辛亥革命》（上海，上海人民出版社，1981），第一冊，頁76-84：其中頁83。

5　楊鶴齡致孫中山函，1920年1月9日，載楊效農主編：《孫中山生平史料及台報紀念特刊選集》（北京：新華社《參考消息》編輯部，n.d.），頁42。該函藏中國國民黨中央黨史委員會，原日期是1月9日，16日收到。經中山大學余齊昭老師考證，年份應作1920年，與《國父年譜》所列吻合。見余齊昭：《孫中山文史圖片考釋》（廣州：廣東省地圖出版社，1999），頁450，註8。

6　孫中山：〈批楊鶴齡函〉，1920年1月16日，《孫中山全集》，第五卷（北京：中華書局，1985），頁205。

7　李伯新採訪楊珍（六十八歲），1965年10月8日，載李伯新：《孫中山史蹟憶訪錄》，中山文史第38輯（中山：中國人民政治協商會議廣東省中山市委員會文史學習委員會，1996），頁100-101：其中頁101。以後簡稱李伯新：《憶訪錄》（1996）。

很感慨地説：「中國的窮家嬰兒，粗生粗長，除非有瘟疫，否則一般來説，夭折的比率較低。中國的富家嬰兒，夭折的比率反而很高，遠遠比英國嬰兒夭折率要高；儘管活下來了，體質也孱弱不堪，因為父母把他們全寵壞了，孩子們嚷着要什麼就給什麼，甚至那些對孩子健康絕無好處的東西也給。」[8] 若體質孱弱不堪，儘管矢志革命，也有心無力。

所以，微觀地徹查孫中山出生的房子是哪種性質，深具重大意義。很多人以為當今那座著名的翠亨村孫中山故居即孫中山出生地，那麼他肯定是富家子弟。但是，這座兼具中西特色的豪華住宅，是孫中山的哥哥孫眉在夏威夷做生意發蹟後，匯款回家，由當時已經成長並在香港讀書的孫中山所設計而成。什麼時候建成？漢語檔案資料謂1891年。[9] 漢語口碑説：「1885年先建起一間平房，現舊門口仍在。後來在旁邊又建起兩座，四周樓房可走通，成現狀。本來1892年建成中山故居時，有一個小廚房，在屋後走廊處，地方狹小，不夠用。現在廚房是以後建的，孫中山好像沒有用過。」[10] 從英語資料看，則該房子的第一期工程之所謂「平房」，在1884年已建成，目標是趕上當時孫中山成親。孫中山在1884年5月26日成親，數週後喜嘉理牧師（Rev Charles Robert Hager）到訪，住在孫家，説是寬新房子。[11]

正因為孫中山出生的房子已不存在，所以眾説紛紜，近百年來爭論不休。爭論的焦點是：該屋是青磚大屋還是泥磚蝸居？

當今遊人到翠亨村參觀，所看到的模擬場景，是青磚屋。該景收入孫中山故居紀念館編：《中國民主革命的偉大先驅孫中山》（北京：中國大百科全書出版社，2001），頁9，發行全球。圖片的標題是「孫中山出生前後的孫

8　Edwin Collins, "Chinese Children: How They are Reared — Special Interview with Dr Sun Yat Sen," *Baby: The Mothers' Magazine* (London), v. 10, no. 113 (April 1897), pp. 122-123. I am grateful to Mr Patrick Anderson for a copy of this article.

9　王斧：《總理故鄉史料徵集記》，原件藏中國國民黨黨史館，刊刻版本見《建國月刊》，第五卷第1期。轉載於孫中山故居紀念館編：《孫中山的家世》（北京：大百科全書出版社，2001），頁113-119：其中頁114。以後簡稱故居編：《家世》（2001）。

10　李伯新採訪陸天祥（八十六歲），1962年3月31日（其女楊俠雲幫助回憶），載李伯新：《憶訪錄》（1996），頁65-68：其中頁66。

11　Charles R. Hager, "Dr Sun Yat Sen: Some Personal Reminiscences," *The Missionary Herald* (Boston, April 1912), pp. 171-174: at p. 171.

圖3.3　採訪李伯新先生（2006年3月28黃健敏攝）

圖3.4　〈翠亨鄉地籍總圖〉，顯示孫中山出生之房子比下戶更村邊
（翠亨村耆老楊帝俊藏，2006年7月21日黃宇和攝後，俊公慨贈翠亨村孫
中山故居紀念館藏。圖正中最下角標有「總理故居」字樣）

家家境（模擬場景）」。[12]為了此事，2006年3月4日星期六，筆者專程到翠亨村採訪孫中山故居紀念館蕭潤君館長。他回答說：「李伯新曾多次對我說：孫中山出生的房子是泥磚屋。李伯新自言1955年被派到翠亨村看管故居時，看到孫中山出生的泥磚屋還剩下一片泥磚牆的頹垣斷壁。後來水淹故居，該泥磚牆的頹垣斷壁就散掉了。所以，大家就從其說。」[13]筆者想：若「從其說」，則模擬場景應該是泥磚屋，為何現在陳列的卻是青磚屋？青磚屋之說有何根據？

李伯新先生從1955年9月起就在故居工作，從此孜孜不倦地蒐集有關孫中山的文物，並採訪翠亨村及附近村莊的耆老，編寫成《孫中山史蹟憶訪錄》，[14]為研究者提供珍貴的口述史料，功勞鉅大。筆者覺得有必要親自採訪他本人，於是在2006年3月28日再次專程到翠亨村採訪李伯新先生，問他為何過去曾相信孫中山出生的房子是泥磚屋，現在模擬場景卻變成青磚屋？有何根據？

李伯新先生他對筆者提問的回答是：「聽老人家如此說。」至於是哪位老人家？李伯新先生說不出來。他不提頹垣斷壁之事，讓筆者甚感奇怪，於是重複蕭潤君館長的話，並追問說：「您憑什麼判斷1955年您看到的頹垣斷壁就是孫中山出生的房子的一部分？」李伯新先生同樣回答不了。當時陪同筆者的一位年輕研究員馬上插嘴說：「孫中山父親孫達成的鄰居陳添、陳興漢等都是下戶，而他們居住的全青磚屋。孫達成不是下戶，他的房子必然是青磚屋。」態度相當堅決，且充滿自信。哦！原來「根據」在此。筆者情不自禁地回應說：「目前陳添、陳興漢的青磚屋，是他們父執輩在上海做生意發了財贖了身之後才建築的。當他們祖先還是下戶時，住的房子恐怕不是青磚屋。我們不能以今況古。」[15]雙方各執一詞，爭持不下。筆者苦惱之餘，企盼有高人指點。

12　該景收入孫中山故居紀念館編：《中國民主革命的偉大先驅孫中山》（北京：中國大百科全書出版社，2001），頁9，照片標題是「孫中山出生前後的孫家家境（模擬場景）」。

13　黃宇和：〈翠亨調查報告〉（手稿），2006年3月4日。

14　中山文史第38輯（中山：中國人民政治協商會議廣東省中山市委員會文史學習委員會，1996）。

15　黃宇和：〈翠亨調查報告〉（手稿），2006年3月28日。

　　廣州市中山大學人類學系老前輩黃淑娉教授，長期研究珠江三角洲的農村情況，經驗豐富；對於下戶，更有深入研究。[16]蒙該校歷史系邱捷教授盛情介紹，2006年5月7日星期天，筆者有幸得以向黃淑娉教授請教。她說，根據她過去在廣東調查所得，下戶的房子必定在村邊，對於孫中山父親房子的位置，比陳添、陳興漢等下戶的房子更村邊，表示吃驚。[17]

　　承黃淑娉教授不辭勞苦，應筆者力邀，2006年5月19日星期五一道前往翠亨村調研。又蒙孫中山故居紀念館蕭潤君館長親自接見，至以為感。蕭潤君館長對筆者提問的回答同樣是：「聽老人家如此說。」[18]調研進入死胡同。

　　中國史學界過去說的是泥磚屋。以當今還孜孜不倦地編輯《孫文全集》的廣東省社會科學院榮休研究員黃彥先生為例，他一直深信是泥磚屋。但他與孫中山故居紀念館前副館長李伯新先生聯名撰寫的〈孫中山的家庭出身和早期事蹟（調查報告）〉，卻模棱兩可說地說是「小磚屋」。[19]2006年3月12日16:30時筆者致電黃彥先生請教，黃彥說，其實他所指乃泥磚建成的小屋。同日18:00時再電黃彥先生，則說記憶所及，1965年夏，他到翠亨村調查時，李伯新告訴他是青磚屋，他極度懷疑，故寫報告時就含糊其詞而說是「小磚屋」。鑒於他在此之前看過的材料，他個人至今仍認為是泥磚屋。至於過去黃彥先生看過什麼材料，則雖經筆者屢催，黃彥先生在電話裏還是沒有說明。[20]調研又一次進入死胡同。

　　再承熱情的廣州市中山大學歷史系邱捷教授指引，得閱孫科回憶錄。孫科謂其祖屋者：「據先母說那幢世居的老房子已有一百年的歷史，房子的牆

16　其著作包括：黃淑娉、龔佩華合著：《廣東世僕制研究》（廣州：廣東高等教育出版社，2001）；黃淑娉主編：《廣東族群與區域文化研究》（廣州：廣東高等教育出版社，1999）；黃淑娉主編：《廣東族群與區域文化研究調查報告集》（廣州：廣東高等教育出版社，1999）。

17　黃宇和：〈訪黃淑娉〉，2006年5月7日。

18　黃宇和：〈翠亨調查報告〉（手稿），2006年5月19日。

19　《廣東文史資料》第25輯：孫中山史料專輯（廣州：廣東人民出版社，1979），頁274-290：其中頁279。

20　黃宇和：〈廣州調查報告〉（手稿），2006年3月12日。

是由泥土、蠔殼和石灰築成的。有一尺多厚。」[21]孫科所指，是建築學上通稱為「椿牆」屋，即既非青磚屋也非泥磚屋。筆者考證孫科之言的結果如下：

（1）椿牆屋：孫科之言，有翠亨村諸耆老的口碑佐證。1964年，八十八歲的陸天祥說是「泥牆屋」，[22]那是椿牆屋的別名。1965年，七十歲的楊國英（男），同樣說是「泥牆屋」。[23]

（2）百年祖屋：孫氏十四世考殿朝公開始到翠亨村定居，孫中山的父親孫達成是十七世，一般一代以三十年計算，三代就約一百年，孫達成遲婚，五十三歲才生孫中山。到了那個時候，祖屋是實實在在地超過一百年歷史了。

至於祖屋的位置，則翠亨村的口碑甚至能道出該祖屋及殿朝公後人所建諸椿牆屋之位置，那就是在翠亨村靠近村中心的地方。翠亨村耆老陸天祥說：「馮家祠左右多是孫氏屋宅。」[24]馮家祠的全名是馮氏宗祠，據筆者實地考察，的確在目前翠亨村靠近村中心的地方。另一翠亨村耆老楊國英則把孫家祖屋的位置說得更具體：「馮家祠左起有三間屋，〔第〕一間是姓鄧的……第二間是〔孫〕勝好母住的，勝好的父親不認識。第三間是孫興。……馮家祠左起上間是桃母〔即孫學成妻，孫學成是孫中山的二叔——見下文〕住的。」[25]

準此，若孫中山是在祖屋出生，則孫中山出生之屋就是椿牆屋，而非青磚屋或泥磚屋，孫科之言就可一錘定音。但是，1931年4月26日孫中山的姐

21　見孫科：〈孫院長哲生先生〔第一次〕談話〉，1969年3月15日，載吳任華編纂，曾霽虹審閱：《孫哲生先生年譜》（臺北：孫哲生先生學術基金會，1990），頁445-449：其中頁445。

22　李伯新採訪陸天祥（八十八歲），1964年5月13日（其女楊俠雲幫助回憶），載李伯新：《憶訪錄》（1996），頁73-78：其中頁74。

23　李伯新採訪楊國英（男，七十歲），1965年9月25日，載李伯新：《憶訪錄》（1996），頁104-178：其中頁105。

24　李伯新採訪陸天祥（八十八歲），1964年5月13日（其女楊俠雲幫助回憶），載李伯新：《憶訪錄》（1996），頁73-78；其中頁74。

25　李伯新採訪楊國英（男，七十歲），1965年9月25日，載李伯新：《憶訪錄》（1996），頁104-178：其中頁105。

姐孫妙茜回答鍾公任提問時說:「二叔、三叔均……住於翠亨村祖先遺下之
老屋,與達成公異居。」[26] 孫妙茜之言有上述楊國英的口碑佐證:楊國英說
妙茜的二叔居住的孫家祖屋在馮家祠左起上間,而不是孫中山父親孫達成的
「異居」。[27] 孫錦言也回憶說:「中山出世的屋可能是孫達成建成的。」[28]
三份口碑皆明確地說明祖屋非孫中山出生之房子。準此,筆者的調研三進死
胡同。

為何孫達成離開祖屋「異居」?而且他是大哥(1813－1888),理應繼承
祖屋。無奈有關史料顯示,孫家到了他那個時代,所有祖傳耕地已經剩下無
多,他在翠亨村無法謀生,1830年他虛齡十七歲時,就迫得跑到澳門的一所
鞋店當學徒。[29] 二弟學成(1826－1864)比他少十三歲;三弟觀成(1831－
1867)比孫達成少十八歲。兩位弟弟留在父母身邊,自然就如孫妙茜所說
的:「二叔、三叔……住於翠亨村祖先遺下之老屋。」[30] 到了1845年孫達成
三十二歲回翠亨村成親時,祖屋當然住不下雙親兼成長了的三兄弟暨家眷,
所以孫達成必須另建房子。但孫達成在澳門當學徒三年沒收入,後來當正式
鞋匠的十三年,在葡人開的鞋店做工,月薪四元,[31] 他能積下多少?

先考證該「月薪四元」口碑的可靠性如下:

1. 比諸1883年鍾工宇在檀香山當裁縫師傅的月薪五銀元。[32]

26　鍾公任:〈採訪總理幼年事蹟初次報告〉〔1931年4月26日〕,原件藏臺北中國國民黨中
　　央黨史館,轉載於故居編:《家世》(2001),頁120-124:其中頁121。

27　李伯新採訪楊國英(男,七十歲),1965年9月25日,載李伯新:《憶訪錄》(1996),
　　頁104-178:其中頁105。

28　李伯新採訪孫錦言(七十四歲),1965年10月10日,載李伯新:《憶訪錄》(1996),
　　頁110。

29　李伯新採訪楊連合(四十八歲),1962年5月24日,載李伯新:《憶訪錄》(1996),
　　頁82-85,其中頁82。

30　鍾公任:〈採訪總理幼年事蹟初次報告〉〔1931年4月26日〕,原件藏臺北中國國民黨中
　　央黨史館,轉載於故居編:《家世》(2001),頁120-124:其中頁121。

31　孫中山的姊姊孫妙茜言,見王斧:〈總理故鄉史料徵集記〉,《建國月刊》,第5卷
　　第1期,1931年出版。轉載於故居編:《家世》(2001),頁113-119:其中頁117。又
　　見李伯新採訪楊連合(四十八歲),1962年5月24日,載李伯新:《憶訪錄》(1996),
　　頁82-85,其中頁82。

32　Chung Kung Ai, *My Seventy Nine Years in Hawaii, 1879-1958* (Hong Kong: Cosmorama
　　Pictorial Publisher, 1960), pp. 106-107.

2. 又比諸當時香港洋人僱用華人廚師所給的月薪八元。[33]

3. 香港洋傳教士僱請私塾老師專門教授中文所給予的每月八到十元不等。[34]

4. 倫敦傳道會在香港的傳教士，每月付給他們訓練有素的華人宣教師也只是十元。[35]

5. 澳門不如香港繁榮，工資歷來比香港低，承澳門草堆街七十八號東興金舖老闆熊永華先生賜告，其祖父熊子鑾僱請的打金師傅月薪二元，包食宿。[36]

6. 孫達成在澳門葡國人開的店當鞋匠，洋僱主不包食宿，月薪四元[37] 這樣的的口碑，竊以為是可信的。

7. 應該指出，這裏所說的「元」，無論是在澳門、廣州、香港和檀香山，皆墨西哥銀元。它是當時的國際貨幣，以銀的重量計算。

接下來的問題是：孫達成在不名一文的情況下到澳門謀生，三年當學徒沒有工資，繼而十三年當鞋匠，每月能積儲多少錢？準此，竊以為必須考慮下列因素：

第一、不像華資企業那樣，洋資企業既不為員工免費提供吃住，年底也沒雙糧（加倍發薪）。估計孫達成每月在澳門這個城市的食宿費至少需要二元（見下文第二條）。

第二、2006年3月29日，筆者採訪澳門草堆街旁邊七十八號東興金舖舖主熊永華（六十七歲）先生時，他說其祖父熊子鑾所僱的打金師傅月薪二元，包食宿。他又熱情地帶領筆者參觀樓高三層的東興金舖內部，邊走邊介

33　Carl T. Smith, *A Sense of History: Studies in the Social and Urban History of Hong Kong* (Hong Kong: The Hong Kong Educational Publishing Co., 1995), p. 330.

34　美國綱紀慎傳道會檔案，Hager to Clark, 19 February 1884, ABC16.3.8: South China v. 4, no. 15, p. 2.

35　美國綱紀慎傳道會檔案，Hager to Clark, 12 April 1883, ABC16.3.8: South China, v. 4, no. 3, p. 4. 美國長老會傳教士在廣州傳道，幫助傳道的華人助手，先讀神學三年，再實習三年，從此薪金每月才七元。

36　黃宇和採訪東興金舖老闆熊永華（六十七歲），2006年3月29日。

37　孫中山的姊姊孫妙茜言，見王斧：〈總理故鄉史料徵集記〉，《建國月刊》，第5卷第1期，1931年出版。轉載於故居編：《家世》（2001），頁113-119：其中頁117。

紹說：一百多年來金舖的佈置沒有改變，即前一部分擺首飾做買賣，中間一部分是工作坊，當時打金的百年機器仍在，再後是宿舍、飯堂、廚房。[38] 在僱主的工作坊吃住，一般要比僱員在外面自己租地方和買菜做飯要便宜。儘管從最保守的標準算，即孫達成節儉到把吃住的費用保持在月支二元，那麼他每一個月能省下來的錢頂多只有二元。

第三、當時物價穩定，故工人很少增加工資。例如區鳳墀為倫敦傳道會幹了大半生的宣教師，薪金從未提高。故估計孫達成幹了十三年鞋匠，薪金都沒有提高。

第四、孫達成在故鄉有雙親，兩名幼弟，他要匯款多少回家才算合理？考慮到後來孫眉初抵檀香山當勞工的十一個月，月薪十五元，每月匯十元回家，[39] 比率是三份之二。若此言可信，則孫達成每月匯該月能省下來的錢的一半（即一元）回家，亦合乎情理。

第五、這樣一計算，孫達成每月能積儲一元；一年積儲十二元，十三年應該能積儲一百五十六元。但相信實際數目要比這個低，蓋過年過節，總不成空手回鄉。發燒感冒，能不看醫生？寒流襲澳，能不添寒衣？若淨儲得一百元就很不錯了。這就是為什麼，孫達成遲到三十二歲才回鄉成親。

在這種情況下，手中拿着大約一百元的孫達成，要考慮下列開支：

1. 買一塊地皮以建房；
2. 買木樑和瓦做屋頂、買木門等；
3. 建築房子；
4. 買家俬；
5. 成親的費用諸如聘禮、宴請親友等；
6. 預備嬰兒出生時所需的一應費用；
7. 此時孫家甚少自己的耕地，他必須租地耕種。當時他能租到的，只有翠亨村所有孫世家族共同擁有之所謂「祖嘗地」，並只有二畝半，但必須預先繳交一筆、按風調雨順計算的「期價銀」年租六兩六

38　黃宇和採訪熊永華（六十七歲），2006年3月29日，〈黃宇和澳門調查報告〉（手稿），2006年3月29日。

39　黃彥、李伯新：〈孫中山的家庭出身和早期事蹟（調查報告）〉，《廣東文史資料》第25輯：孫中山史料專輯（廣州：廣東人民出版社，1979），頁274-290：其中頁281。

錢；[40]

8. 此外他又必須租用嫂嫂程氏之瘦地四畝，如此也必須預先繳交一筆、按風調雨順計算的「期價銀」租金（數量不明）；

9. 添農具；

10. 供養年紀老邁的雙親；

11. 最好預留一筆儲備金應急：例如萬一雙親去世的費用。

出於上述種種考慮，三十二歲的孫達成回鄉後，必須優先在翠亨村的村牆之內買地皮。若住村外，沒有村牆保護及村民之間互相照應，就必須日夜提心弔膽地過日子。當時盜匪橫行，儘管在村內也不保險，孫中山就曾回憶翠亨村被海盜打劫的苦況。[41]那麼，孫達成在村內能買到的地皮之具體位置是哪裏？在當今故居「屋內北牆下，有石欄杆井一，即總理誕生之所也」。[42]當今的故居，在翠亨村西南面的邊緣，比陳添、陳興漢等下戶之村邊房子更村邊，其實是當時翠亨村的最邊緣地方，也可能是當時最便宜，亦是他財力所及唯一能買到的村內地皮。

至於建築材料：

1. 首談青磚。2006年3月14日，筆者到孫中山的夫人盧慕貞故鄉外沙村實地調查時，發覺盧慕貞故居面積頗大，青磚瓦頂，看來家道不俗。問青磚何來，答云來自順德縣，蓋香山縣沒磚窯。問翠亨村之青磚是否同樣來自順德，村長詹華興答曰：「是。建築商在順德買了適量青磚後僱船運往靠近翠亨村的碼頭，再僱人肩挑青磚往翠亨村工地。自鄰縣買磚建房，所費不貲。」當天下午筆者轉到孫中山外祖父的家鄉崖口鄉調研，先到陸紅英的家。陸紅英是楊連合的孫媳，而楊連合又是孫妙茜的孫子，陸紅英與婆婆在家裏接待。筆者問崖口鄉的人若要用青磚建房子，青磚從哪兒來？她們的答案同樣是從順德買回來。

---

40 同上註，頁279。

41 Paul Linebarger, *Sun Yat-sen and the Chinese Republic* (New York: 1925, Reprinted New York: AMS Press, 1969), chapter 8, pp. 59-61. 林百克著，徐植仁譯：《孫中山傳記》（上海：商務印書館，1926），頁52-54。

42 王斧：《總理故鄉史料徵集記》，《建國月刊》，第五卷第1期。轉載於故居編：《家世》，頁113-119：其中頁114。

2. 次談泥磚屋：外沙村村長詹華興、族人盧華成（六十九歲）同聲説：「建築泥磚屋，可以自己動手造泥磚，待建築時才請有建築技術的人幫忙，費用很輕。若青磚，費用就貴大約二十倍。」

3. 三談樁牆屋：盧慕貞故居附近就有一樁牆屋，很厚，生了青苔，但能看出是一層一層地把泥土往下樁壓而成，每層高度與泥磚相若（即約0.1公尺）。牆的厚度約0.5公尺。做法是先用木板，在將要建築泥牆的地方做模，兩板相隔的距離是將來泥牆的厚度，把拌黏的泥漿灌入板模至大約0.1公尺，用木頭從上往下樁壓，抹平。待曬乾堅固後，再灌壓第二層泥漿。如此一層一層地往上建築。泥漿以外，也摻稻米及石灰以增加其黏性，加蠔殼以增加其堅固性。如此建屋，費用雖然少次青磚屋，但也不菲。準此，大家一致認為，孫達成財力所及，只能是泥磚屋。[43]

那麼，翠亨村有沒有適合打泥磚的黏土？從孫中山故居試驗田的土質看，竊以為其黏性應該能打泥磚，但筆者不是地質專家，不能瞎猜。孫中山故居紀念館的蕭潤君館長見筆者對土質這麼感興趣，就説：「為了建設故居紀念館（1996年11月12日奠基，1999年11月12日啓用），打樁前曾鑽土抽樣繪圖。」筆者大喜過望，説：「這樣的工程圖紙更科學！」蕭潤君館長拿出圖紙與筆者一道研究，結果發覺其中第二層是黏土。[44]（見圖3.5）

準此，孫達成設計他要建築的新房子，會選擇昂貴的青磚還是自己動手造廉價的泥磚？用青磚，住得舒服。用泥磚，則過了若干年後，泥磚從空氣中吸納了大量的氮（nitrogen）以後，可以打散作為肥田料。當然，每隔數年就把房子打散重建，既大費周章，又必須求鄰居暫時收留。但是，在沒有選擇餘地之時，只好如此。孫達成回鄉後那貧窮苦況，觀之李伯新先生所撰的《孫中山史蹟憶訪錄》，則所有被採訪的人，無論親疏，都異口同聲地、細緻地作了證明。[45]

筆者的結論是：孫中山出生的房子應該是泥磚屋。類似的泥磚屋，在毗鄰翠亨村的後門坑村、竹頭園村等，仍處處可見。（見圖3.6）

43　黃宇和：〈唐家灣、外沙村、崖口楊家村調查報告〉（手稿），2006年3月14日。

44　黃宇和：〈翠亨村調查報告〉（手稿），2006年5月19日。

45　李伯新：《憶訪錄》（1996）。

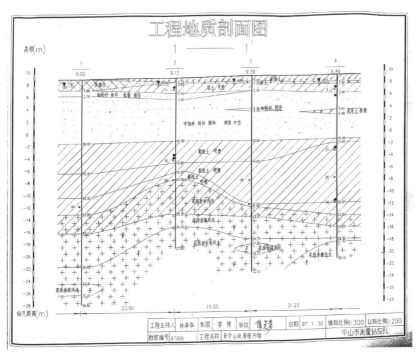

圖3.5　翠亨村土質鑽探報告，1997年（孫中山故居紀念館供圖）

圖3.6　毗鄰翠亨村的後門坑村泥磚屋（2007年12月21日黃宇和攝）

二、孫中山的誕生

　　1866年11月12日，孫中山在珠江三角洲五桂山山脈當中一個山谷裏的一座窮鄉僻壤名翠亨村最邊緣的一所泥磚屋誕生了。

　　該泥磚屋的牆壁，是用未烘烤過的泥巴方塊砌成的。天氣潮濕的時候，在室內活動而揩上牆壁時，衣服都全是泥巴。牆壁上沒有窗戶，只在較高的地方留了幾個小洞透氣。當颳大風下大雨時，大風會把雨點颳過這些小洞直闖室內（見圖3.7）。孫中山出生的泥巴屋早已拆掉。圖3.7所示者，竊以為酷似原狀，故採用。該等用泥巴方塊砌成的房子，在廣東窮苦的山區仍然能找到。2004年2月20日筆者到開平訪問，汽車經過山區時就親眼見過這樣的一幢所謂「一開間」。可惜當時在高速公路，無法停下來拍照。但廣東省江門市五邑大學的張國雄教授就曾為這樣的「一開間」拍就一幅照片並收進其參加編寫的《老房子：開平碉樓與民居》（南京：江蘇美術出版社，2002），圖228。圖3.7就是該圖的複製品。

　　該屋的屋頂，是用瓦砌成的，共17坑瓦，約即4米。[46]這是該屋的寬度。該屋的長度則約8.68米。[47]全屋面積約共34.72平方米（square metres）。

　　孫中山排行第五，乳名帝象，書名文，[48]後來領洗進入基督教時取名日新；[49]準此，取號逸仙。[50]1884年成親時譜名德明。[51]1897年旅居日本時改

46　李伯新訪問陸天祥（八十六歲），1962年3月31日，載李伯新：《孫中山史蹟憶訪錄》，（1996），頁65-68：其中頁66。

47　據孫中山的姐姐孫妙茜及翠亨村耆老陸天祥回憶說，則該屋長約二丈六尺，寬一丈二尺。見黃彥、李伯新：〈孫中山的家庭出身和早期事蹟（調出報告）〉，《廣東文史資料》第25輯，頁274-290：其中頁279。該文轉載於故居編：《家世》（2001），頁151-155：其中頁154。筆者將該屋的長度和寬度折算為米，則分別約為8.68米和4米。

48　李伯新訪問陸天祥（八十三歲），1959年無月日，載李伯新：《憶訪錄》（1996），頁59-64頁：其中頁59。

49　喜嘉理牧師為孫中山受洗登記名冊，原件複印於《中華基督教會公理堂慶祝辛亥革命七十周年特刊》（香港：中華基督教會公理堂，1981），頁2。

50　據云乃區鳳墀為其改名逸仙。見馮自由：〈區鳳墀事略〉，載《革命逸史》（1981），第一集，頁12。

51　孫氏《列祖生沒紀念簿》，廣東省中山市翠亨村孫中山故居紀念館藏。轉載於故居編：《家世》（2001），頁10-11：其中頁11。

圖3.7　「一開間」泥磚屋

名中山。[52]大哥孫眉，1854年生。二姐三哥早夭。四姐妙茜，1863年生。父親孫達成（1813－1888），母親楊氏（1828－1910），還有祖母黃氏（1792－1869），[53]一家共六口，就擠在這34.72平方米、幾乎密不透風的泥磚屋過活。1871年，孫中山添了妹妹孫秋綺，[54]就變成一家七口了。實在擠不過來，姐姐妙茜稍長就不得不搬到屋背後楊成發家中寄居。[55]

母親楊氏，小腳，不能下田，只能養些豬、雞、狗等小量禽畜。[56]它們在哪棲身，才免被盜？孫達成就在泥磚屋的門口、屋旁，用泥磚建起豬圈、雞窩。結果它們的糞便也在住人的斗室之旁亂撒，臭氣薰天。加上豬叫、雞鳴、狗吠，讓人日夜不得安寧。

祖母黃氏，年老體衰。中山幼小，嗷嗷待哺。一家七口的生活，主要靠父親孫達成租來土名「龍田」的祖嘗田二畝半耕作。[57]「龍田」的土質較好，年中每畝有十多石穀收成的。[58]但因為這「龍田」是祖嘗田，不一定是孫達成耕作。孫達成耕一段時間，孫光賢（孫林漢父親）也耕過該田；所以誰來耕作也不用投標來決定。[59]看來是輪流受惠罷。但對孫達成來說，收入

52　據《總理年譜長編初稿各方簽註彙編》（中國國民黨中央執行委員會黨史資料編纂委員會編，油印本）。該文是平山周在〈追懷孫中山先生座談會〉上的發言。後來全文收錄在陳固亭編：《國父與日本友人》（臺北：幼獅，1977年再版）。後來又轉錄於尚明軒、王學莊、陳崧等編：《孫中山生平事業追憶錄》（北京：人民出版社，1986），頁528-529。

53　孫氏《列祖生沒紀念簿》，廣東省中山市翠亨村孫中山紀念館藏。轉載於故居編：《家世》（2001），頁10-11。

54　孫滿編：《翠亨孫氏達成祖家譜》，該文轉載於故居編：《家世》（2001），頁12-28：其中頁18。

55　孫妙茜言，見黃彥、李伯新：〈孫中山的家庭出身和早期事蹟（調查報告）〉，《廣東文史資料》第25輯，頁274-290：其中頁279，註3。又見李伯新採訪楊珍（六十八歲），1965年8月15日，載李伯新：《憶訪錄》（1996），頁96-97：其中頁97。

56　李伯新採訪陸天祥（八十八歲），1964年5月13日，載李伯新：《憶訪錄》（1996），頁73-78：其中頁76。

57　李伯新訪問陸天祥（八十三歲），1959年無月日，載李伯新：《憶訪錄》（1996），頁59-64：其中頁59。至於龍田的具體位置，則2006年3月4日，承翠亨村孫中山故居紀念館蕭潤君館長帶筆者作實地考察時，即發覺在翠亨舊村牆以南，瑞接長庚閘門以東地方，與故居近在咫尺。現在是試驗田。

58　李伯新採訪陸天祥（八十九歲），1965年9月4日，載李伯新：《憶訪錄》（1996），頁78-79：其中頁78。

59　同上註，頁78。

如此不穩定，怎辦？於是他又租來乃弟孫學成的寡婦程氏所擁有的劣田四畝來耕種。該地土名「聚寶盤」，[60] 土質很差，[61] 一造畝產三石穀左右，無人願意租來耕的，田租交學成妻。[62]

「龍田」與「聚寶盤」加起來，合共才六畝餘，即約2,667平方米。[63] 然兩地的土質均蹺劣，只是「龍田」比「聚寶盤」稍好而已。孫達成既種水稻也種番薯。但一家大小平常吃的都是番薯。[64] 為何如此？他種植水稻，是因為白米能賣好價錢；他種植番薯，是以其不用施肥也能生長。白米太珍貴了，捨不得吃，賣了好換點錢以應付日常開支，諸如孩子或老人害病時看醫生買藥物等費用。

儘管如此，孫家還是無法糊口，以致孫達成必須在晚上為村中打更賺點外快。[65] 白天種地晚上打更，日夜不得休息，辛苦可知。翠亨村全村居民總共大約只六七十戶人，雜姓；有楊、陸、馮、孫、蘇、譚、麥、陳、錢、梁等十姓。人數最多者為楊姓，而村中大部分土地均為楊姓地主佔有，陸姓次之。孫姓則只有六、七戶。正如前述，孫達成早年家境已極貧窮，1829年他只有十六歲時就迫得到澳門一家鞋店當學徒；三年期滿後在澳門板障堂街一家葡萄牙人開設的鞋店當鞋匠，每月工資四元。[66] 三十二歲才稍有積蓄，於是回鄉，在村邊建就泥磚屋然後成親，並租地耕種維持生計，又為村人補

60　「聚寶盤」的具體位置，則2006年3月28日，承翠亨村孫中山故居紀念館黃健敏主任帶筆者作實地考察時，發覺非常靠近孫中山紀念館西圍牆，即在翠亨街市與故居紀念館之間。現在已被高樓大廈掩蓋。

61　李伯新採訪陸天祥（八十八歲），1964年5月13日，載李伯新：《憶訪錄》（1996），頁73-78：其中頁73。

62　李伯新採訪陸天祥（八十九歲），1965年9月4日，載李伯新：《憶訪錄》（1996），頁78-79：其中頁78。

63　見《漢語大詞典》縮印本，一套三冊（上海：漢語大詞典出版社，1997），中卷，頁4632第3欄，其中所說的公畝即平方米，見《現代漢語詞典》修訂本（北京：商務印書館，1996），頁901第二欄。

64　黃彥、李伯新：〈孫中山的家庭出身和早期事蹟（調查報告）〉，《廣東文史資料》第25輯，頁274-290：其中頁279。

65　訪問陸天祥（八十三歲），1959年無月日，載李伯新：《憶訪錄》（1996），頁59-64：其中頁59。

66　黃彥、李伯新：〈孫中山的家庭出身和早期事蹟（調查報告）〉，《廣東文史資料》第25輯，頁274-290：其中頁278。

鞋作為副業。[67]待孫中山出生的1866年，孫達成已經五十三歲。到了那個時候，耕種與補鞋已經維持不了生計，孫達成還必須在晚上打更幫補。[68]

有口碑說：

孫達成過去是有種過一些山地。什麼時間開荒的不清楚。當時種到一些山桔、梅仔加上幾棵荔枝、龍眼合共一百棵左右，面積約有三四畝，因管理不善，果物有些收成的，也沒有見他成批賣過。種這樣的旱田作物，勞動力不足，其妻楊氏雖是小腳女人，也要去鋤草種瓜等。[69]

徵諸原始文獻，則翠亨村孫中山故居紀念館藏有同治三年二月十三日（即陽曆1864年3月20日）簽署的孫達成、孫學成、孫觀成兄弟三人批耕山荒合約。合約說：

立明合約：今有瑞英祖遺下土名「逕仔蓢」稅山埔一段，嗣孫達成、學成、觀成與房長尊賢同眾叔姪酌議，將此山埔批與達成、學成、觀成開荒圍園，無庸丈量稅畝，任達成、學成、觀成圍築以種果物，限以五十年為期。今圍園及種果物等項費用，本銀若干，乃係達成、學成、觀成自出。眾議願拋荒五年，任達成、學成、觀成種植。所出利息，乃係達成、學成、觀成收回自用。如拋荒期滿者，此園每年所出果物，利息若干，俱要登明，大部當祖爐前算數，貳八均分，每兩銀

---

67 李伯新採訪陸天祥（八十九歲），1965年9月4日，載李伯新：《憶訪錄》（1996），頁78-79：其中頁79。又見李伯新採訪楊連合（四十八歲），1962年5月24日，載同書，頁82-85：其中頁82。在該採訪中楊連合覆述其祖母孫妙茜（孫中山姐姐）經常對其說過的話。

68 李伯新採訪陸天祥（八十三歲），1959年無月日，載李伯新：《憶訪錄》（1996），頁59-64：其中頁59。

69 李伯新採訪陸天祥（八十九歲），1965年9月4日，載李伯新：《憶訪錄》（1996），頁78-79：其中頁78。

瑞英祖份下該得貳錢，種植嗣孫達成、學成、觀成三人份下共該得八錢。[70]

因為到了孫達成那一輩，孫家已經把祖田賣光，以至兄弟三人為了糊口，準備開荒種果。但後來並沒有完全成事，因為二弟孫學成在半年後就去世，[71] 三弟觀成亦於三年半後離開人間。[72] 但孫達成似乎還獨力維持，種植些瓜果，幫補生計。

孫中山六歲的時候，就隨九歲的四姐妙茜，經常到附近的金檳榔山打柴，及採野菜回家餵豬。四姐妙茜幼時即被纏小足，上下山坡時非常痛苦，孫中山感同身受，[73] 倍苦家境之貧窮。他每年還替人牧牛幾個月，以取得牛主同意用牛為孫家犁田，其他時間就幫助家中的零活。經常勞動當然讓他身體鍛煉得特別結實。[74] 再大一兩歲，就跟隨父親下田插秧、挑水、除草。有時候若海上合潮流，還隨外祖父楊勝輝駕小艇到金星門附近的海邊採蠔（牡蠣）。[75] 至於上學讀書，則只有望門輕嘆了。任何一個孩子，眼巴巴地看着別的小朋友上學，誰不羨慕得要命！孫中山無可奈何之際，變得沉默深思。他回憶說：「當我達到獨自思索的時候，在我腦海中首先疑問，就是我自身處境的問題，亦即我是否將一輩子非在此種境遇不可，以及怎樣才能脫離這種境遇的問題。」[76]

70　這文獻，原由孫中山的姊姊孫妙茜保存，由其後人捐獻給翠亨村孫中山故居紀念館，並收入故居編：《家世》（2001），頁65。

71　時為1864年9月18日，見孫滿編：《翠亨孫氏達成祖家譜》，該文轉載於故居編：《家世》（2001），頁12-28：其中頁18。

72　時為1867年9月5日，見孫滿編：《翠亨孫氏達成祖家譜》，該文轉載於故居編：《家世》（2001），頁12-28：其中頁18。

73　1912年1月1日孫中山就任中華民國臨時大總統後，不久即通令禁止婦女纏足，責其「殘毀肢體，阻閼血脈；害雖加於一人，病實施於子姓」。見孫中山：〈令內務部通飭各省勸禁纏足文〉，1912年3月13日，《臨時政府公佈》第37號，轉載於《孫中山全集》，第二卷（北京：中華書局，1982），頁232-233：其中頁232。

74　陸天祥：〈孫中山先生在翠亨〉，《廣東文史料》第25輯，頁454-459：其中頁454。

75　見李伯新採訪楊連合（四十八歲），1962年5月24日，載李伯新：《憶訪錄》（1996），頁82-85：其中頁84。當時是楊連合複述楊帝賀說過的話。

76　孫中山語，載宮崎寅藏著，陳鵬仁譯：《宮崎滔天論孫中山與黃興》（臺北，正中書局，1977），頁6。

他脫離這種境遇的機會終於來臨了！事緣1871年，虛齡已經到了十八歲的大哥孫眉，在家無以為生；結果由當寡婦的嫡母程氏把租給孫達成耕種的瘦地押出其中兩畝餘，籌得二十四兩銀子作為旅費，[77] 讓孫眉隨母舅楊文納去檀香山當傭工。同行的還有同邑鄭強等。孫眉與鄭強最初同在檀香山某華僑所辦的菜園當工人，月薪十五元，每月匯寄十元回家。十一個月後轉到一個夏威夷人開設的農牧場當長工，收入較豐。[78] 再過幾年，漸有積蓄，於是自己墾荒農牧。[79] 如此收入就更多了，匯寄回家的款項也相對地多起來，以致幼弟孫帝象在實齡九歲的時候，終於能就讀於翠亨村的村塾了！

三、讀書明理

村塾設於翠亨村馮氏宗祠。[80] 該祠面積很小，下面是筆者的實地調查結果：

從正門門楣到天井：80公分（cm），有瓦遮頭，但非常狹隘，沒有屏風。若有屏風，甫進門就會頭碰屏風，必須馬上轉右。

77　李伯新：〈回憶錄〉，載《憶訪錄》（1996），頁1-5：其中頁1。

78　黃彥、李伯新：〈孫中山的家庭出身和早期事蹟（調查報告）〉，《廣東文史資料》第25輯，頁274-290：其中頁281。

79　黃彥、李伯新：〈孫中山的家庭出身和早期事蹟（調查報告）〉，《廣東文史資料》第25輯，頁274-290：其中頁281。有關孫眉墾荒農牧這段口述歷史，有同類的史料佐證。孫中山在檀香山的同學鍾工宇回憶說，他於1879年抵檀時，孫眉已在奧阿厚島的依瓦（Ewa）地方，關一個農場。在孫中山抵達夏威夷翌年的1880年，孫眉更在火奴魯魯市內的京街（King Street）至賀梯釐街（Hotel Street）之間的奴安奴巷（Nuuanu Avenue）開了一片商店，直至三年以後才遷至茂宜島（Maui Island）的茄荷雷（Kaului）埠。見鍾工宇：〈我的老友孫中山先生〉（中譯本），載尚明軒、王學莊、陳崧等編：《孫中山生平事業追憶錄》（北京：人民出版社，1986），頁726。至於孫眉如何能墾荒農牧，則吳任華所編之《孫哲生先生年譜》（1990），頁6，1895年條曰：「向當地政府領地開墾」。夏威夷諸島本來是部落社會，甚少耕耘。十九世紀初葉，有美國商人和傳教士前往，才慢慢開發。國王為了發展經濟，鼓勵開荒，孫眉適逢其會，領地墾荒有成，蒙其特許招徠華工，於是在1877年，乘回國成親之便，在翠亨村附近創移民事務所，應者甚眾。見《國父年譜》（1994），上冊，頁23，1877年條。

80　該宗祠到了1955年時，已成為農民的牛欄，滿地牛糞，臭氣薰天，瓦面破爛，大門的門枋也爛得要搖搖欲墜。幸當時的中山故居負責人李伯新發動翠亨村民打掃修復，得以保存下來。見李伯新：〈回憶錄〉，載《憶訪錄》（1996），頁1-58：其中頁27。

量度結果：

左廊：寬2.2公尺（metres），深190公分（cm）

右廊：寬1.65公尺（metres），深190公分（cm）

天井：寬4.74公尺（metres）

天井：深110公分（cm）

從天井到後牆（有瓦遮頭）：6.81公尺（metres）

寬（從南往北）：8.4公尺（metres）

總的來說：正廳的

寬度：8.4公尺（metres）

深度：0.80＋1.10＋6.81＝8.7公尺（metres）

有瓦遮頭的正廳（即上課的地方）：

寬度：8.4公尺（metres）

深度：6.8公尺（metres）

正廳高度：從地面到正樑：5.1公尺（metres）

馮氏宗祠另有偏房（站在正廳朝外〔朝東〕看時，在右方）

從前牆壁到天井：1.85公尺（metres）

天井：0.76公尺（metres）

從天井到後牆：5.79公尺（metres）

該居右之偏房總面積：

深度：8.40公尺（metres）（奇怪！比正廳的8.70公尺短了30公分）

寬度：2.68公尺（metres）

該居右之偏房後牆地下放着一塊木刻牌坊，上面刻有馮氏宗祠四個字。[81]

81　黃宇和：〈翠亨村馮氏宗祠調查報告〉（手稿），2007年9月28日星期五。

　　孩子們就在正廳上課，每人從家裏隨手帶一張木頭小凳，到達後各自放在正廳排排坐，聽老師唸書，他們跟着背誦。可以說，村塾所在的馮氏宗祠，沒有任何現代學府的氣色。（見圖3.8）

　　該村楊姓最有錢、人多，有能力專門聘請一位老師給楊氏子弟教讀。且看楊氏宗祠遺址的面積可知。（見圖3.9）

　　後來在香港與孫中山結伴成四大寇之一的楊鶴齡，就是楊家子弟。其餘九姓人家稱「雜姓」，較為窮苦，就聯合聘請一位老師，並租馮氏宗祠教學，是為村塾。[82]這九姓共約六十多戶窮苦人家，也談不上有什麼辦學理念。在他們樸素的心目中，男孩識字總比文盲要好。望子成龍之心自然有，但相信不奢望他們中狀元大富大貴，更做夢也不會想到什麼現代化的問題。至於經費，則自然不見充裕。所籌集到的經費，若每月足夠支付老師的薪酬與校舍的租金，就很不錯了。至於管理，「鄉巴佬」也不懂。而且，那麼微薄的薪酬，能聘請到老師來授課已屬邀天之幸，其他就別過問了。難怪孫中山初讀該村塾時的老師經常缺課，[83]跡近無法無天，毫無制度可言。

　　整所村塾，就只僱請一位老師。《國父年譜》說，孫中山在該村塾的第一位老師，為台山王氏，所據乃羅香林、簡又文等先生的考證。[84]翠亨村耆老陸天祥回憶說，該老師是位老人，早已老掉了牙齒，以致說話聲似蟾蜍，被孩子們戲稱「蟾蜍王」；他又是位癮君子，鴉片煙癮很重，常一兩天不上課。[85]不久王氏去世。繼任者，《國父年譜》說是鄭帝根。[86]《孫中山年譜長編》說是程步瀛。[87]翠亨村耆老陸天祥說是程植生，「名帝根，是由南蓢

82　訪問陸天祥（八十三歲），1959年無月日，載李伯新：《憶訪錄》（1996），頁59-64：其中頁61。

83　陸天祥：〈孫中山先生在翠亨〉，《廣東文史資料》第25輯，頁454-459：其中頁456。

84　羅家倫主編，黃季陸、秦孝儀增訂：《國父年譜》（臺北：中國國民黨中央黨史委員會，1985），頁17。以後簡稱《國父年譜》（1985）。

85　陸天祥：〈孫中山先生在翠亨〉，《廣東文史資料》第25輯，頁454-459頁：其中頁456。又見李伯新採訪陸天祥（八十八歲），1964年5月13日，載李伯新：《憶訪錄》（1996），頁73-78：其中頁77。

86　《國父年譜》（1985），上冊，頁19。

87　陳錫祺主編：《孫中山年譜長編》一套兩冊（北京：中華書局，1991），上冊，頁22。以後簡稱《孫中山年譜長編》（1991）。

圖3.8　馮氏宗祠內景（打開大門一望到底，2011年2月25日黃宇和攝）

圖3.9　楊兼善祠遺址（翠亨村孫中山故居紀念館供圖）

來的。」[88] 筆者到南蓢墟內的南蓢村實地調查，發覺有程植生故居，正門上楣有匾額曰：「帥傅遺居——鄒魯書」。[89] 可知繼任者的確是程植生，而程植生當過大元帥孫中山的老師，故鄒魯稱之為帥傅。

有村民楊連合回憶說：原村塾老師王氏去世後，「請程植生之父任教。植生當時是伴讀的，年紀比中山大不過五歲，乳名帝根。可能植生之父稍事外出，即由植生來代管一下兒童的。」[90] 楊連合是孫中山姐姐孫妙茜的孫子，自小隨祖母過活，從她那裏聽了很多有關孫中山的事蹟，故可信程度頗高。由虛齡十五歲乳名帝根的程植生，來教導虛齡十一歲乳名帝象的孫中山，真是兒戲！為何老子不教讓小子教？實地調查回答了這個問題，翠亨村距離南蓢村超過10公里。[91] 要老子一天之內來回步行20公里，也太難為了老人家！

第一位老師為孫中山取書名曰文，表示他再不是文盲了！那麼他乳名帝象又是什麼意思？鑒於孫中山後來當了國家元首，於是有好事之徒曾謂孫家早盼其成帝成王，真無聊。竊以為當時的翠亨村乃窮鄉僻壤，生活艱苦，醫療衛生條件極差，能活下來的嬰兒不多，孫帝象的二姐三哥早就夭折了。因此，翠亨村的村民為初生的男嬰取名時有包括一個「帝」字的習慣，意在祈求村廟的「北帝」庇佑新生嬰兒健康成長。孫帝象有宗親名孫帝福、[92] 孫帝景、[93] 孫帝晏。[94] 後來又有同塾學侶楊帝賀。[95] 還有那位被他勸諭戒賭而大

88　李伯新採訪陸天祥（八十九歲），1965年9月4日，載李伯新：《憶訪錄》（1996），頁78-79：其中頁79。

89　黃宇和：〈南塱調查報告〉（手稿），2008年12月18。

90　李伯新採訪楊連合（五十一歲），1965年9月20日，載李伯新：《憶訪錄》（1996），頁86-92：其中頁88。

91　黃宇和：〈南塱調查報告〉（手稿），2008年12月18。

92　李伯新訪問陸天祥（八十六歲），1962年3月31日，載李伯新：《憶訪錄》（1996），頁65-68：其中頁66。

93　蕭潤君等訪楊連合（六十四歲），1978年2月24日，載李伯新：《憶訪錄》（1996），頁94-95：其中頁95。

94　關隆山等訪楊連合（六十歲），1974年9月17日，載李伯新：《憶訪錄》（1996），頁91-94：其中頁93。

95　黃彥、李伯新：〈孫中山的家庭出身和早期事蹟（調查報告）〉，《廣東文史資料》第25輯，頁287-290：其中頁275。

圖3.10　程植生故居（2008年12月19日李寧攝）

圖3.11　《三字經》、《千字文》、《幼學故事瓊林》
（翠亨村孫中山故居紀念館供圖）

怒、揪着他頭髮向牆壁猛碰至不省人事的楊帝卓。[96] 哪怕是從外地搬到翠亨村居住的譚善暢，也入鄉隨俗，為長子取名帝威，次子帝希，長孫帝根。[97]

翠亨村村塾的課程，《國父年譜》說是四書五經，[98] 所據乃羅香林先生的考證。[99] 此言稍嫌誇大。一般來說，孩童學習是循序漸進地先學《三字經》、《千字文》、《幼學故事瓊林》等啟蒙讀物。若一開始就讀四書五經諸如《易經》，是不可思議的。孫中山自己也說，他到村塾讀書，一開始是唸《三字經》的。[100] 孩子們在該村塾，不分年級高低，一概跟隨老師背誦。學完這三、四本書，就算完結了。村塾極少超越這些基本兒童讀物。

孫中山後來在「覆翟理斯函」中有云：「幼讀儒書，十二歲畢經業。」[101] 這句話應該如何理解？有學者做過調查，認為明清時代甚至民初，私塾入蒙之課是《三字經》、《百家姓》、《千字文》、《弟子規》、《四言雜誌》等小冊子。唯各私塾均必須另加額外讀物，有關文學者，則有《千家詩》、《古唐詩合解》、《唐詩三百首》、《古文觀止》、《古文釋義》等書。有關歷史者，則有《鑑略妥注》、《五言韻文》、《綱鑑》（一般為王鳳洲《綱鑑》）。有關做人處世作文章者，則《幼學故事瓊林》、《龍文鞭影》、《蒙求》、《秋水軒尺牘》、《雪鴻軒尺牘》等。[102] 進一步就讀四書，即《大學》、《中庸》、《論語》、《孟子》。接下來就是五經，而以《詩經》、《禮記》、《春秋》、《左傳》、《易經》、《尚書》等循次一一誦讀。[103]

可有證據證明孫中山自言其實齡「十二歲畢經業」、[104] 即讀到《書經》這個階段？有。他實齡十二歲半經澳門赴檀香山時，看到澳門的賭檔、花

96　吳劍杰等著：《孫中山及其思想》（武漢：武漢大學出版社，2001），頁13。

97　李伯新訪楊珍（六十八歲），1965年9月無日，載李伯新：《憶訪錄》（1996），頁99。

98　《國父年譜》（1985），上冊，頁17。

99　所引乃羅香林：《國父家世源流考》（重慶：商務印書館，1942年12月出版；臺北：1971年5月臺一版），頁41。

100　Linebarger, *Sun Yat-sen and the Chinese Republic*, p. 50.

101　孫中山：〈覆翟理斯函〉，載《孫中山全集》，第一卷，頁46-48：其中頁47。

102　佚名：〈孫中山先生與其傳統文化素養〉，未刊稿，頁3，註解4。該稿曾在1998年投臺灣《國史館館刊》，雖未蒙接納，但其中不乏上好內容，筆者特予引用。

103　同上註，頁3。

104　孫中山：〈覆翟理斯函〉，載《孫中山全集》，第一卷，頁46-48：其中頁47。

船、妓女寨等不良現象時，隨口就唸出《書經》中「五子之歌」[105]來諷刺之。歌曰：

內作色荒，
外作禽荒；
甘酒嗜音，
峻宇雕牆；
有一於此，
未或不亡。[106]

這段史料的原文是英語，來自美國人林百克（Paul Linebarger）在聆聽過孫中山的自述後而為其所寫成的傳記。英語原文是這樣的：

The palace a wild for lust;

The country a wild for hunting;

Rich wine, seductive music,

Lofty roofs, carved walls;

Given any one of these

And the result can only be ruin.[107]

譯者徐植仁真不簡單，馬上辨認出乃源自《書經》中的「五子之歌」[108]而照抄如儀。若徐植仁國學根底稍淺，以致必須倒譯的話，就不但失真，也

105　《國父年譜》（1994年增訂本），上冊，頁26，1897年6月條。

106　Linebarger, *Sun Yat Sen and the Chinese Republic*, p. 105. 林百克著，徐植仁譯：《孫中山傳記》，頁22。

107　Linebarger, *Sun Yat Sen and the Chinese Republic*, p. 105.

108　《國父年譜》（1994年增訂本），上冊，頁26，1897年6月條。筆者按：有謂五子之歌乃魏晉南北朝時代的人偽造而非《書經》原有者，此點就由國學大師們去深究吧。筆者所關心的不是五子之歌的真偽問題，而是孫中山小小年紀就讀過《書經》的事情。見下文。

妨礙了我們準確地了解當時孫中山國學基礎的深淺問題。但小小年紀已經能
夠隨意默唸《書經》？讓人有點吃驚而難以置信。一般來説，鄉間私塾，所
唸不外兒童啓蒙讀物諸如《三字經》、《千字文》、《幼學故事瓊林》和《古
文評註》等。[109] 所以若説他已經讀過《書經》，就感到有點意外。但據後來
羅香林先生採訪孫中山的姐姐孫妙茜老姑太的記錄，可知孫中山初入村塾時
固然始讀《三字經》、《千字文》，唯「瞬即背誦無訛」，[110] 以至村塾老師不
久就授以四書五經。[111]

　　孫妙茜老姑太這段回憶的準確性，筆者能找到兩條佐證。第一、根據後
來在檀香山的同學唐雄的回憶，孫中山「在檀讀書時，中文基礎已深，英文
課餘之暇，不喜與同學遊戲，常獨坐一隅，朗讀古文；有時筆之於紙，文成
毀之」。[112] 第二、孫中山在香港領洗進入基督教時取名日新，[113] 蓋取《大
學》盤銘「苟日新、日日新、又日新」之義。考慮到當時為他施洗的喜嘉理
牧師剛到香港不久，正在努力開始學習漢語，[114] 進度不可能到達四書五經
的階段。「正統」歷史説，孫中山在香港拔萃書室讀書時「恆從倫敦傳道會
長老區鳳墀習國學」。[115] 果真如此，則區鳳墀曾建議取名日新就不奇怪。但
筆者查核倫敦傳道會檔案，則當時區鳳墀並不在香港，而是在廣州當全職宣
教師。[116] 天南地北，如何隨區鳳墀習國學？遑論取名。故竊以為決定取名日
新的人，極大可能正是孫中山他自己，由此可知孫中山早已讀過部分四書五
經。

109　李伯新採訪陸天祥，1959年，載李伯新：《憶訪錄》（1996），頁59-64：其中頁61。

110　羅香林：《國父家世源流考》，頁39，轉引孫妙茜老姑太敍述。

111　羅香林：《國父家世源流考》，頁41，轉引孫妙茜老姑太敍述。

112　蘇德用：〈國父革命運動在檀島〉，《國父九十誕辰紀念論文集》（臺北：中華文化出
　　　版事業委員會，1955），第一冊，頁61-62。載《國父年譜》（1994年增訂本），上冊，
　　　頁29，1897年秋條。

113　喜嘉理牧師為孫中山受洗登記冊，原件複印於《中華基督教會公理堂慶祝辛亥革命
　　　七十周年特刊》（香港：中華基督教會公理堂，1981），頁2。

114　Hager to Clark, 12 April 1883, American Board of Commissioners for Foreign Missions
　　　(hereafter cited as ABC) 16.3.8: South China v. 4, no. 3, p. 1.

115　《國父年譜》（1985），第一冊，頁34；所據乃馮自由：《革命逸史》（1981），第一冊，
　　　頁10。

116　詳見本書第五章。

準此，另一樁歷史懸案也迎刃而解。該懸案就是：孫中山對其背誦的東西理解了多少？

因為，一般來說，傳統村塾的教法是只教背誦而不作解釋。孫中山對自己初入學時的遭遇就有過很生動的描述。他對林百克回憶說，每個學童，在村塾老師那教鞭的陰影下，面壁高聲背誦《三字經》。他們對自己所背頌的東西絲毫不懂其意思，老師也不作任何解釋。如是者一個月，孫中山再也忍受[117]不了，他造反了：「我對這些東西一點不懂，盡是這樣瞎唱真沒意思！我讀它幹什麼？」老師驚駭地站起來，拿出一根短竹，[118]在手中掂量。但手臂很快就無力地垂下來了。因為，孫中山是全塾最善於背誦者，打他恐不能服眾。於是厲聲喊曰：「什麼！你敢違背經訓？」[119]

「不是，我並不反對經訓。但是，為什麼要我天天背誦這些我絲毫不懂的東西？」

「你離經叛道！」

「但是你光教我認字卻不教我明理」，孫中山不服氣地回答。

老師大惑不解。此孩在背誦方面進步神速，為何偏偏如此不快？

「求求您，為我解釋一下我唸的是什麼？」孫中山央求老師。

老師的心軟下來了，深感此孩子極不尋常。該孩子繼續央求說，任何事物都有一個道理，為何這些方塊字就不包含任何道理？老師無言以對，但對孫中山的反叛，已由憤怒改為友善的同情。孫中山亦不為已甚，基於對老師的尊敬，以後更是加倍努力地背誦那些他毫不理解的古文。但心裏還是反覆地縈繞著這樣的一個問題：「這些古文必定含有意義，終有一天我會找出它的含義。」[120]

117　原文是stood，即忍受的意思。徐植仁把它翻譯作站立，似乎是忽視了該字有多重意思。

118　原文是bamboo rod，徐植仁把它翻譯作戒尺，恐怕是以今況古了。

119　Linebarger, *Sun Yat-sen and the Chinese Republic*, p. 51; 林百克著，徐植仁譯：《孫中山傳記》，頁44-45。

120　Linebarger, *Sun Yat-sen and the Chinese Republic*, pp. 52-53. 徐植仁對此段的翻譯稍欠妥帖，故筆者把它重新翻譯。

這段記載說明，那位老師其實自己對古文也是不求甚解，否則他大可從此就向學生解釋書中的微言大義。學而不思者，大有人在，否則孔子就不會道出「學而不思則罔、思而不學則殆」[121] 這句名言。據翠亨村耆老陸天祥回憶說，這位老師已老掉了牙齒，以致說話聲似蟾蜍；同時鴉片煙癮很重，常一兩天不上課。[122] 竊以為這樣的料子，若果真是學而不思[123] 的人，也毫不奇怪。

那麼，孫中山終於是如何明白到書中的微言大義？陸天祥沒有交代。茲將陸天祥口述的追憶全文轉錄如下：

> 中山感到這樣的教學方法不能滿足自己的要求，於是就向老師提出意見說：「老師，我天天讀書，不知書中講些什麼道理，這有什麼用呢？」老師聽了大發脾氣，說：「呀！你竟敢違背先賢之教麼？」孫中山回答說：「什麼事都要講道理，就是不知書中講什麼道理。」老師拿起戒尺準備打他，但恐不能服眾。但若不打，尤怕壞了教規。最後只得說：「我只管教書，不管講書。」[124]

竊以為這段回憶的準確性值得商榷：

1. 儘管陸天祥似乎是翠亨村年紀最大的耆老了，但自言比孫中山少十歲。即孫中山在實齡九歲而開始讀私塾時，陸天祥還未出世。到了孫中山實齡「十二歲畢經業」[125] 時，陸天祥才兩歲，不可能曾經親歷其境。

2. 憤怒的老師拿起來要打孫中山的是一枝短竹，[126] 並非戒尺。把短竹說成是戒尺者，是譯者徐植仁。[127] 其實，窮鄉僻壤中的煙鬼，若有分毫都挪去

121　《論語》，第二為政，第十五章。載James Legge, *The Chinese Classics*（Originally published by Oxford University Press, Reprinted in Taipei by SMC, 1991), v. 1, p. 150.

122　陸天祥：〈孫中山先生在翠亨〉，《廣東文史資料》第25輯，頁454-459：其中頁456。

123　《論語》，第二為政，第十五章。載James Legge, *The Chinese Classics*, v. 1, p. 150.

124　陸天祥：〈孫中山先生在翠亨〉，《廣東文資史料》第25輯，頁454-459：其中頁457。

125　孫中山：〈覆翟理斯函〉，載《孫中山全集》，第一卷，頁46-48：其中頁47。

126　Linebarger, *Sun Yat-sen and the Chinese Republic*, p. 51.

127　林百克著，徐植仁譯：《孫中山傳記》，頁45。

買鴉片了，怎會捨得買戒尺，隨手折枝竹竿權作教鞭就是了。準此，竊以為很可能孫中山成名以後，部分翠亨村民引以為榮而樂於閱讀徐植仁從英語翻譯過來的《孫中山傳記》，故事因而傳播起來。

3. 故事用口頭傳播起來，就有加鹽添醋的成份，例如上述陸天祥回憶中覆述老師最後的一句話——「我只管教書，不管講書」[128]——就不單英語原文沒有，連徐植仁的譯文也沒有。陸天祥聽了這些加鹽添醋的話，又以訛傳訛。

4. 筆者懷疑，陸天祥的文化水平不怎麼樣。否則，像他道來的這些珍貴的口述資料，他大可自己執筆撰寫來刊登在《廣東文史資料》，而不必由李伯新來記錄。[129]

總的來說，陸天祥回憶中有關那位老師聲如蟾蜍、吸鴉片等情節，該是當時全村都知道的情況，應為信史。至於他描述孫中山要求老師解釋所讀古文的道理等情節，則很可能是源自徐植仁所翻譯的《孫中山傳記》，故權威性低於林百克的英文原著。

那麼，林百克在英文原著中是如何解釋孫中山終於明白了書中的道理的？他說，孫中山這個天才，憑着他超人的領悟力，終於衝破重重無知的黑暗而光芒四射！[130]

這個解釋在某程度上有其較為可信的一面，在日常生活中，口語所用的詞彙，都有其一定的意思。孫中山一旦能辨認出書本中方塊字的發音與日常某口語的發音是一樣時，書本中方塊字的意思就愈來愈明顯了。後來孫中山於實齡「十二歲畢經業」[131]後，即能隨口唸出「五子之歌」來諷刺澳門的賭檔和妓女寨，就是明證。難怪私塾老師告訴孫父曰：「若帝象隨我讀書三

128　陸天祥：〈孫中山先生在翠亨〉，《廣東文史資料》第25輯，頁454-459：其中頁457。

129　同上註，頁454-459：其中頁459。該文後來收入李伯新：《憶訪錄》（1996），頁59-64，方知採訪日期是1959年，當時陸天祥八十三歲。

130　"However, Wen had something in the very genius of his own understanding that shone out as a light in the ancient gloom that enveloped all about him" — Paul Linebarger, *Sun Yat-sen and the Chinese Republic*, p. 53.

131　孫中山：〈覆翟理斯函〉，載《孫中山全集》，第一卷，頁46-48：其中頁47。

年，勝過他處十載。」[132] 似乎這位蟾蜍老師要把孫中山自己領悟出來的成績據為己有了。

讀書明理，孫中山讀了那麼多聖賢書，明白了那麼多道理，該作何用途？學以致用也。幾千年中國古聖賢積聚下來的智慧，不但影響了他將來的行動，也直接影響了他思想的發展，並集中體現在他的三民主義中。

「正統」歷史說，孫中山在夏威夷讀書時，夜從杜南習國學。[133] 唯據筆者考證，孫中山在夏威夷的英國聖公會意奧蘭尼學校就讀時，是寄宿生，晚上必須與其他同學一道集體溫習功課而不容外出。[134] 夜出習國學云云，顯然是牽強附會居多。儘管他曾去過一兩次，效果會如何？

「正統」歷史又說，孫中山在香港拔萃書室讀書時「恆從倫敦傳道會長老區鳳墀習國學」。[135] 筆者查核該會檔案，則當時區鳳墀並不在香港而在廣州當全職宣教師。天南地北，如何隨區鳳墀習國學？

筆者決心追查孫中山的國學來源，發覺孫中山在香港所讀的拔萃書室和中央書院，都有涉及漢語的課程；他之能繼續探求國學，並非全靠校外的師友。[136] 尤其重要的是孫中山曾自言：「我亦嘗效村學生，隨口唱過四書五經者，數年以後，已忘其大半。但念欲改革政治，必先知歷史，必通文字，乃取西譯之四書五經歷史讀之，居然通矣。」[137] 邵元沖補充說，孫中山：

> 自言，幼時履港肄業，所習多專於英文。嗣而治漢文，不得合用之本。見校中藏有華英文合璧四書，讀而大愛好之。遂反覆精讀，即假以漢文之教本，且得因此而窺治中國儒教之哲理。又英譯本釋義顯

132　羅香林：《國父家世源流考》，頁38、41，引孫中山的四姐孫妙茜老姑太言；轉引於《國父年譜》（1994年增訂本），頁19，1875年條。

133　《孫中山年譜長編》（1991），上冊，頁28-29，引吳相湘：《孫逸仙先生傳》（臺北：遠東圖書公司，1982），第一冊，頁30。追閱吳相湘的書，又說所據為馬來西亞華僑陳占梅所編寫的《杜南先生事略》（吉隆坡：1939）。

134　見本書第四章。

135　《國父年譜》（1985），第一冊，頁34；所據乃馮自由：《革命逸史》（1981），第一冊，頁10。

136　見本書第五章。

137　孫中山：〈在滬尚賢堂茶話會上的演說〉，《孫中山全集》（北京：中華書局，1984），第三冊，頁320-324：其中頁321。

豁，無漢學注疏之繁瑣晦澀，領解較易。總理既目識心通，由是而對中國文化，備致欽崇，極深研幾，以造成畢生學術之基礎。[138]

孫中山1883－1892年在香港讀書時期，世上唯一之華英合璧四書五經，乃由著名英國人傳教士理雅各（Rev James Legge, 1815－1897）所翻譯及出版。他因而成為鼎鼎大名的漢學家，1876年起被英國牛津大學聘任為漢語講座教授（1876－1897）。理雅各在香港傳教期間，承香港政府諮詢，為政府創辦了中央書院。[139] 按照孫中山所言，看來他是在該書院讀書期間，於校內圖書館反覆精讀英漢合璧之四書五經。所以筆者說：孫中山之能受到傳統中國文化的熏陶，受惠於英國人不淺。

後來孫中山於1887年回到香港設於雅麗氏醫院內的西醫書院讀醫科之五年時間（1887－1892），中央書院（當時已經搬進新校舍並改名為Victoria College）與雅麗氏醫院近在咫尺，他深知「欲改革政治，必先知歷史」，[140] 而頻頻回到母校圖書館閱讀理雅各為四書五經所做的譯本，屬情理之常。

筆者甚至認為，當中國的精英在五四運動中大聲疾呼「打倒孔家店」時，孫中山仍始終不渝地擁護儒家學說，正是因為他學兼中西而不偏不依也。他說：

歐美有歐美的社會，我們有我們的社會，彼此的人情風土，各不相同。我們能夠照自己的社會情形，迎合世界潮流去做，社會才可以改良，國家才可以進步。如果不照自己社會的情形，迎合世界潮流去做，國家便要退化，民族便受危險。[141]

---

138 邵元沖：〈總理學記〉，載尚明軒、王學莊、陳崧編：《孫中山生平事業追憶錄》，頁320-324：其中頁321。

139 Gwenneth and John Stokes, *Queen's College: Its History 1862-1987* (Hong Kong: Queen's College Old Boys' Association, 1987), pp. 7-8.

140 孫中山：〈在滬尚賢堂茶話會上的演說〉，《孫中山全集》，第三冊，頁320-324：其中頁321。

141 孫中山：〈民權主義第五講〉，1924年4月20日，《國父全集》（1989），第一冊，頁99-113：其中頁103，行18-20。

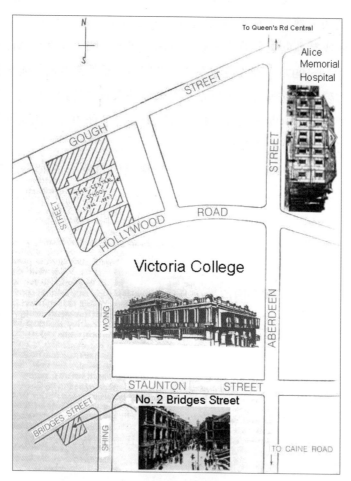

圖3.12　近在咫尺的西醫書院與中央書院（當時已經
　　　　搬家並改名為 Victoria College）

四、學以致用

西方史學界普遍認為，孫中山三民主義思想的根源來自西方，這自有其真實的一面。因為，其中之民族主義，一般被學者翻譯為nationalism，而nationalism的思潮，的確是發源自十九世紀歐洲。[142] 而其中的民權主義，也被學者翻譯成democracy；由於中國千年帝制，以其專橫而臭名彰著；所以洋人一看到democracy此字，就堅定不移地認為，孫中山所提倡的民權主義，是拾西方的牙慧。又至於民生主義，孫中山更是甚為具體地說過：「倫敦脫險後，則暫留歐洲，以實行考察其政治風俗，並結交其朝野賢豪，兩年之所見所聞，殊多心得，始知徒致國家富強，民權發達，如歐洲列強者，猶未能登斯民於極樂之鄉也。是以歐洲志士猶有社會革命之運動也。予欲為一勞永逸之計，乃採取民生主義」。[143] 以此之故，西方史學界，尤其是研究思想史的人，普遍認為三民主義在思想上毫無創新，不值一哂。

這是洋人的偏見，而造成這種偏見的罪魁禍首，是洋人忽略了三民主義當中所包涵的中國優良傳統價值觀。這種優良的價值觀，在歐洲因科技發達而強大之前，是普遍地受到歐洲知識份子的仰慕和尊敬的。[144] 只是歐洲科技後來居上，在十九世紀把滿清的軍隊打得屍橫遍野，才產生了藐視中國（包括中國傳統文化）的倨傲心理，[145] 以致儘管發現了三民主義存有中國傳統的價值觀，也同樣藐視之。這種心理發展到二十世紀，西方史學界把現代化等

---

142 See Hugh Seton-Watson, *Nations and States: An Enquiry into the Origins of Nations and the Politics of Nationalism* (Boulder, Colorado: Westview Press, 1977).

143 孫中山：〈建國方略：孫文學說第八章「有志竟成」〉，載秦孝儀主編：《國父全集》（臺北：近代中國出版社，1989），一套十三冊，第一冊，頁412。以後簡稱《國父全集》（1989）。

144 See, for example, Matteo Ricci, *China in the Sixteenth Century: The Journals of Matthew Ricci, 1583-1610,* translated by Louis.J. Gallagher, S.J. (New York: Random House, 1953). See also Chong-kun Yoon, "Sinophilism during the Age of Enlightenment: Jesuit, *Philosophe* and Physiocrats Discover Confucius," in R. L. Lembright, H. A. Myers, D. B. Rush and C. Yoon (eds.), *Western Views of China and the Far East: Volume 1, Ancient to Early Modern Times* (Hong Kong: Asian Research Service, 1982).

145 See James Hevia, *English Lessions: The Pedagogy of Imperialism in Nineteenth-Century China* (Durham, NC: Duke University Press, 2003).

同西化，[146] 而中國廣大學術界在五四運動中也曾高呼「打倒孔家店」，[147] 以致不少中國人自己也藐視三民主義所包含的傳統國學因素。

　　另一個罪魁禍首是洋人的偏見，他們普遍認為孫中山幼年只在窮鄉僻壤的村塾唸過幾年兒童讀物諸如《三子經》、《千字文》等，從來未參加過科舉考試，國學根柢有限。所以誤認為三民主義儘管有國學的因素，但也是膚淺不過。而持有這種偏見的洋人，一般是受到科舉出身的康有為對孫中山的藐視態度所影響。畢生研究孫中山的史扶鄰先生甚至拾章炳麟的牙慧而說孫中山是粗野獷夫。[148] 康有為與章炳麟先後成為孫中山的政敵，拿孫中山的死對頭所攻擊孫中山的話來衡量孫中山的國學修養，奇也怪哉！一方面洋人嚴厲批評科舉出身的士大夫，自鴉片戰爭以降，百般阻擾中國向西方學習的進程。[149] 另一方面，對積極向西方學習的孫中山，又拾傳統士大夫出身的康有為、章炳麟等的牙慧來批評孫中山國學根柢淺。[150] 一句話，洋人總覺得當時的中國人，無論是進步還是落後的，都一無是處。

　　筆者有鑑於此，故決定在本章集中探索孫中山幼年在村塾讀過什麼書。結果發現他固然讀過《三子經》、《千字文》等啓蒙小冊子，但也進而讀過中

146　Paul Cohen, *Discovering History: American Historical Writing on the Recent Chinese Past* (New York: Columbia University Press, 1984), p. 2.

147　See Tse-tsung Chow, *The May Fourth Movement: Intellectual Revolution in Modern China* (Camb. Mass.: Harvard University Press, 1960). 蔡尚思：〈五四時期「打倒孔家店」的實踐意義〉，《紀念五四運動六十周年學術討論會論文集》，一套三冊（北京：中國社會科學出版社，1980），頁470-485。

148　"Uncultured outlaw" — Harold Z. Schiffrin, *Sun Yatsen and the Origins of the Chinese Revolution*（Berkeley: University of California Press, 1968), p. 300, quoting Zhang Binglin. 章炳麟長期受過中國傳統教育，國學根底極好。他決定反清後，用他那流暢的文言文來宣傳反清言論，得到傳統士大夫階層的接受，那是他對革命的貢獻。1905年同盟會在東京成立後，他曾一度在日本與孫中山合作反清，但不久因政見不同反目，改為肆意攻擊孫中山，為革命事業帶來嚴重的傷害。但孫中山所領導的革命潮流是大勢所趨，章炳麟愈來愈孤立，憤懣之餘，不思報國，最後竟然到印度當和尚去了，可見偏激。有關章炳麟的傳記，見Wong Young-tsu, *Search for Modern Nationalism: Zhang Binglin and Revolutionary China, 1869-1936* (Oxford University Press, 1989). 史扶鄰拿章炳麟與孫中山鬧翻以後攻擊孫中山的偏激言論來衡量孫中山的國學修養，似欠持平。

149　費正清教授説，中國西化的進程was "obstructed at every turn by the ignorance and prejudice of the Confucian literati." — John King Fairbank, *China, A New History* (Camb., MA: Harvard University Press, 1992), p. 217.

國部分四書、五經，並明白箇中道理，只是沒有參加科舉考試就出洋留學去了。若他有機會深入地攻讀中國經典著作並參加科舉考試，結果會怎樣？梁啟超十一歲而中秀才，十六歲當舉人，[151] 可為借鏡。孫中山也是聰明絕頂的人，單從他對部分四書五經不解自通這一點，就可見一斑。至於博聞強記，孫中山更是全塾同學中首屈一指。[152] 若他真有機會繼續潛修國學並參加科舉考試，不見得要被梁啟超比下去。

後來孫中山儘管去了夏威夷、香港等地讀書，而讀的都是英語課本，但課餘時間還不斷勤修國學。據云「二十四史」，[153] 三教九流的有關書籍，[154]《三國志》、《水滸傳》、《東周列國志》[155]、《四書備註》[156]、《太平天國演義》、《孫子兵法》、《八家討論集》和韓愈、柳宗元、三蘇、王安石、歐陽修、曾國藩等人的文集，[157] 他都涉獵，可見孫中山所看的書是很廣的。

正是由於孫中山受到中國傳統價值觀的影響，所以後來他在鼓吹民族主義精神時，才不會像明治維新的日本那樣，步歐洲後塵而把民族主義精神刻

150　Teng, Ssu-yu and John King Fairbank (eds.) *China's Response to the West* (New York: Atheneum, 1963), p. 193, which forms part of a section entitled "Sun Yatsen's Early Revolutionary Program". 史扶麟也批評孫中山「對經典缺乏全面的修養」，見其《孫中山與中國革命的起源》（北京：中國社會科學出版社，1981），頁10，所據乃陳錫祺：《同盟會成立前的孫中山》（廣州：廣東人民出版社，1957年初版，1981年重印），頁8。但陳先生是拿孫中山與康有為比較。平心而論，康有為畢生功力在古籍，孫中山只讀過其中的四書五經，從數量上當然是無從比較。但問題是，四書五經是否最有代表性的國學的精髓？熟讀四書五經而明白箇中道理的人，當時以致當今又有多少？中國古籍浩瀚如海，康有為又是否全部看了？竊以為焦點是量還是質的問題。

151　孟祥才：《梁啟超傳》（北京：北京出版社，1980），頁5-10。

152　Linebarger, *Sun Yat-sen and the Chinese Republic*, p. 51; 林百克著，徐植仁譯：《孫中山傳記》，頁44-45。

153　簡又文：〈總理少年時期逸事〉，《國父文物展覽會特刊》（廣州：廣東省立文獻館，1946），轉引於《國父年譜》（1994年增訂本），上冊，頁45，1886年條。

154　孫中山博士醫學院籌備會編：《總理業醫生活史》（廣州：無日期），轉引於《國父年譜》（1994年增訂本），上冊，頁45，1886年條。

155　李伯新採訪陸天祥（八十六歲），1964年5月13日，載李伯新：《憶訪錄》（1996），頁68-71：其中頁69。

156　同上註，頁71。

157　李伯新等採訪楊連合（六十歲），1974年9月17日，載李伯新：《憶訪錄》（1996），頁91-94：其中頁92。

意培植為對外侵略的武器。相反地，孫中山在民族主義第六講（1924年3月2日）裏説：

> 中國古時常講「濟弱扶傾」，因為中國有了這個好政策，所以強了幾千年，安南、緬甸、高麗、暹羅那些小國，還能保持獨立。現在歐風東漸，安南便被法國滅了，緬甸被英國滅了，高麗被日本滅了。所以如果中國強盛起來，我們不但是要恢復民族的地位，還要對於世界負一個大責任。如果中國不能夠擔負這個責任，那末中國強盛了，對於世界便有大害，沒有大利。中國對於世界究竟要負什麼責任呢？現在世界列強所走的路是滅人國家的；如果中國強盛起來，也要去滅人國家，也去學列強的帝國主義，走相同的路，便是蹈他們的覆轍。所以我們要先決定一種政策，要濟弱扶傾，才是我們民族的天職。我們對於弱小民族要扶持他，對於世界列強要抵抗他。[158]

一句話，這是中國傳統價值觀總代表的「大同思想」。孫中山在總結其民族主義共六次演講時，是這樣説的：

> 我們要將來能夠治國平天下，便先要恢復民族主義和民族地位。用固有的道德和平做基礎，去統一世界，成一個大同之治，這便是我們四萬萬人的大責任。諸君都是四萬萬人的一份子，都應該擔負這個責任，便是我們民族的真精神。[159]

在這裏，孫中山把四書中的《大學》所説的「格物、致知、誠意、正心、修身、齊家、治國、平天下」的古代理想，從中土擴展到全世界，這抱負真不簡單。

158　孫中山：〈民族主義第六講〉，1924年3月2日，《國父全集》（1989），第一冊，頁45-54：其中頁53，第12-17行。又見《孫中山全集》，第九卷，頁241-254：其中頁253。

159　孫中山：〈民族主義第六講〉，1924年3月2日，《國父全集》，第一冊，頁45-54：其中頁53第20行到頁54第2行。又見《孫中山全集》，第九卷，頁241-254：其中頁253-254。

同樣不簡單的是，孫中山閒居上海構思這民族主義時，適逢是1919年五四運動期間。當時眾人都高呼「打倒孔家店」，他卻沒有這種打倒一切之想。相反地，他說：「如能用古人，而不為古人所惑，能役古人，而不為古人所奴，則載籍皆似為我調查，而使古人為我書記，多多益善矣。」[160]

五、社會學校

孫中山不但從書本中學到很多東西，在日常生活這個社會學校中也領悟到不少道理。本章第一節特別題為「出身寒微」，是因為探索所得，發覺孫中山童年時代的生活確實艱苦，結果突出了他由此而領悟到的一個道理，就是民生的重要性。他自謂本「農家子也，生於畎畝，早知稼穡之艱難」。[161]又說：「幼時的境遇刺激我，……我如果沒出生在貧農家庭，我或不會關心這個重大問題〔按：指民生問題〕。」[162]更說：「中國農民的生活不該長此這樣困苦下去。中國的兒童應該有鞋穿、有米飯吃。」[163]沒鞋穿、沒米飯吃而必須天天吃番薯，[164]正是他自己童年生活的寫照。他三民主義當中的民生主義，嚴格來說，即發軔於此。

本章第一節說過，孫父完全沒有自己的田地。他在租來的瘦田劣地中，田種水稻地種番薯。具體來說，他在哪些田種水稻？哪些地種番薯？據說他租來祖嘗瘦田二畝半的土質雖然很差，但比租來乃弟孫學成的寡婦程氏所擁有的劣地四畝稍為好一點，故竊以為他很可能在祖嘗瘦田二畝半種水稻。在

160　黃季陸：〈國父的讀書生活〉，原載於臺灣《中央日報》，1960年11月13日，收錄於《中山思想要義》，中山學術文化基金會叢書（臺北：臺灣書店，1994），頁393-403：其中頁399，引孫中山在《建國方略‧孫文學說》（上海：華強書局，1919年6月5日）中說過的話。該《建國方略‧孫文學說》後來收進《國父全集》（1989），第一冊，頁351-422。

161　孫中山：〈擬創立農學會書〉，1895年10月6日，載《孫中山全集》，第一卷，頁24-26：其中頁25。

162　孫中山語，載宮崎寅藏著，陳鵬仁譯：《宮崎滔天論孫中山與黃興》，頁6。

163　宋慶齡：《為新中國奮鬥》（北京：人民出版社，1952），頁5。

164　黃彥、李伯新：〈孫中山的家庭出身和早期事蹟（調查報告）〉，《廣東文史資料》第25輯，頁274-290：其中頁289。

風調順的年份，這二畝半祖嘗瘦田每畝可年產250市斤稻穀左右，二畝半共約產625市斤稻穀。[165] 但每年單是租穀就是十五石，[166] 約折合150市斤。剩下來的約475市斤，若輾成白米時約得400市斤，折合約200公斤（kilograms）。這麼少量的白米猶如珍珠，怎捨得吃？至於從乃弟孫學成的寡婦程氏租來的劣地四畝，則土質之差，若是種稻的話，「一造畝產三石穀左右，無人願意耕的。」[167] 看來孫達成改為種植番薯充飢。當孫中山看到富有的楊家孩子吃白米飯，而自己整家一年到晚吃番薯時，有何感受？更壞的情況還在後頭。「有時天旱，半年不下雨，農業失收」，[168] 就連番薯也變得罕有了。但是，地租還是必須交足的。那就把罕有的番薯也要拿去賣掉，否則就會失去耕地。若連番薯也吃不飽，則苦況可知。

　　苦況還不止此，當孫家祖先最初到達翠亨村開荒時，他們開墾了的荒地而作為自己擁有並報官納稅的面積是不少的。後來由於經濟需要而多次賣掉這些耕地時，為了貪圖省錢，而沒有報官以便用紅契改變地主的名字，只是買賣雙方用白契簽押了事，結果孫家在官冊上還是地主而必須每年完稅。當孫家的男丁愈來愈單薄時，孫達成突然之間變成了孫氏族長及有名無實的大地主！每年稅吏來扣門時，孫家就如大難臨頭。[169] 好歹也必須完稅，否則孫達成被抓去坐牢，就一家全完了。但實在無力完稅又怎辦？似乎稅吏也不笨，看着一貧如洗的孫達成，知道無法從石頭搾出牛奶。抓了他坐牢反而搵不到什麼油水，乾脆敲詐一筆後再按白契上的地主名字徵稅去。

　　孫達成實在必須設法多賺錢。結果，若村裏有喜事或喪事（翠亨村俗稱

165　李伯新採訪陸天祥（八十六歲），1962年12月20日，載李伯新：《憶訪錄》（1996），頁72-73：其中頁73。

166　黃彥、李伯新：〈孫中山的家庭出身和早期事蹟（調查報告）〉，轉載於故居編：《家世》（2001），頁151-155：其中頁153。

167　李伯新採訪陸天祥（八十九歲），1965年9月4日，載李伯新：《憶訪錄》（1996），頁78-79：其中頁78。

168　李伯新採訪陸天祥（八十六歲），1962年12月20日，載李伯新：《憶訪錄》（1996），頁72-73：其中頁73。

169　Linebarger, *Sun Yat-sen and the Chinese Republic*, chapter 10, entitled "The White Deed".

紅白事）時，他也去幫忙，[170] 以賺點外快。須知幫人辦紅白之事，一般是下戶人家做的。下戶者，多是有錢人家買來的男僕及婢女，下戶不能與一般人結婚，只能與其他下戶結婚。翠亨村的下戶，有陳、馮、梁、錢等戶。[171] 孫達成為了幫補家用而把自己降到下戶的地位了。不單如此，下戶儘管是僕人，但晚上一般還能睡個好覺。孫達成則實在窮得沒法，就在晚上為村中打更。須知打更是村中最低下的，誰也不願意幹的活。因為，除了辛苦以外，酬勞也少得可憐，每年只有幾石穀！[172]

　　由於孫達成實在太窮苦了，以致一些無知村民無論丟了什麼東西，第一個反應就是指他為賊。富有的楊啓煥，有一天發覺他的一隻雞失蹤了。他的夫人大吵大鬧，呼天搶地般誣告孫達成偷去了，並揚言要報告更館抓孫達成。孫達成百詞莫辯，正在為難。楊啓煥的婢女説，該雞「跌下屎缸淹死了。我見不能吃，已將雞埋好」。楊夫人急問何處，婢女就帶她到火灰堆中找出了失去的死雞，此事才平息下來。[173]

　　不單無知村婦欺負孫達成，就連乳臭未乾的小孩也給他顏色看。有一次，儘管他選擇在晚上人少的時候挑了一擔肥糞下田，但經過楊寶常家門口時，仍免不了楊寶常高聲斥罵説：「戀林，以後不要擔肥從我這裏經過！」為何稱他為林，因為他的乳名叫茂林也。由於村民全瞧不起他，於是就乾脆藐視地給他取了個花名叫戀林。孫達成被辱罵以後，還是低着頭不敢回話。當時楊寶常的年紀與孫中山相近，而孫父已是接近六十歲的老翁。「你想，達成是上了年紀的人，還遭人如此辱罵！」陸天祥回憶説。[174]

　　這種故事在小孩子當中是最容易傳開來的，孫中山耳濡目染之餘，有何

170　李伯新採訪陸天祥（八十八歲），1964年5月13日，載李伯新：《憶訪錄》（1996），頁73-78：其中頁76。

171　同上註，頁74。

172　黃彥、李伯新：〈孫中山的家庭出身和早期事蹟（調查報告）〉，《廣東文史資料》第25輯，頁274-290。該文轉載於故居編：《家世》（2001），頁151-155：其中頁154。

173　甘灶根覆述孫中山的姐姐孫妙茜言，李伯新記錄，1965年9月11日，載李伯新：《憶訪錄》（1996），頁145-146：其中頁145。又見李伯新採訪楊珍（六十八歲），1965年10月1日，載同書，頁99-100：其中頁100。

174　李伯新採訪陸天祥（八十六歲），1962年5月23日，載李伯新：《憶訪錄》（1996），頁68-70：其中頁69-70。

感想？就連孫中山的姐姐孫妙茜，儘管被纏了小腳而比孫中山較少外出活動，但對父親的遭遇也感同身受。她回憶說，即使乃父經常「受到別人侮辱欺負，也不敢和人計較，這都因家窮之故」。[175] 正由於孫父逆來順受，低聲下氣地過活，以致有人懷疑孫家是否村奴或家奴。這就惹得過去本來欺負過孫達成的楊氏家人也挺身出來說句公道話：「從未聽誰傳說過！莫說陸楊大姓人家，就是當時哪一家能瞞得了？莫非全村每一家也能瞞下來？」[176] 楊國英也說：「達成一代以上絕不是村奴或家奴，我從來沒有聽人說過。」[177] 楊氏家族出來表態，證明過去落井下石以至刻意中傷孫家者，大有人在。對孫中山來說，社會真是一所學校！

那麼，孫中山對自己父親的觀感又如何？他認為乃父「處理家事井井有條」。[178] 這是可信的，而可信的原因，不是因為筆者有任何證據證明孫父很有管理才幹，而是考慮到孫氏一家七口，擁擠在一斗室，不是頭碰頭就是腳踢腳，若不是所有成員都刻意熟識其他家庭成員的脾氣和習慣，造就一種互相禮讓的良好氣氛，將會家無寧日。若發生什麼糾紛，孫達成是一家之主，排難解紛，責無旁貸。看來他是個公道的人，所以大家都服了他。孫中山誕生之日，正是孫達成五十三歲之年。孔子說：「三十而立，四十而不惑，五十而知天命。」[179] 孫達成過了「不惑」之年十而有三，待孫中山稍懂人事之際，孫達成那種「不惑」的慎重態度，自然讓孫中山肅然起敬。

愛思考的孫中山繼而遐想：他自己的家庭，「各人互相尊重他人的權利，接受家長的規則，可以自治。那麼，由許多、許多這樣的家庭而組成的國家，則管理這個國家的政府，只要各個家庭互相尊重其他家庭的權利，對

175　楊珍覆述孫妙茜言，見李伯新採訪楊珍（六十八歲），1965年8月15日，載李伯新：《憶訪錄》（1996），頁96-97：其中頁96。

176　李伯新採訪楊國英（七十歲），1965年9月25日，載李伯新：《憶訪錄》（1996），頁104-106：其中頁105。

177　李伯新採訪楊珍（六十八歲），1965年10月1日，載李伯新：《憶訪錄》（1996），頁99-100：其中頁100。

178　"[O]rderly management of his home" — Paul Linebarger, *Sun Yat-sen and the Chinese Republic*, p. 56. 林百克著，徐植仁譯：《孫中山傳記》，頁59。

179　《論語》，第二為政，第三章。載 James Legge, *The Chinese Classics*, v. 1, p. 146.

其他家庭盡其義務，同樣能把這個國家管理得井井有條。」[180] 孫中山後來發表的那家長式的民權主義，似乎深受這種想法的影響。看來孕育孫中山童年時代思想的社會學校，真的不容忽視！

此外，社會學校給予孫中山的多種教育當中，最為人樂道者包括太平天國的故事。據說翠亨村有位曾經參加過太平軍的老人，名字叫馮觀爽。他經常坐在孫中山居住的那所泥磚屋前的大樹下乘涼，並因而常常對孫中山講述太平天國的故事。[181] 為何馮觀爽別的地方不坐而偏偏坐在孫家門外乘涼？因為馮觀爽也是很窮苦的人，他居住的泥磚屋，與孫家相隔只有另外三幢泥磚屋，近在咫尺，都在翠亨村的村邊。[182] 窮人與窮人之間自有一種共同語言。據說孫中山也愛聽馮觀爽所講的故事，而愈聽愈敬慕洪秀全。[183] 對於這些口述歷史的真實性，以及馮觀爽對孫中山可能起過的影響，我們該如何判斷？竊以為判斷的途徑之一，是看孫中山自己是怎麼說的：

> 宮崎：「先生，中國革命思想胚胎於何時？」
>
> 孫：「革命思想之成熟固予長大後事，然革命之最初動機，則予在幼年時代與鄉關宿老談話時已起。宿老者誰？太平天國軍中殘敗之老英雄是也。」[184]

180　"[I]f a large household such as his father's could be governed from within, each member respecting the rights of the others and accepting the house-governing rules of the head of the household, likewise a government as between such families could be run by respecting and enforcing respect, each family holding to its duty to the otheres" — Paul Linebarger, *Sun Yat-sen and the Chinese Republic*, p. 56. 林百克著，徐植仁譯：《孫中山傳記》，頁59。

181　李伯新採訪陸天祥（八十三歲），1959年無月日，載李伯新：《憶訪錄》（1996），頁59-64：其中頁60。據說翠亨村村民中曾參加過太平軍者，就只馮觀爽一人，孫子亞容，後死在南洋，後繼無人。見李伯新採訪陸天祥（八十八歲），1964年5月13日，載同上書，頁73-78：其中頁76。

182　李伯新採訪陸天祥（八十六歲），1962年3月31日，載李伯新：《憶訪錄》（1996），頁65-71：其中頁66。

183　李伯新採訪陸天祥（八十三歲），1959年無月日，載李伯新：《憶訪錄》（1996），頁59-64：其中頁60。

184　孫中山：〈與宮崎寅藏的談話〉〔1897年秋〕，《孫中山全集》，第一卷，頁583-584：其中頁583。

　　這段對話的日期，似乎是孫中山倫敦蒙難之後，在1897年秋到達日本之時。[185] 對於孫中山運用「革命」一詞的發展過程，陳建華曾做過細緻的考證。[186] 在陳建華考釋的基礎上，竊以為童年孫中山之所謂「革命之最初動機」，是「造反」的意思。但若因此就說後來孫中山矢志革命主要是由於逃回翠亨村躲避的太平老兵馮觀爽的影響，就言之過早。試想，一個十歲不到的孩童就懂得革命？也言過其實，君不見，孫中山自己也說：「革命思想之成熟固予長大後事」。

　　但為什麼他要造反？因為他小小年紀就親身感受過滿清的腐敗也。上面說過，由於孫氏祖先過去變賣田地時沒花錢給官府改動紅契，以致孫達成不得不每年向徵稅官吏行賄。這對赤貧如洗的孫家，猶如雪上加霜。孫中山對此非常氣憤：「我一遍一遍問我自己，為什麼那些官吏對於紅契要這樣勒索重費而使人家用這種白契的權宜方法呢？為什麼這般管理不依經書上合於道德的辦法做呢？」[187] 平心而論，當時的所謂紅契就等於當前的所謂印花稅，用白契的方法逃避印花稅是違法的。當然，經手辦理轉讓的稅吏乘機貪污一番，不在話下。孫中山年幼而不懂這些，也不懂祖先逃稅貽害後代。但他身受稅吏敲詐之苦而對滿清政府反感，也屬情理之常。

　　他又對林百克說，翠亨村有兄弟三人，勤儉致富，建有豪宅花園，待人友善，孫中山經常應邀到他們園子遊戲。有一天，孫中山在該花園玩耍時，突然來了強盜般的官吏，帶了數十名持槍帶刀的清兵與一群如狼似虎的衙差，把三兄弟上了腳鐐手銬，押去受刑。最後把其中一人斬首，其餘收監。事後，孫中山鼓起勇氣重臨舊地，則能搬的已全被搬走了，不能搬的諸如噴水池、石像、花樹等，則全毀了。孫中山向守衛的清兵抗議，清兵拔刀向其直砍，孫中山急忙逃跑。[188] 徵諸中文材料，可知該楊氏三兄弟，乃楊啓修、啓文、啓懷等，因在汕頭一帶販賣「豬仔」（販賣人口做苦力）暴富而被查

185　見《孫中山全集》，第一卷，頁583-584：其中頁583，註**。

186　見陳建華：《「革命」的現代性──中國革命話語考論》（上海：上海古籍出版社，2000），其中第三章〈孫中山與現代中國「革命」話語關係考釋〉。

187　Linebarger, *Sun Yat-sen and the Chinese Republic*, chapter 9. 林百克著，徐植仁譯：《孫中山傳記》，頁62-63。

188　Linebarger, *Sun Yat-sen and the Chinese Republic*, chapter 9.

抄。[189] 清兵又乘機洗劫鄰人楊啓恆的金銀器皿，還封了房舍。[190] 平心而論，楊氏兄弟非法賣「豬仔」，罪有應得。但滿清官吏毀了孫中山的玩耍場地，並持刀刺他，可謂窮兇極惡，也難怪他對滿清反感！

又一天，孫中山正在村塾裏唸書，「忽然外面起了極大的喊殺聲，伴着攻牆器擊牆碎石聲，震動翠亨全村。這是水盜對於一個由美國回來的僑商住宅的攻擊。」[191] 村塾聞聲四散，只有孫中山尋聲而趨。他發覺攻牆器是用一條巨型重木造成的，用一根大索掛起前推後送，有節奏地一次又一次猛撞豪宅的牆門。砰磕！砰磕！木片石塊像雨點般落在孫中山頭上。終於牆門倒在地上，水盜握刀在孫中山面前衝過去，衝進豪宅，主人的驚呼聲夾雜着水盜得寶的歡呼聲。水盜逸去後，主人哀鳴曰：彼邦有的是強勢領導、法律的保障，在祖國則徒具禁令而毫無保障！[192] 孫中山不禁要問：滿清官吏除了敲詐民脂民膏以外，還有什麼本事？

從另外一個角度看問題，則當時治安糟糕之處，讓大家提心吊膽地過日子，反而使孫中山自幼就養成一種機靈的性格。話說1877年6月9日，孫眉從檀香山回到翠亨村結婚，在家裏住了三個月。其間孫眉讓孫中山帶了一籃子禮物，獨自前往數十華里（一華里等於半公里）之遙的三鄉平嵐村，送給曾於1871年同赴檀香山做工的朋友鄭強的家人。途中，經過厕尿環這一偏僻地方時，一名陌生人上前與他搭訕，偽裝同路，準備伺機作案，引起孫中山警惕。當兩人一起走到河頭埔村前，孫中山託詞入村送禮，甫入村即大呼抓賊。村民連忙把陌生人逮住，經盤問，該人招供是拐賣人口的匪徒。[193]

鑒於上述種種吏治不良、治安大壞，難怪孫中山對於那位曾試圖推翻滿

189　李伯新採訪陸天祥（八十三歲），1959年無月日，載李伯新：《憶訪錄》（1996），頁59-64：其中頁61。

190　見《孫中山年譜長編》，上冊，頁20，1876年條，所據乃《孫中山年譜新編》（廣州，1965年油印本），第一分冊，頁23。

191　Linebarger, *Sun Yat-sen and the Chinese Republic*, chapter 8, p. 57. 林百克著，徐植仁譯：《孫中山傳記》，頁51。

192　Linebarger, *Sun Yat-sen and the Chinese Republic*, chapter 8, pp. 59-61. 林百克著，徐植仁譯：《孫中山傳記》，頁52-54。

193　據孫中山的姐姐孫妙茜口述，載黃彥、李伯新：〈孫中山的家庭出身和早期事蹟（調查報告）〉，《廣東文史資料》第25輯，頁274-290：其中頁284。

清政府的洪秀全存敬慕之情。[194] 同時對那有法律保障的遙遠地方，產生無限遐想。[195]

　　這種遐想很快就會變成事實，因為1879年6月左右，他就隨母前往夏威夷去與他的兄長孫眉過活去了。[196]

六、人神之間

　　眾所周知，孫中山到了檀香山的基督教學校讀書不出四年，就嚷着要領洗入教，以致乃兄馬上把他送回翠亨村。[197]

　　問題來了：中國四書五經所表現出來的精神與基督教教義的價值觀，既有勸人為善那相同的一面，也有基督教嚴禁中國信徒拜祖先等等重大分歧。這種分歧，在孫中山生長的那個時代發展成為多宗嚴重的流血事件，外國傳教士與中國的士紳勢同水火。[198] 孫中山既然曾讀聖賢書，怎麼會信奉基督教？這是本書重點探索的問題之一。由於本章的主要任務是探索幼年教育對孫中山的影響，而本節命題之一是社會學校對他的教育，所以筆者決定就在這裏從生命哲理入手，開始探索孫中山與宗教的關係。

　　某天，幼小的孫中山問母親說：

　　「一萬年是多長時間？」

　　「很長很長，長得誰也不知道。」

　　「青天是用什麼做成的？」

194　李伯新採訪陸天祥（八十三歲），1959年無月日，載李伯新：《憶訪錄》（1996），
　　　頁59-64：其中頁60。

195　Linebarger, *Sun Yat-sen and the Chinese Republic*, chapter 8, p. 61. 林百克著，徐植
　　　仁譯：《孫中山傳記》，頁54。

196　Linebarger, *Sun Yat-sen and the Chinese Republic*, chapter 8, p. 104. 又見鍾工宇：
　　　〈我的老友孫中山先生〉（中譯本），載尚明軒、王學莊、陳崧等編：《孫中山生平事業
　　　追憶錄》，頁726-733：其中頁726。

197　孫中山：〈覆翟理斯函〉，載《孫中山全集》，第一卷，頁46-48：其中頁47。

198　See Paul Cohen, *China and Christianity: The Missionary Movement and the Growth of
　　　Chinese Antiforeignism, 1860-1870* (Cambridge, MA: Harvard University Press, 1963).
　　　呂實強：《中國官紳反教的原因，1860-1874》（臺北：中國學術獎助委員會，1966）。

「像一隻倒過來的鍋。」

「在這隻鍋的上面還有其他的鍋蓋着它嗎？」

母親無法回答。

「人死了以後，接下來是什麼？」

「完了。全完了，接下來沒什麼。什麼都完了。」

「不幹！我不要我的生命在我死掉的時候同時完結。」

母親只能用母愛來安慰他。[199]

從這番對話看，年紀小小的孫中山已有追求永生的願望。但他的問題，不但慈母解答不了，即在他村塾所讀過的書也提供不了答案。他所朗誦的第一本書《三字經》，[200] 是這樣開始的：

人之初，性本善。

性相近，習相遠。

苟不教，性乃遷。

教之道，貴以專。

所説的是人的問題，而不是靈魂的問題。《三字經》者，相傳為南宋大學問家王應麟所編，明清學者陸續有補充，最後才形成目前的通行本。該書：

第一、先講教育對孩子成長的重要性。

第二、講倫理道德規範，如何處理家庭和社會的關係。

第三、介紹四時、五行、六穀等生活常識。

第四、介紹文化典籍四書、六經和五種諸子著作。

第五、概述華夏五千年的歷史變遷、朝代更替和帝王興廢。

第六、用許多古代發奮苦學的名人事蹟來鼓勵少年積極進取以結束。全書沒有半句能回答孫中山的提問。

199　Linebarger, *Sun Yat-sen and the Chinese Republic*, chapter 8, p. 75. 林百克把孫中山所説的Kwo（鍋）理解為飯碗，以致徐植仁照譯如儀，不對。見林百克著，徐植仁譯：《孫中山傳記》，頁67。

200　《三字經》乃南宋王應麟編。

孫中山在村塾所唸的第二本書《千字文》，[201] 是這樣開始的：

天地玄黃，宇宙洪荒。
日月盈昃，辰宿列張。
寒來暑往，秋收冬藏。
潤餘成歲，律呂調陽。

該書為南朝蕭梁時期著名學者周興嗣所編，從開天闢地說起，繼談天文、地理、歷史、社會、倫理、教育、修身、處世、飲食、起居等方面的知識。所說的全是自然現象，絲毫不沾超自然的邊。

後來孫中山讀四書，則其中的《論語》最可能為他提供答案，而孔子也的確曾被他的學生詢問過類似的問題。他的回答包括：

樊遲問知。
子曰：「務民之義，敬鬼神而遠之，可謂知矣。」[202]

子疾病。子路請禱。
子曰：「有諸？」
子路對曰：「有之。誄曰：『禱爾于上下神祇』。」
子曰：「丘之禱久矣。」[203]

季路問事鬼神。
子曰：「未能侍人，焉能侍鬼。」
敢問死。

201　《千字文》乃南北朝時南朝梁國周興嗣編。
202　《論語》，第六篇：雍也，第20章。載 James Legge, *The Chinese Classics*, v. 1, p. 191.
203　《論語》，第七篇：述而，第34章。載 James Legge, *The Chinese Classics*, v. 1, p. 206.

曰：「未知生，焉知死。」[204]

子曰：「由，誨女知之乎。知之為知之。不知為不知。是知也。」[205]

　　上述孔子諸談話記錄，相信孫中山同樣不會感到滿足，因為它們都沒有為孫中山提供了他所需要的答案。

　　再後來他讀五經，則其中的《易經》最可能為他提供答案。但《易經》是怎樣開始的？「乾」。《象》曰：「大哉乾元！萬物資始，乃統天。雲行雨施，品物流形。大明終始，六位時成，時成六龍以禦天。乾道變化，各正性命。保合太和，乃利貞。首出庶物，萬國咸寧。」[206] 說的也是自然現象。接下來《象》曰：「天行健，君子以自強不息。」就是把自然現象演繹為做人的道理。[207] 孫中山同樣找不到他需要的答案。

　　1879年，孫中山到檀香山讀書，開始接觸了基督教。基督教傳教士最引人注目的一句話是：「信耶穌、得永生」。少年的孫中山終於得到了答案，而他似乎又相信了這個答案，最後表達了要領洗入教的願望，以致乃兄慌忙把他送回翠亨村。[208] 最後，他終於在1884年於香港領洗了。[209] 為何孫中山似乎相信了「信耶穌、得永生」這樣的答案？目前史學界所掌握到的史料，並不足以回答這個問題。

　　孫中山領洗後，似乎不但為自己得到「永生」而高興，還要讓更多的人得到「永生」，故曾經依稀有過當傳教士的想法。蓋為他施洗的喜嘉理牧師說：「蓋彼時先生傳道之志，固甚堅決也。向使當日香港或附近之地，設有

204　《論語》，第十一篇：先進，第11章。載James Legge, *The Chinese Classics*, v. 1, p. 240-1.

205　《論語》，第二篇：為政，第17章。載James Legge, *The Chinese Classics*, v. 1, p. 151.

206　《周易》，載《十三經》（廣州：廣東教育出版社，1995），上冊，頁1。

207　同上註。

208　孫中山：〈覆翟理斯函〉，載《孫中山全集》，第一卷，頁46-48：其中頁47。

209　Hager to Clark, 5 May 1884, ABC 16.3.8: South China v. 4, no. 17, p. 3. 該信說他為第二位信徒施洗了。徵諸《中華基督教會公理堂慶祝辛亥革命七十周年特刊》（香港：1981），頁2，可知為孫日新（即孫中山）。

完備聖道書院俾得入院，授以相當的課程，更有人出資為之補助，則孫中山者，殆必為當代著名之宣教師矣。」[210]

　　喜嘉理牧師之言，本書第五章再作深入探討。唯必須指出，當宣教師的最高精神，是把自己全部奉獻給上主。而奉獻的方式，是放棄物質享受而全心全意地去廣為傳達祂的福音。孫中山最後當然沒有當宣教師去。不但如此，當他決定從事革命後，表現怎麼樣？馮自由説：「余在日本及美洲與總理相處多年，見其除假座基督教堂講演革命外，足蹟從未履禮拜堂一步。」[211] 多年跟隨孫中山在東南亞奔走的張永福也説：「先生為教徒，但永不見其到教堂一步。」[212] 這種現象該如何解釋？

　　竊以為這好解釋，我們會發覺，孫中山從1894年在檀香山成立興中會來從事革命那分鐘開始，到1925年3月12日上午9時30分他咽下最後一口氣那時刻為止，都是全心全意地為了救國救民而奮鬥不懈。屢敗屢起，堅韌不屈，從來不計較個人榮辱，而且永遠是那麼樂觀。當然，他矢志革命的決心有過反覆。[213] 但他的總體表現，酷似歷史上偉大傳教士中人的事蹟。準此，我們可否試圖假設，孫中山立志奉獻的精神從來沒有改變，只是奉獻的目標從救靈魂改為救肉體（即救國救民）而已。他又認為，「三民主義就是救國主義。」[214] 由此可見，三民主義之中的「民族主義」也就是救國主義。就是説，用「民族主義」來救國。而甲午中日戰爭後湧現出來的中國民族主義者，大多數認為傳教士是帝國主義的急先鋒。孫中山在鼓吹民族主義的同時，當然不能天天上禮拜堂！否則哪能取信於人。

　　若説孫中山決定從事革命以後就絕蹟於禮拜堂是權宜之計，那麼問題的

210　Charles R. Hager, "Dr Sun Yat Sen: Some Personal Reminiscences," *The Missionary Herald* (Boston, April 1912), pp. 171-174. 漢語譯本見馮自由：《革命逸史》（1981），第二冊，頁12-18：其中頁13。該文又收進尚明軒等編：《孫中山生平事業追憶錄》，頁521-524：其中頁522。

211　見馮自由：〈孫總理信奉耶穌教之經過〉，《革命逸史》（1981），第二冊，頁9-18：其中頁12。

212　張永福：〈孫先生起居注〉，載尚明軒、王學莊、陳崧編：《孫中山生平事業追憶錄》，頁820-823：其中頁822。

213　見拙著《中山先生與英國》（臺北：學生書局，2005）。

214　孫中山：〈民族主義第一講〉，《國父全集》（1989），第一冊，頁3第4行。

結癥就在於為何孫中山把自己奉獻給救靈魂的決心改為救國救民的事業？現存文獻沒法讓我們滿意地回答這個問題。是不是他對傳教士那「信耶穌、得永生」的口頭禪發生了懷疑？這個問題更不好回答，但必須進行探索，否則我們對孫中山的了解仍將停留在表面現象的層次。如何探索？就用本書第一章中提到過的、陳寅恪先生所提倡的「神遊冥想」[215]的辦法，為孫中山設身處地般想想，藉此試圖探索孫中山為何把救靈魂的決心改為救國救民的事業。

陳寅恪先生說：

> 古人著書立說，皆有所為而發。故其所處之環境，所受之背景，非完全明瞭，則其學說不易評論……吾人今日可依據之材料，僅為當時所遺存最小之一部，欲藉此殘餘斷片，以窺測其全部結構，必須備藝術家欣賞古代繪畫雕刻之眼光及精神，然後古人立說之用意與對象，始可以真了解。所謂真了解者，必神遊冥想，與立說之古人處於同一境界，而對於其持論所以不得不如是之苦心孤詣，表一種之同情，始能批評其學說之是非得失，而無隔閡膚廓之論。[216]

準此，筆者不忖冒昧，就此設身處地般、以個人經驗「神遊冥想」孫中山心境，盡量希望與其「處於同一境界」。筆者十歲從大陸移居香港，在九龍牛頭角庇護十二小學唸書時，接觸了天主教教義，覺得很新鮮，不久就領洗入教了。小六起在九龍華仁書院唸中學，開始認真地探索天主教教義，並反覆自問：「若天主創造了人，那麼誰創造了天主？」類似這樣的問題不斷地煩擾着筆者，日夜不得安寧，頭疼欲裂之餘，終於鼓起勇氣找該校最具神學知識的一位耶穌會士（愛爾蘭人）談心。談了一個多小時而不得要領。他最後的回答是：「宗教是一個信仰的問題，不能用邏輯去理解。」

筆者失望之餘，反求於自己的文化傳統。尤記過去幼年時代曾隨嚴父朗

215　陳寅恪：〈馮友蘭中國哲學史上冊審查報告〉，《金明館叢稿二編》（上海：古籍出版社，1982），頁247。

216　同上註。

誦四書五經，其中《論語》有云：「知之為知之。不知為不知。是知也。」[217]
筆者對這句話的理解是：「我們知道那些我們能力所能夠知道的（即自然界
的）事情，我們不可能知道我們無法知道的（即超自然界的）事情，這就是
所謂知識。」筆者是凡夫俗子，屬自然界的動物，怎能奢望了解神仙、即超
自然的事情。這麼一想，如釋重負。準此，孔子所說的另一句話：「未能侍
人，焉能侍鬼」，[218] 就特別有意思，還是專心致意地做好自己能夠做的事：
好好讀書！將來好好做事。

　　後來筆者閱讀西方思想史的書籍較多了，才發覺過去天主教眾多的神學
家也曾經為了諸如「誰創造天主」的問題而煩惱不堪。經過幾百年、數十代
人再接再厲地苦苦思索，互相啟發，終於得出類似孔子的結論，即屬於自然
界的人類不可能理解屬於超自然界的事情，但得出這個結論的時間卻比孔子
晚了約一千年。[219] 而孔子的話，也不是他自己發明的，而是他用他超人的智
慧總結了在他之前已經積累了幾千年的華夏文化而已。

　　若筆者這種經歷，哪怕是非常約略地接近孫中山思想變化歷程的話，則
大致可以理解為何孫中山把救靈魂的決心轉移到救國救民的事業：「未能侍
人，焉能侍鬼」！[220] 而且，從本章探索所得，孫中山自小考慮問題時，多是
從小我開始而以大我結束。例如，他從嚴父治家而想到如何治理整個中國，
從個人窮困而想到國計民生，從稅吏敲詐而想到推翻滿清以救民於水火。準
此，雖然幼小的孫中山曾經纏着母親並鬧着說他死後還要活着，但當他被告
知「信耶穌、得永生」時，就考慮是否要當傳教士以便更多的人死後還能活
着。後來領悟到「未能侍人，焉能侍鬼」的道理後，就決心全心全意地侍人
了。那麼，靈魂由誰來救？

　　救靈魂，是傳教士的最高理想。在國家危難時捨身救國，是儒家學說的

217　《論語》，第二篇：為政，第17章。載 James Legge, *The Chinese Classics*, v. 1,
　　　p. 151.

218　《論語》，第十一篇：先進，第11章。載 James Legge, *The Chinese Classics*, v. 1,
　　　p. 240-1.

219　Gilson Etienne, *History of Christian Philosophy in the Middle Ages* (New York: Random
　　　House, 1995).

220　《論語》，第十一篇：先進，第11章。載 James Legge, *The Chinese Classics*, v. 1,
　　　p. 240-1.

最高精神。孫中山處於國難深重的時刻，覺得救國救民比救靈魂更緊急。救靈魂，就讓外國傳教士們去做吧。救中國，既不是外國傳教士的責任，也不是外國傳教士的願望。救中國的重任，只能由中國人自己去承擔。從這個意義上說，孫中山會覺得救國救民是責無旁貸！

那麼，孫中山對基督教的真正心情是怎樣的？他臨終時表達了他的最後願望：用基督教儀式送終。孔子曰：「人之將死，其言也善。」[221] 竊以為孫中山這個願望是出自肺腑的。結果宋慶齡和孫科不顧國民黨人的強烈反對，而堅持在北京的協和醫院用基督教儀式為他舉行私人喪禮之後，才讓中國國民黨黨中央在北京舉行公開喪禮。孫中山得償所願。[222]

以上只是筆者用陳寅恪先生提出的所謂「神遊冥想」的治史方法，純粹在思想的領域裏推敲孫中山思想發展的過程。至於為何他把自己奉獻給救靈魂的決心改變為救國救民的大業這問題，筆者還會在本書其餘部分，進一步從他的具體日常生活中找尋更多具體的蛛絲馬跡。唯在此可簡單預告者，即孫中山領洗入耶教之前，遠觀西方傳教士的行止，所見皆其不計物質、全心奉獻的精神。待領洗入教並開始在教會圈子裏生活時，就發覺傳教士之間那種勾心鬥角、爭權奪利、互相猜忌等等，完全與「俗家人」無異，且讓他愈來愈反感，慢慢把他「推」離要當傳教士的想法。另一方面，國難愈來愈深重，慢慢地同時又把他「拉」上革命的道路。如此一推一拉，事半功倍，終於把孫中山那種無私奉獻的熱情，從傳教轉移到革命上。

七、小結

孫中山的窮苦出身，對他構思其三民主義之革命思想，有着深遠的影響！

1. 先談民權主義：由於住房極度狹窄而家人眾多，以致在日常生活中，各人的一舉一動都必須小心翼翼，避免互相之間發生磨擦。還必須有一位公

---

221 《論語》。第八篇：泰伯，第四章。載 James Legge, *The Chinese Classics*, v. 1, p. 209.

222 Martin Wilbur, *Sun Yat-sen: Frustrated Patriot* (New York: Columbia University Press, 1976), p. 281.

正的家長，在不幸發生摩擦時主持公道，而家長的裁判必須能服眾。生活在
這種情況之下，孫中山產生如下遐想：他自己的家庭，「各人互相尊重他人
的權利，接受家長的規則，可以自治。那麼，由許多、許多這樣的家庭而組
成的國家，則管理這個國家的政府，只要各個家庭互相尊重其他家庭的權
利，對其他家庭盡其義務，同樣能把這個國家管理得井井有條。」[223] 竊以為
孫中山後來所構思的那種充滿家長色彩的民權主義，基本上發軔於此。待他
接觸了西方的民主主義思想時，又採納其中較為適合中國國情的部分來豐富
自己的想法而已。

2. 次談民生主義：又由於孫中山的家境極度困苦，有時連吃番薯也吃
不飽，光瞪着眼睛看富貴人家諸如楊氏大姓的孩子吃白米飯。他父親白天耕
種、晚上打更，一天二十四小時馬不停蹄，已夠辛苦，還總是受人欺負，全
村上下藐視地直呼其為戇林，就連那乳臭未乾的楊寶常也對其肆意高聲斥
喝。[224] 孫中山感同身受，以致他感嘆地說：「中國農民的生活不該長此這樣
困苦下去。中國的兒童應該有鞋穿、有米飯吃。」[225] 又說：「我如果沒出生
在貧農家庭，我或不會關心這個重大問題（按：指民生問題）。」[226] 準此，竊
以為孫中山後來所構思的民生主義，即發軔於此。待他到了英國，本以為那
麼富強的大英帝國不會存在貧窮的問題，結果事實與想像剛剛相反，於是決
心有系統地構思他的民生主義，[227] 並趁留英期間，博覽群書，豐富自己在這
方面的知識。[228]

223　Linebarger, *Sun Yat-sen and the Chinese Republic*, p. 56. 林百克著，徐植仁譯：《孫中山傳記》，頁59。

224　李伯新採訪陸天祥（八十六歲），1962年5月23日，載李伯新：《憶訪錄》（1996），頁68-70：其中頁69-70。

225　宋慶齡：《為新中國奮鬥》，頁5。

226　孫中山語，載宮崎寅藏著，陳鵬仁譯：《宮崎滔天論孫中山與黃興》，頁6。

227　孫中山：〈建國方略：孫文學說第八章「有志竟成」〉，載《國父全集》（1989），第一冊，頁412。

228　見拙著《孫逸仙在倫敦，1896-1897：三民主義倫敦探源》（臺北：聯經出版事業有限公司，2007）。美國人亨利‧喬治對他的影響亦不容忽視，見夏良才：〈論孫中山與亨利‧喬治〉，載《孫中山和他的時代：孫中山研究國際學術討論會文集》，一套三冊（北京：中華書局，1989），中冊，頁1462-1481。

　　3. 三談民族主義：更由於連番薯也吃不飽的孫家，還被白契的問題所牽連，進而被如狼似虎的稅吏敲詐。每年完稅之日，就是孫家感到大難臨頭之時。孫家大小，惶惶不可終日。這種苦況，在孫中山幼小的心靈上打下了深深的烙印，讓他自小即產生一種強烈的反滿情緒。[229] 這種情緒，正是其民族主義的萌芽。因為辛亥革命以前孫中山的民族主義，其中心思想是反滿主義。無他，當時他要推翻滿清政府，故大力鼓吹反滿主義作為號召。應該指出，他的反滿主義，只是一種革命手段，並非對滿族有任何種族仇視。[230] 等到辛亥革命推翻了滿清政府以後，他就主張五族共和，並把民族主義的矛頭指向帝國主義。準此，竊以為孫中山民族主義的初步階段——反滿主義——也是發軔於他的童年時代，而與他童年時代的窮困生活與備受稅吏壓迫之苦是分不開的。

　　更由於孫中山的家境極度困苦，就深切了解到廣大海外華僑像他哥哥孫眉那樣被迫「賣豬仔」地漂洋過海到異地謀生的苦況，讓他與廣大海外華僑有共同語言。以至後來他在華僑當中宣傳革命，華僑就踴躍捐款，傾家蕩產也在所不惜；甚至捐軀也毫不皺眉！

　　若把本章探索所得，再與正史比較，則正史曰：

　　孫氏先世本中原望族，唐僖宗時，河南陳留有孫李利者，中書舍人孫拙之子也。娶妻陳氏；黃巢作亂，充承宣使，領兵閩越江右之間，因屯軍定居於江西寧都。四世孫承事公，遷福建長汀之河田。明永樂中，有友松公者，再遷廣東東江上流紫金縣之忠壩公館背，為先生上代入粵始祖。十一傳至鼎標公，嘗參加反清義師，兵敗流徙，於康熙時又自紫金縣遷增城。十二傳至連昌公，復移家香山縣涌口門村，傳迴千公。乾隆中葉，由涌口門村遷居翠亨村之殿朝公，即先生高祖也。先生……祖父敬賢公……娶妻黃氏，以耕讀起家。[231]

229　Linebarger, *Sun Yat-sen and the Chinese Republic*, chapter 9. 林百克著，徐植仁譯：《孫中山傳記》，頁62-63。

230　見李雲漢：〈早年排滿思想〉，載李雲漢、王爾敏著：《中山先生民族主義正解》（臺北：臺灣書店，1999），頁35-42。

231　《國父年譜》（1985），上冊，頁1-2。

「耕讀起家」云云，讀來猶如天荒夜譚。所據乃羅香林教授的《國父家世源流考》。[232] 為何羅香林教授如此寫道？為何《國父年譜》的編者獨鍾羅香林之說？

看來他們都跳不出中國傳統史學的框框。傳統史學經過二千多年的發展，到了羅香林先生那個時代，一般認為必須為名人建立一個詳盡的世系，還得為他找一個有名氣的祖先，以便說明他聰明睿智和氣宇魄力的根源。結果是，對於世系既不顯赫、出生又是那麼寒微的孫中山，竟然能當上中華民國的國父，就大為不解，於是有意無意之間就用自己的主觀願望去代替客觀事實。這種現象，可媲美十九世紀下半葉英國一個頗為龐大的思潮。當時的英國人，矢志解釋英倫為何可以從一個小小的島國而發展成為強霸全球的日不落大帝國。在百思不得其解之餘，就求助於當時他們還是深信的基督教《聖經》。《聖經》有云：「上帝要把以色利民族變成世界上最強大的民族。」既然英國的安格魯·撒遜民族已經成為世界上最強大的民族，那麼該民族肯定就是以色列民族，於是就斷言安格魯·撒遜民族是以色列民族當中迷了途的一支。[233] 羅香林先生與十九世紀下半葉的英國思想家，彼此彼此！

治史的最高理想在求真，若為了迎合某一時期的某一種需要而削足適履，不但殘害了自己，也貽害後代。

232　《國父年譜》（1985），上冊，頁2，註2，引羅香林：《國父家世源流考》（重慶：商務印書館，1942年初版；臺北：商務印書館，1971再版）。

233　見拙著《孫逸仙在倫敦，1896-1897：三民主義倫敦探源》。

第四章

檀島西學：

英耶？美耶？—— 耶穌

一、導言

孫中山虛齡十三歲時隨母坐船前往檀香山投靠其大哥孫眉。經考證，他們從澳門出發的日期為農曆四月初一，[1] 即陽曆1879年5月21日。抵埗後在檀香山讀書，直到1883年夏才回翠亨村，在檀讀書近四載，深受影響。

由於今天的檀香山是美國的一個州，故很多人認為孫中山在檀所受的是美國教育，那是以今況古。其實當時檀香山還是一個獨立王國，1778年被英國航海家詹姆士‧庫克（Captain James Cook）所發現，並以當時英國貴族三文治勳爵（Lord Sandwich）的名字，把該群島命名為三文治群島（Sandwich Islands）。但英軍並沒有進駐該地。倒是美國後來居上，自從1820年起美國的綱紀慎會海外傳道會的傳教士就大批到達該群島，接踵而來的商人、商行、捕鯨魚船隊等，差不多全是來自美國。美國在該群島的影響力佔絕大優勢，併吞該地是遲早問題。果然，旅檀美人在1892年即發動叛亂，推翻該群島王國，建立臨時政府；1894年建立共和政府；1898年就正式把它併吞。[2] 後來更把其中的一個島嶼的名字——夏威夷島——以冠全群島，而稱為夏威夷群島，一洗「三文治群島」的英國餘味。

也有人指出，孫中山在檀島的頭三年所讀之學校是英國人創辦的，故所受的應是英式教育。英耶？美耶？還有，中國史學界歷來輕描淡寫地一帶即過之一個史實，即孫中山在檀深受耶穌教義的影響，求乃兄同意其領洗入教，孫眉驚恐之餘，馬上買了單程船票把他遣返翠亨村。中國精英歷來反對

1　楊連逢採訪孫緞（九十七歲），1957年5月無日，載李伯新：《孫中山史蹟憶訪錄》，中山文史第38輯（中山：中國人民政治協商會議廣東省中山市委員會文史學習委員會，1996），頁165-166：其中頁165。以下簡稱李伯新：《憶訪錄》（1996）。

2　Henry Bond Restarick, *My Personal Recollections: The Unfinished Memoirs of Henry Bond Restarick, Bishop of Honolulu, 1902-1920.* Edited by his daughter, Constance Restarick Withington (Honolulu: Paradise of the Pacific Press, c1938), pp. 324-325.

耶教，[3]比普通人尤甚，難怪中國史學界一直積極迴避孫中山與基督教的關係，簡直當沒有發生過此事，引起廣大耶教的教友不滿，唯敢怒而不敢言而已。若云英耶？美耶?耶穌？等問題還不足以把人弄得昏頭轉向，則1998年9月18－20日於臺北中央研究院近代史研究所舉行的「港澳與近代中國學術研討會」上，澳門大學的霍啟昌教授也加入戰團：他莊嚴宣佈，孫中山是通過澳門的葡萄牙文化去了解世界的，與香港的英國文化無關。他的發言，像其他發言一樣，全部錄音備案，供後人參考。

如此種種，皆為「孫中山研究」──尤其是孫中山如何走上革命道路的問題──增添不少困難。筆者希望藉本章撥開部分雲霧；而以探索孫中山母子是採哪種交通工具從翠亨村前往澳門坐遠洋船的問題作開始，因為此段歷史中最為人樂道的孫中山一句名言，是他所坐的火輪船從澳門起碇後，驚嘆「輪舟之奇，滄海之闊；自是有慕西學之心，窮天地之想」[4]──這就是革命性的改革開放思想的開始──若孫中山母子是坐火輪船到澳門的話，早就看過輪舟之奇；船到珠江口時，也會深感滄海之闊；若中國早就有此火輪船，孫中山習以為常，就沒有後來坐上從澳門起碇的輪船後之驚嘆。故必有強烈的對比，才會引起孫中山那同樣強烈的反應。若孫中山沒有讓中國現代化的強烈願望，後來就不會投身革命，因而也沒有我們所熟悉的辛亥革命了。故第一步必須查出1879年孫中山母子前往澳門的交通工具。

二、1879年孫中山從翠亨村往澳門的交通工具

當時有兩個途徑：陸路和水路。

陸路方面：筆者頻頻到翠亨村實地調查，承故居紀念館蕭潤君館長多次派員派車陪同前往澳門調研，在今天的高速公路奔馳，約一小時到達珠海，

3　見Paul A. Cohen, *China and Christianity: The Missionary Movement and the Growth of Chinese Antiforeignism* (Cambridge MA: Harvard University Press, 1963)，呂實強：《中國官紳反教的原因，1860-1874》（臺北：中國學術獎助委員會，1966）。

4　孫中山：〈覆翟理斯函〉，手書墨蹟原件，藏中國國民黨中央黨史委員會，刊刻於《國父全集》（1989），第二冊，頁192-193。又載《孫中山全集》，第一卷，頁46-48：其中頁47。又見〈孫中山學術研究資訊網──國父的求〉，http://sun.yatsen.gov.tw/content.php?cid=S01_01_02_03。

過拱北再坐出租車到澳門過去碼頭區約須十分鐘。若以孫中山童年那個時代計算，走崎嶇的山路和田野狹徑，恐怕要走一整天還不夠。君不見，1884年孫中山與喜嘉理牧師和另一洋人傳教士自澳門走了「一、二天」，才到達翠亨村。[5] 此外，孫母小腳，必須坐轎子，加一個孫中山，勉強還可以。至於行李箱，就必須另僱挑夫了，這一切都不是問題。關鍵是當時治安不佳，盜匪如毛，挑夫隨轎子，必是遠行無疑，遠行必須盤川，哪名盜匪不會打他們主意？故竊以為當時孫氏母子採陸路的可能性不大。

至於水路，則似乎比陸路較為安全。當時的珠江河口，遍佈來自沿岸各村的漁船，絕對不像今天那麼冷清清。翠亨村靠近崖口鄉，崖口鄉就在珠江河西岸，鄉民不少是既耕種也「出海」作業。雖然目前在崖口已經看不到一艘船了，但2006年3月筆者到崖口楊家村作實地調查時，該村村民說：過去崖口有很多木船活躍在珠江口，像星羅密佈。有些較大的帆船甚至被用來跑檀香山之用。[6] 此言有翠亨村的口碑做佐證：村耆陸天祥回憶說：他父親「冒險去檀香山，坐的是桅棒船，船身不大，有時前船下浪坑，後船連杆也看不見的」。[7]

若從崖口鄉往澳門，必須經過金星門。孫中山對金星門是非常熟悉的；有口碑說，若海上合潮流的話，他經常隨外祖父楊勝輝駕小艇從崖口到金星門附近的海邊採蠔（牡蠣）。[8] 為什麼不在崖口採蠔而必須往金星門附近的海邊？2006年6月4日筆者到金星門的淇澳島實地調查，該島耆老鍾金平說：「崖口過去沒蠔，故必須到淇澳來採蠔。」從崖口到淇澳島，水路大約10華

5　Charles R. Hager, "Dr Sun Yat Sen: Some Personal Reminiscences", *The Missionary Herald* (Boston, April 1912), pp. 171-174: at p. 171, col.2. 漢語譯本見馮自由：《革命逸史》（北京：中華書局，1981年重版），第二冊，頁12-18：其中頁13。該文又收進尚明軒等編：《孫中山生平事業追憶錄》（北京：人民出版社，1986），頁521-524：其中頁521-522。

6　黃宇和：〈唐家灣、外沙村、崖口楊家村調查報告〉（手稿），2006年3月14日。

7　李伯新訪問陸天祥（八十八歲），1964年5月13日，載李伯新：《憶訪錄》（1996），頁73-78：其中頁75。

8　見李伯新採訪楊連合（四十八歲），1962年5月24日，載李伯新：《憶訪錄》（1996），頁82-85：其中頁84。當時是楊連合複述楊帝賀說過的話。

里，[9]完全可以到達。2006年6月筆者頻頻到翠亨村考察時，登上該村南側的金檳榔山時，既能看到崖口也能遠眺金星島，的確很近。

從金星門到澳門的水路又如何走？2006年6月4日筆者到崖口鄉以南的淇澳島實地調查，承淇澳島鍾金平（六十二歲）、鍾教（六十九歲）等耆老接待。筆者問：「從金星港坐船到澳門需要多長時間？」鍾金平答曰：「若是自己作業，搖船，趁上退潮的話，約三至四個小時。」筆者又問：「從崖口坐船到澳門需要多長時間？」鍾金平答曰：「若是自己作業，搖船，趁上潮水漲退的話，約十個小時。因為半途必須在淇澳或香洲歇腳，以趁潮流。」淇澳島的居民所種的西洋菜（watercrest），大都用船載往澳門售賣，以至「淇澳西洋菜」在澳門非常著名。[10]

最後，筆者找到有力證據——林百克根據孫中山描述而寫成的《孫中山傳記》——證明孫中山母子是從水路到澳門的港口之內直接登上遠洋輪的。在這裏，林百克的原文是 "went direcly by water to Macao"。[11]無奈徐植仁卻把此句翻譯成「坐駁艇」，須知「駁艇」是定期開行的，目的是駁上定期航行的客輪。當時孫中山所坐的並非定期開行的客輪，而是孫眉的合伙人特別臨時租用（chartered）來運送華工赴檀的。[12]

值得注意的是，從水路去，不但搖槳辛苦費勁，也受潮水漲退限制，更飽受風浪折磨。風帆又同樣受風向和潮流影響。火輪船就不同了，由機器推動，多省勁；逆風逆水也能破浪前進；同時比帆船穩定得多！難怪孫中山嘆為觀止！

但是，孫中山所坐的那艘從澳門開出的火輪船，是英國人的船還是葡萄牙人的船？若是英國人的船，孫中山會產生仰英學之心；若是葡萄牙人的船，孫中山會有慕葡學之意。澳門大學歷史系霍啟昌教授堅稱是葡萄牙人的船，故下節就探索此問題。像本書第二章探索孫中山的祖籍問題，第三章鑑

9　李伯新訪問陸天祥（八十六歲），1962年5月23日，載李伯新：《憶訪錄》（1996），頁68-71：其中頁70。

10　黃宇和：〈淇澳島調查報告〉（手稿），2006年6月4日。

11　Paul Linebarger, *Sun Yat Sen and the Chinese Republic* (First edition, 1925; New York: AMS Press reprint, 1969). p. 104.

12　同上註。

圖4.1　登上當今翠亨村前的金檳榔山看到的金星門

（圖左是淇奧島，中間一點是金星島，圖右是唐家灣）（孫中山故居紀念館供圖）

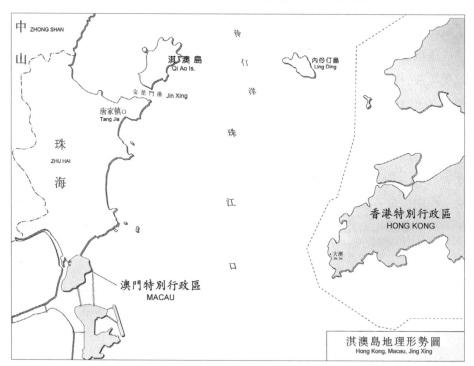

圖4.2　從淇澳島往澳門或香港當今示意圖

定孫中山出生於什麼房子一樣，現在如此大費周章地考證坐什麼國籍的船往夏威夷此微觀小節，是要了解一個宏觀的重大問題，探索孫中山的現代化革命思想來自何方；而下節的任務正是要找出孫中山究竟是受惠於英語文化，還是葡萄牙文化。

三、孫中山是坐葡國船前往檀香山？

按理，從澳門開出的船，大有可能是葡國的船，故霍啟昌教授之言，自有其能夠取信於人的地方。但三思之後，竊以為從澳門出發的葡萄牙船而駛往檀香山的機會很微。當時葡萄牙的殖民地，分佈在東南亞的東帝汶（East Timor）、南亞的果阿（Goa）和南美洲。檀香山遠遠脫離了從澳門前往葡萄牙、東帝汶、果阿、南美洲之間的正常航線。若是超乎正常航線而包僱（charter）某船的話，則葡萄牙當時擁有的船隻數目與日不落的大英帝國相比，是小巫見大巫。尤其是在澳門這彈丸之地，能騰出來以供包僱的船隻絕無僅有。因此，若要從澳門找尋一艘閒着的遠洋輪船以便包僱專程前往檀香山，恐怕成功的機會極微。

第二種可能性是美國的船，因為雖然當時檀香山還未被美國併吞，但從東亞往北美的輪船多數經過檀香山。

第三種可能性是香港的英國船。理由是當時英國是世界上航海業最發達的國家。日不落的大英帝國，二十四小時都有大小輪船在世界各地行走。而自從1841年英國人佔據香港以後，就把香港這天然良港闢為國際自由港，航運業在遠東一枝獨秀。

合理的推測，像偵探破案一樣，只是向歷史研究邁開的第一步。實際探求，方為正辦。故筆者當場就向霍啟昌教授請教。他回答說：他曾與廣東省社會科學院的張磊院長合作編寫過一本書，裏邊就說明了孫中山從澳門所乘坐前往夏威夷的船，是葡國人的船；孫中山是通過澳門的葡萄牙文化去了解世界的，與香港的英語文化無關。霍教授在這樣一個大型的國際學術研討會上作如許莊嚴的宣佈，筆者當然高度重視。所以從那分鐘開始，追蹤史料的活動再度展開。

在討論會的中場休息，筆者連忙虛心向霍教授請教他大作的名字以便拜

讀。他說該書是一本三語圖片集。中文書名是《澳門：孫中山的外向門戶和社會舞台》；英文書名是 *Macau: Sun Yat-sen's gateway to the world and stage to society*；葡文的書名是 *Macau: Portal e palco por onde Sun Yat Sen ganhou acesso ao mundo*。筆者聽後，覺得中文書名的意思比較模糊，但英文和葡文書名的意思則非常清楚：孫中山是通過澳門的葡萄牙文化去認識世界和了解社會的！

　　光是書名，就引起筆者莫大興趣。因為，據筆者過去所閱讀過的書籍和看過的材料，都說孫中山是通過香港和英語文化來認識外邊世界的。現在有先進已經與廣東省社會科學院的院長共同出版了一本有關著作，並說該書已充份證明了孫中山是通過澳門和葡語文化去認識世界和了解社會，那筆者當然非拜讀不可。但是，霍教授說，該書早已絕版，而他手頭也沒有多餘的一本可以割愛！怎辦？

　　筆者退而求其次，請問他在其大作中是否採用了確鑿的原始文獻多方面證明和佐證孫中山確實是坐了葡國人的船而不是坐了英國人的船到夏威夷去。他回答說是有確鑿的原始文獻為根據；但是，對於引用過的原始文獻已經記不住了。於是筆者懇請他在會議結束回到澳門後，把該書有關的一頁複印擲下，如此筆者便可以按照註釋追閱。他欣然答應。

　　但是過了約兩個月，還未奉霍教授覆示。[13] 又記得霍教授曾說過，他曾把該書多本送廣州有關單位。於是筆者就飛到香港轉飛廣州，往該市市區內的中山圖書館和廣州圖書館查閱，但沒有結果。[14] 再到河南康樂地區的中山大學圖書館查閱，又請了該校的同仁幫忙，同樣失望。最後筆者想，時間無多，既然廣東省社會科學院張磊院長曾與霍啟昌教授共同編寫過該書，應知下落。而張磊院長又是筆者多年友好，若電求幫忙，想不會見怪；但他夫人說他已出差他往。再電該院的孫中山研究所王杰所長，得知該所藏有是書，於是興高采烈地跑往天河區該所，急不及待地翻閱該書的有關圖片和說明。

13　時至今天、整整十三年後的2011年7月29日簽約出書了，仍未接霍教授覆示。

14　感謝陳裕華舅舅他老人家，不辭勞苦，整天陪筆者跑圖書館研究所。由於他對人事和道路都非常熟悉，替筆者節省了不少時間。

找到了：「1878年5月，十二歲的孫中山跟隨母親經澳門乘 *Grannoch* 號英輪赴檀香山讀書」。[15] 可知孫中山所坐的船確實是英國人的船而非葡國人的船。

解決了第一道難題！但孤證不立，該言可有佐證？尤記廣州市中山大學歷史系當時的系主任邱捷教授賜告，美國人林百克著，徐植仁譯的《孫中山傳記》，曾提到過「格蘭諾去」這樣的一條船名。筆者想，這樣的一條船名的拼音與 *Grannoch* 吻合。馬上追閱徐植仁的譯著。[16] 所説是「一隻約二千噸的英國鐵汽船」，[17]「水手都是英國人」，[18] 是孫中山的哥哥孫眉，「在翠亨村外設了一個移民事務分所」[19] 而「僱定」[20] 的，「將要離澳門的港口」[21]「預備載運中國僑民，到火奴魯魯去」[22]。

找來 [23] 英文原著 [24] 核對，船名果然是 S. S. *Grannoch*。[25] 至於上一段所引譯文，則英語原文分別為 "an English iron steamer of some two thousand tons" [26], "manned by English sailors" [27], "the China branch of the emigrant business which the elder brother had established in the region beyond the

---

15　張磊、盛永華、霍啟昌合編：《澳門：孫中山的外向門戶和社會舞台》（澳門，版權頁上沒有注明出版社是誰，1996），頁140。這本圖片集裏的每一幅圖片都有葡、中、英等三種語言的説明。

16　感謝粵社科院中山所的同仁，在筆者趕到該院求助時，馬上從該院圖書館借來這本書，並當場為筆者影印了有關的數頁。見下註。

17　林百克著，徐植仁譯：《孫中山傳記》（上海：商務印書館，1926），頁95。

18　同上註，頁100。

19　同上註，頁95。

20　同上註，頁95。

21　同上註，頁95。

22　同上註，頁95、97。

23　感謝中研院近史所呂芳上所長為筆者借來該英文原著。當時筆者到臺灣政治大學當客座半年（1998年下半年），在找尋材料方面，每次到了計無可施的時候，都承芳上兄不厭其煩地救筆者燃眉之急，至以為感。

24　Paul Myron Wentworth Linebarger (1871-1938), *Sun Yat Sen and the Chinese Republic*. 其兒子也叫 Paul Linebarger（1913-1966），但中間的名字則是Myron Anthony，著有*The Political Doctrines of Sun Yat Sen* (Baltimore: Johns Hopskins University Press, 1937)。

25　Linebarger, *Sun Yat Sen and the Chinese Republic*, pp. 101 and 104.

26　Ibid., p. 104.

27　Ibid., p. 109.

Blue Valley"[28], "chartered"[29], "The *Grannoch* was to sail from the harbor of Macao"[30], "to make the voyage to Honolulu with the Chinese emigrants"[31]。準此，可知譯文準確無誤。但是，英文原著也沒有註釋，無從得知所據為何。

不過，在英文原著的前言裏有一條線索，該書作者林百克曾在那裏這樣寫道：「經過不斷的努力，我終於在1919年的夏天，説服了孫醫生，讓他抽出好幾天的時間，天天和我單獨在一起，跟我談他的生平，以便我寫他的傳記。」[32]如果上面兩段所提到的細節，是孫中山本人提供的，可靠性就比較大。小年青，第一次出國，印象一般都是深刻的，能記住不少細節。

但是，林百克接着又寫道：「這位中國領袖，總是在要緊關頭，尤其在他當主角的、甚富戲劇性的往事裏，他就由於謙虛而決定什麼都不説。遇到這種情況，我只好求教於他人，尤其是他的老同志：因此本書中凡是那些表現孫中山超人之處的情節，都是他的老同志提供的。」[33]

孫中山坐什麼船，從哪裏出發，不具什麼戲劇性。因此，竊以為很可能是孫中山自己親口説的。所以，根據林百克提供的訊息，我們可以得到下列一些初步結論：

第一、孫中山首次出國所坐的船是從澳門出發的。

28　Ibid., p. 101.

29　Ibid., p. 104.

30　Ibid., p. 102.

31　Ibid., p. 104.

32　Ibid., Foreword, p. ix. 中華書局1927年版本沒收進徐植仁翻譯的英文原著的〈前言〉，現由筆者譯出。茲將原文轉錄如下："After much persuasion, in the summer of 1919, Dr Sun consented to give to the author the time necessary to prepare the story of his life, and, indeed, did devote many days (with the author) to the assembling of such materials"。

33　Linebarger, *Sun Yat Sen and the Chinese Republic*, p. ix. 原文是："But, alas! the modesty of the Chinese leader would always intervene at a critical period; and because of his absolute silence upon dramatic situations, in which Dr Sun was the central hero, it has been necessary to supplement the informatin given by the Chinese leader by gleanings from many sources, particularly from among the few survivors of the oldest members of his following. To these is owing much of the matter which may, by some, be termed eulogistic"。

　　第二、該船是一艘英國人的船，所屬公司很可能是香港的，因為能僱到一艘可以從澳門出發的英國船，除了近在咫尺的香港以外，還有哪個地方？

　　第三、林百克之言有佐證：陸燦（又名陸文燦）的回憶錄。他說，孫中山是「從澳門乘英國輪船『格拉默克』號啟程」前往檀香山的。[34] 所謂「格拉默克」號，與該船英語原名 *Grannoch* 雷同，也與徐植仁之音譯為「格蘭諾去」，[35] 極為相近。陸燦者，孫中山的同鄉，比孫中山小七歲。[36] 後來也去了檀香山。1895年孫中山在廣州起義失敗時，陸燦剛好回到翠亨村成親。當陸燦聽到他叔叔陸皓東由於參加起義被捕而壯烈犧牲時，已大吃一驚，目睹孫中山的家人還留在翠亨村，無異坐以待斃。「乃自告奮勇擔任搬取先生及眉公家眷之事。於是老夫人、眉公夫人、盧氏夫人及公子科全家隨其遷往澳門，復至香港得陳少白兄之接濟而乘輪赴檀。」[37] 可見陸燦與孫家是非常熟識和友好的。他的話，可信程度甚高。他在檀香山肄業的同樣是採全英語教學的意奧蘭尼學校，與孫中山交談而提到船名時，相信都會採其英語原名，以致後來陸燦的回憶錄被翻譯成漢語時，音譯時採取了與徐植仁不同的漢字，是很正常的事。

　　第四、另一份佐證是孫緞的話。她說：「中山〔虛齡〕十三歲於四月初一從香港搭招商局船廣大或廣利號往檀。當時一年三次船期往檀香山，航行時間約二十五天。是由三鄉鄭強夫婦帶他去的。七月由陸庭燕帶其母和我嫂及我〔孫緞她自己〕一齊赴檀。」[38] 孫緞（1861－1960）者，又有云孫殿，是孫中山堂姐，孫觀成之女兒。孫觀成在孫達成、孫學成、孫觀成三兄弟之間

34　陸燦：《我所認識的孫中山》（北京：中國和平出版社，1986），頁6。

35　林百克著，徐植仁譯：《孫中山傳記》，頁95、97。

36　陸燦：《我所認識的孫中山》，頁1。

37　鄭照：〈孫中山先生逸事〉，載尚明軒等編《孫中山生平事業追憶錄》，頁516-520：其中頁518。

38　楊連逢採訪孫緞（九十七歲），1957年5月無日，載李伯新：《憶訪錄》（1996），頁165-166：其中頁165。孫緞丈夫姓陳，生女陳淑芬，嫁孫科為妻。

排末。1867年孫觀成歿，妻譚氏改嫁。[39] 孫緞成了孤兒，極可能沒讀過書，1879年農曆七月赴檀依靠孫眉時虛齡十九歲，赴檀後相信沒有像孫中山、陸燦等上英語學校讀書。因此，若孫中山、陸燦等告訴她英文的船名諸如 Grannoch，她會聽不懂。但若告訴她該船的中文細節諸如「香港搭招商局船『廣大』號」，她就能聽懂並能記住。「廣大」與 Grannoch 的聲音也相近，可能所指乃同一艘船。她同時又能記住，該船所屬的公司乃香港的招商局。至於她說該船從香港出發，是與林百克的記載有矛盾。可能孫緞自己是從香港出發，所以誤認為孫中山也如此。又至於她說孫中山是農曆四月一日出發，則該天為陽曆1879年5月21日。她說一年三次船期往檀香山，航程約二十五天，[40] 那就是在很珍貴的史料中摻雜了誤導性非常強烈的信息。珍貴之處在於她說航程約二十五天，佐證了林百克所說的二十來天。誤導性非常強烈的信息則在於她說一年三次船期往檀香山，這種說法很容易被誤會為一年三次船期是從澳門出發（因為孫中山是從澳門出發的），而她所指的是一年三次船期是從香港出發。孫中山1879年所坐的船，是孫眉的合伙人臨時從香港租用來運載華工赴檀香山做工的，沒有固定船期。[41] 當時澳門並沒有定期開往檀香山的客船或貨船。

四、通過澳葡文化去了解世界？

孫中山從故鄉翠亨村專程往澳門之目的不是到澳門考察、學習，而是經過澳門登船出國——他與母親是從家鄉坐船到澳門的港口之內直接登上這艘

39　孫滿編：《翠亨孫氏達成祖家譜》，該文轉載於孫中山故居紀念館編：《孫中山的家世》（北京：中國大百科全書出版社，2001），頁12-28：其中頁18-19。以下簡稱故居編：《家世》（2001）

40　孫科則說，他在1895年11月所坐的船，歷時共一個月才從香港抵達檀香山。這可能是因為該船途經日本的長崎、神戶、橫濱等港口。見孫科：〈孫院長哲生先生〔第一次〕談話〉，1969年3月15日，載吳任華編纂、曾霽虹審閱：《孫哲生先生年譜》（臺北：孫哲生先生學術基金會，1990），頁445-449：其中頁446。

41　Linebarger, *Sun Yat Sen and the Chinese Republic*, p. 104.

遠洋輪[42]——行程純粹屬於過境性質，時間短促，孫中山只能從船上遠眺澳門的水陸風光。怎能把這麼短暫的時光，說成是孫中山通過澳葡文化去了解世界？

不單如此，孫中山回憶說：「到澳門的時候，這輝煌的城市，有賭博室，鴉片煙館，花船，妓女等等的引誘，他知道這些都是壞東西。」[43]他從何知道這些都是壞東西？因為他的父親告訴他，乃父對於「那些花船上淫蕩的歌聲、賭場上虛偽的做作、以及煙館裏濃厚的氣味」，[44]都大不以為然，並經常以此教導兒子必須潔身自愛。[45]就在孫中山路經澳門的前一年，上海《申報》以〈賭風大熾〉為題報道說：

> 澳門有白鴿票，名曰外生，葡萄牙官每歲出牌准人經理此事，該牌近年來納費於官者，計洋十三萬一千元，而今年則風聞可得洋四十五萬元，觀此情形是賭風竟日熾一日也。吾不知葡萄牙官身居人上，而貪不義之財至於如此，不顧他人之竊笑，其後並不顧中華人之陰受其禍，殆所謂別有肺腸耶？[46]

正是由於孫中山與母親是從家鄉坐船到澳門的港口內直接登上遠洋輪，[47]所以我們可以想像當時他是從船上看到澳門水陸的花花世界。「他雖然年幼好奇，亦不願深究，他甚至不屑登岸看看。」[48]澳葡文明留給孫中山的，就是如此這般的第一印象（first impression）。

42　Linebarger, *Sun Yat Sen and the Chinese Republic*, p. 104.

43　Linebarger, *Sun Yat Sen and the Chinese Republic*, pp. 105-106.

44　林百克著，徐植仁譯：《孫中山傳記》，頁22。

45　林百克著，徐植仁譯：《孫中山傳記》，頁23。

46　佚名：〈賭風大熾〉，上海《申報》，1878年5月18日；轉載於廣東省檔案館編：《廣東澳門檔案史料選編》（北京：中國檔案出版社，1999）。

47　Linebarger, *Sun Yat Sen and the Chinese Republic*, p. 104.

48　Linebarger, *Sun Yat Sen and the Chinese Republic*, p. 106.

此外，孫中山還隨口唸了一首詩歌來譏諷澳門，歌曰：

內作色荒，

外作禽荒；

甘酒嗜音，

峻宇雕牆；

有一於此，

未或不亡。

孫中山早年在村塾已讀過部分四書五經，而且理解箇中道理。這在本書第三章已有所交待。準此，他在1879年經過澳門時能隨口唸出《書經》中〈五子之歌〉[49]來表達他對所見所聞的不滿，就毫不奇怪。

同時，考慮到林百克是在1919年根據孫中山口述來寫成他的傳記，[50]可見四十年後的孫中山，對於澳門那不良之風仍然耿耿於懷！為何如此？當時澳門那聲色煙賭之惡名，歷久不衰也，以至基督教傳教士對其深痛惡絕。就連那位在1883年3月31日才首次踏足香港的美國傳教士喜嘉理牧師，[51]很快也從其他傳教士口中得悉澳門的情況而寫道：「由於澳門境內不道德的事情太多，以至聲名狼藉。」[52]同年夏，孫中山自檀回華，[53]很快就認識喜嘉理牧師並應其邀請而住進他的宿舍。[54]天天與其生活在一起，偶聽其對澳門的批評，孫中山也會深表同意。這些談論，又倒過來加深孫中山對澳門的看法。1886年秋孫中山進入廣州博濟醫院學習醫科。該院是美國基督教傳教士

49　《國父年譜》（1994年增訂本），上冊，頁26，1897年6月條。

50　Linebarger, *Sun Yat Sen and the Chinese Republic*, Foreword, p. ix.

51　Hager to Clark, 12 April 1883, American Board of Commissioners for Foreign Missions (hereafter cited as ABC) 16.3.8: South China v. 4, no. 3, p. 1.

52　Hager to Clark, 24 November 1883, ABC 16.3.8: South China, v. 4, no. 11, p. 3.

53　孫中山：〈覆翟理斯函〉，手書墨蹟原件，藏中國國民黨中央黨史委員會，刊刻於《國父全集》（1989），第二冊，頁192-193。又載《孫中山全集》，第一卷，頁46-48：其中頁47。

54　見本書第六章。

所辦，院長是嘉約翰牧師醫生（Rev. Dr John Kerr）。[55] 孫中山繼續生活在傳教士的圈子裏。1887年秋，孫中山轉香港西醫書院，該書院沒有自己的校舍，學員都是在基督教倫敦傳道會主辦的雅麗氏醫院上課、實習、寄宿、值班。[56] 孫中山又繼續生活在傳教士的圈子裏，聽他們偶爾對澳門的批評。

至於霍啟昌教授等大作的內容，則他們的圖片集絕大部分屬於1892年孫中山在香港的西醫學院畢業後到澳門行醫期間和以後的事情。他真正居住在澳門行醫的具體時間，大致可以說是從1892年12月18日他在澳門貸款開設中西藥局開始，[57] 到1894年1月左右離開澳門為止，[58] 前後大約是一年零一個月。以這一年零一個月的繁忙行醫時間，與孫中山從1883年秋到1892年夏在香港唸中學和醫科大專約九年[59] 全神貫注地學習的時間相比較，則孫中山是通過香港的英語文化還是澳門的葡語世文化去認識世界，不言而喻。而且，孫中山在澳門行醫時，受到種種不平等的待遇，他在1894年1月左右被迫離開澳門，離開時血本無歸，如此種種，將在本書第七章有較詳細的交代。可以說，自從孫中山懂事而聽乃父教訓開始，到1894年他二十七歲被迫離開澳門為止，孫中山對澳門的印象都是挺糟糕的。

一般來說，若某人希望學習某地的文化並通過該地的文化去了解世界，先決條件之一是此人對該地文化有敬仰之情。既然孫中山自幼即厭惡澳門的不良之風，成年後到澳門行醫時甚至深受其害，而實際上他也沒有在澳門正式或非正式地讀過什麼書、受過什麼培訓，但偏偏霍啟昌教授卻硬要在嚴肅

55　《國父年譜》（1994年增訂本），上冊，頁44，1886年條。

56　見本書第六章。

57　孫中山：〈揭本生息贈葯單〉，1892年12月18日，載《孫中山全集》，第一冊，頁6-7。

58　這是費成康博士的考證結果。見費城康：〈孫中山和《鏡海叢報》〉，載澳門基金會、上海社會科學院編：《鏡海叢報》（澳門基金會、上海社會科學院聯合出版，2000），其中費序，頁5。感謝廣州市中山大學的邱捷教授，借該書予筆者參考。費博士以堅實的證據推翻了馮自由在其《革命逸史》第四集頁72中所說的孫中山「居澳半載」。至於《孫中山年譜長編》，上冊，頁65，1893年9月25日條說孫中山於當日去了廣州，自言所據乃孫中山：〈聲明告白〉，自《鏡海叢報》，1893年9月25日影印件。徵諸上述澳門基金會和上海社會科學院合作出版的《鏡海叢報》複印本，其中卻缺1893年9月25日的刊物。最接近這個日期的是1893年7月18日和1893年11月28日的刊物。故竊以為《孫中山年譜長編》所引之件仍須進一步考證。該件是否出自《鏡海叢報》的葡文版 Echo Macaense？

59　在這段期間的1886/7年他到了廣州博濟醫院唸了一年醫科。等到1887年秋，香港的西醫學院成立時，又回到香港唸醫科。

的大型國際場合把澳門與葡語文化説成是孫中山認識世界的渠道，並煞有其事地著書以證其説。可惜其書所提出來的證據剛與其説相反，[60]而該説既不合邏輯，更不符事實。為何如此？

五、為何如此？

一位訓練有素的歷史學家、大學教授，卻蓄意違反了他專業最基本的原則——即「不説違反史實的話」，應該有深層次的原因。這原因是什麼？除非霍教授自己道明真相，否則世人無從捉摸。但他的表現實在匪夷所思，故值得深究；且關乎孫中山是受到什麼影響而走上革命道路的問題，是本書的心臟地帶，不能坐視不理。無計可施之餘，迫得從旁探索，辦法是把同時期同性質而又是有關孫中山研究之案例放在一起考察，且看能否找出什麼蛛絲馬跡。

同時期同性質而又是有關孫中山研究的案例之二，是澳門的陳樹榮先生，在《澳門日報》發表了大量有關孫中山在澳門活動的文章。這些文章大致可歸納為三大類：

第一、孫中山在澳門下環正街三號創辦了《鏡海叢報》（中文版），並當該報編輯和主筆，又經常撰稿，鼓吹革命。

第二、孫中山在澳門草堆街設立中西藥局，以此作為據點，策劃革命。

第三、孫中山在澳門議事亭前地十四號設立「孫醫館」，既作診所又是寓所，與夫人盧慕貞和幼子孫科一起在那裏居住。

後經筆者多年來頻頻到澳門做檔案鑽研和實地調查後，證實其中有不少是查無實據之作，詳見本書第七章。

同時期同性質而又是有關孫中山研究的案例之三，是1991年香港的孫述憲先生為《孫逸仙倫敦蒙難真相》（英文原著）[61]在香港《信報》所發表的書評。[62]該書評説了很多既違反史實也違背原著內容的話。須知原著雖然是由

60　霍啓昌等編：《澳門：孫中山的外向門戶和社會舞台》（澳門：1997）。

61　J. Y. Wong, *The Origins of an Heroic Image: Sun Yatsen in London, 1896-1897* (Honag Kong; Oxford: Oxford University Press, 1986).

62　該書評刊香港《信報》，1991年9月7日。

牛津大學出版社在牛津大學的總部邀請不具名的專家審稿後批准出版，但實際出版事宜仍由香港分社負責，理由是對孫中山有濃厚興趣與深厚感情的讀者，在東亞和東南亞要比在英國的多得多，香港也絕對不乏英語極佳的華人讀者。1986年出版時的推廣活動則包括：

    1. 印製精緻的燙金邀請卡廣發予香港知識界，請其參加新書發佈會；

    2. 由香港大學校長王賡武先生在香港大學主持新書發佈會；

    3. 該書作者在香港大學做兩次公開講座；

    4. 香港電台兩個不同的節目從不同角度採訪作者及藉此介紹新書內容；

    5. 《南華早報》（*South China Morning Post*）專欄介紹；

    6. 《遠東經濟評論》（*Far Eastern Economic Review*）書評介紹。

故當時該書在香港頗為暢銷，結果不少讀者在1986年先閱讀了原著，1991年再看到姍姍來遲的孫述憲在香港《信報》之書評後，紛紛發覺書評說了很多不符史實與違反原著的話。而讓他們更反感的，是孫述憲借題發揮而大罵「番書仔」。

據了解，「番書仔」一詞是某種極端的激進份子強加於廣大曾在香港讀英文中學和香港大學甚至曾留學歐美的知識份子之稱謂，其中不乏辱罵之意，認為他們接受西方教育就是出賣祖國。套用中國大陸的術語，這種做法叫做「打棍子」。在二十世紀五六十年代的中國大陸，一棍子可以把人被打得永世不得翻身。運用孫述憲這種邏輯，則在香港和東南亞懂英語的全部是「番書仔」，結果通通挨了孫述憲一記悶棍。蓋「番書仔」之雅號：

    1. 充滿極端的偏見，而這種偏見早已為中國大陸帶來嚴重的人為災難。

    2. 所包含的「番」字充滿種族歧視，是當今國際社會絕對不能容忍的歧視。

上述三個同時期同性質而又是有關孫中山研究之案例，自有其特殊的時代背景。1984年中英發佈聯合聲明，英國決定在1997年把香港交還給中國；不久中葡又發佈類似的聲明，葡萄牙決定在1999年把澳門交還中國。港澳的「番書仔」為自己的前途甚為擔憂，爆發了向外移民潮，香港馬上出現人才嚴重短缺的現象，促使港督彭定康（Christopher Patten）把不少專上學院諸如紅磡理工學院、浸會學院等升格為大學，以補專業人才之不足。無法向外移民者，大有甕中鱉之慨，惶惶不可終日。為何如此，此話說來話長，但為了

繼承中山先生不惜投身革命來促使中國現代化的遺志，這種特定時期的特殊社會現象，值得闡述並深思。

如此，就有必要重提本書以孫中山自言香港教育讓他走上革命道路那句話。本書如此作開始，是希望畫龍點睛般點出，在中國近代史上，首批湧現出來的愛國主義者，是沿海通商口岸接受過西方教育的華人，其中不乏港澳的「番書仔」。[63]

「天無二日、人無二主」[64] 這古訓誠然不錯，以孫中山、陸皓東、鄭士良、陳少白、楊衢雲、謝纘泰等為代表的，在沿海通商口岸被教育出來的中國知識份子，他們心目中只有一個國家。他們從來沒有認賊作父，從來沒有把外國人當主子。

但是，過去中國共產黨高層對沿海知識份子是存有疑慮的，唯出於統一戰線的需要，而尊稱孫中山為偉大的革命先行者。陸皓東、鄭士良、陳少白等也備受讚揚。對楊衢雲、謝纘泰等也只是表示沉默（由於楊、謝後來與孫中山發生過爭執）。[65] 在孫中山革命團體以外的、沿海通商口岸的其他知識份子，哪怕是同樣地愛國，際遇就不一樣了。在解放後中國大陸的歷次政治運動中，曾在沿海通商口岸接受過西方教育的知識份子都大批地遭殃，不少被誣衊為漢奸、賣國賊。這種現象，就連美國學者也看不過眼，挺身為他們鳴冤。[66] 鄧小平改革開放政策從1978年開始後，中國政府急需懂得西方文化的知識份子，原來在沿海口岸受過西方教育的人，命運才有所改善。但冰凍三尺，非一日之寒。積漸所至，也非一時間能清除。長期以來所養成的、對中國沿海通商口岸所培養出來的知識份子的嚴重偏見，可謂根深蒂固。

霍啟昌是澳門人，美國夏威夷大學博士畢業後，先在香港大學任教，繼而到澳門大學當教授。他是中國近代史專家，對上述此段歷史甚為熟悉，故對這種偏見深存恐懼，結果無論如何也要把澳門說成是孕育孫中山的地方；

63　當時的香港同胞，流動性很大，他們大多數從廣東沿海地區到香港謀生而又回鄉置業，或到香港讀書然後回國服務。

64　《孟子·萬章上》：孟子引孔子曰：「天無二日、人無二主」。徵諸孔子原話，則曰：「天無二日、土無二主」，見《禮記·曾子問》。

65　見本書第八章〈廣州起義〉。

66　Lucian Pye, "How China's Nationalism was Shanghaied", in Jonathan Unger ed.. *Chinese Nationalism* (New York: M.E. Sharpe, 1996).

以此類推，則既然孫中山是愛國的，那麼澳門知識份子同樣是愛國的。

陳樹榮本是香港人，其尊翁是香港工人運動的領袖。陳樹榮本人自小即在旺角勞工子弟學校讀書，畢業後往澳門愛國機構《澳門日報》參加工作，從記者逐步擢昇到副總編輯。澳門回歸之日，應該是他吐氣揚眉之時，為何卻有類似霍啟昌之表現？竊以為在較為自由的澳門天天責難澳葡種種不是，那可以。若回歸後只談一國不講兩制，後果又如何？陳樹榮雖然是「老左派」，但到底是中國沿海通商口岸培養出來的知識份子啊！故其漠視一切史實而把澳門說成是孫中山從事革命的根據地，甚至把發生在香港的「四大寇」談反滿，也硬說成是發生在澳門的事情，以影射自己像孫中山一樣愛國，就毫不奇怪了。

至於孫述憲，本來是旅美華人，曾當過《紐約時報》記者，是不折不扣的「番書仔」。退居香港不久就遇上《中英聯合聲明》，其破口大罵「番書仔」之舉動，很可能是藉此表忠。但正所謂「賊喊捉賊」，光喊是捂不住他自身歷史的！據了解，本來是《明報月刊》慕其學兼中西而把那本《孫逸仙倫敦蒙難真相》（英文原著）交孫述憲並請其寫漢語書評，不料孫述憲竟然藉題大罵「番書仔」，《明報月刊》編輯接獲書評稿子後以其違反史實而拒絕刊登，孫述憲就通過私人關係求《信報》的熟人在該報發表他那不速之客，在人情難卻的情況下，終圓了孫述憲大罵「番書仔」之夢。令人高興的，是近年中央制定政策，大力鼓勵中國留學生回國服務，熱情地尊稱他們為「海歸派」，絕對沒人罵他們為「番書仔」，中央用實際行動把孫述憲之流掃進歷史垃圾堆。這一切都是很大的進步。

筆者上述分析與推測，不知是否準確？佇候霍啟昌教授、陳樹榮編審與孫述憲先生站出來教正。

六、鐵樑英風

當孫中山所坐的那艘從香港包租而來的「二千噸的英國鐵輪船」[67] 1879年5月21日一經啟動後，孫中山馬上進入了另外一個世界，讓他驚奇不已：

67　Linebarger, *Sun Yat Sen and the Chinese Republic*, p. 104.

奧！實在太偉大了！那機器的奇妙！那蒸汽機的火焰！而比這兩樣東西讓我更驚奇的，是那橫架在輪船的鐵樑。這麼長、這麼重的鐵樑，需要多少人才能把它安裝上去？我忽然想到，就是那位發明並製造了這大鐵樑及其妙用的天才，同時也發明了一種足以調動這鐵樑而又揮灑自如的機器。這一發現，馬上讓我感覺到，中國不對勁！外國人能做得到的事情，為什麼我們就是做不到？[68]

對孫中山來說，這艘英國船的鐵樑與蒸汽機代表着新世界。而他從家鄉乘坐到澳門的船艇，正是舊世界的標誌。

其實，孫中山當時所坐的遠洋船，似乎不是完全的汽船，而是被稱為火輪的那種船，部分依靠機器的動力航行，但同時仍張着風帆行駛。為何筆者作如是想？因為十六年後的1895年10月26日的廣州起義失敗後，他的兒子孫科跟祖母楊氏、母親盧慕貞和妹妹孫金琰，在同鄉陸燦護送下從翠亨村逃往香港轉檀香山的那艘船，就是這樣的一艘火輪，重量比孫中山所坐的那艘船還重，約三、四千噸。[69] 十六年後的客輪尚且如此，當時的客輪可知。

孫中山所坐的鐵輪船，乘風破浪，朝一望無際的大海前進。回想「翠亨村海邊小木船，還需要人力使用木槳划行；如今這龐然巨輪卻可以應用巧妙的『機器』行進自如！」[70] 此行讓孫中山「始見輪舟之奇，滄海之闊，自是有慕西學之心，窮天地之想」。[71] 論者曰：「此數語不特表示先生在思想上開拓新境界，而且在生命上得到新啓示。此種自我之發現與生命之醒覺，實為先生一生偉大事業之發源。」[72] 信焉！由是觀之，這艘來自香港的英國輪船，可以說是孫中山走向「現代化」世界的啓蒙老師，而不待日後他到香港

68　Linebarger, *Sun Yat Sen and the Chinese Republic*, p. 106-107，此段為筆者所譯。另有譯文見徐植仁譯：《孫中山傳記》，頁97-98。筆者譯自Linebarger, *Sun Yat Sen and the Chinese Republic*, p. 106.

69　孫科：〈孫院長哲生先生〔第一次〕談話〉，1969年3月15日，載吳任華編纂、曾霽虹審閱：《孫哲生先生年譜》（臺北：孫哲生先生學術基金會，1990），頁445-449：其中頁446。

70　吳相湘：《孫逸仙先生傳》（臺北：遠東圖書公司，1982），上冊，頁27。

71　孫中山：〈覆翟理斯函〉，載《孫中山全集》，第一卷，頁46-48：其中頁47。

72　《國父年譜》（1994年增訂本），上冊，頁27，1897年6月條。

上正規學校之時也。

後來由於孫中山反對帝國主義壓迫中國，並努力為中國爭取獨立自主，以至不少外國人罵他「仇外」（anti-foreign）。在這個問題上，美國人林百克有很中肯的評論。他說，孫中山其實只是在「講道理」，哪裏是「仇外」：

> 年幼孫文的品格和天性，其實與後來當了總統的孫中山無異。若是孫文在登上那〔艘在1879年駛往夏威夷的〕船之時，早已像他的同胞那樣存在着對外人的敵意和偏見，那麼他決不會從鐵樑中得到這麼深遠的啓發。年幼孫文的胸襟已很寬敞，以致他有這個宏量把中國與外國做一個真實的比較，並虛心承認他自己熱愛的祖國原來是這麼落後。比諸當時他的同胞們那種極度蔽塞與頑固的心理，則年幼的孫文那種開放與坦率的態度，真是世間罕有。[73]

但當船上的一名英國水手身亡而英國船長把屍骨未寒的遺體海葬時，孫中山又極度反感，覺得此舉「野蠻，拋屍入海有瀆神明，多麼殘忍」。[74]這個事例至少說明了三個問題：

第一、儘管是幼年時代的孫中山，在學習英國文化的過程中是有選擇的，不會盲目地全盤照搬。

第二、雖然他高度景仰英國的物資文明，但在人情方面，他還是不折不扣的黃炎子孫。竊以為這兩點特徵，是以後孫中山一生的縮影。

第三、後來孫中山在檀香山受英美教育日久，慢慢會明白到，該船的船長和船員全是耶教徒，海葬也採取耶教儀式，西方的建築、音樂、禮儀、世界觀、生活方式、一舉一動，無不深受耶教影響。當時西方文明的基礎就是耶教。他所坐的那艘船、其鐵樑、機器，都是耶教徒發明的。耶教似乎是現代化的標誌，他逐漸對耶教發生莫大興趣，不全是宗教信仰問題，而是正如

---

73 Linebarger, *Sun Yat Sen and the Chinese Republic*, p. 107。此段為筆者所譯。另有譯文見徐植仁譯：《孫中山傳記》，頁97-98。

74 林百克著，徐植仁譯：《孫中山傳記》，頁96。原文見Linebarger, *Sun Yat Sen and the Chinese Republic*, p. 105.

他自己所説的：「慕西學之心」也。[75]

　　該船乘風破浪地前進，除他母子以外，船上的其他乘客都是往檀島做工的窮苦大眾，當中沒有一個孫中山認識的人。慢慢地，孫中山感到愈來愈寂寞，也愈來愈思念家鄉，陷入沉思，想得很多很多。[76]

七、抵火奴魯魯入學

　　孫中山母子所乘坐的那艘英國火輪船，自1879年5月21日啓碇後，[77] 經過約二十五天的旅程，[78] 即到達了夏威夷群島之中奧阿厚島（Oahu Island）[79] 的火奴魯魯（Honolulu，俗稱檀香山）市。孫眉在碼頭迎接母親和那個「穿着中國長衫、辮子盤在頭頂、戴着紅頂綢瓜皮帽」的弟弟。[80]

　　後來成為孫中山同班同學的鍾工宇，也差不多在這個時節到達火奴魯魯。他憶述當時的情景説：

　　　　我們的三桅帆船到達火奴魯魯外港時，正值美麗的六月某日黃昏時節，漲潮，我們的船由拖船拖着越過沙洲（sand bar），進入內港，在當今的第七號碼頭所在地附近拋錨。由於當時還沒有建築碼頭，幸好水淺，只有十五英呎深。我們等到翌日清晨才上岸〔我船無法靠岸，我們必須涉水上岸〕。當時沒有邊防檢查，也沒有海關，旅客可以自由出入。

75　孫中山：〈覆翟理斯函〉，載《孫中山全集》，第一卷，頁46-48，其中頁47。

76　Linebarger, *Sun Yat Sen and the Chinese Republic*, p. 115. 此段為筆者所譯。

77　見本章第三節。

78　楊連逢採訪孫緞（九十七歲），1957年5月無日，載李伯新：《憶訪錄》（1996），頁165-166：其中頁165。

79　Oahu有多種音譯。孫中山自稱之為奧阿厚。見孫中山：〈覆翟理斯函〉，載《孫中山全集》，第一卷，頁46-48：其中頁47。檀香山華僑宋譚秀紅、林為棟等稱為奧雅湖，見其《興中會五傑》（臺北：僑聯出版社，1989）。香港的吳倫霓霞音譯作瓦湖，見其《孫中山在港澳與海外活動史蹟》（香港：聯合書院，1986）。本書從孫中山而稱之為奧阿厚，故Oahu Island稱奧阿厚島，Oahu College稱奧阿厚書院。

80　陸燦：《我所認識的孫中山》，頁6。

第一座映入眼簾的建築物是沃特豪斯樓（Waterhouse Building），上面掛着那面由獨角獸與獅子等肖像所組成的國徽。有一個哈帕好樂（Hapahaole）的年輕土著在那裏兜售青蘋果。[81]

那座上面掛着那面由獨角獸與獅子等肖像所組成的國徽的Waterhouse Building，是當地的郵局。當孫中山得悉，若把一枚郵票貼在信封上然後投進郵箱，該信就會乘風破浪地回到翠亨村，而不用像在翠亨村那樣，到處請求行將外出的旅客帶信，他感到奧妙極了！[82]

為何夏威夷王國的國徽如此酷似英國國徽？事緣1778年英國航海名家Captain James Cook發現夏威夷群島後，夏威夷國王慕英國之名，1861年應邀訪英。英國之行，給他極好的印象，於是他邀請英國國教聖公會到夏威夷進行教化。在英國聖公會傳教士到達夏威夷之前，絕大多數學校是以夏威夷土語教學。傳教士到達後，認為用英語教學能讓孩子們更直接地理解英國文化和科學知識，同時避免再受那種充滿迷信的土文化毒害。[83]在這個問題上，夏威夷王比英國傳教士們更為着緊，故進一步建議馬上成立寄宿學校，以便孩子們從早年開始就遠離那種牢牢地籠罩夏威夷社會的巫術與迷信。[84]孫中山自言「是年夏母回華，文遂留島依兄，入英監督所掌之書院（Iolani College, Honolulu）肄業英文」。[85]這所Iolani College——意奧蘭尼學校，正是英國聖公會傳教士所創辦的。由此可知，孫中山就讀的第一所西方正規學校乃英國人所掌。那是繼他乘坐來檀的那艘英國火輪船上所受到的啟發之後，他在檀香山繼續接受英國文化的熏陶。

孫中山何時入學？鍾工宇的回憶同樣提供了珍貴參考信息：「七月，家父從凱魯阿（Kailua）回到火奴魯魯，為我向意奧蘭尼學校註冊。當時

81　Chung Kung Ai, *My Seventy Nine Years in Hawaii, 1879-1958* (Hong Kong: Cosmorama Pictorial Publisher, 1960), p. 43.

82　Linebarger, *Sun Yat Sen and the Chinese Republic*, p. 116。此段為筆者所譯。

83　Mildred Staley, "The Story of Iolani School", *Hawaiian Church Chronicle* (June 1933), p. 4, quoted in Ernest Villers, "Iolani School" (1940), p. 29.

84　Ernest Villers, "Iolani School" (1940), pp. 29 - 30.

85　孫中山：〈覆翟理斯函〉，載《孫中山全集》，第一卷，頁46-48，其中頁47。

圖4.3　火奴魯魯海港舊貌
（翠亨村孫中山故居紀念館供圖）

圖4.4　鍾工宇

學校放暑假，辦公室關門。剛巧，校監韋禮士主教的養子埃德蒙‧斯蒂爾（Edmund Stiles）在場，他讓家父等到九月開學時，再來註冊。」[86] 若孫中山同樣地在到達火奴魯魯即前往該校報名，遭遇也相同。

等到9月開課，鍾工宇單獨前往正式報名：「韋禮士主教親自面試我。他第一道提問，我根本聽不懂，但猜測其意，想是問我名字，我回答說：『Ai』〔宇〕，從此，我就變成姓宇，而不再姓鍾。」[87] 韋禮士主教者，該校校監也。鍾工宇說：「1879年9月，我註冊進入意奧蘭尼學校之後的兩個星期，孫帝象就來了。」[88] 看來孫中山到埗後，先住在孫眉家，很快就學會一點英語，所以當韋禮士主教面試他時，他能準確地說出他姓孫名帝象。孫眉本人就沒這福氣，他抵檀後就像鍾工宇一樣，在不明底蘊的情況下就被改了姓氏，以至他在檀島產業買賣和英語通信裏，都被稱或自稱為「阿眉」（S. Ah mi）。[89]

在孫中山入學之前，除了鍾工宇以外，校中只有其他兩名華裔學生，一名是唐雄，另一名是李畢。李畢性情暴烈，不久就退學，去當記者，但很快又不知所終。[90] 如此就剩下鍾工宇與唐雄，結果他們很快就成為好朋友。[91] 兩年後，鍾工宇因事回到康納（Kona）其父親處，故休學一年。當他再次在意奧蘭尼學校學習時，唐雄與他重新成為好朋友，什麼事情都一塊做，像兄弟般。[92] 孫中山到達後，三人也成為好朋友，其中一個原因是他們都是香山人，鍾工宇雖說他自己來自廣州，[93] 其實他是香山縣三鄉的西山村人，[94] 距

86　Chung Kung Ai, *My Seventy Nine Years in Hawaii, 1879-1958*, p. 46.

87　Ibid., pp. 46-47.

88　Ibid., p. 106.

89　夏威夷檔案館：S. Ah mi to His Excellency J. King, 25 March 1893, Hawaiian Government Archives, Interior Departmentt: Land, Box 95.

90　Chung Kung Ai, *My Seventy Nine Years in Hawaii, 1879-1958*, p. 53.

91　Ibid., p. 47.

92　Ibid., p. 47.

93　鍾工宇：〈我的老友孫逸仙先生〉（中譯本），載尚明軒等編：《孫中山生平事業追憶錄》，頁726-733；其中頁726。

94　佚名：〈鍾工宇（1865-1961）〉，載中山市孫中山研究會編：《孫中山與香山相關人物集》（香港：天馬圖書有限公司，2004），頁117-118；其中頁117。

離孫逸仙的故鄉翠亨村只有數十華里。[95] 唐雄則來自翠亨村以南、靠近金星門的唐家灣，三人說的都是香山式的白話，交談沒有隔閡。

八、全英制的意奧蘭尼學校（Iolani School）

經考證，孫中山所說的意奧蘭尼學校之「英監督」，正是英國聖公會在夏威夷教區的韋禮士主教（Bishop Alfred Willis of the Church of England）。他主辦的意奧蘭尼學校（Iolani College），本來就是他於1872年創辦的。[96] 看來該主教是一位雄心勃勃、要創一番事業的人。他在1872年才從英國到火奴魯魯上任，[97] 當年就創辦了意奧蘭尼學校。又經考證，該校所佔的土地以至該土地上所有的建築物，全都是他出資購買和建築的私人財產。[98] 這又說明另一個問題：此人有魄力而又獨斷獨行。因為，若向教會申請經費來創辦一所學校，曠時日久。若他自己掏腰包辦學，那麼馬上就可以辦起來。正因為如此，該校沒有設立董事局之類的管理委員會，以至該主教可以完全按照自己的意志而設計一所讓他自己稱心滿意的學校。

但是，主教的事務繁重，哪能分心主管學校？他必須僱請校長專責其事。翻查有關資料，可知1879年9月孫中山進入意奧蘭尼學校讀書時，該校的校長名字叫阿貝·克拉克（Abell Clark, 1875－1880任職），[99] 1880年初辭職；由唐瑪士·蘇普理（Thomas Supplee）代理。[100] 在1880年3月，韋禮士

95　據孫中山的姐姐孫妙茜口述，載黃彥、李伯新：〈孫中山的家庭出身和早期事蹟（調查報告）〉，《廣東文史資料》第25輯：孫中山史料專輯（廣州：廣東人民出版社，1979），頁274-290：其中頁284。

96　Benjamin O. Wist, *A Century of Public Education in Hawaii October 15, 1840 -October I5, 1940* (Honolulu: Hawaii Educational Review, 1940), p. 117.

97　C. F. Pascoe, *Two Hundred Years of the S.P.G.: An Historical Account of the Society for the Propagation of the Gospel in Foreign Parts, 1701-1900* (London: S.P.G. Office, 1901), p. 912.

98　Benjamin O. Wist, *A Century of Public Education in Hawaii October 15, 1840-October I5, 1940*, p. 118.

99　Arlene Lum ed., *At They Call We Gather: Iolani School* (Honolulu: Iolani School, 1997), p. 246.

100　Ibid, p. 246.

主教聘請了布魯克斯・貝克（Brookes Ono Baker）醫學博士當校長，是一位英國人，在紐約取得醫學博士，在英國和美國有過豐富的教學經驗。[101] 1882年的校長是赫伯特・沃理牧師（Rev Herbert F. E. Whalley）。[102] 就是說，孫中山在意奧蘭尼學校唸書三年期間，經歷了四位校長。這就很能說明問題。

什麼問題？竊以為極可能是韋禮士主教過問該校的事情太多，以致校長都不安於位。何以見得？有蛛絲馬跡可尋：

第一、當韋禮士主教在1880年3月向英國總部報告他聘請了布魯克斯・貝克醫學博士當校長時，韋禮士主教的用詞很能說明問題。他說：「布魯克斯・貝克博士被聘任為我的學校的校長」，[103] 而不是說被聘任為意奧蘭尼學校的校長。

第二、當時夏威夷王國的政府報告稱該校為「那位主教的學校」（The Bishop's College School）。[104]

第三、韋禮士主教獨斷獨行的美譽，連遠在澳大利亞西澳的聖公會主教也知道了，並給與綽號曰：「像一頭公牛般頑固的一位英國人。」[105]

韋禮士主教的頑固與孫中山的教育有何關係？該主教堅持意奧蘭尼學校的「教學方式完全按照英女王陛下的學校督察團屬下考試委員會所制定的教學方案辦事。講授的課目包括主流的英國課程和商業課程。商業課程包括一些特殊項目，這些特殊項目就是木工和印刷。為了講授這兩個特殊項目，韋禮士主教又不惜自掏腰包在學校裏設置了木匠作坊和印刷作坊，以便那些對

101　Alfred Willis to H. W. Tucker, private, 13 March 1880, Ref 9694/1880, Willis Papers, USPG/CLR217/pp. 39-41, at p. 40.

102　Arlene Lum ed., *At They Call We Gather: Iolani School*, p. 246.

103　Alfred Willis to H. W. Tucker, private, 13 March 1880, Ref 9694/1880, Willis Papers, USPG/CLR217/pp. 39-41, at p. 40.

104　*Biennial Report of the Department of Public Instruction* (Honolulu: Territory of Hawaii, 1880), p. 35, quoted in Ernest Gilbert Villers, "A History of Iolani School" (M.A. thesis, University of Hawaii, June 1940), p. 60, Iolani School Archives, Panko 050216.

105　"[A] bull headed Englishman", said the Bishop of Perth, Western Australian Australia. Quoted in Henry Bond Restarick, *My Personal Recollections: The Unfinished Memoirs of Henry Bond Restarick, Bishop of Honolulu, 1902-1920*. Edited by his daughter, Constance Restarick Withington (Honolulu: Paradise of the Pacific Press, c1938), p. 318.

這兩種手藝有興趣的學生盡量發揮他們的天才。〔不久〕有些畢業生已經在城裏成長為享有盛名的工匠」。[106]

至於主流的課程又有哪幾項？除了一般學校所講授的普通課目以外，還特別設有「代數（algebra），幾何學（geometry），生理學（physiology），拉丁文（Latin）與繪圖（drawing）」。[107] 其中拉丁文一科也真夠英國氣！當時牛津、劍橋兩所大學招收新生時，規定考生入學的先決條件是拉丁文與古希臘文兩種古文都必須及格。究其原因，則大約有二：

第一、培養文質彬彬並具有古雅風度的紳士階級當領袖人才來管理大英帝國。

第二、也是更重要的，是拉丁文邏輯性很強，故借助拉丁文來培養邏輯性強、思路清晰的的領袖人才。

至於所謂「一般學校所講授的普通課目」，自然包括歷史和算術。歷史課程的內容，則「全是英國歷史，教科書都是從英國運來的。其他歷史諸如美國史都不教。在算術課程裏講授的，都是英鎊、先令、便士；美國的圓、毫就完全沾不上邊！」[108]

再徵諸孫中山就學時期意奧蘭尼學校教員的名單（按英文字母順序排列），可知只有一位教員不具盎格魯‧撒遜的名字。他們是：

Baker, Brookes Ono, M.D.; Headmaster 1880-81.

Blunden, F.; 1873-?

Clark, Abell; 1874-79. Headmaster 1875-80.

Hore, Edward; 1872-7, 1878-81.

Meheula, Solomon; 1880-?

Merrill, Frank Wesley; Teacher (Iolani) 1878-80.

106　*The Anglican Church Chronicle* (Honolulu, 6 January 1883), v. 1, no. 2, p. 1, Iolani School Archives, pamphlet files. Panko 050216.

107　"The ordinary branches plus algebra, geometry, physiology, Latin, and drawing", *Biennial Report of the Department of Public Instruction*, p. 35, quoted in Ernest Gilbert Villers, "A History of Iolani School" (M.A. thesis, University of Hawaii, June 1940), p. 60, Iolani School Archives, Panko 050216.

108　Henry Bond Restarick, *Sun Yat Sen, Liberator of China* (New Haven, Yale University Press, 1931; London: Oxford University Press, 1931), pp. 12-14.

Supplee, Thomas; Headmaster 1879（Bishops College [Iolani]）.

Swan, William Alexander; 1873-74, 1881-? Headmaster 1873-74, 1882-?

Taylor, Wray; Teacher（Iolani）1880.

Whalley, Herbert F. E.; Headmaster 1882. [109]

九、為何如此英國氣？

為什麼意奧蘭尼學校這麼英國氣？因為它的創辦人韋禮士主教堅持如此。而且，這位主教不單是英國聖公會的主教，他還是英國牛津大學聖約翰學院的畢業生！[110] 他決心把優越的英國文化帶到夏威夷王國這化外之邦！

他的這種態度，即使從二十一世紀的眼光看問題，也不能怪他。因為，正如韋禮士主教自己所說的，英國聖公會之決定在夏威夷王國設立主教，完全是應夏威夷國王卡麼哈麼哈四世（Kamehameha IV）的摯誠要求。[111]

正如前述，夏威夷國王曾應邀訪英，時間是1861年，他受到英國王室隆重接待，對英國貴族階層所表現出來的恭謹與享受到的殊榮印象深刻，模仿之情，油然而生。同時他愛上了英國聖公會舉行彌撒時的隆重禮節：唱聖詩時那動人的旋律，頌經文時那莊嚴的神態，牧師們那高貴的袍子與那崇高教堂內彩色繽紛的玻璃窗互相輝映！他流連忘返之餘，對於他年青時在夏威夷曾接受過來自美國基督教綱紀慎會傳教士那種自我清貧得要命的教育，更為反感，把英國文化移植到夏威夷的決心益堅。他馬上向英國聖公會當局表示願意在火奴魯魯捐獻一塊土地以建築大教堂（cathedral），以後每年捐獻$1,000作為主教的薪金。英國聖公會的聖經聯合傳道會（United Society for the Propagation of the Gospel）熱烈響應，既撥款以襄善舉，又於翌年派出斯特利主教（Rt Rev Thomas Nettleship Staley）往主其事。該主教於1862年10月11日抵達當時的首都拉哈阿意納（Lahaina），正式成立英國聖公會在夏

109　Arlene Lum ed., *At They Call We Gather: Iolani School*, p. 246.

110　C. F. Pascoe, *Two Hundred Years of the S.P.G.: An Historical Account of the Society for the Propagation of the Gospel in Foreign Parts, 1701-1900*, p. 912.

111　Alfred Willis to Rev. H. W. Tucker, official, [12 February 1881], USPG/ OLR/D58/ No. 6719, Rec'd 12 March 1881.

威夷的主教區（diocese）。兩星期以後，夏威夷王后受該主教施洗入教，取名
娥瑪（Emma）。同年12月，猶長（High Chief）加拉鳩阿（Kalakaua）接受堅振
（confirmation）。[112]

　　國王又任命斯特利主教為政府內閣成員，並命其在國境內廣設男子學校
和女子學校，作育英才，以備將來管理國家之用。事緣夏威夷王國本來就相
當落後，1841年美國傳教士開始到達以後，國王急於同國際接軌，迫得臨時
聘用外國人當高官。但為了長遠計，還是必須訓練本土人才。故對斯特利主
教作出如是要求。準此，1862年斯特利主教抵達後，就在當時的首都拉哈阿
意納設立了聖十字架（St Cross）學校，[113] 1870年5月斯特利主教辭職。1872年
韋禮士主教接任，第一件事情就是在新的首都火奴魯魯購地創建意奧蘭尼學
校。土語意奧是指當地特有的一種大鷹，蘭尼是上天的意思，意境不可謂不
高。

　　韋禮士主教在意奧蘭尼學校扮演什麼角色？他既當校監又當舍監。[114]
原來他所創辦的是一所寄宿學校，這讓筆者聯想到當時英國聞名世界的所謂
「公學」（public school）制度。

十、英式寄宿學校

　　英國的所謂公學，最初（中世紀時代——約即公元500－1500年間）的確
是公開的。事緣英國各大教堂需要設立聖詩班，以便每日早經晚課及主日彌
撒時唱聖詩。設立聖詩班就必須男孩，於是廣招窮苦男孩來教他們唱聖詩，
並附帶給予免費住宿與教育。中世紀時代的英國，沒有一套教育制度。當
時能讀書識字、最具文化水平的，都是教會中的神職人員。他們所提供的教
育，自然是最好的。當英國的貴族醒覺到這種聖詩班其實是提供了高質量的
教育以後，就爭先恐後地把兒子們送去參加聖詩班。既然學員再不是一窮二

112　Alfred Willis to H. W. Tucker, 3 January 1880, Ref 5383/1880, USPG/CLR217/
　　　pp. 35-37.

113　Alfred Willis to H. W. Tucker, 3 January 1880, Ref 5383/1880, USPG/CLR217/
　　　pp. 35-37.

114　Arlene Lum ed., *At They Call We Gather: Iolani School*, p. 246.

白的男孩而是貴族子弟，於是這些學校慢慢就徵收昂貴的學費和宿費，性質也由公開辦學變成閉門收費——無錢不必問津——的私立寄宿學校。但仍然保留着原來的名字——公學。這樣的學校，直到1828年為止，全英國只有七所。[115]

但是，在1828年到1840年左右，英國的公學制度又有了一次重大的變革。事緣一所名字叫如鄂畢（Rugby）公學的校長唐馬士·安奴（Thomas Arnold），有一套嶄新的教學理念。他認為教育的最高目標是培養高尚人格：以當時的道德標準來説，就是培養深具基督精神的紳士（Christian gentlemen）。朝着這個目標，學校的教堂就成了學生精神生活的中心，所有學生都必須參加校方安排在教堂的一切活動。其次是培養學生合作互助的團隊精神；準此，球賽就變成學校體育的重點項目。為了達到這個目的，他又與同儕精心設計一種特別能促進隊員通力合作的嶄新球賽，並以該校的名字命名，翻譯成漢語就是欖球。這種球賽也是強迫性的，所有學生無論胖瘦高矮、近視遠視都必須參加。他與同儕又擴大該校講授課目的範圍以便包括各種理科。其他的改革包括所有學生都穿着同一款式的校服，以及挑選能幹的學生當學生幹部（school prefects），幫助校方維持紀律。[116]

他的改革，轟動一時。在他去世以後於英國新建立起來的私立寄宿學校，大都按照他的模式建校。而細察韋禮士主教在火奴魯魯創立的意奧蘭尼學校，處處可以見到這種新型英國公學的影子。宗教生活方面：「每個學生都必須參加每天在該校教堂舉行的早經晚課……該主教親自講授基督教義，教導他們必須破除迷信和批判神像崇拜。」[117] 在意奧蘭尼學校被潛移默化了三年以後的孫中山，甫回翠亨村即毀瀆鄉間神像，亦與此有關？

韋禮士主教規定所有宿生在星期天必須上教堂，參加主日崇拜，崇拜儀式在主教的準大教堂（procathedral）舉行。同學們列隊從位於卑斯街（Bates Street）的意奧蘭尼學校，像行軍般步操經過奴安奴街（Nuuanu Street），到達貝熱坦尼阿街（Beretania Street），左轉到堡壘街（Fort Street），然後直趨娥瑪

115　Michael McCrum, *Thomas Arnold Head Master* (Oxford University Press, 1989), p. 116.

116　Ibid., pp. 116-117.

117　Lyon Sharman, *Sun Yat-sen: His Life and its Meaning* (New York, 1934), p. 13.

王后街（Emma Street）的聖安德魯（St Andrew's）準大教堂（procathedral），以便參加11時舉行的英語彌撒。他們按序坐在教堂右邊預定的長椅上。彌撒過後，再列隊步操回學校。

若有英國兵艦到訪，官兵們同樣列隊，在橫笛手與軍鼓手所奏的軍樂節奏帶領下，雄抖抖氣昂昂地步操到聖安德魯準大教堂參加早上11時的禮拜，他們紅色的軍服，燦爛奪目。

屬該大教堂的本市白人教友包括Harry von Holt、Jack Dowsett、George Smithies、William Smithies his brother、George Harris及其父母、Mr and Mrs. Mark P. Robinson和Mrs MacKintosh的兩個女兒，麗珂麗珂公主殿下（Princess Likelike，嫁了給Cleghorn先生，故又稱Mrs Cleghorn）也經常來參加禮拜，坐前排中間的長椅。[118]

軍訓是英國公學不容或缺的課程：「我們每天大清早就在爾本·盧（Eben Low）先生的指導下，進行軍訓，不停大踏步地往前走、左轉、右轉、後轉、跟步走。他用英語下口令時，我都能聽懂，後來突然之間他改用夏威夷語，我就有點迷惘。經了解，原來他說：『跟步走！』我本來一直就是跟步走嘛」，[119] 鍾工宇回憶說。孫中山的注意力卻不在左轉、右轉、跟步走這些形式上的訓練，而在戰術和戰略上的意義！[120]

體育方面，像英國那樣打欖球需要很大的場地，費用不菲。儘管有錢買了地皮，而火奴魯魯山地多於平地，要平整廣大的一幅土地，談何容易？變通辦法，就是選擇有集體性質的活動。在這方面，鍾工宇提供了很珍貴的資料：

每天下午課餘時份，我們就結隊上山到阿樂可基（Allekoki）池游泳，是為每天最快樂的時光。混血兒占姆·莫士（Jim Morse）自告奮勇地當我們教練，他非常耐心，我很快就游得很出色，甚至從十二呎高的懸崖跳進水裏也毫無懼色。每個星期六的下午，就改為進軍卡盆納瀑布

118　Chung Kung Ai, *My Seventy Nine Years in Hawaii, 1879-1958*, p. 60.

119　Ibid., p. 53.

120　Linebarger, *Sun Yat Sen and the Chinese Republic,* p. 129.

（Kapena Falls），在那裏游泳兩三個小時，直到晚餐時間快到了，才依依不捨地回校。我實在愛游泳，光是學好了游泳，家父送我到意奧蘭尼學校讀書兩年所花的三百塊錢，就已完全值得。[121]

此外：

章禮士主教安排我們華裔學童共六人全權負責種植學校所擁有的一個菜園。該菜園在校外約五百呎的地方。我們種了生菜，但吃不完，以至生菜老得長花了，我們就向菜花扔石頭取樂。雖然這個種菜的活兒枯燥乏味，我們還是非常喜愛這份差事，因為我們可以藉此多做戶外活動。[122]

多做「戶外活動」，「不做書蟲」，德育、智育、體育「全面發展」，正是英國公學的教育理論基礎。至於寄宿學校有規律的集體生活，更是培養學生合作互助精神不容或缺的組成部分：

0530　值班學生搖鈴，所有宿生一塊起床，列隊步行到山溪上洗澡。
0630　在宿舍陽台列隊，點名，然後列隊進入學校的教堂早經。
0700　學生輪班集體打掃衛生。
0730　集體早餐〔餐前餐後由舍監帶頭祈禱祝福與謝恩〕。
0815　軍事鍛練（逢星期一與星期五）。
　　　詩歌練習（逢星期二與星期四）。
0900　上課。
1200　集體午餐〔餐前餐後由舍監帶頭祈禱謝恩〕。
1300　上課。
1545　集體體力勞動諸如種菜、栽花、木工、印刷、大掃除。
1615　列隊步行到山溪上游泳。

121　Chung Kung Ai, *My Seventy Nine Years in Hawaii, 1879-1958*, p. 56.
122　Ibid., p. 57.

圖4.5　鄂畢公學（Rugby School）

圖4.6　卡盆納瀑布（Kapena Falls）

1730　　集體晚餐〔餐前餐後由舍監帶頭祈禱謝恩〕。

1830　　在學校教堂晚課。

1900　　集體在大堂裏自修。

2100　　上牀。

2120　　關燈。[123]

別小看這日程，哪怕是進膳吧，都有一定的程序：先是全體肅立，待校監與其他教職人員進場各就各位後，再由校監在主席位上站着祈禱祝福，同學們回應，才開始一齊坐下來用膳。膳畢，校監先站起來，其他教職員和宿生馬上一齊肅立。校監祈禱謝恩，同學們回應，校監離座，教職員隨他離去後，同學們才能列隊離開。[124] 這是一種紀律問題，校方有明文規定。

從這個角度看問題，則孫中山從意奧蘭尼學校那裏進一步學到非常珍貴的一點，那就是按章辦事。所有規章制度，明文發表，各人熟識規章後，上下人等，一體凜遵。這是法治精神。可以想像，孫中山在意奧蘭尼學校過了約三年（1879－1882）有條不紊的生活，在他心靈中留下深深的烙印。

至於挑選突出的學員來當學生幹部，則當時宿生人數有限，沒有這個必要，就由韋禮士主教這舍監親自維持秩序，包括宿生入睡後查房。當他發覺有宿生睡酣後把被子踢開，就靜悄悄地為他重新蓋上，以防着涼。[125] 正如這種新興公學制度的創始人唐馬士·安奴（Thomas Arnold）所說，宿生離開了家庭，缺乏家庭溫暖，校方必須填補這個空缺。韋禮士主教就非常自覺地兼嚴父慈母於一身。其父母都在萬里以外的孫中山，這位代理嚴父慈母對他會產生什麼影響？

韋禮士主教創辦的這所學校，的確辦得很好。夏威夷教育部1878年的雙年度報告，讚揚意奧蘭尼學校說：「教學方法既現代化又優越（modern

---

123　May Tamura, "Preserving Iolani's Past", insert in *Iolani School Bulletin* (Winter 1980－Fall 1981), page C, quoted in Irma Tam Soong, "Sun Yat-sen's Christian Schooling in Hawaii", *Hawaiian Journal of History*, v. 31 (1997), pp. 151-178: at pp. 161-162.

124　這是筆者多年在牛津大學聖安東尼學院當研究生（1968-1971）、研究員（1971-1974）和在澳洲悉尼大學聖安德魯學院（1974-1976）和聖約翰學院（1991-1994）生活體驗所重建起來的一幅圖畫。

125　Chung Kun Ai, *My Seventy Nine Years in Hawaii 1879-1958*, p. 107.

and excellent），宿舍的設備齊全，制度完善，清潔衛生，是同類學校的典
範。」[126] 報告又說，意奧蘭尼學校共有五十八名學童，其中十二名獲頒發政
府獎學金。[127] 1880年的雙年度報告說，學童當中，四十三名寄宿生，九名為
走讀生。教育部長比索先生（Charles R. Bishop）對該校的評價是：「學校朝
氣蓬勃，教學效率高。」他對該校宿舍的評價尤好：「宿舍整齊清潔，宿生
體格優良，彬彬有禮，潔身自愛。」[128] 1882年，學生人數如前。[129]

十一、孫中山是寄宿生還是走讀生？

但是，若孫中山不是寄宿生而是走讀生，上述這一切筆墨都等同白費！
意奧蘭尼學校對孫中山現代化革命思想的影響云云，也會大打折扣。所以，
當前急務，是查清楚孫中山是否寄宿生。

林百克著、徐植仁翻譯的《孫中山傳記》沒有直接說明這個問題。但是
它說，孫中山「至檀，居茂宜島（Maui Island）茄荷蕾（Kaului）埠，初於德彰
公〔按即孫眉〕開設之德隆昌米店中佐理商務，習楷耐楷人（土人）方言及中
國式之記賬法、珠算應用法，覺興味索然，殊非所好。德彰公知先生有志於
學也，旋使入設於火奴魯魯之意奧蘭尼書院就讀」。[130] 此說為《國父年譜》
所採納。[131] 準此，孫中山應該是寄宿生，因為茂宜島（Maui Island）距離火奴
魯魯所在的奧阿厚島（Oahu Island）甚遠，以當時的交通條件來說，絕沒可能
每天來回上學。

126　*Hawaiian Department of Public Education Biennial Report, 1878*, p. 17.

127　*Biennial Report of the Department of Public Instruction, 1878*, p. 35, quoted in Ernest
　　Gilbert Villers, "A History of Iolani School", University of Hawaii M.A. thesis, 1940,
　　p. 47.

128　*Biennial Report of the Department of Public Instruction, 1880*, p. 35, quoted in Ernest
　　Gilbert Villers, "A History of Iolani School", University of Hawaii M.A. thesis, 1940,
　　p. 60.

129　*Biennial Report of the Department of Public Instruction, 1882*, p. 36, quoted in Ernest
　　Gilbert Villers, "A History of Iolani School", University of Hawaii M.A. thesis, 1940,
　　p. 61.

130　林百克著，徐植仁譯：《孫中山傳記》，頁114-8。

131　《國父年譜》（1994年增訂本），上冊，頁27，1897年秋條。

圖4.7　意奧蘭尼學校舊圖

（翠亨村孫中山故居紀念館供圖）

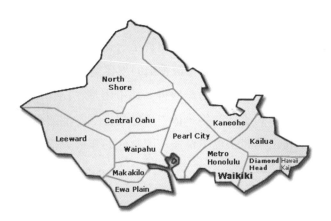

圖4.8　奧阿厚島地圖（Oahu Island）：包括依瓦（Eva）

　　　　距離火奴魯魯（Honolulu）

（來源：http://oahulisting.com/area.html）

　　但孫中山回憶說，他初抵火奴魯魯時，孫眉帶他到依瓦（Ewa）地區的農莊居住。[132] 他的同學鍾工宇也回憶說，孫眉原來在奧阿厚島的依瓦（Ewa）[133] 地方，闢有一個農場。[134] 這依瓦（Ewa）在奧阿厚島的什麼地方？距離同是位於奧阿厚島的火奴魯魯（意奧蘭尼學校所在地）有多遠？孫中山能否當天來回？1996年筆者親往火奴魯魯實地探勘時，承牛津舊同窗 Dr Kennon Breazeale 告知，依瓦是一個山谷，在火奴魯魯以西、比珍珠港更西的地方。他開車載筆者先上火奴魯魯山，然後往西遠眺，勉強可以看到珍珠港，但已是數山重疊，再往西看就是看不到伊瓦，只看到另有數山重疊。開車前往，在現代高速公路上走了約一小時。以1879年的交通工具來說，翻山越嶺般走路是不行的。若是坐船沿岸航行的話，還可以。但若是坐當時的土船，則所需時間同樣是排除了孫中山當天來回上學的可能性。故竊以為孫中山在1879年入學時必須寄宿。

　　但是，歸根結柢，推論不能代替翔實證據，所以多年以來筆者還是不斷明查暗訪。待找到鄭照1935年的回憶錄時，筆者的考證就急轉直下。鄭照說，孫中山在英人韋禮士主教當校長的「埃奧蘭尼（Iolani）中學」讀書時，「先兄鄭金是與他同學，共住於宿舍同一房間，臥床毗連，異常友好。」[135] 若此言屬實，則可被視為孫中山曾在意奧蘭尼學校寄宿的明證。可惜鄭照在同一段回憶中犯了不少錯誤。例如，開首第一句就錯了：「我最初認識中山先生是在1885那一年。其時他正在檀香山的埃奧蘭尼（Iolani）中學讀書，年僅十八、九歲。」[136] 但據本章考證所得，孫中山是在1879年進入該學校的，實齡靠近十三歲，而到了1885年，孫中山已經去了香港讀書。但竊以為，若鄭照在歲數和年份上搞錯了也不奇怪，因為他的年齡與孫中山差了一大截，

132　"After he had spent a few days in Honolulu, seeing the sights and getting acquainted in his new midst, Wen was conducted by his brother to a place which he knew under the name of Ewa, and which is now in the Pearl Harbour district." Linebarger, *Sun Yatsen* and the Chinese Republic, p. 122.

133　全名 Ewa Waipahu。

134　鍾工宇：〈我的老友孫中山先生〉（中譯本），載尚明軒等編：《孫中山生平事業追憶錄》，頁726。

135　鄭照：〈孫中山先生逸事〉，載尚明軒、王學莊、陳崧等編：《孫中山生平事業追憶錄》，頁516-520；其中頁516，第一段。

136　同上註。

但聽乃兄説曾與孫中山同宿一室這樣的掌故，記錯的機會就較少。準此，可以初步認定孫中山是宿生。

接着找到另外四份證據：

第一是陸燦的回憶錄的另一部分。陸燦也曾經就讀於意奧蘭尼學校，但年紀比孫中山少七歲。他説：當孫中山初抵檀香山時，「哥哥孫眉到碼頭來接他……孫眉説他將送帝象〔按即孫中山乳名〕到一個名叫洛拉尼〔按即意奧蘭尼〕的教會學校去上學……帝象必須住校。」[137]

第二是韋禮士主教繼任人、熱斯塔日特主教（Bishop Henry Bond Restarick）的著作。熱斯塔日特主教於1902年接管意奧蘭尼學校。他説「阿眉拜會了韋禮士主教，結果帝像這孩子就在1879年的暑假後就進入意奧蘭尼當寄宿生。」[138] 該主教沒註明其話的根據，若所據乃該校檔案記錄，誠為信史。[139]

第三是孫中山在意奧蘭尼學校的同學唐雄的話，[140] 唐雄對他的妹妹盧唐

137　陸燦：《我所認識的孫中山》，頁6。應該指出，有關孫中山上學的段落，陸燦的全文是：「孫眉説他將送帝象〔按即孫中山乳名〕到一個名叫洛拉尼〔按即意奧蘭尼〕的教會學校去上學，校長是艾爾弗雷德·威利斯〔按即韋禮士〕主教。遺憾的是孫眉住在一個遙遠的、名叫莫衣〔按即茂宜〕海島上，他在這個島上經營一個牧牛場。因此帝象必須住校，而且不能常去他哥哥那兒。這實際上正合帝象的心意，他可以自行其事，不受家庭的約束。」孫中山當年登陸的時候，陸燦並不在場。若陸燦有關孫中山曾在意奧蘭尼寄宿的信息是來自該校當局，則由於後來他也在該校寄宿而可信程度極高。若是憑孫眉後來在茂宜島謀生的事實來推斷孫中山曾是寄宿生，則這位比孫中山遲了好幾年才從翠亨村到意奧蘭尼學校讀書的陸燦，到達時只會見到孫眉在茂宜島的情況，而可能不知道孫眉於1879-1883年間曾在奧阿厚島生活的事實，以至影響其推斷的説服力。若陸燦原意並不是要把兩句話連在一起，則後一句話是敗筆，徒增混亂。

138　Henry Bond Restarick, *Sun Yat Sen: Liberator of China,* Preface by Kenneth Scott Latourette (New Haven, Connecticut: Yale University Press, 1931. London: Oxford University Press, 1931. Hyperion Press reprint edition, 1981, Westport, Connecticut), p. 12.

139　可惜該校有關孫中山的原始檔案，遷校以來已蕩然無存（1991年筆者親訪該校時已承該校當局告知。後為慎重起見函詢，結果亦一樣。見Panko to Wong, E-mail, 2 February 2005），筆者無從核對。若所據乃該校舊生口碑（該主教在其書的序言裏説，其書中所言種種，乃他到達夏威夷後與有關人士傾談所得），則其可靠性與陸燦、鄭照的回憶錄無異。1991年筆者親訪該校時亦獲同樣口碑，但筆者所得之口碑似乎源自該主教的書，所以筆者1991之行在這方面沒有突破。

140　黃彥、李伯新：〈孫中山的家庭出身和早期事跡〉，《廣東文史資料》第25輯，頁274-290：其中頁284註3。

氏[141]說，孫中山當時是寄宿生。而且，當孫中山初入校時，由於孫眉的經濟狀況還不十分寬裕，故他有一段時候在課餘充任校中雜役以補助生活費。[142]

第四是孫眉牧場的長工、原興中會員陸華造[143]對楊連合[144]所說過的話，內容與唐雄的話相同。[145]

準此，筆者的結論是：孫中山是寄宿生。理由有二：

第一、根據筆者所搜集到的種種有關材料，雖然都存在着不同程度的瑕疵，但都一致認為他是寄宿生，而沒有一條説他是走讀生。

第二、根據筆者對有關材料的分析（見上文），配以1976年、1991年和1996年三到火奴魯魯實地考察所得，皆加深了筆者對這結論的信心。

鍾工宇回憶説，他入學後的第一個農曆新年，他變成一個有家歸不得的孩子。因為他雙親居住在老遠的夏威夷大島，回不了家，只好繼續留在學校的宿舍。全校其他九個華僑學生都回家去了，只有他一個僑生孤零零地留下來。但入學後的第二個農曆新年就不同了，他被孫中山邀請到孫眉的商店中同渡新春！[146]

什麼商店？在什麼地方？在孫中山抵達夏威夷翌年的1880年，孫眉在火奴魯魯市內的京街（King Street）至賀梯釐街（Hotel Street）之間的奴安奴巷（Nuuanu Street）開了一片商店，直至三年以後又再遷至茂宜島（Maui Island）的茄荷雷（Kaului）埠。[147]就是説，孫中山在意奧蘭尼學校讀書期間的第二個學年（1880－1881）和第三年個學年（1881－1882），孫眉擴充業務，在火奴魯魯的市中心買了一家商店營業，孫中山可以居住在那裏，不一定要繼續在學校寄宿。

竊以為儘管1880年孫眉在火奴魯魯買了一所商店，但這也意味着他必須

141　同上註，頁276。

142　同上註，頁284。

143　同上註，頁275。

144　同上註，頁284註3。

145　同上註，頁284。

146　鍾工宇：〈我的老友孫中山先生〉（中譯本），載尚明軒等編：《孫中山生平事業追憶錄》，頁726-733：其中頁727。

147　同上註，頁726。

專心營業。若再進而兼顧乃弟日常生活，可能就鞭長莫及了。不要忘記，孫眉成婚後把夫人留在翠亨村，直到1895年孫中山在廣州起義失敗後，才由陸燦「自告奮勇擔任搬取先生及眉公家眷……乘輪赴檀」。[148] 若孫中山繼續在學校寄宿，就不必孫眉照顧他起居飲食那麼麻煩，害病也有學校照顧。而且，眾所周知，十九世紀英國式的寄宿學校所給予寄宿生德育、智育、體育的全面教育是世界著名的。大英帝國的建立和維持，在很大程度上是依靠這種模式的寄宿學校所培養出來的優秀學生創業和守業。綜觀孫眉一生行事，絕對不是一個吝嗇的人，相信不會因為節省宿費而剝奪乃弟接受最佳教育的機會。且看孫中山抵檀之前而孫眉仍在依瓦謀生之時，已經收養了一名同是來自翠亨村的孤兒，並保送他到意奧蘭尼學校讀書寄宿。[149] 後來他也保送孫中山前往意奧蘭尼學校讀書，每年包括食宿的全部費用同樣是一百五十銀元，[150] 做生意而又慷慨大方的孫眉完全負擔得起。若命孫中山住在商店，自然而然又會命他幫忙幹這幹那，或孫中山自覺地幫忙，就會干擾他學業。且商店人來人往，又在鬧市之中，同樣地影響他學習。從孫中山後來所取得的卓越成績看，他必然是有專心讀書的條件——那就是寄宿。唐雄的父親在火奴魯魯也開了商店，樓高三層，但唐父同樣地把唐雄送到意奧蘭尼學校當寄宿生，[151] 可謂英雄所見略同。

孫中山總結他在意奧蘭尼讀書三年的心得時，自言身心所受變化極大，理由是該校紀律嚴明，而他竭誠遵守校中紀律，並因此而渴望中國同樣醒覺到自動嚴守紀律的重要性。[152] 如果他只是日校走讀生，要遵守的紀律不多。不遲到早退，課堂上不亂説話，休息時不打架，衣着整齊，就差不多了。若是寄宿生，那紀律就多了。何時早起何時夜寢，何時進膳何時勞動，何時洗澡何時操練，何時上課何時自修，何時上教堂早經晚課等等，像鐵一般的紀律。大英帝國就是靠這種寄宿學校鐵一般的紀律所訓練出一批又一批工作效

148　鄭照：〈孫中山先生逸事〉，載尚明軒等編：《孫中山生平事業追憶錄》，頁516-520：其中頁518。

149　Linebarger, *Sun Yat Sen and the Chinese Republic,* p. 123.

150　陸燦：《我所認識的孫中山》，頁6。

151　Chung Kung Ai, *My Seventy Nine Years in Hawaii, 1879-1958*, p. 89.

152　林百克著，徐植仁譯：《孫中山傳記》，頁121。

率高超的人材來打天下、守天下的。孫中山能不感受極深？孫中山既然已經感受到意奧蘭尼學校紀律的重要性，證明他親身經歷過這種紀律，故竊以為他極可能是意奧蘭尼的寄宿生。

那麼，校監兼舍監的韋禮士主教對孫中山的影響就不容忽視了。理由有三：

第一、從教育心理學上講，小孩的成長，第一道對他最具影響力的是父母。英國公學十九世紀模式的設計者唐馬士·安奴曾說過：寄宿生缺乏父母溫暖，故校監等人必須彌補這個空缺，以便孩子們健康成長。[153]當時孫中山的父母遠在萬里之遙，能取而代之的就是那位天天帶領他和同學們在學校教堂裏早經晚課、在飯堂裏一天三餐都帶頭祝福與謝恩、在課堂裏講授基督教義與人生哲理、晚上巡房的韋禮士主教。[154]孫中山遇到這位有教養而又慈愛的主教，會不會在不知不覺間就把他視為義父？每一位小孩在成長過程中，心理上都需要一個「父親的形象」（father figure）。這位英國主教是否就曾經為孫中山提供過這樣的一個形象？

第二、從實際情況出發，則有些宿生注意到，該主教在所有宿生都已經就寢後，還不辭勞苦地深夜查房。鍾工宇回憶說：韋禮士主教「經常在夜闌人靜的時候到我們的宿舍來巡視，若發覺有哪位小朋友踢開毛毯時，就輕輕地為他重新蓋上，慈愛之情，不亞父母」。[155]似乎是鍾工宇或其他小朋友偷偷地看過這位主教的舉動，在小朋友的圈子中傳起來。既然鍾工宇知道了，他的摯友孫中山當然也知道的可能性極高。退一步說，儘管孫中山不知道，但關鍵是鍾工宇這段回憶傳達了一個重要信息：該主教是一位慈祥長者，他對同學們的慈愛會在學校生活中的其他方面表達出來，以至鄭照也回憶說，該主教「人格高尚，循循善誘」。[156]陸燦甚至說，韋禮士主教是位「無私

153　Michael McCrum, *Thomas Arnold Head Master* (Oxford University Press, 1989), p. 117.

154　May Tamura, "Preserving Iolani's Past", insert in *Iolani School Bulletin* (Winter 1980– Fall 1981), page C, quoted in Irma Tam Soong, "Sun Yat-sen's Christian Schooling in Hawaii", *Hawaiian Journal of History*, v. 31 (1997), pp. 151-178: at pp. 161-162.

155　Chung Kun Ai, *My Seventy Nine Years in Hawaii, 1879-1958*, p. 107.

156　鄭照：〈孫中山先生逸事〉，載尚明軒等編：《孫中山生平事業追憶錄》，頁516-520：其中頁516。

的、不尋常的人」。[157] 孫中山也肯定曾感受到該主教的慈愛。

第三、孫中山從事革命後所表現出來的那種不屈不撓的頑強精神，大有韋禮士主教那種橫眉冷對別人批評他頑固的作風。正所謂不知我者謂我頑固，知我者謂我頑強。孫中山的頑強，是否曾深受韋禮士主教的「頑固」所影響。準此，有必要進一步探索韋禮士主教的為人，以便我們多了解孫中山最終那義無反顧地投身革命之決定。

十二、韋禮士主教的為人

韋禮士乃英國人，牛津大學聖約翰書院畢業，1859年被英國聖公會委任為副主祭（deacon），1860年被委任為牧師（priest），1872年2月2日被委任為火奴魯魯第二任主教，同年10月到任，1900年離任。[158] 他當意奧蘭尼學校校監時，還是個單身漢。1883年5月17日，即孫中山畢業前約兩個月，才宣佈定婚，想孫中山暨其他小朋友們當時必有一番高興。[159]

1861年，當英國聖公會聖經傳道會應夏威夷國王卡麼哈麼哈四世之請求而成立夏威夷主教區時，雙方同意主教的年薪是600英鎊，[160] 其中三分之二由該國王負責，[161] 三分之一由聖經傳道會負責。

國王卡麼哈麼哈四世逝世後，繼位的卡麼哈麼哈五世遵守前王承諾，繼續在經濟上對聖公會主教的支持。但他在韋禮士主教到任的第二年，即1873年，就逝世了。繼位的加拉鳩阿國王（King David Kalakaua）拒絕給予該主教任何經濟上的支持，主教區的財政馬上出現危機。韋禮士主教以驚人的毅力把教區維持下來，並多方尋求解決辦法，終於在1876年取得聖經傳道

157　陸燦：《我所認識的孫中山》，頁7。

158　Pascoe, C. F. *Two Hundred Years of the S.P.G.: An Historical Account of the Society for the Propagation of the Gospel in Foreign Parts, 1701-1900*, pp. 912, 930

159　Alfred Willis to H. W. Tucker, 17 May 1883, private, USPG/OLR/D66 Alfred Willis to H.W. Tucker, 17 May 1883, private, USPG/OLR/D66/No. *nil.*

160　Alfred Willis to H. W. Tucker, 3 January 1880, Ref 5383/1880, USPG/CLR217/pp. 35-37.

161　A. Willis to Rev. H. W. Tucker, official, [12 February 1881], USPG/ OLR/D58/No. 6719, Rec'd 12 March 1881.

會同意從該會的普通儲備金（General Fund）中支付主教的全部薪金，[162]條件是把600英鎊的年薪減為450英鎊。[163]韋禮士主教終於熬過了最艱苦的日子。

其他問題接踵而來。韋禮士主教雖然解決了自己的薪金，但教區內其他神職人員的薪金和相應開支卻不好對付。例如，教區成立之初，英國教眾熱烈捐獻，成立了一個夏威夷特別儲備金（Hawaiian Special Fund），以應付派遣牧師往夏威夷的旅費等一切費用。一陣熱情過後，捐獻下降，該儲備金能提供的經費，就從1871年的618英鎊17先令7便士，相應地降至1879年的372英鎊9先令。[164]經韋禮士主教多番爭取，聖經傳道會同意每年撥款500英鎊作為該主教區的日常運作經費。但是，聖經傳道會突然在翌年又把該項撥款減為300英鎊。主教不能讓自己的神職人員捱餓，於是就自己掏出150英鎊補充。[165]

其實，神職人員的薪金，一向有賴所在教區的信徒奉獻。若該教區經濟倒退，問題就來了。例如前首都所在地拉哈阿意納（Lahaina），本來是個商業茂盛的港口，有不少外國商人聚居。第一任主教到達後就在該市設立了一個教區，派一位牧師在該區主持教務，又成立了聖十字架學校。該牧師的薪金及其他開支，就很大程度上寄望當地的白人信徒奉獻。該等白人信徒全是商人，由於火奴魯魯很快就取代了拉哈阿意納的商業地位，白人商家不久就走光了，但該牧師的薪金還是要照發！聖十字架學校的學員也大幅度下降了，但教師的薪金和學校日常運作的費用還是要照付！[166]諸如此類的問題，不勝枚舉。沒法之餘，韋禮士主教就不斷自己掏腰包，堅決把主教區維持下來。

韋禮士主教這種為了一個理想而堅韌不屈的奮鬥精神，也會在他的日常

162　H. P. Thompson, *Into All Lands: The History of the Society for the Propagation of the Gospel in Foreign Parts, 1701-1950* (London, 1951), pp. 436-7.

163　Alfred Willis to H. W. Tucker, 3 January 1880, Ref 5383/1880, USPG/CLR217/pp. 35-37, item I.

164　Alfred Willis to H. W. Tucker, 3 January 1880, Ref 5383/1880, USPG/CLR217/pp. 35-37, item II.

165　A. Willis to Rev. H. W. Tucker, private, mss, 12 February 1881, USPG/ OLR/D58.

166　Alfred Willis to H. W. Tucker, 3 January 1880, Ref 5383/1880, USPG/CLR217/pp. 35-37, item III.

生活中表現出來，以至當學生的陸燦也察覺到了，並因而稱讚他是位無私的、不尋常的人。[167] 陸燦能察覺到的，難道同樣是當韋禮士主教學生的孫中山就懵然不知？後來孫中山為革命奔走一生，在經濟和其他條件都極度艱難的情況下仍然苦苦支撐，無私地堅持，看來是受了韋禮士主教感染極深。

　　韋禮士主教認為他的主教區應該有一所像樣的大教堂（Cathedral）。他承襲了一所臨時的、用木頭建築的教堂，不能配稱為大教堂，時人只稱之為準大教堂（procathedral）。於是他決心繼承前國王卡麼哈麼哈四世所定下來的計劃，[168] 完成一所歐洲式的、用大石頭建成的大教堂。他認為用磚頭建造也不行，必須用大石頭才夠雄偉。但是，大石頭往哪裏找？火奴魯魯山是火山熔岩，不能作為建築材料。繼續從英國運來大石頭則費用不菲，誰也負擔不起。韋禮士主教就是不灰心，天天想辦法，處處勘探。時人異口同聲地批評他好高騖遠，他就是不管。終於讓他在火奴魯魯二十一英里以外的海邊發現了他認為是優質的石頭，可以開採，而一年中有八到九個月的時間可以用木筏把石頭運到火奴魯魯供建築大教堂之用，於是他就僱人從1881年1月1日開始開採並搬運石頭。[169] 當時孫中山正在該主教當校監的意奧蘭尼學校讀書，喜訊傳來，寧不舉校歡騰？有志竟成！孫中山後來就用這句成語作為他自傳第八章的題目，[170] 是受了韋禮士主教以身作則的啓發？

　　但是，僱用本地的石匠有一個困難：他們的工藝有限，做不出歐洲式的拱門和拱形的窗戶。於是韋禮士主教就毅然決定從英國祖家環繞南美洲運來！他命英國的石匠按照設計圖紙上所規定的大小形狀把石頭一塊一塊地開採磨滑，搬運上船，運到火奴魯魯後再一塊一塊地按圖紙砌起拱門和拱

167　陸燦：《我所認識的孫中山》，頁7。

168　Burl Burlingame, "Hawaiian Royalty Backed St. Andrew's", *Starbulletin.com,* Sunday 14 March 2004, http://starbulletin.com/2004/03/14/travel/story1.html. See also Anon, "St Andrew's Cathedral, Honolulu", *Wikipedia, the Free encyclopedia.* ttp://en.wikipedia. org/wiki/St._Andrew's_Cathedral_Honolulu.

169　Alfred Willis to R. W. Bullock, 18 November 1881, Ref 26143/1881, USPG/CLR217/ pp. 54-56: at p. 56.

170　孫中山：〈建國方略：孫文學説，第八章：「有志竟成」〉，《國父全集》，第一冊，頁409-422：其中頁409第9行。《孫中山全集》，第六卷，頁228-246：其中頁228。

窗。[171]工程之大，費用之高，讓人咋舌！韋禮士主教就是不管，力排眾議，堅決執行。

批評韋禮士主教的人說他先知先覺而一意孤行；為了實現自己哪怕是無私的理想，樹敵無數也在所不惜。[172]用類似的話批評孫中山的人，不勝枚舉。名師出高徒，信焉。君不見，本來支持孫中山並參加其革命隊伍的章炳麟，後來不是由於跟孫中山見解不同而鬧翻後就肆意對孫中山進行人身攻擊，措詞無所不用其極！[173]

十三、學習與生活點滴

孫中山本來全不懂英語，故入學之初，老師讓他先坐着靜靜地觀察十天，他漸漸體會到英語的拼寫方法，成績慢慢走上軌道。[174]鍾工宇回憶說：

我們第一年級共有九名學童，一位年輕的夏威夷教員名叫保羅（Paul）的，教我們初級英語，從a, b, c等字母開始。幾個月後，保羅被調走，繼而由英人慕駟先生（Mr Merrill）接替他教導我們。每天早上教我們拼

171　Henry Bond Restarick, *My Personal Recollections: The Unfinished Memoirs of Henry Bond Restarick, Bishop of Honolulu, 1902-1920*. Edited by his daughter, Constance Restarick Withington, p. 337.

172　H. P. Thompson, *Into All Lands: The History of the Society for the Propagation of the Gospel in Foreign Parts, 1701-1950*, pp. 436-7. See also Henry Bond Restarick, *My Personal Recollections: The Unfinished Memoirs of Henry Bond Restarick, Bishop of Honolulu, 1902-1920*. Edited by his daughter, Constance Restarick Withington, pp. 341-343.

173　See Wong Young-tsu, *Search for Modern Nationalism: Zhang Binglin and Revolutionary China, 1869-1936* (Oxford University Press, 1989).

174　Anon, "The Bishop's College School", *Daily Pacific Commercial Advertiser*, 31 July 1882, photocopy of a newspaper cutting, Archives of the Iolani School. This article was about the closing exercises of the School: "The exercises were followed by the distribution of prizes at which His Majesty the King presided. These were give as follows: ... English Grammer, 1st, D. Notley; 2nd, Tai Cheu". This information was quoted in Bernard Martin, Strange Vigour: *A Biography of Sun Yatsen* (London: William Heinemann, 1944), p. 21; and 蘇德用：〈國父革命運動在檀島〉，《國父九十誕辰紀念論文集》（臺北：中華文化出版事業委員會，1955），第一冊，頁62，載《國父年譜》（1994年增訂本），上冊，頁32頁，1882年7月27日條。

字（spelling）。我們每犯一個錯誤，他都認真地記錄下來。當我們犯了三次錯誤時，就用他那象牙戒呎打我們手心三次。若犯五次錯誤，懲罰就更嚴厲。慕駒先生可真是嚴師，晚上監督我們集體溫習功課時，誰也不敢吭聲。上床以後，整個宿舍更是鴉雀無聲。有時候我們幾個華裔學童，熄燈上床後還偷偷地重新亮燈看書，但煤油燈光逃不過韋禮士主教雪亮的眼睛，他馬上前來制止。從此就再沒人犯規。[175]

孫中山進步得很快。結果到了1882年畢業時，他英文文法這一科就考了第二名，由夏威夷王加拉鳩阿（King David Kalakaua）親自頒發獎品。[176]這一切，都為他日後到香港讀書時鋪路。因為日後他到香港所唸的中學和大專，也是全部用英語授課，老師幾乎也全是英國人，教科書自然也是來自英國。同樣重要的是，他以接近十三歲實齡入讀意奧蘭尼，還是學習語言很快上手的年齡。若他沒有預先在檀香山的英式學校打下英語基礎而在1883年、他實齡十七歲到香港時才開始學習英語，可能就已經錯過了學習第二語言的合適年齡而在功課上追不上去。

另外有待解決的一個問題是：意奧蘭尼學校究竟是一所中學還是一所小學？有關漢語史料大都語焉不詳。若以年齡計算，則當時孫中山實齡十三歲，應該是唸初中的時候。若以學歷計算，則他沒有唸過西方正規的小學，校方是否容許他「一步登天」般唸初中？

但正如上述，英語史料證明該校設有「代數（algebra），幾何學（geometry），生理學（physiology），拉丁文（Latin）和繪圖（drawing）」，[177]則它很可能是一所高小和初中混合的學校；第一年甚至第二年都肯定不會教這些高級課目，待同學們的英語有了一定基礎後，或在第三年才開始教。三年後，孫中山考進奧阿厚書院預備學校讀書，該預備學校的課程，就類似當今

175　Chung Kung Ai, *My Seventy Nine Years in Hawaii, 1879-1958*, p. 55.

176　Anon, "The Bishop's College School", *Daily Pacific Commercial Advertiser*, 31 July 1882, photocopy of a newspaper cutting, Archives of the Iolani School.

177　"The ordinary branches plus algebra, geometry, physiology, Latin, and drawing", *Biennial Report of the Department of Public Instruction* (Honolulu：Territory of Hawaii, 1880), p. 35, quoted in Ernest Gilbert Villers, "A History of Iolani School" (M.A. thesis, University of Hawaii, June 1940), p. 60, Iolani School Archives, Panko 050216.

的初中（見下文），如此又佐證了意奧蘭尼學校是一所介乎高小與初中之間的學校。

　　據云孫中山在意奧蘭尼學校讀書期間，晚上課餘時間跟隨杜南先生（1854－1939）繼續學習中國古典文化。當時杜南先生應美國駐夏威夷領事邀請而居留檀香山，教育那些被派往夏威夷的美國公務員學習華文兼粵語。杜南先生因於課餘另設夜學，以便華僑子弟習讀華文。據説孫中山於是報名參加，因而與杜南先生過從甚密。國學修養不減反增。[178]

　　這是想當然的推測，是不明英國公學式的意奧蘭尼學校，嚴命學生晚上也絕對不能外出的規定的寫法。「有些年長的學童在熄燈後偷偷地到外邊玩，但由於主教查房是沒有固定時間，他們被抓獲重重有罰。」[179] 若孫中山申請在晚上外出學習漢語，也不會獲得批准，因為晚上宿生們必須在老師監督下集體溫習功課。

　　至於孫中山在意奧蘭尼寄宿時的生活小節，鍾工宇提供了很珍貴的參考資料：

　　　　按規定，每名宿生都必須幹點雜務。第一年，我被安排看管水泵，負責把水抽到宿舍的浴室，一個星期七天都幹這個活。唐雄則因為孔武有力，仿若成年人，故負責種植芋頭，其實唐雄非常害羞，遇上什麼事情都退避三舍。另有六名宿生負責菜園的事務。其他宿生，另有安排。[180]

　　　　一名夏威夷男孩叫薩姆（Sambo）者，就在我們華裔學童負責耕種的菜園附近居住，時間長了，我們就變成好朋友。在芒果成熟的季節，我們的一位調皮的華裔學童，用芒果擲他。他憤怒之餘，揚言要把我們六人通通幹掉。結果某星期六午飯過後，我們就結隊前往罵戰，他

178　吳相湘：《孫中山先生傳》，上冊，頁30，引陳占梅：《杜南先生事略》（馬來亞吉隆坡，1939年冬印行）。

179　Chung Kung Ai, *My Seventy Nine Years in Hawaii, 1879-1958*, p. 55.

180　Ibid., pp. 53-54.

竟然斗膽向我們走來，我們巍然不動。後來我突然衝向薩姆，小個子的陳滿謙（Chun Mun-Him）冷不防繞到他的背後，把他摔倒在地，其餘五人一哄而上，拳腳交加，他放聲大哭，剛好有幾位年長的同學路過，走來勸止，我們就放他一馬。從此，他遠遠的避開我們。[181]

不知何方神聖竟然在我們的菜園裏種了一叢香蕉樹，香蕉快成熟時，我們六人當中的一位同學，偷了一串香蕉，放進一個空的煤油罐，再連罐帶蕉埋在地下，數天之後挖出來，香噴噴的，我分得十四隻，一口氣把它全吃光，竟然沒有不良後果。[182]

在飯堂曾吃過什麼，現在已記不住了。但至今記憶猶新者，是日夜惦記着孩子的父母們，不斷地送來大量食物。尤其是那些混血的男孩，其父母在卡烏艾島（Kauai）和夏威夷島（Hawaii）開牧場的，經常送來一批又一批牛肉乾，在星期天我們玩 poi（即「兩軍對陣，互搶戰俘」的遊戲時），就一起分享。另外值得一提的是，在芒果成熟時，學校就烘烤芒果餡餅，供我們享用。[183]

可惜，一宗意外為這快樂的時光蒙上陰影。韋禮士主教養子埃德蒙‧斯蒂爾（Edmund Stiles）的弟弟樂飛（Levi）犯規，被何老師（Mr Hall）罰他星期六下午課後留在課堂兩個小時，結果無法跟隨大隊到卡盆納瀑布（Kapena Falls）游泳，後來他被釋就改為單獨地往阿樂可基（Allekoki）池游泳，又爬懸崖峭壁抓鳥，結果失足摔死，舉校致哀。[184]

我在火奴魯魯的第一個聖誕和農曆新年假期，是單獨一個人在意奧蘭尼學校渡過的，繼續我看管水泵的生涯。其他宿生都回家去了，

181　Ibid., p. 57.

182　Ibid., pp. 57-58.

183　Ibid., p. 58.

184　Ibid., pp. 60-61.

唯獨我在火奴魯魯沒有親人，只好如此。第二個聖誕新年假期就不同了，到了那個時候，我與孫帝象已成為密友，他邀請我一同到他哥哥孫眉的商店歡度節日。阿眉的商店在奴安奴街（Nuuanu Street），即過去梁釗（Leong Chew）的商店所在地。孫眉非常好客，既邀請我也邀請了其他好友一起慶祝，賓主盡歡。到了農曆新年時份則更熱鬧，家家戶戶互相拜年，那批肥胖的夏威夷警察與熟客們，更是毫不客氣地來領紅包、糕點、飲品。哪怕是白人商賈，也隨俗前來拜年。[185]

最後鍾工宇總結其當兩年宿生的時光（1879－1881）說：

> 星期天安靜地上教堂，平日吃得好、住得好，種菜，遊戲，游泳，互相打架及與外人打架，聽中國歷史故事，當然還有正規的課程和同志般的友誼，讓我在意奧蘭尼的三年，過得愉快極了。[186]

半途殺出兩個程咬金：

（1）同學們與外人打架，鍾工宇已經描述得淋漓盡致。曾幾何時，同學們內訌了？

（2）孫中山等人從哪裏「聽中國歷史故事」了？

關於內訌，孫中山竟然是主角！當他初入學時，他那藍色長袍，尤其是他那光鮮潤滑的辮子，校中一景也。同學們嘖嘖稱奇之餘，當中的土著與混血兒惡向膽邊生，猝不防地一下子狂拉他辮子一把。他劇痛之餘，慘叫一聲，但出於中國傳統厚道的美德，他強忍劇痛，初期絕不還手。頑童誤以為他是好欺負的，變本加厲，他忍無可忍之餘，一天突然還擊，無論是單打獨鬥還是以寡敵眾，他都打遍群頑無敵手。對他來說，打架絕不陌生。自少跟父親耕種，早養就一身壯健的體魄。在翠亨村的童年時代，他跟那些身材比他高大的野孩子也打過不知多少架，頭破血流也從不流淚。同村「一個叫做

185　Ibid., p. 54.

186　Ibid., pp. 60-61.

楊培初的，恃着自己年紀較中山大，講粗口侮辱中山的父母。中山聽了十分氣憤，和他爭辯，繼而打起架來。中山氣力不如培初，給培初抓住辮子把頭猛撞在牆角（在馮氏宗祠門口），以致昏厥過去。鄉人對他進行急救，他的母親趕忙拿棉被把他蒙頭蓋腦地捲起來。過了一會兒，他才慢慢蘇醒，但一直沒有哭過……鄉人見他倔強好動，給他起了一個外號叫『石頭仔』。[187]

意奧蘭尼的頑童們見明搶打不過他，就採暗箭，辦法是煽動年紀比他少、個子比他矮的同學來拉他的辮子。孫中山絕對不打小同學，強忍劇痛也不還手，久而久之，連那年幼的頑童也覺得不好玩，就不再騷擾他。孫中山之俠義心腸可見一斑。[188]

校內拉辮子的惡作劇雖然停止了，在校外，尤其是在那充滿外人的山水池游泳時，拉辮子的鬧劇還經常發生。[189]但由於他水性極佳，在翠亨村時已能不停地游泳兩三個小時而贏得青蛙美名，[190]加上他和藹可親，待人接物公允，慢慢地贏得校內外無論是白色人、棕色人，或是混血兒的接受甚至尊敬。[191]

很多人問他：「為什麼你不剪掉辮子？」孫中山從來沒想過這個問題，一時無法答覆。沉思很久，最後的結論是：《孝經》有云：「身體髮膚，受諸父母，不敢損傷，孝之始也。」辮子在中國有悠久歷史，代表了中國人的尊嚴，不能剪掉。若大多數中國人認為辮子已經不合時宜，應該剪掉，那就集體剪掉。若光光是一個人為了省麻煩而單獨剪掉，不單不會造福所有中國人，而且會被外國人譏笑自己恥為中國人。[192]

至於「聽中國歷史故事」，筆鋒就再一次轉到孫中山信耶教的事情。

187　李伯新訪問陸天祥（八十三歲），1959年無月日，載李伯新：《憶訪錄》（1996），頁59-64：其中頁60。

188　Linebarger, *Sun Yat-sen and the Chinese Republic*, pp. 124-126.

189　Ibid., p. 127.

190　李伯新採訪楊連合（四十八歲），1962年5月24日，載李伯新：《憶訪錄》，頁82-85：其中頁84。

191　Linebarger, *Sun Yat-sen and the Chinese Republic*, p. 127.

192　Ibid., pp. 127-128.

十四、再談孫中山在意奧蘭尼學校的宗教生活

其中玄妙，鍾工宇提供了線索：

> 韋禮士主教希望我們七名華裔宿生都信教，故特意僱請一名華人宣道師，名叫黃碩仁（Wong Shak-Yen）者，用漢語來教我們《聖經》。條件是每月薪金六圓，並免費讓他當走讀生來學校學習英語。黃碩仁老師每天下午就在陽台講授《聖經》。當初，我們乖乖地聽他講，後來我們覺得枯燥乏味，就威脅他說，除非他改為講述中國歷史故事，否則就罷課。他馬上向主教報告。主教批示說：若孩子們不愛聽《聖經》，他不會強人所難。於是批准黃碩仁改為講述中國歷史故事，如是數年，直到1884年我開始做生意並去看望他時，他仍在意奧蘭尼學校，後來似乎就回中國傳道去了。[193]

此事證明韋禮士主教相當明智，信仰是不能強迫的，只有孩子們心悅誠服地真誠信奉，才能成為真正的信徒。此事也證明孫中山等孩子們若接受一種新的思潮，是要經過長時間深思熟慮。上面描述過孫中山在意奧蘭尼學校的小教堂早經晚課，餐前祈禱餐後謝恩，星期天列隊到大教堂守禮拜等等。這些都屬形式，而形式並不足以說服他們。

反觀漢語史料，就很有意思。羅香林先生說，韋禮士主教親自把《聖經》授予孫中山，[194] 則竊以為不必把此事作為該主教特別器重孫中山的明證。因為韋禮士主教本來就天天「親自為同學們上《聖經》的課，教他們必須對迷信和偶像崇拜持批判的態度……用潛移默化的方式引導孩子們受洗入教」。[195] 但孫中山在意奧蘭尼學習期間並沒有決定受洗入教。

陳錫祺先生主編的《孫中山年譜長編》則暗示孫中山在意奧蘭尼學校已經有領洗入教之意。因為，該書首先在第一冊第32頁、1882年條中說：孫中

193　Chung Kung Ai, *My Seventy Nine Years in Hawaii, 1879-1958*, pp. 55-56.

194　羅香林：《國父與歐美之友好》（臺北：中央文物供應社，1951），頁6-7。

195　Lyon Sharman, *Sun Yat-sen: His Life and its Meaning* (New York, 1934), p. 13.

山在意奧蘭尼學校畢業後，再入奧阿厚書院就讀。[196]繼而在第一冊第33頁、1883年7月條說：「先生除平日功課外，還誠篤地參加各種宗教的聚會和課程。早晚在學校教堂的祈禱，星期日在聖安德勒堂（St. Andrew's Cathedral）的禮拜，他都參加。韋禮士主教和他的夫人，對先生特別關懷，《聖經》的課程，也是韋主教親自講授的。」[197]同頁同條接著說：「先生研究教義，勤謹異常，凡與論教理者，口若懸河，滔滔不絕。該校華人同學已多成為基督教徒，先生亦擬受洗入教，以告孫眉。孫眉大為不滿。」[198]就是說，雖然孫中山已經入讀奧阿厚書院，仍然受到母校意奧蘭尼學校在宗教方面的影響，以至有領洗入教之想。

相反地，吳相湘教授似乎認為孫中山是在其後來入讀之奧阿厚書院提出領洗入教之想，並說該書院乃「美國公理會傳教師創辦」。[199]

查公理會與綱紀慎會皆Congregational Church兩個不同的漢語音譯。但吳相湘教授沒註明其說之出處，不知所據為何。他也沒說明到了孫中山入讀的時候該傳道會是否仍然主辦該校。徵諸《夏威夷一百年公共教育史》，[200]可知該校原來果然是由美國的綱紀慎會海外傳道會（The American Board of Commissioners for Foreign Missions, Congregational Church）所創辦，但在1855年該會即撤離該校，改由當地一群熱心人士繼續主辦，成為一所私立學校。[201]既然不再是一所教會學校，則課程還包括不包括基督教的《聖經》？徵諸後來孫中山在香港入讀的中央書院，則由於它是一所非教會學校，故其

196　《孫中山年譜長編》，第一冊，頁32，引孫中山：〈覆翟理斯函〉，手書墨蹟原件，藏中國國民黨中央黨史委員會，刊刻於《國父全集》（1989），第二冊，頁192-193。又載《孫中山全集》，第一卷，頁46-48：其中頁47。

197　《孫中山年譜長編》，第一冊，頁33，引羅香林：《國父之歐美友好》，頁6。

198　《孫中山年譜長編》，第一冊，頁33，引佚名：〈檀山華僑〉，載檀山華僑編印社編：《檀山華僑》（火奴魯魯：檀山華僑編印社，1929），頁12。

199　吳相湘：《孫中山先生傳》，上冊，頁31。

200　Benjamin O. Wist, *A Century of Public Eduction in Hawaii, 15 October 1840－15 October 1940.*

201　Ibid., pp. 105-106.

課程就沒有《聖經》這一課。[202] 而且，教《聖經》最好是找傳教士來教；但原來在奧阿厚書院任教的傳教士已經撤離該校，而作為一所私立學校卻耗資聘專人教導《聖經》，有違經濟原則，故在找到相反的真憑實據之前，竊以為該校的正規課程很可能不包括《聖經》。就是說，孫中山進入一所非基督教學校讀書後，其對基督教的熱情只會漸退，為何竟於此時提出領洗？

因為雖然正規課程不包括《聖經》，該校仍充滿耶教氣氛。準此，筆鋒又轉到奧阿厚書院。

十五、奧阿厚書院預備學校
(Oahu College Preparatory School)

孫中山在1882年夏天從意奧蘭尼學校畢業後，有謂同年秋天進入火奴魯魯的天主教聖路易書院唸了一個學期的書。[203] 此說有待考證，蓋直到目前為止，筆者還沒有找到確鑿證據來證明是說。不錯，後來他的兒子孫科是到這所學校唸書了。[204] 不過，孫科此舉，似乎與他在1895年底隨家人逃到夏威夷後，小時「和附近幾個小朋友結隊走到三英里外的一個村落的天主教學堂去讀英文」有關，蓋他畢業後即到火奴魯魯的天主教聖路易中學升學。[205] 但孫科此舉絕對不足以證明孫中山自己也曾經在那裏唸過書。準此，從1882年夏到1883年初這段時間，有關孫中山的歷史近乎空白。他是一個閒不住的人，不讀書幹什麼？可能他真的在聖路易書院唸了一個學期的書，但查無實據。

至於翌年初他「再入美人所設之書院（Oahu College, Honolulu）肄

202　Item 11, Table, Government Central School — English Examination — Number of passes in each Subject in each Class for the year 1884, in E. J. Eitel, *Educational Report for 1884, Hong Kong, Education Department*, 25 February 1885; Presented to the Legislative Council by command of His Excellency the Governor, n.d, Government Notification No. 24, Hong Kong Administrative Reports 1885, p. 243. 詳見本書第六章。

203　John C. H. Wu, *Sun Yat-sen: The Man and His Ideas* (Taipei: Sun Yat Sen Cultural Foundation, 1971), p. 82.

204　《國父年譜》（1985年增訂本），上冊，頁342，1910年3月28日條。

205　見孫科：〈孫院長哲生先生〔第一次〕談話〉，1969年3月15日，載吳任華編纂、曾霽虹審閱：《孫哲生先生年譜》，頁445-449；其中頁448。

業」，則是他親筆說了。[206] 當時的美國文化是英國文化延續，[207] 尤其是英國那種法治精神，更是美國人衷心樂意繼承的。所以在某種程度上說，孫中山繼續接受英式文化的薰陶。

奧阿厚書院是一所學術氣氛很濃的學府，學科較意奧蘭尼學校更為完備，《國父年譜》說學生約千人。[208] 徵諸夏威夷本地的學術著作，可知該校於1841年成立，為美國綱紀慎會海外傳道會（American Board of Commissioners for Foreign Missions，簡稱 ABCFM）所創辦的一所男女混合中學，初衷是為了教育他們自己的子女，以便他們回到美國本土升大學。到了1853年，則決定開放給夏威夷社會上下人等。再過兩年，即1855年，美國綱紀慎會海外傳道會總部決定撤銷對該校直接的經濟援助，由火奴魯魯本市名流成立一個信託委員會（Board of Trustees）接管，從此奧阿厚書院就成為一所著名的民營中學，教育水平之高，使到夏威夷群島的才俊趨之若鶩。[209]

1881年，奧阿厚書院為了籌辦一所預備學校（Preparatory School）而進行公開募捐，結果成功地籌得鉅資，購買了火奴魯魯市著名的「大石屋」（Stonehouse），樓高兩層，位於貝熱坦尼阿街91號（91 Beretania Street），距離奧阿厚書院頗遠，卻毗鄰意奧蘭尼學校與唐人街。[210] 預備學校學制兩年，程度類似當今的初中一、二年級，而奧阿厚書院本身的學制是四年，加起來共六年的中學課程。[211]

1882年底，奧阿厚書院預備學校舉行招生入學考試，試題範圍包括算

206　孫中山：〈覆翟理斯函〉，手書墨蹟原件，藏中國國民黨中央黨史委員會，刊刻於《國父全集》（1989），第二冊，頁192-193。又載《孫中山全集》，第一卷，頁46-48：其中頁47。

207　例如，當時英國的大學考取新生時，考生的拉丁文和古希臘文必須及格。美國的大學繼承這種傳統，以至孫中山的兒子孫科，在考美國加州大學時，也必須這兩課及格。幸虧後來該校同意用中文代替古希臘文，而他又早從天主教神父那裏學過拉丁文，才被錄取。見孫科：〈孫院長哲生先生〔第一次〕談話〉，1969年3月15日，載吳任華編纂、曾霽虹審閱：《孫哲生先生年譜》，頁445-449：其中頁449。

208　《國父年譜》（1994），第一冊，頁34。

209　Benjamin Wist, *A Century of Public Education in Hawaii, October 15, 1840－October 15, 1940*, p. 105-106.

210　Irma Tam Soong, "Sun Yatsen" (1997), pp. 164 and 167.

211　Irma Tam Soong, "Sun Yatsen" (1997), pp. 169-170.

術（分數程度）與北美洲的地理，閱讀能力則必須到達《威爾遜四級讀本》（*Wilson's Fourth Reader*）。[212] 後者對孫中山來說一點不難，他在意奧蘭尼學校讀書時已經超越了《威爾遜四級讀本》，[213] 因為正如前述，意奧蘭尼學校是一所高小與初中混合的學校。

1883年1月15日，奧阿厚書院預備學校正式上課，孫中山與其他男女新生共十五人，分男女兩組在新校舍集合，男的在側門，女的在正門，然後列隊步操上二樓，分別進入兩個不同的課室上課。[214] 第一年的教科書包括羅賓遜著：《實用算術》（Robinson's *Practical Arithmetic*）；康奈爾著：《地理》（Cornell's *Geography*）；康奈爾著：《英文文法》（Cornell's *English Grammar*）；巴恩斯著：《美國歷史》（Barnes's *History of the United States*）。[215] 其他課目包括閱讀、拼字、書法、作文、朗誦、繪圖和歌唱。[216]

在所有這些課目當中，孫中山似乎獨鍾美國歷史；嘗言：「至於教則崇拜耶穌，於人則仰中華之湯武暨美國華盛頓矣。」[217] 愛思考的孫中山同時不禁要問：華盛頓率領美國人抵抗英國人的壓迫而爭取了美國的獨立自主，為何當前的美國人卻矢志消滅夏威夷王國的獨立自主而併吞其土地？[218] 他會不會聯想到，在中國，滿洲人不是併吞漢族的土地嗎？他的反滿情緒，會不會油然而生？若1894年7月孫中山仍在火奴魯魯，他會不會像1894年11月當上孫中山倡議之興中會副主席的何寬那樣，參加夏威夷人抵抗旅檀美人發動政

212　奧阿厚書院檔案室藏，Oahu College, *Catalogue of Trustees, Teachers and Pupils of Oahu College*, June 1883, p. 10.

213　Chung Kun Ai "had almost finished the Third Reader at Iolani" after only two years; Sun Yatsen, after three years at Iolani, would have gone beyond the Fourth Reader. See Chung Kun Ai, *My Seventy Nine Years in Hawaii, 1879 -1958*, p. 69.

214　奧阿厚書院檔案室藏，Oahu College, *Catalogue of Trustees, Teachers and Pupils of Oahu College, June 1883*, p. 10.

215　奧阿厚書院檔案室藏，Alexander and Dodge, *Punahou 1841-1941* (1941), p. 359.

216　奧阿厚書院檔案室藏，Oahu College, *Catalogue of Trustees, Teachers and Pupils of Oahu College, June 1883*, p. 13.

217　孫中山：〈覆翟理斯函〉，載《孫中山全集》，第一卷，頁46-48：其中頁48。

218　Henry Restarick, *Sun Yat Sen, Liberator of China* (New Haven: Yale University Press, 1931), pp. 12-14. 熱斯塔日特主教（火奴魯魯 1902-1920）是韋理士主教的繼承人。

變後成立的共和臨時政府？[219] 鑒於本書主旨在乎探索孫中山如何走上革命的道路，這樣的微觀細節，就不容忽視了。

奧阿厚書院雖然脫離了美國綱紀慎會海外傳道會，卻沒有放鬆耶教教育。1867年9月17日修訂過之校規說：「每天上課前必須朗誦《聖經》數段，然後祈禱⋯⋯每週必須有一課的時間用於朗誦《聖經》。」又說：「學生若講粗言穢語，褻瀆神靈，說謊話，偷竊與幹了其他不道德的事情如喝酒等，則必須驅逐出校。」[220] 可見孫中山在奧阿厚書院繼續受到耶教熏陶。

奧阿厚書院預備學校的校長是莫露露小姐（Miss Lulu Moore）；副校長是斯多斯小姐（Miss Storrs），「健美、臉龐白裏透紅」，成為另一位教師羅熱先生（Mr F. J. Lowrey）午休時追求的對象。其他女教師包括白奧姑斯達小姐（Miss Augusta Berger，不久就成為W. M. Graham 夫人），柏文美小姐（Miss May Baldwin，很快又成為 M. D. Murdock夫人）和阿瑪麗小姐（Miss Mary Alexander）。[221] 對於當時十七歲、情竇初開的孫中山來說，受教於年輕貌美的老師，目睹「苗條淑女、君子好逑」種種，有何感想？小休和午休時與眾多女同學一起，也是個不尋常的經驗！過去無論在翠亨村的村塾還是在意奧蘭尼學校，他的老師與同學都是男性，現在突然大規模地接觸女性，而且是不尋常的女性，女老師全是來自美國的淑女，有學問、有教養、開放、大方、健美！比諸翠亨村及鄰近村落婦女之文盲、小腳、弱不禁風、怯生生的，無異天壤之別！他的女同學都是美國女孩，外向、活潑、坦率，與男孩子沒多大分別，而且學習成績還勝過男孩，1883年從奧阿厚書院考進美國大學的三名學生，全是女孩！[222] 孫中山會不會打心底裏願望他將來的終身伴侶是這樣的一個女孩？

奧阿厚書院預備學校的周遭環境優美極了，引人遐思。「大石屋」前大樹成蔭，其中的一棵橡樹特別顯眼。「大石屋」的前主人——天主教會的一

219　馬兗生，《孫中山在夏州島：師和追隨者》（北京：世界知識出版社，2003），頁22-23。

220　奧阿厚書院檔案室藏，Oahu College, *Catalogue of Trustees, Teachers and P*⋯⋯ *Oahu College, 1869 - 1870*, p. 26.

221　奧阿厚書院檔案室藏，Alexander and Dodge, *Punahou 184 - 1941* (1941), p. 359.

222　Irma Tam Soong, "Sun Yatsen" (1997), pp. 169, 171.

所傳道會——在花園中建了一個洞室，裏面放了聖母像，外面栽了蕨類植物，懸在噴水池上，女學生一般愛坐在噴水池旁吃她們自備的午餐。「大石屋」後的一片空地就變成男同學的操場，再往後走就是圍起來的草原，讓騎馬來上學的學生安置他們的馬匹。體育方面，有單槓和雙槓等。由於預備學校沒有宿舍，所以一天的學習結束後，老師和學生通通離開，步行回家。[223] 當時孫眉已搬到茂宜島，[224] 孫中山必須在火奴魯魯市內找地方寄居。[225] 鑑於他與唐雄的友誼，他很可能寄居在唐父那樓高三層的房子，因為後來鍾工宇回到火奴魯魯的意奧蘭尼學校讀書時，也是寄居在唐父那裏（見下文）。

學費每週一銀元，足夠買一頭一百英磅重的羊了！[226] 一學期十二週，故一個學期的學費是十二銀元。一個學年分三個學期：秋季學期從9月到12月；聖誕新年放假兩週；冬季學期從1月到3月；復活節放假兩週；春季學期從4月到6月。然後放暑假。[227]

孫中山在奧阿厚書院預備學校讀了冬、春兩個學期後，在1883年6月19日預交了下一個年度的學費和雜費共五十五銀元之後，1883年度的學年就於1883年6月30日結束。[228] 之後不久，孫中山就坐夏威夷群島的島際小汽船回茂宜島孫眉的牧場過暑假。不出幾天，孫眉就把孫中山送上第一艘開往香港的火輪船。孫中山無福消受已經預繳之五十五銀元學費和雜費。何故？

---

223   Alexander and Dodge, *Punahou 1841-1941* (1941), p. 359.

224   有檀香山華僑宋譚秀紅做過調查，查出孫眉「由1881年至1894年4月，在奧雅湖〔奧阿厚〕島上讓受之地產有14宗。」見宋譚秀紅、林為棟：〈孫眉事略新考〉，載宋譚秀紅、林為棟：《興中會五傑》（臺北：僑聯出版社，1989），頁18，引夏威夷公證登記局奧阿厚1885-1899年卷，出讓人索引。唯財產轉讓，不能證明孫眉居住在該等財產所在地也。

225   從火奴魯魯到孫眉的牧場，可遙遠！孫科回憶說：「從火奴魯魯到伯母的牧場的交通只有靠海路，我們乘了一艘幾百噸的小火輪，費了一天多時間才到達一個叫Kall Hook 的小港碼頭，下船後改乘四至六匹馬拖的馬車又坐五、六個小時才到牧場。」見孫科：〈孫院長哲生先生談話〉，1969年3月15日，載吳任華編纂、曾霽虹審閱：《孫哲生先生年譜》，頁445-449：其中頁446-447。

226   Chung Kun Ai, *My Seventy Nine Years in Hawaii*, 1979 (自刊本) 頁70, 71. The place was Kona on an island about three days by steam launch from Honolulu (ibid, p. 61). The goat weighed well over one hundred pounds".

227   Oahu College, *Catalogue of the Officers and Students of Oahu College, 1869-1870*; Oahu College, *Catalogue of Punahou Preparatory School, 73 Beretania Street, Under the Supervision of the President of Oahu College, Fourth Year, 1886*.

　　後來在1896年11月，孫中山從倫敦寫信覆劍橋大學翟理斯教授時説：「後兄因其切慕耶穌之道，恐文進教為親督責，着令回華，是十八歲時也。」[229] 1919年與正在撰寫其傳記的美國人林百克詳談時，則半句也沒提到「切慕耶穌之道」，只是説孫眉再不要孫中山更多地接受「英美文化」浸淫。[230]

　　孰是孰非？竊以為孫中山1896年的話較為貼切，因為有兩份佐證：

　　第一、孫中山的同班同學鍾工宇佐證了「切慕耶穌之道」。鍾工宇説，後來他在茂宜島見到孫眉時，孫眉冷嘲熱諷鍾工宇「切慕耶穌之道」。鍾工宇決定三緘其口，因為信耶教之事已經把夏威夷群島的華人社會弄得四分五裂。[231]

　　第二、十個月後，孫中山就在香港領洗進入基督教了。[232]

　　竊以為「切慕耶穌之道」與「英美文化」兩者不單沒有矛盾，而且幾乎兩位一體。「對孫中山來説，耶教是英美文化的根基，它像一棵樹，開枝散葉，其果實是全人類都可以採擇的」。他那些信奉耶教的英美教師，不分男女，都視他如己出，就是明證。他視耶教不是純粹從宗教信仰這角度，而是從耶教所能產生的實際效果出發；他發覺耶教與時俱進，不斷自我更新來滿足人類對現代化如飢似渴的要求，反觀儒家、佛家和道家，把中國綑綁了兩千多年，令中國一直裹足不前。若中國人要重新建立起自己的現代文化，用什麼作為根基才會受到世人尊敬？他愈來愈覺得耶教可取，不是取其純粹的宗教信仰，而是取其實用價值以促使中國現代化。[233]

228　Punahou College ledger, under the entry Tai Chui (Sun Yatsen's infant name), 19 June 1883. The account for another student, J. T. Waterhouse, on the same page of the ledger indicated that these sundry expenses included repairs (Waterhouse might have broken a window) and music (which appeared instrumental, because vocal music classes were provided by the school).

229　孫中山：〈覆翟理斯函〉，載《孫中山全集》，第一卷，頁46-48。

230　Linebarger, *Sun Yat-sen and the Chinese Republic*, pp. 131-132.

231　Chung Kun Ai, *My Seventy Nine Years in Hawaii, 1879 -1958*, p. 87.

232　見本書第五章，所據包括Charles R. Hager, "Dr Sun Yat Sen: Some Personal Reminiscences", *The Missionary Herald* (Boston, April 1912), pp. 171-174: at p. 171, col. 1.

233　孫中山對林百克所表明之心跡，見Linebarger, *Sun Yat-sen and the Chinese Republic*, p. 152.

十六、提出領洗

準此，歷史工作者必須查清楚孫中山在檀香山讀書期間，具體是在什麼情況下提出領洗的想法。

《國父年譜》提供了兩條重要線索：

第一、它說：孫中山在奧阿厚書院讀書時，「教師芙蘭‧諦文（Frank Damon）對先生印象尤佳。」[234]

第二、後來在1884年11月，孫眉急召孫中山赴夏威夷並着令其交回家產後，孫中山欲返香港而苦無盤川，「芙蘭氏即為先生籌款助之，得金三百。」[235] 這位芙蘭‧諦文是誰？徵諸夏威夷各檔案館，終於在基督教各派傳道會博物館（Mission Houses Museum, Down town Honolulu, Hawaii），找到賽繆爾‧諦文（Rev Samuel Cheney Damon, 1815－1885）的文書。[236] 名字雖然不同，到底又是一條線索。查閱他的文書，可知他正是芙蘭‧諦文的爸爸！[237] 同一份文件又說，到了1876年9月，芙蘭‧諦文在奧阿厚教書已經整整三年了。此件為孫中山研究開拓了新天地！

賽繆爾‧諦文是何許人？他是美國綱紀慎會海外傳道會夏威夷分會的傳教士，[238] 專職照顧該群島的水手。[239] 早在1877年，他目睹夏威夷群島的華人

234　《國父年譜》（1994），第一冊，頁34，1883年春條。

235　王斧：〈總理故鄉史料徵集記〉，載《建國月刊》，第五卷第一期，1931年出版。轉載於故居編：《家世》（2001），頁113-119：其中頁118，錄孫中山姊姊孫妙茜回憶。又見《國父年譜》（1994），第一冊，頁42，1885年4月條。

236　http://www.missionhouses.org/Default.aspx?ContentID=57, accessed on 1 January 2006.

237　Rev Samuel Cheney Damon (Honolulu) to Rev Dr N.C. Clark (Boston), No. 132, 9 September 1876, p. 1, Papers of the American Board of Commissioners. ABC 19.1 vol. 21: Missions to Hawaiian Islands, 1871-1880. UNIT 6 Reel 818, in which Letters of Samuel C. Damon were numbered 131-133.

238　Rev Dr Samuel Cheney Damon (Honolulu) to Rev Dr N.G. Clark, D.D., ABCFM Foreign Secretary (Boston), No. 231, Honolulu 12 December 1881, p. 8, Papers of the American Board of Commissioners ABC 19.1 vol. 22: Hawaiian Islands Missions, 1880-1889, Documents, Reports, Letters A-E, [Microfilm UNIT 6, Reel 821].

239　Rev Dr Samuel Cheney Damon (Honolulu) to Rev Dr N.G. Clark, D.D., ABCFM Foreign Secretary (Boston), No. 229, Honolulu 15 February 1881, p. 3, Papers of the American Board of Commissioners ABC 19.1 vol. 22: Hawaiian Islands Missions, 1880-1889, Documents, Reports, Letters A-E, [Microfilm UNIT 6, Reel 821].

不斷激增，已經感到必須有一位白人傳教士專職向華人宣道，並向美國總部提出這樣的要求。[240] 以後他不斷催促；四年後，他報告說，在夏威夷群島的華民人數已經激增到大約在12,000與14,000之間，找一位白人傳教士專職華民之事，已刻不容緩。[241] 在不斷催促的同時，他自己就迫不及待地在工餘時間開始向華民傳教了。[242] 終於在1881年9月18日，他很高興地寫道：「美國綱紀慎會海外傳道會在夏威夷的分會，決定邀請他的兒子，芙蘭・諦文，專職主持夏威夷華民教務。[243] 年薪$1,200，其中$1,000由母會負責，$200由分會支付。」[244]

　　芙蘭・諦文的履歷是什麼？為何他與孫中山能成為好朋友？上文提及，到了1876年9月，芙蘭・諦文在奧阿厚已教了三年書。接着他橫過北美洲、大西洋到歐洲大陸，在1877年2月到達瑞士的日內瓦。[245] 接下來的兩年半，他擔任夏威夷王國駐柏林公使館的秘書（Secretary of the Hawaiian Legation at

240　Rev Samuel Cheney Damon (Honolulu) to Rev Dr N.C. Clark (Corresponding Secretary, ABCFM, Boston), No. 133, 21 February 1877, p. 3, Papers of the American Board of Commissioners. ABC 19.1 vol. 21: Missions to Hawaiian Islands, 1871-1880. UNIT 6 Reel 818, in which the letters of Samuel Cheney Damon were numbered 131-133.

241　Rev Dr Samuel Cheney Damon (Honolulu) to Rev Dr N.G. Clark, D.D., ABCFM Foreign Secretary (Boston), No. 229, Honolulu 15 February 1881,p. 2, Papers of the American Board of Commissioners ABC 19.1 vol. 22: Hawaiian Islands Missions, 1880-1889, Documents, Reports, Letters A-E, [Microfilm UNIT 6, Reel 821].

242　Rev Dr Samuel Cheney Damon (Honolulu) to Rev Dr N.G. Clark, D.D., ABCFM Foreign Secretary (Boston), No. 231, Honolulu 12 December 1881, p. 5, Papers of the American Board of Commissioners ABC 19.1 vol. 22: Hawaiian Islands Missions, 1880-1889, Documents, Reports, Letters A-E, [Microfilm UNIT 6, Reel 821].

243　Rev Dr Samuel Cheney Damon (Honolulu) to Rev Dr N.G. Clark, D.D., ABCFM Foreign Secretary (Boston), No. 230, Honolulu 18 September 1881, Papers of the American Board of Commissioners ABC 19.1 vol. 22: Hawaiian Islands Missions, 1880-1889, Documents, Reports, Letters A-E, [Microfilm UNIT 6, Reel 821]. Foreign Secretary (Boston), Honolulu 18 September 1881.

244　Rev Dr S. C. Damon (Honolulu) to Rev Dr N.G. Clark, D.D., ABCFM Foreign Secretary (Boston), No. 244, Honolulu 28 October 1884, p. 3, Papers of the American Board of Commissioners ABC 19.1 vol. 22: Hawaiian Islands Missions, 1880-1889, Documents, Reports, Letters A-E, [Microfilm UNIT 6, Reel 821].

245　Samuel Cheney Damon (Honolulu) to Dr N.C. Clark (Corresponding Secretary, ABCFM, Boston), 21 February 1877, No. 133, Papers of the American Board of Commissioners. ABC 19.1 vol. 21: Missions to Hawaiian Islands, 1871-1880 [microfilm UNIT 6 Reel 818].

Berlin）。[246] 1880年秋開始跟隨德國神學大師杜勒老教授（Professor Tholuck）的遺孀（Frau Dr Tholuck）學習神學，準備將來當傳教士；他同時又學習梵文和語言學。[247] 1881年3月離開德國東歸，途經中東、印度、中國、日本等地，[248] 1881年9月回到夏威夷。[249] 返回老家以後，充滿宗教熱情，可能是由於他在海外各地遊覽五年期間，到處受到美國綱紀慎會海外傳道會的傳教士熱情接待，並目睹他們無私的奉獻，而深受感染。乃父更為他在德國期間沒有受到德國理性主義（German rationalism）所污染而額手稱慶。[250] 可能讓乃父更高興的是，他馬上被美國綱紀慎會海外傳道會在夏威夷的分會委任專職主持夏威夷華民教務。[251] 這是一個突破，其他在夏威夷的教派諸如聖公會等，都沒有專人負責向華民傳道。結果綱紀慎會成績斐然；循道會、浸信

246　Rev Dr Samuel Cheney Damon (Honolulu) to Rev Dr N.G. Clark, D.D., ABCFM Foreign Secretary (Boston), No. 227, New York, 25 October 1880, p. 2, Papers of the American Board of Commissioners ABC 19.1 vol. 22: Hawaiian Islands Missions, 1880-1889, Documents, Reports, Letters A-E, [Microfilm UNIT 6, Reel 821].

247　Rev Dr Samuel Cheney Damon (Honolulu) to Rev Dr N.G. Clark, D.D., ABCFM Foreign Secretary (Boston), No. 226, Boston 16 October 1880, pp. 1-2, Papers of the American Board of Commissioners ABC 19.1 vol. 22: Hawaiian Islands Missions, 1880-1889, Documents, Reports, Letters A-E, [Microfilm UNIT 6, Reel 821].

248　Rev Dr Samuel Cheney Damon (Honolulu) to Rev Dr N.G. Clark, D.D., ABCFM Foreign Secretary (Boston), No. 228, Honolulu 5 December 1880, p. 1, Papers of the American Board of Commissioners ABC 19.1 vol. 22: Hawaiian Islands Missions, 1880-1889, Documents, Reports, Letters A-E, [Microfilm UNIT 6, Reel 821].See aso his letter of 25 October 1880.

249　Rev Dr Samuel Cheney Damon (Honolulu) to Rev Dr N.G. Clark, D.D., ABCFM Foreign Secretary (Boston), No. 231, Honolulu 12 December 1881, p. 1, Papers of the American Board of Commissioners ABC 19.1 vol. 22: Hawaiian Islands Missions, 1880-1889, Documents, Reports, Letters A-E, [Microfilm UNIT 6, Reel 821].

250　"I consider a matter for profound thanksgiving that he should so thoroughly have escaped the blighting influence of German Rationalism"- Rev Dr Samuel Cheney Damon (Honolulu) to Rev Dr N.G. Clark, D.D., ABCFM Foreign Secretary (Boston), No. 231, Honolulu 12 December 1881, p. 9, Papers of the American Board of Commissioners ABC 19.1 vol. 22: Hawaiian Islands Missions, 1880-1889, Documents, Reports, Letters A-E, [Microfilm UNIT 6, Reel 821].

251　Rev Dr Samuel Cheney Damon (Honolulu) to Rev Dr N.G. Clark, D.D., ABCFM Foreign Secretary (Boston), No. 230, Honolulu 18 September 1881, p. 1, Papers of the American Board of Commissioners ABC 19.1 vol. 22: Hawaiian Islands Missions, 1880-1889, Documents, Reports, Letters A-E, [Microfilm UNIT 6, Reel 821].

會、長老會等聞訊大為羨慕，亦欲向夏威夷進軍，不過此乃後話。[252]

芙蘭‧諦文在1881年被任命專職向夏威夷的華人傳道以後，從此奮力學習中文。[253] 由於他在德國時曾經學習過語言學，所以他現在學習中文就事半功倍。[254] 他的中文老師是誰？何培（音譯）。觀此音譯，可知何培乃廣州人。他曾在廣州為外國傳教士教授中文，並隨傳教士核琶牧師（Re Dr A. P. Happer）學習基督教義。後經該傳教士推薦到給賽繆爾‧諦文，到夏威夷群島幫助其向華工傳教。[255]

何培隨核琶牧師學習基督教義共有多長時間？經考證，核琶牧師規定學員必須學滿三年才被允許當傳教士助手。[256] 他之能推薦何培予賽繆爾‧諦文幫助傳教，證明何培已經讀滿三年的基督教義。[257] 何培又曾在廣州長期為外國傳教士教授中文，[258] 故他的中文修養以及漢學的造詣肯定有相當基礎。同時，當初在講授中文時，他必須回答傳教士學員有關如何把基督教義用漢語向華人傳達的問題，使他從一開時就間接地思考基督教義。終於，他自己也接受核琶牧師施洗入教，並接受訓練當傳教士助手，而變得學兼中西了。

當何培初達夏威夷時，賽繆爾‧諦文派他到離島工作。1881年芙蘭‧諦文被委任專職主持夏威夷華民教務之後，賽繆爾‧諦文就把他調回火奴魯魯傳道，並熱情邀請他到家裏居住。日間為芙蘭‧諦文上六個小時的正規中文課，其餘時間便用於操練。不久，芙蘭‧諦文就主持綱紀慎會在火奴魯魯華

252　Rev Dr Samuel Cheney Damon (Honolulu) to Rev Dr N.G. Clark, D.D., ABCFM Foreign Secretary (Boston), No. 243, Mills Seminary, California 6 September 188, p. 10, Papers of the American Board of Commissioners ABC 19.1 vol. 22: Hawaiian Islands Missions, 1880-1889, Documents, Reports, Letters A-E, [Microfilm UNIT 6, Reel 821].

253　Rev Dr Samuel Cheney Damon (Honolulu) to Rev Dr N.G. Clark, D.D., ABCFM Foreign Secretary (Boston), No. 231, Honolulu 12 December 1881, p. 1, Papers of the American Board of Commissioners ABC 19.1 vol. 22: Hawaiian Islands Missions, 1880-1889, Documents, Reports, Letters A-E, [Microfilm UNIT 6, Reel 821].

254　Rev Dr Samuel Cheney Damon (Honolulu) to Rev Dr N.G. Clark, D.D., ABCFM Foreign Secretary (Boston), No. 230, Honolulu 18 September 1881, p. 2, Papers of the American Board of Commissioners ABC 19.1 vol. 22: Hawaiian Islands Missions, 1880-1889, Documents, Reports, Letters A-E, [Microfilm UNIT 6, Reel 821].

255　Samuel Damon to Clark, 12 December 1881, no. 231, ABC 19.1 v. 22, pp. 3-4.

256　Hager to Clark, 12 April 1883, ABC16.3.8, v.4, no. 3, p. 3.

257　Samuel Damon to Clark, 12 December 1881, no. 231, ABC 19.1 v. 22, pp. 3-4.

258　Ibid.

人教會的主日學、《聖經》課、聖詩班；並在何培的協助下，到社會上與廣大華人接觸。[259]

當時（1881年）綱紀慎會在火奴魯魯的華人教會，成立剛剛兩年，[260] 唯已領洗列教籍者共五十人，主日學有四十個學生，《聖經》課有五十個學生。[261] 皆賽繆爾‧諦文和其他傳教士多年在本職以外，特別向華人傳道的結果。[262] 翌年，賽繆爾‧諦文驕傲地説：「兒子學習廣州話，進步神速，無論在街道上或在華人的家裏，都能用粵語與華人交談。不久將可用粵語向華民傳道矣。」在此同時，芙蘭‧諦文又開始物色可供培養成為傳教士的年輕華人。[263] 1882年8月，有大約二百名基督教徒從中國來到夏威夷群島謀生，並與當地的基督徒打成一片，夏威夷華人基督教會聲勢大增。[264] 這批新的華人基督徒來自中國什麼地方？若然來自廣東，則大有可能與孫中山「同聲同氣」。經考證，可知的確是來自廣東，而且多是巴色會的教眾，其次是長老

259　Samuel Damon to Clark, 12 December 1881, no. 231, ABC 19.1 v. 22, pp. 3-4.

260　"As you will see from my Report we have recently celebrated the tenth anniversary of the organization of our Chinese Church in Honolulu."- Rev Frank William Damon (Honolulu) to Rev Judson Smith D.D, ABCFM Foreign Secretary (Boston), No. 225, Kohala, Hawaii, 7 August 1889, p. 1, Papers of the American Board of Commissioners ABC 19.1 vol. 22: Hawaiian Islands Missions, 1880-1889, Documents, Reports, Letters A-E, [Microfilm UNIT 6, Reel 821].

261　Rev Dr Samuel Cheney Damon (Honolulu) to Rev Dr N.G. Clark, D.D., ABCFM Foreign Secretary (Boston), No. 230, Honolulu 18 September 1881, p. 4, Papers of the American Board of Commissioners ABC 19.1 vol. 22: Hawaiian Islands Missions, 1880-1889, Documents, Reports, Letters A-E, [Microfilm UNIT 6, Reel 821].

262　Rev Dr Samuel Cheney Damon (Honolulu) to Rev Dr N.G. Clark, D.D., ABCFM Foreign Secretary (Boston), No. 231, Honolulu 12 December 1881, pp. 5-7, Papers of the American Board of Commissioners ABC 19.1 vol. 22: Hawaiian Islands Missions, 1880-1889, Documents, Reports, Letters A-E, [Microfilm UNIT 6, Reel 821]. See also his letter of 17 May 1883.

263　Rev Dr Samuel Cheney Damon (Honolulu) to Rev Dr N.G. Clark, D.D., ABCFM Foreign Secretary (Boston), No. 232, Honolulu 30 May 1882, p. 4, Papers of the American Board of Commissioners ABC 19.1 vol. 22: Hawaiian Islands Missions, 1880-1889, Documents, Reports, Letters A-E, [Microfilm UNIT 6, Reel 821].

264　Rev Dr Samuel Cheney Damon (Honolulu) to Rev Dr N.G. Clark, D.D., ABCFM Foreign Secretary (Boston), No. 235, Honolulu 6 August 1882, p. 2, Papers of the American Board of Commissioners ABC 19.1 vol. 22: Hawaiian Islands Missions, 1880-1889, Documents, Reports, Letters A-E, [Microfilm UNIT 6, Reel 821].

會。[265] 由於檀香山沒有該兩會自己的教堂，於是教眾就參加綱紀慎會的活動，其中年輕的教徒，更很快就註冊成立了基督教青年會（YMCA）。[266]

至於芙蘭‧諦文與奧阿厚書院的關係，則：

第一、他過去在1873－1876年間曾在該校教過整整三年的書。

第二、該校本來就是美國綱紀慎會海外傳道會所創辦的學校，現在他又成了該會的傳教士，故與該校的淵源又深了一層。

第三、他的爸爸終身撥了不少時間為奧阿厚書院籌款，期望該私立學校的基礎能夠穩固，[267] 校方能不感激？

1883年1月15日，孫中山進入奧阿厚書院讀書了。[268] 該校的華裔學生都參加芙蘭‧諦文所舉辦的主日學。[269] 孫中山對基督教的興趣得以加倍延續，而且有飛躍性的發展。此話怎說？檀香山的華僑在1929年回憶說：孫中山「研究教義，勤謹異常，凡與論教理者，口若懸河，滔滔不絕」。[270] 他用什麼語言跟誰論教？相信不會是用英語跟韋禮士主教辯論。那麼，檀山華僑所指的辯論對象是誰？

265　Rev Charles Robert Hager (HK) to Rev J. Smith, DD (Boston), No. 29, 19 May 1885, p. 1, Papers of the American Board of Commissioners. ABC 16: Missions to Asia, 1827-1919. IT 3 Reel 260, 16.3.8: South China, Vol. 4 (1882-1899) Letters C-H: Charles Robert Hager: 3-320: No. 29 [microfilm frame 0081b-0083a].

266　Rev Dr Samuel Cheney Damon (Honolulu) to Rev Dr N.G. Clark, D.D., ABCFM Foreign Secretary (Boston), No. 237, Honolulu 6 March 1883, p. 6, Papers of the American Board of Commissioners ABC 19.1 vol. 22: Hawaiian Islands Missions, 1880-1889, Documents, Reports, Letters A-E, [Microfilm UNIT 6, Reel 821].

267　Rev Dr Samuel Cheney Damon (Honolulu) to Rev Dr N.G. Clark, D.D., ABCFM Foreign Secretary (Boston), No. 228, Honolulu 5 December 1880, p. 3, Papers of the American Board of Commissioners ABC 19.1 vol. 22: Hawaiian Islands Missions, 1880-1889, Documents, Reports, Letters A-E, [Microfilm UNIT 6, Reel 821].

268　奧阿厚書院檔案室藏，Oahu College, *Catalogue of Trustees, Teachers and Pupils of Oahu College, June 1883,* p. 10.

269　*Cf* Papers of the American Board of Commissioners ABC 19.1 vol. 22: Hawaiian Islands Missions, 1880-1889, Documents, Reports, Letters A-E, [Microfilm UNIT 6, Reel 820], No. 28, June 1888 (21 pages): 25th Annual Report of the Chinese Mission Work, June 1887-1888, Presented at the Annual Meeting of the Board of the Hawaiian Evangelical Association, Honolulu June 1888, p.17. The Oahu College of 1883 had been re-named Punahou College by 1888.

270　《孫中山年譜長編》，第一冊，頁33，引佚名：〈檀山華僑〉，載檀山華僑編印社編：《檀山華僑》（火奴魯魯：檀山華僑編印社，1929），頁12。

通過與奧阿厚書院的其他華裔學生參加芙蘭‧諦文所舉辦的主日學，[271] 孫中山進入了一個新天地。當他終於遇到一位能用廣州話與他交談的洋人諸如芙蘭‧諦文，而這位洋人的年紀與他相差不太遠，但見多識廣，又能與他討論宗教與理性等哲理問題，[272] 孫中山的反應會是怎樣？此外，孫中山終於又遇到一位能用廣州話與他交談的華人傳教士助手諸如何培，而這位華人既熟讀四書五經，又懂得基督教的教義。何培不單已經領洗入教，且負責在火奴魯魯華人基督教堂向華人宣道。他也能與孫中山辯論中西哲理之別，孫中山的反應又該如何？[273]

他們會辯論些什麼？猶記幼年的孫中山曾問母親：人死了以後是怎生樣子？母親回答說：「完了，什麼都完了」。孫中山說：「不幹，我要活下去」。[274] 基督教在華傳教時以最簡單而有效的一句話號召：「信耶穌得永生」。但是，用一位基督教傳教士的話說，當時接受傳道而進入基督教的人，多數是低下階層的華人。[275] 對朝不保夕的赤窮文盲說：「信耶穌得永生」，會有一定效果。要打動有知識的人，就必須有更高深的哲理和令人信服的行動。哲理方面，則人類只懂人類事，無法懂超人類之事。[276] 無私奉獻的行動，卻足以打動人的心坎。在意奧蘭尼學校讀書時，孫中山目睹韋禮士主教離鄉背井到遙遠的夏威夷傳道，動用自己的財產買地建校，用自己的薪金補貼其他傳教士薪金的不足，犧牲休息時間來深夜巡房，如此種種，都是無私奉獻的表現。[277] 賽繆爾‧諦文同樣是離鄉背井而到夏威夷傳教，他的兒子不像其他美國年輕人那樣從商致富，反而參加傳教士行列，也是無私奉獻的表現。從信耶穌到遵從他的教訓而拋棄物質享受作全心全意的奉獻，終於

271　*Cf* Papers of the American Board of Commissioners ABC 19.1 vol. 22: Hawaiian Islands Missions, 1880-1889, Documents, Reports, Letters A-E, [Microfilm UNIT 6, Reel 820], No. 28, June 1888 (21 pages): 25th Annual Report of the Chinese Mission Work, June 1887-1888, Presented at the Annual Meeting of the Board of the Hawaiian Evangelical Association, Honolulu June 1888, p.17.

272　見本節上文。

273　Frank Damon to Smith, 13 July 1885, ABC 19.1, v. 22, no. 221, p. 3.

274　見本書第二章第五節。

275　Hager to Clark, 18 August 1883, ABC 18.3.8, v. 4, no. 7, p. 3.

276　見本書第二章第五節。

277　見本章第四、五節。

達到物質的身體雖死而精神的靈魂猶存的境界，是能打動有知識的熱血青年
諸如孫中山者。孫中山似乎深受感染，以至美國人林百克也註意到，孫中山
沒有一點個人野心，甚至沒有絲毫個人主義（egotism）的味道，他想的一切，
做的一切，都是為了中華民族的福祉而奮鬥。[278]

　　同時，在芙蘭‧諦文與何培共同工作的火奴魯魯華人基督教堂，又組織
了華人基督教青年會（Chinese YMCA），[279] 裏面的年輕人非常活躍，又能説
廣東話，[280] 孫中山如魚得水。該教會聖詩班所唱的歌曲又是如此優美，簡直
是仙樂飄飄處處聞！[281] 孫中山深為所動。不出半年，孫中山就嚷着要領洗進
入基督教了！於是乃兄把他送回翠亨村。[282]

　　不單孫中山深為所動，他原來在意奧蘭尼讀書的同班同學鍾工宇和唐
雄，慢慢也深受影響。鍾工宇因事休學一年後，於1883年7月回到火奴魯
魯。[283] 鍾父命其到意奧蘭尼學校繼續其學業。像三年前一樣，時值暑假，韋
禮士主教的養子埃德蒙‧斯蒂爾（Stiles Edmund）讓他等到9月再來報名。結
果他就在鍾父於火奴魯魯的代理人星昌行（Sing Chong Company）那裏暫住，

278　Linebarger, *Sun Yat Sen and the Chinese Republic,* p. 119.

279　Rev Frank William Damon (Honolulu) to Rev Judson Smith D.D, ABCFM Foreign Secretary (Boston), No. 221, Honolulu 13 July 1885, p. 4, Papers of the American Board of Commissioners ABC 19.1 vol. 22: Hawaiian Islands Missions, 1880-1889, Documents, Reports, Letters A-E, [Microfilm UNIT 6, Reel 821].

280　Rev Charles Robert Hager (HK) to Rev J. Smith, DD (Boston), No. 29, 19 May 1885, p. 1, Papers of the American Board of Commissioners. ABC 16: Missions to Asia, 1827-1919. IT 3 Reel 260, 16.3.8: South China, Vol. 4 (1882-1899) Letters C-H: Charles Robert Hager: 3-320: No. 29 [microfilm frame 0081b-0083a].

281　Rev Dr Samuel Cheney Damon (Honolulu) to Rev Dr N.G. Clark, D.D., ABCFM Foreign Secretary (Boston), No. 231, Honolulu 12 December 1881, pp. 3-4, Papers of the American Board of Commissioners ABC 19.1 vol. 22: Hawaiian Islands Missions, 1880-1889, Documents, Reports, Letters A-E, [Microfilm UNIT 6, Reel 821]. *See also* Papers of the American Board of Commissioners ABC 19.1 vol. 22: Hawaiian Islands Missions, 1880-1889, Documents, Reports, Letters A-E, [Microfilm UNIT 6, Reel 820], No. 28, June 1888（21 pages）: 25th Annual Report of the Chinese Mission Work, June 1887-1888, Presented at the Annual Meeting of the Board of the Hawaiian Evangelical Association, Honolulu June 1888, p.15.

282　孫中山：〈覆翟理斯函〉，手書墨蹟原件，藏中國國民黨中央黨史委員會，刊刻於《國父全集》（1989），第二冊，頁192-193。又載《孫中山全集》，第一卷，頁46-48：其中頁47。

283　Chung Kung Ai, *My Seventy Nine Years in Hawaii, 1879-1958*, p. 88.

樓高三層。老同學唐雄也住在那裏，因為該行是唐父開設的。唐雄告訴鍾工宇，他與孫帝象已經愈來愈渴望受洗入耶教，可惜孫帝象因此而被其哥哥孫眉遣返中國。於是鍾工宇也向唐雄表明心蹟，說他自己其實也愈來愈深信基督真理。唐雄聽後大悦。[284]「從此，唐雄與我逢星期天早上與黃昏都一起上教堂。」這個教堂，不可能是意奧蘭尼學校的小教堂，而極可能是火奴魯魯那家華人教堂。「一個晚上，當我們從教堂禮拜回來時，唐雄的父親痛斥我們迷信異端邪說，更斥我引其兒子誤入歧途，繼而勒令我離開。我不作聲，唐父也不為已甚，所以我得以繼續寄居其家。」唐雄的父親告訴鍾父，鍾父大怒，拿出一個五毛錢的硬幣，塞到鍾工宇手裏，命他去剃光頭，以示從今父子關係一刀兩斷。蓋剃光了頭的和尚尼姑，以削髮出家表示斷六親也。當鍾工宇拒絕接受這五毛錢時，鍾父狠狠地摑了他一記耳光，又告訴他不要奢望再回到意奧蘭尼讀書，獨自去找份工作糊口可也。[285]

後來鍾工宇欣悉孫帝象和唐雄不久就在香港領洗入教，但由於鍾父的激烈反對，鍾工宇本人則遲至1896年才受洗入教。[286]

十七、小結

孫中山總結他在夏威夷所受的教育時説：「憶吾幼年，從學村塾，僅識之無。不數年得至檀香山，就傅西校，見其教法之善，遠勝吾鄉。故每課暇，輒與同國同學諸人，相談衷曲。而改良祖國，拯救同群之願，於是乎生。當時所懷，一若必使我國、人人皆免苦難，皆享福樂而後快者。」[287] 此言猶如石破天驚，對本書之主旨——探索孫中山如何走上革命的道路——切題極了！為何絕大多數的史籍都只提孫中山學習英語如何進步神速等，卻鮮提此點？更要緊的是，孫中山何出此言？究底蘊，大約有二：

1. 正規教育的影響：孫中山自言在英國人辦的意奧蘭尼中學三年所受的

284　Ibid., p. 89.

285　Ibid, pp. 89-90.

286　Ibid, p. 89.

287　孫中山：〈在廣州嶺南學堂的演説〉，載《孫中山全集》，第二卷，頁359。

教育引起他身心變化最大，其中最重要者莫如學校中紀律嚴明的好處，讓他感到必須竭誠遵守校中紀律，並準此而渴望中國同樣醒覺到自動遵守紀律的重要性。[288]

　　2. 受到西學影響的華裔知識份子經常聚首討論國事：孫中山在檀讀書最後一年的1883年，在火奴魯魯成立了一個團體名中西擴論會，會員主要是一些受過西方教育的華裔知識份子。聚會的原意是一起練習說英語，繼而研究學術，交換知識。但一批華裔知識份子走到一塊，難免暢談國事，討論時艱。再把祖國之落後與西方進步之比較，就難免出現「改良祖國，拯救同群之願」。[289]這與後來1892年3月13日在香港成立的輔仁文社（見本書第八章），1892年12月孫中山到澳門行醫時遇到Young China Party 即少年中國黨（見本書第七章），如出一轍。更後來孫中山在1894年11月回到火奴魯魯成立興中會時，原來的中西擴論會會員如何寬、李昌等，都參加了興中會，後來參加活動和捐款，也數他們最積極。[290]孫中山回到香港後，輔仁文社也樂與興中會合併成為1895年廣州起義在香港方面的骨幹（見本書第八章）。

　　孫中山這種感受，待他重新踏足中國的土地時，馬上會變得非常強烈。為什麼？孫中山在1883年的夏天從夏威夷回國的時候，坐大輪船到香港轉翠亨村之際，清朝官吏分別以徵收關稅、釐金、查緝鴉片、火油為藉口，不同的人馬對乘客進行四輪不同的勒索！[291]

　　此事對孫中山震撼很大，必須查明底蘊。尤其是他所坐的是什麼性質的船。徐植仁說是「沙船」。什麼「沙船」？載沙的船有什麼可敲詐的？為何清朝海關如此獨寵這條航線？而且，筆者在珠江三角洲長大，畢生研究鴉片戰爭、林則徐、葉名琛、廣東紅兵、孫中山等，因而與珠江三角洲結下不解之緣，也看過不少公私檔案，可從未聽過有「沙船」這名字，倒是長江三角洲

288　林百克著，徐植仁譯：《孫中山傳記》，頁121。

289　孫中山：〈在廣州嶺南學堂的演說〉，載《孫中山全集》，第二卷，頁359。

290　項定榮：《國父七訪美檀香考述》（臺北：時報文化出版事業有限公司，1982），頁48。

291　Paul Linebarger, *Sun Yat Sen and the Chinese Republic*, pp. 135-139；漢語譯本見：《孫中山傳記》（上海：民智書局，1926），頁126-131，轉載於《孫中山年譜長編》，上冊，頁34。

尤其是上海有這種船。為了了解具體情況，2006年6月4日筆者到翠亨村以南的淇澳島實地調查時，承該島耆老鍾金平先生回答筆者提問時說：

> 淇澳的西洋菜最為著名，因為用清泉水養殖也，運到香港能賣得好價錢。從香港回來，則走私食鹽、花生油、火水〔煤油〕。六小時一漲，二小時一平，四小時一退，如此共十二小時。孫中山1883年夏從香港坐船回來，很可能是坐順風船（hitcharide）。因為當時淇澳與香港之間，絕對沒有輪渡⋯⋯

如此說，孫中山所坐的船只不過是普通傳統民用的帆船。再徵諸林百克原著，則所說是a Chinese junk![292] 與鍾金平之言吻合。上面說過，徐植仁把水路（by water）翻譯成「駁艇」，現在又把普通帆船翻譯為「沙船」，可見翻譯之難，也無意中替史學界造成不少困擾。

至於孫中山到達金星港後如何回翠亨村？鍾金平答曰：

> 當時的所謂金星港，不是一個正規的港口，哪裏有沙灘，船就在那裏靠岸，乘客涉水上岸。金星港是靠近淇澳的那段水域，所以孫中山要從淇澳坐船到長沙埔〔崖口以南〕，下船後步行回翠亨村。長沙埔也沒碼頭，乘客同樣是必須涉水上岸。解放前，儘管香洲這漁港也沒碼頭。[293]

孫中山回到翠亨村，則江山依舊，村民同樣還是那麼落後，他受不了，把村廟裏的北帝神像拔去一臂，又將北帝側的金花夫人神像手指切斷。

村民震驚憤怒，鳴鑼聚眾，向孫家大興問罪之師。孫父達成公怒極，「操杖覓總理，總理因避至香港」。[294] 說得輕鬆！被嚴父杖責不足懼，頂多是皮肉之苦。無知村民鳴鑼聚眾，如臨大敵，才是恐怖得緊，若當時他們抓

292　Linebarger, *Sun Yat Sen and the Chinese Republic*, p. 104.

293　黃宇和：〈淇澳島調查報告〉（手稿），2006年6月4日。

294　馮自由：《革命逸史》（1981），第二集，頁10。

圖4.9　北帝像（翠亨村故居紀念館供圖）

住了孫中山，恐怕也會把他活活打死。何以見得？理由大致有下列兩種：

第一、憤怒的村民高聲揚言：不懲罰帝象，「則神將不會息怒，甚至降災全村。」[295] 這種恐懼與恐嚇，有2006年3月21日曼谷四面佛人命之案，可為借鑑。一名長期受精神疾病所苦的穆斯林，在凌晨1時左右，拿出隨身攜帶的榔頭用力敲打並嚴重破壞佛像，數名信徒和管理人員衝出阻止他，並活生生將他打死。[296]

第二、孫中山逃之夭夭，村民懲罰不了他，似乎就揚言要嚴懲孫姓全族，威脅要把孫姓全族驅逐出祖廟。為何筆者作如是想？事緣1965年10月10日，李伯新先生採訪孫錦言，孫錦言說：「妙茜姑太口述過……全族孫姓在翠亨廟中沒有豬肉分的，不單是中山一家，不是說拜山豬肉，而是祖廟豬肉。到中山當總統後，入了廟，全體孫姓才有豬肉分。」[297] 此話應如何理解？蓋1964年5月13日，李伯新先生採訪陸天祥時，陸天祥說：「入廟後享受廟產才能成為翠亨村人。當時值理是楊、馮、陸、孫四姓。當時祖廟廟產有100多畝。」[298] 為何四大值理之一的孫氏家族、有份管理100多畝廟產的孫氏家族，卻沒入廟因而沒豬肉分？1828年重修祖廟時，孫敬賢「喜助工金銀一兩正」，[299] 1856年三修祖廟時，四大值理排首的是孫尊賢，而孫學成等六人「共喜助工金銀255兩2錢四分正」，孫達成也「喜助工金銀一大圓」。[300] 孫達成雖然後來家境愈來愈困難，以至飽受楊氏家族欺負，但自從孫眉在檀島的生意愈做愈大，匯款回家也愈來愈多，村民都刮目相看。這樣的孫氏家

295　陸燦：《我所認識的孫逸仙》，頁10。

296　蔡裴驊綜合外電報道：〈曼谷著名四面佛遭人重損〉，香港《蘋果日報》，2006年3月22日，http://tw.nextmedia.com/applenews/article/art_id/2484437/IssueID/20060322。

297　李伯新採訪孫錦言（七十四歲），1965年10月10日，載李伯新：《憶訪錄》（1996），頁108-110：其中頁110。

298　李伯新採訪陸天祥（八十八歲），1964年5月13日，載李伯新：《憶訪錄》（1996），頁73-79：其中頁73。

299　〈重修翠亨村祖廟碑記，1828年〉，轉載於故居編：《家世》（2001），頁66-67：其中頁67。

300　〈三修翠亨村祖廟碑記，1856年〉，轉載於故居編：《家世》（2001），頁68-70：其中頁68、69、70。

族，怎能說其沒有入廟因而沒豬肉分？竊以為孫錦言的話無論怎樣脫離事實，多少也會有點滴事實根據，這個根據，很可能就是1883年翠亨村的村民在極度憤怒的時候，揚言要把孫氏全族驅逐出祖廟，作為懲罰，並希望藉此趨吉避凶。[301]

第三、北帝在翠亨村村民心中的地位，可從該村一個堅定不移的積習，見到一斑：

> 在當地，男丁出生後的第一個「開燈日」（大年初七或初八），須由家人懷抱或帶領，到北極帝像前舉行「入契」儀式。入契時，男丁要向北極帝跪拜，尊稱北極帝為「契父」，自稱為「契兒」，並由家人將寫有「帝」字的「契名」紙條黏貼在北極帝的台座上，以此祈求「契父」保護「契兒」一生安康吉祥。如孫眉的契名為孫帝眉……孫中山的契名為孫帝象。……有些男丁……終身延用，如孫帝福、楊帝樑、陸帝宏等即是。[302]

北極帝者，中國傳統道教神像——北極鎮天真武玄天上帝也，簡稱北極帝、北帝，俗稱北帝公。孫中山冒全村的大不韙而毀瀆全村男丁的「契

301　到了1894年四修祖廟時，值理之中已沒有孫姓的人，卻記錄了孫德彰（即孫逸仙的哥哥孫眉）捐30銀圓，孫集賢、孫德修兩戶各共捐銀一圓五毫，孫德修個人捐銀一圓。見〈四修翠亨村祖廟碑記，1856年〉，轉載於故居編：《家世》（2001），頁71-73：其中頁72、73。既然接受捐款，應該是接受了孫氏家族重新入廟？若准許其重新入廟，為何孫妙茜仍然說：「到中山當總統後，入了廟，全體孫姓才有豬肉分」？廣州市中山大學的邱捷教授認為，「要從1960年代的國家意識形態去尋找解釋。當日強調階級鬥爭，崇尚『在舊社會被壓迫被剝削』階級地位，因此，口述者、記錄者（甚至研究者）的潛意識中，都會認為愈把孫中山的家庭說得窮苦低微，就愈凸顯孫中山革命思想產生的階級根源。」見邱捷：〈翠亨孫中山故居文物的社會史解讀〉，《歷史人類學學刊》，第四卷，第2期（2006年10月），頁71-97：其中頁96。此話甚為有理；就是說，1883年孫中山損壞北帝像時村民曾出言恐嚇說要把孫氏家族全數驅逐出村廟之事——後來孫母出資修復神像，又大費周章地做了一場法事，才勉強平息了這場風波。見簡又文：〈總理少年時期軼事〉考證索引孫中山堂妹口述，由《國父年譜》（1985年版），頁34所轉引——但孫錦言仍然斷章取義地複述了孫妙茜之言。

302　鄒佩叢：《孫中山家族源流考》，中山文史第57輯（中山：政協廣東省中山委員會文史資料委員會，2005），頁89，註解1。

父」，激情衝動之處，與村民如臨大敵般鳴鑼聚眾那種狂怒的程度成正比例。

　　為何孫中山如此憤怒？若設身處地為他想想，就不難想像他憤怒的程度：他在檀香山的英國聖公會意奧蘭尼學校唸了三年書，繼而在當時檀香山最好的中學、美國人開辦的奧阿厚書院預備學校讀書，並準備畢業後，到美國去讀大學。但在奧阿厚書院預備學校剛讀了兩個學期的書，就由於他提出領洗進入基督教的要求而被乃兄勒令回鄉，他強烈的求知欲望被中斷。有口碑說：在這之前，「他的大哥奉關帝，把神像掛在中堂，香火供奉。中山卻悄悄地把它扯下撕爛。他的大哥知道後，大怒，罰他下跪。」[303] 若此口碑屬實，就難怪孫中山把自己輟學的苦況歸咎於孫眉的迷信。回到翠亨村，實齡快十七歲的孫中山，整天在家裏無所事事，看到村民的迷信，想到自己的輟學，愈想愈氣，一時衝動，就向「契父」洩憤，是完全可以想像的。竊以為正是這種把性命也豁出去的激情，後來終於把他拉上了造反的道路！

　　孫中山倉猝逃命，逃往哪裏？很長時間家人都不知其所蹤。[304] 後來事實證明他逃往香港。逃走的途徑，看來也像他1879年往澳門一般從水路，蓋2006年6月4日筆者到翠亨村以南的淇澳島調查時，承該島耆老鍾金平回答筆者提問時說：

　　　若是自己作業，搖船，趁上退潮的話，約五至六個小時可到香港的大
　　　澳。一般來說，從金星港往香港要比前往澳門多一個小時。解放前，
　　　淇澳居民經常用船載雞鴨生豬蔬菜等前往香港售賣。平潮時、甚至趁
　　　潮尾聲時開船，往西南走，待退潮時，船很快就順着水流到達香港的
　　　大澳登陸。[305]

303　李伯新訪問陸天祥（八十三歲），1959年無月日，載李伯新：《憶訪錄》（1996），
　　　頁59-64：其中頁62。

304　馮自由：〈孫總理信奉耶穌教之經過〉，《革命逸史》（1981），第二冊，頁9-18：其
　　　中頁10。

305　黃宇和：〈淇澳島調查報告〉（手稿），2006年6月4日。

怎麼孫中山對此水路如此熟悉？本書第三章曾提到，童年的孫中山經常跟外祖父楊勝輝從崖口搖艇到淇澳島採蠔。筆者就此事再度請教鍾金平老先生。他答曰：

過去淇澳島很多蠔，近年有人在唐家半島開設切片工廠，污染得很屬害，生蠔才銳減。從崖口搖艇到淇澳，趁上退潮也要四個小時，故不能當天來回的，必須在船上過夜。故一定要準備乾糧食水，停留二、三天。這樣，二人可以採六百到七百斤蠔（連殼）。每次下水三至四米深，在水下停留約十分鐘〔如何呼吸？2006年6月12日早上10：00時，再致電鍾金平核實。他說，是下水十秒、八秒。過去徒手潛水 skin dive，沒有潛水鏡也沒有氧氣筒。在水下也看不清楚。用手摸，用腳踩。摸着踩着就用錘敲鬆蠔群，七至八隻連在一起撈上來〕。淺水的蠔較小，退潮時可以敲。深水的蠔較大，就必須潛水。崖口過去沒蠔，故必須到淇澳來採蠔。若必須當天來回，則退潮時來，來程最快要三個半小時，作業二小時，漲潮時回去，回程最快也要三個半小時。來回加作業共九小時。但由於作業只有二小時，採蠔有限，不值得。若等待下一次漲潮才回去，則一日兩潮，約六小時漲，六小時退，二十四小時之內，二漲二退。[306]

看來孫中山童年時代的貧困生活，在關鍵時刻大派用場。如此這般，就順利地逃出生天。

按照孫中山口述，林百克為這段撲朔迷離的歷史補充了難得的史料。他說孫中山從檀島帶回翠亨村那珍貴幾本書籍當中，有一本耶教《聖經》。[307] 孫中山逃離翠亨村當天晚上，「他默默地聆聽老人家的責備與教誨，慢慢地從他的細軟中拿出那本《聖經》，在暗晦的油燈光下靜靜地閱讀。」[308] 責備與教誨很可能是來自孫中山的外祖父外祖母。他們居住在距離翠亨村東北

306　同上註。

307　Linebarger, *Sun Yat-sen and the Chinese Republic*, p. 152.

308　Ibid, p. 164.

約四公里的崖口，孫中山本性地逃往那裏。翠亨村的村民也不敢聚眾前往鬧事，否則就會被崖口的鄉民認為是侵略而遭抵抗。崖口鄉人多勢眾，翠亨村勢孤力單，是不敢前往惹事生非的。孫中山長期留在那裏不是辦法，但過一個晚上還是安全的。至於《聖經》，則看來從廟祝鳴鑼聚眾到村民緊急聚集後徒步疾行到孫家大興問罪之師這段短促的時間，讓孫中山有機會倉猝收拾細軟。而在這緊急關頭，千頭萬緒之際，他竟然選擇把《聖經》帶在身邊，可見此時耶教對他的重要性。

「翌晨黎明時份，他被放逐的生涯，就從一艘小艇開始。」[309] 當他的小艇「慢慢地划過金星門水域時，被家人與鄉親拋棄的他，深知只有制止了滿清王朝那麼爛的生活方式，提高了所有中國人精神和物質生活的水平，他才會被家人與鄉親重新擁抱」。[310]

到了淇澳島以後，該再往哪裏？不能到中國的其他地方，因為故鄉翠亨村他已經受不了，遑論他地。到中國文化以外的地方，則當時只有澳門和香港。去澳門沒有什麼作為，而且他對澳門也沒有什麼好感。所以剩下來唯一的選擇只有香港。前一陣子他從檀島到香港轉翠亨村時，經過香港期間，孫中山沒有發出像他過去嚴厲批評澳門的言詞，表示當時香港沒有澳門那種「賭博室，鴉片煙館，花船，妓女等」[311] 亂七八糟的情況。儘管有，也不像澳門那麼顯眼。相反地，正如他後來所說的，他見到的是一個井井有條的法治地方。所以竊以為香港所給他的良好印象，[312] 對於此時他又從故鄉翠亨村前往較遠的香港而不去較近的澳門繼續求學的決定，可能起了關鍵性的作用。而且，香港的英語文化，正是他嚮往的世界，於是他就到香港去了。去香港，可以繼續他的英式教育，滿足他的求知慾望。如此這般，又開始了他生命歷程中的另一個里程碑，即他在香港大約十年窗下（1883－1892）的生活。孫中山在香港讀書的情況，將在下一章探索。

309　Ibid, p. 163.

310　Ibid, p. 167.

311　Ibid, pp. 105-106.

312　孫中山：〈在香港大學的演講〉，載《孫中山全集》，第七卷，頁115-117：其中頁115。

圖4.10　被拆掉前的北帝廟（翠亨村孫中山故居紀念館供圖）

圖4.11　北帝廟遺址（2006年3月29日黃宇和攝）

　　在結束本章之前值得附帶一提的是，1883年孫中山褻瀆翠亨村的村廟神像，該村村民就鳴鑼聚眾，如臨大敵。該等村民的後裔在1966年文化大革命「破四舊」運動中，把村廟中的菩薩全部毀掉。1970年，更把該廟全部拆除，以取其木料來建造輾米廠。時至今日，又有不少村民嘆息曰：「聽了幾個人説話，把大好廟堂拆去，真是可惜！」[313] 2006年3月29日星期三，筆者在翠亨村實地考察時，清晨漫步間，無意發覺北極殿遺址就在翠亨村東北角，與馮氏宗祠同處一條街。廟舍已夷為平地，正門上端刻有「北極殿」等字樣的麻石橫匾，以及左右各刻有「靈威昭水德，福曜運天樞」的麻石門棟，皆平躺在原來正門的地上，還有村婦在那兒向橫匾上香！

313　李伯新：〈回憶錄〉，載李伯新：《憶訪錄》（1996），頁1-58頁；其中頁29。

第五章

中學時代：

香港拔萃書室及中央書院（今皇仁書院）

一、拔萃書室

孫中山曾否在拔萃讀過書？

世上第一本中國人名大字典是翟理斯編的《古今姓氏族譜》（Herbert A. Giles ed., *A Chinese Biographical Dictionary*〔London, 1898〕），其中第 Z 1,824 條：〈孫文〉，只是說孫中山從夏威夷回國後，不久就入讀香港皇仁書院，隻字沒提拔萃書室（Shortly afterwards he returned to China and joined Queen's College in Hong Kong）（見圖 5.1）。

再徵諸世上第一本「孫中山傳」——美國人林百克著的《孫逸仙傳》（Paul Linebarger, *Sun Yat-sen and the Chinese Republic*〔New York, 1925〕），也只說孫中山到達香港後，即入讀皇仁書院，隻字沒提拔萃書室；後來徐植仁將其譯成漢語《孫逸仙傳記》（上海：商務印書館，1926），也沒備註以作任何補充。但林百克之沒有提及此事，並不能證明孫中山沒在拔萃讀過書，因為林百克只是在1919年用了幾天時間與孫中山談他的家世後就寫成此傳記，其中粗略與記憶錯誤之處，在本書第四章已經有例可徵：該章在探索1879至1882年間孫中山在意奧蘭尼學校讀書、孫眉是在茂宜島還是奧阿厚島居住以便確定孫中山是寄宿生還是走讀生的問題時，已經證明林百克所提供的信息有時是會錯誤的。至於1898年在倫敦出版的《古今姓氏族譜》，則竊以為編者有刪節材料的權利，他沒提孫中山曾在拔萃唸書，並不能證明孫中山未曾在該校唸過書。

查1991年北京中華書局出版的《孫中山年譜長編》，謂1883年孫中山曾在拔萃讀書，所據乃夏曼（Lyon Sharman）著《孫逸仙傳》（紐約，1934）；[1] 追閱夏曼的英語原著，則曰：「1883年冬，孫中山到了香港，接着做他最自

1　陳錫祺主編：《孫中山年譜長編》，一套兩冊（北京：中華書局，1991），上冊，頁35-36，1883年11至12月條。

中國人名大字典

（原名：古今姓氏族譜）

A CHINESE

BIOGRAPHICAL DICTIONARY

by

HERBERT A. GILES, LL. D.

Professor of Chinese in the University of Cambridge
and late H. B. M. Consul at Ningpo, 1898

1824 Sun Wên 孫文 (T. 載之. H. 逸仙). Known to foreigners as "Sun Yat Sen," from the Cantonese pronunciation of his hao. Born 1866. A native of 香山 Hsiang-shan in Kuangtung, who at the age of 13 accompanied his mother to the Hawaiian Islands and was placed at the Iolani College in Honolulu, passing at the end of 3 years to the Oahu College. Shortly afterwards he returned to China and joined Queen's College in Hongkong. Another visit to the Hawaiian Islands interrupted his studies, and on his return he devoted himself to his own language until the age of 21, when he took to the study of medicine at the Canton hospital. In the following year he joined the College of Medicine in Hongkong and was there for 5 years. He then became mixed up in some political movement in the Kuangtung province, the object of which was to overthrow the Manchu dynasty, and narrowly escaped arrest in Canton. He fled to New York, and thence to London, where on 11 Oct 1896 he was seized and confined in the Chinese Legation on a charge of treason. With the assistance of a European waiter he made his case known to the public and secured the prompt intervention of the British Government, whereupon he was released. He subsequently published an account of his adventure under the title *Kidnapped in London*.

圖5.1 倫敦1898年出版的《中國人名大字典》（其中沒提拔萃）

SUN YAT-SEN

His Life and Its Meaning

A CRITICAL BIOGRAPHY

by

LYON SHARMAN

19

By the late fall of 1883 Sun Yat-sen was in Hongkong; there he did the most natural thing; he applied at the school whose position corresponded with Iolani's in Honolulu—the Diocesan School of the Church of England. Perhaps he had a letter of introduction; in default of that, his Iolani prize would have served as a credential. The school records—so I am authoritatively informed—

20 *A Revolutionary in the Making*

show that "Sun Yat-sen joined the School as a Day Boy in November of 1883, and that he left in December of the same year. There is no information as to why he left the School."

圖5.2 夏曼著《孫逸仙傳》英文原著（紐約，1934）

然不過的事情——向拔萃書室申請入學，因為香港拔萃是檀島意奧蘭尼同一種體制，皆英國聖公會的學校。他可能持有意奧蘭尼學校寫給他的介紹信，不然他出示意奧蘭尼發他英語文法第二獎的證書，就足以證明他的履歷。承權威人士賜告，該校記錄顯示『孫逸仙於1883年11月入學，同年12月離開，離校原因不明』。」（見圖5.2）[2] 很明顯：拔萃書室的原始檔案是關鍵。但該原始檔案往哪找？

查臺灣出版的《國父年譜》（1985年增訂本），則謂1883年，孫中山「走香港，入拔萃書院（Diocesan Home）肄業」。所據乃林友蘭：〈國父在香港中央書院〉一文。[3] 中央書院者，皇仁書院前身；於是追閱《皇仁書院校史》，其中第29頁說：

> 據Featherstone所著的《拔萃男校與拔萃孤兒院史錄》，他〔孫中山〕來中央書院讀書前，曾在拔萃讀過書，時間是11月到12月之間。為何他這麼快就離開，則無從得知，可能是他爸爸去世了，他回翠亨村奔喪。[4]

其中第二句肯定是錯的：據《孫氏家譜》記載，孫父達成公於1888年3月23日逝世，而不是1883年。至於第一句話，則欣悉拔萃有校史，於是電求香港歷史檔案館幫忙，該館許崇德先生自費在公餘時間把有關頁碼掃描傳真擲下，特此致以深切謝意。可惜，校史中1883年的部分，並沒孫中山的消息。

2　Lyon Sharman, *Sun Yat-sen: His Life and Meaning* (New York, 1934), pp. 19-20: "The school records — so I am authoritatively informed — show that 'Sun Yat-sen joined the School as a Day Boy in November of 1883, and that he left in December of the same year. There is no information as to why he left the School'."

3　羅家倫、黃季陸主編，秦孝儀增訂：《國父年譜》，一套兩冊（臺北：中國國民黨中央黨史委員會，1985），上冊，頁33。

4　"Before coming to the Central School he had spent a few weeks at the Diocesan Home — according to W.T. Featherstone's *History and Records of the Diocesan Boys' School and Orphanage,* he was there from November to December 1883. Why he left so soon is unknown but it is possible that his father's death obliged him to return to his home in Cuiheng." — Gwenneth Stokes, *Queen's College, 1862-1962* (Hong Kong: Standard Press, 1962), p. 29.

於是筆者改變思路：拔萃男校英文名字是Diocesan Boys' School，意譯為主教區男校，直屬英國聖公會香港主教，歷任主教可留有文書在英國？查英國聖公會有兩個海外傳道會：

1. 教會傳道會（Church Missionary Society）
2. 聖經傳道會（Society for the Propagation of the Gospel）

香港主教區原屬前者，原始檔案存英國。於是筆者馬上飛英，唯到達倫敦方知教會傳道會的檔案存伯明翰（Birmingham）市的伯明翰大學，承伯明翰大學賜覆：當時教會傳道會的倫敦總部只存總部檔案，地方檔案仍留在地方。

於是筆者飛回香港，商諸香港歷史檔案館許崇德先生。承其相告，英國聖公會香港（包括澳門）主教區的檔案全部存放在該館，其中就有拔萃男校的檔案。筆者大喜過望。經他熱情公函代獲該校張灼祥校長許可後，許先生提供了該校一份文件：《拔萃男校編年史》（英文打字稿）的有關部分說孫中山是走讀生（見圖5.3）：

Sun Yat Sen was a Day Boy at the School in 1883, transferring the following year to Queen's College where new Science Laboratories had been installed.（孫中山是本校1883年走讀生，翌年轉讀皇仁書院，蓋該院新設立了科學實驗室）。[5]

這段內容，所據為何？該打字稿是1969年拔萃男校的一位教師威廉·斯邁理（William Smyly）[6]先生所編著者。威廉·斯邁理先生沒有提供出處，無從考核。若是該校口碑，而威廉·斯邁理先生又作了如是說明的話，則可省卻部分疑慮。但他連這樣的說明也沒有提供，筆者向該校校長張灼祥先生了解，但張校長表示該校的檔案已於日本佔領香港時期遭毀滅，劫後餘生者皆

5　William J. Smyly, "History and Records of the Diocesan Boys School, Part 3a — Year by Year (1860-1947)"(typescript, 3 September 1969), HKMS88-294, Hong Kong Public Record Office. 該件脫稿日期是1969年9月3日。

6　Bernard Hui to Wong, e-mail, 24 June 2003.

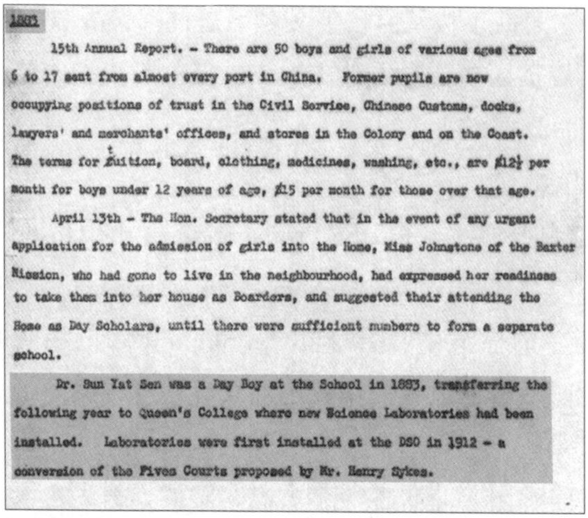

1883

15th Annual Report. - There are 50 boys and girls of various ages from 6 to 17 sent from almost every port in China. Former pupils are now occupying positions of trust in the Civil Service, Chinese Customs, docks, lawyers' and merchants' offices, and stores in the Colony and on the Coast. The terms for tuition, board, clothing, medicines, washing, etc., are $12½ per month for boys under 12 years of age, $15 per month for those over that age.

April 13th - The Hon. Secretary stated that in the event of any urgent application for the admission of girls into the Home, Miss Johnstone of the Baxter Mission, who had gone to live in the neighbourhood, had expressed her readiness to take them into her house as Boarders, and suggested their attending the Home as Day Scholars, until there were sufficient numbers to form a separate school.

Dr. Sun Yat Sen was a Day Boy at the School in 1883, transferring the following year to Queen's College where new Science Laboratories had been installed. Laboratories were first installed at the DSO in 1912 - a conversion of the Fives Courts proposed by Mr. Henry Sykes.

圖5.3《拔萃男校編年史》打字稿1883年部分
（2006年9月25日，黃宇和、鄧紀傑掃描調整）

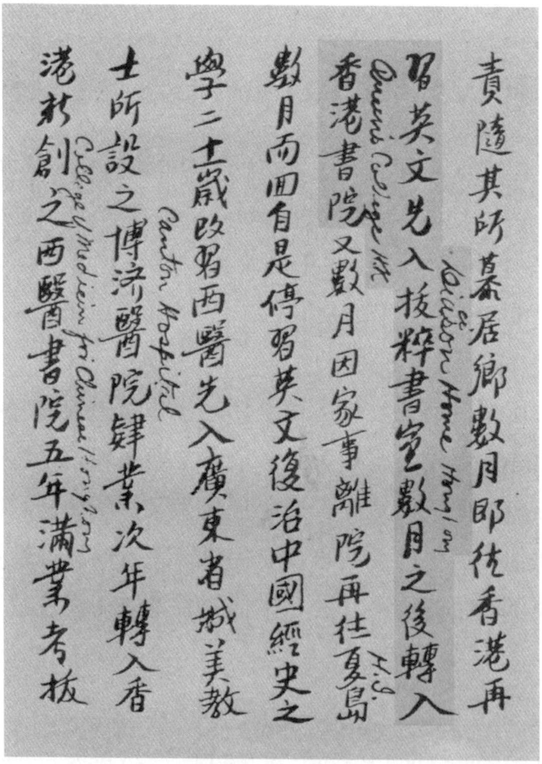

責隨其所慕居鄉數月即往香港再
習英文先入拔粹書室數月之後轉入
香港書院又數月因家事離院再往夏島
數月而回自是停習英文復治中國經史之
學二十歲改習西醫先入廣東省城美教
士所設之博濟醫院肄業次年轉入香
港新創之西醫書院五年滿業考拔

圖5.4 孫中山致劍橋大學教授翟理斯函（有關部分）
1896年11月14日

已全部存香港歷史檔案館。[7] 唯筆者在該館能找到的有關檔案，就只有上述威廉‧斯邁理先生的打字稿！筆者發覺自己在團團轉地不斷兜圈子。

　　至於孫中山曾否在拔萃男校讀過書的問題，則既然該校校史草稿沒提出有力證據，而該校張灼祥校長又表示愛莫能助，故有待從其他方面追查。唯死心不息之餘，2004年11月1日又直接向張灼祥校長函索威廉‧斯邁理先生的地址；待接其2004年11月16日覆示，[8] 筆者又猶豫了：是否應該去函打擾一位早已退休並回到英國安享晚年的教師？考慮再三，最後還是不忖冒昧地在2005年6月28日去信了。[9] 可惜至今仍如石沉大海。

　　筆者苦苦思索之餘，不願守株待兔，於是設法另闢蹊徑。尤記1994年應邀參加中國國民黨中央黨史委員會[10] 舉辦的「國父建黨革命一百周年國際學術討論會」時，曾與其他學者被特別帶領到陽明山參觀該會的檔案展覽。展品當中就有一封孫中山的親筆信，略述生平，其中有求學部分。於是再飛臺北求助。發覺該文件用毛筆豎書，英文的專有名詞則用中文書寫後再在旁邊加上英文名字。其中就有筆者窮追不捨的「拔粹〔萃〕書室 Diacison [Diocesan] Home」等字樣（見圖5.4）。[11] 不勝雀躍！由於此件甚具關鍵性，故將它的有關部分複製作為本書插圖，謹供讀者參考。

　　經考證，它是1896年11月14日孫中山回覆劍橋大學教授翟理斯的一封信。[12] 當時翟理斯正在編寫一本中國人名辭典（即 *Chinese Biographical*

7　Wong to Hui, e-mail (1), 29 October 2004. Hui to Headmaster of Diocesan Boys' School, fax Ref no: (44) in PRO/REF/38 (XI), 29 October 2004. Hui to Wong, e-mail, 29 October 2004. Wong to Hui, e-mail, 29 October 2004 (2). Hui to Wong, e-mail, Monday 1 November 2004. Wong to Headmaster of Diocesan Boys' School, letter, Monday 1 November 2004. 許榮德先生（Bernard Hui）是香港歷史檔案館助理檔案主任，張灼祥先生（Mr Terrance CHANG Cheuk Cheung）是拔萃男書院校長。我對兩位的協助謹致謝忱。

8　Terence Chang to Wong, letter, 16 November 2004.

9　Wong to Smyly, letter, 28 June 2005.

10　該會現已改名為中國國民黨中央黨史館──筆者，2004年10月24日。

11　後悉該信原件複製在《國父年譜》（1985），下冊圖片部分。Diocesan 是很彆扭的一個字，孫中山首先寫了 Diason，後來發覺不妥又加 ci 而變成 Diacison，仍然是錯了。

12　見拙著《孫逸仙在倫敦，1896-1897：三民主義思想探源》（臺北：聯經出版事業股份有限公司，2007），頁272-273對該函的鑑定與評價。

Dictionary），[13] 碰巧孫中山又剛剛由於倫敦蒙難而聲名大噪。[14] 於是翟理斯就決定把孫中山的生平寫進去，並邀請他寫個自傳。如此這般，孫中山就為後人留下了他曾經在香港拔萃書室讀過書的明證。可惜翟理斯把原稿刪略了不少，包括孫中山曾在拔萃書室讀書的歷史。尤幸後來國民政府出資向翟理斯家人買回該信原件，藏中央黨史會。再後來出版《總理遺墨》（出版時間不詳）的時候，又把它影印收進去。1981年北京中華書局出版《孫中山全集》第一卷時，就按《總理遺墨》的影印件排版印刷。[15] 如此種種，與國民政府通過外交途徑向英國外交部討回1896年10月孫中山被幽禁在倫敦公使館時向恩師康德黎醫生所發出的兩封求救簡，[16] 然後複製在《國父全集》[17] 和各種有關孫中山的書籍之做法，如出一轍。

澄清了孫中山這封親筆信的來龍去脈，樂哉！

孫中山在該信裏說：到達香港之後，「先入拔粹〔萃〕書室（Diacison [Diocesan] Home, Hong Kong）。數月之後轉入香港書院（Queen's College, H. K.）」。[18] 此段記載，有錯誤的地方。例如：

（1）把「拔萃」誤作「拔粹」；

（2）把Diocesan誤作Diacison；

（3）把Queen's College誤稱作香港書院。

其實，孫中山繼拔萃書室而在1884年就讀的學校名字叫政府中央書院（Government Central School），該中學直到1894年才改名為Queen's

---

13 Herbert A. Giles (compiled), *A Chinese Biographical Dictionary* (London, 1989), reprinted by Literature House, Taipei, n.d., pp. 696-697.

14 見拙著 *The Origins of an Heroic Image: Sun Yatsen in London, 1896-1897* (Hong Kong Oxford University Press, 1986)。中文修訂本見《孫逸仙倫敦蒙難真相：從未披露的史實》（臺北：聯經出版事業公司，1998）。簡體字修訂本見《 孫逸仙倫敦蒙難真相》，黃宇和院士系列（上海：上海書店，2004）。

15 孫中山：〈覆翟理斯函〉，原件無日期，筆者酌定為1896年11月14日。原件藏中國國民黨中央黨史委員會，全文見《孫中山全集》，第一卷，頁46-48。

16 見拙著 *The Origins of an Heroic Image*。

17 見《國父全集》（1989年增訂本），第十冊英文著述圖片部分。

18 孫中山：〈覆翟理斯函〉。

College（皇仁書院）。[19] 可是這些都是枝節問題，應該不影響孫中山在該信中所說的、他曾經在拔萃書室讀過書的可靠性。而且，筆者看不出他有任何不說實話的動機。同樣重要的是：他說曾在拔萃讀書嘗數月，而不是數週，此點容後再探索。

　　總的來說，此證據最是權威不過，但鑑於「孤證不立」的原則，筆者不願意依靠一條單獨的史料就下結論，於是努力找旁證。2003年12月飛到美國哈佛大學研究時，發現了喜嘉理牧師（Rev. Charles Robert Hager）1912年4月12日在波士頓《傳教士先驅報》（*The Missionary Herald*）上發表的一篇回憶錄，裏邊就提到孫中山到達香港後，「曾經有一段時候在英國聖公會所辦的拔萃學校唸書」（For a time he attended the diocesan school of the Church of England）（見圖5.5）。[20] 故喜嘉理牧師可以被視為孫中山曾在拔萃書室唸過書的人證。

　　最後，筆者覺得拔萃書室本身應該有確實的史料，故再商諸香港歷史檔案館許崇德先生，承許崇德先生幫忙，又一次代筆者公函向拔萃男校校長張灼祥先生取得許可之後，把《拔萃男校編年史》的1883年和1884年之部分複印擲下。[21] 閱後可知該書編者是把該校每年的《年報》（*Annual Report*）集中起來按時間先後排版印刷並釘裝成冊而成。其中1883年之《年報》第155頁，赫然印有Sun Tui-chew之名字。經鑑定，筆者的結論是此乃孫帝象之音譯。[22] 孫帝象之名，在不同時期不同地方有不同的音譯：

1. 1879年在火奴魯魯意奧蘭尼學校註冊入學時，孫帝象的拼音是Sun Tai Cheong；[23]

19　吳倫霓霞等編：《孫中山在港澳與海外活動史蹟》（香港：香港中文大學聯合書院，1986），頁14。

20　Charles R. Hager, "Dr Sun Yat Sen: Some Personal Reminiscences", *The Missionary Herald* (Boston, April 1912), pp. 171-174: at p. 171 col. 2. This article was later reprinted in Sharman, *Sun Yat-sen*, pp. 382-387. 漢語譯本見馮自由：《革命逸史》（北京：中華書局，1981年重版），第二冊，頁12-18：其中頁13。該文又收進尚明軒等編《孫中山生平事業追憶錄》（北京：人民出版社，1986），頁521-524：其中頁521。

21　Bernard Hui to Wong, fax, 28 August 2003, with attachments.

22　Rev. W. T. Featherstone, comp., *The Diocesan Boys School and Orphanage, Hong Kong* (Hong Kong: Ye Olde Printers, 1930), p. 155.

23　馬兗生：《孫中山在夏威夷：活動和追隨者》（北京：世界知識出版社，2003），頁5。

Missionary Herald (Boston 12 April 1912), pp. 171-174

DOCTOR SUN YAT SEN
Some Personal Reminiscences

By CHARLES R. HAGER, M.D., OF HONGKONG

Dr. Hager went to South China as a missionary of the American Board in 1883, and for twenty-seven years he has resided in the city of Hongkong, conducting missionary work in that city and in country towns, chiefly in the province of Kwangtung. Two years since he was compelled by ill health to return to America, and is now residing in Claremont, Cal. Dr. Hager has been in close contact with the Chinese, especially those who have passed through Hongkong going to or from America. He has counseled and befriended thousands of them, both as a physician and a preacher of the gospel. — THE EDITOR.

SO much has been written of this young friend lived in the second story with some other Chinese, and an American Bible Society's colporter and I lived in the third story. In this way I saw a great deal of Sun, and always liked him.

For a time he attended the diocesan school of the Church of England, but soon changed to go to Queen's College.

圖5.5 喜嘉理撰文追憶孫中山
（黃宇和、鄧紀傑掃描調整）

THE DIOCESAN BOYS SCHOOL
AND ORPHANAGE
HONGKONG

THE HISTORY AND RECORDS
1869 to 1929.

With references to an earlier Institution, called the Diocesan Native Female Training School, founded in 1860.

COMPILED BY

The Rev. W. T. FEATHERSTONE, M.A., Oxon.
1930.

圖5.6《拔萃男校編年史》（封面）
（黃宇和、鄧紀傑掃描調整）

1883

Toller, Wm.
Wong Hoi-ping
Man Fuk-lam
Young, Wm.
Ch'an Keung-tso
Tsoi Iu-tong
Yeung Yan
Cheung Shai-pun
Diercks, Christian Wm.
Chow Yue-kwai
Chow Yue-yew
Goodridge, Thomas
Goodridge, John
Leung Ming
Lai Sui-yung
Hunter, Toby
Lam Hung-kwan
Ng Kun-üt
Yeung Man-wo
Leung Ip
Gifford, Thomas
Powers, Rodney
Wong Lai-fong
Sün Tui-chew（孫帝象）
Wong Shai-yau

圖5.7《拔萃男校編年史》，第155頁
（此表不以英文字母先後排，則似乎是按
報名先後排列。孫帝象等字樣是筆者加上
去的）

圖5.8　筆者與拔萃男校張灼祥校長合照
（2006年11月27日筆者向師生報告了研究成果後）

2. 意奧蘭尼學校校史的作者稱其為Sun Tai-chu，又說雖然Tai Cheong是其別名；[24]

3. 他在意奧蘭尼學校畢業時，所領英文文法第二獎時，獎狀上寫的名字是Tai Cheu；[25]

4. 1883年1月在火奴魯魯奧阿厚書院預備學校註冊入學時，孫帝象的拼音是Sun Tai Chui；但該校1961尼校友名單上，孫中山的名字拼作Tai Chock；[26]

5. 1883年在香港拔萃書室註冊入學時，孫帝象的拼音是Sün Tui-chew；[27]

6. 1884年4月在香港中央書院註冊時，孫帝象的拼音是Sun Tai Tseung。[28]

立此存照。

茲將該《拔萃男校編年史》（英文版）之封面，以及其中第155頁之學生人名表複製如下，並在Sun Tui-chew這名字的旁邊加上孫帝象等字樣，同樣是為了立此存照（見圖5.6、5.7）。

既有人證（喜嘉理牧師），又有物證（孫中山的親筆信以及《拔萃男校編年史》），應該可以說，孫中山曾在拔萃書室唸過書無疑。終於查清此懸案，如釋重負。後來筆者應拔萃男校張灼祥校長邀請，2006年11月27日向該校師生報告了研究成果，賓主盡歡。

接下來要解決的問題是：孫中山在拔萃讀書共讀了多長時間？

24　Quoted in Ernest Gilbert Villers, "A History of Iolani School", University of Hawaii M.A. thesis, 1940, p. 49.

25　"English Grammer, 1st, D. Notley; 2nd, Tai Cheu", see Bernard Martin, *Strange Vigour: A Biography of Sun Yatsen* (London: William Heinemann, 1944), p. 21

26　馬兗生：《孫中山在夏威夷：活動和追隨者》，頁5。

27　見本章圖5.7《拔萃男校編年史》，頁155。

28　圖5.9孫中山在中央書院註冊入學時所申報的名字拼音。

二、孫中山在拔萃讀書有多久？

上述拔萃男校前教師威廉・斯邁理[29]先生所編著的拔萃校史中，1883年那一條說孫中山1883年走讀生，他沒說明何時入學，[30]《孫中山年譜長編》說是12月，[31]並云所據乃夏曼（Sharman）的書，其實夏曼說是11月。[32]但夏曼自己卻說所據乃拔萃的原始檔案（school records），唯該原始檔案已經在日軍佔領香港時遭毀滅，如何是好？筆者發覺自己再一次追着自己的影子團團轉！

最後，筆者另闢蹊徑，查孫中山何時從翠亨村重臨香港！若查出此日期，可知孫中山這好學的人在此不久之後就會入讀拔萃了。當時香港自由進出，沒出入境記錄。上述喜嘉理牧師在香港與孫中山相熟，若喜嘉理牧師留有文書，則可能提供珍貴線索。

筆者開始追蹤有關喜嘉理牧師的原始檔案。可惜多年皆屬徒然。後承香港大學建築系龍炳頤教授相告，喜嘉理牧師在香港創立的華人教堂名叫公理堂，現屬中華基督教會，現址是銅鑼灣禮頓道119號（Corner of Leighton Road and Pennington Street, Causeway Bay, Hong Kong）。於是筆者就在2002年12月15日星期六，興沖沖地坐飛機趕往香港，翌日專程拜訪該堂主牧陳志堅牧師。陳牧師讓筆者翌晨再訪，以便他整理有關資料。待重見陳牧師時，他把該會出版的一本小冊子贈予筆者，題為《中華基督教會公理堂慶祝辛亥革命七十周年特刊》（香港：1981），其中複製了孫中山的洗禮記錄。唯以未獲睹真蹟為憾。筆者原來希望從該堂的檔案中了解到一些有關孫中山在該堂活動的情況，可惜未獲睹任何文獻。乘興而來敗興而返。

筆者也不氣餒，另尋線索。探得美國綱紀慎會在波士頓總部設有圖書館，內邊藏有不少檔案。於是致函查詢。[33]承其即覆，證實喜嘉理牧師的確

29　Bernard Hui to Wong, e-mail, 24 June 2003.

30　Smyly, "History and Records of the Diocesan Boys School, Part 3a."

31　《孫中山年譜長編》，上冊，頁36-36。

32　Lyon Sharman, *Sun Yat Sen: His Life and Its Meaning* (New York, 1934), pp. 19-20.

33　Wong to Worthley, e-mail, 25 August 2003. The Rev Harold F. Worthley is the Librarian of the Congregational Library, 14 Beacon Street, Boston, MA 02108, USA.

遺有手稿文書，且已移交哈佛大學收藏。[34] 樂哉！更承哈佛大學的多年摯友孔飛力教授（Professor Philip Kuhn）為筆者預先安排住宿，並推薦予該校有關圖書館，以便鑽研喜嘉理牧師的文書，不勝雀躍。筆者就在2003年12月13日專程飛紐約轉波士頓，在哈佛大學閱讀喜嘉理牧師的文書。

在該等文書中，筆者發現一條重要線索。喜嘉理牧師在1883年8月18日向波士頓總部報告說：「這個夏天，本傳道所的房租會降低至每月23元甚或22元，因為有一位年輕人到本所寄宿，付少量房租。」[35] 這位年輕人是誰？能取得1883年3月31日才到達香港傳教[36]的喜嘉理信任而讓其在傳道所寄宿者必須具備下列條件：他必須

1. 懂英語，因為喜嘉理當時還不懂漢語。

2. 有寄宿的必要 ——譬如家不在香港的人。

3. 有能力付宿費。

4. 是1883年8月18日、喜嘉理寫該信之前到達香港。

5. 是耶教徒，或至低限度對耶教感興趣。

6. 懂得往喜嘉理的傳道所在哪裏。就是說，他與喜嘉理都認識同一位朋友，而這位朋友為他們穿針引線。

孫中山符合這一切條件：他

1. 懂英語，而且說得不錯。

2. 有寄宿的必要，因為他在香港舉目無親。

3. 暫時能付宿費，因為收拾細軟出走時，家人一定會把一些現金塞進他口袋。逃到外祖父母家，老人家也肯定盡一切能力再給他一點。

4. 1883年8月18日左右到了香港，因為檀島的奧阿厚書院預備學校在1883年6月30日學年結束，孫中山坐船離開火奴魯魯，回到孫眉在離島所開的牧場時當在7月初。他迫不及待地求孫眉同意他入教，孫眉馬上買單程船

34　Worthley to Wong, e-mail, 25 August 2003.

35　美國綱紀慎會傳道會（ABCFM）檔案（下同），Hager to Clark, 18 August 1883, p. 10, ABC16.3.8: v. 4, no. 7.

36　Hager landed at Hong Kong on 31 March 1883. Hager to Clark, 12 April 1883, p. 1, ABC16.3.8: v. 4, no. 3.

票送他回翠亨村，以當時航程約二十五天計算，孫中山在7月底回到翠亨村，不久就因為損壞北帝像而出走到香港。

5. 對耶教非常感興趣。

6. 喜嘉理與檀島的芙蘭·諦文（Frank W. Damon）同是美國綱紀慎會傳教士，從教會的《通訊》裏知道喜嘉理去了香港傳教。[37] 孫中山與芙蘭·諦文非常友好。孫中山被乃兄遣返，必須到火奴魯魯坐船。到了火奴魯魯他很可能就前往看望望芙蘭·諦文，告知一切。孫中山早前就是受到芙蘭·諦文及其助手何培的影響才決定要領洗進入基督教。[38] 道別時芙蘭·諦文會提及美國基督教綱紀慎會剛派了一位名叫喜嘉理的傳教士到香港開山創業，並希望孫中山與他多聯繫。又把喜嘉理在香港所設傳道所的地址告訴他。

喜嘉理曾在其〈追憶〉之中說過是「1883年秋冬之交」認識孫中山，如此就與1883年8月18日不符。但「秋冬之交」只是泛指季節，非具體日期。且喜嘉理之〈追憶〉寫於三十年後，具體日期記不清楚，屬意料中事。但孫中山從一開始就住在其傳道所，則有佐證，因為孫中山在中央書院註冊入學的時候所申報的居住地址提供了一條重要線索。他說他居住在必列者士街二號（No. 2 Bridges Street）（見圖5.9）。[39] 該處正是喜嘉理牧師的臨時傳道所。[40] 準此，可確知孫中山到達香港的日期，不遲於1883年8月18日。

鑑於孫中山在1883年8月18日前已經入 住拔萃書室附近的喜嘉理傳道所，故竊以為孫中山不必曠學到1883年11月才入讀拔萃，很可能在暑假過後

---

37 "I have just read in the *Pacific* that Mr. C.R. Hager has just been ordained, to go out as a missionary to China and to be stationed at Hong Kong and to be under the ABCFM. This is something quite new and unexpected to me. I could wish for many reasons he might visit our Island before going to China. You can hardly realize how our Islands are becoming linked with China, but more especially with that part of China in and about Hong Kong and Canton. The majority of our Chinese are of the Hakkas. I could wish we might be informed more about the design of the Board, with reference to this new station of the ABCFM at Hong Kong. Necessarily we must be weighted to him and his work." Samuel Damon to N.G. Clark, 6 March 1883, pp. 1-2, ABC 19.1: v. 22, no. 237.

38 見本書第四章，第十五至十六節。

39 Gwenneth Stokes *Queen's College, 1862-1962* (Hong Kong: Queen's College, 1962), p. 52.

40 《中華基督教會公理堂慶祝辛亥革命七十周年特刊》（香港：1981），頁2。

Imperial Countenance'.) The date of Sun's entry to the school seems beyond dispute, for early in 1937, when the register of The Central School was still in the possession of Queen's College, the record of his admission was reproduced in an article in *The Yellow Dragon* (Volume 37, No. 2, Winter 1936-7). The entry (at page 95) reads:

Admission Number	Name	Residence	Age	Date of Admission	Remarks
2746	Sun Tai Tseung （孫帝象）	2 Bridges Street	18	15.4.84	Parents in Heung Shan （香山）

The county of Heungshan (Xiangshan), in Guangdong Province, is now Zhongshan City. It was there, in the village of Cuiheng, that Sun Yat-sen was born. Before coming to The Central School he had spent a few weeks at the Diocesan Home — according to W. T. Featherstone's *History and Records of the Diocesan Boys' School and Orphanage*, he was there from November to December 1883. Why he left so soon is unknown but it is possible that his father's death obliged him to return to his home in Cuiheng.

圖5.9　孫中山在中央書院註冊入學時所申報的居住地址是必列者士街二號（No. 2 Bridges Street）。

的9月初就報名入學了；因為從香港中央書院每年上課日子統計表看，[41]該院8月放暑假，只上課五天；9月重新開課，故竊以爲拔萃書應該也是9月復課，孫中山如飢似渴般的求知慾望也得償夙願，樂哉！

威廉‧斯邁理又説，孫中山翌年轉中央書院。[42]但沒説明翌年何時轉學。據中央書院的記載，則孫中山是在1884年4月15日註冊進入中央書院讀書的。[43]若孫中山在轉學之前沒有輟學的話，則他在拔萃為時應約半年。孫中山自己也説是「數月」，[44]而喜嘉理牧師則説有一段時候(for a time)，[45]又説認識孫中山「數月後」(after some months)，為他施洗，[46]就與筆者這種推算吻合。

再接下來要解決的問題是：1883年的拔萃是什麼性質的學府？是否像火奴魯魯的意奧蘭尼學校和奧阿厚書院那樣是寄宿學校？課程是否銜接？

三、孫中山就讀之拔萃屬什麼性質？

當今之拔萃書院，分男校女校，是極為高貴的學府。尤記二十世紀的六十年代，當筆者在香港唸書時，拔萃男校被稱為「貴族學校」之一。校址在太子道與亞皆老街之間的一座山頭。樹木參天，綠草如茵。校園環境之優美，在鬧市之中恍如世外桃源。學習成績又非常卓越，在九龍半島與喇沙書院和筆者當年肄業之九龍華仁書院等校齊名。由於當時香港政府容許各校自

41　見Table: "Enrolment and Attendance of the Central School, 1886", in the Annual Report of the Head Master of the Government Central School for 1886, 17 January 1887, Government Notification No. 12/87; Presented to the Legislative Council by command of H.E. the Officer Administering the Government on 4 February 1887, *Hong Kong Legislative Council Sessional Papers 1887*, pp. 269-355: at p. 271.

42　Smyly, "History and Records of the Diocesan Boys School, Part 3a."

43　Stokes, *The Queen's College, 1862-1962*, p. 52.

44　孫中山：〈覆翟理斯函〉。

45　Hager, "Dr Sun Yat Sen: Some Personal Reminiscences", *The Missionary Herald* (Boston, April 1912), pp. 171-174: at p. 171 col. 2.

46　Hager, "Dr Sun Yat Sen: Some Personal Reminiscences", *The Missionary Herald* (Boston, April 1912), pp. 171-174: at p. 171 col. 1.

由招生、自由收費，富家子弟趨之若鶩，故有「貴族學校」之稱。時至今天，拔萃男校變成直資學校（純粹的私立中學）；華仁書院則仍然是政府準貼中學，有義務把政府送來的學生，無論貧富，都照單全收。相形之下，拔萃男校更是超級「貴族學校」。若以今況古，恐怕就無法理解，隻身逃到香港的孫中山竟然讀得上學費如此昂貴的學校；故當時的拔萃，肯定不是什麼「貴族學校」。

　　據香港教育署的記錄，當時拔萃的英文全名是Diocesan Home and Orphanage（Mixed）。直譯的話可作「主教區男女兒童收容所、男女孤兒院」。該所又提供教育，並因此而得到香港政府的教育經費補助（grant-in-aid）。[47] 這段描述非常重要，因為找出了孫中山就讀的那所學校當時的準確名字，有助於我們了解他當時的具體情況。他在1883年7月底倉猝離鄉，隻身逃往香港。儘非不名一文，盤川想也有限，哪來的經費唸什麼貴族學校？正因為當時的拔萃並非後來的「貴族學校」，孫中山才不至於望門生畏。而且，來到這個陌生的地方，又舉目無親，終於求助於當地聖公會的「主教區男女兒童收容所」，應屬實情。[48] 他找聖公會而不找別的機構，相信與他在檀香山的意奧蘭尼學校唸書時，該校校監、聖公會韋禮士主教的慈愛曾給他留下深刻印象有關。[49]

　　但是，筆者還是不滿足於香港教育署如此簡短的信息，決心徹查拔萃沿革，因為一所學校的傳統、環境、經費來源、學風等，都足以影響學生的成長。

　　經考證，發覺拔萃的前身是拔萃女子訓練學校（Diocesan Native Female Training School），1860年3月15日創立，贊助人是香港總督羅便臣爵士（Sir

---

47　"Table XI: Number of Scholars attending Schools receiving Grants-in-aid (under the Provisions of the scheme of 1880), Expenses incurred and amount of Grant gained by each in 1883," in E. J. Eitel, *Educational Report for 1883,* Hong Kong, Education Department, 3 April 1884; Presented to the Legislative Council on 29 May 1884; In the Hong Kong Government Notification No. 208, Colonial Office 31 May 1884, p. 14.

48　他在該所登記冊上填寫的名字是Sun Tui-chew（孫帝象）。見the year 1883 in "List of Boys' Names from 1870 to January 1912", Hong Kong Diocesan Home and Orphanage (Boys), HKMS91-1-435, Hong Kong Public Office.

49　見本書第四章。

Hercules Robinson）的夫人，董事局的成員都是香港權貴的夫人，清一色的洋人。學員的對象是香港華人富有人家的女兒。[50]

　　1870年該校改組並易名為拔萃收容所暨孤兒院（Diocesan Home and Orphanage）。贊助人是香港總督麥當奴爵士（Sir Richard Graves MacDonnell）。它的三位副贊助人是香港海、陸軍司令和首席法官。總監是香港聖公會主教。[51] 創辦該校目的是「按照聖公會的教義而為身心健康的男女兒童提供住宿、溫飽和教育，以便培養工業人才和基督教信徒」。[52]

　　學員的對象本來是「其父母有能力繳交一切費用的男女兒童」。[53] 無奈孩子進來以後似乎很多父母就撒手不管了，以致該校變成名副其實的收容所。為何那些父母不管？則觀其第二年在該校留宿的學生便可見端倪：十四名男孩當中有十二名是混血兒（其餘兩名是華人）。九名女孩當中有六名是混血兒（其餘三名是華人）。[54] 看來是有些洋人男士風流過後，由於調職離開香港或其他原因就撒手不管了。

　　但該校不能忍心不管，於是向社會募捐。最初是在香港、上海、漢口等地的聖公會教堂主日崇拜時募捐。[55] 後來由於在中國其他地區的聖公會從香港主教區劃分出去而各自成立自己獨立的教區，再不能為香港教區募捐。另

50　Featherstone, *The Diocesan Boys School and Orphanage, Hong Kong*, p. 14.

51　"That the objects of the Institution be to receive Children of both sexes, sound both in body and mind and as may be deemed eligible by the Committee, as soon as they become capable of education; and to board, clothe and instruct them with a view to industrial life and the Christian Faith according to the teaching of the Church of England" - Extract from the Rules, in Featherstone, *The Diocesan Boys School and Orphanage, Hong Kong*, p. 17.

52　"1st Annual Report, Easter 1870", in Featherstone, *The Diocesan Boys School and Orphanage, Hong Kong*, p. 16.

53　"The Diocesan Home and Orphanage was established more especially to afford a Christian education, on the principles of the Church of England, to Children whose parents were able to pay towards the expenses of their maintenance." — 4th Annual Report, Easter 1872-73, in Rev Featherstone, *The Diocesan Boys School and Orphanage, Hong Kong*, p. 20.

54　"2nd Annual Report, Easter 1870-71," in Featherstone, *The Diocesan Boys School and Orphanage, Hong Kong*, p. 19.

55　"3rd Annual Report, Easter 1871-72," paragraph 3, in Featherstone, *The Diocesan Boys School and Orphanage, Hong Kong*, p. 20.

一方面，從英國老家也捐不到錢。[56] 故該校就在香港向本地的大公司諸如滙豐銀行、怡和洋行等募捐。[57]

可是，長期募捐不是辦法，於是該校董事局在1877至1878年度就決定暫時不再接受男宿生；但已經入宿者則仍容許其留下來。[58] 1878至1879年又改為從此不再接受新的女宿生，待當時已經入宿的女生全部離開後，就把該校變為清一色的男校。[59] 1886至1887年更決定拒收那些不能繳交全部費用的學生，以便該校自給自足。[60] 孫中山就是在1883年、該校還容許交不起學費的學生入讀的時候，進入該校讀書。[61]

孫中山有否考慮過寄宿？若能力夠得上的話，相信他是願意寄宿的，因為他在火奴魯魯的意奧蘭尼學校過了約三年非常有意義和愉快的宿生生活。但據拔萃前校長費達斯敦牧師（Rev. W. T. Featherston）所編的拔萃男校史，其中1883年的《年報》說，在1883年當中，該所、院共收容了五十名男女兒童，年齡在六歲到十七歲之間。至於收費（包括學費、食宿費、衣服、醫療和洗滌等費用），則規定十二歲以下的男童每人每月共收費12.50元，而十二歲以上的男童每人每月共收費15元。[62] 該等費用部分由孩子們的父母或監護人負責，部分向社會熱心人士募捐而來。[63] 孫中山當時已經是實齡十七歲，父母兄長又沒有保送他入學，哪來的錢付每月15元的費用？當時香港傭

---

56 "5th Annual Report, Easter 1873-74", paragraph 3, in Featherstone, *The Diocesan Boys School and Orphanage, Hong Kong*, p. 21.

57 "5th Annual Report, Easter 1871-72," paragraph 5, in Featherstone, *The Diocesan Boys School and Orphanage, Hong Kong*, pp. 21-22.

58 "8th Annual Report, Easter 1877-78〉, paragraph 4, in Featherstone, *The Diocesan Boys School and Orphanage, Hong Kong*, p. 23.

59 "11th Annual Report, Easter 1877-78," paragraph 4, in Featherstone, *The Diocesan Boys School and Orphanage, Hong Kong*, p. 24.

60 "18th Annual Report of the Diocesan Home and Orphanage, 1886-87," paragraph 3, in Featherstone, *The Diocesan Boys School and Orphanage, Hong Kong*, p. 26.

61 Smyly, "History and Records of the Diocesan Boys School, Part 3a."

62 "15th Annual Report of the Diocesan Home and Orphanage, 1883-4", in Featherstone, *The Diocesan Boys School and Orphanage, Hong Kong*, p. 25.

63 "3rd Annual Report of the Diocesan Home and Orphanage, 1871-2," in Featherstone, *The Diocesan Boys School and Orphanage, Hong Kong*, p. 20.

人之如廚子等的工資每月只得八元左右！[64] 所以，後來拔萃男校老師威廉‧斯邁理在1969年說當時孫中山乃日校走讀生，[65] 應為信史。

又該所既帶慈善性質，日校走讀生的繳費想也有限，甚至可能免費，孫中山才可以在那裏讀書。筆者這種想法的根據是：1886至1887年度的拔萃《年報》說，若拔萃從此以後提高收費並把所有不能繳交費用的學生拒諸門外，該校便可以自給自足。[66] 此件說明在1886至1887年度以前的拔萃，對有志向學但付不起學費的學生也給予入學機會。孫中山是1883年9月初左右進入拔萃讀書的，[67] 而當時他又近乎不名一文，故准其免費入學的可能性極大。果真如此，則竊以為拔萃在1883年孫中山經濟極度困難的時刻免費給予教育，功德無量。

四、拔萃書室的課程

參考香港教育署的一份報告，則當時該校講授的科目有英語閱讀、英語作文、英文文法、算術、地理、歷史等六種項目。[68] 再參考拔萃校史，則發覺香港教育署報告忽視了「宗教」一門科目（見圖5.10）。很難想像一所由教會創辦並主持的學校不教《聖經》！孫中山對耶教的探索得以在拔萃繼續。

教師是誰？據拔萃校史說，學校原規定該校必須由一位教師（Master）和一位舍監（Matron）分別負責教學和住宿諸事項，兩人的工作直接受命於主

64　Carl T. Smith, *A Sense of History,* p. 330.

65　Smyly, "History and Records of the Diocesan Boys School, Part 3a."

66　"18th Annual Report of the Diocesan Home and Orphanage, 1886-87," paragraph 3, in Featherstone, *The Diocesan Boys School and Orphanage, Hong Kong,* p. 26.

67　正如前述，從香港中央書院每年上課日子統計表看，該院8月放暑假，只上課五天，9月重新開課，故竊以為拔萃書室應該也是9月復課。見Table: "Enrolment and Attendance of the Central School, 1886", in the Annual Report of the Head Master of the Government Central School for 1886, 17 January 1887, Government Notification No. 12/87; Presented to the Legislative Council by command of H.E. the Officer Administering the Government on 4 February 1887, *Hong Kong Legislative Council Sessional Papers 1887*, pp. 269-355: at p. 271.

68　"Table XV: Percentage of Passes in the various subjects on which the Grant-in-aid Schools were examined in 1883," in Eitel, *Educational Report for 1883*, p. 18.

A Short History of the Diocesan Boys School and Orphanage, Hong Kong.

One hundred and fifty boys have passed the Matriculation Examination and gained 23 Honours and 49 Distinctions.

In the year 1929 there are no less than thirty-two boys at the University of Hong Kong, that is about one-tenth of the students there are Old Boys. Many have also taken Degrees at Oxford, Cambridge, Edinburgh, London, and at other Universities in Europe and America.

Religious instruction has always received special attention throughout the School. An attempt is being made to make the teaching of religion more real by general references to the Church Calendar, the Services and History of the Church, and in the higher classes, to Comparative Religion. In future more use will be made of the Church Services at School Prayers, at which the singing has improved greatly in recent years. In 1928 twenty-five senior boys were prepared for confirmation and seventeen were confirmed early in 1929.

Dr. Sun Yat Sen was a Day Boy at the School in 1883.

4

圖5.10 《拔萃男校編年史》第4頁對宗教課的描述
（黃宇和、鄧紀傑掃描調整）

圖5.11 後來重建之港島拔萃男書室
（孫中山並未在此幢樓房內讀過書。後來拔萃在1929年更捨此
而遷到九龍現址）

教或他的代理人。[69] 從1877至1878年度開始，該教師和舍監分別由皮爾瑟伉儷（Mr and Mrs Piercy）充當。[70] 他們是特別從英國僱來的。[71] 由此可以推斷，當時孫中山所學習的全部科目都是用英語授課。

　　幸虧他在夏威夷上學的、同樣是英國聖公會所辦的意奧蘭尼學校，也是採取同類的英國學制，同時又打下英語基礎，所以在香港拔萃學習才能馬上接上軌。拔萃從1879至1880年度開始又僱請了一位助理教師，專門負責教授英語並帶領學生郊遊。[72] 準此，竊以為孫中山所上的英語課（包括英語閱讀、英語作文、英文文法）和郊遊，是由這位助理教師負責的。其餘的科目（即算術、地理、歷史〔筆者按：這當然是英國歷史〕）則由皮爾瑟先生授課。平分秋色。至於耶教《聖經》自然是由皮爾瑟先生講解。至於課程的安排，則上午9時到12時30分，由這兩位英人老師輪番上課。下午2時到4時，上的是漢語課，由校方另行僱請一位華人國文老師講授。[73] 由此觀之，很可能所有學生都集中在同一個大課室上課，以現代標準來說，是相當擁擠的。

　　又至於孫中山的學習成績，則無從查核。但全校的考試成績則查到了：很不錯，1883年的及格率是84%。[74] 當年全年共有六十三名男生和五名女生在該校讀過書。[75] 回顧該校1883－1884年的《年報》所說，當年共有五十名

69　Extract from the Rules of the Diocesan Home and Orphanage, 1870, in Featherstone, *The Diocesan Boys School and Orphanage, Hong Kong*, p. 17.

70　"10th Annual Report of the Diocesan Home and Orphanage, 1877-8," in Featherstone, *The Diocesan Boys School and Orphanage, Hong Kong*, p. 24.

71　"9th Annual Report of the Diocesan Home and Orphanage, 1877-8," in Featherstone, *The Diocesan Boys School and Orphanage, Hong Kong*, p. 23.

72　"12th Annual Report of the Diocesan Home and Orphanage, 1879-80," in Featherstone, *The Diocesan Boys School and Orphanage, Hong Kong*, p. 25. 該年報沒有道出該助教的名字。

73　"2nd Annual Report of the Diocesan Home and Orphanage, 1870-71," in Featherstone, *The Diocesan Boys School and Orphanage, Hong Kong*, p. 20. 該年報沒有道出該華人教師的名字。

74　"Table XIV: Percentage of Scholars who passed in the in the Grant-in-aid Schools were during the last two years," in Eitel, *Educational Report for 1883,* p. 17.

75　"Table XI: Number of Scholars attending schools receiving Grant-in-aid (under Provisions of the Scheme of 1880), Expenses incurred and amount gained by each in 1883," in Eitel, *Educational Report for 1883,* p. 14.

男女宿生，[76] 則可知當年的走讀生應該是大約有十八名。為何筆者用上「應該、大約」等詞彙？

因為根據香港教育署的統計，當年在該校註冊入學的人數，像其他學校一樣，流動性很大。若按每月註冊入學的男生人數作統計的話，則該校最高的月份有47名男生，最低的月份有33名男生，一年平均每月有40.27名男生註冊入學。若按一個月內每日上課的人數作平均統計的話，則最高為40.62名男生，最低為29名男生，全年平均每日有36.70名男生上課。[77]

上面各種數據讓我們得出一個推論，當時拔萃書室的規模是很小的，沒有必要用一幢龐大的建築物做課堂。準此，竊以為吳倫霓霞等教授所編著的：《孫中山在港澳與海外活動史蹟》(香港：中文大學聯合書院，1986)，第8－9頁中的圖片，值得商榷 (見圖5.11)。據筆者實地調查所得，該圖片所示之建築物位於香港的港島半山區東邊街與般含道之間；在1962－1971年代曾經是香港中文大學聯合書院的校址，[78] 規模可知。當時筆者就懷疑該地是否孫中山上過課的地方，而1883年的原來建築物已被推倒重建而不復舊觀？筆者這種初步推理，後來隨着研究的深入而得到進一步印證。拔萃1876－1877年度的《年報》說，校舍的木材結構部分已經差不多全部被白蟻損壞，必須大修以策安全。[79] 此件證明孫中山當時讀書的那所建築物是過去香港人所說的所謂「木樓」，而後來聯合書院用作校舍那所建築物則全是鋼筋混凝土，所以不可能是同一座建築物。其實，從該圖顯示的校名，也可斷定該幢建築物不是孫中山曾上過課的地方，因為它的名字已經改為「拔萃男書室」，而孫中山就讀的拔萃，還是男女混合的學校。可惜，後來李金強教授的專著《一生難忘：孫中山在香港的求學與革命》(香港：孫中山紀念館，2008) 第53頁，還沿舊說。應該是改正的時候了！

---

76 "15th Annual Report of the Diocesan Home and Orphanage, 1883-4," in Featherstone, *The Diocesan Boys School and Orphanage, Hong Kong*, p. 25.

77 "Table XII: Enrolment, Attendance and Numober of School Days at the Grant-in-aid Schools during 1883," in Eitel, *Educational Report for 1883*, p. 15.

78 吳倫霓霞等編：《孫中山在港澳與海外活動史蹟》，頁8，圖1-6。

79 "8th Annual Report of the Diocesan Home and Orphanage, 1876-77," in Featherstone, *The Diocesan Boys School and Orphanage, Hong Kong*, p. 22-23.

　　此外，據香港教育署的統計，1883年的拔萃書室雖然只有六十八名學生，但全年的開支卻高達5,507.88元。比較之下，則同年而有四十五名學生的香港天主教大教堂男校（Roman Catholic Mission, Cathedral School for Boys），全年開支只有269.50元。[80] 雙方都是以主教名義創辦的學校，開支卻如大巫見小巫。無他，拔萃書室同時也是男女收容所、並因此而有五十名學生寄宿也。[81] 由於香港政府對各學校的補助只限於教育經費，並且是按該校考生的成績高低計算，[82] 以至拔萃書室只領到218.50元而天主教主教大教堂男校則領到155.09元的經費補助。[83] 分別是每名學生每年各補助約3.21元和3.44元，即每名學生每月各補助約0.27元和0.29元。

　　由於香港政府有按考試成績來補助教育經費以便提高市民質素的政策：即年終考試時，每一名及格的學生，政府就給予該學生就讀的學校5元到6元的補助不等，以致喜嘉理牧師說，他可以免費辦學。辦法是年初向銀行貸款以支付教師的薪金和校舍的租金，年底學生考試成績公佈後，能領到香港政府的補助經費的數目大致可以還清銀行的債務。[84] 因此，竊以為當時孫中山在幾乎不名一文的情況下而能夠進入拔萃書室讀書，部分原因可能是由於拔萃書室從1877年4月19日開始就參加了香港政府這項補助教育經費的計劃。[85] 以至該校儘管免了孫中山的學費也損失無幾。而且，孫中山看來是位聰明勤奮的學生，又懂英語，說不定考試成績之佳，還會為拔萃多賺教育補助經費呢！

80　"Table XI: Number of Scholars attending schools receiving Grant-in-aid (under Provisions of the Scheme of 1880), Expenses incurred and amount gained by each in 1883," in Eitel, *Educational Report for 1883*, p. 14.

81　"15th Annual Report of the Diocesan Home and Orphanage, 1883-4," in Featherstone, *The Diocesan Boys School and Orphanage, Hong Kong*, p. 25.

82　"The so-called demoninational School, now 48 in number, are either Protestant or Roman Catholic Mission Schools, subsidized by the Government, as Grant-in-Aid Schools, by annual grants given on the principle of payment for definite results as ascertained by annual examination." Item 5 in Eitel, *Educational Report for 1883*, p. 14.

83　"Table XI: Number of Scholars attending schools receiving Grant-in-aid (under Provisions of the Scheme of 1880), Expenses incurred and amount gained by each in 1883," in Eitel, *Educational Report for 1883*, p. 14.

84　Hager to Clark, 11 October 1883, ABC16.3.8: South China v. 4, no. 9, p. 2.

85　"9th Annual Report of the Diocesan Home and Orphanage, 1877-78," in Featherstone, *The Diocesan Boys School and Orphanage, Hong Kong*, p. 23.

五、孫中山在拔萃的課餘活動

香港與臺灣學術界較新的一項研究成果說：孫中山「1883年冬由於課餘隨從區鳳墀（1847－1914）學習中文，而得以結識公理會醫療傳教士喜嘉理牧師（Charles B. Hager, 1850－1917），遂與好友陸皓東同受喜牧施洗，歸信基督，而成為公理會會友」。[86]

短短的一段話，牽涉的問題卻既深且遠。讓我們按步就班地逐句衡量其重要性。

第一、所言「1883年冬」，則孫中山正在拔萃讀書。所以，其所謂「課餘」者，應指孫中山在拔萃讀書之課餘時間。

第二、所言「隨從區鳳墀（1847－1914）學習中文」，則關乎孫中山的國學修養，以及國學對他後來政治思想影響的問題，必須考證是否確有其事。

在這個問題上，筆者在本書第三章已經稍有論及，在此再詳細考證。準此，《國父年譜》（1985年增訂本）提供了重要線索，它說區鳳墀乃是倫敦傳道會（London Missionary Society）長老。[87] 於是筆者專程飛英國鑽研倫敦傳道會的檔案，可知區鳳墀的確是該會成員，但至低限度在1895年10月孫中山廣州起義以前，區鳳墀既不在香港生活，也不是什麼長老——當時他是倫敦傳道會廣州站（Canton Station）所僱用的宣教師（preacher），長期以來在廣州河南的福音堂（preaching hall）宣道，月薪15銀元。[88]

至於區鳳墀的國學修養過人，則有史可徵。倫敦傳道會廣州站的英人主

86　李金強：〈香港中央書院與清季革新運動〉，載《郭廷以先生百歲冥誕紀念史學論文集》（臺北：商務印書館，2005），頁249-269：其中頁264。

87　《國父年譜》（1985），上冊，頁34，1883年冬條。

88　Rev. T.W. Pearce to Reve. Wardlaw Thompson, Canton 5 April 1889, p. 6. CWM, South China, Incoming letters 1803-1936, Box 11 (1887-92), Folder 3 (1889). 此件沒preacher 暨preaching hall 的漢語專有名詞，筆者不願隨意翻譯，參之王誌信的《道濟會堂史》，可知該會分別稱之為宣教師和福音堂。筆者為了尊重該堂教友及避免混淆，決定沿用之。

任傳教士——托馬斯・皮堯士牧師（Rev. Thomas W. Pearce），[89]對區鳳墀的評價是這樣的：「才具出眾，能力不凡。」[90]他的國學修養尤好：香港政府曾擬高薪聘請他到香港替公務員訓練班講授國文。但當香港政府徵詢皮爾斯牧師時，皮爾斯曾暗中阻止，結果沒有成行。[91]無他，怕失掉良才也。

後來德國的柏林大學東方研究所慕名聘請區鳳墀前往講學四年，月薪300馬克。因為柏林大學沒有預先徵求皮爾斯牧師的意見，使得他沒法再次暗中阻止，只好強顏歡送。[92]區鳳墀就在1890年10月去了德國四年（1890－1894）。任滿仍回廣州河南重操舊業。[93]但已有如脫胎換骨：當時的德國，教育水平之高與受教育人數之眾，與人口比例，為全球之冠。政治之廉潔，紀律之嚴明，與當時區鳳墀在滿清治下之廣州，猶如天壤之別。稍存愛國心的人都會矢志改變中國的落後局面，更何況他是先知先覺的知識份子。

當時德國民族主義情緒之高漲，可以說超越其他歐洲國家，原因是其教育最為普遍，以至其民族主義的宣傳最為成功也。筆者甚至懷疑，區鳳墀之所以被柏林大學看中，是通過倫敦傳道會廣州站的德人傳教士艾書拉（Rev. Ernst R. Eichler）的介紹。艾書拉牧師原來是德國禮賢傳道會（Rhenish Mission）的傳教士，1881年參加了倫敦傳道會，被派往廣州站負責廣東客家

89　王誌信把他誤作T. W. Pierce，不確，應是T. W. Pearce。又把他音譯作皮堯士，不準。見其編著的香港《道濟會堂史》，頁10。Pearce一般音譯作韋爾斯。鑑於王誌信把他音譯作皮堯士，似乎是沿用張祝齡牧師遺作〈合一堂早期史略〉的稱呼。筆者同樣是為了尊重該堂教友及避免混淆，這裏姑沿舊習稱之為皮堯士。

90　Rev. T.W. Pearce to Rev. Wardlaw Thompson, Canton 5 April 1889, p. 7. CWM, South China, Incoming letters 1803-1936, Box 11 (1887-92), Folder 3 (1889).

91　Ibid.

92　Thomas Pearce's Decennial Report (Canton & Outstations) for 1880-1890, 27 February 1891, p. 5. CWM, South China, Reports 1866-1939, Box 2 (1887-97), Envelope 25 (1890).

93　Rev. Thomas Pearce to Rev. Warlaw Thompson, 20 February 1895, CWM, South China, Incoming correspondence 1803-1936, Box 13 (1895-97), Folder 1 (1895).

地區的傳道工作。1889年2月因病離開，[94] 繞道德國回倫敦總部述職。[95] 很可能正是他繞道在德國老家期間，知道柏林大學要物色漢語教師，就積極推薦區鳳墀。柏林大學當局徵諸其他傳教士，證實在中國的外國傳教士圈子裏，區鳳墀的名字是響噹噹的。[96] 於是決定聘請他。結果他就在1890年10月成行了。當時德國正積極準備對華擴張，需要訓練懂漢語的人才。如果筆者對於艾書拉牧師之推薦區鳳墀予柏林大學的推想屬實，則證明該牧師的愛國心高於他對倫敦傳道會的忠誠，甚至超過他本人對自己宗教信仰的忠誠，而挖了倫敦傳道會廣州站的牆角。德國傳教士的愛國熱情尚且如此，柏林大學師生的愛國熱情可知。區鳳墀置身其中四年，耳聞目染，以其知識份子的高度敏感，一定深受感染。而且，他是隻身上任的，夫人又在他出國後不久即去世了。[97] 區鳳墀感懷身世之餘，受到德國強大愛國主義浪潮的影響，內心世界會起了什麼變化？

這種變化是巨大的：1894年底甫回廣州，[98] 翌年即支持了孫中山的廣州起義！事敗，區鳳墀亡命香港，受聘於香港政府的華民政務司。[99] 他既然在香港生活，就參加了英國倫敦傳道會在香港的華人子會——道濟會堂；並成為該堂的長老。準此，區鳳墀之被稱為長老者，是1895年以後的事情了。當

94　Rev. Thomas Pearce's Decennial Report (Canton & Outstations) for 1880-1890, 27 February 1891, p. 2. CWM, South China, Reports 1866-1939, Box 2 (1887-97), Envelope 25 (1890). 此件文獻沒説出 Rhenish Mission 的漢語名稱叫什麼。王誌信的《道濟會堂史》又沒道出禮賢會是何方神聖。筆者把中西文獻比較，得出的結論是：Rhenish Mission 在華的稱呼乃禮賢會，故云。目前在香港港島般含道靠近香港大學的地方仍然有一所教堂稱禮賢堂。

95　Rev. Ernst R. Eichler to Rev. Wardlaw Thompson, 29 January 1889, CWM, South China, Incoming letters 1803-1936, Box 11 (1887-92), Folder 3 (1889).

96　Rev. T.W. Pearce to Rev. Wardlaw Thompson, Canton 5 April 1889, p. 6. CWM, South China, Incoming letters 1803-1936, Box 11 (1887-92), Folder 3 (1889).

97　Thomas Pearce's Decennial Report (Canton & Outstations) for 1880-1890, 27 February 1891, p. 5. CWM, South China, Reports 1866-1939, Box 2 (1887-97), Envelope 25 (1890).

98　Rev. Thomas Pearce to Rev. Warlaw Thompson, 20 February 1895, CWM, South China, Incoming correspondence 1803-1936, Box 13 (1895-97), Folder 1 (1895).

99　Rev. T.W. Pearce (Hong Kong) to Rev. R. Wardlaw Thompson (London, LMS Foreign Secretary), 7 November 1895, p. 4, CWM, South China, Incoming correspondence 1803-1936, Box 13 (1895-97), Folder 1 (1895).

長老是義務性質。區鳳墀何以為生？原來香港政府終於得償所願，成功聘請了他當華民政務司署的華文總書記。[100] 後來1896年10月孫中山倫敦蒙難，逃出生天後用第一時間所發出的第一封信，就是給區鳳墀的。[101] 在該信中，孫中山自稱為弟。這種稱謂，除了符合基督教一些教會裏諸教眾互以兄弟姊妹相稱的習慣外，還有是難兄難弟之意。因為他們曾共患難。

不過這些都是後話。1883年孫中山在香港拔萃書室讀書時，並不認識區鳳墀，也沒從其習國學。他之認識區鳳墀，似乎是1886年他到廣州博濟醫院（Canton Hospital）習醫的日子。該院任醫務兼翻譯醫書者尹文楷，與孫中山熟善。尹文楷的岳父正是區鳳墀。通過尹文楷，孫中山才與區鳳墀認識。《總理年譜長編鈔本》甚至說兩人「朝夕契談」。[102] 兩人怎能朝夕契談？蓋孫中山住在博濟醫院宿舍，而博濟醫院在廣州的河北，區鳳墀則居住在廣州的河南。看來又是傳聞失誤的另一例子。徵諸馮自由，則說區鳳墀自柏林「歸國後寄寓廣州河南瑞華坊其婿尹文楷家，總理時亦同居。」[103] 但孫中山當時在廣州河北的博濟醫院寄宿，住在哥利支堂十號宿舍（見本書第六章），何來「同居」？

徵諸倫敦傳道會檔案，可知區鳳墀是在1894年底自柏林回到廣州的。[104] 準此，竊以為「朝夕契談，倍極歡洽」[105] 以及「同居」云云，[106] 乃1894年底到1895年乙未廣州起義之間的事情，而非1886至1887年間孫中山在廣州博濟醫院習醫之日。筆者這種推論另有佐證：1895年乙未廣州起義之重要文獻之

100　見馮自由：〈區鳳墀事略〉，載馮自由：《革命逸史》（北京：中華書局，1981），第一集，頁12。

101　見拙著《孫逸仙在倫敦》，第二章〈日誌〉。

102　《國父年譜》（1985），上冊，頁43-44，其中1886年條，引國民黨黨史會：《總理年譜長編鈔本》，頁10。

103　馮自由：〈區鳳墀事略〉，載《革命逸史》（1981），第一集，頁12。

104　Rev. Thomas Pearce to Rev. Warlaw Thompson, 20 February 1895, CWM, South China, Incoming correspondence 1803-1936, Box 13 (1895-97), Folder 1 (1895).

105　國民黨黨史會：《總理年譜長編鈔本》，頁10。載《國父年譜》（1985），上冊，頁43-44。

106　馮自由：〈區鳳墀事略〉，載《革命逸史》（1981），第一集，頁12。

一──〈創立農學會徵求同志書〉，雖然是以孫中山的名義發表，[107] 其實是區鳳墀草擬的。[108] 可見當時兩人確實「朝夕契談」也。[109]

第三、所言「而得以結識公理會醫療傳教士喜嘉理牧師（Charle B. Hager, 1850－1917）」，[110] 則：

（1）喜嘉理牧師的名字不叫Charles B.而是Charles Roberts。

（2）1883年的喜嘉理牧師並非醫療傳教士，只是普通傳教士而已。[111] 他之成為醫療傳教士，有待十餘年後他返美讀了醫學博士學位之時。[112]

第四、所言「遂與好友陸皓東同受喜牧施洗，歸信基督，而成為公理會會友」。[113] 則純屬子虛烏有（見下文）。而且，孫中山並非就讀於拔萃書室時期的「1883年冬」受洗於喜嘉理，而是在1884年入讀於那所不屬於任何教會的香港政府中央書院後才領洗（見下文）。

第五，所言區鳳墀把孫中山介紹給喜嘉理以便後者為其施政洗，則：

（1）已如前述，1883年的孫中山並不認識區鳳墀，遑論被介紹給喜嘉理。

（2）喜嘉理多次向其美國教會總部彙報說，他到達香港和中國傳教後，點名說遭到倫敦傳道會等各會傳教士不太友善的對待。而喜嘉理自己，也對那些曾在美國加州領洗而列籍綱紀慎會的教友，在回到廣東老家時卻到

107　孫中山：〈創立農學會徵求同志書〉，1895年10月6日，原載廣州《中西日報》，1895年10月6日。該文收錄在高良佐：〈總理業醫生活與初期革命運動〉，《建國月刊》（南京1936年1月20日版）。該文後來收錄在《孫中山全集》，第一卷（北京：中華書局，1981），頁24-26。

108　見馮自由：〈區鳳墀事略〉，載《革命逸史》（1981），第一集，頁12。

109　國民黨黨史會：《總理年譜長編鈔本》，頁10。載《國父年譜》（1985），上冊，頁43-44。

110　李金強：〈香港中央書院與清季革新運動〉，載《郭廷以先生百歲冥誕紀念史學論文集》，頁249-269：其中頁264。

111　詳見本書第八章。

112　Anon, "Dr Charles R. Hager", *The Missionary Herald*, v. 113, no. 9 (September 1917), p. 397, courtesy of Dr Harold F. Worthley of the Congregational Library, 14 Beacon Street, Boston, MA 02108, enclosed in Worthley to Wong, 26 August 2003.

113　李金強：〈香港中央書院與清季革新運動〉，載《郭廷以先生百歲冥誕紀念史學論文集》，頁249-269：其中頁264。

別的基督教派之教堂守禮拜之事，深表遺憾。[114] 鑒於當時基督教各派之間爭奪信徒之烈，若說倫敦傳道會的宣教師區鳳墀把孫中山介紹給競爭對手的美國公理會喜嘉理牧師為他施洗入籍公理會，除屬子虛烏有之外，也超乎情理之常。

六、小結

無論從教師隊伍的陣容、科目之深淺、學校之規模和設備、學習環境等，當時的香港拔萃都難與火奴魯魯的意奧蘭尼匹敵，更遑論奧阿厚學院預備學校了。筆者相信，若孫中山當時有這個財力的話，他會盡快轉校到當時香港最好的中學——中央書院。因為當時的校規不像現在這樣嚴，學生可以隨時轉學。儘管孫中山顧全拔萃當局的面子，等到完成學年才轉校，則正如前述，當時英國人入鄉隨俗，學年也按照中國的農曆辦學，農曆新春開學，農曆年終則學年結束大考。1883年開始的學年在1884年1月27日農曆除夕之前就結束。1884年開始的學年約在一個星期後的1884年2月3日即開始，孫中山不必等到 1884年4月15日[115]才註冊入讀中央書院。他要等待的，是孫眉的匯款。

孫中山憑什麼理由說服乃兄支持他讀西學？他可能利用下列兩個理由：

第一、此時孫中山已經十八歲，父母急於要他趕快成親，並將此事交由孫眉處理。孫中山深受西方教育影響，是會抗拒盲婚啞嫁的，抗拒情緒之烈，恐怕不亞於他抗拒翠亨村村民對北帝之迷信。而且，他會懷念先一年他在火奴魯魯的奧阿厚書院預備學校的女老師，她們全是來自美國的淑女，有學問、有教養、開放、大方、健美！他的女同學也都是美國女孩，外向、活潑、坦率，與男孩子沒多大分別，而且學習成績還勝過男孩，1883年從奧阿

---

114 Rev Charles Robert Hager (HK) to Rev J. Smith, DD (Boston), No. 30, 1 June 1885, p. 2, Papers of the American Board of Commissioners. ABC 16: Missions to Asia, 1827-1919. IT 3 Reel 260, 16.3.3: South China, Vol. 4: 1882-1899 Letters C-H: Charles Robert Hager: 3-320: No. 30 [microfilm frame 0083b-0085a].

115 Stokes, *The Queen's College, 1862-1962*, p. 52.

厚書院考進美國大學的三名學生，全是女孩！[116] 比諸翠亨村及鄰近村落婦女之文盲、小腳、弱不禁風、怯生生的！無異天壤之別。當時情竇初開的孫中山，很可能就已經打心底裏願望他將來的終身伴侶是這樣的一個女孩？……但孫中山必須面對現實，現實是他必須得到孫眉在經濟上的支持，才能滿足他如飢似渴的「慕西學之心」[117]……孫眉催之愈急，愈是讓孫中山有討價還價的餘地。似乎雙方終於達成協議，孫眉支付孫中山到中央書院讀書的一切費用，孫中山答應盡快回鄉成親。果然，孫中山在入讀中央書院四十一天後的1884年5月26日，就從香港回翠亨村成親。[118]

　　第二、更強的理由是：中央書院並非一所教會所辦的學府，孫眉不必害怕孫中山會繼續受到耶教影響；而孫中山說能轉到中央書院就離開耶教的拔萃書室，則更能打動孫眉的心——孫眉做夢也沒想到孫中山當時正天天跟一位耶教傳教士生活在一起、天天浸淫在耶教教義裏！準此，筆者不能不佩服中央書院創辦人的眼光。香港中央書院的創辦人，是英國著名傳教士理雅各（Rev. James Legge, 1815－1897）。他把中國的四書五經翻譯成英語，成為鼎鼎大名的漢學家，1876年起被英國牛津大學聘任為漢語講座教授（1876－1897）。所謂創辦人，並非指他本人用自己或其教會的資源創辦了該校，而是他建議英國當時在香港的殖民地政府建立這樣一所無宗教性質的中學。他雖然身為傳教士，但深知當時的華人父母不會隨便讓孩子進入教會學校讀書，於是建議香港政府設立一所不帶絲毫宗教色彩的中學，作育英才，與時俱進，為政府與商界提供極為缺乏的文職人員。[119] 故該校有鮮明的辦學理念與目標。

116　Irma Tam Soong, "Sun Yatsen" (1997), pp. 169 and 171.

117　孫中山：〈覆翟理斯函〉，手書墨蹟原件，藏中國國民黨中央黨史委員會，刊刻於《國父全集》（1989），第二冊，頁192-193。又載《孫中山全集》，第一卷，頁46-48：其中頁47。又見〈孫中山學術研究資訊網——國父的求〉，http://sun.yatsen.gov.tw/content.php?cid=S01_01_02_03。

118　《國父年譜》（1985），上冊，頁37，1884年5月26日條。

119　Gwenneth and John Stokes, Queen's College: Its History 1862-1987 (Hong Kong: Queen's College Old Boys' Association, 1987), pp. 7-8. The Government Central School later changed its name to Victoria College when it moved into its new premises in Aberdeen Street in 1889; and again in 1894 to Queen's College.

這種辦學理念，由該校歷屆校長所承傳。首任校長是Dr. Frederick Stewart（任期1862－1881），學歷及背景與理雅各雷同：兩人皆曾就讀於蘇格蘭亞巴甸文法中學及亞巴甸大學的英王書院。[120] 第二任校長名字叫Dr. G. H. Bateson Wright（任期1881－1909），有關他的細節，詳見下文。孫中山正是在他任內入讀該校（1884－1886），所受到的潛移默化，在下文分析。

七、在中央書院讀書前後三年
（實際上課時間約共十五個月）

孫中山曾在香港中央書院讀過書，應該是沒有疑問的。首先是他親筆提過這件事，[121] 而香港的皇仁書院（中央書院搬進新校舍後，先改名為維多利亞書院，然後在1894年再改名為皇仁書院）又能提出他註冊入學的各種細節諸如編號（2746）、名字（孫帝象）、居住地址（必列者士街二號）、年齡（十八）、日期（1884年4月15日）、籍貫（香山）。[122] 而這些細節與我們熟識的名字、年齡、籍貫等都相符，應為信史。

那麼，孫中山在中央書院唸書的實際時間共多久？這好計算：既然他在1884年4月15日註冊入讀中央書院，而1886年秋已到了廣州博濟醫院讀醫科，[123] 估計是在1886年6月底暑假前離開中央書院，故他在中央書院讀書的時間應該是約共二十六個月。但有三件事情為這個數字打折扣。

第一、在孫中山進入中央書院四十一天後的1884年5月26日，就回到翠亨村與盧慕貞成親了。[124] 那個年代在華南農村成親，是很費時間的一回事，加上從香港回到翠亨村的旅途往返，孫中山至少要曠課半個月。

第二、據筆者考證，他在中央書院讀書時領洗進入基督教了。怎麼？領洗入教也要曠課？不是領洗本身要曠課，而是領洗帶來了曠課。原因是乃兄孫眉得悉孫中山領洗後命其再度遠赴檀香山。於是孫中山就大約在1884年

120　Gwenneth and John Stokes, *Queen's College*, pp. 7-8.

121　孫中山：〈覆翟理斯函〉。

122　Stokes, *The Queen's College, 1862-1962*, p. 52.

123　《孫中山年譜長編》，上冊，頁42，1886年秋條。

124　《國父年譜》（1985），上冊，頁37，1884年5月26日條。

11月啓程赴檀香山了。[125]之後，又在1885年4月從檀香山坐船歸國。[126]若單程旅途上所花的時間大約是二十五天的話，[127]那大概在1885年5月回到中央書院復課。那麼他曠課時間大約是六個半月。加上成親時曠課約半個月，結果在中央書院曠課共約七個月。以至他在中央書院讀書的實際時間減到十九個月。

第三、從本章表5.1看，中央書院在1884年共上課236天，1885年共上課238天。一年365日，每年不上課的日子共128天左右，應為暑假、寒假、公眾假期和週末。如此一計算，孫中山實際上課的時間大致不足十五個月，可謂多災多難。一年之後他進入香港西醫書院讀書，同班者又多是中央書院的畢業生，[128]待他於香港西醫書院畢業時，卻名列第一（見本書第六章），可見他的確有聰明過人之處。

至於孫中山在中央書院唸書時學過哪些科目？用哪些教科書？校長和老師是誰？考試成績如何？考試時老師出那些題目？當時他需要繳交的學費和雜費又有多少？則留待下一節探索。

八、中央書院的校長、老師、同學

尤幸[129]筆者在本章探索孫中山在香港拔萃書室讀書詳情時，已經探得當時香港教育署每年必須向立法局提交報告，其中就有中央書院校長的《年

---

125   《孫中山年譜長編》，上冊，頁39，1884年11月條。

126   同上註，頁40，1885年4月條。

127   當時一年三次船期往檀香山，航行時間約二十五天。見楊連逢採訪孫緞（九十七歲），1957年5月無日，載李伯新：《孫中山史蹟憶訪錄》，中山文史第三十八輯（中山：中國人民政治協商會議廣東省中山市委員會文史學習委員會，1996），頁165-166：其中頁165。

128   孟生：〈教務長在香港西醫學院開院典禮上致詞〉，1887年10月1日；地點：香港大會堂典禮；主持人：署理港督，黃宇和譯自該院出版的單行本，題為"The Dean's Inaugural Address", Records of the College of Medicine for Chinese in Hong Kong, deposited at the Royal Commonwealth Society Library, Cambridge.

129   要找出這些問題的答案，最直接了當的辦法自然是向皇仁書院當局查詢。可惜筆者致該校校長的公函 (Wong to the Headmaster of Queen's College Hong Kong, letter, 15 November 2004; Wong to the Headmaster of Queens's College Hong Kong, e-mail, 15 November 2004)，至今未蒙賜覆。無奈之餘，只好另想辦法。

報》。承香港政府歷史檔案館的許崇德先生幫忙，收集了1884至1886年間、孫中山在中央書院讀書時該校校長的《年報》，以便進行分析研究。

　　準此，發覺孫中山在中央書院讀書的時期，校長是一位名字叫貝遜‧韋特（Geo. H. Bates on Wright）的英國人。他是在1882年從英國到中央書院上任的。[130] 他在1888年的《年報》中簽署名字時自稱碩士（M. A.），[131] 而從他在《年報》中不斷稱讚牛津大學和劍橋大學教育之富於啓發性，故筆者當時就推測他很可能是牛津或劍橋的畢業生。後來筆者把搜索範圍擴大而閱讀到他1896年的《年報》時，則發覺他的頭銜已變成牛津大學神學博士（D. D. Oxon），[132] 可知他確實是牛津大學的畢業生。自從他到香港中央書院任校長後，就不斷創新，並通過參加劍橋地方試（Cambridge Local Examinations），企圖把中央書院盡量提升到英國本土中學該有的水平。他是一位很有魄力的校長（見下文）。

　　師資方面，孫中山入學的1884年是中央書院變化頗大的一年，共有七位教師或調職離校或死亡。但從該校準備自英國聘請的人選來看，則均具大學或大專資歷，可見師資水平有一定的規範。[133]

　　學生方面，絕大部分是華人。儘管如此，英語水平之高，讓那位在1882年新到任的貝遜‧韋特校長也十分驚喜。但他不因此而感到滿足，還加倍努力，按部就班地提高該校的英語水平：他把英文作文從高年班往下增設到第四級，把英文文法和地理從高年班往下擴展三級開始講授，同時規定所有學生必須修讀中譯英、英譯中的課程。幾年以後，該校學生的英語水平更

130　Item 3, in *Annual Report of the Head Master of the Government Central School for 1887*, by Geo. H. Bateson Wright, Head Master, 16 January 1888, Government Notification No. 2/88, Presented to the Legislative Council by command of His Excellency the Governor, *Hong Kong Legislative Council Sessional Papers 1888*, pp. 107-110: at p. 107.

131　Ibid.

132　Covering letter for the *Annual Report of the Head Master of the Government Central School for 1895*, by Geo. H. Bateson Wright, Head Master, *D.D. Oxon*, 28 January 1896, Government Notification No. 49, Presented to the Legislative Council on 11 January 1896, *Hong Kong Government Gazette, 15 February 1896*, pp. 117-118: at p. 118.

133　Items 4-9 in ibid.

上一層樓。[134]

為何讀地理也能提高英語水平？因為地理是用英語講授的，而多學了地名、地理和氣候等名詞，英語也地道了。例如，1885年中央書院地理科的試題當中，第六題是這樣的：

Describe accurately the position of the following: Aden, Port Louis, Columbo, Wellington, Sierra Leone, Falkland Islands, Malacca, Hobert's Town, Transvaal, George Town, Fuji Islands.

第七題是：

Explain carefully the causes that contribute to the progression of the seasons. [135]

至於1886年的地理試題，則第二道試題是：

Describe accurately the positions of Kiev, Stettin, Antwerp, Rouen, Malaga, Leghorn, Begrade, Prage, Bergen, Helsingfors, Aberdeen, Cadiz, Cork and Bristol.

第四題是：

Classify the Countries of Europe according to their religion. [136]

1886年的繪地圖一科的考試題目是：憑記憶，繪出一幅歐洲地圖。[137]

華人學生英語水平不斷提高的結果是：該校高材生中也開始有他們一席位了。比方説，1884年該校保送了兩名高材生參加政府獎學金的考試，他們

134　Item 3, in *Annual Report of the Head Master of the Government Central School for 1887*, by Geo. H. Bateson Wright, Head Master, 16 January 1888.

135　Questions 6 and 7, Geography Examination Paper, Tables and Examination Papers of the Prize Examination held at the Government Central School in January 1885, Government Notification No. 174, *Hong Kong Government Gazette, 25 April 1885*, pp. 357-360: at p. 360.

136　Questions 2 and 4, Geography Examination Paper, Tables and Papers connected with the examination of the First Class held at the Government Central School during the week 9-16 January 1886, Government Notification No. 24, 23 January 1886, *Hong Kong Government Gazette, 23 January 1886*, pp. 48-52: at p. 51.

137　Question in Map Drawing Examination Paper, Tables and Papers connected with the examination of the First Class held at the Government Central School during the week 9-16 January 1886, Government Notification No. 24, 23 January 1886, *Hong Kong Government Gazette, 23 January 1886*, pp. 48-52: at p. 51.

分別是W. Bosman和C. F. G. Grimble，[138]一看名字就知道是英國孩子。到了1887年，該校保送一名高材生參加劍橋高級試與五名高材生參加劍橋初級試。參加高級試的那名高材生是華人。參加初級試的那五名高材生當中也有兩名是華人。[139]

中央書院學生的英語水平提高得那麼快，孫中山當然受惠不淺。試想，自從1879年9月他在檀香山的意奧蘭尼學校學習a、b、c那一刻鐘開始，到他離開檀香山那天為止，正規學習英語的實際時間加起來大約只有三十二個月。到了香港拔萃書室時當然也學了一會。但若沒有到中央書院而同時又遇到新任校長雷厲風行地提高英語教育水平，以及孫中山因緣際會地在中央書院重點學習高級英語約十五個月的實際上課時間，日後他到香港西醫學院讀醫科時，恐怕就不那麼得心應手。中央書院校長也說，經過幾年嚴格訓練之後，該校華人學生在英語作文時言辭之流暢與思想之成熟，讓人驕傲。[140]

九、中央書院的學費、統計數字、校舍、出路

學費方面，從該校校長的片言隻字當中，可以推論出來。他說：「去年8月，當我作為教育署代理監督時，在巡檢過程中發覺西營盤、灣仔等地方官校有些男生的英語水平之高，若到中央書院來學習可能收穫更大，但他們

138　Item 3, in *Report by the Head Master of the Government Central School, Mr Geo. H. Bateson Wright, to the Colonial Secretary, The Hon. W.H. Marsh*, 3 January 1885, attached to E. J. Eitel, *Educational Report for 1884*, Hong Kong, Education Department, 25 February 1885; Government Notification No. 24; Presented to the Legislative Council by command of His Excellency the Governor, n.d, *Hong Kong Legislative Council Sessional Papers 1885*, pp. 241-258: at p. 247.

139　Item 9, in *Annual Report of the Head Master of the Government Central School for 1887*, by Geo. H. Bateson Wright, Head Master, 16 January 1888, Government Notification No. 2/88, Presented to the Legislative Council by command of His Excellency the Governor, n.d., *Hong Kong Legislative Council Sessional Papers 1888*, pp. 107-110: at p. 108.

140　Item 3, in ibid., p. 107.

卻沒有來。查詢之下，發覺他們付不起一個月一元的學費。」[141] 準此，可以推論出當時中央書院的學費是一個月一銀元港幣。[142] 至於課本的費用，則該校歷來有一個制度，學生向校方租用教科書，每本每年租金港幣十銀元，升班或畢業時交還校方。但在孫中山入讀的1884年，校長取得香港總督的同意後，把制度改為賣書。校方向學生售賣教科書，每本售價港幣十二銀元，如此這般，學生既可保留其用過的心愛課本，校方又有進賬，皆大歡喜。[143]

茲將中央書院從1882年、即貝遜·韋特校長到任那一年起，到1886年孫中山離開該校為止，每年註冊入學的人數、每年共上課日子的總數、每月最多註冊入學人數、每月最少註冊入學人數，平均每天上課人數，每年考生人數、每年及格百分率、每年學費總收入、每年總開支、為每名學生每天上課而支出的費用等情列表，以觀全豹，並備分析。

表5.1　1882至1886年中央書院註冊入學人數等 [144]

年　份	1882	1883	1884	1885	1886
每年註冊入學人數	572	556	558	596	610
每年共上課日子總數	241	236	236	238	238
每月最多註冊入學人數	443	460	462	499	507
每月最少註冊入學人數	372	378	362	382	419
平均每日上課人數	390	394	411	437	446

141　Item 5, in *Report by the Head Master of the Government Central School*, by Mr Geo. H. Bateson Wright, to the Colonial Secretary, the Hon. W.H. Marsh, 22 January 1884, attached to E. J. Eitel, *Educational Report for 1883*, Hong Kong, Education Department, 3 April 1884, Government Notification No. 208, Presented to the Legislative Council by command of His Excellency the Governor, 29 May 1884, *Hong Kong Legislative Council Sessional Papers 1884*, consecutive page numbers in bound volume not available.

142　筆者後來有幸得閱香港浸會大學李金強教授大文，則李教授對該校收費的歷史作過更深入的調查。該校在1862年2月正式開課時，免收學費。1863年起，英文班的學生每月付五角學費。1865年起，英文班的學生每月交學費一元，中文班五角。這種收費一直維持到孫中山離開中央書院兩年後的1888年，收費才有所增加：英文班第一級每年二十四月，第二、三級十八元。見李金強：〈香港中央書院與清季革新運動〉，載《郭廷以先生百歲冥誕紀念史學論文集》，頁249-269，其中頁253頁，及256頁註25。

表5.2　1882至1886年中央書院考生人數、學費、支出等 [145]

年　份	1882	1883	1884	1885	1886
考生人數	363	365	379	412	405
及格率	91.18	96.98	95.58	95.38	94.81
每年學費總收入	4084	4121	4981	5273	5422
每年實際總支出	10,995.35	13,109.51	13,378.62	12,885	11,680.41
為每名學生每天上課的支出	28.2	38.22	32.48	29.45	26.17

　　上面兩表最堪注意者有二：

　　第一、雖然該校對學生的要求極高，但及格率是同樣的高。

　　第二、該校為每名學生每天上課所支出的費用非常龐大。考慮到每名學生每月只交1元學費，[146] 而當時香港廚師的月薪才只有8元左右，[147] 為每名學生每天上課支出如表5.2中最低的26.17元也是一個不可思議的數目。由此可見英國在香港殖民地的政府對教育投資之龐大，同時也可知孫中山受惠之深。重視教育、提高市民質素等概念，對孫中山三民主義和五權憲法的構思也有啓發？

　　另一方面，在孫中山入學後的第十一天，即1884年4月26日，該校為新校舍舉行奠基典禮，香港總督蒞臨主持奠基儀式。這是一個盛大而又莊嚴的場合。到了年底，用大石頭建造的各道牆壁已經冒出地面，運動場也準備

143　Item 10, in *Report by the Head Master of the Government Central School, Mr Geo. H. Bateson Wright, to the Colonial Secretary, The Hon. W.H. Marsh,* 3 January 1885, attached to Eitel, *Educational Report for 1884,* p. 247.

144　Item 2 in *Annual Report of the Head Master of the Government Central School for 1886*, 17 January 1887, Government Notification No. 12/87; Presented to the Legislative Council by command of H.E. the Officer Administering the Government on 4 February 1887, *Hong Kong Legislative Council Sessional Papers 1887*, pp. 269-355: at p. 269.

145　Item 2 in ibid., p. 269.

146　Item 5, in *Report by the Head Master of the Government Central School,* by Mr Geo. H. Bateson Wright, to the Colonial Secretary, The Hon. W.H. Marsh, 22 January 1884, attached to Eitel, *Educational Report for 1883*.

147　Carl T. Smith, *A Sense of History*, p. 330.

就緒。[148] 1885年，建築工程停頓了一會；校長表示遺憾但沒說明停頓的原因。[149] 而到了該年，全校註冊入學的人數已經達到596名，可以說是舊校舍已有人滿之患。幸虧真正上課的學生在任何時間實際上頂多只有499人，所以還不至於太擁擠。[150] 到了1886年，新校舍三分之二的牆壁已經建就，以至香港總督在立法局宣佈，新校舍將會在1888年初啟用，中央書院師生聞訊後上下歡騰。[151] 事實證明他們太樂觀了，新校舍到了1889年才完成。不過對孫中山來說，這延誤都無關宏旨，因為他在1886年夏天就離開中央書院了。但離開前，他還是分享了老師和同學們的喜悅。對於英國人的辦事方式，也有了一定的體會。

那麼舊校舍的周遭環境又如何？該校校長報告說：「課堂愈來愈擁擠，校舍被周遭的華人樓宇包圍起來，空氣不流通，到了夏天，簡直讓人受不了。」[152] 如何擁擠？該校舍：

為一單層H型之樓宇，兩翼由中央大堂連接。這中央大堂內設一排排的長凳，是校長召集全體學生在一起的地方。兩翼其實是各自一個大課堂，不同年級的學生在該大課堂內的不同角落同時上課。沒有運動場，但當時的華童都不愛運動，當然有些年幼的學生經常踢毽子。後來校舍擴建後，就連踢毽子的地方也沒有了⋯⋯因為地基不牢固，擴建校舍無法向高空發展，只能平向加建⋯⋯結果小息與午餐時份，就

148　Item 2 in *Annual Report of the Head Master of the Government Central School for 1886*, 17 January 1887, p. 269.

149　Item 8, in *Report by the Head Master of the Government Central School*, by Mr Geo. H. Bateson Wright, to the Acting Colonial Secretary, Frederick Stewart, 21 January 1886, attached to E. J. Eitel, *Educational Report for 1885*, Hong Kong, Education Department, 25 February 1886; Presented to the Legislative Council by command of His Excellency the Officer Administering the Government, 14 May 1886, Government Notification No. 31, *Hong Kong Legislative Council Sessional Papers 1886*, pp. 261-280: at p. 269.

150　Item 1, in ibid., p. 268.

151　Item 10, in *Annual Report of the Head Master of the Government Central School for 1886*, by Geo. H. Bateson Wrigt, Head Master, 17 January 1887, p. 269.

152　Item 15, in *Annual Report of the Head Master of the Government Central School for 1887*, by Geo. H. Bateson Wright, Head Master, 16 January 1888, p. 109.

開放兩個課室，讓同學們不至於露天休息與用膳。……每個課堂各容
下約一百學生，分成三班學習。由於太擁擠了，考試時學生作弊也很
難發現。[153]

三班如何同時上課？使用屏風間隔起來分區上課吧。難怪該校要趕建新
校舍。至於所謂「空氣不流通」，這是用英國人的標準來量。從孫中山的角
度看，則這所舊校舍是按照英國人在熱帶和亞熱帶建築物的標準來建造的。
這種建築物的設計，在印度、馬來西亞、新加坡都能見到，在香港的舊圖片
中也屢見不鮮（見圖5.12）。其門戶、窗戶都通風，比起他出生的那幢幾乎是
密不通風的泥磚屋當然是先進得多，比起他在檀香山唸書的意奧蘭尼學校和
奧阿厚書院預備學校之有自己翠綠的校園，那就遠遠不及了。但香港寸金尺
土，自不能與遼闊的夏威夷群島比較。而且孫中山志在追求學問，專心讀書
之餘，相信不會太計較中央書院的周遭環境。但他坐觀周遭華人樓宇並比諸
中央書院的西式建築，對於中西概念與生活方式的分野，印象會如其校長一
樣深刻？

　　中央書院畢業生的出路如何？該校校長說，該校畢業生歷來偏愛文職而
鄙視體力勞動。但到了1883年卻有突破，該年有六名畢業生到香港黃埔船塢
當學徒，而且表現良好。[154] 1884年又兩名畢業生加入香港黃埔船塢工作，另
外有六名畢業生進入香港殖民政府當公務員，二十一名畢業生進入滿清政府
做事，十七名畢業生進入香港工商界服務。[155]

　　畢業生既能在香港政府和中國政府服務，又能進入工商界，中央書院的
課程肯定很完備了？且看下節分解。

153　Gwenneth and John Stokes, *Queen's College*, p. 10.

154　Item 8, in *Report by the Head Master of the Government Central School*, by Mr Geo.
　　　H. Bateson Wright, to the Colonial Secretary, The Hon. W.H. Marsh, 22 January 1884,
　　　attached to Eitel, *Educational Report for 1883*.

155　Item 13, in *Report by the Head Master of the Government Central School*, by Mr Geo.
　　　H. Bateson Wright, to the Colonial Secretary, The Hon. W.H. Marsh, 3 January 1885,
　　　attached to Eitel, *Educational Report for 1884*, p. 248. The Head Master's report for
　　　1884 mentioned only something called the Dock Company. Referring to his report
　　　for 1883, however, it is ascertained that the full name of that company was called the
　　　Hong Kong Whampoa Dock Company.

圖5.12 從北往南遠眺中央書院（只露屋頂一角）

圖5.13 從南往北看，中央書院舊址為當今的聖公會基恩小學
（2010年10月1日麥振芳攝）

十、中央書院的班級編制、課程安排

　　該校所講授的科目非常完備，酷似當時英國本土的中學。而且，為了適應香港華人居民的需要，還特別加設了漢語課。故從多元化教育的角度看問題，可以說該校的課程比諸英國本土的中學有過之而無不及。

　　用英語講授的課程，則從1884年該校學生參加香港教育署舉辦的公開考試的情況來看，可知包括閱讀、算術、聽寫、中譯英、英譯中、英文文法、地理、繪地圖、作文、歷史、幾何、代數、測量等。茲列表如下：

表5.3　1884年中央書院用英語講授的課程 [156]

	班　級										
	一	二	三	四	五	六	七	八	九	十	十一
考生總人數	25	20	30	42	32	27	37	40	59	51	16
及格總人數	23	20	28	40	30	25	37	37	58	49	15
閱讀	21	19	25	41	32	25	35	37	51	44	16
算術	17	20	24	26	25	10	21	21	47	37	13
默書	11	16	23	34	29	24	37	38	58	34	15
中譯英	23	15	26	40	26	22	27	32	53	41	7
英譯中	23	15	22	35	28	25	35	38	58	39	14
英文文法	23	20	23	38	27	27	22	14	46		
地理	20	19	27	40	24	19	37	33			
繪地圖	23	18	25	33	25	22	33	36			
作文	22	20	30	39							
歷史	22	18	25								
幾何	13	16	21								
代數	21	19	25								
測量	17										

156　Table [2], Item 11, Government Central School — English Examination - Number of passes in each Subject in each Class for the year 1884, in Eitel, *Educational Report for 1884,* p. 243.

　　從這表看當時香港教育制度，可知中學最高年級叫第一級，而中央書院則共有十一級。為何一所學校竟然有十一級這麼奇怪？追閱其他文獻，可知中央書院不但設有高中（High School），還有初中（Middle School）、高小（Lower School）和初小（Preparatory School）。[157] 但如何把十一級分成四個部分？再追閱其他文獻，可知第一級有高年班（senior division of Class I）和低年班（junior division of Class I）之分。[158] 這種分法，似乎與二十世紀下半葉香港英文中學的第六級（Form Six）分為上（Upper Six）下（Lower Six）級的做法如出一轍。既然中央書院共有十一級，而第一級又有上下班之分，則全校可說共有十二級。將這十二級分成四個部分，各有三級。就是說，高中部分有三級：即第一級上、第一級下、第二級。初中部分有三級。小學共有六級，全校總共十二級。第二次世界大戰以後，該校才撤銷小學部而成為一所純粹的中學。[159]

　　澄清了1884至1886年間，孫中山在中央書院讀書時期的的編制，大慰！但孫中山離開中央書院時，是否像法國學者白潔爾（Marie-Claire Bergère）嘲笑孫中山所說的：這位未來總統，沒拿到畢業證書就離開中央書院了？[160] 要回答這問題，第一步可探索孫中山到中央書院讀書時是從哪一級唸起？竊以為有下列三種可能性：

　　第一、勉強按正規軌道循序漸進而一年級一年級地升班。若以此計算，則孫中山在檀香山的奧阿厚書院預備學校唸了類似當今中學一年級兩個學期的課程。若馬馬虎虎把兩個學期當一個學年計算，則他在香港拔萃書室應作中學二年級。同樣地，把他在香港拔萃書室讀書的兩個學期馬馬虎虎當一個

157　Item 1, in *Report by the Head Master of the Government Central School,* by Mr Geo. H. Bateson Wright, to the Acting Colonial Secretary, The Honourable Frederick Stewart, 21 January 1886, attached to Eitel, *Educational Report for 1885,* p. 268.

158　Item 3, in *Report by the Head Master of the Government Central School,* by Mr Geo. H. Bateson Wright, to the Colonial Secretary, The Honourable Frederick Stewart, 17 January 1887, Presented to the Legislative Council by command of His Excellency the Officer Administering the Government, 4 February 1887, Government Notification No. 12/87, *Hong Kong Legislative Council Sessional Papers 1887,* pp. 269-355: at p. 269.

159　Stokes, *Queen's College: 1862-1962,* p. 23.

160　Marie-Claire Bergere, *Sun Yat-sen* (Paris, 1994), translated by Janet Lloyd (Stanford: Stanford University Press, 1998), pp. 26-27.

學年計算，則他進入中央書院讀書時勉勉強強可進中學三年級。他在中央書院讀書前後共三年（1884－1886），若不管他回鄉成親、應乃兄召赴檀香山幾個月等曠課情況而仍然認為他每年唸一級的話，他還未唸完中學五年級就離開中央書院。

　　第二、跳班。當時及後來很長一段時間都容許學生跳班，筆者的授業恩師蔡成彭老師解放前在香港唸五年制的英文中學時，就跳班只讀中一、中三、中五，並成功地考了畢業試。若孫中山鑒於自己年紀比其他同學都大，閱歷比他們深，1884年進入中央書院時從一開始就唸高中（即當今的中學四年級），也毫不奇怪。年紀比同班同學都大，是比較尷尬的，例如中央書院後來在1886年孫中山仍在校時所參加的劍橋地方考試就規定：初級試只容許十六歲以下的中學生報名參加；[161] 高級試只容許十八歲以下的中學生報名參加。[162] 當時孫中山已經二十歲，無法報名參加該試，尷尬可知。

　　第三、若1884年孫中山初進入中央書院時不跳班，並從一開始就唸高中（即當今的中學四年級）的話，那麼他1884年約11月應乃兄之召赴檀香山並約於1885年5月回到中央書院繼續讀書時，也會決定跳班。因為他依靠檀香山的芙蘭‧諦文牧師代他募捐回程旅費暨部分學費，方能返回香港繼續在中央書院讀書，這會讓他加倍焦急地完成學業（見下文）。而且他曾受過多年西方教育所強調「個人獨立」思想的影響，又是已經有了家室的成年人，人生到了這個階段還依靠兄長替他交學費，真不像話！

　　第四、孫中山從檀香山回到中央書院時，經濟拮据，有馮自由之言佐證：他說，1888年3月24日「達成公病故，德彰於數月前聞父病重，已回粵奉侍湯藥，至是對總理愛護備至，凡所需學費，均允源源供給」。[163] 當時孫中山已經在香港西醫書院讀醫科了，馮自由絃外之音，是在此之前，孫眉在1884年底與乃弟決裂後，雖因孫中山不辭而別感到後悔並曾匯款接濟，但對於孫中山在香港繼續肄業西學，是打心裏不贊成的，所以匯款給他也不可能太熱心。

161　Gillian Cooke to Frances Wood, e-mail, 5 January 2005. Ms Cooke is an archivist at the University of Cambridge Local Examinations Service Archives Service.

162　Ibid.

163　馮自由：〈孫眉公事略〉，載《革命逸史》（1981），第二冊，頁1-9：其中頁2。

　　第五、經濟拮据的情況，可能到了1887年秋，孫中山到了廣州博濟醫院學醫科時，仍然繼續。關於這一點，有蛛絲馬跡可尋，蓋馮自由又說：某天孫中山與鄭士良等幾位同學在十三行果攤欲購荔而囊中金盡，囑賣果者翌晨往校取款又遭拒，結果雙方發生爭執，適有博濟畢業生尤裕堂與族人尤列路過該地，裕堂睹狀即代付果價，共同返校。[164] 想吃霸王荔枝，幾個學生盡顯頑童本色！

　　上述關於跳班的問題，哪種可能性較高？從下節分析所得，孫中山似乎對中央書院最高班的歷史課程甚為熟悉，故他曾跳班而讀過中央書院最高班課程的可能性最高。

十一、英國歷史

　　從1884年開始，中央書院在最高年班中增設了一些課程，諸如文學、拉丁文、英國歷史和數學。這些增設的課程完全是為了應付一種特殊考試，蓋1884年香港總督建議成立一個獎學金，價值200英鎊一年，由香港殖民地政府支付，用以保送香港青年菁英到英國唸大學。獎學金由公開考試決定，首屆得獎者甚至由香港總督親自頒發，[165] 可謂隆重其事。而該公開考試的科目就包括上述四項額外課程。於是中央書院就決定增設該四項課程，但由於事起倉猝，難於馬上聘到專才充當教師，於是其中的文學與拉丁文由校長親自講授，英國歷史則由香港域多利監獄代理總監講授。[166] 該代理總監本來是中央書院的教師，由於被任命為域多利監獄代理總監才臨時轉行。[167] 但當

164　馮自由：〈興中會四大寇訂交始末〉，載馮自由：《革命逸史》（1981），第一集，頁8-9：其中頁8。

165　"His Excellency Sir George Ferguson Bowen, G.C.M.G., will preside at the Prize Distribution at the Central School on Wednesday, 4 February, at 11.30 a.m. Examination Papers &c will then be open to the inspection of the Public." — Government Notification No. 39, 30 January 1885, *Hong Kong Government Gazette, 31 January 1885*, p. 94.

166　Item 3, in *Report by the Head Master of the Government Central School,* by Mr Geo. H. Bateson Wright, to the Colonial Secretary, the Hon. W. H. Marsh, 3 January 1885, attached to Eitel, *Educational Report for 1884*, p. 247.

167　Item 6, in ibid., p. 247.

新的總監於1885年到達香港履新後，他又回到中央書院重執教鞭，[168] 以至英國歷史的授課從未間斷。不單如此，由於英國歷史似乎深受歡迎，所以在1884年設科後就在當年從最高年級往下增設到中學第三級。[169] 就是說，孫中山在1884年進入中央書院讀第一級低班時，就比較正規地開始從專業教師那裏學習英國歷史了，而且連續學習了大約十八個月的高中課程。

上述眾多的科目當中，歷史和英國歷史這兩門課對他思想的影響可能最大，他後來於1923年在香港大學演講時重點提到的、英國人及歐洲人爭取自由的歷史，相信都是在此時認識到的。他說：「英國及歐洲之良政治，並非固有者，乃經營而改變之耳。從前英國政治亦復腐敗惡劣，顧英人愛自由，僉曰：『吾人不復能忍耐此等事，必有以更張之。』有志竟成，卒達目的。我因此遂作一想曰：『曷為吾人不能改革中國之惡政治耶？』」[170]

那麼，孫中山在中央書院讀書時，英國歷史課程的內容是什麼？考慮到教學必須有課本，於是致力追尋當時的教科書，可惜多年以來，毫無所獲。腦筋一轉，想到當時的教科書很可能是採購自英國的，而英國法律規定，凡是在英國出版的刊物，必須免費贈送一本給大英圖書館收藏，中學教科書也不例外。於是筆者在2005年1月8日再飛倫敦親自探索。承大英圖書館友好吳芳思博士（Dr. Frances Wood）相告，戰前該館所藏中學教科書，已於第二次世界大戰中被德軍轟炸毀掉了，為憾。

腦筋再一轉，沒找到當時的教科書也沒關係，若找到當時香港中央書院考生所參加公開考試的試題，就可見端倪。從這個角度看問題，則使筆者聯想到香港中文大學歷史系前系主任吳倫霓霞教授在1985年發表的一篇學術論文。她在該論文中曾提及1886年——即孫中山在中央書院唸書最後的一

168　Item 7, in *Report by the Head Master of the Government Central School, Mr Geo. H. Bateson Wright, to the Acting Colonial Secretary, Frederick Stewart,* 21 January 1886, attached to Eitel, *Educational Report for 1885,* p. 269.

169　Item 11, in *Report by the Head Master of the Government Central School, Mr Geo. H. Bateson Wright, to the Colonial Secretary, the Hon. W.H. Marsh,* 3 January 1885, attached to Eitel, *Educational Report for 1884,* p. 248.

170　孫中山：〈在香港大學的演説〉，1923年2月19日，載《孫中山全集》，第七卷，頁115-117：其中頁116。

年——中央書院歷史課考試的課題包括：「第一級、詹姆士二世為何喪失他的王位？第二級、你認為查理士被處死一事是否公道？你回答此問題時必須羅列你答案的理據。」[171] 吳倫霓霞教授提到的這條史料非常珍貴，足以佐證上段所引述過的、孫中山1923年在香港大學的講話。所以必須找出該等試題的原件來鑽研。

　　經過多年的追查，待找到吳倫霓霞教授所指的兩道試題，則發覺該等試題屬於1896年的考卷，距離孫中山離開中央書院足足十年以後！似乎與孫中山思想的成長沒有直接關係。那麼，若要找出孫中山在中央書院讀書時的英國歷史試題，又該從何着手？筆者想，既然1896年的公開考試試題，曾作為政府文獻而被保存下來，[172] 則1884至1886年間、孫中山在中央書院讀書時期的公開考試試卷也該無恙？而且，既然香港總督是在1884年建議成立獎學金，並以公開考試方式遴選，[173] 則第一屆公開考試很可能就在1885年的1月舉行。承香港歷史博物館陳成漢先生幫忙，成功地從母校香港大學圖書館的網路上列印出1885至1886年的試題，大喜過望！[174]

　　經考證，筆者認為孫中山肯定沒有參加1885年1月舉行的公開考試，因為：

　　（1）他在中央書院讀書到1884年11月，即被乃兄急召赴檀，大概在1885年5月才回到中央書院復課。[175]

171　吳倫霓霞：〈孫中山早期革命運動與香港〉，載《孫中山研究論叢》，第三集（廣州：中山大學，1985），頁67-78：其中頁70及該頁腳註3引用了Hong Kong Administrative Report 1887, No. 108。

172　Government Notification No. 49, Reports of the Head Master of Queen's College and of the Examiners appointed by the Governing Body for 1895, which were laid before the Legislative Council on 11 February 1896, *Hong Kong Government Gazette*, 15 February 1896, p. 117-143.

173　Item 3, in *Report by the Head Master of the Government Central School, Mr Geo. H. Bateson Wright, to the Colonial Secretary, The Hon. W.H. Marsh*, 3 January 1885, attached to Eitel, *Educational Report for 1884*, p. 247.

174　見本書自序。

175　見本章第一節。

（2）考試成績公佈時，榜上並沒有他的名字。[176]

孫中山似乎也沒有參加1886年1月舉行的公開考試，因為待考試成績公佈時，獎學金雖然已經從原來的一個增加到四個，但參加四個獎學金考試的考生清單上同樣沒有他的名字。[177] 為何沒有參加考試？有多種可能性。由於他曠課太多，可能校方不讓他參加，也可能他自動棄權，以免自討沒趣，也可能他害病缺席。但是，他曾參加考試與否並不要緊，重要的是：他曾按照考試的課程讀過英國歷史。因為當時的中央書院不容許選修，凡是在那一級開的課程，該級的學生必須攻讀。[178] 關於這一點，下文會作進一步發揮。若孫中山在1886年已經是第一級高班的學生，而第一級高班的課程又包括英國歷史，故孫中山應該讀過該課程。而他在校期間的試題，就會如實地反映該課程的內容。

準此，就有必要找出1885年和1886年中央書院考生曾參加過的英國歷史公開試的試題，以便分析。其中1885年的試題共有五道，當中第五題是這樣的：把克倫威爾合眾政府任內諸大事道來（Describe the chief events of the Commonwealth under Cromwell）。[179] 按克倫威爾者，奧利弗·克倫威爾（Oliver Cromwell, 1599－1658）也。正是他不滿英王查理士一世（1600－1649）的專橫（其中當然也有新教與舊教之爭）而帶兵造反，終於大勝，

---

176 "Morrison Scholarship and General Prize List," Tables and Examination Papers of the Prize Examination held at the Government Central School in January 1885, Government Notification No. 174, *Hong Kong Government Gazette,* 25 April 1885, pp. 357-360: at p. 357.

177 "Morrison Scholarship, Stewart Scholalrship, Belilios Senior Scholarship, Belilios Junior Scholarship," in Government Notification No. 24, *Hong Kong Government Gazette,* 23 January 1886, pp. 48-52: at pp. 48-49.

178 Item 4, in *Annual Report of the Head Master of the Government Central School for 1887*, 16 January 1888, by Geo. H. Bateson Wright to the Honourable Frederick Stewart, Colonial Secretary; Presented to the Legislative Council by command of H.E. the Governor, n.d., Government Notification No. 2/88, *Hong Kong Legislative Council Sessional Papers 1888:* pp. 107-110: at pp. 107-108.

179 Question 5, History Paper, Prize Examination in January 1885, Tables and Examination Papers of the Prize Examination held at the Government Central School in January 1885, Government Notification No. 174, *Hong Kong Government Gazette,* 25 April 1885, pp. 357-360: at p. 360.

並在1649年1月30日把英王查理士一世審判後殺頭，[180] 建立合眾政府。克倫威爾去世後，君主復辟，英國諸侯擁立查理士一世的兒子為王，1686年4月23日加冕，是為詹姆士二世（1633－1701）。可惜詹姆士二世之專制一如乃父，諸侯再次造反，1689年迎立威廉士（William of Orange, 1650－1702）為王，是為威廉士三世。詹姆士二世不敵逃亡。整段歷史，都是英國著名的爭取自由內戰史。[181] 所以，不論是1885年那道關於克倫威爾的試題，還是1896年那兩道分別提問查理士一世和詹姆士二世的試題，歸根結柢都是測試學生對英國那段爭取自由內戰史的認識。

可有證據，證明孫中山曾讀過這段歷史？有。1924年3月9日，他以民權主義作為題目做演講時，是這樣說的：

> 近代事實上的民權，頭一次發生是在英國，英國在那個時候發生民權革命，正當中國的明末清初。[182] 當時革命黨的首領叫格林威爾，[183] 把英國皇帝查理士第一[184] 殺了。……誰知英國人民還歡迎君權，不歡迎民權；查理士第一雖然是死了，人們還是思慕君主，不到十年，英國便發生復辟，把查理士第二迎回去做皇帝。[185]

最後一句話，孫中山說錯了。繼查理士一世當英王者，固然是他的兒子，但該兒子登基時並不叫查理士二世，而是叫詹姆士二世。[186] 孫中山說錯的原因，可能是他記憶有誤，也可能是他故意把詹姆士二世說成是查理士二

180　Norman Davis, *The Isles: A History* (London: Macmillan, 1999), p. 589.

181　See John Robert Green, *A Short History of the English People* (First published in England in 1874. Reprinted in New York: Harper & Brothers, 1879), pp. 486-556 and 644-661.

182　按1649年1月30日，英王查理士一世受審後被殺頭。見Davis, *The Isles*, p. 589. 滿清於1644年定都北京。可見孫中山的記憶是相當準確的。

183　按即克倫威爾，Oliver Cromwell。

184　按即Charles I，一般翻譯作查理士一世。

185　見孫中山：〈民權主義第一講〉，1924年3月9日，載《國父全集》（1989），第一冊，頁55-67：其中頁61，第13-18行。

186　See J.R. Green, *A Short History of the English People* (First published in England in 1874. Reprinted in New York: Harper & Brothers, 1879), pp. 644-661.

世。因為當時他在演說，而聽眾大都對英國歷史所知甚少；若他把查理士一世的兒子說成是查理士二世，大家就會明白。但若他把查理士一世的兒子說成是詹姆士二世，大家就會摸不着頭腦。不過此乃枝節問題。孫中山這段話足以證明他曾讀過英國爭取民權的內戰史。而英國爭取民權的內戰史，正是當時香港中央書院英國歷史的重點教學內容。

英國人為了爭取民權而把一位王帝殺頭並把另一位王帝趕跑的歷史，對1884年的孫中山，在思想上會起到什麼震蕩？對於本書集中探索之「孫中山為何走上革命道路」之主旨，其所佔之地位就絕對不容忽視了。

本章此節，發掘了孫中山在香港中央書院讀書期間，該校講授新增課程之一的英國歷史之教學內容。另一方面，本章表5.3所列的該校原有課程也有歷史一課，那麼該歷史課的內容是什麼？正如前述，當時中央書院的教科書已湮沒。至於公開考試，則自1885年1月才開始，而考生全部都是第一級的。至於該公開考試的歷史試題，又全部是關於英國歷史的。[187] 因此，也無法從該等公開考試的試題探知原來的歷史課程之具體內容。到了十一年後的1896年2月，香港政府才把中央書院校內各級考試的試題公佈，[188] 由此可知到了1896年，那門所謂歷史課，則可能中央書院當局為了應付公開試的需要，已經把清一色的英國歷史代替了原來的歷史課。

但是，原來的歷史課之內容是什麼？有學者說：是世界史；[189] 唯沒有註明出處，不知所據為何。該說似乎是鑒於中央書院後來在第一級又增設了英

187 History Paper, Prize Examination in January 1885, Tables and Examination Papers of the Prize Examination held at the Government Central School in January 1885, Government Notification No. 174, *Hong Kong Government Gazette,* 25 April 1885, pp. 357-360: at p. 360.

188 Government Notification No. 49, Reports of the Head Master of Queen's College and of the Examiners appointed by the Governing Body for 1895, which were laid before the Legislative Council on 11 February 1896, *Hong Kong Government Gazette,* 15 February 1896, p. 117-143. Compare this with Government Notification No. 25, Prize Lists and Examination Papers for the First Class at the recent Queen's College Annual Exminations, 16 January 1895, *Hong Kong Government Gazette,* 16 January 1895, p. 44-49.

189 吳倫霓霞：〈孫中山早期革命運動與香港〉，載《孫中山研究論叢》，第三集，頁67-78。

國歷史，於是作如是猜測。某工具書的編者信以為真，照抄如儀。[190] 但筆者對此是有懷疑的，故竭力追查。終於在2004年11月14日星期天，於中央書院校長各年《年報》中有關1887年[191] 的《年報》之第九項報告中，找到了一條珍貴線索。該第九項報告提到該校在1886年有六名該校學生參加了劍橋大學舉辦的考試。[192] 於是追閱有關文獻，可確知：

（1）在1886年，香港得到英國劍橋大學的海外考試委員會的許可，把香港列為該試的海外試場之一。[193]

（2）1886年12月，英國劍橋大學的海外考試首次在香港舉行。[194] 筆者函英國摯友懇請代為打聽該等考卷是否仍然存在，並購進飛機票，2005年1月8日飛倫敦親自探索。

十二、劍橋地方試

到達英國後，經摯友輾轉幫忙，終於查出劍橋地方試藏卷的地方，為慰。又查出1886年的試卷仍有保存，寧不雀躍？該年的試卷顯示，1886年12月17日星期五上午9時到11時（或09.30時到11.30時），劍橋地方試高級試同時間舉行兩門課的考試：

（1）英國歷史；[195]

190　陳錫祺主編：《孫中山年譜長編》，第一冊，頁37，1884年4月15日條。

191　For 1887.

192　Item 9, in *Annual Report of the Head Master of the Government Central School for 1887*, by Geo. H. Bateson Wright, Head Master, 16 January 1888, Government Notification No. 2/88，Presented to the Legislative Council by command of His Excellency the Governor, *Hong Kong Legislative Council Sessional Papers 1888*, pp. 107-110: at p. 108.

193　Item 7, in *Annual Report of the Head Master of the Government Central School for 1886*, by Geo. H. Bateson Wright, Head Master, 17 January 1888, Government Notification No. 12/87, Presented to the Legislative Council by command of His Excellency the Governor on 4 February 1887, *Hong Kong Legislative Council Sessional Papers 1887*, pp. 269-271: at p. 270.

194　Ibid.

195　English History Paper, Friday 17 December 1886, 9 to 11 or 9.30 to 11. 30, Cambridge Local Examinations, Senior Students, Part II, Section B, pp. 59-60, University of Cambridge Local Examinations Service Archives Service.

（2）古希臘史和古羅馬史。[196]

這種安排，似乎是故意讓考生在兩門課之中只能選擇其一，因為兩門課同時進行考試也。而且，除了這兩門課以外，再無別的歷史課。因此筆者推測，若當時香港中央書院在原來的歷史課以外再加上英國歷史，則原來的歷史課很可能就是古希臘史和古羅馬史。理由有二：

（1）從制度方面說：香港的教育仿照英國制度，若英國中學只教上述兩門歷史，則香港的中學也只會講授相同的兩門歷史；

（2）從師資方面說：若英國只訓練上述兩門歷史的人才，香港中央書院向英國聘請老師時，能聘到的，也只可能是這兩方面的人才。

難怪1884年香港總督建議設立獎學金並規定英國歷史為其中公開考試的科目時，中央書院的校長逼得邀請香港域多利監獄代理總監來講授該科。[197]因為，原來的歷史教師若只懂古希臘史和古羅馬史，很難要求他們突然改行。

十九世紀的英國中學，在講授本國史以外另教古希臘史和古羅馬史，是可以理解的。因為英國人認為，英國文化與古希臘文化及古羅馬文化，是一脈相承的。因此，當時的英國中學也講授古希臘語和拉丁語。而當時的牛津大學和劍橋大學也規定，考生若要進入該兩所大學讀書，必須在入學考試時古希臘語或拉丁語及格。既然古希臘語和拉丁語受到如斯重視，則與其相輔相成的古希臘史和古羅馬史，當然也受到同樣的重視。準此，筆者更是相信香港中央書院原來的歷史課極可能就是古希臘史和古羅馬史。

可有證據證明孫中山曾修讀過古希臘史和古羅馬史？有。他學習古希臘、古羅馬歷史的心得是這樣的：

> 講到民權的來歷，發源是很遠的，不是近來才發生的，兩千年以前，希臘、羅馬便老早有了這種思想。當時希臘、羅馬都是共和國

196　Greek History (Qs 1-5) and Roman History (Qs 6-10) Paper, Friday 17 December 1886, 9 to 11 or 9.30 to 11. 30, Cambridge Local Examinations, Senior Students, Part II, Section B, pp. 60-61, University of Cambridge Local Examinations Service Archives Service.

197　Item 3, in *Report by the Head Master of the Government Central School*, by Mr Geo. H. Bateson Wright, to the Colonial Secretary, The Hon. W.H. Marsh, 3 January 1885, attached to Eitel, *Educational Report for 1884*, p. 247.

家。……〔它們〕雖然是共和國家，但是事實上還沒有達到真正的
平等自由，因為那個時候，民權還沒有實行。譬如希臘國內便有奴隸
制度，所有貴族都是畜很多的奴隸，全國人民差不多有三分之二是奴
隸。斯巴達的一個武士，國家定例要給五個奴隸去服侍他，所以希臘
有民權的人是少數，沒民權的人是大多數。羅馬也是一樣的情形。[198]

　　孫中山因緣際會，在中央書院讀書時新舊交替，既攻讀了原有課程之古
希臘史和古羅馬史，又趕上讀英國史，倍增見聞。

　　至於該1886年劍橋地方試中的英國歷史高級試試卷，其中第A3道問
題赫然是：「略述詹姆士二世的施政，以便清楚表明那些因素導致了他下
野。」[199] 同日舉行的初級試，英國歷史的試題也問到了詹姆士二世棄位逃亡
之事。[200] 不單如此，該等試卷還問及英國約翰王所簽署的大憲章、[201] 為何
失去美洲殖民地（即美國的獨立戰爭）等。[202] 英國試卷的試題，反映了英國
的課程。香港的課程模仿英國，因而英國試卷的試題也反映了香港的課程。
但有何明證，證明孫中山曾讀過有關美國獨立戰爭的歷史？有。1896年11月
14日他應劍橋大學漢學教授翟理斯之邀而自述生平時寫道：「於人則仰中華
之湯武暨美國華盛頓焉。」[203] 當然，孫中山1883年在檀香山的奧阿厚書院預
備學校也讀過美國史，但那是中學一年級的課程，比較淺顯；現在討論的是

198　孫中山：〈民權主義第三講〉，未註演講年月日，載《國父全集》（1989），第一冊，
　　　頁76-88：其中頁84，第10-15行。

199　Question A3, English History Paper, 17 December 1886, Cambridge Local
　　　Examinations, Senior Students, Part II, Section B, p. 59, University of Cambridge Local
　　　Examinations Service Archives Service.

200　Question B5(b), English History Paper, 17 December 1886, Cambridge Local
　　　Examinations, Junior Students, Part II, Section 2, p. 11, University of Cambridge Local
　　　Examinations Service Archives Service.

201　Question B4(c), English History Paper, 17 December 1886, Cambridge Local
　　　Examinations, Junior Students, Part II, Section 2, p. 10, University of Cambridge Local
　　　Examinations Service Archives Service.

202　Question B5(c), English History Paper, 17 December 1886, Cambridge Local
　　　Examinations, Junior Students, Part II, Section 2, p. 11, University of Cambridge Local
　　　Examinations Service Archives Service.

203　孫中山：〈覆翟理斯函〉，《孫中山全集》，第一卷，頁46。至於該信日期，筆者酌定
　　　為1896年11月14日，則見拙著《孫逸仙在倫敦》，第四章〈著作〉第961114條。

中學六年級畢業生的試題，深入得多，孫中山之能說出古今西方人當中唯一仰慕的是帶領美國人反抗英國殖民主義之華盛頓，證明他對美國史是有深刻認識的，深刻的程度至少是中六而不是中一。

移居美國的英國殖民反叛老家，老家的英國人不口誅筆伐才怪。為何孫中山讀了英國人所寫的有關美國獨立戰爭的教科書，反而對那位反叛首領華盛頓表示仰慕？那就要看該等教科書持什麼態度。該態度可從後來中央書院的一道英國史試題中見到一斑。該試題引述某英國人的話：「英國……在美洲的慘敗，卻只能怪她自己動機不純」而提問。[204] 可見英國人並沒有替英國政府之失掉美洲殖民地而文過飾非。相反地，當時最受歡迎的英國歷史書之一，更是對強使君權而漠視美洲英殖民嚴正要求的英王喬治三世批評得體無完膚，並對華盛頓的才幹極盡讚美之能事。[205] 孫中山接受這種較為客觀的英國歷史教育之後，而對華盛頓產生仰慕之情，自不在話下。至於進一步而對當時的中國政治作比較，孫中山會有什麼想法？會不會進一步啟發了他反叛清朝的革命思想？

在結束本節之前，該探索一下1886年12月英國劍橋大學首次在香港舉行的海外試，[206] 孫中山可有參加？之前，孫中山已經於1886年夏天、未完成中央書院的課程就離開該校，並於同年秋天到了廣州的博濟醫院學醫。因此，他參加該考試的可能性不高。但筆者不排除這種可能性，因為孫中山可能請假回香港參加考試。是否如此，且看考試記錄。

據劍橋主考團的考試記錄，1886年，香港共有三名學生通過了第一級初班的考試，其中兩名來自中央書院。名字分別是O. Madar和W. Howard。可知孫中山並非其中的一位。由於舉辦劍橋地方試的當局只記錄及格人選的名字，以至筆者沒法從該等檔案中查明孫中山是否曾參加該考試。徵諸香港

204　"'England came *with honour* out of the war against *these* powerful European foes. She had met with *disaster* in a *bad cause* in America.' Explain the allusions referred to, in the words in italics." Question 6, History Paper, Prize Lists and Examination papers for the First Class at the recent Queen's College Annual Examination, Government Notification No. 25, *Hong Kong Government Gazette,* 19 January 1895, pp. 44-49: at p. 47.

205　See John Robert Green, *A Short History of the English People* (First published in England in 1874. Reprinted in New York: Harper & Brothers, 1879), pp. 739-744.

206　Ibid.

中央書院校長的《年報》，可知在1886年該校果曾派了共五名學生參加該試，其中兩名及格，三名不及格。及格兩人的名字，與上述劍橋當局的記錄吻合。不及格的三人當中，名字分別是黃凡（音譯）、黃平（音譯）和無名氏。所謂無名氏者，是因為校長只說該考生因病缺席而沒提他的名字。[207] 他會不會是孫中山？竊以為可能性不大，理由是該試對考生的年齡有限制，一般來說只許十六歲以下的學童報名參加。[208] 1886年的孫中山已經超過十六歲，按規定應該是無法報名參加。

至於1886年參加劍橋地方試第一級高班考試的、來自香港的學生，則劍橋地方試委員會的檔案中沒有記錄。這並不表示香港沒有派員參加，事緣劍橋地方試當局只記錄及格考生的名字。故不列名者並不表示沒考生參加。徵諸香港中央書院校長的《年報》，可知在1886年該校果然派了一名學生參加該試，而且他是一名華人。可惜校長沒說明他的名字。他會不會是孫中山？竊以為可能性不大，理由有二：

第一、儘管這位考生在算術、英文文法、作文、歷史、地理、幾何、代數等均及格，但基督教《聖經》一科卻不過關。[209] 孫中山在檀香山和香港拔萃讀了近四年的《聖經》，相信不會不及格。倒是中央書院本身不講授《聖經》，[210] 故一直都只在該校唸書的學生在《聖經》科不及格就不足為奇。

---

207   Item 9, in *Annual Report of the Head Master of the Government Central School for 1887*, 16 January 1888, by Geo. H. Bateson Wright to the Honourable Frederick Stewart, Colonial Secretary; Presented to the Legislative Council by command of H.E. the Governor, n.d., Government Notification No. 2/88, *Hong Kong Legislative Council Sessional Papers 1888*, pp. 107-110: at p. 108.

208   Gillian Cooke to Frances Wood, e-mail, 5 January 2005.

209   Item 9, in *Annual Report of the Head Master of the Government Central School for 1887*, 16 January 1888, by Geo. H. Bateson Wright to the Honourable Frederick Stewart, Colonial Secretary; Presented to the Legislative Council by command of H.E. the Governor, n.d., Government Notification No. 2/88, *Hong Kong Legislative Council Sessional Papers 1888*: pp. 107-110: at p. 108.

210   See Tables 6.3 and 6.4. It seems that the School authorities decided from the beginning that the Bible was not to be included in the curriculum. "The Bible was never used as a textbook but for a few years it was taught in translation to those whose parents so wished.〉 Stokes, *Queen's College*, p. 23. Stokes' comment was corroborated by an independent source." ... the government schools here give no religious instruction" — Hager to Clark, 18 August 1884, ABC260, 16.3.8: South China, v. 4, no. 7, p. 3.

　　第二、劍橋地方試規定，一般來說只容許十八歲以下的學童報名參加第一級高班考試。[211] 1886年的孫中山已經超過十八歲，按規定應該是無法報名參加該試。

　　雖然孫中山似乎沒有參加過劍橋地方試的考試，但他在中央書院讀過英國史和歐洲古代史，則可能性極高。這不單是由於中央書院的課程，以英國本土的範疇馬首是瞻；而同時是因為後來孫中山在演講三民主義時，能隨意列舉英國史和歐洲古代史之中的著名事例也。

十三、文學、拉丁文、常識

　　中央書院在1884年新增的課程除了英國歷史以外還有文學、拉丁文和數學。文學課講些什麼內容？該校校長沒說。追閱其他文獻，可知是莎士比亞的作品。[212] 莎翁的作品充滿人生哲理，孫中山可得益不淺。新增的數學是哪一門？該校校長同樣沒說。追閱其他文獻，可知是三角。[213]

　　至於拉丁文，筆者還是小年青的時候就由於好奇也曾傻乎乎地去學了一點點。據筆者很膚淺的理解，上拉丁文的課程，學習該語言是其次，通過學習該語言而訓練符合嚴謹邏輯的思維方法才是最高目的。在大英帝國鼎盛時期，拉丁文是所有英國中學生的必修課程。當時英國能夠及時訓練出大批高效率的行政人員，有效地管治了散佈全球的殖民地，拉丁文之講授，功不可抹。而當時要進大學，若拉丁文不過關就無緣問津。這就是為什麼在1884年、當香港總督特意設立政府獎學金，每年斥重金200英鎊保送青年菁英到英國唸大學時，中央書院的校長急忙增設拉丁文這一門課，並親自講

211　Gillian Cooke to Frances Wood, e-mail, 5 January 2005.

212　Table [2]: "Government Central School — Number of boys passed in each subject in 1888," in Item 12 of the Report of the Inspetor of Schools, E. J. Eitel, 11 February 1889, in *Educational Report for 1888,* Presented to the Legislative Council by command of H.E. the Governor, n.d., Government Notification No. 3/89, *Hong Kong Legislative Council Sessional Papers 1889,* no consecutive page numbers available in this bound volume.

213　Table [1]: "Government Central School — Number of boys passed in each subject in 1888," in Item 12 of the Report of the Inspetor of Schools, E.J. Eitel, *Educational Report for 1888.*

授。[214] 因為香港的學生無論成績如何優秀，若不懂拉丁文，則只能對英國的大學望洋興嘆。而中央書院的校長之能在倉促間披甲上陣，正好說明他過去在英國讀書時就在拉丁文這門學問上打下深厚基礎。孫中山在檀香山上學時，課程已經包括拉丁文，現在於中央書院進修拉丁文，對於培養他邏輯性地思考問題，會有很大幫助。

1885年中央書院又新設一科考卷，叫「常識」（General Intelligence）。這一科平常在中央書院的課堂上不講授。不講授怎麼能考試？校長認為：這麼一個安排是要評估學生平常在課堂以外學習了些什麼。1885年的「常識」考試結果，校長認為考生成績不高；但他考慮到這門考試是一種創新，故該等成績可以被視為滿意。[215] 筆者追查1885年的試卷，[216] 其中並沒有常識這一科的試題。

為什麼不把試題公佈，竊以為問題的關鍵還是由於不上課就考試，學生無所適從。若把試題公佈了，若家長群起批評，會讓校方尷尬。而且，試題會由政府刊於《憲報》，那更會招社會人士非議。若常識科的試題是其他科目的課本提供了有關信息者，或是校內近期熱門的話題，則可以培養學生聯想的能力。

214　Item 3, in Report of the Head Master of the Government Central School, Mr Geo. H. Bateson Wright to the Colonial Secretary, The Hon. W.H. Marsh, 3 January 1885, *Educational Report for 1884*, Hong Kong, Education Department, 25 February 1885; Presented to the Legislative Council by command of His Excellency the Governor, n.d, Government Notification No. 24, *Hong Kong Legislative Council Sessional Papers 1885*, pp. 241-258: at p. 247.

215　Item 3, in Report by the Head Master of the Government Central School, by Mr Geo. H. Bateson Wright to the Acting Colonial Secretary, Frederick Stewart, 21 January 1886, *Educational Report for 1885*, Hong Kong, Education Department, 25 February 1886; Presented to the Legislative Council by command of His Excellency the Officer Administering the Government, 14 May 1886, Government Notification No. 31, *Hong Kong Legislative Council Sessional Papers s 1886*, pp. 261-280: at p. 269.

216　Tables and Examination Papers of the Prize Examination held at the Government Central School in January 1885, Government Notification No. 174, *Hong Kong Government Gazette*, 25 April 1885, pp. 357-360: at p. 357.

　　1886年的常識科試題是公佈了，[217]佐證了筆者的想法，而且發人深省。其中第六題是：「細説中國與安南過去和目前的關係，特別是關乎東京灣地區的問題。」[218]當時中法戰爭結束不久，滿清不敗卻屈辱求和，讓法國併吞了藩屬安南。孫中山目睹滿清的腐敗無能，非常憤怒，説「予自乙酉中法戰敗之年，始決傾清廷，創建民國之志。」[219]可以想像，當時中央書院的華人學生，也憤慨異常。至於該校的英籍老師，則由於競爭對手的法帝國主義於近在咫尺的東京灣奪取了殖民地，認為香港會受到威脅，所以對該事也沒有好感。[220]師生同仇敵愾之餘，在校園內熱烈地討論其事，以至年終考試，常識一科的試題，就問到中法戰爭了。道理愈辯愈明，試題引人深思：孫中山在香港中央書院所受的教育，對於培育他的獨立思考能力，既深且遠。對於啟迪他的革命思想，也不容忽視。

　　中央書院這位新校長，似乎非常重視學生常識的培養，就連英語作文的機會也不放過。譬如，1886年該科的試題是：描述世界博覽會的緣起、目標和成就。[221]有關信息，學生肯定在課堂上從課本學過，否則同樣是無從回答。聞名不如見面，十年之後孫中山甫到倫敦，就在1896年10月3日星期六，前往世界博覽會首屆展館的水晶宮參觀英國皇家園藝協會（Royal Horticultural Society）所舉辦的英國水果展覽（Show of British Grown

---

217　Tables and Papers connected with the examination of the First Class held at the Government Central School during the week 9-16 January 1886, Government Notification No. 24, *Hong Kong Government Gazette*, 23 January 1886, pp. 48-52: at p. 49.

218　Question 6: "State the past and present relations between China and Annam, with special reference to Tonquin," in *ibid*, p. 49.

219　孫中山：〈建國方略：孫文學説第八章「有志竟成」〉，載《國父全集》，第一冊，頁409-422：其中頁410。《孫中山全集》，第六卷，頁228-246：其中頁229。

220　See MacDonald to Salisbury, Desp. 43, 2 April 1897, FO 17/131, p. 223.

221　"Describe the origin, object, and results of International Exhibitions" — Composition Examination Question, Tables and Papers connected with the examination of the First Class held at the Government Central School during the week 9-16 January 1886, Government Notification No. 24, *Hong Kong Government Gazette,* 23 January 1886, pp. 48-52: at p. 52.

Fruit)。[222] 1896年12月11日星期五，又再度重遊，流連忘返之餘，黃昏6時30分才回到寓所。[223]

另外，中央書院的考試之有常識這一科，讓筆者聯想到孫中山的同學給他取了一個綽號，叫「通天曉」，[224] 並進而聯想到下列五點：

第一、孫中山幾經轉折才到達中央書院唸書，看來年紀要比其他學生大，考慮問題要比其他考生成熟，故「常識」的成績該比他們高。

第二、他在香港以外的地方諸如中國的農村生活過，又曾出過洋到檀香山讀書，見多識廣，「常識」的成績自然該比其他考生要好。

第三、中央書院是一所沒有宗教色彩的政府學校，所以不設基督教的《聖經》課，一般學生對此也不甚了了。孫中山卻讀過基督教的《聖經》，「凡與論教者，口若懸河，滔滔不絕」。[225] 比起該校當時的高材生在考劍橋試時《聖經》科不及格，[226] 相形之下孫中山就真個「通天曉」了。準此，竊以為當時的同學們給他取了個綽號叫「通天曉」，[227] 是因為他的「常識」比同儕都強，而不全是由於好讀諸子百家的原因。

第四、他是個愛思考的人，從他第一次坐上遠洋輪船往夏威夷時就發出這麼多的提問可知。[228] 愛思考的人對平常所見所聞想得也深。

第五、這種常識考題倒過來對愛思考的人特別有啟發性。1896年孫中山

222　見拙著《孫逸仙在倫敦》，第二章〈日誌〉中，961003條。

223　同上註，961211條。

224　楊連逢複述譚虛谷（孫中山在香港中央書院讀書時的同學）之言，1966年4月無日，載李伯新：《孫中山史蹟憶訪錄》，頁129-131：其中頁130。又尚明軒：《孫中山傳》（北京：北京出版社，1981），頁14-15。尚先生未註明出處，但內容與譚虛谷所言雷同。

225　蘇德用：〈國父革命運動在檀島〉，載《國父九十誕辰紀念論文集》（臺北：中華文化出版事業委員會，1955），第一冊，頁61-62。佚名：〈檀山華僑〉，載《檀山華僑》（火奴魯魯，1929），頁12。轉載於《孫中山年譜長編》，上冊，頁33，7月條。

226　Item 9, in Annual Report of the Head Master of the Government Central School for 1887, by Geo. H. Bateson Wright to the Honourable Frederick Stewart, Colonial Secretary, 16 January 1888; Presented to the Legislative Council by command of H.E. the Governor, n.d., Government Notification No. 2/88, *Hong Kong Legislative Council Sessioal Papers 1888:* pp. 107-110: at p. 108.

227　楊連逢複述譚虛谷（孫中山在香港中央書院讀書時的同學）之言，載李伯新：《孫中山史蹟憶訪錄》，頁130。又尚明軒：《孫中山傳》，頁14-15。尚先生未註明出處，但內容與譚虛谷所言雷同。

228　見本書第三章。

在倫敦脫險後曾說過，他到達倫敦前已經初步構思了民族主義和民權主義，到達倫敦後所見所聞讓他進而構思了民生主義，「此三民主義之所由完成也。」[229] 姑勿論其是否真的到了倫敦以後才想到民生主義，竊以為他這句話至少說明一個問題：他把平常所見所聞升華到理論的階段這種做法很早就開始了。例如，當他的同學都因為法國併吞安南卻停留在憤慨的階段時，他已進一步想到民族主義而暗萌推翻滿清之念！[230] 而他的這種愛思考的傾向，很可能由於中央書院之設有「常識」這一考卷，而獲得到更多的啓發並提高了理論水平。

至於「常識」科考試對愛思考的孫中山所起到的實際作用，則不待他到達倫敦時已經見效。當他還在中央書院唸書時，有一天：

> 先生讀書之暇，偶遊九龍，見以走江湖賣偽藥者，侈談其藥若何靈驗，圍觀者眾。先生恐人之受愚也，乃揭穿其虛偽，謂服之有害。眾皆鬨笑。賣藥者怒，取石作投擊狀，厲聲曰：「汝不信吾藥之靈驗乎？今擊汝腿，為汝調治之！」時先生衣大袖藍布長衫，反背雙手，其左手正持甘蔗半段，立藏袖中，揚臂而言曰：「是何奇者！汝觀吾以一槍擊碎汝顱，再為汝調洽之。」賣藥者震驚失色，以為真槍也，不敢動。旋經觀眾勸解，得息。[231]

這件事例，至少說明兩個問題：

第一、孫中山的常識水平讓他準確地辨別真偽。

第二、辨別了真偽以後，他有勇氣把其見解付諸行動。

第二點尤其重要，為什麼？後來孫中山結識了陳少白、楊鶴齡和尤列，自稱四大寇。四大寇批評滿清政權種種不是，證明他們能辨別是非。但最後

229　孫中山：〈建國方略：孫文學說，第八章「有志竟成」〉，《國父全集》，第一冊，頁409-422：其中頁412。

230　同上註，其中頁410。《孫中山全集》，第六卷，頁228-246：其中頁229。

231　汪精衛：〈孫先生軼事〉，《嶺東民國日報》，1925年11月18日，轉載於《國父年譜》（1985年版），頁36-37。

有誰付諸行動？只有孫中山和陳少白。「乙未廣州之役，〔四大寇之中的〕楊與尤亦皆不與焉。」[232]

十四、漢譯英

英文課程之中的漢譯英一課，是如何講授的？ 用漢語課本。何以見得？若沒有漢語課本，如何集中取材翻譯？ 不單如此，兩位校外主考官共同簽署的考試報告值得注意。有關漢譯英一科的考試成績，他們評論說，低年班的學生傾向於把平日在課堂上，老師教他們將某一段中文所翻譯成的英語死背硬記，考試時遇到同一些漢語詞彙時，就照搬如儀。高年班的學生則較為靈活。[233]這番評論更足以證明當時漢譯英一課，是有漢語課本的。

且將孫中山在香港中央書院讀書時期、1885年1月和1886年1月的漢譯英試題抄錄如下，作為佐證。該等試題，並無標點，筆者也不加工。唯遇到明顯錯字，則把正確的文字放在方括號內並附在錯字的後面。

1885年的兩道試題是：

一、書曰以親九族九族既睦是帝堯首以睦族示教也禮曰尊祖故敬宗敬宗故收族明人道必以睦族為重也夫家之有宗族猶水之有分派木之有分枝雖遠近異勢疏密異形要其本源則一故人之待其宗族也

二、父老子弟聯為一體安樂憂患視同一家農商相資工賈相讓則民與民和訓練相習汛守相助則兵與兵和兵出力以衛民民務養其力民出財以贍

232　陳少白：〈四大寇名稱之由來〉，載陳少白著《興中會革命別錄》，轉載於《中國近代史資料叢刊——辛亥革命》（上海：上海人民出版社，1981），第一冊，頁76-84：其中頁83。

233　Report by the Joint Examiners R.F. Cobbold and Thomas W. Pearce on the Annual Examination held at Queen's College, 3-16 January 1896, Government Notification No. 49, Reports of the Head Master of Queen's College and of the Examiners appointed by the Governing Body for 1895, which were laid before the Legislative Council on 11 February 1896, *Hong Kong Government Gazette*, 15 February 1896, p. 117-143: at p. 124.

兵兵務恤其財則兵與民交相和由是而簞食豆羹爭端不起鼠牙雀角速訟無因豈至結怨耗財廢時失業甚至破產流離以身殉法而不悟也哉[234]

1886年的年的兩道試題是：

一、禮言儒士浴身與浴德同稱詩詠后妃薄衣與薄私並重此非徒欲壯觀瞻實欲以杜疾病耳夫優游泮渙尚防穢氣之薰蒸婁曳從容猶恐汗污之蘊結況屬小民肩挑貿易操作任勞以致身積垢穢衣染塵泥者乎若不勤加洗濯將日積月累疾病多由此而生

二、凡有疾病皆蒙醫治而於癲狂則以為莫可救藥故規條所載凡有癲狂之人醫院例多不收要亦袖手旁觀任其顛連而已豈不惜哉甚至有等無賴之徒或以言語激其怒或以戲弄誘其狂徒逞一己之笑謔不計病者之呼號故嘗見其隕身不顧者有之噫何相待之刻薄即然此不但中國為然凡各處地方亦間有此等頑梗無知之輩可勝慨哉[235]

筆者才疏學淺，無法斷定上述四段文字的具體出處，於是向廣州市中山大學的老教授胡守為先生請教。他也認為很可能是採自某教科書而非某某著名古籍，佐證了筆者認為當時中央書院之漢譯英一課，是有漢語教科書的推測。既然有漢語教科書，能不能說該校不教中文？嚴格來說，則由於該校正規課程中沒有開列中文這一課，故可以這麼說。但是，由於中央書院通過漢譯英這途徑講授中文，所以雖然沒有正規地講授當時中國私塾的初級讀物諸如《幼學瓊林》等，或較高及的讀物如四書五經，但當時該校對其學生的期

234　Translation into English Examinaiton Paper, Tables and Examination Papers of the Prize Examination held at the Government Central School in January 1885, Government Notification No. 174, 25 April 1885, *Hong Kong Government Gazette*, 25 April 1885, pp. 357-360: at p. 360.

235　Translation into English Examination Paper, Tables and Papers connected with the examination of the First Class held at the Government Central School during the week 9-16 January 1886, Government Notification No. 24, 23 January 1886, *Hong Kong Government Gazette*, 23 January 1886, pp. 48-52: at p. 52.

望，是他們對這種讀物有一定的認識。何以見得？從該校常識一科的試題可見一斑。

先談《幼學瓊林》，則1886 年1 月的常識試題當中，第八題是：Write in English the story which gave rise to the phrase 遇賊爭死。[236] 按該句說的是西漢末年，天下大亂，人相食，趙孝的弟弟趙禮被一群餓賊抓去，要殺了吃肉。趙孝聽說了，便用繩子將自己綁了去見群賊，說：「我弟弟趙禮挨餓很長時間了，他身上已經沒什麼肉了，不如我肥。你們把我殺了吃了吧，把我弟弟放了。」趙禮一聽，急了：「不不不！你們是先捉住我的，吃我吧！怎麼能殺我哥哥呢！」兄弟爭死，這一下子居然感動了流着口水、飢餓紅眼的賊人，把他們兄弟倆全放了。這事兒後來被文人編進了中國教育的啟蒙書《幼學瓊林》。[237]

次談四書，則1886年1月的常識試題當中，第八題是：Quote（translating into English）a passage from the Chinese Classics shewing that there is something men value more highly than life（中國古文中有一段文字說明某些東西比性命更為珍貴者。哪是什麼東西？將該段全文翻譯成英語）。[238] 竊以為正確的出處應該是《孟子‧告子上》：「生，亦我所欲也；義，亦我所欲也。二者不可得兼，捨生而取義也。」若考生能作出這樣的答案，筆者會給予八十五分。若考生能進一步闡述說，孟子只不過是發揮孔子說過的話，即《論語‧衛靈公；卷十五》中的話：「子曰志士仁人，無求生以害仁，有殺身以成仁」，筆者會給予九十分。若考生更上一層樓而作結論說，儒家視仁義比性命更重，會得九十五分。剩下的五分，就取決於考生在翻譯時所表現出來的英語造詣高低了。《論語》和《孟子》是四書中的兩書。

236　Question 8, General Intelligence Examination Paper, Tables and Papers connected with the examination of the First Class held at the Government Central School during the week 9-16 January 1886, Government Notification No. 24, 23 January 1886, *Hong Kong Government Gazette,* 23 January 1886, pp. 48-52: at p. 49.

237　http://baidu.com, accessed on 1 February 2996.

238　Question 7, General Intelligence Examination Paper, Tables and Papers connected with the examination of the First Class held at the Government Central School during the week 9-16 January 1886, Government Notification No. 24, 23 January 1886, *Hong Kong Government Gazette,* 23 January 1886, pp. 48-52: at p. 49.

　　三談五經，則1896年1月的漢譯英試題九源自《書經》。[239]常識一科的考試，平常是沒有正規上課的。但常識來源有自，竊以為很可能是來自漢譯英的課本。準此，可以說中央書院抽樣教五經。誠然，1896年已經是孫中山離開中央書院十年之後。但是，若上述試題是採自課本的話，則該等試題已充份證明該教科書取材甚廣，有取自四書五經，也有取普通讀物。這種情況，歷久不變：1960年代，筆者在香港的九龍華仁書院讀書時，國文課本取材自《易經》、《論語》有之，來自《老殘遊記》也有之；若欲一睹全豹，則課餘閱覽《老殘遊記》困難不大，欲讀通四書五經，則有幸承劉敬之老師在週末一字一句地解釋。這個經歷，讓筆者得出一個結論，若一般香港英文中學的學生遇到上述1885年和1886年沒有標點的漢譯英試題，或1896年出自《書經》而同樣是沒有標點的試題，除非事前曾由老師一字一句地解釋過，否則會束手無策。老師曾有何機會一字一句地解釋過？拿着翻譯課本在課堂上課的時候也。

　　準此，上述有關仁義重於性命的1886年1月常識試題，[240]筆者閱後第一個反應是記憶中漢朝司馬遷說過的一句話，大意是生死有重於泰山有輕於鴻毛；經查核，發覺不對勁。[241]接着想到「士可殺不可辱」之諺並由此而演繹

239　See the commert on the Chinese to English Examination Paper, in the Report by the Joint Examiners R.F. Cobbold and Thomas W. Pearce on the Annual Examination held at Queen's College, 3-16 January 1896, Government Notification No. 49, Reports of the Head Master of Queen's College and of the Examiners appointed by the Governing Body for 1895, which were laid before the Legislative Council on 11 February 1896, *Hong Kong Government Gazette,* 15 February 1896, p. 117-143: at p. 124.

240　Question 7, General Intelligence Examination Paper, Tables and Papers connected with the examination of the First Class held at the Government Central School during the week 9-16 January 1886, Government Notification No. 24, 23 January 1886, *Hong Kong Government Gazette,* 23 January 1886, pp. 48-52: at p. 49.

241　漢朝司馬遷在《報任少卿書》中有「人固有一死，或重於泰山，或輕於鴻毛」一語。但查百度搜索，則所指乃其父因故不能參加皇帝封禪泰山而大有死不瞑目之意。讓筆者決定該試題所問，似乎不是這過典故。

出來的「個人尊嚴重於性命」之義；經請教高明，發覺亦不對。[242] 後來請教胡守為教授，則老先生想到孔子的話，轉而又讓筆者聯想到孟子的話並因此設計出上述的答案。筆者相信這答案最能直接了當地回答該題。這番周折，足以證明當時的某些課本若沒有預先提供一個標準的答案，則中國的典故，浩如煙海，考生百般猜測，考官是很難打分的，也不符合英國式的公允之義。這個課本，很可能屬漢譯英的課程。

1886年夏天，孫中山離開中央書院了。同時離開的有一位第二級（即比孫中山低兩級）的同學，名字叫泰天培（音譯）。他回到廣州就參加同年11月的科舉考試，中了秀才。他是中央書院學生當中的第一名秀才。該校校長評論說：「我們很清楚，他中秀才的成就不能歸功於本校。我們能做到的，頂多是保證一個學生本來已經具備的漢學修養不退步。但他的成就足以證明，從事英文科目進修不應該令到一個學員放棄其對本國學問的追求。」[243] 這句話看來也適用於孫中山。

孫中山當然不如泰天培，但也有比其他同學強的地方，那就是他童年時代在翠亨村塾讀書時曾死背硬記過一些四書五經，雖然請求老師解說不果，[244] 但好奇之心不減。到了中央書院，他會如何爭取滿足他年輕的好奇心？談到這個問題，就必須論及傳教士漢學家理雅各。香港政府在1860年決定創立中央書院，是他的主意；建校的理念——融合中西文化——也歸功於

242　承胡守為先生賜告：〔開元二年〕監察御史蔣挺以監決杖刑稍輕，敕朝堂杖之，廷珪奏曰：「御史憲司清望，耳目之官，有犯當殺即殺，當流即流，不可決杖。『士可殺，不可辱也』。」（《舊唐書・張廷珪傳・卷101》，中華書局點校本，頁3153）。又〔開元十年〕，廣州都督裴伷先下獄，上召侍臣問當何罪，嘉貞又請杖之。兵部尚書張說進曰：「臣聞刑不上大夫，以其近於君也，故曰：『士可殺，不可辱』。」（《舊唐書・張嘉貞傳・卷99》，中華書局點校本，頁3091）。可知「士可殺，不可辱也」句所演繹出來的意思，與原文有出入。

243　Item 13, in Annual Report of the Head Master of the Government Central School for 1887, by Geo. H. Bateson Wright to the Honourable Frederick Stewart, Colonial Secretary, 16 January 1888; Presented to the Legislative Council by command of H.E. the Governor, n.d., Government Notification No. 2/88, *Hong Kong Legislative Council Sessional Papers 1888*: pp. 107-110: at p. 109.

244　見本書第三章，

他。[245]《皇仁書院校史》（中央書院後來改名皇仁書院）尊稱理雅各為該校的創始人（founding father）[246] 理雅各是第一位翻譯四書五經的西方學者，他的翻譯對孫中山正派用場。孫中山回憶說：「我亦嘗效村學生，隨口唱過四書五經，數年以後，已忘其大半。但念欲改革政治，必先知歷史，欲名歷史，必通文字，乃取西譯之四書五經歷史讀之，居然通矣（眾大笑）。」[247] 看來孫中山受了漢譯英課本之中片斷的啓發而追閱全文！邵元冲的記載更為詳盡；他說：「總理自言，幼時旅港肄業，所習多專於英文，嗣而治漢文，不得合用之本，見校中藏有華英文合璧四書，讀而大愛之，遂反覆精讀，即假以漢文之教本，且得因此而窺治中國儒教之哲理。又英譯本釋義顯豁，無漢學註疏之繁瑣晦澀，領解較易。總理既目識心通，由是而對中國文化，備致欽崇，極深研幾，以造成畢生學術之基礎。」[248]

在本書第三章，筆者已經引述過上面兩段話。在此重覆，目的是要強調中央書院的課程，除了講解了英國的的歷史文化以外，同時也讓孫中山通過英語譯本而進修四書五經。在這中西交融當中，他會得到什麼啓發？他會不會認為，與古希臘古羅馬歷史文化一脈相承的英國歷史文化，是一個不斷爭取自由民主的歷史文化；而同樣悠久的中國歷史文化，是一個堅決維護仁義這個傳統道德的歷史文化？

十五、猜題？選修？

茲將孫中山在香港中央書院實際讀書的十五個月當中所學習過的、用英語講授的新舊課程列表如下，以觀全豹。所用材料是1888年的《年報》，理

245　Gwenneth and John Stokes, *Queen's College*, pp. 7-8. The Government Central School later changed its name to Victoria College when it moved into a new building in a nearby site; and again in 1894 to Queen's College.

246　Gwenneth and John Stokes, *Queen's College*, p. 5.

247　孫中山：〈在滬尚賢堂茶話會上的演說〉，1916年7月15日，載《孫中山全集》，第三卷，頁320-324：其中頁321。承孫中山故居紀念館的黃健敏君，將桑兵教授大文複印相贈，得悉此條史料，繼而追閱，為感。見桑兵：〈孫中山與傳統文化〉，載桑兵：《孫中山的活動與思想》（廣州：中山大學出版社，2001），頁329-342：其中頁320-325。

248　邵元冲：〈總理學記〉，載尚明軒、王學莊、陳崧合編：《孫中山生平事業追憶錄》（北京：人民出版社，1986），頁694。

由如下：

（1）有關1885、[249] 1886 [250]甚至1887年 [251]教育情況的年報，都只開列舊課程。這種現象，很可能是由於新增的四種課程都是由校長等人臨時充當教師而未成為正規課程。

（2）只有有關1888年教育情況的《年報》，才開列該新增的四種課程，很可能到了那個時候，該校已經聘到專門師資講授該等課程，而使到該等課程正規化了。

表5.4　1888年中央書院用英語講授的課程 [252]

班　級											
一	一	二	三	四	五	六	七	八	九	十	十一
1888年											
1a	1b	2a	2b	3a	3b	4	5	6	7	8a	8b
考生總人數											
15	19	36	36	30	31	56	38	33	73	57	21
及格總人數											
15	15	35	32	30	25	54	38	31	69	55	20
閱讀											
15	18	33	36	29	29	54	38	32	71	51	21
算術											
9	17	32	28	24	17	34	32	23	62	44	19

249　Table [2] in Item 9 of the Report by the Inspector of Schools E. J. Eitel to the Honourable Federick Stewart, LLD., Acting Colonial Secretary, 25 February 1886, *Educational Reports for 1885*, Presented to the Legislative Council by command of H.E. the Officer Administering the Government, 14 May 1886, Government Notification No. 31, *Hong Kong Legislative Council Sessional Papers 1886,* pp. 261-269: at p. 264.

250　Table [2] in Item 9 of the Report by the Inspector of Schools E. J. Eitel to the Honourable Federick Stewart, LLD., Colonial Secretary, 25 March 1887, *Educational Reports for 1886*, Presented to the Legislative Council by command of H.E. the Officer Administering the Government, 29 April 1887, Government Notification No. 24/87, *Hong Kong Legislative Council Sessional Papers 1887,* pp. 339-345: at p. 341.

251　Table [2] in Item 11 of the Report by the Inspector of Schools E. J. Eitel to the Honourable Federick Stewart, LLD., Colonial Secretary, 23 March 1888, *Educational Report for 1887*, Presented to the Legislative Council by command of H.E. the Governor, 23 March 1888, Government Notification No. 8/88, *Hong Kong Legislative Council Sessional Papers 1887,* consecutive pages are not provided in this subsequently bound volume.

252　Table [2], entitled "Government Central School — English Examination - Number of passes in each Subject in each Class for the year 1888〉, in Item 12 of the Report by the Inspector of Schools, E. J. Eitel, to the Honourable Federick Stewart, LLD., Colonial Secretary, 11 February 1889, *Educational Reports for 1888*.

（續上表）

聽寫	14	13	28	30	24	14	43	35	29	64	49	21
漢譯英	12	14	34	33	27	29	54	38	27	66	52	12
英譯漢	10	14	29	29	21	22	51	33	28	60	38	19
英文文法	14	11	32	25	30	21	32	32	16	70		
地理	11	11	35	32	30	21	44	36	25			
繪地圖	12	13	33	29	30	27	51	36	32			
作文	14	13	30	29	28	21						
歷史	15	12	18	17	28	24						
幾何	12	11	29	32	28	18						
代數	13	11	35	29	27	22						
測量	11	8										
拉丁文	9	11	30	24	30							
常識	13	9	14	16								
莎士比亞	12	9										
三角	12											

　　把表5.4與表5.3比較，可以看出該校的課程在不斷發展中。孫中山入讀的1884年才增加了英國歷史、拉丁文、莎士比亞和數學中的三角這些新課。到了1885年，又增加了「常識」這門考卷。採用1888年的《年報》還有一個好處，它首次公文把第一級劃分高、低兩班，佐證了筆者在前文中對第一級其實是分高、低兩班的推斷。

　　另外，表5.4證明，目前史學界已經接受了並認為是準確的一項信息，其實是錯誤的。該信息說，孫中山進入中央書院讀書時，該校的課程當中有衛生、簿記等。[253] 偏偏表5.4和表5.3就沒有這兩門課，而表5.4和表5.3都是按照香港政府教育署向立法局提交的《年報》而編成的，是這方面最權威的史料。而且，筆者遍尋1884至1888年間香港教育署的《年報》和中央書院校長的《年報》，都沒提到這兩門課，可以立此存照。可惜，這錯誤早被收入了

253　吳倫霓霞：〈孫中山早期革命運動與香港〉，載《孫中山研究論叢》，第三集，頁67-78。

工具書，[254] 以至更廣泛地誤導讀者。但工具書的編者，責任只在編書，非考證。其所賴以成書者，乃同行專題考證的科研成果。當其同行在某一方面的考證不準確，則編者與其讀者同時遭殃。

筆者不排除衛生、簿記等兩門課是後來增加的。結果偶閱1895年的試題，果然就有簿記（book-keeping）一科，[255] 但那已是在孫中山離開中央書院近十年之後的事情了。不但如此，儘管到了那個時候，衛生一課仍然闕如。

另一方面，從表5.4可知考生要應付眾多的科目，以至有人懷疑該校學生是否應付得來，並進而猜測中央書院的老師是否用「猜題目」的方式來作有選擇地教學。該校校長得悉後非常生氣，他公文回應說：「年復一年，不同的考試委員會，諸如牛津大學和劍橋大學的考試委員會，都開出不同的試題來考核學生的基礎訓練和超人之處。如果『猜題目』能過關的話，無異指稱相隔萬里的教師和主考官能夠蛇鼠一窩。」[256] 竊以為該話是客觀的，故較為可信。準此，我們可以說，孫中山在中央書院讀書時所上的每一門課，都是較全面而不是片面地學習到該課的精髓。

若中央書院不是採取「猜題目」的方式教學，那麼該校是否容許學生選修課程以避免讓學生負荷過重？如果是容許的話，我們就無法知道孫中山是否讀過拉丁文、考過常識試等等，進而筆者在上文所建立起來的、孫中山因為進一步修讀拉丁文而更深入地接受了邏輯思維方法的訓練、把所見所聞升華到理論階段云云，馬上就煙消雲散。「絕對沒有選修這回事！」該校校長斬釘截鐵地說。「每一門課，無論是高深艱難之如幾何、代數、拉丁文、自然地理或商業地理，凡是在那一級講授，那一級的全部學生都必須修

254　《孫中山年譜長編》，上冊，頁37，1884年4月15日條。

255　Notification No. 25, Prize Lists and Examination Papers for the First Class at the recent Queen's College Annual Examinations, 16 January 1895, *Hong Kong Government Gazette,* 16 January 1895, p. 44-49: at p. 48.

256　Item 10, in the Annual Report of the Head Master of the Government Central School for 1887, Geo. H. Bateson Wright to the Honourable Frederick Stewart, Colonial Secretary, 16 January 1888, Presented to the Legislative Council by command of H. E. the Governor, n.d., Government Notification No. 2/88, *Hong Kong Legislative Council Sessional Papers 1888:* pp. 107-110: at p. 109.

讀。……儘管是中文根底極差的洋學生，也必須修讀漢譯英、英譯漢的課程。」校長這些話，是在該校《年報》中說的，而該《年報》是呈香港立法局複核的。[257] 若在《年報》中說假話，就是妨礙司法公正，在法治社會，罪名非同小可！竊以為該校長不會以身試法，也看不出他有任何動機要幹這種蠢事；即使他想幹，也會考慮到跟他一樣是在法治社會出生的英國教員隊伍和英籍家長會群起反對而不會得逞，反而會被那些懷疑中央書院「猜題目」、忖測它容許學生選修的人抓到罪證。

為何出現了這些懷疑、忖測？很大程度是由於中央書院在幾年之內突然增加了不少新課程有關。用該校校長自己的話說：

> 當我在1882年到中央書院任校長時，第一級的學生只須考八科。本年他們卻必須考十五科。就是說，取得八科及格的人，在1882年以前是成績優秀的學生。現在取得八科及格的人，只不過是個成績普通的學生。我又規定，在本校的校內考試，考生要及格的話，必須取得五十分以上。若某學生及格科目的數目不及全年修讀科目一半的話，就全年不及格而不能升級。校內考試的試題，完全按照牛津大學和劍橋大學的傳統，以啓發思考為主導。[258]

他所說的十五科，不知是如何計算的。從表5.4看，考生總共要應付十七科，儘管把中譯英、英譯中合併為一科，也有十六科。因此，他所說的十五科可能是手民之誤。不容許猜題目與選修，卻容許孫中山跳班？兩者沒有必然的矛盾。若孫中山成績優異，決意跳班，又能說服校方的話，校方會靈活

257　Item 4, in Annual Report of the Head Master of the Government Central School for 1887, Geo. H. Bateson Wright to the Honourable Frederick Stewart, Colonial Secretary16 January 1888; Presented to the Legislative Council by command of H. E. the Governor, n.d., Government Notification No. 2/88, *Hong Kong Legislative Council Sessional Papers 1888*: pp. 107-110: at pp. 107-108.

258　Item 4, in Annual Report of the Head Master of the Government Central School for 1887, Geo. H. Bateson Wright to the Honourable Frederick Stewart, Colonial Secretary, 16 January 1888; Presented to the Legislative Council by command of H. E. the Governor, n.d., Government Notification No. 2/88, *Hong Kong Legislative Council Sessional Papers 1888*: pp. 107-110: at pp. 107-108.

辦理的。[259]

　　經過這位新從英國到任的校長雷厲風行地這麼一改革，中央書院的成績與名聲自然飛躍而變得更加一枝獨秀。以至拔萃書室也流失了像孫中山這樣的好學生。竊以為本章上文提到過的、拔萃書室後來決定提高收費並停止接受不能付足費用的學生入學，目的顯然是要通過這個途徑增強其經濟基礎和教師隊伍的數量和質量，其最終目的自然是增強自己的競爭力和生存機會。孫中山則因緣際會，到達香港讀書時就碰上中央書院剛來了一位有教育理想而又決心大展宏圖的校長，讓孫中山接受了一流的教育。

　　對香港中央書院用英語授課的各科目的分析，到此為止。

　　年終考結以後就放寒假，這是從該校每月的上課記錄中可以得出的結論：

表5.5 1886年中央書院每月上課人數表[260]

月份	全校學生人數	上課人次	上課日數	每月平均上課人次
1月	419	6937	17	408.06
2月	502	2484	5	496.8
3月	507	13121	27	485.96
4月	505	7153	15	476.87
5月	492	11356	25	454.24
6月	476	10845	24	451.87
7月	466	12046	27	446.15

259　筆者不是在狂想，而是有實例可援。1964年12月，筆者正在九龍華仁書院唸預科六年班低班（Lower Six），家境突然惡化，自忖在唸完預科六年班低班後，無經濟能力繼續唸預科六年班高班（Upper Six），決定除了繼續在學校上正規的預科六年班低班的課程，同時自修預科六年班高班課程。教務主任破格簽字讓筆者參加1965年5月1日開始的香港大學入學試，就是靈活辦理的明證。

260　Table: "Enrolment and Attendance of the Central School, 1886," in the Annual Report of the Head Master of the Government Central School for 1886, 17 January 1887, Government Notification No. 12/87; Presented to the Legislative Council by command of H.E. the Officer Administering the Government on 4 February 1887, *Hong Kong Legislative Council Sessional Papers 1887*, pp. 269-355: at p. 271

（續上表）

8月	451	2204	5	440.8
9月	468	8970	20	448.5
10月	467	11031	25	441.24
11月	457	11019	26	423.81
12月	432	9035	22	410.68

從表5.6看，中央書院不但放寒假（2月只上課五天），還在8月放暑假（8月只上課五天）。準此，竊以為可以下三個結論：

第一、《國父年譜》和《孫中山年譜長篇》之酌定1886年秋孫中山已經離開了中央書院而到了廣州的博濟醫院學醫，是合理的。

第二、則既然8月放暑假，那麼我們可以進一步推斷，孫中山在中央書院唸書是唸到8月初放暑假時離開。

第三、既然年終考績是在農曆年底（陽曆1月）舉行，[261] 孫中山沒有參加1887年1月的年終考績就離開了。為什麼？他這麼艱難才爭取到在中央書院肄業，為何如此這般就放棄？且看本章下半部（從第十八節開始）。

十六、中文部的課程

筆者鑽研香港教育署的《年報》，赫然發現孫中山在中央書院讀書期間（1884－1886），該校同時有舉行中文考試，科目是作文、寫信、作詩法三種。茲將有關的考試成績列表如下：

261　Item 12, in the Report by the Head Master of the Government Central School, Mr Geo. H. Bateson Wright, to the Colonial Secretary, The Hon. W.H. Marsh, 3 January 1885, in *Educational Report for 1884*, Hong Kong, Education Department, 25 February 1885; Presented to the Legislative Council by command of His Excellency the Governor, n.d, Government Notification No. 24, *Hong Kong Legislative Council Sessional Papers 1885*, pp.241-258: at p. 248.

表5.6　1884年中央書院用中文講授課程及格人數百分率[262]

	班　級					
	I	II	III	IV	V	VI
考生總及格百分率	89	58	59	73	31	34
作文及格百分率	100	58	74	80	51	48
信函及格百分率	87	65	46	70		
作詩法及格百分率	47	40	61	63	59	63

表5.7　1885年中央書院用中文講授課程及格人數百分率[263]

	班　級					
	I	II	III	IV	V	VI
參加考試人數	58	71	71	43	38	32
作文及格百分率	89	90	83	70	92	87
信函及格百分率	86	76	82	40		
作詩法及格百分率	46	65	66	50	87	75

表5.8　1886年中央書院用中文講授課程及格人數百分率[264]

	班　級					
	I	II	III	IV	V	VI
參加考試人數	51	80	72	32	48	42
作文及格百分率	94.11	91.25	86.11	93.75	93.02	66.66
信函及格百分率	88.24	70.00	65.29	84.27		
作詩法及格百分率	45.09	60.00	38.88	71.87	74.41	88.09

262　Table [4] in Item 11 of the Report by the Inspector of Schools, E.J. Eitel, to the Honourable W.H. Marsh, Colonial Secretary, 25 February 1885, *Educational Reports for 1884*, Presented to the Legislative Council by command of H. E. the Governor, n.d., Government Notification No. 24, *Hong Kong Legislative Council Sessional Papers 1885*，pp. 241-258: at p. 244.

　　這些表格所開列的信息該如何解釋？ 原來中央書院「開辦之初，分設中、英文部。……〔英文部第一至第三級的〕學生可兼讀中文」。[265] 嚴肅的問題來了：當時孫中山在中央書院唸的是英文部還是中文部？若是中文部，則本章上述各節全部作廢。但竊以為他唸的肯定英文部。理由有三：

　　第一、孫中山在檀香山的意奧蘭尼學校唸高小與初中混合班三年，在奧阿厚書院預備學校唸初中一年級兩個學期的課程，與中央書院英文部的課程銜接。他辛辛苦苦地進入中央書院讀書，絕對不會甘心於單單地學習如何用漢語作文、寫信、作詩等。

　　第二、他在故鄉私塾已經讀過部分四書五經，漢語水平遠遠超過中央書院中文部那作文、寫信、作詩法三種課程。

　　第三、徵諸英文原文，則原文曰："There was a lower vernacular section and an upper English study section... After passing an entrance examination in Chinese, pupils were admitted to the Preparatory School where they studied only the vernacular."（中央書院分兩部分：低年級的漢語預備學校與高年級的英語學校，學童考進漢語預備學校之後，接受的是全漢語教育漢語預備學校。）[266] 所以，孫中山所唸的必然是高年級英語學校的課程。

　　準此，目前史學界已經接受並認為是準確的一項信息，就有商榷的必要。該信息說，孫中山進入中央書院讀書時，該校已取消了中文課。[267] 該校

263　Table 4 in Item 11 of the Report by the Inspector of Schools, E. J. Eitel, to the Honourable Federick Stewart, LLD., Acting Colonial Secretary, 25 February 1886, *Educational Reports for 1885*, Presented to the Legislative Council by command of H.E. the Officer Administering the Government, 14 May 1886, Government Notification No. 31, *Hong Kong Legislative Council Sessional Papers 1886,* pp. 261-269: at p. 264.

264　Table 4 in Item 9 of the Report by the Inspector of Schools, E.J. Eitel, to the Honourable Federick Stewart, LLD., Colonial Secretary, 25 March 1887, *Educational Report for 1886*, Presented to the Legislative Council by command of H.E. the Officer Administering the Government, 29 April 1887, Government Notification No. 24/87, *Hong Kong Legislative Council Sessional Papers 1887,* pp. 339--345: at p. 342.

265　李金強：〈香港中央書院與清季革新運動〉，載《郭廷以先生百歲冥誕紀念史學論文集》，頁249-269，其中頁254，引 Stokes, *Queen's College: 1862-1962*, pp. 23, 33。

266　Stokes, *Queen's College: 1862-1962*, p. 23. 香港歷史檔案館許崇德先生掃瞄此頁，在2006年2月10日以電郵傳給我，謹致謝忱。

267　吳倫霓霞：〈孫中山早期革命運動與香港〉，載《孫中山研究論叢》，第三集，頁67-78。

明明設有中文部，並設有三門中文課程，怎能説取它消中文課？嚴格地講，可以説該校的英文部不講授中文課。儘管這樣説，也不是絕對準確。君不見，該校英文部課程中的漢譯英，不是有漢語課本嗎？所以，中央書院取消中文課之説，是錯誤的。可惜這條錯誤的信息也早被收進工具書，[268] 廣泛地誤導了讀者。正如前述，工具書的編者，目的只在編書，非考證。其所賴者，乃專家們專題考證出來的科研成果。當專家的考證出了問題時，編者與讀者就同時遭殃。故誤導的責任最終仍在該科研人員，願與同行共勉之。

十七、小結

本章用新發掘出來的史料，重建起一幅哪怕是粗略的、孫中山在香港讀中學的藍圖。

在這裏值得鄭重一提者是孫中山在書本以外學習到的東西，那就是與不同種族的學生相處。蓋中央書院的學生，除華人外，還有英國人、日本人，學習聽取不同意見、尊重別人的風俗習慣。[269] 他在檀島讀書時，也是天天與不同人種生活在一起。他在兩地所受的教育，大大開拓了他遼闊的世界觀。

十八、孫中山領洗進入耶教

孫中山在香港讀書期間的大事，包括他正式領洗進入耶教。箇中情節，《國父年譜》（1985年增訂本）有如下説明：

復結識美國綱紀慎美部會（American Congregational Mission）美籍牧師喜嘉理（Rev. Charles B. Hager, 1850－1917），喜嘉理力勸先生信奉基督教義，先生云：「基督之道，余固深信，特尚未列名教會耳。」嗣與陸皓東同受洗於禮拜堂，喜嘉理牧師親為施洗。先生署名「日

---

268   《孫中山年譜長編》，上冊，頁37，1884年4月15日條。
269   Gwenneth and John Stokes, *Queen's College*, p. 15.

新」，蓋取大學盤銘「苟日新、日日新、又日新」之義。皓東署名
「中桂」。厥後區鳳墀據「日新」二字，為先生改號「逸仙」。[270]

　　與原始檔案互相印證，可知權威的《國父年譜》（1985年增訂本）不足之
處有三：

　　（1）喜嘉理牧師的名字不叫Charles B.而是Charles Robert。

　　（2）他所屬之傳道會不叫American Congregational Mission而是American
Board of Commissioners for Foreign Missions, Congregational Church──簡稱
ABCFM，筆者引用該檔案時，也採此簡稱。其所屬乃基督教各流派當中的
「綱紀慎派」（音譯，另音譯作「公理派」）。

　　（3）孫中山並非於正規的教堂內領洗，喜嘉理也非馮自由所說的「來
華傳道多年」。[271]喜嘉理牧師在1883年3月31日才初次踏足香港。[272]當喜嘉
理為孫中山施洗時，還未建立起自己的正規教堂，他只是租了一幢三層樓的
房子權充傳道所。一樓用作學校，教華童英語。[273]他就是在這間「華童課
室」內親自為孫中山施洗：「地不著名，儀不繁重。」[274]經過多次檔案調查
和實地考察，證實該幢房子的具體地址是香港中環必列者士街二號。可惜該
房子與旁邊的幾幢房子已經被拆除，改建為街市。滋覓得舊圖片，按理最靠
左的那幢房子應該是必列者士街二號（見圖5.14）。

　　（4）孫中山並非與陸皓東同時受洗，是他領洗後才介紹陸皓東予喜嘉
理牧師認識者。

270　《國父年譜》（1985年增訂本），上冊，頁34-35，1883年冬條。

271　馮自由：《革命逸史》（1981），第二冊，頁10。

272　Hager to Clark, 12 April 1883, American Board of Commissioners for Foreign Missions
　　（hereafter cited as ABC) 16.3.8: South China v. 4, no. 3, p. 1.

273　Hager to Clark, 12 April 1883, ABC16.3.8: South China v. 4, no. 3, pp. 2-3.

274　Hager, "Dr Sun Yat Sen: Some Personal Reminiscences," *The Missionary Herald*
　　(Boston, April 1912), p. 171 col. 1- p.174 col. 2: p. 171 col. 1. This article was reprinted
　　in Sharman, *Sun Yat-sen*, pp. 382-387. 漢語譯本見馮自由：《革命逸史》（1981），第
　　二冊，頁12-18：其中頁13。該文又收進尚明軒等編：《孫中山生平事業追憶錄》，頁
　　521-524：其中頁521。

圖5.14 香港中環必列者士街二號

（採自1912年4月喜嘉理在波士頓《傳教士先驅報》[*The Missionary Herald*]上發表的一篇回憶錄，藏美國哈佛大學圖書館[275]）

（5）孫中山並非於拔萃書室肄業期間領洗，而是在中央書院開始讀書後入教。

當時孫中山對耶教之熱誠，曾被喜嘉理牧師稱讚曰：「蓋彼時先生傳道之志，固甚堅決也。向使當日香港或附近之地，設有完備聖道書院俾得入院，授以相當的課程，更有人出資為之補助，則孫中山者，殆必為當代著名之宣教師矣。」[276]

竊以為這句話是喜嘉理牧師一廂情願的想法，當時孫中山對耶教的熱情固然高漲，但正如本書第四章發掘所得，他視耶教不純粹是從宗教信仰這角度，而是從耶教所能產生的實際效果出發；他發覺耶教與時俱進，不斷自我更新來滿足人類對現代化如飢似渴的要求，反觀儒家、佛家和道家都是往後看而不是往前看的，它們把中國綑綁了兩千多年，令中國裹足不前。若中國人要重新建立起自己的現代文化，用什麼作為根基才會受到世人尊敬？他愈來愈覺得耶教可取，不是取其純粹的宗教信仰，而是取其實用價值以促使中國現代化，如此而已。[277]儘管他依稀曾有過當傳教士以便把耶教這種新文化推廣到全中國的想法，事實證明他並不具備喜嘉理牧師那種要當傳教士的宗教狂熱。但後來很長一段時間裏，喜嘉理就是纏着孫中山不放，堅勸他像自己一樣當傳教士（見下文）。

終於在1886年夏，孫中山提前離開中央書院前往美國傳教士在廣州設立的博濟醫院學醫：「以學堂為鼓吹之地，借醫術為入世之媒。」[278]其邏輯是革命必須有群眾，從何取得群眾？以行醫濟世。這這是從理論的層次——把新文化介紹到中國——轉變成為用實際行動來救中國。這是一個很大的轉變，孫中山是如何走過來的？他自言是1884至1885年中法戰爭，滿清政府不敗而乞和對他的刺激。[279]這固屬實情。但史學界不能永遠滿足於這片言隻

275　同上註。

276　同上註。

277　Sun Yatsen's views as recorded by Linebarger, *Sun Yat-sen* (1925), p. 152.

278　孫中山：〈建國方略：孫文學說，第八章「有志竟成」〉，載《國父全集》，第一冊，頁409-422：其中頁409。《孫中山全集》，第六卷，頁228-246：其中229。

279　「余自乙酉中法戰敗之年，始決傾覆清廷，創建民國之志，由是以學堂為鼓吹之地，借醫術為入世之媒。」孫中山：〈建國方略：孫文學說，第八章「有志竟成」〉，載《國父全集》，第一冊，頁409。《孫中山全集》，第六卷，頁229。

字。究竟他受到刺激的具體情況如何？程度有多深？而且，如果我們用史學界「推」、「拉」的一個概念來解釋他的轉變，則若中法戰敗在他心中泛起救國救民的強烈情緒而起到「拉」的作用的話，那麼又有什麼力量把他推離他本來極度高漲的耶教熱情？就是說，基督教會的圈子裏發生了什麼事情把他「推」走？

本章的其餘篇幅，就從「推」、「拉」這兩方面着手鑽研孫中山如何走向救國救民的道路。準此，就有很多細節，必須首先澄清。譬如，既然領洗入教對孫中山重要到後來與家庭決裂（見下文），但學術界對於他在哪一天領洗和領洗的具體情況等，至今仍不清楚。又譬如正史說，孫中山是與他的生死之交陸皓東同時領洗的，實情是否如此？下節就着手探索這兩個問題。

十九、孫中山與陸皓東何時領洗？

首先探索孫中山領洗的具體日期。1884年5月5日，喜嘉理牧師寫了兩封親筆信。第一封是寫給波士頓總部的。內容說，他在香港新建立的傳道所當前有兩位教友，第二位是在先一個主日 "last Sabbath" 才由他親自施洗而增添的。[280] 在該信中，喜嘉理沒有說明該位剛領洗入教的人的名字。徵諸香港公理堂受洗人的名單，他正是孫日新。該名單又說，宋毓林是喜嘉理牧師第一位在香港施洗入教的人，孫日新是第二位，[281] 而孫日新正是孫中山領洗時所取之名字。[282] 再徵諸日曆，以及喜嘉理在同日所寫的第二封信，[283] 可知他所說的「先一個主日」，正是1884年5月4日星期天。另一方面，香港中央書院的檔案證實孫中山早在1884年4月15日已經註冊入學。[284] 因此，我們可以進一步確定孫中山是進入中央書院讀書以後才領洗進入基督教的綱紀慎會。

其次探索孫中山領洗的時候，陸皓東是否與他同時受洗的問題。馮自由

---

280 Hager to Clark, 5 May 1884, ABC 16.3.8: South China v. 4, no. 17, p. 3. See next section for more details.

281 《中華基督教會公理堂慶祝辛亥革命七十周年特刊》（香港：1981），頁2。

282 同上註。

283 Hager to Pond, 5 May1884, ABC 16.3.8: South China v. 4, no. 18, p. 3 postscript.

284 Stokes, *Queen's College, 1862-1962*, p. 52.

說是同時受洗。[285] 竊以為此說有誤,理由有二:

第一、上述喜嘉理牧師的兩封親筆信都說,當時他只為一個人施洗,並沒說同時還為另外一個人施洗。

第二、徵諸香港公理堂受洗人的名單(見圖5.15),則第三位領洗的人是一名女性,名字叫八媽,來自省城。[286] 徵諸喜嘉理牧師的親筆信,可知她領洗的具體日期為1884年5月31日,喜嘉理牧師並因而高興地說,他的教堂有三位教友了。[287] 準此,竊以為陸皓東不可能與孫中山同時領洗。

最後,附帶探索陸皓東有否曾經領洗的問題。香港公理堂受洗人的名單說是有的,又說他是第四位領洗入教的人,並記錄了他受洗的名字叫陸中桂,來自香山翠亨鄉。[288] 竊以為陸皓東在生時從未領洗,理由如下:

首先,該名單所記錄的第五位領洗者是唐雄。[289] 徵諸喜嘉理牧師的親筆信,可知領洗的具體日期是1884年12月14日。[290] 喜嘉理還補充說,唐雄曾在夏威夷讀書,由於希望領洗入教,被父親遣返故里,而唐雄又是被另外一位同樣是曾被遣返故里的教友熱情介紹前來受洗者。[291] 那位介紹人是否孫中山?當時同樣是曾從夏威夷被遣返故里、同時又是喜嘉理牧師寥寥可數的教友之一者,只有孫中山一人。準此,竊以為介紹人應是孫中山無疑,而這位受洗的唐雄,與孫中山在夏威夷意奧蘭尼學校的同學唐雄,是同一個人,證據是鍾工宇的回憶錄。[292]

既然唐雄是第五位被喜嘉理牧師施洗入教的人,若陸皓東確是如香港公理堂受洗人名單所說的第四位,[293] 那麼陸皓東應該是在唐雄之前和第三位領洗的八媽之後。徵諸喜嘉理牧師的親筆信,則在八媽與唐雄之間,喜嘉理牧

285　馮自由:《革命逸史》(1981),第二冊,頁10。

286　《中華基督教會公理堂慶祝辛亥革命七十周年特刊》,頁2。

287　Hager to Clark, 27 June 1884, ABC 16.3.8: South China v. 4, no. 19, p. 2.

288　《中華基督教會公理堂慶祝辛亥革命七十周年特刊》,頁2。

289　同上註。

290　Hager to Clark, 22 December 1884, ABC 16.3.8: South China v. 4, no. 24, p. 2.

291　Ibid., pp. 2-3.

292　Chung Kung Ai, *My Seventy Nine Years in Hawaii, 1879-1958* (Hong Kong: Cosmorama Pictorial Publisher, 1960), p. 89.

293　《中華基督教會公理堂慶祝辛亥革命七十周年特刊》,頁2。

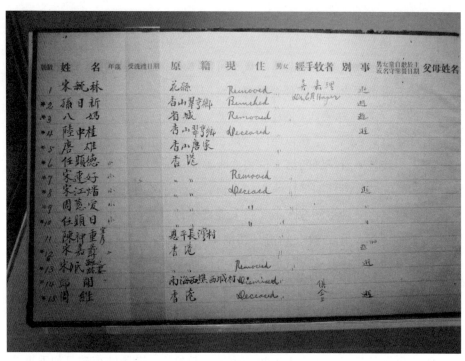

圖5.15 孫中山領洗記錄

（香港公理堂概交香港孫中山紀念館展品。據筆者鑑定，該記錄是後來補錄者，補錄時應在1895年廣州起義之後，蓋記錄當中的「現住」幢，喜嘉理用英語註明孫中山是被香港政府放逐出境者——Banished，陸中桂「已逝」——Deceased）

師並沒有為任何成年人施洗。唯獨説，在1884年10月19日聆聽了一個人表達
對基督耶穌的忠誠信仰（"received one profession of faith"）。又説此人是從喜
嘉理牧師他自己的教堂當中的一位教友介紹而來的，此介紹人同時又是在香
港讀書的一名學生。[294] 當時在喜嘉理的教友當中只有孫中山是在香港讀書的
學生。準此，竊以為該介紹人當是孫中山無疑，而被介紹者很可能就是陸皓
東。為何喜嘉理不馬上為陸皓東施洗？看過喜嘉理牧師的文書後，筆者得出
一個結論：喜嘉理吸收教眾有一個程序，他首先聆聽某人表達對基督耶穌的
忠誠信仰，然後對該人觀察一段時候，若認為及格才為其施洗。故當時沒有
馬上替首次見面的陸皓東施洗。至於陸皓東最終沒有領洗，很可能是因為他
不是長期在香港居留（他在上海工作），喜嘉理沒法對他長期觀察。

　　陸皓東既未曾領洗，為何領洗名單上竟然有他的名字，並煞有其事地取
名中桂？竊以為該名單本身就提供了線索。因為該名單最後一欄有備註，
而關於陸皓東的備註是Deceased（已故）之字樣。[295] 這項備註説明了兩個問
題：

　　第一、從該英文文字的筆跡看，與喜嘉理牧師文書中的手跡如出一轍，
故筆者推斷是喜嘉理自己填寫的。

　　第二、該名單雖然填上受洗人的中文名字，卻沒書明領洗日期，只按領
洗先後排列，讓筆者懷疑該領洗名單是喜嘉理日後編排，而不一定是施洗一
個就馬上填上施洗日期。若當時他真的是施洗一個就馬上寫下受洗人的名字
並填上日期，那麼現存的施洗記錄就不是原來真品。

　　第三、既然作備註時陸皓東已故，讓筆者進一步相信該領洗名單是喜嘉
理日後編排，而非施洗一個就馬上填上領洗人的名字。陸皓東在十一年之後
的1895年10月廣州起義中英勇就義。很可能孫中山悲痛之餘，後來就寫信要

294　"Yesterday, 19 October [sic], we also celebrated the Lord's supper in Hongkong
　　and received one profession of faith. He had heard about the gospel from one of
　　our members who is a student in Hongkong, and he seems to be a quient [sic] but
　　sincere believer. On the same occasion I baptized an infant belonging to one of
　　our Colporteurs." - Hager to Clark, 18 October 1884, ABC 16.3.8: South China v. 4,
　　no. 22, p. 6. Hager started writing the letter on 18 October 1884. However, it seems
　　that the date was already 20 October 1884 by the time he wrote page 6. Hence he
　　said, "Yesterday, 19 October [sic]".

295　《中華基督教會公理堂慶祝辛亥革命七十周年特刊》，頁2。

求喜嘉理追認陸皓東的教籍，並為他取名中桂。喜嘉理應其所求，就動手編了（或從新編了一份）施洗名單，把陸皓東的名字寫上去。若筆者這項推測接近事實，則可以解釋為何馮自由說陸皓東是與孫中山一起領洗的，因為馮自由曾經當過孫中山的機要祕書，他的消息不少來自孫中山。

馮自由者，廣東省南海縣人，1881年生於日本長崎一個僑商家庭。1895年孫中山在日本橫濱組織興中會支部時，馮自由的父親當選為該支部負責人。時馮自由雖年僅十四歲（虛齡），亦隨父入會。1905年孫中山在東京成立同盟會時，馮自由也參加了同盟會。1912年孫中山當選臨時大總統時，馮自由就當了他的機要秘書。[296]

準此，竊以為孫中山痛失戰友，似乎乾脆就編了一個共同領洗的故事。並把這個故事告訴了馮自由；後來馮自由就把它寫進《革命逸史》。[297] 至於孫中山何時請求喜嘉理追認陸皓東的教籍，則極有可能是他當上臨時大總統的時候，因為：

第一、無論喜嘉理與他過去有過什麼恩怨，[298] 到了這個時候雙方也會前嫌冰釋。

第二、冰釋的證據之一，是喜嘉理在孫中山當上臨時大總統後撰文讚揚他。[299]

第三，孫中山是非常念舊的人，君不見，他甫當上臨時大總統即邀請青年時代的好友「四大寇」的其他三寇到南京任事。[300]

所以，竊以為1912年初孫中山當上臨時大總統後不久就函請喜嘉理追認陸皓東的教籍；而當喜嘉理答應後，孫中山高興之餘，似乎就把他自己自編

296　中華書局近代史編輯室：〈說明〉，1980年6月，載馮自由：《革命逸史》，頁1。

297　馮自由：《革命逸史》（1981），第二冊，頁10。

298　至於他與喜嘉理過去可能有過什麼恩怨，則看本章下文可知弦外之音。

299　Hager, "Dr Sun Yat Sen: Some Personal Reminiscences," *The Missionary Herald* (Boston, April 1912), pp. 171-174. 漢語譯本見馮自由：《革命逸史》，第二冊，頁12-18：其中頁13。該文又收進尚明軒等編：《孫中山生平事業追憶錄》，頁521-524：其中頁522。

300　見陳少白：〈楊鶴齡之史略〉，載陳少白：《興中會革命史別錄》，轉載於《中國近代史資料叢刊——辛亥革命》，第一冊，頁76-84。又見陳少白：〈尤少紈之略史〉，載同書，頁79-81。

自導的、與陸皓東同時領洗的故事告訴他當時的機要秘書馮自由。

　　重建了陸皓東「領洗」的具體情況，不但有助我們進一步了解孫中山與陸皓東的交情。也有助我們了解孫中山在1884年那個時候對宗教的熱情，因為正是由於他對陸皓東宣揚了基督教的教義，陸皓東才趨前向喜嘉理牧師表達他對耶穌基督的信仰。同樣也是由於孫中山的介紹和鼓勵，他的老同學唐雄才會鼓起勇氣趨前受洗。難怪喜嘉理事後回憶說：「先生既束身信道，即熱心為基督作證；未幾，其友二人，為所感動，亦虛心奉教。」[301]

　　的確，能鼓動唐雄入教，可真不簡單。「唐雄非常害羞，遇上什麼事情都退避三舍。」[302] 正在檀島求學時，因為他與鍾工宇偷偷上教堂聽教義，結果被乃父痛斥他與鍾工宇迷信異端邪說，更破口大罵鍾工宇引其兒子誤入歧途。鍾父得悉後更怒，把鍾工宇逐出家門，自生自滅。鍾工宇只好去當學徒，學成後做裁縫。[303] 這一切，早把唐雄嚇得發抖。唐父雖然不如鍾父決絕，但也步孫眉後塵而把唐雄遣送回香山縣唐家灣老家。孫中山自己在1884年5月4日領洗後，似乎就寫信力邀唐雄到香港讀書，唐父望子成材，就批準他去了。結果唐雄就在孫中山鼓勵下，克服了恐懼，毅然入教。後來孫中山向華僑宣傳革命，不少人說他深具個人魅力，故大家都踴躍捐款，甚至投身革命。孫中山能說服唐雄入教，也正是他個人魅力的明證之一。

　　澄清了這段歷史，如釋重負。但最讓筆者感到欣慰的，是確定了孫中山領洗的具體日期——即1884年5月4日星期天，[304] 比他在香港中央書院註冊入學的日期——1884年4月15[305]——遲了二十天。為何如此欣慰？因為這個日期直接影響到我們重建孫中山初抵達香港時的歷史。準此，又必須首先對喜嘉理的背景進行探索，蓋孫中山與他住在一起，天天一起吃飯，早經晚課，他對孫中山肯定有深遠的影響。

301　喜嘉理：〈美國喜嘉理牧師關於孫總理信教之追述〉，載馮自由：《革命逸史》，第二冊，頁12-17：其中頁13。英文原文見Hager, "Doctor Sun Yat Sen: Some Personal Reminiscences," *The Missionary Herald* (Boston, April 1912), pp. 171-174: at p. 171 col. 2.

302　Ai, *My Seventy Nine Years in Hawaii*, pp. 53-54.

303　Ibid., pp. 89-90.

304　Hager to Clark, 5 May 1884, ABC 16.3.8: South China v. 4, no. 17, p. 3.

305　Stokes, *Queen's College, 1862-1962*, p. 52.

二十、喜嘉理牧師的背景

發掘出孫中山領洗的具體日期後，再回顧上述所引《國父年譜》說過的話，味道就不一樣了。該《年譜》說，1883年冬，孫中山從翠亨村跑到香港後：

- 肄業香港拔萃書院；
- 課餘恆從倫敦傳道會長老區鳳墀習國學；
- 復結識美國綱紀慎會美籍牧師喜嘉理……

短短三句話，每句都啟發了問題：

- 肄業香港拔萃書室——孫中山住在哪裏？這問題啟發了筆者在上文的考證，發覺孫中山住在喜嘉理臨時傳道所的宿舍。
- 課餘恆從倫敦傳道會長老區鳳墀習國學——據上文文考證所得，當時區鳳墀在廣州宣道，不可能在香港授孫中山國學。
- 復結識美國綱紀慎會美籍牧師喜嘉理——此言表示孫中山是從翠亨村逃到香港之後，才結識喜嘉理。所據乃馮自由語。[306] 馮自由本人所據是他自己為喜嘉理1912年的追憶翻譯成漢語的文章，但該文章很清楚地說明喜嘉理與孫中山「初次謀面」時，「方自檀香山歸」；[307] 就是說，兩人初次見面時是在1883年7月底孫中山從火奴魯魯到達香港之後，坐順風船到淇澳轉翠亨之前；而並非等到孫中山回到翠亨村褻瀆神像後再臨香港之時。馮自由根據自己的譯文來寫文章時，會錯了意。

澄清了第三點，當時兩人的對話，意義就完全不同了。喜嘉理追憶當時的對話是這樣的：「余職在佈道，與之覿晤未久，即以是否崇信基督相質問，先生答云：『基督之道，余固深信，特尚未列名教會耳。』余詢其

306　《國父年譜》（1985），上冊，頁34-35，1883年冬條，引馮自由：《革命逸史》，第二集，頁11。

307　喜嘉理：〈美國喜嘉理牧師關於孫總理信教之追述〉，載馮自由：《革命逸史》（1981），第二冊，頁12-17：其中頁13。英文原文見 Hager, "Doctor Sun Yat Sen: Some Personal Reminiscences," *The Missionary Herald* (Boston, April 1912), pp. 171-174: at p. 171 col. 1.

故，則曰：『待時耳，在己固無不可』。[308]最後一句回答意思模糊，讓人莫名其妙。徵諸原文，則曰：“I am ready to be baptized at anytime", he replied.[309]直譯的話，可作：「我已準備好了，隨時都可以領洗入教。」孫中山的意思很明顯：他在說，他隨時隨地都願意領洗入教。為何喜嘉理不馬上為他施洗？有兩個可能性：

第一、從喜嘉理方面分析，則上文說過，筆者閱讀過喜嘉理的文書後，發覺他有一個職業習慣，儘管某人對他表了達對耶穌基督的忠誠信仰，他也不會聽其一席話就馬上為其施洗。他必須對該人觀察一段時候，若認為滿意才為其施洗。這本來是教會的規定，不能逾越。當他聽了孫中山的話，尤其是聽了他描述如何因為希望領洗而被乃兄自檀香山遣返後，會既喜且憂。既喜遇上難得的良材，巴不得馬上為他施洗。但鑒於教會規定必須對他進行觀察一段時候才可以為他施洗，故更憂孫中山會在觀察期間被其他教會捷足先登。後來孫中山在翠亨村褻瀆神像後再臨香港找喜嘉理時，喜嘉理會加倍焦急，尤其是當孫中山前往聖公會主辦的拔萃書室讀書以後，就太危險了！兩全其美的辦法是：邀請孫中山在喜嘉理他自己的宿舍居住，讓他天天在自己的眼皮底下過活，既可對他觀察入微，同時若有什麼風吹草動，也可馬上為他施洗！讓他進入自己的教會，制止其他教會捷足先登。

第二、從孫中山方面分析，則他在檀香山的奧阿厚書院預備學校讀書時，在傳教士芙蘭・諦文的影響下，已經決定要領洗入教了。[310]所以在1883年7月底孫中山從檀香山坐船到達香港而初遇這位與芙蘭・諦文同樣是屬於綱紀慎會的傳教士喜嘉理，就表示他「已準備好了，隨時都可以領洗入教」，[311]講的自然是心裏話。但是，當喜嘉理不馬上為他施洗。大約兩星期後他從翠亨村逃到香港，並接受喜嘉理邀請到他的臨時傳道所寄食寄宿時，孫中山可能又產生別的想法。因為，在接受了傳教士的恩惠之下再承其施洗

308 喜嘉理：〈美國喜嘉理牧師關於孫總理信教之追述〉，載馮自由：《革命逸史》（1981），第二冊，頁12-17：其中頁13。

309 Hager, "Doctor Sun Yat Sen: Some Personal Reminiscences," *Missionary Herald* (Boston, April 1912), pp. 171-174: at p. 171 cols. 1-2.

310 見本書第四章。

311 Hager, "Doctor Sun Yat Sen: Some Personal Reminiscences," *The Missionary Herald* (Boston, April 1912), pp. 171-174: at p. 171 cols. 1-2.

入教，就難免有動機不純之嫌。所以他也決定等待擇吉而行。最後，當他接到乃兄匯來款項接濟，並得以轉學到中央書院讀書，同時也付得起在喜嘉理那裏寄居的全部食宿費用甚至還清過去所欠（見下文），因而對喜嘉理再無所求之時，這個吉日就到了。

　　終於，喜嘉理牧師在1884年5月4日星期天為孫中山施洗了。在寫給總部的信中，喜嘉理只說他為第二名人士施洗了，他在香港新成立的教堂有兩位教眾了！但他沒提這第二位教友的名字。不過，他補充說明該人是「一位正在政府中央書院讀書的年青人」。[312] 為何喜嘉理牧師不把孫中山的名字告訴總部？他是不是同樣為了避免嫌疑？蓋先收容孫逸然後為他施洗到底有賄賂別人入教之嫌。筆者查遍了喜嘉理的文書，他始終沒有把孫中山寄食寄宿的事情告訴總部。經費由誰負責？要回答這一系列問題，我們又有必要查清楚喜嘉理牧師來華傳教的背景。

　　喜嘉理牧師出生於瑞士，幼隨父母移居美國，後來進入美國加州屋崙神學院（Oakland Seminary），1883年初甫畢業就隻身被派到香港創建教堂。[313] 事緣美國加州的一批華工領洗進入基督教的綱紀慎會以後，宗教熱情高漲，極願故鄉的家人也沾神恩，故請求該會的海外傳道會派遣傳教士到他們的老家傳道。由於該等華工多來自廣東省四邑地區，並皆路徑香港放洋或回鄉，故他們要求首先在香港成立教堂，以便接待在香港過境的教友。傳道會同意後馬上物色人選，剛好喜嘉理從神學院畢業，充滿傳教熱情，於是派他去香港創業。他就於1883年3月31日在香港登陸。[314] 他登陸後在香港中環必列者士街二號租了一幢三層高的樓宇，月租二十八元。他自己住在頂樓。二樓則用作接待來往教友之宿舍。一樓則用作課堂教華童英語，[315] 所用課本，乃基督教之《聖經》，[316] 以此吸引兒童入教。

312　Hager to Clark, 5 May1884, ABC 16.3.8: South China v. 4, no. 17, p. 3.

313　Anon, "Dr Charles R. Hager," *The Missionary Herald,* v. 113, no. 9 (September 1917), p. 397, cutting courtesy of Dr Harold F. Worthley of the Congregational Library, 14 Beacon Street, Boston, MA 02108, enclosed in Worthley to Wong, 26 August 2003.

314　Hager to Clark, 12 April 1883, ABC16.3.8: South China v. 4, no. 3, p. 1.

315　Hager to Clark, 12 April 1883, ABC16.3.8: South China, v. 4, no. 3, pp. 2-3.

316　Hager to Clark, 28 May1883, ABC16.3.8: South China, v. 4, no. 4, p.4.

上述這段簡介很能説明問題：

第一、當時[317]傳教士圈子中不明文的規定是，傳道會為每一位傳教士在安靜的地區提供一幢西方式的花園洋房作為私人住宅，以便該傳教士繼續享有老家的生活方式，倫敦傳道會（L. M. S.）的檔案皆説明了這一點。喜嘉理牧師與波士頓總部的通信，也證明他知道到這種待遇。但這樣的花園洋房在香港的月租是五十到六十元。[318]若租用這樣的一座洋房之後，再去租借另外一座房子作其他用途，諸如教友宿舍兼臨時教堂，費用就不菲。所以，他決定在鬧市當中低價租來一幢能夠滿足多方需要的樓宇。雖然居住在這樣的一幢樓使他的個人生活甚為不適，[319]卻為總部省了大量金錢而又方便傳道。證明他傳教的熱情遠遠超乎對個人物質生活的追求，也證明他是一位全心奉獻的人。

第二、他隻身到達一個完全陌生的地方[320]試圖開山創業，談何容易？他的困難以及焦急傳教之情，包括下列種種：

（1）他到達香港後馬上拜訪其他傳道會時，所遇到的是妒嫉的神情多於友好的態度。[321]翌年他更寫道：「其他傳教士當中，極少同情我們到此創業，因為他們認為我們侵佔他們的地盤。」[322]

（2）他還不懂漢語，[323]無法與當地人溝通。

317　筆者希望鄭重聲明，這裏所説的「當時」是指1880年代。後來的傳道會諸如China Inland Missionary Society 就絕對沒有這種待遇。該會規定，傳教士只能靠教眾的奉獻來過活，所以該會傳教士的生活艱苦極了。

318　Hager to Clark, 12 April 1883, ABC16.3.8: South China v. 4, no. 3, pp.2-3.

319　Ibid.

320　"I was a stranger in a strange land," Hager to Clark, 12 April 1883, ABC16.3.8: South China v. 4, no. 3, p.2.

321　"I found that the existing feeling toward our mission was averse," Hager to Clark, 12 April 1883, ABC16.3.8: South China v. 4, no. 3, p.1.

322　"There are very few of the missionaries who are in sympathy with our work and they look at it as being an encroachment upon their territory," — Hager to Clark, 23 January 1884, ABC16.3.8: South China, v. 4, no. 14, p. 5. Another year went by and he complained ever more bitterly about "the seeming rivalry between denominations to possess the field" — Hager to Clark, 9 January 1885, ABC16.3.8: South China, v. 4, no. 25, p. 9.

323　"In day time I hope to be employed in acquiring the Chinese tongue while in the evening I shall be engaged with our school," Hager to Clark, 12 April 1883, ABC16.3.8: South China v. 4, no. 3, p.3.

（3）他不懂中國文化，傳道從何着手？

（4）在這種情況下，最佳辦法是請漢人教友幫忙傳道。但那些在美國領洗的華工，大多數是目不識丁，對基督教教義亦不求甚解，請他們幫忙傳道，只會以訛傳訛。[324] 喜嘉理牧師在他的書信中，三番四次地表示他不願意僱用他們。

（5）喜嘉理急於展開傳教，焦急之處，幾乎到了不顧一切的地步。他甫抵香港不足一個半月，就聽信一名素未謀面的美國人之言，並在未取得總部同意之前，就用每月六十元的高薪僱用他傳教。又説，若總部不同意他的決定，他願意把自己的薪金轉移給他，自己分文不受。此人是誰？他名叫瓊斯（D. D. Jones），過去三年曾在廣東四邑地區傳教，並已為三、四名信徒施洗。四邑地區正是喜嘉理亟欲前往傳教的地方，蓋該地是美國加州和波士頓等地華工的故鄉。喜嘉理認為，若僱用瓊斯，他的傳教事業就可以馬上展開。[325] 結果事態發展並非喜嘉理想像那麼美，後來的事實證明，瓊斯不學無術，並為喜嘉理帶來嚴重的經濟損失。[326]

基於上述第（1）和第（5）點，我們可以想像，喜嘉理牧師會繼續想盡一切辦法，不惜作任何個人犧牲去爭取傳道成功，而成功的關鍵是找到一位得力助手。基於上述第（2）點，我們可以想像孫中山是喜嘉理牧師夢寐以求的得力助手。理由如下：

第一、孫中山懂英語，又曾在夏威夷受過約四年的基督教教育，在香港拔萃又進一步受過兩個學期的教會教育，能夠通過英語比較準確地理解基督教教義。

第二、孫中山讀過部分四書五經，在漢語世界也算是很有文化的人，他有能力通過漢語文化比較有效地傳達基督教《聖經》的精神。

第三、孫中山對基督教有很濃的興趣和深厚熱情，是理想的傳教料子。正如上述，在孫中山鼓勵下，唐雄趨前領洗，陸皓東也表示信奉；喜嘉理對

324　Hager to Smith, 9 January 1885, ABC16.3.8: South China, v. 4, no. 25, p. 6.

325　Hager to Clark, 12 April 1883, ABC16.3.8, v. 4, no. 3, pp. 4-5.

326　The main problem was Jones' lack of judgement. See Hager to Clark, 11 November 1883, ABC16.3.8, v. 4, no. 10, p. 5; Hager to Clark, 23 January 1884, ABC16.3.8, v. 4, no. 14, p. 1;

此事的評價是：「夫居今日宗教自由之世，而皈依基督，固不足奇；當日情勢，與今迥異。明認基督教者，殊不多見。蓋明認基督者，人咸恥與為伍。以故人人咸有戒心。然先生熱心毅力，竟能化導其友人，使不得不出於信仰之途，其魄力之宏，感人之深，可略見其端倪矣。」[327]

　　在上述各點的基礎上再神遊冥想，可知喜嘉理牧師會用盡一切合理和合法的手段去爭取孫中山為助手。

　　沿着這條思路探索，並結合目前我們已經掌握到的、孫中山抵達香港的時間和處境等資料，我們可以重建起這樣一幅圖畫：1883年8月中旬孫中山從翠亨村倉惶出走，走往哪裏？不能到中國的其他地方，因為故鄉翠亨村他已經受不了，遑論他地。到中國文化以外的地方，則能力所及者，當時只有澳門和香港。澳門他同樣受不了，[328] 所以唯一的選擇只有香港。而香港的英語文化，正是他嚮往的世界，[329] 於是他就到香港去了。當喜嘉理知道了孫中山在翠亨村毀壞神像時，除了大加讚賞以外，熱情地邀請他到自己的宿舍居住，自不在話下。喜嘉理此舉的最終目的，是爭取孫中山當其助手也。

　　喜嘉理是具備照顧孫中山吃住的條件者。居住方面，他租來的那幢三層高的房子，當中二樓本來就是來用作接待來往教友之用。在那裏安置一個孫中山，不費吹灰之力。用膳方面，則他早已僱了一名廚子天天為他和住客燒菜做飯。[330] 多加一張嘴巴，花不了多少。當然，費用是會稍微增加。但這稍微增加的費用不必在日常帳目中出現；因為，筆者閱讀過喜嘉理當時的文書之後，發覺他只是在每年一次的報告中道出該年開支的一個總數目。[331] 他從來不把每一項費用都開列清單。儘管有這個方便，竊以為最大的可能是喜嘉理自己掏腰包應付孫中山的大約開支。因為，喜嘉理向總部報告說，他決定只把該幢樓房每月二十八元的租金由總部負責，僱人為該樓房打掃衛生，甚

327　喜嘉理：〈美國喜嘉理牧師關於孫總理信教之追述〉，載馮自由：《革命逸史》，第二冊，頁12-17：其中頁13-14。英文原文見Hager, "Doctor Sun Yat Sen: Some Personal Reminiscences," *The Missionary Herald* (Boston, April 1912), pp. 171-174: at p. 171 col. 2 to p. 172 col. 3.

328　見本書第三章。

329　見本書第四章。

330　Hager to Clark, 12 April 1883, ABC16.3.8: South China v. 4, no. 3, pp. 2-3.

331　Hager to Smith, 19 May 1885, ABC16.3.8: South China v. 4, no. 29, p. 2.

至僱請老師向他講授中文每月所需的八元到十元，都是他自己掏腰包。[332] 準此，若說喜嘉理把孫中山吃飯的費用算進總部的賬，是不符合這個年代的喜嘉理之情操。

真的，喜嘉理這位年輕傳教士，當時宗教熱情之高，甚為罕有。他為孫中山所做的一切，都是出於極度渴望孫中山成為美國綱紀慎會的傳教士（"coveted him for the ministry"）。[333] 此時之喜嘉理，對傳教事業之專注，另有旁證。有位美國人姓泰勒（Mr. J. R. Taylor）者，曾在香港協助喜嘉理向往返美國和廣東的華工派發《聖經》，[334] 回國後經濟拮据，喜嘉理就寫信給總部說：若泰勒需錢就給他，數目可從喜嘉理自己的薪金中扣除。[335] 喜嘉理樂於幫助那位曾協助他傳教的泰勒，自然也樂於幫助這位將來可能在協助他傳教的孫中山。

終於，喜嘉理牧師在1884年5月4日星期天為孫中山施洗了。為何遲不施洗早不施洗，偏偏在這個時候施洗？筆者不排除偶然的因素，諸如喜嘉理決定他為孫中山施洗的時機已經成熟；但也聯想到檀香山的因素。因為，在1884年5月1日，那位在檀香山專職負責華人事務的基督教綱紀慎會傳教士芙蘭·諦文，[336] 於廣州結婚了。第二天，他與新夫人及父母從廣州到達香港。[337] 芙蘭·諦文是認識喜嘉理牧師的：在之前的1883年10月29日，芙蘭·諦文抵達香港並準備前往廣州時，就曾經在喜嘉理牧師的宿舍作客數天。[338] 喜嘉理從芙蘭·諦文口中知道更多有關孫中山在檀香山的情況。到了1884年

---

332   Hager to Clark, 19 February 1884, ABC16.3.8: South China v. 4, no. 15, p. 2.

333   Hager, "Dr Sun Yat Sen: Some Personal Reminiscences," *The Missionary Herald*, (Boston, April 1912), pp. 171-174: at p. 174

334   Hager to Clark, 18 August 1883, ABC 16.3.3: South China, v. 4, no.7, p. 10 postscript.

335   "One missionary alone (Rev. A.P. Happer, D.D Presbyterian) coincides with the Pacific view, and *he does not know the Chinese*, although he has been 40 years in China," — Hager to Smith, 1 June 1885, ABC 16.3.3: South China, v. 4, no. 30, p. 4.

336   見本書第四章。

337   Rev Dr Samuel Cheney Damon (Honolulu) to Rev Dr N.G. Clark, D.D., ABCFM Foreign Secretary (Boston), No. 241, Hong Kong 2 May 1884, p. 1, Papers of the American Board of Commissioners ABC 19.1 vol. 22: Hawaiian Islands Missions, 1880-1889, Documents, Reports, Letters A-E, [Microfilm UNIT 6, Reel 821].

338   Samuel Damon to N. G. Clark, 29 December 1883, p. 2, ABC 19.1: v. 22, no. 240.

5月2日星期五，芙蘭‧諦文等從廣州回到香港而又再次住在同屬美國綱紀慎會的喜嘉理牧師的宿舍時，[339] 喜嘉理牧師從芙蘭‧諦文那裏反覆印證了孫中山過去說過的話，證明孫中山是值得培養為傳教士的上好人才，喜嘉理真不敢相信自己的運氣！馬上就在接下來的星期天，即1884年5月4日，為孫中山施洗了。當時新婚的芙蘭‧諦文及其父母很可能也在場，並向喜嘉理道賀、為孫中山祝福。

二十一、喜嘉理對孫中山可能產生的影響

上一節提到，喜嘉理牧師為了對孫中山觀察入微等情由而邀請他到自己的宿舍居住。孫中山接受邀請後也為了避免動機不純之嫌，而等待接到乃兄匯款後才領洗，因此在領洗前也有機會對喜嘉理的為人有較深入的了解。孫中山領洗時對宗教熱情之高漲：既自己領洗又介紹唐雄和陸皓東予喜嘉理；這種熱情從哪裏來的？ 竊以為他在檀香山所受耶教之影響的基礎上，再受了那位天天與他生活在一起的喜嘉理牧師所感染。

喜嘉理自我犧牲，全心奉獻的精神，從上述居住條件的問題上，已見一斑。孫中山搬進喜嘉理的宿舍居住後，必然問他有關宿舍各項設施之由，因而會了解到喜嘉理無私奉獻及刻苦耐勞的精神而肅然起敬。

薪金方面，喜嘉理預先沒有與總部議好，二話沒說就遵命開赴前線了。待到達香港後，才函詢薪金、房租津貼、家俬補助該有多少等。[340] 無他，喜嘉理刻意追求的不是物質享受，而是精神食糧也。

健康方面，喜嘉理的身體本來就不好。到達香港不久，就在1883年5月

339　Rev Charles Robert Hager (HK) to Dr C.N. Clark (Boston), No. 17, 5 May 1884, p. 3, Papers of the American Board of Commissioners, ABC 16: Missions to Asia, 1827-1919, Item 3, Reel 260, 16.3.8: South China, Vol. 4 1882-1899 Letters C-H: Hager: Charles Robert Hager: 3-320: No. 17 [microfilm frame 0048b-0049b]. *See also* Rev Dr Samuel Cheney Damon (Honolulu) to Rev Dr N.G. Clark, D.D., ABCFM Foreign Secretary (Boston), No. 241, Hong Kong 2 May 1884，p. 1, Papers of the American Board of Commissioners ABC 19.1 vol. 22: Hawaiian Islands Missions, 1880-1889, Documents, Reports, Letters A-E, [Microfilm UNIT 6, Reel 821].

340　Hager to Clark, 12 April 1883, ABC16.3.8: South China, v. 4, no. 3, p. 7.

底害病了。[341] 到了8月，香港的天氣酷熱難當，絕大部分的外國傳教士都避暑他往，渡假數週去了；喜嘉理卻堅持留在香港學習廣州話。[342] 難怪他到達香港後，頭五個月就害了四次病，躺在床上動彈不得。[343] 既然健康不佳，則儘管同是傳教，喜嘉理也應該選擇一個較為舒服的工作環境。而喜嘉理是有這個選擇餘地的。此話怎說？

因為，正如前述，催促美國綱紀慎會派員到中國傳教的加州華工，原意是讓該員到他們的故鄉、廣東四邑地區傳教，但他們更希望該員先到香港建立一個據點，讓他們往返於故鄉與加州之間必須經過的香港，有神職人員照顧。這就是為什麼喜嘉理甫到香港即租了一幢三層樓房權充宿舍，並高興地向總部報告說，下一趟從美國來的客輪到達香港時，所載加州華工就有休息的地方了。[344] 從這個時候開始，喜嘉理有充份的理由體面地留在香港，看守該宿舍，同時在香港傳教。待將來結婚了，更可以名正言順地用總部的錢租一座花園洋房，像香港的其他傳教士一樣，過比較舒適的生活。香港是一個世界都會，設施先進，醫療完備，各方面都有保障。

若是到加州華工的故鄉傳教，生活就非常艱苦了。廣東的四邑地區，都是窮鄉僻壤，有崇山峻嶺把該地從珠江三角洲的香港、澳門、廣州等城市分割開來，交通困難，以至傳教士們都望而生畏。不錯，長老會、聖公會、美以美等會的傳教士，對該地都垂涎三尺，但由於交通實在困難，條件的確艱苦，所以該等傳教士都只是在疏落的地點建立幾個傳教站（stations），巡迴傳教，並訓練三兩名當地人常駐該等站傳道。[345] 結果傳教事業，並不發達。而且，該地經濟落後，無以為生的民眾才冒着性命危險遠涉重洋到美洲做工。諷刺的是，該等華工在美國工作無論如何艱苦，一旦回到故鄉又席不暇暖地趕回美國或轉赴夏威夷，原因是家鄉的衛生條件太差以至經常害病，周遭環境惡劣而產生不滿情緒。[346]

---

341 Hager to Clark, 28 May 1883，ABC16.3.8: South China, v.4 no. 4, p. 5.

342 Hager to Clark, 18 August 1883, ABC16.3.8: South China, v. 4, no.7, p. 1.

343 Hager to Clark, 10 September 1883, ABC16.3.8: South China, v. 4, no. 8, p. 2.

344 Hager to Clark, 12 April 1883, ABC16.3.8: South China, v. 4, no. 3, p. 3.

345 Hager to Clark, 12 April 1883, ABC16.3.8: South China, v. 4, no. 3, p. 7.

346 Hager to Clark, 18 August 1883, ABC16.3.8: South China, v. 4, no. 7, p. 7.

　　為了親身感受文獻所載，筆者請求廣東省檔案局張平安副局長帶筆者專程前往四邑的開平市參觀。蓋第一位從加州回流並幫助喜嘉理傳教的華工，名字叫李三（Lee Sam，音譯）者，正是來自當時開平縣的水口鎮。[347] 承張平安局長俯允，2004年2月20日成行。汽車進入四邑山區後，則沿途所見，確實窮困。不少房屋，還是用泥磚砌成。翻山越嶺到了靠海的開平市水口鎮，情況較好，但遠遠不如珠江三角洲發達。中國改革開放四分之一個世紀之後的開平，尚且如此，當年情況可知。

　　喜嘉理認為香港的傳教士已經太多了，發展空間不大，故急謀他往。[348] 但由於他被派到香港的首要任務，是照顧那些往返於故鄉與加州之間的華工，於是決定保持香港的宿舍，[349] 但他個人則只是以香港為據點，首先在那裏拼命學習漢語。[350] 待他的漢語到了勉強可用的階段，就不斷地抽身到四邑巡迴傳教。終於弄到心力交瘁，1891年在精神和身體都瀕臨崩潰的狀態下離開香港返回美國。[351]

　　為何巡迴傳教也弄成這個樣子？

　　首先，連那些曾到過美國當苦工的健兒也不留戀的四邑，這位儘管在香港也經常害病的文弱書生喜嘉理，卻決意到那兒安身立命。又由於香港的工作放不下而改為巡迴傳教，則極度艱苦的生活加上長途跋涉的疲勞，他能支持多久？莫說喜嘉理在事前沒有得到足夠的警告：他的那位助手李三，受他派遣回故鄉新寧等地區賣《聖經》甫三月就害病，迫得折回香港。[352] 本地人尚且如此，外來的喜嘉理可受得了？也別怪那有經驗的總部沒預先發出警

347　Hager to Clark, 4 July 1883, ABC16.3.8: South China, v. 4, no. 6, p. 3, transcribing D.D. Jones' letter of 30 June 1883.

348　Hager to Clark, 28 May 1883, ABC16.3.8: South China, v. 4, no. 4, p. 2.

349　Hager to Clark, 28 May 1883, ABC16.3.8: South China, v. 4, no. 4, p. 1. See also Hager to Pond, 1 June 1883, ABC16.3.8: South China, v. 4, no. 4, p. 5; and Hager to Clark, 4 July 1883, ABC16.3.8: South China, v. 4, no. 6, p. 2.

350　Hager to Clark, 28 May 1883, ABC16.3.8: South China, v. 4, no. 4, p. 4. See also Hager to Pond, 1 June 1883, ABC16.3.8: South China, v. 4, no. 4, p. 5.

351　Anon, "Dr Charles R. Hager," The Missionary Herald, v. 113, no. 9 (September 1917), p. 397, cutting courtesy of Dr Harold F. Worthley of the Congregational Library, 14 Beacon Street, Boston, MA 02108, enclosed in Worthley to Wong, 26 August 2003.

352　Hager to Clark, 18 August 1883, ABC16.3.8: South China, v. 4, no. 7, p. 6.

告。總部在得悉他的意圖後，即請專人給他寫了一封信，勸他量力而為，安靜地先在香港做好接待華工的工作再說。[353] 喜嘉理的反應是：他一刻鐘也不能坐視千萬生靈因迷信而失救。[354]

其次，要看喜嘉理是採取什麼方式來巡迴傳教。

從一開始，喜嘉理清楚地認識到，若到四邑傳教而取得成果，需要超人的耐心、毅力和勞苦。[355] 但可能他沒有認識到，或不願意認識自己的體力是否能夠支持所涉及的工作量。有種種跡象顯示，他早認識到自己身體不行，可是為了一個崇高的目標，他不顧一切地勇往直前，全力以赴。[356] 是什麼給了他這種勇氣和力量？上帝。「上帝是我的希望。」[357]「上帝就是光明。」[358]「我在天父手中，祂會把一切安排得完美無瑕。」[359] 差不多在每一封信，喜嘉理都是如此這般地表明心跡。

他是不畏疲勞，不懼艱辛，全心全意地把一切奉獻給傳教事業。

工作方面，則喜嘉理隻身到一個完全陌生的環境開山創業，他既不懂那個地方的語言、文化，風俗習慣；又不適應那個地方的氣候，更凄涼的是，他得不到其他基督教傳道會傳教士的同情與支持，他們有的只是妒嫉和排

353　"I do not think that you need to be hurried in your plans but to watch carefully the leadings of Providence and to do quietly and efficiently what you can in the particular work which has been entrusted to you, viz the care of the Chinese who come from America.," — Alder to Hager, 10 July 1883, quoted in Hager to Clark, 18 August 1883, ABC16.3.8: South China, v. 4, no. 7, p. 9 postscript.

354　"I cannot help saying to myself, is this all that I am to do? Has God sent me here only for this when hundreds and thousands are dying in their idolatries?" — Hager to Clark, 18 August 1883, ABC16.3.8: South China, v. 4, no. 7, p. 9 postscript.

355　"... a work too that will be difficult, and one that will require much patience, perseverance and toil," — Hager to Clark, 4 July 1883, ABC16.3.8: South China, v. 4, no. 6, p. 1.

356　"... I believe in pushing this work with all the might and vigor that we possess," — Hager to Clark, 18 August 1883, ABC16.3.8: South China, v. 4, no. 7, p. 12.

357　"In God is our hope, in Him we shall trust" — Hager to Clark, 18 August 1883, ABC16.3.8: South China, v. 4, no. 7, p. 8.

358　"In God there is no darkness" — Hager to Clark, 18 August 1883, ABC16.3.8: South China, v. 4, no. 7, p. 12.

359　"I know that I am in our Father's hand and that He will order all things well." — Hager to Clark, 10 September 1883, ABC16.3.8: South China, v. 4, no. 8, p. 2.

擠。[360]他要拯救的對象，又經常對他百般凌辱，[361]有時甚至對他扔石頭。[362]但他一點不氣餒。他認為，雖然他只是滄海一粟，但絕對不能在困難面前退縮。[363]因為他深信，通過無比的耐心，不屈不撓的毅力，辛勤的勞動，上帝肯定會眷顧他而讓他得償所願。[364]「我廢寢忘餐、日以繼夜地工作，疲勞極了。但疲勞而死要比無所事事以至納悶而死強得多。為了祂，我願意犧牲自己。」[365]

到了1886年2月，孫中山快完成他在中央書院的學業，而喜嘉理到香港及華南傳教也快三年了。喜嘉理急需助手，總部也催他趕快成立一所初級神學院以便訓練助手，但喜嘉理的反應是：「我們不忙創建初級神學院，因為直到目前為止，還沒有年輕人表示願意接受這種訓練。」[366]什麼？孫中山不要當傳教士了？可以想像，自從孫中山領洗以後，喜嘉理曾就這個問題多次與孫中山談心，盼望他「獻身於拯救自己同胞靈魂的偉大事業」。[367]可是孫中山總是拿不定主意。喜嘉理失望之餘，從1886年2月起再度離開香港到四邑地區傳教，這次一去就是三個多月，直到1886年5月12日才途經澳門返回香港。[368]回到香港後似乎又不斷鼓其如簧之舌，孫中山還是不能作最後決定，喜嘉理又失望了，以至席不暇暖，又在1886年5月29日決定日內再次離開香港。[369]1886年7月，暑假快到了。喜嘉理慌忙於1886年7月12趕回香港，並一反常態地在香港逗留了整整一個月，直到1886年8月中旬才再度外出傳

360　Hager to Clark, 12 April 1883, ABC16.3.8: South China, v. 4, no. 3, p. 1.

361　Hager to Clark, 23 July 1884, ABC16.3.8: South China, v. 4, no. 20, p. 3. See also his letter of 23 March 1885, p. 2.

362　Hager to Smith, 6 February 1885, ABC16.3.8: South China, v. 4, no. 26, p. 2.

363　Hager to Clark, 24 November 1883, ABC16.3.8: South China, v. 4, no. 6，p. 4.

364　Hager to Clark, 4 July 1883, ABC16.3.8: South China, v. 4, no. 6, p. 1.

365　Hager to Smith, 19 May 1885, ABC16.3.8: South China, v. 4, no. 29, p. 4.

366　"We need not commence a training school immediately as we have as yet no men who are desirous of receiving such training." ─ Hager to Smith, 5 February 1886, ABC16.3.8: South China, v. 4, no. 38, p. 5.

367　"... consecrate his life to the great missionary work of saving his own countrymen." Hager to Clark, 28 May 1883, ABC16.3.8: South China, v. 4, no. 4，p. 4.

368　Hager to Smith, 12 May 1886, ABC16.3.8: South China, v. 4, no. 39, p. 1.

369　Hager to Smith, 29 May 1886, ABC 16.3.8, v. 4, no. 40, p. 1.

教。看來他是要盡最後努力，苦苦纏着孫中山不放，希望説服孫中山參加傳教士行列。孫中山會怎麼説？目睹這位摯誠的傳教士，真不忍心嚴拒，很可能就説，還拿不定主意。為了多點時間考慮這個問題，他希望先學醫科，若將來仍決定傳教的話，可當個醫療傳教士。喜嘉理大喜過望，於是就修書介紹他給廣州博濟醫院院長嘉約翰牧師醫生（Rev. Dr John Kerr）；為了釋出更大善意，喜嘉理甚至請求嘉約翰減收學費。[370] 有些學者不了解喜嘉理的用心，把減費之事説成是代孫中山求情，減收學費。[371] 其實該院每年的學費才大約二十元，[372] 儘管孫眉不代付，孫中山若半工半讀也絕對辦得到。關鍵不在錢，而在於孫中山希望喜嘉理説服嘉約翰收他當學生。相反地，若孫中山不是説要當醫療傳教士，喜嘉理可能就不一定會那麼熱心地寫那封介紹信。

　　至於當時孫中山心裏究竟是怎麼想的，則竊以為他搖擺於救靈魂（當傳教士並藉耶教以宣揚他認為最有利中國「現代化」的西方文明）與救肉體（當醫生作為媒介以從事革命）之間。怎麼？ 不全心奉獻？不，不惜犧牲性命去推翻滿清以救國救民，難道不是毫無保留地全心奉獻？如此不是更直接地起到救國的實際作用？

　　法國學者白潔爾（Professor Marie-Claire Bergère）嘲笑孫中山説：這位未來總統，沒拿到畢業證書就離開中央書院了。[373] 言下之意，中學時代的孫中山是個失敗者。的確，為何孫中山給人留下如斯話柄？竊以為他的苦衷不足為外人道。愈是接近暑假，看來喜嘉理催促他進神學院就讀就愈急。暑假不是個關鍵，學校頂多休息一會避暑就繼續教育大業。蓋當時英國人入鄉隨俗，學年按農曆辦事，農曆年結束時就年終大考，已如前述。1886年開始的學年，要等到在1887年1月23日除夕之前才結束，若孫中山等到1887年1月23日學年結束前的年終考試而領取畢業文憑的話，則領取文憑以後再有何藉口推搪喜嘉理的催促？若提前在1886年夏離開中央書院，則可以連忙上廣州博

370　Hager, "Dr Sun Yat Sen: Some Personal Reminiscences," *The Missionary Herald* (Boston, April 1912), pp. 171-174: at p. 172, col. 2.

371　簡又文：〈總理少年時期逸事〉，《國父文物展覽會特刊》（廣州：廣東省立文獻館，1946），轉引於《國父年譜》（1985），上冊，頁42，1886年條。

372　Hager, "Dr Sun Yat Sen: Some Personal Reminiscences," *The Missionary Herald* (Boston, April 1912), pp. 171-174: at p. 172, col. 2.

373　Bergere,*Sun Yat-sen*, pp. 26-27.

濟醫院附屬醫學院學習，如此又仍可以為將來當醫療傳教士留有餘地，並擺脫喜嘉理的死死糾纏。

回顧1884年4月15日註冊進入香港中央書院讀書、[374] 1884年5月4日接受喜嘉理施洗的孫中山，對基督教熱情之高漲，與乃兄鬧翻而在所不惜，[375] 以至喜嘉理下結論說，孫中山要當傳教士。[376] 為何兩年之後的孫中山，反而搖擺不定？竊以為有兩個因素造成：

第一、1885年清廷不敗反而屈辱地與法國簽訂喪權辱國的和約，對孫中山刺激極大，以至他起了推翻滿清的念頭。[377]

第二、喜嘉理咎由自取。此話怎說？且待下節分解。

二十二、喜嘉理力邀孫中山帶他到翠亨村

從1884年4月15日開始，孫中山在中央書院讀了約七個月的書之後，即接乃兄急召赴檀。他雖不願輟學，但兄意難違，遂往。為何孫眉突召孫中山往檀？難道他願意見到乃弟輟學？《國父年譜》（1985年增訂本）說「德彰公接父書，知其毀瀆神像、不見容於鄉里，急馳函香港，召之赴檀」。[378] 竊以為孫中山在1883年11月左右在翠亨村毀瀆神像，1884年8月中左右才接乃

374　Stokes, *The Queen's College, 1862-1962*, p. 52.

375　見本書下一節。

376　Hager, "Dr Sun Yat Sen: Some Personal Reminiscences," *The Missionary Herald* (Boston, April 1912), pp. 171-174. 漢語譯本見馮自由：《革命逸史》（1981），第二冊，頁12-18：其中頁13。該文又收進尚明軒等編：《孫中山生平事業追憶錄》，頁521-524：其中頁522。

377　孫中山：〈建國方略：孫文學說，第八章「有志竟成」〉，載《國父全集》（1989），第一冊，頁409。《孫中山全集》（1985），第六卷，頁229。

378　《國父年譜》（1985），上冊，頁38，第1884年11月條。所據乃林百克著、徐植仁譯：《孫逸仙傳記》（上海：商務印書館，1926），頁164-168。查核該譯本頁165，則絕口沒提父書，只說「從翠亨來的消息所說」。看來是《國父年譜》的編者把父書一詞強加進去。核對英文原著頁185，則說："Alas, poor Da Ko! What a shock it must have been to him when the message came from Blue Valley telling him of Wen's madcap sacrileges" — Paul Linebarger, *Sun Yat-sen and the Chinese Republic*, p. 185. 可見徐植仁把該句翻譯成「從翠亨來的消息所說」是譯對了。《國父年譜》畫蛇添足。《孫中山年譜長編》也重蹈覆轍，見下文。

兄急召，中間超過一年的時間，相隔太久了，翠亨村與夏威夷之間書信往來不需要這麼長時間。正如本書第三章所發掘出來的史料顯示，當時從香港到檀香山每年有三趟船期，單程約二十五天即到。[379] 有鑒於此，《孫中山年譜長編》的編者就乾脆把孫中山在香港入教的事情加上去而寫道：「孫眉得知先生在家鄉破壞神像及在香港入教，十分生氣，寫信……。」[380] 所據乃黃彥、李伯新：〈孫中山的家庭出生和早期事跡〉，[381] 但該《孫中山年譜長編》同時又說，孫中山是在1883年年底入教，[382] 與孫眉急召乃弟的1884年11月仍然相距十一個月，同樣是相隔太久。為何如此？

上文考證出孫中山領洗入教的具體日期為1884年5月4日，[383] 把相隔時間縮短了約半年，就比較接近孫眉急召乃弟赴檀的日期。但孫中山在香港入教，遠在翠亨村的孫父從何得悉而函告孫眉？追源溯始，竊以為是喜嘉理牧師幹的好事。孫中山在1884年5月26日從香港回翠亨村成親。[384] 待孫中山再度返回香港後不久，喜嘉理就迫不及待地要孫中山隨他一起去孫中山的家裏看個究竟。喜嘉理回憶説：「1884年，余與英人某，偕先生赴香山縣，即其釣游地焉。未行之前，余等置備福音書若干……自澳門復行一、二天，乃抵先生家。頗蒙其優待，觀其室居服御，知其為殷裕之家，資產在中人以上，殆由其兄營業發達所致也。余於客居數日之中，嘗一晤其夫人，禮意亦甚渥。」[385]

看來喜嘉理一行三人是從澳門採陸路前往翠亨村，故走了一、二天方到達。他們具體是什麼時候去了翠亨村？喜嘉理在這篇回憶錄中沒説。徵諸他

379　見本書第三章第三節，引楊連逢採訪孫緞（九十七歲），1957年5月無日，載李伯新：《孫中山史蹟憶訪錄》，頁165-166：其中頁165。

380　《孫中山年譜長篇》，上冊，頁39，1884年11月條。

381　《廣東文史資料》，第25輯，頁287-290。

382　《孫中山年譜長篇》，上冊，頁36，1883年年底條。

383　見上文考證及所引Hager to Clark, 5 May 1884, ABC 16.3.8: South China v. 4, no. 17, p. 3.

384　《國父年譜》（1985），上冊，頁37，1884年5月26日條。

385　Hager, "Dr Sun Yat Sen: Some Personal Reminiscences," *The Missionary Herald* (Boston, April 1912), pp. 171-174: at p. 171, col.2. 漢語譯本見馮自由：《革命逸史》，第二冊，頁12-18：其中第13頁。該文又收進尚明軒等編：《孫中山生平事業追憶錄》，頁521-524：其中頁521-2。

當時所寫的信件，則在1884年7月23日的一封信中，他說他在幾個星期之前曾與另一位傳教士去了一次內地，沿珠江河畔探訪了一些村莊。信中所呈現的這些蛛絲馬跡，與他在回憶錄中所說曾訪孫家，似乎是同一次出行。但他在這封信中卻隻字不提曾訪孫家。為何他在1912年在回憶錄中能開誠佈公地講的，在1884年的信函中卻支吾其詞？因為當時他心中有鬼。此話怎說？

孫中山在1884年5月26日從香港回翠亨村成親，[386] 回到香港後席不暇暖，喜嘉理就力邀孫中山與其一道重返翠亨村。為何如此心急？喜嘉理的文書，處處呈現出這位宗教熱情高漲的傳教士有個盲點：他痛恨已經領洗入教的人在成親的時候拜祖先。他認為拜祖先是迷信，有瀆神靈。在他抵達香港後的四個月之內，共向總部寫了五封信，其中有三封就提到拜祖先的問題。比重可謂極高。其中第一封說：有一位曾在美國加州領洗入教的綱紀慎會基督徒，在回到華南故鄉成親時拒絕拜祖先，為此他感到非常高興。[387] 第二封信說，他的助手在廣東新寧參加一位曾經在美國綱紀慎會領洗入教的基督徒之婚禮，並為該基督徒堅決拒絕拜祖先而非常高興，但同時也為該基督徒竟然與一位非基督徒成親而深表遺憾。[388] 在第三封信中，他興高采烈地向總部報告說，有一位曾在美國加州領洗入教的綱紀慎會基督徒回鄉準備成親時，預先聲明不拜祖先，結果其父母決定特別通融辦理。[389] 為何喜嘉理的消息如此靈通？因為凡是從美國回華南老家成親的綱紀慎會基督徒，路過香港時都住在他的宿舍也。

在香港中央書院讀書的孫中山，同樣是居住在這位傳教士的宿舍。當他突接父命回鄉成親時，禮貌上客人必須告訴主人家。喜嘉理聞訊，肯定會急忙問他是否會拜祖先。孫中山會感到愕然。他熟讀聖賢書，成親時拜祖先是天經地義的事情。但基督教的教義又確實禁止教友崇拜上帝以外的任何鬼神。若他過去沒想過這個問題，現在喜嘉理突然問到，他會如何回答？竊以為當時他也實在沒法馬上回答，因為這位十八歲的小年輕，倉促間確實會不

386　《國父年譜》（1985），上冊，頁37，1884年5月26日條。

387　Hager to Clark, 28 May 1883, ABC16.3.8: South China, v. 4, no. 4, pp. 5-6.

388　Hager to Clark, 4 July 1883, ABC16.3.8: South China, v. 4, no. 6, p. 3, transcribing the report by his assistant D.D. Jones, 30 June 1883.

389　Hager to Clark, 18 August 1883, ABC16.3.8: South China, v. 4, no. 7, p. 8.

知道何去何從。

　　若說不拜，那是撒謊。而且，半年前他在鄉間毀瀆神像，把老父氣個半死，已是大為不孝。若這次回鄉成親而拒絕拜祖先，可要把老父活活氣死，把家庭搞得四分五裂，雞犬不寧，孫中山實在會於心不忍。而且，孫中山熟讀聖賢書，尤記曾子曰：「慎終追遠，民德歸厚矣。」[390] 根據明朝來華的天主教耶穌會士分析，中國人拜祖先，並不存在着濃厚的迷信色彩，只是用慎終追遠的方式來教導民眾而已。但後來的基督教傳教士並不作如是想，認為拜祖先是極度迷信的表現，而恨之入骨。孫中山既明白「慎終追遠，民德歸厚」的重要性，若在成親這個重大日子不拜祖先，是不可思議的。但若他對喜嘉理牧師斬釘截鐵般說會拜祖先，則面對這位宗教熱情如此高漲的傳教士，又如何說得出口？左右為難之處，孫中山很可能坦然道出自己的困境，並給他一個模棱兩可的回答。例如說，到時候看情況再說。

　　這可急壞了喜嘉理！決不能讓已經煮熟了的鴨子飛走！可以想像，當孫中山啓程回鄉後，喜嘉理坐立不安。待孫中山成親後重返香港，喜嘉理會迫不及待地盤問他是否曾拜祖先。誠實的孫中山就會回答說，當然是拜了祖先。俗謂「拜堂成親」，拜了堂（祖先的靈位）才算成親：在孫中山那個時代的中國農村成親而不拜祖先，怎能說是禮成？拜了！筆者憑什麼如此肯定孫中山拜了祖先？除了上述種種理由以外，任何人到翠亨村孫中山故居紀念館看看就明白。故居是孫眉從檀香山匯款回家，向鄰居買了一塊地皮興建的。當時翠亨村並沒有建築師，故房子由孫中山設計，然後僱建築工人建造。後來擴建，外表有七道西式拱門，拱門之內是一個大廳，「供奉神和祖宗靈壇」。[391] 孫中山親手設計了祖宗靈壇（見圖5.16），能說他不拜祭？自從1984年筆者初訪故居，二十七年來頻頻重訪，都不斷思考故居的設計，代表了什麼？竊以為故居是孫中山心靈的寫照：中西合璧。他外表是個基督徒，

390　《論語》第一篇學而，第九章。載James Legge, *The Chinese Classics* (Originally published by Oxford University Press, Reprinted in Taipei by SMC, 1991), v. 1, p. 140.

391　故居目前固然是保留了這種擺設。對過去擺設的描述，見孫科：〈孫院長哲生先生〔第一次〕談話〉，1969年3月15日，載吳任華編纂、曾霽虹審閱：《孫哲生先生年譜》（臺北：孫哲生先生學術基金會，1990），頁445-449：其中頁445-446。

圖5.16　孫中山設計的翠亨村故居大廳神位今貌（黃宇和攝）

但不全是基督徒，蓋自乙未廣州起義以後，他就很少到基督堂禮拜了。[392] 他這樣做，很大程度上固然是照顧國人的思想感情：為了革命，他必須擺出一個救國者的姿態，而不是一個基督徒的形象。在骨子裏他繼承了中國的傳統價值觀，但主導思想似乎又是基督教的無私奉獻，以至他終身奉獻於救國救民的事業，並在臨終前要求家人為他舉行基督教的殯儀。[393]

孫中山的內心世界，喜嘉理當然無法理解，故當他一聽到孫中山說已經拜了祖先，猶如晴天霹靂！如何挽回敗局？從喜嘉理文書中處處呈現他那種宗教狂熱看，竊以為他終於決定親往翠亨村一行，目的正是要向孫氏家族宣傳基督教義，若孫家大小都入了教，孫中山就再不會受到來自這方面的壓力，可以專心致志地跟喜嘉理他當傳教士去了。喜嘉理跑到翠亨村傳教，難道不會引起村民群起反對？難道他沒聽孫中山描述過、半年前該村村眾曾鳴鑼聚眾，大興問罪之師？當然聽過。喜嘉理怕不怕？心裏有點發毛，這就是為什麼他邀請了另一位洋人傳教士結伴同行！

向孫家傳教以穩定孫中山當傳教士的意志，最理想的對象當然是他的新婚夫人。若賢伉儷同心同德地崇拜上帝，則其他問題都好解決。且年輕婦女，正好入手。丈夫又已經入教，夫唱而婦不隨，說不過去。對了！喜嘉理自忖用以對付孫中山那新婚夫人最厲害的武器，莫如在見到她面時對她說，她丈夫已經領洗入教！事實證明，喜嘉理果然求見她。須知當時的中國婦女、尤其是農村婦女，一般不見男客，更不要說洋男客。但喜嘉理終於見到她，可見喜嘉理懇求之殷。喜加理說他在孫家寓居數日，[394] 這種情況也不尋常，可見喜嘉理懇求之久。若喜嘉理向這位剛成親的少婦宣傳說，祖先千萬拜不得，她會怎麼說？想她會禮貌地笑而不答，心裏卻可能在想：成親而不拜祖先，怎能說是禮成而當上夫妻？若喜嘉理對她說，她丈夫已經領洗進入

392　張永福：〈孫先生起居注〉，載尚明軒等合編：《孫中山生平事業追憶錄》，頁820-823；其中頁822。又見馮自由：《革命逸史》（1981），第二集，頁12。

393　Diary of Professor L. Carrington Goodrich, 19 March 1925, quoted in Martin Wilbur, *Sun Yat-sen: Frustrated Patriot* (New York: Columbia University Press, 1976), p. 281. Professor Goodrich was one of the double male-quartet singers at the service.

394　Hager, "Dr Sun Yat Sen: Some Personal Reminiscences," *The Missionary Herald* (Boston, April 1912), pp. 171-174.

基督教，她的反應又如何？無論她的反應如何，孫中山在香港被這洋人施洗進入基督教的事情，肯定就此傳開來了。

喜嘉理另外一個宣傳對象是孫父。孫父乃一家之主，若他入教，其他人可能都會跟風。結果怎麼樣？喜嘉理在當時的書信和後來的回憶錄中，隻字沒提孫父。但從喜嘉理當時所寫的信函中，已隱隱約約可以聽到弦外之音。他說：「他們的心，似乎被層層黑暗與迷信包圍得水洩不通。他們對自己的信仰和宗教充滿虛假的驕傲。他們對我們待之有禮，但經常在有意無意之間就流露出鄙視的神情。傳教士要對上帝有堅定不移的信仰，才可以想像到終有一天能推翻這些崇拜偶像的人所建立起來的制度。」[395] 這制度是什麼？還用說？拜祖先嘛！看來喜嘉理正是從拜祖先屬迷信這個角度入手，向孫氏家族宣傳基督教的教義。在這個問題上，熱衷基督教義的孫中山尚且不買賬，孫氏家族不問可知。從喜嘉理字裏行間，可見他對孫父等極端不滿。

孫父的反應又如何？他沒留言。但從孫眉接乃父信後的表現，就可見一斑。孫眉把乃弟急召到茂宜島後，嚴責他曾入教，入教就等同與家庭決裂，於是宣佈除非乃弟脫離耶教，否則與其決裂（見下文）。看來孫父說不出口的話──為父者怎能在洋客人面前公開地與新成親的兒子決裂？──由孫眉代他說了。當時孫父的憤怒可知。怒極之餘，雖不至於粗言辱罵，但說不出的憤怒，還是會在臉色中表達。喜嘉理不是傻子，怎會不感覺出來？這麼不愉快的遭遇，讓喜嘉理決定，在他寫給總部的例信中，不提也罷。

後來，喜嘉理乾脆設計了一篇簡短的入教誓言（"Confession of faith"），任何信徒在接受他施洗入教時必須發該誓，而該誓言的第一句就是不膜拜任何形式的偶像。[396] 可見喜嘉理對孫中山成親時拜祖先之事，一直耿耿於懷。

395　Hager to Clark, 23 July 1884, ABC16.3.3: South China: v. 4，no. 20, p. 2.

396　Hager to Smith, 1 June 1885, ABC16.3.3: South China: v. 4, no. 30, pp. 1-2.

二十三、孫眉與孫中山決裂

上節提到，孫眉把乃弟急召到茂宜島。兩兄弟之間的對話，後來孫中山對美國人林百克描述如下：

孫眉說：

文，你要記得我給你我在火奴魯魯所積的一半財產。我們的發達就是全家的，但是你在你名下有了我由你的幫助所得的一半。我給你財產的時候，我相信你能效法祖宗的正確法則。但是我失望了，因為你固執着從外國學的法則，不依你應當尊重的習慣。所以為什麼你還應當得這個財產呢？你有了財產就要浪費而使你個人和家庭都不安。我們的中國政府是好的。倘使你繼續宣傳反對他，一家都要受害了。你傾向外國使你反對我們的習慣、遺傳和使我們親愛的事情。這個態度使你從你的家庭分離。這是不應當的，我現在要把給予你的財產重新取回。[397]

從孫眉言辭之嚴厲，態度之堅決，可以想像孫父對於這兩位洋人突然到訪的真正態度，是怒不可遏。試想：孫中山擅自決定熱情地邀請兩個怪裏怪氣[398]的洋人到家裏住，喜嘉理連日以來賴着不走，並不斷地用半生不熟的「洋涇浜漢語」對他囉囉嗦嗦，老是說拜祖先的不是，迷信北帝的不對等等，怎會不怒不可遏？但鑒於待客之道，不能無禮，才把強大的怒火壓下去。他又不能對孫中山怎麼樣：兒子新婚燕爾，怎能用粗言惡語對待？強忍怒氣之餘，乾脆寫信給孫眉一股腦兒發洩。

核對原文，[399]上述孫眉與乃弟的對話大致是翻譯得準確的。只是最後一句話有微妙的分別：「給予你」原文是 "set aside for you"。直譯的話，是「放

397　林百克著、徐植仁譯：《孫逸仙傳記》，頁166-167。

398　Preaching in the country, Hager remarked that the villagers "are always very curious to see me even if they have seen me on many previous occasions" — Hager to Smith, 12 July 1886, ABC16.3.8: South China: v. 4, no. 41, p. 2.

399　原文見 Linebarger, *Sun Yat-sen and the Chinese Republic*, pp. 187-188.

在一旁留給你」。其意思包含該財產是留待將來之用而不是馬上能動用的。筆者考慮到孫眉劃分給孫中山的財產都是不動產諸如牧場、商店等（或需要時間才能脫手的股份），而不是存在銀行的現款，故認為英語原文比譯文要準確得多。準此，我們明白為什麼孫中山在1883年8月左右倉促逃到香港時一名不文了，因為如果他需要現金的話，就必須把不動產變賣才能得到現金，而變賣遠在夏威夷的不動產是需要時間的。準此，我們會進而明白到孫中山對喜嘉理在他最困難的時候一飯之恩的感激之情。

聽了乃兄一席話，孫中山回答說：「我抱歉我使你失望。我抱歉不能在中國古人所走的路上盡我的責任。如其我的良心允許我，我也願意遵守中國的法律做事，不是一味要遵守外國的法律。但是中國自己並不能盡自己的責任。我能不遵守已敗壞的習慣。你曾很慷慨地予我的產業，我很願意還給你。我不再有什麼要求。財富不足以動我心。金錢是中國的災害之一。金錢可以用之正當，也可以用之不正當，不幸在中國官場以金錢充賄賂，以致增加人民負擔。兄長，請你完全告訴我怎麼樣把產業交還給你。」[400]

孫中山的回答可堪注意者包括下列各點：

（1）他所用的詞彙「財產」（property），再一次證明孫眉留給他的是不動產，因而可以解釋為什麼孫中山在1883年11月左右倉促逃到香港一段時間之後還一名不文。

（2）他很爽快地把財產全部歸還乃兄，可以解釋為他對理想的追求遠遠超過他對物質的戀棧。

（3）他在夏威夷和香港接受了超過五年的英美教育以後，法治的概念非常堅強。

（4）孫中山是遲至1919年才把他與乃兄的對話告訴林百克的，內容卻如許清晰，說明那席話對他印象之深，震蕩之大。

至於那席對話中，孫氏兄弟所用之詞彙，是否就如上述孫中山向林百克追憶那樣溫文爾雅？竊以為不可能。兄弟各走極端以至決裂，語言肯定非常激烈。徵諸時人口碑，則說孫中山「在姑剌牧場與孫眉見面，孫眉大發雷

400　林百克著、徐植仁譯：《孫逸仙傳記》，頁167-168。原文見Linebarger, *Sun Yat-sen and the Chinese Republic*, p. 189.

霆，不僅罰令先生鋸木，且加以責打。先生不甘示弱，跑到孫眉書房，將懸在壁上之關帝神像取下扔進廁所。」[401] 這段口碑比較符合當時實際情況。孫眉比孫中山年長十二歲，又沒多讀過太多書，靠出賣勞力起家，對那位他認為不肖的弟弟鞭教，毫不奇怪。類似的情況，在當時中國的農村社會。屢見不鮮。從本書第四章之中，大家早已知道鍾父是如何對付鍾工宇的，唐父是如何對待唐雄的。另一方面，當年孫中山已經十八歲，年少氣盛，哪能咽下這口氣，在極度衝動的情況下而與乃兄決裂，毫不奇怪。

事後孫中山不辭而別，坐船離開茂宜島前往檀香山正埠火奴魯魯，向其老同學鍾工宇求助：

> 帝象到火奴魯魯來找我，我當然熱情接待，以後的數星期，他與我同一張床睡覺。弗朗西斯・諦文牧師（The Reverend Francis Damon）深表同情，鼓勵他必須繼續其學業，又支持他繼續探索基督真理。帝象表示渴望回東亞讀醫科，惜苦無盤川，諦文牧師就請纓為帝象籌款，我記得 W. A. Bowen（當時是 Castle and Cooke 的僱員）慨捐五元，我也捐五元（當時是我在裁縫店裏整個月的薪金）。[402]

終於，芙蘭・諦文為孫中山在當地的華洋教友中共籌得三百金。[403] 離檀在即，鍾工宇對孫中山說：「你需要什麼衣服，就儘管在裁縫店裏挑吧。」於是孫中山選了一些心儀的服裝。他離開火奴魯魯所乘坐的是新一代的汽輪，屬遠洋汽輪公司（Oceanic Steamship Company）。在火奴魯魯的代理是 Hackfeld and Company。新一代的汽輪吃水很深，必須停泊在火奴魯魯外港，距離岸邊三海哩的地方。故 Hackfeld 代理公司必須用平底船一批又一批地來回把乘客從岸邊送上船。孫中山離開火奴魯魯當天早上，鍾工宇陪同他坐平底船登上汽輪，回到岸上時已經是下午2時，光一來一回就超過四個小

401　黃彥、李伯新：〈孫中山的家庭出身和早期事跡〉，《廣東文史資料》，第二十五輯（廣州：廣東人民出版社，1979），頁274-290。

402　Ai, *My Seventy Nine Years in Hawaii*, pp. 106-107.

403　《國父年譜》（1985），第一冊，頁39，1885年4月條。

時。他們之間友誼之深可知。[404] 這種友誼，既有老同學的深情，也有宗教的
摯誼。總的來說，若沒有火奴魯魯基督教會諸教友的支持，孫中山很可能就
會流落異鄉；而為了生存，他可能像鍾工宇一樣去當學徒。果真如此，歷史
就要改寫。

　　喜嘉理在孫中山回到香港時，向他詢問檀香山之行的情況，不在話下。
待得悉孫眉向孫中山討回一半家產，方知自己翠亨之行闖了大禍。但他卻額
手稱慶地寫道：孫中山與乃兄鬧翻後，「僑居〔檀香山〕之中華信徒，廉得
其情，乃釀資遣之歸國，學習傳道科。」[405]

　　孫中山在檀島時對芙蘭·諦文說的是「渴望回東亞讀醫科」，[406] 喜嘉理
說的是「學習傳道科」，[407] 兩語不必構成嚴重衝突，很可能孫中山當時已依
稀有當個醫療傳教士的想法。當時孫中山對宗教的熱情的確是非常高漲的。

　　孫中山不辭而別後，孫眉大悔；待得悉他已經去了香港，急匯鉅款接
濟。[408] 但正如前述，孫中山回到香港時以現款無多而似乎抓緊時間在中央
書院跳班求學，故不待接到孫眉接濟之時。那麼孫中山又可曾後悔？竊以為
後悔的可能性極大。一個人在感情衝動的時刻，會幹出一些平常不會幹的事
情。孫中山寧捨家產不棄信仰，自有他對宗教信仰忠誠的一面。但與家庭決
裂，到底大違中國的倫常觀念，違背了聖賢教訓。綜觀孫中山的一生，他非
常重視中國的傳統道德，責怪的只是當時的滿清政府沒有從古訓而廉吏治。
因此，竊以為孫中山會像乃兄一樣感到後悔。

404　Ai, *My Seventy Nine Years in Hawaii*, pp. 106-107.

405　Hager, "Dr Sun Yat Sen: Some Personal Reminiscences", *The Missionary Herald*
　　(Boston, April 1912), pp. 171-174. 漢語譯本見馮自由：《革命逸史》（1981），第二
　　冊，頁12-18：其中頁13。該文又收進尚明軒等編：《孫中山生平事業追憶錄》，頁
　　521-524：其中頁522。

406　Ai, *My Seventy Nine Years in Hawaii*, pp. 106-107.

407　Hager, "Dr Sun Yat Sen: Some Personal Reminiscences", *The Missionary Herald*
　　(Boston, April 1912), pp. 171-174. 漢語譯本見馮自由：《革命逸史》（1981），第二
　　冊，頁12-18：其中頁13。該文又收進尚明軒等編：《孫中山生平事業追憶錄》，頁
　　521-524：其中頁522。

408　馮自由：〈孫眉公事略〉，載《革命逸史》（1981），第二冊，頁1-9：其中頁2。

二十四、分析兄弟決裂鬧劇對孫中山的影響

這次孫中山與乃兄決裂，是繼拜祖先之後，外來的基督教規定第二次嚴重地衝擊了他本土的傳統價值觀，不能不引起他深思。以後他做人，是百分之百地凜遵綱紀慎會的有關規定，還是有選擇地信奉基督教。若他自忖不能一成不變地凜遵教規，那麼無論他對基督教的熱情如何高漲，也必須放棄當傳教士的念頭。喜嘉理光看到孫中山表面上對基督教的熱誠，而沒看到當時的孫中山，心情其實並不平靜。在此重溫一下上文提到過的，孫中山在香港中央書院讀書時的漢譯英試題就很有意思：

一、書曰以親九族……（上文已引全文，在此只引第一句）。

二、父老子弟聯為一體安樂憂患視同一家……[409]（上文已引全文在此只引第一句）。

正如前述，這些試題是從當時的教科書中挑選出來的。孫中山早年在翠亨村之村塾已讀過部分四書五經。現於中央書院重溫《書經》之教人親九族，《禮記》又教人睦族；總之，父老子弟聯為一體安樂憂患視同一家！孫中山卻與乃兄決絕，算是什麼玩意？在檀香山一時衝動而幹了與乃兄決裂的蠢事，回到中央書院重溫古訓時難道就沒有悔意？

又1886年1月中央書院常識試題中的第七題，問中國哪句古訓說明某些東西比性命更為珍貴者。[410]答案應是：「生，亦我所欲也；義，亦我所欲也。二者不可得兼，捨生而取義也。」《孟子・告子上》；而孟子只不過是發揮孔子說過的話，即《論語・衛靈公・卷十五》：「子曰志士仁人，無求生以害仁，有殺身以成仁。」故總的答案是儒家視仁義比性命更重。而這答

409　Translation into English Examinaiton Paper, Tables and Examination Papers of the Prize Examination held at the Government Central School in January 1885, Government Notification No. 174, 25 April 1885, *Hong Kong Government Gazette, 25 April 1885*, pp. 357-360: at p. 360.

410　Question 7, General Intelligence Examination Paper, Tables and Papers connected with the examination of the First Class held at the Government Central School during the week 9-16 January 1886, Government Notification No. 24, 23 January 1886, *Hong Kong Government Gazette,* 23 January 1886, pp. 48-52: at p. 49.

案，似乎也是當時中央書院漢譯英的課本提到的。[411] 什麼是仁義？孝、悌、忠、信也。1883年孫中山在故鄉毀瀆神像已把老父氣得發抖，1884又因為擅自帶領喜嘉理牧師回翠亨村向家人傳教而再把老父氣個半死；已是大為不孝。1885年更與乃兄決裂，行為與「遇賊爭死」典故剛剛相反，[412] 是為不悌，能不汗顏？總的來說，孫中山一而再，再而三地違反了睦族的古訓。

孫中山讀過聖賢書，結果行動卻不孝不悌不睦族！事後能無悔意？

綜觀孫中山的一生，自少而壯而老，先是反對滿清腐敗，後是反對軍閥橫行，反對的理由都是責怪他們沒有遵從古訓而為人民謀福祉。他沒有反對中國傳統道德諸如仁義等價值觀。回顧上述孫中山與乃兄決裂時的對話，則他說：「我也願意遵守中國的法律做事，不是一味要遵守外國的法律。但是中國自己並不能盡自己的責任。」[413] 就是說，他擁護中國聖賢的古訓，但反對後人為了一己之私而離經叛道。若把他這句話再進一步演繹，則他似乎在說，他不滿當時的滿清官僚，因為他們說一套但做的卻是另一套，所以他佩服那些身體力行的基督教傳教士，並因而決定受洗進入基督教。後來，儘管在五四運動中差不多全國學子都高呼打倒孔家店，但孫中山並沒有隨波逐流，反而在1924年於其三民主義演講中，高度讚揚儒家的王道等價值觀。可見聖賢古訓對他影響之深。但他到底由於一時衝動而與乃兄決裂了，這行動本身就是離經叛道。當孫中山冷靜下來時，能無悔意？

那麼，喜嘉理又可曾為自己那翠亨村之行導致孫中山兄弟決裂而後悔？1884年的喜嘉理肯定是不會的。分析當時他寫給總部的書信，他巴不得信教的人都與其固執迷信的親人決裂，又何來悔意？但若孫中山已經因為與親人決裂而後悔，但導致他兄弟決裂的人卻幸災樂禍，他心裏會怎麼想？喜嘉理自以為是，從下列事例可見一斑。他認為在廣州傳教已有四十年的長老會傳

411　見本章第十四節。

412　Question 8, General Intelligence Examination Paper, Tables and Papers connected with the examination of the First Class held at the Government Central School during the week 9-16 January 1886, Government Notification No. 24, 23 January 1886, *Hong Kong Government Gazette,* 23 January 1886, pp. 48-52: at p. 49.

413　林百克著、徐植仁譯《孫逸仙傳記》，頁167-168。原文見Linebarger, *Sun Yat-sen and the Chinese Republic*, p. 189.

教士、後來創立嶺南大學前身的核琶博士（Dr. A. P. Happer）對中國人的性格毫無認識。[414]言下之意，他才到了香港不足三年，就對中國人的性格認識透徹了！這種狂言，也只有這位不顧一切而只顧傳教的喜嘉理才會衝口而出。為何他出此狂言？因為，對於綱紀慎會應該如何在廣東地區展開傳教的問題，核琶博士與喜嘉理意見分歧也。[415]

二十五、「推」、「拉」之間

用上述「推」「拉」的譬如，本章目前所述者皆「推」，即事態發展把孫中山「推」離其對自己當耶教傳教士的想法。下面淺談他在香港讀書的中學時代，把他「拉」向革命的實例，其中包括：

第一、1884年7月27日發生了一件足以大大挑起其民族主義情緒的事情。當天，與孫中山同時住在比列者士街二號、喜嘉理牧師所設福音堂兼宿舍的廚子曹國謙（音譯），和該福音堂主日學的主管宋毓林，共同坐在一張公共長椅上欣賞從軍營裏傳出來的、當地駐軍演奏的銅管樂。突然來了一位英國人查爾斯・邦德，高舉手仗，像趕狗般要趕他們離座，以便他自己和他的妻、女能坐下來。宋毓林乖乖地站起來走開。廚子卻勃然大怒，用「洋涇浜」英語（Pidgin English）指着該英人臭罵曰：「你又不是什麼達官貴人，憑什麼趕我走，你狗娘養的！」說罷拉開架子就要跟該英霸廝打。[416]英霸外強中乾，不敢接招之餘卻召來警察。警察把廚子逮捕，罰款三元後才把他釋放。按當時香港法律，公共長椅是專為歐洲人而設，華人儘管是先到也不許

---

414 "One missionary alone (Rev. A.P. Happer, D.D Presbyterian) coincides with the Pacific view, and *he does not know the Chinese*, although he has been 40 years in China." — Hager to Smith, 1 June 1885, ABC16.3.3: South China, v. 4, no. 30, p. 4.

415 Ibid.

416 *China Mail,* 28 July 1884, quoted in Carl T. Smith, *Chinese Christians* (Hona Kong: Hona Kong University Press, 2005), p. 90. 筆者對該書所引這條史料極感興趣，欲觀全豹，故於2003年12月11日再飛往香港與香港檔案館的許崇德先生並肩作戰，把該報紙前前後後地翻遍了，就是沒找到。再查該作者存放在該館的研究卡片，也無蹤影。致電該作者候教，則說去了澳門。沒法之餘，只好委託許崇德先生繼續為我聯繫。若等到本書付梓時仍無音信，則保留此註，留待將來追查。

先得。[417] 此外，當時香港佣人之如廚子等的工資每月只得八元左右。[418] 該廚子被欺負以後還被罰了約半個月的工資，氣憤可知。他天天為孫中山等燒飯，向這位年輕人訴點苦水，在所難免。宋毓林則是喜嘉理牧師第一位在香港領洗入教的人（孫中山是第二位），[419] 與孫中山有「同窗」之誼。孫中山聽了兩人的遭遇後，心中會有何感想？

　　第二、1884年8至10月，在中法戰爭期間，攻打臺灣受創的法國軍艦開到香港，華工拒絕為其修理。法國商船開到香港，艇工拒絕為其卸貨。香港政府對該等工人罰款，導致全港苦力大罷工。罷工工人與警察摩擦之餘又導致警察開槍，造成不少傷亡。[420] 香港的《循環日報》評論說：「中法自開仗之後，華人心存敵愾，無論商賈役夫，亦義切同仇……此可見我華人一心為國，眾志成城，各具折衝禦侮之才，大有滅此朝吃之勢。」[421] 孫中山耳聞目染，大受影響。翌年清朝其實沒有打敗卻屈辱求和，對孫中山更是一個很大的衝擊。事後他回憶說：「予自乙酉中法戰敗之年，始決傾清廷，創建民國之志。」[422] 這段回憶，佐證了本書開宗明義第一條，即孫中山自稱其走上革命道路，是由於在香港唸書時所受到的影響。[423] 回顧1883底年孫中山受洗時，為他洗禮的喜嘉理牧師觀察到他虔誠之至，甚至萌芽了當傳教士之想。[424] 曾幾何時，孫中山現在又說要從事革命。但竊以為人的思想瞬息萬變，此時作是想，那刻又作他想。這一切都是人性自然的表現。孫中山最後決定採取革命行動，還有待1894年甲午中日戰爭爆發，中國慘敗之時；因

417　Carl T. Smith, *Chinese Christians*, p. 91.

418　Carl T. Smith, *A Sense of History* (Hona Kong: Hona Kong Educational Publishing Company, 1995), p. 330.

419　《中華基督教會公理堂慶祝辛亥革命七十周年特刊》，頁2。

420　Tsai Jung-fang, *Hong Kong in Chinese History: Community and Social Unrest in the British Colony, 1842-1913* (New York: Columbia University Press, 1993), pp. 142-146.

421　香港《循環日報》，1884年10月9日。

422　孫中山：〈建國方略：孫文學說，第八章：「有志竟成」〉，《國父全集》，第一冊，頁409。《孫中山全集》，第六卷，頁229。

423　Hong Kong *China Mail*, Wednesday 21 February 1923.

424　〈美國喜嘉理牧師關於孫總理信教之追述〉，載馮自由：《革命逸史》，第二集，頁12-17：其中頁14。

為，他隨即赴檀成立興中會，是為中國近代史上第一個革命黨。

第三、香港中央書院大考時有下列這麼一道漢譯英的考試題目：

水為朝夕烹飪之需必求清潔方合飲食之宜鄉村近山之地水多不潔飲之
輒易生病此其故亦緣中國以近山附郭之區為墳墓所在掩埋淺薄猝遇暴
雨沖刷冢多積屍穢水不免混注於溪澗之中人所食之癘疾遂起。[425]

這段沒有標點的文言文，是1888年1月大考的漢譯英題。當時孫中山已
經離開了中央書院，而在西醫書院唸醫科了。故表面上，此道試題似乎與孫
中山無關。不！根筆者考證：

（1）中央書院翻譯這門課，是有課本的。

（2）當時課本一經編定，便長期使用，多年不變。該校過去甚至有一
個制度，學生向校方租用教科書，每本每年租金港幣十元，升班或畢業時交
還校方。[426]

（3）考試時，老師就從課本之中抽一兩段給考生翻譯，以至教育署派
到該校的主考官抱怨說，由於上課時學生把老師教導他們的譯文死背硬記，
考試時就憑記憶把譯文默寫出來，只有極少數高年級的考生能靈活地運用語
法翻譯。[427]

（4）當時的中央書院不容許選修，凡是在那一級所開的課程，該級學

425　Translation from Chinese into English, First Class Examination, January 1888, Tables and Papers connected with the examination of the First Class at the Government Central School, Government Notification No. 37, *The Hongkong Government Gazette*, 28 January 1888, pp. 89-93: at p. 93.

426　Item 10, in *Report by the Head Master of the Government Central School, Mr Geo. H. Bateson Wright, to the Colonial Secretary, The Hon. W.H. Marsh*, 3 January 1885, attached to E. J. Eitel, *Educational Report for 1884*, Hong Kong, Education Department, 25 February 1885; Government Notification No. 24; Presented to the Legislative Council by command of His Excellency the Governor, n.d, Government Notification No. 24, *Hong Kong Legislative Council Sessional Papers 1885*, pp. 241-258: at p. 247.

427　R.F. Cobbold and Thomas W. Pearce, Joint Examiners, to the Governing Body of Queen's College, 31 January 1896, in Government Notification No. 49, *Hong Kong Government Gazette*, 15 February 1896, pp. 120-124: at p. 124.

生都必須攻讀。[428] 儘管是翻譯課中的漢譯英，哪怕是漢語根柢極差的洋學生也必須勉為其難。既然上文已經考證出，孫中山在1886年極可能已經是第一級高班的學生，[429] 而第一級高班的課程又包括翻譯，故孫中山肯定讀過該課本。

這個發現，非同小可。筆者連忙再次趕往翠亨村實地調查，考察孫中山童年從其取水回家飲用的山水井。結果發覺該井就在金檳榔山山腳，且赫然看到山上有多穴墳墓。後來楊鶴齡去世後，他的屍體竟然也葬在這山水井之上的金檳榔山山腰！

當孫中山在課堂上讀到上述引文，突然想起他多年從金檳榔山山腳的水井中挑回家飲用的山水，原來滲有死屍水！心裏會怎麼想？接下來會產生怎麼樣的情緒？後來他憤怒地對翠亨村的同鄉說：「天子替你們在這翠亨村幹了什麼事呢？沒有！」[430] 陳建華教授認為村民一般把弊政歸咎於地方政府，孫中山卻直接怪罪於天子，殊不合普通故事常例，卻符合偉人傳記應有的情節。陳建華此說甚有見地。但沿着他這思路想下去，結論必然是：孫中山「自小就有帝王思想」，[431]「足以說明他的狂妄。」[432] 但陳建華鄭重地補充說，由於「中山先生堅持『共和』」，反而「顯得更為可貴」。[433] 筆者在鑽研和撰寫了《孫逸仙倫敦蒙難真相》、[434]《孫逸仙在倫敦：三民主義思想探

428　Item 4, in *Annual Report of the Head Master of the Government Central School for 1887*, 16 January 1888, by Geo. H. Bateson Wright to the Honourable Frederick Stewart, Colonial Secretary; Presented to the Legislative Council by command of H.E. the Governor, n.d., Government Notification No. 2/88, *Hong Kong Legislative Council Sessional Papers 1888:* pp. 107-110: at pp. 107-108.

429　見本書第六章的考證。

430　林百克著，徐植仁譯：《孫逸仙傳記》，頁137。

431　陳建華：〈孫中山與現代中國「革命」話語關係考釋〉，載《「革命」的現代性——中國革命話語考論》（上海：上海古籍出版社，2000），頁60-150：其中頁102。

432　同上註，頁103。

433　同上註，頁107。

434　*The Origins of An Heroic Image*。漢語版見黃宇和：《孫逸仙倫敦蒙難真相：從未披露的史實》（臺北：聯經，1998）。漢語簡體字版則見黃宇和：《孫逸仙倫敦蒙難真相》（上海：上海書店，2004）。

圖5.17 翠亨村金檳榔山腳的山水井

圖5.18 翠亨村金檳榔山腰的楊鶴齡墓

源》[435] 及《中山先生與英國》[436] 之後，對孫中山畢生行事方式有了一定程度的了解後，覺得他誇誇其談有之，狂妄則不至於此。那麼，為何他不罵別人，卻專門罵天子？

於是筆者另闢思路：英國人從1841年佔領香港的港島以後，馬上着手基本建設。港島本來就是光禿禿的，食水奇缺。開埠後人口激增，食水更成問題。香港殖民地政府最初是打井以及在主要溪流上游蓋建儲水池等，皆不敷應用。於是在1859年10月14日懸賞1,000英鎊，徵求開發水源的方案，並撥款25,000英鎊備用。1863年建成薄扶林水塘，以後不斷把該水塘的水壩加高及擴大集水區，至1877年全部竣工時，集水區共416英畝（即1,683,552平方米），蓄水量6,800加侖（即30,913公升）。[437]

該水塘距離市區很遠，於是香港政府就不惜工本建設一條長長的暗渠，把乾淨的食水引到市區，供市民飲用。目前港島半山區的干德道，是英文conduit的英譯，而conduit是暗渠的意思。當年把食水從薄扶林水塘引到中區的暗渠，就是沿目前半山區干德道這條路線走。1965至1968年間，筆者在香港大學唸書而在盧格堂（Lugard Hall）宿舍寄宿，每天清晨沿干德道跑步，神遊冥想1883至1892年間，孫中山在香港讀書時，他在干德道下面的拔萃書室、中央書院和西醫書院的食水，都是來自薄扶林水塘。1967年的夏天，筆者在薄扶林水塘腳下、附屬香港大學的「大學堂宿舍」（University Hall）暫住，晨昏均在水塘旁邊的小路散步。水塘三面環山，山上沒有一座墳墓，沒有一幢民居，有的是純粹的大自然，有的是青蔥樹木、語鳥花香。置身其中，恍若世外桃源。

筆者不禁又神遊冥想當年在香港求學的孫中山，所喝的水，就是來自這水塘。當他喝這乾淨的山水時，回想故鄉翠亨村緊靠檳榔山山腳那受污染了的井水，心情會怎樣？改渴其他水井的水不行嗎？筆者頻頻跑翠亨村實地調查時，發覺村內無處不是井，大戶人家還有自己家裏的私人水井，當今孫中

435　黃宇和：《孫中山在倫敦，1896-1897：三民主義思想探源》（臺北：聯經，2007）。

436　黃宇和：《中山先生與英國》（臺北：學生書局，2005）。

437　http://www.info.gov.hk/water150/mbook/ENG/Construction/construction_pl_content_txt.html, accessed on 2 May 2006.

圖5.19　香港薄扶林水塘

圖5.20　翠亨村附近最高的山頭——犛頭尖山頂

山故居之內也有一口水井。筆者詢諸翠亨村村民，他們都異口同聲地說，村內水井的水質不好，不能渴，只能作洗滌之用。但他們又說不出一個道理。筆者另闢巧徑，爬上翠亨村附近最高的山頭——犁頭尖山，環視周遭環境。

從犁頭尖山頂俯視翠亨村，發覺該村位於五桂山脈眾多山谷之中朝東的一個山谷。該山谷狹而長，三面環山。金檳榔山在東偏南，犁頭尖山在北方，五桂山最高的主脈在西南。據考證，該主脈海拔是531米，[438] 在此發源的一條小溪，過去名叫石門溪，[439] 現在稱蘭溪，由西往東流。蘭溪兩旁有果園、菜地，也有稻田，青蔥怡人，甚為優美。這個山谷，無以名之，美國人林柏克似乎是按照孫中山意思而稱之為 Blue Valley[440]（碧翠的山谷，簡稱翠谷），筆者覺得此詞甚富詩意，一直沿用至今。當蘭溪流了約四公里而到達翠亨村附近時，就拐一個彎，改向東北方向流，注入珠江。[441] 翠亨村位該山谷靠近珠江的地方，筆者深深地吸了口新鮮空氣，凝視該谷，陷入沉思：地下水多從五桂山主脈流來，經過不少農地、果園，才進入翠亨村。農民在農地上施肥，孫中山那個時代所用的肥料都是人、畜的糞便。口述歷史說：孫中山的父親孫達成，就曾經挑糞經過楊氏大宅時，臭氣熏天，被乳臭未乾的楊寶常當場斥責。[442] 筆者曾審視過翠亨村的農地，發覺沙多泥少，糞便很快就會浸入地下水，流進翠亨村家家戶戶的水井，從該等水井取水煮飯泡茶，一定異味難當。

村內的水不能渴，山水井的水又不宜渴，全村沒有能渴的乾淨水！孫中山憤怒地提問：為何遠在天邊的英國王帝能為香港殖民地解決食水問題，中國的天子對腳下的翠亨村子民就漠不關心？

孫中山憑什麼認為英國的維多利亞女王，為遙遠的香港解決了食水問題？香港殖民地政府所幹的一切，皆以英女王陛下的名義進行。君不見，

438　黃宇和：〈翠亨調查報告〉（手稿），2007年9月28日。

439　厲式金主修：《香山縣志續編》，卷二、輿地、山川，頁11a。

440　Linebarger, *Sun Yat-sen and the Chinese Republic*, p. 1

441　黃宇和：〈翠亨調查報告〉（手稿），2007年9月28日。

442　李伯新採訪陸天祥（八十六歲），1962年5月23日，載李伯新：《孫中山史蹟憶訪錄》，頁68-70：其中頁69-70。

圖5.21　從犛頭尖山俯視翠亨村所在之山谷
（孫中山故居紀念館供圖）

在孫中山那個時代，所有香港政府發出的公函所用之信封，上面都印有 "On Her Majesty's Service" 為〔為女王陛下服務〕等字樣？實情也符合這名義：香港殖民地政府決定建築薄扶林水塘，必須請示遠在倫敦的殖民地部大臣，說明理由，開列所需費用，需時多久等情。獲其批准，才能動工。[443] 倫敦的殖民地部大臣用以寄出其批示到香港的公函所用之信封，上面同樣印有 "On Her Majesty's Service"〔為女王陛下服務〕等字樣。

英女王不單為香港居民建築了薄扶林水塘，還在孫中山抵達香港讀書的1883年，容量更大的大潭水塘建築工程又如火如荼地展開了。塘址在港島南部，水壩用花崗石和混凝土建造，壩高27.432 公尺，寬121.92公尺，壩基厚18.288公尺。配套工程有三：

(1) 一條長2,219.192公尺的隧道，貫穿黃泥涌峽谷；

(2) 一條長5,027公尺的引水道，用石頭和磚塊砌成；

(3) 六個濾水池，總面積達2,712.82平方米，池深9.144米，每天可過濾2,5912,200公升的水。

第一期工程在1888年完成，已耗資1,250,000元。該水塘儲水量250,000,000加侖（即1,136,500,000公升）![444] 當時孫中山在香港西醫學院唸第二年級，全港上下歡騰，熱烈慶祝之際，孫中山回顧翠亨故鄉的食水，心中會有何感想！

筆者從孫中山在香港的生活體驗出發，來考慮他那怒斥中國天子的話，就覺得該話是青少年狂怒髮衝冠時自然感情的爆發，而絲毫不存在着「帝王思想」、[445]「狂妄」[446] 等等因素。

怒斥天子就是造反了！現實生活把他「拉」向革命！

443　且不要說建造水庫這麼大的工程，就是花5,000元，作為補助拔萃書院擴建工程費用的一半，香港總督也必須請示殖民地部大臣。見 Extracts from the Minute Books, 18 August 1891, in Rev W. T. Featherstone, (comp.), *The Diocesan Boys School and Orphanage, Hong Kong* (Hong Kong: Ye Olde Printers, 1930), p. 106.

444　http://www.info.gov.hk/water150/mbook/ENG/Construction/construction_p1_frm.html

445　陳建華：〈孫中山與現代中國「革命」話語關係考釋〉，載《「革命」的現代性——中國革命話語考論》，頁60-150：其中頁102。

446　同上註，頁103。

第六章

大專時代：
寓廣州博濟醫院及香港雅麗氏（拿打素）醫院的兩所西醫書院

一、廣州博濟醫院

上章提到，孫中山在香港中央書院讀書直到1886年放暑假時，就離開了。當時美國傳教士在廣州已經設有博濟醫院（Canton Hospital），兼授醫學，於是孫中山就求助於同是美國傳教士的喜嘉理牧師，請其介紹給該院院長嘉約翰牧師醫生（Rev. Dr John Kerr）。[1] 1886年秋，孫中山就到該院習醫了。[2]

博濟醫院在1835年由美國醫療傳教士創立，附屬醫學院則成立於1855年。最初只收男生，1879年開始兼收女生，全部在醫院裏寄宿。[3] 孫中山住在哥利支堂十號宿舍。同學男十二人，女四人。[4] 學習甫開始，孫中山從西方教育中所學到的那種獨立思考，馬上讓他顯得鶴立雞群。事緣該院考慮到中國「男女授受不親」的傳統，禁止男生到產房做接生實習。孫中山對嘉約翰院長說：「學生畢業後行醫救人，遇有產科病症也要診治。為了使學生獲得醫學技術，將來能對病者負責，應當改變這種不合理的規定。」嘉約翰院長從善如流，接納了他的建議，從此男生也能參加產科的臨床實習。[5]

據云孫中山在宿舍中藏有自置之二十四史全部。「學友每嘲笑之，以為購置此書，不事攻讀，只供陳設而已。一日，同學何允文抽檢一冊，考問其內容，思以難之。先生應對如流，分毫不爽。歷試數冊，皆然。允文驚奇

---

1 Charles Robert Hager, "Dr Sun Yat Sen: Some Personal Reminiscences," *The Missionary Herald* (Boston, April 1912), pp. 171-174: at p. 172, col. 2.

2 《國父年譜》（1985），上冊，頁41，1886年條。

3 孫逸仙博士醫學院籌備會編：《總理業醫生活史》（廣州：c. 1935）。

4 簡又文：〈總理少年時期逸事〉，載《國父文物展覽會特刊》（廣州：廣東省立文獻館，1946），轉引於《國父年譜》（1985），上冊，頁41，1886年條。

5 據劉謙一口述，載黃彥、李伯新：〈孫中山的家庭出身和早期事跡〉，載《廣東文史資料》，第二十五輯：孫中山史料專輯（廣州：廣東人民出版社，1979），頁274-290：其中287。劉謙一乃孫中山在廣州博濟醫院讀書時的同學，見同書頁276。

欽佩。」[6] 又有當年博濟學友回憶說，孫中山「平時寡言笑，有事則議論滔滔，三教九流，皆可共語」。[7] 所謂冰凍三尺，非一日之寒。孫中山甫進醫學院已經對二十四史和三教九流如此稔熟，顯示他在此之前已經通過自學而讀過有關典籍。

上段兩宗記載，有其他史料佐證。翠亨村耆老陸天祥就親眼看過孫中山在故居的藏書部分，其中有《三國志》、《水滸傳》、《東周列國志》[8]、《四書備註》[9] 等。故居現在則藏有《太平天國演義》、《孫子兵法》、《八家討論集》和韓愈、柳宗元、三蘇、王安石、歐陽修、曾國藩等人的文集。[10] 可見孫中山所看的中國書是比較廣的。

入讀博濟醫院的附屬西醫書院後，仍然於課餘時間勤修國學。廣州國學人才濟濟，比香港更易覓名師，故不久即從陳仲堯學習。[11] 一說從「陳慕儒秀才補習，不但孔孟之道學說，諸子百家古籍，同樣愛讀」，[12] 則不知這位陳慕儒是否即陳仲堯？

《國父年譜》（1985年增訂本）更說：「適先生舊交區鳳墀歸自柏林……因相與過從，朝夕契談，倍極歡洽。」[13] 言下之意，孫中山也從區鳳墀那裏學了不少有關國學的東西。所據乃孫中山博士醫學院籌備會編的《總理業醫生活史》。[14] 經考證，此說有兩個錯誤的地方：

6　簡又文：〈總理少年時期逸事〉，轉引於《國父年譜》(1985)，上冊，頁41，1886年條。

7　孫逸仙博士醫學院籌備會編：《總理業醫生活史》，轉引於《國父年譜》(1985)，上冊，頁42，1886年條。

8　李伯新採訪陸天祥（八十六歲），1964年5月13日，載李伯新：《孫中山史蹟憶訪錄》，中山文史第三十八輯（中山：中國人民政治協商會議廣東省中山市委員會文史學習委員會，1996），頁68-71：其中頁69。

9　同上註，頁710。

10　李伯新等採訪楊連合（六十歲），1974年9月17日，載李伯新：《孫中山史蹟憶訪錄》，頁91-94：其中頁92。

11　《國父年譜》(1985年增訂本)，上冊，頁43-44，1886年條。

12　楊連逢複述譚虛谷（孫中山在香港中央書院讀書時的同學）之言，1966年4月無日，載李伯新：《孫中山史蹟憶訪錄》，頁129-131：其中頁129。

13　《國父年譜》(1985年增訂本)，上冊，頁43-44，1886年條。

14　孫逸仙博士醫學院籌備會編：《總理業醫生活史》，轉引於《國父年譜》(1985)，上冊，頁43-44，1886年條，註12。

　　第一、區鳳墀並非適歸自柏林，他是於1890至1894年才應德國柏林大學東方研究所之聘請前往講學四年。[15] 他離開廣州的具體時間是1890年10月。[16] 任滿仍回廣州。[17] 準此，可知1886年孫中山到博濟醫院學醫時，區鳳墀還未去柏林而仍在廣州。

　　第二、孫中山與他也非舊交，關於這一點，本書第五章已有所交代。孫中山之認識區鳳墀，似乎是到了廣州之後，先結交了在博濟醫院任醫務兼翻譯醫書的尹文楷，再通過尹文楷才認識尹的岳父區鳳墀，進而「相與過從」。[18] 但有一點是肯定的，既然孫中山與區鳳墀投契，則他從區鳳墀言談中受惠於區鳳墀的國學修養，甚或不時向他請教，因而提高自己的國學知識，自不在話下。

　　由於孫中山課餘之暇不但勤於國學，且綜論國事及救亡之策，雖人多忽視，卻引起同學鄭士良的注意而與其訂交。鄭士良者，廣東歸善縣淡水墟人。畢業於廣州的德國基督教禮賢會學校，曾受洗為基督徒，與孫中山有共同語言。同樣重要的是，鄭士良乃廣東三合會（又名天地會）眾，該會以反清為宗旨，與孫中山更有共同語言。[19] 幾年以後鄭士良終於表露身份，並於孫中山1895年10月在廣州密謀起義時，號召天地會之會眾參與。[20] 廣州舉義失敗，鄭士良像孫中山一樣逃到香港，接着又與孫中山同坐貨船逃往日本。[21] 後來更參加1900年的惠州起義。可以説，孫中山到廣州博濟醫院習醫

15　Rev. Thomas Pearce to Rev. Warlaw Thompson, 20 February 1895, CWM, South China, Incoming correspondence 1803-1936, Box 13 (1895-97), Folder 1 (1895).

16　Thomas Pearce's Decennial Report (Canton & Outstations) for 1880-1890, 27 February 1891, p. 5. CWM, South China, Reports 1866-1939, Box 2 (1887-97), Envelope 25 (1890).

17　Rev. Thomas Pearce to Rev. Warlaw Thompson, 20 February 1895, CWM, South China, Incoming correspondence 1803-1936, Box 13 (1895-97), Folder 1 (1895).

18　國民黨黨史會：《總理年譜長編鈔本》，頁10，轉載於《國父年譜》（1985），上冊，頁43-44，1886年條。

19　馮自由：《革命逸史》（北京：中華書局，1981年重印），第一冊，頁24。又見《國父年譜》（1985），上冊，頁42-43，1886年條。以後簡稱《革命逸史》（1981）。

20　《國父年譜》（1985），上冊，頁43，1886年條。

21　陳少白：《興中會革命史要》，載柴德賡主編：《中國近代史資料叢刊──辛亥革命》（上海：上海人民出版社，1981），第一冊，頁21-75：其中頁32。以後簡稱《辛亥革命》。

最大的收穫之一，是認識了一位對革命事業忠心耿耿、哪怕暫時仍不顯露其三合會身份的未來戰友。

　　孫中山在廣州博濟醫院習醫時，認識了另一位朋友是尤列。關於尤列之姓氏，該作「尤」還是「尢」，則前香港政府高官尤曾家麗的丈夫尤迪桓是尤列的曾孫，尤曾家麗在年屆五十三歲的2009年向香港大學遞交了一篇碩士論文，題為〈尢列與辛亥革命〉，其中第4頁註釋7提到這個「尢」字有如下解釋：

　　　　「尢」字用作部首，應音「汪」；用作姓則音「由」。尢嘉博著〈尢氏考證〉（載《尢列集》頁329）有詳細說明「尢」字有點無點的因由。他解釋《正字通》、及各大字典如《康熙字典》、《中華大字典》等，皆指出「尢」乃屬「尤」本字。他更憶述尢列的一番話：「無錫尢氏本來亦無點，後來清高宗乾隆皇南遊時，抵無錫，曾將尢字誤寫作尤。族人當即稟告謂尢字並無一點，高宗乃將錯就錯說『既然如此，由朕御賜一點可也』」。尢列既從事反清革命，自然要擯棄所謂的御賜，故堅持以「尢」字為本。

　　鑑於：

　　1. 幾乎所有近代史之史料與史籍均作尤列，若本書改作尢列，會造成不少混亂，甚至讓年輕學子無所適從；

　　2. 據本章第十二節考證所得，尤列僅於早年在香港「四大寇」時代高談反滿，後來從未參加過革命的實際行動，與辛亥革命更是風馬牛不相及。若用諸如「尢列既從事反清革命」之藉口，而把「尤」改作「尢」，屬查無實據。

　　3. 尤列有把此「尤」作彼「尢」的個人自由，其後人所娶的媳婦也有撰文把此「尤」作彼「尢」的個人自由；但若行使此個人自由時，有害公眾利益諸如造成學術界的混亂甚至讓年輕學子無所適從，又犯了查無實據等毛病，則從法律上說，個人自由必須服從公眾利益。

　　4. 若尤曾家麗女士認為其男家應姓「尢」，為何她自己不改姓「尢」？若尤曾家麗自己不改，就無法奢望他人為「尤列」改姓也。

5. 尤曾家麗女士所寫的是尤列傳，卻不在正文談論其姓氏淵源，反而把它貶到註釋中，更難期望史學界遵從尤列先生個人私下對「尢」字之偏愛也。

基於上述理由，本書仍作「尤列」。

言歸正傳，某天孫中山與鄭士良等幾位同學在十三行果攤欲購荔而囊中金盡，囑賣果者翌晨往校取款又遭拒，結果雙方發生爭執，適有博濟畢業生尤裕堂與族人尤列路過該地，裕堂睹狀即代付果價，共同返校。[22] 是夕，眾人以水果宵夜，孫中山興致勃勃地大發議論。尤列正中下懷，蓋尤列也是喜歡高談濶論的人，遂與訂交。尤列者，廣東順德人，少肄業於廣州算術館，充廣東輿圖局測繪生。後來孫中山去了香港新成立的西醫書院讀書，尤列適逢其會也去了香港華民政務司署當書記，[23] 兩人得以繼續高談濶論，更有陳少白與楊鶴齡參加，號稱四大寇。此乃後話。

為何孫中山要轉到香港剛成立的西醫書院學習？用他自己的語言說，是以其「學科較優，而地較自由，可以鼓吹革命，故投香港學校肄業」。[24] 他具體是在什麼時候回香港唸醫科？羅香林教授權威的《國父之大學時代》說是1887年1月。[25] 廣州市中山大學的陳錫祺教授說是1887年9月。[26] 孰是孰非？且看下回分解。在此值得一提的是，1887年冬孫父達成公病篤，孫中山回鄉伺奉湯藥，孝心可見。孫眉聞訊亦自檀香山歸，「兄弟相逢，芥蒂盡釋。」[27] 孫達成終於在1888年3月24日仙遊，[28] 孫中山從香港奔喪，不在話下。

22　馮自由：〈興中會四大寇訂交始末〉，載《革命逸史》（1981），第一冊，頁8-9：其中頁8。

23　馮自由：〈尤列事略〉，載《革命逸史》（1981），第一冊，頁26-28：其中頁26；又見〈尤列事略補述一〉，載《革命逸史》（1981），第一冊，頁29-33：其中頁29-30。

24　孫中山：〈建國方略：孫文學說，第八章：「有志竟成」〉，載《國父全集》，第一冊，頁491。《孫中山全集》，第六卷，頁229。

25　羅香林教授權威的《國父之大學時代》（重慶：獨立出版社，1945），所附學生名錄。

26　見陳錫祺：〈關於孫中山的大學時代〉，載陳錫祺：《孫中山與辛亥革命論集》（廣州：中山大學出版社，1984），頁35-64，其中頁40-44。

27　《國父年譜》（1985），上冊，頁46，1887年冬條。

28　《國父年譜》（1985），上冊，頁47，1886年條，1888年3月24日條。

二、香港西醫書院的創立

有關香港西醫書院的創立這微觀課題，表面上與本書探索孫中山如何走上革命道路之宏觀主旨毫無關係，其實關係可真緊密，因為該書院的創辦人不單對孫中山的抱負有深遠影響，後來更多次拯救他性命。為何多次救他性命？因為康德黎醫生極希望中國現代化，並衷心支持孫中山要促使中國現代化的決心。故必須在此花點筆墨。

1887年8月30日，當時在香港行醫的蘇格蘭人康德黎醫生（James Cantlie, M.A., M.B., F.R.C.S.），召開了一個會議。出席的人士除了召集人康德黎醫生本人以外，還有（按會議記錄名次排列）湛約翰博士牧師（Rev. John Chalmers, M.A., LLD.），何啟醫生大律師（Ho Kai, M.D., C.M., M.R.C.S., Barrister-at-law），楊威廉醫生（William Young, M.D.），孟生醫生（Patrick Manson, M.D., LLD.），格拉醫生（D. Gerlach, M.D.），卡特奧先生（W. E. Crow, Esq.），佐敦醫生（Gregory P. Jordan, M.B., M.R.C.S.）等。康德黎醫生謙虛地把自己的名字排在最後。[29]

筆者發現，出席者全是香港雅麗氏醫院（Alice Memorial Hospital）的在職人員。難怪會議地點是該醫院，時間是當天辦公時間過後的黃昏5時15分。[30]當1886年夏孫中山離開中央書院時。雅麗氏醫院還在建築中，1887年2月17日才完成，並正式啟用。[31]

會議開始。大家公推湛約翰牧師當主席，主持會議。主席就座後，恭請召集人說明他召開這次會議之目的。康德黎醫生就說，曾徵詢過何啟、孟生、佐敦等醫生，大家都覺得成立一所西醫書院是個好主意。於是他就召開這個會議，徵求大家的意見。

經過一番討論後，大家表決一致贊成他的主意。接着主席邀請康德黎醫

29　Minute-book of the Senate, 1st meeting, 30 August 1887, College of Medicine for Chinese, in the Registrar's Office, University of Hong Kong. Cf. *College of Medicine for Chinese, Hong Kong* (Hong Kong, 1887), p. 9, Royal Commonwealth Institute Library.

30　Ibid.

31　Rev. John Chalmers's Decennial Report (Hong Kong District) for 1880-1890, 12 February 1891, pp. 18-21, CWM, South China, Reports 1866-1939, Box 2 (1887-97), Envelope 25 (1890).

圖6.1　雅麗氏醫院（Alice Memorial Hospital），1887年
（倫敦傳道會供圖）

圖6.2　康德黎醫生
（Cantlie, Neil and George Seaver, *Sir James Cantlie: A Romance in Medicine*〔London: John Murray, 1939〕, frontisepiece）

生闡明他構思中的西醫書院藍圖，以資討論。討論結果，由康德黎醫生動議，佐敦醫生附和，一致通過由當天會議出席人士共同組成該西醫書院的學術委員會（Senate），並有權邀請其他人士參加他們的行列。大家推舉孟生醫生為教務長（Dean），負責在當年10月1日於香港大會堂（City Hall）的創校儀式上致創院詞（inaugural address）。同時推舉康德黎醫生為秘書（Secretary），負責印刷創院計劃並廣為傳播，同時在報章上刊登創院啟事。會議又通過了邀請史劍域博士（Hon. Frederick Stewart, *M.A., LLD.*）當名譽院長（Rector），以及香港總督為庇護人（Patron）的決議。最後，會議通過了由該會成員之一的楊威廉醫生，代表學術委員會出席將要成立的西醫書院董事局（Court）會議。[32]

　　經考證，史劍域博士乃香港殖民地政府的輔政司（Colonial Secretary）。[33]他不可能親躬院長之事，故筆者把Rector一字翻譯成名譽院長。當然香港總督之為該校庇護人（Patron），也屬名譽性質。學術委員會之決議邀請香港政府第二號人物輔政司，和香港第一號人物香港總督，分別充當名譽院長與庇護人，目的無疑是希望借助兩人的地位作號召。此舉只不過是沿襲蘇格蘭大學傳統之以名人作號召而已，別無他意。準此，竊以為羅香林先生之把Rector一字翻譯為掌院，並說他總領院務，[34]是一種誤解。《國父年譜》[35]和《孫中山年譜長編》[36]將其轉錄，是以訛傳訛。奈何編者職在編書，所賴乃同行的科研成果，同行搞錯了，編者與讀者同時遭殃。願與同行共勉之。

　　既然總領院務的人並非院長，那麼剩下來的就只有教務長了。孟生醫生這位教務長，在1889年2月就辭掉一切職務回英國去了，教務長一職又落到

32　Minute-book of the Senate, 1st meeting, 30 August 1887, College of Medicine for Chinese, in the Registrar's Office, University of Hong Kong.

33　See Geo. H. Bateson Wright, Head Master of the Government Central School, to the Hon. Frederick Stewart, LL.D, Colonial Secretary, 16 January 1888, Government Notification No. 2/88, Presented to the Legislative Council by Command of H.E. the Governor, n.d.; *Hong Kong Administrative Report, 1888*, pp. 107-109.

34　羅香林：《國父之大學時代》，頁17。

35　《國父年譜》（1985），上冊，頁46，1887年10月條。

36　《孫中山年譜長篇》，上冊，頁46，1887年9月條。

康德黎醫生這位倡議建立西醫書院的人身上。[37]

　　1887年9月27日，西醫書院董事局舉行第一次會議。出席者有：康德黎醫生、孟生醫生、楊威廉醫生和他們邀請來當西醫書院名譽校長的史剣域博士。會議一致通過邀請雅麗氏醫院派出代表，作為董事局成員之一，並決定首任代表應為湛約翰牧師。[38] 由此可知，根據西醫書院的憲法，西醫書院是一個完全獨立於雅麗氏醫院的單位：雅麗氏醫院借出地方給予西醫書院師生上課、實習和提供宿舍飯堂；如此而已，其他就沒什麼直接的法律關係了。對這一點，湛約翰牧師最清楚不過。[39] 而康德黎醫生為了強調這一點，以後凡是西醫書院學術委員會開會，他都特意安排在雅麗氏醫院以外的地方。以至第二次[40]和第三次[41]會議就在香港會（Hong Kong Club）召開。以後為了節省時間，更乾脆就在康德黎醫生那所位於滙豐銀行大樓內的醫館裏舉行。

　　這種法律概念，以孫中山和康德黎醫生關係之親切（見下文），相信孫中山會毫不猶疑地向恩師詢問，而恩師也會毫無保留地向他解釋。後來果然有雅麗氏醫院的神職人員試圖干擾西醫書院的正常運作，自然就會引起西醫書院師生——包括康德黎和孫中山——的不滿。這種糾紛直接影響到孫中山最終走向革命道路的選擇（詳見下文）。

　　1887年9月29日，西醫書院學術委員會舉行第二次會議，授權該院秘書康德黎醫生找印刷商來印刷西醫書院公用信箋、購買筆記簿以便開課時分發給學員、學生上課點名冊（class registers）以及一應文具等。[42]

37　Minute-book of the Senate, 7th meeting, 9 February 1889, College of Medicine for Chinese, in the Registrar's Office, University of Hong Kong.

38　Minute-book of the Court, 1st Meeting, 27 September 1887, College of Medicine for Chinese, in the Registrar's Office, University of Hong Kong. There were only three donors and three subscribers this round, yielding a total of $305.

39　Rev. John Chalmers's report for 1887, 6 March 1888, CWM, South China, Reports 1866-1939, Box (1887-97), Envelope 22 (1887).

40　Minute-book of the Senate, 2nd meeting, 29 August 1887, College of Medicine for Chinese, deposited in the Registrar's Office, University of Hong Kong.

41　Minute-book of the Senate, 3rd meeting, 23 December 1887, College of Medicine for Chinese, deposited in the Registrar's Office, University of Hong Kong.

42　Minute-book of the Senate, 2nd meeting, 29 September 1887, College of Medicine for Chinese, in the Registrar's Office, University of Hong Kong.

　　1887年9月，孫中山從廣州重臨香港，到寓於雅麗氏醫院內的西醫書院報名入學，發覺該院就在港島荷李活道與鴨巴甸街交界處，已改名為維多利亞書院（Victorian College）的中央書院新校舍就在斜對面，步行到原來的中央書院也只需要一分鐘（見本書第三章內的圖3.9）。

　　西醫書院學術委員會的會議記錄證明該西醫書院不曾在1887年10月1日正式成立以前就為學生上課。[43]但竊以為預先招生卻無不可，學生應招似乎不需要通過「統一入學考試」之類的手續，有意者謁見過康德黎醫生後，得他首肯便可報名入學。筆者這種想法是基於一份主證和兩份旁證。主證是後來繼康德黎醫生出任該西醫書院學術委員會秘書的湯姆生醫生，[44]他公文承認學生入學時，歷來是不須預先考核的。[45]旁證則有二。第一、康德黎自己說，當初有二十四位少男來謁並要求入學。[46]第二、後來陳少白經孫中山引謁康德黎並經他首肯後便上課了。[47]

　　1887年10月1日星期六，香港西醫書院於香港大會堂正式宣佈成立了。

　　孫中山與同學們清早從雅麗氏醫院內的宿舍起來，早餐過後即列隊步行到香港大會堂，參加他們西醫書院的成立典禮。他們進入大會堂後，與其他華人坐在一起時，裝束顯得非常和諧──都是清一色的長袍馬褂，長長的辮子垂在背上。

43　見陳錫祺：《孫中山與辛亥革命論集》，頁35-64：其中頁40-44。筆者有幸得閱西醫書院學術委員會會議記錄（見上註），確知學院不曾在1887年10月1日星期六宣佈正式成立以前就為學生開課。陳先生推測錯了。但預先招生卻無不可。故入學日期可否酌定為1887年10月3日星期一。學問工夫是一點一滴地建築在前賢的血汗上，信焉！見下註。

44　Minute-book of the Senate, Twelve meeting, 19 January 1891, College of Medicine for Chinese, in the Registrar's Office, University of Hong Kong.

45　B.C. Ayres and J.M. Atkinson, "Reservations by Dr Ayres and Dr Atkinson", paragraph 10, 20 July 1896, pursuant to the "Report of the Committee Appointed by His Excellency by the Governor to Enquire into and Report on the Best Organization for a College of Medicine for Hongkong", 15 July 1896, Hong Kong Legislative Council Sessional Papers 1896, pp. 479-485, No. 30/96, Hong Kong University Libraries http://lib.hku.hk/Digital Initiatives/Hong Kong Government Reports/Sessional Papers1896/College of Medicine.

46　See Neil Cantlie and George Seaver, *Sir James Cantlie: A Romance in* Medicine (London: John Murray, 1939), p. 97

47　Howard L. Boorman, ed., *Biographical Dictionary of Republic China*, 6 vs. (New York: Columbia University Press, 1967-70), v.1, pp. 229-231: entry on "Chen' Shao-pai".

圖6.3　香港大會堂

（1887年10月1日香港西醫書院在此宣佈成立）

　　坐在禮台上的嘉賓就不一樣了，全部西裝革履；當中當然包括何啟醫生，他是雅麗氏醫院的創辦人、英國皇家外科醫學院院士兼大律師。由於他對香港的貢獻鉅大，後來被英女王冊封為爵士。

　　主席是署理香港總督金馬倫少將（Major-General Cameron）。其他嘉賓包括香港殖民地政府的輔政司史釗域博士，他是榮譽院長；英國皇家外科醫學院院士康德黎醫生，他是西醫書院祕書。當然還有教務主任孟生醫生。他對熱帶疾病有深切的研究並取得鉅大成就，正是他發現了瘧疾是由蚊子所傳染的。後來他回到倫敦後，就創辦了倫敦大學之中的熱帶醫學院（School of Tropical Medicine），終於被冊封為爵士。

　　典禮開始，署理港督致開幕辭，孟生醫生宣佈西醫書院成立。他說：

尊敬的署理總督，女士們，先生們：

　　香港西醫書院的學術委員會，特別邀請各位光臨的原因，是希望藉這個機會：

　　1. 向各位宣佈，香港西醫書院，在今天成立了。

　　2. 向各位闡明，本院的宗旨、院規和發展計劃。

　　3. 爭取各位暨廣大社會人士對本院使命的同情和支持。

　　作為本院的教務長，本人謹代表本院同仁說幾句話。

　　香港，雖然自1841年起已成為女王陛下的殖民地；又雖然，香港的人口在不斷地增加、經濟愈來愈繁榮；更雖然，多年以來，已有不少專為華人治病的西式醫院，在中國各通商口岸以及內陸各地陸續成立了；但是，香港——這個應該是中國全面走向文明的帶路人——卻直到今年才成立了一家專門為華人看病的西式醫院〔雅麗氏醫院〕。當然，在今年以前，香港已經有好幾家所謂醫院。但是，儘管是東華醫院吧，也沒達到西方醫院的標準。而其院規、董事局與支持者的取向、醫療方法與行政程序，都不是歐洲式的。至於香港政府設立的、專為市民治病的公立醫院，對廣大華人來說，則除了洋氣太重和規定過嚴以外，還會挑起華人不愉快的情緒，與不吉利的聯想。在過去，不少人為了試圖滿足這種公眾需要，而作過多次努力。最後，在今年

2月，才終於取得成功。那就是雅麗氏醫院的啟用。該院甫啟用，病床馬上就全滿了，門診部大排長龍。可以說，該院在啟用一個月內，就證明它是完全成功的。該院的醫療工作，由本港的四位內科醫生，一位土生土長的外科醫生，以及一批護理人員和學生來擔當。為了使這批護理人員和學生勝任，我們有必要給予他們適當的訓練。談到訓練，教幾位學員與教幾十位學員，沒有什麼分別。教六個學員，與教六十個學員，所需的教員和時間都是一樣。基於這個邏輯，有人就想到，因利乘便地，在雅麗氏醫院裏成立一所西醫書院。因為，在該醫院裏，有的是現成的老師、學生與現成的教學設備。但是，要求該醫院的四位醫生同時又當老師，教授醫科以及有關課目，是太苛刻了。因此，這四位醫生又邀請了其他醫生，在他們各自的專業範圍內，傳授他們的專業知識。

由於西醫書院用英語教學，所以學員們都必須具備基本的英語知識。香港政府設立的中央書院的畢業生，都具備這種條件。所以，我們不缺乏學員。目前，我們已經錄取了數目可觀的學員。將來，他們經過四、五年的學習與實習，筆試與口試都及格的話，我們將會給他們頒發執照，批准他們以本西醫書院的名義行醫。

西醫書院的日常行政，將由行政首長執行。從第二年開始，行政首長將由學員們每年公舉。西醫書院的成員大會，由該院的全體老師暨畢業生（愈多畢業生參與愈好）組成，每年舉行一次會議，討論有關該院的大事，並作出相應的決定。西醫書院的學術委員會，由該院全體老師組成，任務是設計教程和執行教學計劃。西醫書院的校務委員會，是該院的最高權力機關，成員是行政首長、學術委員會的一位代表、雅麗氏醫院的一位代表、西醫書院行政首長所聘請的律師、西醫書院的教務長和一位秘書。

上述就是發起建立西醫書院的過程及有關規定。其目標，當然是要把西方的醫療科學傳遍全中國，以便減少人民的痛苦，延長其壽命，以及提高其衛生條件來增加其生活上的舒適。毫無疑問，我們的工作是符合實際需要的。但是，我同時也可以想像到，有人會反對由香港來負擔這重任。他們會說：為什麼不在中國大陸裏邊推行這項工

作？為什麼不在北京、天津、上海、廣州或其他大城市，分別或同時進行？說實在的，已經有人在這些城市和其他地方不斷地作過同樣的嘗試。但是，到目前為止，他們所取得的成績是非常有限的。他們所遇到的困難，集中體現在醫師不足——一位、兩位、頂多是三位。在醫師人數少得這麼可憐的情況下，儘管他們有天大的魄力與良好的健康，也寸步為艱。不錯，這些開荒牛都曾經用他們的血汗取得了驕人的成績，像合遜牧師醫生（Rev. Dr. Hobson）那忘我的勞動、嘉約翰牧師醫生（Rev. Dr John Kerr）之在廣州、麥肯思牧師醫生（Rev. Dr MacKenzie）之在天津、麥爾斯牧師醫生（Rev. Dr Morse）之在臺灣等。還有其他的、不太著名但同樣可敬的醫師，在默默地耕耘。但是，他們所作出的一切努力，都是沒有組織起來的個別行動。他們所建立起來的每一所小型西醫書院，能維持多久，則視乎其創立人的健康、精力、或其壽命之長短。正因為如此，每一所小型西醫書院都可以隨時關閉，以致前功盡費。本人就認識了一位、兩位甚至三位這樣的醫師。他們致力於醫治和傳授醫療知識予華人。他們是我最尊敬的人。他們是醫學界中的伽拉哈斯爵士（Sir Galahads）。他們獻身於中國內陸非常落後的小鎮，周遭都是貧窮、污垢和疾病。他們放棄了原有的舒適生活，遠離了親戚朋友，在沒有同情與鼓勵的情況下，他們靜靜地、悄悄地、近乎成功地追求他們崇高的理想。他們不希罕別人的讚揚，甚至不願意別人讚揚。他們對自己的壯舉三緘其口。他們儘管在寫報告給總部時，也不願意多談。當我跟他們見面時，和目睹或耳聞他們的壯舉，我當然欽佩他們的品德和讚揚他們大無畏的精神。但也不禁為他們惋惜，惋惜他們巨人般的精力、學問、才智和魄力，由於沒有組織起來而被迫單幹。結果徒勞無功，或頂多事倍功半。我們固然可以說，從來沒有任何一個好人是白活的，也沒有任何一樁善舉會被人遺忘。但是，在今天，如果要高效率地工作，則哪怕是伽拉哈斯爵士，也必須作為一個有紀律的團隊成員來戰鬥。[48]

48　孟生：〈教務長在香港西醫學院開院典禮上致詞〉，1887年10月1日；地點：香港大會堂典禮主持人：署理港督；黃宇和譯自該院出版的單行本題為 "The Dean's Inaugural Address"。

該院其他醫師相繼發言，還有香港首席外科醫官（Surgeon-General）。最後署理港督宣佈閉幕並感謝大家出席。[49]

這是孫中山有生以來第一次參加這麼隆重的西方式典禮，出席者都是香港政府的最高領導，場面遠遠超越他過去所經歷過的翠亨村村塾、意奧蘭尼學校、奧阿厚書院預備學校和博濟醫院。區區一所西醫書院的成立，竟然如此大費周章，比諸1887年2月17日，雅麗氏醫院以簡單祈禱的形式開幕，真有天淵之別！這樣加以比較，就讓孫中山深深地體會到英國人極度重視權力的劃分：這個典禮是一個莊嚴的宣言，它宣佈西醫書院是一個完全獨立的個體，它與雅麗氏醫院的關係只限於借用其地方開課，教授同時又是為該醫院義務服務的醫生，學生借該醫院上課、實習、值班；在該醫院的飯堂吃飯；在該醫院的宿舍居住，如此而已。雅麗氏醫院同時也招收自己的學生，在該院學習與服務。

那麼，孫中山何時正式上課？竊以為是1887年10月3日星期一。因為：

第一、香港西醫書院已由孟生醫生在1887年10月1日星期六於香港大會堂宣佈過正式成立了。[50]該院從此便可以名正言順地開課。

第二、西醫書院學術委員會舉行第二次會議，通過康德黎所講授的解剖學逢星期一到星期五的早上7時30分上課。[51]而康德黎自己又說，孫中山是第一位加入該課程的人。[52]

第三、康德黎在1887年10月9日星期天即舉行解剖學測驗，看來是要檢查學員的進展程度，而這次測驗孫中山榜上有名。[53]別以為星期天康德黎就不舉行考試：這位活躍的醫生當時忙到逼得把一切在雅麗氏醫院進行的手術

49　Hong Kong *Daily Press*, 3 October 1887.

50　Hong Kong *China Mail,* Saturday 1 October 1887; Hong Kong *Daily Press,* Monday 3 October 1887.

51　Minute-book of the Senate, 2nd meeting, 29 September 1887, College of Medicine for Chinese, in the Registrar's Office, University of Hong Kong.

52　See Neil Cantlie and George Seaver, *Sir James Cantlie: A Romance in Medicine*, p. 97.

53　List of examinees, [1887], and Sun Yatsen's handwritten examinations scripts for Anatomy, 9 Octoher 1887, Wellcome Institute Western MS 2934.

都安排在星期天。[54]

把1887年10月3日星期一酌定為孫中山在西醫書院上課的第一天，帶來了兩個後果：

第一、我們因此知道孫中山不多不少地唸了英國式的正規醫科五年並如期畢業；因為據考證，他是在1892年7月23日畢業的。[55] 從1887年10月3日到在1892年7月23日，加上1892年7月開始的暑假，剛好是五年，符合英國醫科五年制的規定。若羅香林教授所倡的1887年1月入學屬實，則孫中山唸了共五年半的西醫科課程，會引起孫中山是否因為某些學科不過關而留級半年的誤會。

第二、有關孫中山具體何時入學的爭論，可告一段落。首先，在上述眾多確鑿史料面前，羅香林教授在其權威的《國父之大學時代》中所倡的1887年1月入學之說，[56] 再也站不住腳。因為在1887年1月，西醫書院還未成立，從何入學？至於陳錫祺教授所持的1887年9月，[57] 則筆者有幸得閱西醫書院學術委員會會議記錄（見上文），確知該院不曾在1887年10月1日星期六宣佈正式成立以前就為學生上課。故竊以為陳先生的推斷是錯誤了。而推斷錯誤的原因，竊以為可能是由於中國大學一般在9月1日左右開課，而英國大學一般是10月1日左右開課。陳錫祺教授習慣於中國大學的運作規律，以致作出孫中山是1887年9月開課的推測。

54　Dr John Thomson's supplementary report for 1889, 14 February 1890, paragraph 17, CWM, South China, Reports 1866-1939, Box 2 (1887-97), Envelope 24 (1899). See also Dr John Thomson's supplementary report for 1893, - January 1894, Section 6 "Observance of the Lord's Day", CWM, South China, Reports 1866-1939, Box 2 (1887-97), Envelope 28 (1893).

55　Anon, "College of Medicine for Chinese — Presentation of Diplomas by Sir William Robinson", *China Mail,* Saturday 23 July 1892, p. 3, cols. 1-5.

56　羅香林：《國父之大學時代》，所附學生名錄。

57　陳錫祺：〈關於孫中山的大學時代〉，載陳錫祺：《孫中山與辛亥革命論集》，頁35-64：其中頁40-44。

三、康德黎醫生倡議並孕育了西醫書院

酌定了孫中山在西醫書院開課的具體日期是1887年10月3日星期一，為慰。讓人更感欣慰的是，確定了康德黎醫生其實是香港西醫書院的創始人。後來康德黎醫生在1896年10月孫中山倫敦蒙難時拯救他脫險的故事，舉世皆知。他構思並推動了孫中山就讀的西醫書院的成立，確鑿證據則時至今日才被披露。該確鑿證據，正是上文引述過的、西醫書院學術委員會會議記錄。這份主證，有旁證扶持：

其一，乃該西醫書院的第一任名譽司庫[58]駱克（Stewart Lockhart）先生的話。他說：香港西醫書院之誕生，全賴康德黎醫生的倡議和孕育。[59]駱克後來更在1895年繼任為香港輔政司暨西醫書院名譽院長，[60]可不是一個隨便說話的人。

其二、乃該西醫書院的第一任常務法律顧問法蘭士大律師（J. J. Francis, Q.C.）的話：「可以說，康德黎是香港西醫書院的創始人」（"practically the founder of the College of Medicine for the Chinese."）。[61]大律師也不是隨便講話的。而且，輔政司與這位大律師都是親歷其事的人，是有力的人證。

本來，《康德黎醫生傳》已曾婉轉地暗示過康德黎是該校的創始人，但語焉不詳。[62]加上寫傳記的人一般都有為主人翁歌功頌德之嫌，故讀者對

58　Minute-book of the Senate, 2nd meeting, 20 September 1887, College of Medicine for Chinese, deposited at the Registrar's office, University of Hong Kong.

59　"I am sure all medical gentlemen here present and others who have been connected with the Chinese College of Medicine will bear me out when I say that it is to a great extent owing to Dr Cantlie, our worthy Dean, that the College is in existence to-day. I think I am not wrong in saying that it was at his suggestion that the College of Medicine first became a quality worthy of consideration. It was at his suggestion, I think, that the meeting was first called to consider the matter, and I am certain that since it was formed there has been no more active member than he has been, or a more energetic promoter of its welfare (applause)." — Stewart Lockhart's speech at the first graduation ceremony of the College of Medince for Chinese, *China Mail*, Monday 25 July 1892, p. 3, cols. 1-6: at col. 4.

60　Minute-book of the Court, 16th meeting, 6 December 1895, Hong Kong College of Medicine for Chinese, University of Hong Kong.

61　J. J. Francis's farewell speech, the *Overland China Mail*, 13 February 1896, quoted in Cantlie and Seaver, *Sir James Cantlie*, p. 89.

62　See Neil Cantlie and George Seaver, *Sir James Cantlie*, pp. 68-89.

《康德黎醫生傳》中的話都持「姑妄言之姑妄聽之」的態度。現經考證，可知確有其事。還歷史本來面目，為慰。

不單如此，在西醫書院成立後很長的一段時候，該院是在康德黎醫生的精心栽培下茁壯成長的：

第一、孟生醫生這位教務長，在1889年2月就辭掉一切職務回英國去了，繁重的教務長事務又落到康德黎醫生這位倡議建立西醫書院的人身上。[63]

第二、1892年7月23日西醫書院舉行了首屆畢業典禮後，當天晚上康德黎醫生就自掏腰包在高貴的柯士甸山酒店（Mount Austin Hotel）設宴招待五十多位貴賓。

貴賓包括香港總督兼西醫書院庇護人威廉‧羅便臣爵士（Sir William Robinson）、陸軍少將巴駕閣下（Major-General Digby Barker）、首席按察司兼西醫書院名譽院長格勒閣下（His Honour Chief Justice Fielding Clarke）、輔政司駱克閣下等。還有一位達尼思先生（Mr. L. L. Dennys）。當然還有那兩位應屆畢業生孫中山和江英華。[64]為何康德黎如此破費宴請這麼多客人？無他，為西醫書院暨師生拉關係也。效果在眼前：客人當中的達尼思先生，正是那位後來1895年10月廣州起義失敗後，孫中山逃回香港向康德黎請教行止時，康德黎轉而請教的資深律師。孫中山性命有所繫焉。[65]

第三、在孫中山畢業前一年，西醫書院財政出現困難，康德黎醫生主動提出每年捐獻500元予該書院，為期五年。[66]結果西醫書院得以維持下去，否則孫中山可畢不了業。康德黎同時希望此舉會帶動其他人士慷慨解囊，並觸動政府捐獻地皮，以便西醫書院最終能建築起自己的校舍。[67]其苦心孤詣之

63　Minute-book of the Senate, 7th meeting, 9 February 1889, College of Medicine for Chinese, in the Registrar's Office, University of Hong Kong.

64　Anon: "College of Medicine for Chinese", *China Mail* Hong Kong, Monday 25 July 1892, p. 3, cols. 1-6.

65　Harold Schiffrin, *Sun Yat-sen and the Origins of the Chinese Revolution* (Berkeley: University of California Press, 1968), p. 87.

66　Minute-book of the Court, 7th meeting, Saturday 14 March 1891, College of Medicine for China, in the Registrar's Office, University of Hong Kong.

67　Ibid.

處，感人肺腑。

考證出香港西醫書院的創始人其實是康德黎醫生，並且書院於成立後很長的一段時間裏在他的精心栽培下茁壯成長的事實，帶來兩個後果：

第一、推翻了羅香林教授在其權威著作《國父之大學時代》所倡的、何啓創辦西醫書院之說。[68] 而《國父年譜》採錄其說之處，[69] 亦須修訂。其實，羅香林先生沒有提出任何證據支持其說，只是由於何啓是雅麗氏醫院的創辦人（見下文），而西醫書院又誕生於雅麗氏醫院，於是想當然而已。其據此而又進一步誤認西醫書院與雅麗氏醫院屬兩位一體，更是其對法治概念缺乏認識所致。

第二、香港西醫書院凝聚了康德黎醫生的無限心血，而他又是孫中山崇拜的偶像（見下文），若當時有基督教的神職人員干擾該書院的正常運作而令到康德黎難堪的話，孫中山的反應會如何？

四、倫敦傳道會試圖行醫的歷史

為何會有基督教的神職人員干擾香港西醫書院？君不見，那位被邀主持創建西醫書院會議、後來又被邀參加該院董事局的湛約翰牧師，並非別人，他正是基督教倫敦傳道會香港地區的主牧（Senior Missionary, Hong Kong District Committee, London Missionary Society）。[70] 不是說湛約翰牧師本人曾干預西醫書院的運作，只是他的同僚如此而已（見下文）。

倫敦傳道會在香港開埠兩年後的1843年，即派員前往傳道。而且從一開始就以治病作為手段：第一批派往香港的三位傳教士當中就有兩位持有醫生執照，在香港的港島甚至深入至當時還是中國領土的九龍城行醫。可惜從1853年開始就後繼無人了。雖然該會三番四次地不斷嘗試，希望恢復提供醫

68　羅香林：《國父之大學時代》，頁5-26。

69　《國父年譜》（1985年修訂本），上冊，頁46，1887年10月條。

70　Rev. John Chalmers's Report (Hong Kong District) for 1887, 6 March 1888, CWM, South China, Reports 1866-1939, Box 2 (1887-97), Envelope 22 (1887).

療服務，結果都成泡影。終於，到了1884年才有轉機。[71]當年何啟醫生的愛妻、英婦雅麗氏（Alice Walkden）[72]病歿。何啟悲痛之餘，決定斥巨資建立一所慈善醫院以資紀念。同年9月5日，何啟商諸湛約翰牧師。雙方同意：由倫敦傳道會籌款買地，何啟出資建築醫院。1887年2月17日建成並於當天早上以簡單祈禱的形式開幕。[73]

因為湛約翰牧師本身不是醫務人員，所以醫院一切具體業務都委託該院專業醫務人員處理。這批專業醫務人員包括上述名醫諸如孟生、康德黎與佐敦等醫生，而以佐敦醫生總理一切行政事務。這批醫生都是義務為這所慈善醫院服務的。所以湛約翰牧師說，如果沒有這批優秀醫生的鼎力支持，這所醫院是建不起來的。醫院的最高權力機關是該院的醫務委員會（Medical Committee），由該院醫生組成，湛約翰牧師和另一位名叫博恩費特（Rev G. H. Bondfield）的牧師在該委員會中只是充當輔助角色（co-operation in Committee）。委員會的秘書是佐敦醫生，而他正是以醫務委員會秘書的身份總理醫院行政事務，[74]無形中成了臨時院長。醫院成立甫半年，康德黎醫生就倡議建立西醫書院了。

由於西醫書院成立後的好幾年都在雅麗氏醫院內授課，而孫中山五年醫科學生的生涯（1887－1892），都在雅麗氏醫院裏渡過——上課、實習、值班、寄吃和寄宿等，[75]所以筆者就必須在該醫院的事情上多花一點筆墨。

71　Rev. John Chalmers's Decennial Report (Hong Kong District) for 1880-1890, 12 February 1891, pp. 18-19, CWM, South China, Reports 1866-1939, Box 2 (1887-97), Envelope 25 (1890).

72　See G.H. Choa, *The Life and Times of Sir Kai Ho Kai* (Hong Kong: Chinese University Press, 1981), p. 17. See also Carl. T. Smith, *A Sense of History: Studies in the Social and Urban History of Hong Kong* (Hong Kong: The Hong Kong Educational Publishing Co., 1995), p. 332, n. 8.

73　Rev. John Chalmers's Decennial Report (Hong Kong District) for 1880-1890, 12 February 1891, pp. 20-21, CWM, South China, Reports 1866-1939, Box 2 (1887-97), Envelope 25 (1890).

74　Rev. John Chalmers's Report (Hong Kong District) for 1887, 6 March 1888, CWM, South China, Reports 1866-1939, Box 2 (1887-97), Envelope 22 (1887).

75　*Report of the Alice Memorial Hospital, Hongkong, in connection with the London Missionary Society, for the year 1889* (Hong Kong: Printed at the *China Mail* Office, 1890), CWM, South China, Reports 1866-1939, Box 2 (1887-97), Envelope 24 (1889).

五、孫中山與康德黎的深厚友誼

上文説過，康德黎醫生是孫中山崇拜的偶像。何以見得？當1895年10月廣州起義失敗、孫中山逃回香港時，前途茫茫而不知所措之際，他拜見這位恩師問計。[76] 若孫中山不是對這位恩師極度尊敬而又極度信任的話，他不會在這生死攸關之刻這樣做。師生之間這份深厚情誼，是如何建立起來的？

西醫書院芸芸老師中，康德黎是第一位為孫中山上課的老師。何以見得？康德黎是負責講授解剖學的；而從下列時間表看，孫中山在西醫書院所上的第一課正是解剖學。其實，每天第一課都是康德黎講授的解剖學，時間是清早7時半到8時半：

表6.1　西醫書院1887年第一學期上課時間表 [77]

	星期一	星期二	星期三	星期四	星期五	星期六	星期天
解剖學	07.30	07.30	07.30	07.30	07.30	-	-
生理學	19:00	19:00	19:00	19:00	19:00	-	-
化學	08.30	-	08.30	-	08.30	-	-
植物學	20:00	-	20:00	-	20:00	-	-
臨床診察	17.30	-	17.30	-	17.30	-	-
物理	-	20:00	-	20:00	-	-	-

與孫中山同期入學、同期畢業的同學江英華回憶説，某天，康德黎醫生帶了他和孫中山出診，為一位洋人治病，該洋人痊癒後，感激之餘，就捐了一筆錢給西醫書院作為獎學金。結果他和孫中山都拿了這獎學金。[78] 這件事

76　孫中山：《倫敦被難記》，轉載於《國父全集》（1989），第二冊，頁197；《孫中山全集》，第一卷，頁54。

77　Minute-book of the Senate, 2nd meeting, 29 September 1887, College of Medicine for Chinese, in the Registrar's Office, University of Hong Kong.

78　鄭子瑜：〈總理老同學江英華醫師訪問記〉，載孟加錫《華僑日報》，1940年1月26日，剪報藏中國國民黨黨史會，檔案編號041．117。後來《近代中國》第61期（1987年10月31日出版）頁112-114又轉載了鄭子瑜先生的文章。

圖6.4　康德黎醫生在西醫書院講授解剖學

〔承康德黎孫子賜告，此圖攝於1893年，時孫中山已畢業離去〕

〔Cantlie, Neil and George Seaver, *Sir James Cantlie: A Romance in Medicine*〔London: John Murray, 1939〕, facing p.78〕

情發生在什麼時候？可有佐證？徵諸西醫書院學術委員會的會議記錄，可知1888年3月20日開會時，康德黎醫生向會議報告説，漢富利士先生（Mr. J. D. Humpherys）慷慨解囊，捐贈了兩個獎學金予西醫書院，為期十年，每個獎學金每年值六十元。漢富利先生不願意別人知道他捐贈了這筆款項，但西醫書院可以把該獎學金命名為屈臣獎學金（Watson Scholarships）。至於如何頒發，則授權西醫書院學術委員會便宜行事。準此，該會決議，把該獎學金每年頒發一次給兩名品學兼優的學生。得獎者每月可領到五元，若翌年還是品學兼優者，仍有資格競爭該獎學金，直到四年期滿為止。[79] 該會議沒有議決獎學金頒發給誰，但從江英華的回憶，我們知道是頒發了給他和孫中山。

把開會的日期結合江英華的回憶來分析，可知孫中山進入西醫書院學習約半年後，就得到康德黎醫生的信任而隨恩師出診。師徒並肩戰鬥，來日方長！當時麻瘋病肆瘧中國。康德黎醫生為了找尋治療麻瘋的辦法，1890年12月30日親往廣州的麻瘋村調查研究，還帶了妻子當助手。康德黎伉儷都不懂漢語，就帶孫中山隨行當翻譯。[80] 值得順便一提的是，由於孫中山隨行當翻譯，就有學者目康德黎為「傳教士醫生」（missionary doctor，又稱「醫療傳教士」），更說孫中山「在很多傳道事業中協助康德黎」。[81] 實屬不確。筆者看過的所有原始文獻和已出版史料，通通證明康德黎不是醫療傳教士。廣州療麻瘋村之行也絕對不是為了傳教，他是為了進行純粹的醫學調查。

師徒友誼日深，就難怪康德黎在他當東道的西醫書院第一屆畢業典禮的宴會上，特意安排孫中山代表畢業生致詞，讓這初出茅廬的小年輕在香港總督、陸軍少將、輔政司等大人物面前亮亮相，見見世面。[82]

筆者集中探索康德黎醫生和孫中山與他的深厚友誼，最終目標是要帶出一個問題：若康德黎遭到攻擊時，孫中山的反應會是怎樣？若攻擊康德黎

---

79 Minute-book of the Senate, 4th meeting, 20 March 1888, College of Medicine for Chinese, deposited in the Registrar's Office, University of Hong Kong.

80 Mrs Cantlie's diary, 30 December 1890. See also Neil Cantlie and George Seaver, *Sir James Cantlie*, pp. 72-73.

81 見陳建明：〈孫中山與基督教〉，載《孫中山研究論叢》，第五集（廣州：中山大學，1987），頁5-25；其中頁6。

82 Anon: "College of Medicine for Chinese", *China Mail* Hong Kong, Monday 25 July 1892, p. 3, cols. 1-6.

的人是基督教會的傳教士，而孫中山又有過當基督教傳教士的依稀想法的話，[83]那麼這種攻擊對於孫中山要當傳教士的依稀想法，又會起到什麼衝擊？這個問題就留待下文探索。

六、雅麗氏醫院：推離傳道

在建立雅麗氏醫院這個問題上，傳教士與專業醫護人員的目標是一致的：濟世。但傳教士有個更重要的目標：傳教。對傳教士來說，濟世只不過是手段，爭取更多的教眾才是最終目標。正因為如此，雅麗氏醫院的管理層很快就出現了嚴重的意見分歧。接下來更是激烈的權力鬥爭。

事情是這樣的。建院不久，湛約翰牧師就正式要求倫敦總部派遣一位持有醫生執照的傳教士到香港主持雅麗氏醫院的工作，以便充份利用該醫院所能提供的傳教機會。[84]翌年，總部就決定派出一位醫療傳教士（medical missionary）湯姆生醫生（John C. Thomson, *M.A., M.B., C.M.*）。消息傳來，該醫院的醫務委員會就指示總理該院院務的佐敦醫生給他寫了一封聘請信。信的日期是1888年10月24日，但遲至1889年1月初、湯姆生醫生到達香港後才親自交他。湯姆生醫生接信後怒不可遏。讓他同樣憤怒的是，作為該醫院醫務委員會成員之一的湛約翰牧師，竟然有份參與構思、並投票通過該聘請信的內容！[85]

它的內容中心是什麼？雅麗氏醫院是一所公共慈善醫院，其運作模式和管理制度皆仿效英國本土的慈善醫院（charity hospital）——它不是一所傳教醫院（mission hospital）。[86]換句話說：「本院的最終目的是治病救人，請不要把傳教放在治病之前。」持此見最堅者，莫如倡議建立西醫書院的康德黎醫

83　見本書第八章。

84　Rev. John Chalmers's Report (Hong Kong District) for 1887, 6 March 1888, CWM, South China, Reports 1866-1939, Box 2 (1887-97), Envelope 22 (1887).

85　Rev. Dr John Thomson to Rev. R. Wardlaw Thomson, 24 April 1889, CWM, South China, Incoming correspondence 1803-1936, Box 11 (1887-92), Folder 3 (1889).

86　Dr G. P. Jordan to Dr John C. Thomson, 24 October 1888, enclosed in Dr John C. Thomson to Rev. Ralph Wardlaw Thompson, 24 April 1889.

生。[87]為何湛約翰牧師又投票贊成這種指導思想？因為他本人不是醫生，對
醫學一竅不通，雅麗氏醫院全靠這批義務醫生支撐，只好尊重他們的意見。
醫院的經費又是一個嚴重的問題。1887年和1888年的經費都是靠多次舉行義
賣和一年一度地在公園舉行園遊會（fete）所籌得。1888年的園遊會更蒙香港
總督德輔爵士（Sir Willian Des Voeux）伉儷鼎力支持而籌得6,000元——足
一年經費了。[88]湛約翰牧師恐怕過份強調傳教而忽視了濟世的形象時，香港
上下人士就不會再那麼熱心在經費上支持雅麗氏醫院了。最後，他認為以倫
敦傳道會的名義辦醫院濟世，本身就是宣傳基督真愛的好辦法，以至一位信
仰天主教的醫生——哈德根醫生（Dr Hartigan）——也不分畛域地到雅麗氏醫
院來當義務醫生。當然，如果能在醫院多做傳教工作固然好，但限於當前形
勢，只好期待新人到任後情況會有所改善。[89]

新人湯姆生醫生很年輕，城府卻極深。他雖然怒不可遏，卻不動聲色。
趁年長的孟生醫生去了福州，[90]而剛巧楊威廉醫生又去世不久，[91]醫生人數
銳減之際，他召開了醫務委員會會議。[92]出席的醫生只有康德黎、佐敦與哈
德根三位。出席的牧師則有湛約翰、博恩費特與湯姆生自己。是三對三的局
面。在會上湯姆生毫不客氣，從一開始就以新任院長的身份自居，接着按部
就班地實踐他的策略：

第一、出示倫敦傳道會總部發給他的指示。

第二、感謝各位醫生過去對醫院所作出的貢獻。

第三、挽留他們繼續在原醫療崗位上繼續工作。

第四、表示他會集中精神致力於醫院的行政工作和發展傳教方面的具體

87   See Dr John Thomsom's Report (Hong Kong District) for 1889, 14 February 1888, CWM, South China, Reports 1866-1939, Box 2 (1887-97), Envelope 24 (1887).

88   Rev. John Chalmers's Report (Hong Kong District) for 1888, 6 March 1889, CWM, South China, Reports 1866-1939, Box 2 (1887-97), Envelope 23 (1888).

89   Rev. John Chalmers to Rev. R. Rardlaw Thompson, 19 December 1888, CWM, South China, Incoming Correspondence 1803-1936, Box11 (1887-92), Folder 2 (1888).

90   Dr John Thomson to Rev. R. Wardlaw Thompson, 15 January 1889, CWM, South China, Incoming Correspondence 1886-1939, Box 11 (1887-92), Folder 3 (1889).

91   Rev. John Chalmers's Report (Hong Kong District) for 1888, 6 March 1889, CWM, South China, Reports 1866-1939, Box 2 (1887-97), Envelope 23 (1888).

92   Dr John Thomson to Rev. R. Wardlaw Thompson, 15 January 1889, CWM, South China, Incoming Correspondence 1886-1939, Box 11 (1887-92), Folder 3 (1889).

事業。

各醫生皆表示了友好合作的精神。「讓湛約翰牧師、博恩費特牧師和我都如釋重負」，湯姆生向倫敦總部報告説。[93]

湯姆生的第二步是重組雅麗氏醫院的最高權力機構。即組織一個院務管理委員會（House Comittee）來代替原來的醫務委員會（Medical Committee）。[94]顧名思義，醫務委員會的靈魂是醫務人員。而院務管理委員會的中心人物，則是該院的行政領導諸如湯姆生自己和其他兩位牧師。康德黎醫生可能已注意到這微妙變化。但他為人熱情爽直，不拘小節，仍樂觀地幹下去。兩個月後，老於世故的孟生醫生從福州回到雅麗氏醫院時即辭職，並收拾行裝回英國去。[95]康德黎醫生又失去一位可靠盟友。

湯姆生的第三步是架空這個新的最高權力機構。辦法是長期不召開院務管理委員會會議。當他終於召開會議時，已是一年之後的事情。而在這次會議上，其他委員只有聽他工作報告的份兒。[96]就是説，他剝奪了該最高權力機構的決策權。此後，他甚至連一年一度的會議都不召開。如此再過三年，他就很驕傲地向倫敦總部報告説，院務管理委員會已名存實亡。[97]那麼，醫院的重大決策由誰來決定？倫敦傳道會香港委員會——委員全部是傳教士與傳教婦。他們的決策，初期湯姆生還以〈通告〉（circular）的方式定期通知醫務人員。[98]後來他乾脆連這趟正規手續也免了，他愛在什麼時候選擇告訴醫

93　Ibid.

94　Dr John C. Thomson (HK) to Rev. R. Wardlaw Thompson, 15 January 1889, CWM, South China, Incoming correspondence 1803-1936, Box 11 (1887-92), Folder 3 (1889). See also Dr John Thomsom's Report (Hong Kong District) for 1889, 14 February 1888, CWM, South China, Reports 1866-1939, Box 2 (1887-97), Envelope 24 (1887).

95　Dr John C. Thomson (HK) to Rev. R. Wardlaw Thompson, 18 March 1889, CWM, South China, Incoming correspondence 1803-1936, Box 11 (1887-92), Folder 3 (1889).

96　Dr John Thomsom's Report (Hong Kong District) for 1889, 14 February 1890, CWM, South China, Reports 1866-1939, Box 2 (1887-97), Envelope 24 (1889).

97　See Dr John Thomsom's Report (Hong Kong District) for 1893, pp. 2-3 [- January 1894], CWM, South China, Reports 1866-1939, Box 2 (1887-97), Envelope 28 (1893).

98　Dr John C. Thomson (HK) to Rev. R. Wardlaw Thompson (London, LMS Foreign Secretary), 4 September 1890, CWM, South China, Incoming correspondence 1803-1936, Box 11 (1887-92), Folder 3 (1890). See also, Dr John C. Thomson to the LMS District Committee, 14 June 1890, in ibid, enclosed in Dr John Chalmers to Rev. R Wardlaw Thompson, 26 June 1890, ibid.

務人員些什麼，都一切由他隨意所之。[99] 就是説，他不但剝奪了該醫院醫務人員的決策權，也剝奪了他們的知情權。

難怪該醫院的醫務人員愈來愈為自己的前途而擔憂。[100] 到了1892年6月——即孫中山醫科畢業前一個月[101]——他們終於在忍無可忍的情況下，公推康德黎醫生代表他們私下與湛約翰牧師熟商，目的是澄清他們在該醫院的法律地位，讓大家知道何去何從。湛約翰牧師同意了。但此舉正中湯姆生院長下懷。他乘機宣佈説：「從今以後所有醫生都是在他的邀請之下才能在該醫院工作。」就是説，他可以隨時隨地把任何醫生解僱。康德黎尷尬之餘，打個哈哈，一邊接受現實，一邊戲謔地指湯姆生是個「無可救藥的暴君」。湯姆生院長也打個哈哈，洋洋得意地向倫敦總部報告説，以後總部派員來繼承他的位置時，委任狀可以書明他在雅麗氏醫院享有絕對權力。[102]

康德黎醫生慘敗了，孫中山有何感想？師徒兩人感情之好，可以從下列事例看出：

第一、正如前述，當時痲瘋病肆瘧中國，康德黎為了找尋治療辦法，1890年12月30日親往廣州的療痲瘋村調查研究，還帶了妻子當助手。他們都不懂漢語，就帶孫中山隨行當翻譯。[103] 須知痲瘋是可怕的傳染病。師徒就是不怕，並肩戰鬥，從此建立了戰友般的友誼。

第二、孫中山畢業後，康德黎醫生就想盡辦法把孫中山與江英華推薦給

99　Dr John Thomsom's Report (Hong Kong District) for 1893, pp. 2-3 [- January 1894], CWM, South China, Reports 1866-1939, Box 2 (1887-97), Envelope 28 (1893).

100　Dr John C. Thomson (HK) to Rev. R. Wardlaw Thompson (London, LMS Foreign Secretary), 18 June 1892, CWM, South China, Incoming correspondence 1803-1936, Box 11 (1887-92), Folder 6 (1892).

101　Sun Yatsen graduated on 23 July 1892. See *China Mail* (Hong Kong), Saturday 23 July 1892, p. 3, cols. 1-5.

102　Dr John C. Thomson (HK) to Rev. R. Wardlaw Thompson (London, LMS Foreign Secretary), 18 June 1892, CWM, South China, Incoming correspondence 1803-1936, Box 11 (1887-92), Folder 6 (1892).

103　Mrs Cantlie's diary, 30 December 1890. See also Neil Cantlie and George Seaver, *Sir James Cantlie,* pp. 72-73. 由於孫中山隨行當翻譯，又有學者因而目康德黎為「傳教士醫生」，又説孫中山「在很多傳道事業中協助康德黎」。見陳建明：〈孫中山與基督教〉，載《孫中山研究論叢》，頁5-25：其中頁6。實屬不確。筆者看過的所有原始和出版過的史料，通通證明康德黎既不是傳教士醫生。廣州療痲瘋村之行也絕對不是為了傳教，而是純粹的醫學調查。

李鴻章,並帶病率領他們到廣州辦手續北上(見本書第七章)。

第三、孫中山畢業後,在澳門行醫,每個星期天例行為病人動手術。康德黎深怕愛徒經驗不足而出事,故每個星期天都犧牲休息而不辭勞苦地從香港坐小汽船到澳門與其並肩戰鬥,[104] 師生感情之深可知。

第四、後來廣州起義失敗,孫中山逃回香港,趕快向康德黎仰詢行止,對恩師信賴可知。[105]

第五、康德黎讓其以第一時間商諸律師,對愛徒之關懷可知。[106]

第六、1896年康德黎舉家取道夏威夷回英國,偶遇孫中山,乃給予倫敦住址,囑其來訪,繼續深造醫學,愛護可知。[107]

第七、孫中山甫抵倫敦,即頻頻造訪康家,親密可知。

第八、孫中山被滿清駐倫敦公使館幽禁後,康德黎忘我地日夜奔走營救,友情真是非同小可。[108]

準此,我們可以推論,孫中山在雅麗氏醫院學醫和實習五年以來,該院的政海洶濤,通過康德黎醫生衝擊了他。竊以為華人之獻身基督教者,多少帶有佛家出世之想。孫中山可沒想到耶教的新派(Protestants)是非常入世的,其爭權奪利之烈,絕對不亞於俗家人。若孫中山當初曾依稀有過當基督教宣道師之想法,是帶有出世之想的話,那麼湯姆生醫生牧師的手段,足以令這種幻想破滅。

總結孫中山在檀香山和香港所遇到的耶教傳教士,可以説在檀香山時他看到的多是傳教士無私奉獻的一面,而在香港則是狹隘與偏激的一面。無私奉獻曾吸引他有過當傳教士的依稀想法;狹隘與醜惡的一面又有力地消除他這種想法。

湯姆生醫生牧師讓孫中山反感之處,還不止此。

104　Neil Cantlie and George Seaver, *Sir James Cantlie,* p. 97. 馮自由:《革命逸史》
　　(1981),第二集,頁10,15-16。

105　Harold Schiffrin, *Sun Yat-sen and the Origins of the Chinese Revolution*, p. 98.

106　Ibid.

107　Neil Cantlie and George Seaver, *Sir James Cantlie,* p. 100.

108　J. Y. Wong, *The Origins of An Heroic Image: Sun Yatsen in London, 1896-1897* (Oxford University Press, 1986), chapter 1.

七、雅麗氏醫院：強人所難

在孫中山的耶教熱情高漲時，如果有人作推廣基督教信仰的活動，相信他會積極支持。在孫中山對某基督教傳教士已顯得反感時，若該傳教士用「強人所難」的方式來推廣基督教宣傳工作，恐怕他會加倍地反感。這是人之常情。加倍反感之餘，就加倍地把他推向相反的方向。這相反的方向，就是孫中山的民族主義情緒。剛巧，用「強人所難」方式傳教的一位傳教士，在這關鍵時刻出現了，他就是上節提到的湯姆生醫生牧師。由於西醫書院當時還沒有自己的校舍，同學們都在雅麗氏醫院上課、見習、寄吃和寄宿，[109]所以作為該醫院院長的湯姆生醫生牧師所推行的一切政策，都直接地影響到每一位西醫書院的學生。

當1887年10月孫中山進入香港西醫書院學習時，雅麗氏醫院的運作模式與一般公共慈善醫院無異。病人來看病，醫生給予治療，贈醫施藥，院方對病人沒有任何要求。這是真正的濟世。孫中山慢慢也習慣了這種運作模式。1889年1月，新任院長湯姆生到達後，馬上改變這種運作模式。湯姆生的第一步是，下令門診部每天為大批輪候的病人看病前，都必須舉行祈禱禮拜儀式。院方同時為留院治療的病人每天舉行祈禱禮拜。[110]病人——無論是基督徒或非基督徒——通通要參加，沒有選擇的餘地。[111]外國醫生們諸如康德黎等倒覺得沒什麼；[112]因為身為基督徒，他們自己也有早經晚課的習慣。但從中國那種救急扶危的傳統道德觀念來說，湯姆生院長那種做法就有點乘人之危之嫌了。孫中山固然是基督徒，但也讀過華夏聖賢書，反應會如何？

慢慢地，這種每天一次的宗教活動，發展成為每天多次無休無止的繁文縟節及囉哩囉嗦。規律如下：

109　孫中山是寄宿生之一，與他同房的是關景良。見羅香林：《國父之大學時代》，頁39。

110　Dr John C. Thomson to Rev. R. Wardlaw Thompson, 18 March 1889, CWM, South China, Incoming correspondence 1803-1936, Box 11 (1887-92), Folder 3 (1889).

111　Dr John C Chalmers (HK) to Rev. R. Wardlaw Thompson (London, LMS Foreign Secretary), 30 April 1890, CWM, South China, Incoming correspondence 1803-1936, Box 11 (1887-92), Folder 4 (1890).

112　Dr John Thomson's supplementary report for 1889, 14 February 1890, paragraph 13, CWM, South China, Reports 1866-1939, Box 2 (1887-97), Envelope 24 (1889).

07:45　在醫院裏的五個病房同時舉行祈禱禮拜。

10:00　在醫院的門診部舉行祈禱禮拜。

11:00　到關門為止：在醫院的門診部與輪後的病人逐個談心。

13:00－17:00　在病房裏與留醫的病人在病榻旁邊逐個談心。

16:30　逢星期二和星期五，在眼科門診部舉行祈禱禮拜。

19:00　在醫院裏的五個病房同時舉行祈禱禮拜。

湯姆生院長哪來的人力幹這事兒？——倫敦傳道會哺育成長的香港道濟會堂教友和西醫書院的基督徒學生（包括孫中山在內）。比方說，早上7時45分在五個病房同時舉行祈禱禮拜，是由王煜初牧師、兩位宣教師和兩位西醫書院的學生共五人分別輪番進行的。湯姆生院長驕傲地向倫敦總會報告說：「在雅麗氏醫院的傳教工作，自清晨到黃昏，都一息不間地進行着。但又毫不影響醫院的其他工作。」[113]

湯姆生院長如此明目張膽地利用雅麗氏醫院作為傳教工具，難道他不怕因此而引起社會反感而拒絕支持該院的籌款活動諸如義賣和一年一度的園遊會嗎？不怕。自從他在1889年1月初上任以來，他就努力蒐集雅麗氏醫院的各種數據，到了年底就刊刻《年報》公佈這些數據：包括醫院建立的前因後果，醫院管理委員會委員的名單，醫生龍虎榜，一年以來診治了多少病人，處理了那些疾病，收支平衡如何等等。[114] 拿着《年報》，就與湛約翰牧師連袂挨家挨戶地探訪，請人家定期捐款（subscribe）。[115] 集腋成裘，醫院的經費有了保障，不必依靠義賣、園遊會等不規則的經費來源。結果是財大氣粗，才不怕那種批評！為何過去的臨時院長佐敦醫生不作同樣努力？他有自己的私人診所，個人收入主要靠這。在雅麗氏醫院的職務是義務性質，在那兒多花時間，對他個人收入無補。湛約翰牧師也想過這個問題，但他不是醫務人

113　Dr John Thomsom's supplementary report for 1890, - February 1890, p. 3, CWM, South China, Reports 1866-1939, Box 2 (1887-97), Envelope 25 (1890).

114　*Report of the Alice Memorial Hospital, Hongkong, in connection with the London Missionary Society, for the year 1889* (Hong Kong: Printed at the *China Mail* Office, 1890), CWM, South China, Reports 1866-1939, Box 2 (1887-97), Envelope 24 (1889).

115　Dr John Thomsom's supplementary report for 1890, - February 1891, pp. 4-5, CWM, South China, Reports 1866-1939, Box 2 (1887-97), Envelope 25 (1890).

員，搞不出這樣的《年報》。又不敢催促佐敦醫生。[116] 結果是，佐敦醫生從來就沒把1887和1888年的《年報》弄出來。湯姆生不同，他是全職院長，以他的才幹，要搞一份《年報》，不費吹灰之力。

湯姆生在雅麗氏醫院是徹底地勝利了。以致他在1892年4月30日——孫中山畢業前三個月——驕傲地向倫敦傳道會總部報告說：該會在香港的分支從今可以改名為「香港醫學傳道會（Hongkong Medical Mission）[117]」！

八、基督神掌伸入西醫書院

湯姆生的基督神掌也伸展到西醫書院本身。

1889年9月25日，繼康德黎醫生任西醫書院秘書的何啟醫生，受該院學術委員會委託，公函邀請湯姆生參加該院的教師行列，負責教授病理學。[118] 湯姆生欣然答應，但馬上就在每個星期天早上召集西醫書院的所有學生到一塊閱讀耶教《聖經》。沒有一個學生缺席。他大感滿意。[119] 他可沒想到，中國學生很聽話的，與英國學生獨立思考獨立行動的作風不一樣。尤其是1890年代的中國學生，尊師重道之處，遠遠超過當今的中國學生。老師有命，焉敢不從？更何況是老師親自主持的閱讀課？至於同學們心裏到底怎麼想，這位洋老師就不知道了，也不管。

不單如此，湯姆生還得寸進尺。每個星期四的黃昏都把西醫書院所有學生都召集到家裏，藉口是練習唱聖詩，以便在星期天主日崇拜時演唱。程序是：先練唱半個小時，然後喝茶和閒談半個小時，再練唱半個小時。最後是

116　Rev. John Chalmers's report for 1888, 6 March 1889, CWM, South China, Reports 1866-1939, Box 2 (1887-97), Envelope 23 (1888).

117　Dr John C. Thomson to Rev. R. Wardlaw Thompson, 30 April 1892, CWM, South China, Incoming correspondence 1803-1936, Box 11 (1887-92), Folder 6 (1892).

118　Dr Ho Kai to Dr John Thomson, 19 September 1889, transcribed in Dr John C. Thomson (HK) to Rev. R. Wardlaw Thompson (London, LMS Foreign Secretary), 25 September 1889, CWM, South China, Incoming correspondence 1803-1936, Box 11 (1887-92), Folder 3 (1889).

119　Dr John C. Thomson (HK) to Rev. R. Wardlaw Thompson (London, LMS Foreign Secretary), 24 February 1890, CWM, South China, Incoming correspondence 1803-1936, Box 11 (1887-92), Folder 4 (1890).

祈禱、結束。湯姆生很愉快地向倫敦總會報告說：每次聚會，所有學生總是到齊，[120] 孺子可教！湯姆生沾沾自喜之餘，可沒想到，中國學生固然很乖，但也異常用功。讀醫科非常艱難，醫科學生巴不得爭分奪秒地把時間花在書本上。在1887年與孫中山同時入學並參加首次考試的共有十七人。[121] 到1892年7月拿到畢業證書的，只有孫中山和江英華兩人。艱難可知。湯姆生卻每週都奪去他們一個上午和一個黃昏的讀書時間！尤幸孫中山聰敏過人，儘管多了這些課餘活動，到考畢業試時，十二科中有十科考了優等成績。[122] 不單如此，他似乎還從湯姆生的行動得到啟發而發起華人教友少年會。[123] 但湯姆生那種強人所難的做法，對孫中山那愈來愈淡化的、要當傳教士的熱情，曾起過什麼影響？

　　湯姆生在西醫書院同樣是徹底勝利了！他利用自己的職權，把康德黎醫生構思並創立的一所公立高等學府、一所與倫敦傳道會沒有任何直接關係的公立學府，[124] 改變成了一所教會學校！但他的徹底勝利將導致後來的徹底失敗。事情是這樣的。1912年香港大學成立，收納了西醫書院為該校的醫學院。雅麗氏醫院的老師本應順理成章地繼續當該校醫學院的老師；而雅麗氏醫院順理成章地本來也應繼續是該醫學院的實習醫院。但香港大學當局決定徹底割斷與雅麗氏醫院的一切關係。[125] 其中原因是複雜的。但不難讓人聯想到，香港大學當局處心積慮要擺脫倫敦傳道會那湯姆生式的基督神掌。以此類推，難道孫中山就不是同樣地急於擺脫這基督神掌的控制？

---

120 Ibid.

121 List of examinees, [1887], Wellcome Institute Western MS 2934.

122 College of Medicine: Exam results, 1892, KMT archives, Taipei, consolidated and tabulated by J.Y. Wong.

123 見本章第六節。

124 Dr John Chalmers's Report (Hong Kong District) for 1887, 6 March 1888, CWM, South China, Reports 1866-1939, Box 2 (1887-97), Envelope 22 (1887).

125 Peter Cunich, "Godliness and Good Learning: The British Missionary Societies and HKU", in Chan Lau Kit-ching and Peter Cunich (eds.), *An Impossible Dream: Hong Kong University from Foundation to Re-establishment, 1910-1950* (Oxford: Oxford University Press, 2002), pp. 39-64: at pp. 59-60.

九、西醫書院：推向革命

當孫中山在西醫書院習醫時，還發生了其他事情，讓孫中山愈來愈覺得當基督教宣道師不是味兒。

首先，正如上文提到過的，孫中山所尊敬的康德黎老師也屈服於雅麗氏醫院的湯姆生醫生牧師的淫威。為什麼？因為：

第一，如果跟湯姆生鬧翻了，康德黎所孕育的西醫書院就變得無家可歸。須知該院是他構思並推動而成立的，但由於西醫書院沒有自己的校舍，所以甚至董事局的大部分會議，都要靠康德黎醫生挪出他自己的私人醫務所才能舉行。[126] 後來西醫書院遇到財政困難，康德黎醫生又保證每年私下掏腰包五百塊錢作津貼，為期五年。[127] 可謂出錢出力，呵護備致。康德黎可真不願意見到西醫書院夭折。

第二，自從孟生醫生在1889年7月辭掉西醫書院教務長的職位以來，康德黎一直就繼他而當了西醫書院的教務長。[128] 而教務長其實就是負責該院具體事務的首長；所謂院長的職位，純粹是名譽性質的虛銜，只不過是找社會上位高勢隆的人來掛名填補，以增加號召力而已。[129] 康德黎任重而道遠啊！對湯姆生的種種苛刻要求，只好逆來順受。

第三，退一部說，康德黎是外科醫生，外科醫生離不開手術室。只有醫院這樣的機構才能負擔得起手術室的設備和動手術所帶來的龐大開支，私人醫務所是負擔不起的。而康德黎不是一般的外科醫生，他是英國皇家外科學院的院士(Fellow of the Royal College of Surgeons)。在當時西醫書院所有的教員當中，只有他有這個非凡榮譽，比他年長的孟生醫生也沒有。[130] 湯姆生

126　See Minute-book of the Court, 5th meeting, 28 January 1891, College of Medicine for Chinese, in the Registrar's Office, University of Hong Kong. See the records of subsequent meetings until Dr Canltie's departure from the Colony in 1896.

127　Minute-book of the Court, 7th meeting, 14 March 1891, College of Medicine for Chinese, in the Registrar's Office, University of Hong Kong.

128　Minute-book of the Senate, 7th meeting, 9 July 1889, College of Medicine for Chinese, in the Registrar's Office, University of Hong Kong.

129　現有文獻無法讓我們知道第一任院長是誰。

130　*College of Medicine for Chinese, Hong Kong* (Hong Kong, 1887), p. 9. See also *College of Medicine for Chinese, Hong Kong* (Hong Kong, 1893), p. 5.

醫生牧師也承認，儘管康德黎在香港的時間不如其他醫生那麼長，但他的醫術恐怕是全港首屈一指的。[131] 以康德黎聲譽之高，地位之隆，人品之佳，卻要受湯姆生醫生牧師的氣！孫中山打抱不平之餘，對於自己曾有過當基督教宣道師哪怕是模糊的想法，會再次起了什麼變化？

第二件重大事情則與孫中山在道濟會堂的知己朋友有關。該堂主牧王煜初健康不佳，原因是什麼？其一是他在1889年精神崩潰了！[132] 是什麼造成他精神崩潰？當時道濟會堂的教眾與哺育他們成長的倫敦傳道會香港地區委員會劍拔弩張。導火線是倫敦傳道會把教眾拒於愉寧堂（Union Church）門外。[133]

過去，在1845年籌建愉寧堂時，中外教友都積極捐款。建成後，該堂的董事局（trustees）卻沒有一位華人代表。而該堂董事局除了讓華人教友在星期天下午2時用該堂作粵語崇拜外，其餘聚會都用英語進行，以致英人教友總認為華人教友是挪用他們的教堂。[134] 後來華人教友下定決心籌建自己的教堂。待建成房子後已人財枯竭，無力再置家具，故暫時仍沿用愉寧堂。倫敦傳道會香港地區委員會的傳教士們不耐煩之餘，乾脆在星期天上午的英語崇拜結束後就把愉寧堂重門深鎖。華人教友怒不可遏，聲稱要採取法律途徑解決。[135]

雙方勢成水火，王煜初受不了，結果瘋了好一陣子。[136] 孫中山在雅麗氏醫院裏與道濟會堂的華人教友朝夕相處——該醫院除了醫生以外的龐大工

131　Dr John Thomsom's Supplementary Report for 1889, 14 February 1890, CWM, South China, Reports 1866-1939, Box 2 (1887-97), Envelope 24 (1889). In this report, Dr Thomson described Dr Cantlie as "perhaps the leading doctor in Hongkong, though not the longest established."

132　Rev. John Chalmers (HK) to Rev. R. Wardlaw Thompson (London, LMS Foreign Secretary), 27 July 1889, CWM, South China, Incoming correspondence 1803-1936, Box 11 (1887-92), Folder 3 (1889).

133　Rev. John Chalmers (HK) to Rev. R. Wardlaw Thompson (London, LMS Foreign Secretary), 5 February 1889, and 21 May 1889, CWM, South China, Incoming correspondence 1803-1936, Box 11 (1887-92), Folder 3 (1889).

134　王誌信：《道濟會堂史》，頁11。

135　Rev. John Chalmers (HK) to Rev. R. Wardlaw Thompson (London, LMS Foreign Secretary), 21 May 1889, CWM, South China, Incoming correspondence 1803-1936, Box 11 (1887-92), Folder 3 (1889).

136　Ibid.

作隊伍幾乎全是香港道濟會堂的教友[137]——會有什麼感受？星期天跟大約280位[138]道濟會堂的教友一起崇拜時，又會有什麼感受？他要不要步王煜初後塵？

　　翌年發生了第三件事情，對孫中山同樣地起了很大的衝擊。當時他在西醫書院唸第三年級。1890年2月21日星期天，是倫敦傳道會香港委員會一年一度的、華洋教友共同慶祝的傳道周年禮拜（Annual Missionary Service）。委員會特別邀請了該會在廣州河南地區宣道的區鳳墀，到香港的愉寧堂作主日宣道。理由是：由一位著名的本地宣道師向本地人宣道，必定會比一位外國傳教士向本地人宣道的效果要好得多。因為參加這盛會的教眾，除了英人以外，還有大批本地人。此外，區鳳墀應德國柏林大學聘請，行將往該校教導漢語四年，能邀請到這樣的一位教授到香港宣道，應該更具號召力。孫中山身為基督徒，又是通曉英文漢語的大學生，與倫敦傳道會和道濟會堂關係密切，與區鳳墀更是好朋友，故竊以為他當了不懂英語的區鳳墀在宣道時的翻譯，毫不奇怪。英人教眾聽了區鳳墀通過翻譯的宣道後，非常不滿。有些英人教眾甚至鼓噪起來，嚷着不應該讓一個華人來向他們講道：「一週以來我已經被那些華人弄得糟糕透了，不料到了星期天休息日，還搞一個華人來給我囉嗦！」[139]孫中山聽懂英語，能聽出其中濃厚的種族歧視，不由此而產生同樣濃厚的民族主義反感情緒才怪！

　　孫中山這種民族主義情緒，在1884年中法戰爭期間、香港工人拒絕修理受創的法國軍艦而導致大罷工時，已激盪起來。[140]現在更如翻江倒海。為什麼？他歷來所敬重的外國傳教士、在邀請區鳳墀講道失利後的表現，也真不怎麼樣！由於英國教眾歧視區鳳墀這個華人宣道者，所以在奉獻的時候都以

137　Rev. John Chalmers's Report for 1887, 6 March 1888, CWM, South China, Reports 1866-1939, Box 2 (1887-97), Envelope 22 (1887).

138　Rev G. H. Bondfield (HK) to Rev. R. Wardlaw Thompson (London, LMS Foreign Secretary), 17 July 1889, Encl., L.M.S. (HK) balance sheet, 15 May 1889, CWM, South China, Incoming correspondence 1803-1936, Box 11 (1887-92), Folder 3 (1889).

139　Rev G. H. Bondfield (HK) to Rev. R. Wardlaw Thompson (London, LMS Foreign Secretary), 7 March 1890, CWM, South China, Incoming correspondence 1803-1936, Box 11 (1887-92), Folder 4 (1890).

140　見本書第八章。

拒絕奉獻或減少奉獻的行動來表達他們的不滿。以致奉獻所得，不及過往同樣場合所得的三分之一。[141] 傳道會損失了超過三分之二的收入，傳教士群也怨聲載道。孫中山聽了，反應會怎樣？可以想像，他要當基督教宣道師或傳教士的念頭慢慢淡出，而愛國主義情緒就愈來愈濃厚起來。同時也可以想像到，區鳳墀由於不懂英語而可能沒聽進英國教眾那些難聽的話，而孫中山可能又覺得不好意思複述給他聽，以致思想感情沒受到同樣的衝擊。結果四年後他從德國柏林大學卸任時，仍樂天安命地回到廣州河南當他的基督教宣道師、滿足於當「穩健份子」，作革命派的「後衛支援」。[142]

　　第四件重大事情則與孫中山的學科有關。當他獲得愈多的醫學知識，就發覺自己與基督教的距離拉得愈遠。回顧他在中學唸書時，是沒有生物學（biology）這門課的。[143] 在西醫書院，他唸生物學了：而且是分門別類得很細緻的生物學。[144] 他讀了生物學後，思想感情起了什麼變化？1896年11月14日，[145] 他在覆翟理斯（Herbert Giles）函中寫道：「於西學則雅癖達文之道（Darwinism）」。[146] 達爾文（Charles Darwin, 1809－1882）是著名的英國生物學家。生物學，作為一專門科學，始自十九世紀初。1802年法國科學家拉馬克（Jean Baptiste de Lamarck, 1744－1829）創造了生物學這個名詞。從那個時候開始，人類的身體就成為英國科學家努力研究的對象。到了十九世紀中，達爾文經過環球實地考察和鑽研後，在1859年推出其進化論。他認為

141　Rev G. H. Bondfield (HK) to Rev. R. Wardlaw Thompson (London, LMS Foreign Secretary), 7 March 1890, CWM, South China, Incoming correspondence 1803-1936, Box 11 (1887-92), Folder 4 (1890).

142　王誌信：《道濟會堂史》，頁36，引楊襄甫：《區鳳墀先生傳略》。

143　Cf E. J. Eitel, *Educational Report for 1888, Presented to the Legislative Council by command of His Excellency the Governor,* Hong Kong, Education Department, 11 February 1889: Table IX "Enrolment and Attendance at the Central School during 1888", p. 3, Table "Government Central School — Number of boys passed in Each Subject in 1888".

144　*College of Medicine for Chinese, Hong Kong* (Hong Kong: Printed at the *China Mail* Office, 1893), p. 8.

145　參見拙著《孫逸仙在倫敦，1896-1897：三民主義倫敦探源》（臺北：聯經出版事業有限公司，2007），頁272-273，第四章961114條。

146　孫中山：〈覆翟理斯函〉，原件無日期，筆者酌定為1896年11月14日，原件藏中國國民黨中央黨史委員會。轉載於《孫中山全集》，第一卷，頁46-48：頁48。

物競天擇，適者生存。人類能夠生存下來，主要是因為戰勝了其他動物。而戰勝的原因，是因為人類是高等動物（higher organism）。[147] 若人類果真是進化而來的，則基督教那「神造人」的說法就真的變成神話了。孫中山說他雅癖達文之道，表示他這個虔誠基督徒的信仰，已經基本動搖了。

第五件重大事情則與孫中山的私人生活有關。此事令他感到自己的思想感情與基督教會已經到了水火不容的地步：他談戀愛了！[148] 猶記他已於1884年5月26日與盧慕貞結了婚。[149] 但那是盲婚啞嫁，雙方沒有感情。盧慕貞又是文盲，[150] 看不了什麼書，雙方更無共同語言。現在孫中山遇到自己的至愛，何去何從？懸崖勒馬，他不願意。繼續下去，則以當時基督教會的嚴厲態度，是絕對不能容忍的，認為是不道德的事情。[151] 雅麗氏醫院本身的首批醫科學生（不是西醫書院的學生）當中，就有三位被湛約翰牧師以行為不道德為理由開除了。[152] 湯姆生醫生牧師掌院不出三個月，又以類似理由開除另一位該醫院的高年班醫科學生，醫院管理委員會的其他醫生極力反對都無效。[153] 不錯，這些似乎都是雅麗氏醫院自己的學生而不是西醫書院的學生，但像西醫書院的學生一樣，孫中山當時是在雅麗氏醫院上課、實習、值班、

147　Charles Darwin, *The Origin of Species of Natural Selection; or the Preservation of Favoured Races in the Struggle for Life* (London: John Murray, 1859).

148　楊惠芬：〈舊書函揭孫中山有妾侍〉，《星島日報》，2002年9月14日。該報道還刊出原始文獻、照片等。過去已有學者憑各種口碑提出過孫中山有第二位夫人的事情，見莊政：《孫中山的大學生涯 —— 擁抱祖國、愛情和書的偉人》（臺北：中央日報，1995），第四章。現在原始文獻面世了，應再無異議。

149　《國父年譜》（1985），上冊，頁37。

150　李伯新採訪楊連合（五十一歲），1965年9月20日，載李伯新：《孫中山史蹟憶訪錄》，頁86-91：其中頁91。按楊連合乃孫中山姐姐孫妙茜的長孫。

151　See Rev. Charles Robert Hager (HK) to Rev C.N. Clark, (Boston), No. 20, 23 July 1884, p. 4, Papers of the American Board of Commissioners. ABC 16: Missions to Asia, 1827-1919. IT 3 Reel 260, 16.3.8: South China, Vol. 4 1882-1899 Letters C-H: Hager, Charles Robert Hager: 3-320: No. 20 [microfilm frame 0055b-0057b]. Also, cf. Rev. Carl. T. Smith, *Chinese Christians,* p. 97.

152　Rev. John Chalmers's Report for 1887, 6 March 1888, CWM, South China, Reports 1866-1939, Box 2 (1887-97), Envelope 22 (1887).

153　Dr John C. Thomson to Rev. R. Wardlaw Thompson, 18 March1889, paragraph 4, CWM, South China, Incoming correspondence 1803-1936, Box 11 (1887-92), Folder 3 (1889).

圖6.5　孫中山與陳粹芬合影（1873-1960）

（翠亨村孫中山故居紀念館供圖）

寄食和寄宿的。萬一他的婚外情曝光，肯定難逃湯姆生牧師的基督神掌。不
要低估愛情的力量：熱戀中人可以幹出不可思議的事情。孫中山情願冒着莫
大風險，天天提心吊膽地過日子，也不願意放棄所愛。他對教會愈是是恐
懼，對教會的離心力就愈強。當基督教宣教師云云，那不是開玩笑！[154]

另一方面，孫中山既然已經領洗成為基督徒，理應遵循基督教對於一
夫一妻的規定。但正如他處理基督教禁止拜祖先一樣（見本書第五章），
「其信奉之教義，為進步的及革新的，與世俗之默守舊章思想陳腐者迥然不
同。」[155]

十、閱兵典禮所引起的思想震撼

就在孫中山要當基督教宣教師的念頭愈來愈淡化，愛國主義情緒愈來愈
濃厚起來的關鍵時刻，西醫書院發生了另一件事情，又將他的愛國主義情緒
向前推進一步。康德黎醫生說，香港慶祝建埠五十周年而在跑馬地舉行閱兵
典禮時，他曾帶領西醫書院全院學生步操走過檢閱台，接受香港總督德輔爵
士和巴駕少將的檢閱。[156]

按英軍於1841年1月28日在香港的港島登陸並宣佈該島為英國殖民
地。[157] 故建埠五十周年應為1891年1月28日。慶祝活動該在這個日子前後。

154　女方陳粹芬（1873-1960），原籍福建廈門，出生於香港屯門，排行第四，革命黨人尊
　　稱陳四姑，屯門基督教綱紀慎會教友。與孫中山同樣是受洗於該會的嘉假理牧師。孫中
　　山在西醫書院唸書時兩人墮入愛河成伴侶。後來孫中山到廣州行醫為名革命為實，陳粹
　　芬積極參與之餘，並從暗地轉為公開地與孫中山以夫妻名義出現，以資掩護。見莊政：
　　《孫中山的大學生涯》，頁179-180。翠亨村孫氏長房孫眉承認陳粹芬為家族一員，名
　　份為「孫文之妾」，載諸族譜。見莊政：《孫中山的大學生涯》，頁191。

155　馮自由：〈孫總理信奉耶穌教之經過〉，載《革命逸史》（1981），第二集，頁9-12：
　　其中頁12。

156　Anon, "College of Medicine for Chinese", *China Mail,* Monday 25 July 1892, p. 3, cols.
　　1-6: at col. 1.

157　Commodore Bremer to Colonel Lai Enjue of Dapeng, 28 January 1841,
　　FO682/1974/27, as summarised in J.Y. Wong, *Anglo-Chinese Relations 1839-1860: A
　　Calendar of Chinese Documens in the British Foreign Office Records* (Published for
　　the British Academy by Oxford University Press, 1983), p. 52.

徵諸香港《德臣西報》，可知閱兵典禮在1891年1月22日舉行。[158] 當時孫中山正在西醫書院唸書，而他又是非常活躍的學生，與康德黎又有師生之誼，而且交情深厚，應該是響應了乃師號召而參加了這次檢閱。又按康德黎醫生抵達香港不久即加入當地的後備兵團（Reserve Forces of Hong Kong），他說是以後備兵團成員的身份帶領學生步操走過檢閱台的。他又說，由於他事前沒有通知當局，所以當他帶領着這批年輕人步操走過檢閱台時，香港總督德輔爵士和巴駕少將都非常驚訝。[159]

徵諸《德臣西報》，可知康德黎所言不虛。該報在簡短的報道中突出地提到康醫師所帶領的、由西醫書院學生所組成的救傷隊在步操走過檢閱台時特別顯眼。[160] 學生哥以後備兵團附屬救傷隊員的身份操兵，自然不能穿便服。軍服從哪兒來？康德黎醫生自己掏腰包——當他還在倫敦的查靈十字醫院教學的時候，為了吸引醫科學生參加他所組織的自願軍醫隊（Voluntary Medical Staff Corps）並接受檢閱，他就曾經自己掏腰包為一百幾十人量身縫製一百幾十套軍服！[161]

孫中山與同學們穿上軍裝，不光是要來觀賞的。為了接受檢閱事先還必須操練，接受一定程度的軍訓。對孫中山來說，軍訓並不陌生，他在檀香山的意奧蘭尼學校（Iolani School）時，就接受過軍訓（見本書第四章）。後來孫中山決定以革命手段推翻滿清而於1894年冬在檀香山成立興中會後，即創建華僑兵操隊，並聘丹麥教習維克托・巴克當義務教練，又借其原奧阿厚中學（Oahu College）受業恩師芙蘭・締文牧師（Rev Francis Damon）所設的尋真書院（Mill's School）操場為興中會會員舉行軍事訓練，以便將來回國參

158　Anon, "Naval and Military Review", *China Mail*, 23 January 1891, p. 4 cols. 2-3.

159　Anon, "College of Medicine for Chinese", *China Mail,* Monday 25 July 1892, p. 3, cols. 1-6: at col. 1.

160　Anon, "Naval and Military Review", *China Mail*, 23 January 1891, p. 4 cols. 2-3: at col. 3. All the articles about the jubilee celebrations previous printed in the *China Mail* were later collected in *Fifty Years of Progress: The Jubilee of Hong Kong as a British Crown Colony, being an historical sketch, to which is added an account of the celebrations of 21st to 24th January 1891* (Hong Kong: *Hong Kong Daily Press*, 1891).

161　Neil Cantlie and George Seaver, *Sir James Cantlie*, p. 59.

圖6.6 康德黎醫生曾自己掏腰包為一百幾十人量身縫製一百幾十套軍服
（Cantlie, Neil and George Seaver, *Sir James Cantlie: A Romance in Medicine*〔London: John Murray, 1939〕, facing p.54）

圖6.7 康德黎醫生身穿醫療軍官的軍服
（Cantlie, Neil and George Seaver, Sir *James Cantlie: A Romance in Medicine*〔London: John Murray, 1939〕, facing p.6）

加革命。[162] 如此種種，皆一脈相承。

　　孫中山甚至把他在檀香山所學到的軍事訓練帶回故鄉翠亨村使用。他的姐姐孫妙茜回憶說：「孫中山在香港學醫時，逢寒假暑假必回家鄉辦好事。由於當時盜賊四起，因此中山認為要安全必須有組織，將青年組織搞『明更』。全村青年，不論窮富，也出來參加。有錢人多出槍出人；窮人出人力。是當義務的，沒有增加更夫收費。」[163] 把年青人組織起來，省不了要操練，孫中山從英國人那裏學來的步操，正派用場。不單如此，在翠亨村的操練是荷槍實彈的。孫中山回憶說：當時，他每次從香港放假回到家裏，「第一件事情就是檢查隨身帶備的手槍是否運作正常、是否有充足的子彈。因為我必須準備好，哪怕在晚上也可以隨時作自衛戰。」[164]

　　那麼，孫中山所組織的「明更」如何運作？當時「翠亨村周圍建有四個閘門，每到傍晚將閘上了木柵欄，青年輪班守衛」，相約「若有火箭或電光炮（爆竹）響，即全村『明更』起來，拿槍自衛」。[165] 這麼如臨大敵，是否有點神經質？不是。大約在1895年，即孫中山從香港西醫書院畢業三年後，一群強盜摸到了村民守衛規律後，天未入黑，就化整為零地先後進入了翠亨村。然後他們集中搶佔更夫館，戴上更夫用的竹帽子，並由一名大個子賊人把一名更夫挾在腋下，魚貫而行，一如孫中山所組織起來的「明更」，只是目的剛剛相反，他們準備打劫翠亨村內的楊姓富戶。突然帶頭的因故停步，後者低聲喝罵：「行啦，丟那媽！」，結果給某村民聽出口音不是本村人，馬上槍擊強盜，全村聞聲紛紛鳴槍響應。強盜拖着兩具被打死的同伴屍體慌

162　馮自由：《中國革命運動二十六周年組織史》，轉載於《孫中山年譜長編》，上冊，頁76。蘇德用：《國父革命運動在檀島》，轉載於《國父年譜》，上冊，頁87；另參《國父年譜》，頁32、39，以及Chung Kun Ai, *My Seventy Nine Years in Hawaii, 1879-1958*, p. 107。

163　李伯新採訪楊珍（六十八歲），1965年8月18日，載李伯新：《孫中山史蹟憶訪錄》，頁97-99：其中頁97。

164　"When I arrived home, I had to be my own policeman and my own protector. The first matter for my care was to see my rifle was in order and to make sure plenty of ammunition was left. I had to prepare for action for the night."- Sun Yatsen's speech at the Univeristy of Hong Kong, *Hong Kong Daily Press*, Wednesday 21 February 1923.

165　李伯新採訪楊珍（六十八歲），1965年8月18日，載李伯新：《孫中山史蹟憶訪錄》，頁97-99：其中頁97。

忙逃走。留下血跡斑斑。[166] 村民如何槍擊強盜？原來村中富戶都懂得射擊，
他們在自己屋頂鋪上階磚，可以迅速行走。如此則既從屋頂槍擊強盜，也可
從屋內向外射擊。若村民必須到村外辦事又如何？例如結婚辦喜事，新郎三
朝去新娘母家飲酒，則必定有一班青年帶槍陪同，以防賊人把新郎擄走。[167]

　　猶記1877年9月，孫眉從檀香山回到翠亨村成親時，仍放心讓孫中山帶
了一籃子禮物，獨自前往數十華里（一華里等於半公里）之遙的平嵐村，送
給過去同赴檀香山做工的朋友鄭強的家人。[168] 但到了1890年代，新郎獨自徒
手走路已經不安全，而必須有一班青年帶槍陪同，以防賊人把新郎擄走。[169]
在短短不足二十年之間，治安就變得如此之壞！

　　難怪孫中山感嘆地説：在香港，人們安居樂業，有條不紊。但每年放寒
假與暑假回鄉兩次，馬上進入另外一個世界，那裏只有危險和擾攘，人民提
心吊膽地過日子。兩地相隔只有五十英里之遙，卻猶如天淵之別。為何英國
人在短短七八十年之間能建立起來的香港，中國花了四千多年還辦不出一個
類似香港的地方？於是他決心改變中國這種現狀，以至他公開宣稱，他那種
革命的現代化思想來自香港讀書那段時候。[170]

　　孫中山參加1891年1月22日在香港舉行的閱兵典禮[171] 所得到的啓發還不
止此。

　　中國的北洋艦隊提督丁汝昌是慶典貴賓之一，自始至終在檢閱台上站在
香港總督和伯駕將軍旁邊觀禮。[172] 當孫中山把這位穿上寬袍大袖滿清官服的
丁提督與穿着貼身軍裝的巴駕少將比較，會有什麼感想？滿清的八旗官兵穿
長袍馬褂，是為了騎在馬上時雙膝被蓋上後暖和好作戰，所用的武器是刀劍

166　同上註，頁98。

167　同上註，頁97。

168　見本書第二章，其中引孫中山的姐姐孫妙茜的口述，載黃彥、李伯新：〈孫中山的家庭
　　　出身和早期事跡〉，載《廣東文史資料》第二十五輯：孫中山史料專輯（廣州：廣東人
　　　民出版社，1979），頁274-290：其中頁284。

169　李伯新採訪楊珍（六十八歲），1965年8月18日，載李伯新：《孫中山史蹟憶訪錄》，
　　　頁97-99：其中頁97。

170　Sun Yatsen's speech at the Univeristy of Hong Kong, *Hong Kong Daily Press*,
　　　Wednesday 21 February 1923.

171　Anon, "Naval and Military Review", *China Mail*, 23 January 1891, p. 4 cols. 2-3.

弓矛。巴駕少將穿着貼身軍裝是為了行動靈活好指揮，武器是機槍大砲。在1891年的世界，貼身軍裝代表現代化，日本的官兵早已全部脫下和服而換上貼身軍裝了！可憐那位受過現代軍事訓練的丁提督，還被迫穿上那寬袍大袖的滿清官服而顯得那麼保守落後，令人慘不忍睹。[173]

至於康德黎醫生，可能比誰都要忙。他在自己的私人醫務所為病人看病以謀生，在雅麗氏醫院當義務外科醫生，創辦西醫書院義務為其教書並主持校務而當教務長，創辦香港山頂醫院（Peak Hospital）並總理其事務，[174]創辦了香港防禦疾病疫苗研究所（Vaccine Institute）並長期在那兒做實驗，籌建了香港公共圖書館。這一切早已把他忙垮了，但他還抽到時間參加香港後備兵團。[175]當義務軍人是一種高度愛國的表現。孫中山與這位恩師非常接近，他會受到什麼啓發？

不當宣教師！搞革命去？不。孫中山面臨另一種選擇：改革耶？革命耶？

十一、西醫書院：改革耶？革命耶？

提供這新的選擇者，不是別人，還是倫敦傳道會和它哺育成長的香港道濟會堂。

先談革命。孫中山說，他在1887年離開廣州的博濟醫院回香港到西醫書院讀書，原因之一是以其「地較自由，可以鼓吹革命」。[176]但後來他在西醫

172　Anon, "Naval and Military Review", *China Mail*, 23 January 1891, p. 4 cols. 2-3: at col. 3. All the articles about the jubilee celebrations previous printed in the *China Mail* were later collected in *Fifty Years of Progress: The Jubilee of Hong Kong as a British Crown Colony, being an historical sketch*, to which is added an account of the celebrations of 21st to 24th January 1891.

173　筆者在悉尼大學所開的中國近代史課程中，有一次學生討論，一位澳大利亞同學特別用投射器放出當時日本官兵和清朝官兵所穿的服裝做比較，痛詆清軍落後，讓人慘不卒聽。

174　包括從英國邀來了第一位受過正規訓練的護士。

175　Speech by Mr. J. J. Francis, Q.C., acting as spokeman for the residents of Hong Kong, 5 February 1896, quoted in Niel Cantlie and George Seaver, *Sir James Cantlie*, pp. 88-90.

176　孫中山：〈建國方略：孫文學說，第八章：「有志竟成」〉，《國父全集》，第一冊，頁491。《孫中山全集》，第六卷，頁229。

書院鼓吹革命多年，來來去去就只得包括他自己在內的「四大寇」。[177] 若真要造反，談何容易？四個人去對付滿清的千軍萬馬，無異蚍蜉撼樹。孫中山儘有滿腔革命熱情，也不能不面對這殘酷的現實。

西醫書院人丁單薄。相形之下，香港道濟會堂就顯得人多勢眾了。更重要的是，香港道濟會堂的教友是雅麗氏醫院的中堅。該院除了醫生以外，其龐大的工作隊伍幾乎全是香港道濟會堂的教友——助手、見習生、工人等等，[178] 還有湯姆生院長賴以在該院自晨至昏連綿不斷地宣道的人。[179] 這批人除了接受西方傳教士帶來的基督教義以外，也接了該會帶來的西學。王煜初、區鳳墀都是顯著的例子。[180] 甚至陳少白之成為「四大寇」之一的主要原因，也因為他的叔父從廣州帶回一些傳教士散發的有關西學的印刷品而深為所動。[181] 可見當時基督教傳教士所帶來的西學在中國年輕一代所發生的深遠影響。

據云王煜初牧師「比孫先生年長十來歲，王牧師的幾個兒子寵勳、寵光等，則比孫先生小了幾歲，很容易談得來。加上其他年長有識教友如區鳳墀、何啟等的支持，年輕教友如陳少白、鄭士良等的唱和，於是道濟會堂的副堂，自然然便成了這一群青年人談新政、論國情的大好場所了」。[182] 這段描述，除了明顯的錯誤之如提前了區鳳墀在香港活動的時間以外，[183] 的確發人深省。為什麼？它佐證了筆者的看法：筆者認為，在改良與革命之間何去何從，孫中山有很長一段時間是躊躇不決的。否則我們將沒法解釋他在

177　其餘三人是楊鶴齡、陳少白、尤烈。見馮自由：《革命逸史》（1981），第一集，頁13-15。

178　Rev. John Chalmers's Report for 1887, 6 March 1888, CWM, South China, Reports 1866-1939, Box 2 (1887-97), Envelope 22 (1887).

179　Dr John Thomsom's supplementary report for 1890, - February 1890, p. 3, CWM, South China, Reports 1866-1939, Box 2 (1887-97), Envelope 25 (1890).

180　見本章第二節。

181　Howard L. Boorman ed., *Biographical Dictionary of Republic China*, 6 vs. (New York: Columbia University Press, 1967-70), v.1, pp. 229-231: entry on "Chen' Shao-pai", p. 230

182　王誌信：《道濟會堂史》，頁30，引張祝齡：《香港少年德育會、三十周年紀念冊》，卷首語。

183　見本章第一節。

1894年6月下旬上書李鴻章提倡改革。[184] 當時的現實是：與他有共同語言並深受西方新學影響的人，絕大部分都是奉公守法的基督教徒。講愛國與論新政，可以。用暴力手段推翻政府，則「聞吾言者，不以為大逆不道而避之，則以為中風病狂相視也」。[185] 鑒於這種形勢，孫中山曾認為自己太過曲高和寡因而退而求其次，有過改革的想法，是毫不奇怪的。而且，孫中山的最終目的是使到中國現代化，如果用不流血的辦法達到這個目的，總比流血甚至犧牲性命更佳。

另一份佐證是：1891年，孫中山在上海的《中西教會報》，署名孫日新發表了一篇題為〈教友少年會紀事〉的文章，報道了該會於1891年3月27日在香港成立的盛況：

> 辛卯之春，二月十八，同人創少年會於香港，顏其處曰「培道書室」。中設圖書、玩器、講席、琴台，為公暇茶餘談道論文之地，又復延集西友於晚間在此講授專門之學。[186]

西友講授的專門之學，除了西學還有什麼？孫中山很可能是發起人之一，目的是希望在全國造成一種提倡西學的氣候，並藉此為改革造勢。而他之發起教友少年會，很可能是受了湯姆生醫生召集學生唱聖詩的行動而得到啟發。[187] 孫中山在該〈紀事〉的結尾部分是這樣寫的：

> 是晚為開創之夕，同賀盛舉，一時集者四十餘人，皆教中俊秀。日叨其列，喜逢千古未有之盛事。又知此會為教中少年之不可少者，望各

184　《國父全集》，第四冊，頁3-11。《孫中山全集》，第一卷，頁8-19。

185　孫中山：〈建國方略：孫文學說，第八章：「有志竟成」〉，載《國父全集》，第一冊，頁491。《孫中山全集》，第六卷，頁229

186　孫日新：〈教友少年會紀事〉，無日期，附陳建明：〈孫中山早期的一篇佚文——「教友少年會紀事」〉，《近代史研究》，1987年第3期，頁185-190：其中頁189-190之頁189。

187　見本章第五節。

省少年教友亦仿而行之，故不辭簡陋，謹書之以告同道。[188]

「望各省少年教友亦仿而行之」，志氣可不少啊！

綜觀該〈紀事〉之重西學，以及「聯絡教中子弟，使其毋荒其道心，免漸墮乎流俗」之意，與之前在1883年於檀香山由年輕華裔知識份子成立的中西擴論會，以及之後在1892年3月13日於香港成立的輔仁文社（均見本書第八章），皆有異曲同工之妙，與差不多同時間湊合的「四大寇」，亦如出一轍，故筆鋒就轉到「四大寇」這更廣為世人傳誦的事例。

十二、所謂四大寇

香港文化老人孫述憲先生在1990年代香港和澳門知識界最為心儀刊物《信報》，用「名滿天下」之詞來形容四大寇，[189] 可謂推崇備至。但像所有著名的歷史事例一樣，被人傳誦得愈是厲害，就愈是遠離歷史真相。四大寇之傳奇也不例外。實際情況如何？四大寇各人的具體名字是什麼？孫述憲先生沒說。他對四人的生平都清楚嗎？可能不甚了了。因為，若他都清楚的話，可能他就不會這樣崇拜那「四位一體」了。準此，讓我們來研究分析一下四大寇的個別史略。

孫中山（1866-1925）的生平是大家知道得最多的。他為了救國救民，奔走一生。可謂鞠躬盡瘁，死而後矣，是四大寇當中最為後人所敬仰者。在此不必多費筆墨。

陳少白（1869-1934），廣東省新會縣人，1888年3月28日，廣州格致書院（1917年改為嶺南大學）開辦時，他是第一批入學學生。格致書院是美國醫療傳教士核琶醫生牧師（Rev Dr A. P. Happer）所創辦，所以陳少白從一開始就受到基督教影響，他有沒有領洗入教，目前還無有關記錄，但他與當時在廣州的華人宣教師區鳳墀友好，卻是眾所周知。1890年1月，區鳳墀介

---

188   孫日新：〈教友少年會紀事〉，無日期，附陳建明：〈孫中山早期的一篇佚文——「教友少年會紀事」〉，《近代史研究》，1987年第3期，頁185-190：其中頁189-190之頁190。

189   見孫述憲的書評，香港《信報》，1991年9月7日。

圖6.8　四大寇
（左起楊鶴齡、孫中山、陳少白、關心焉、尤列）

紹陳少白至香港與孫中山認識，即被孫中山轉而介紹予康德黎醫生，承其俯允即以陳聞韶之名字註冊入讀西醫書院。[190] 1895年陳少白積極參與策劃乙未廣州起義，因而未完成西醫書院的課程就退學。此後追隨孫中山革命，最大的貢獻是奉孫中山命在1899年於香港創辦《中國日報》，藉此宣傳革命和聯絡革命黨人，不畏疲勞，不懼艱苦，不怕危險，為世敬仰。1900年積極參與策劃惠州起義。1905年同盟會在香港成立分會時，他當選會長，將《中國日報》編輯工作交給馮自由。辛亥革命成功，胡漢民為廣東都督，委陳少白主外事，不數月而自稱不善政治而辭去職務。1921年9月應孫中山力邀而當總統府顧問。不久孫中山出師廣西，陳少白亦隨師出發，惟很快又自稱缺乏政治才幹而引退，隱居新會老家。1923年滇軍亂穗，陳少白走香港，文書盡失。1934年病死北平。[191] 他沒有像孫中山那樣堅持革命到底，未免美中不足。

楊鶴齡（1868－1934），廣東省香山縣（今中山市）人。他與孫中山是翠亨村同鄉，兩人認識最早。後來楊鶴齡到廣州算術館肄業，與尤列同學。楊鶴齡畢業後即繼承父業，到香港歌賦街楊耀記商店經商，毗鄰西醫書院，與當時在西醫書院讀書的孫中山和陳少白交遊，後來尤列也到香港做事，四人就經常一起在楊耀記高談闊論，批評滿清，被店員稱為「四大寇」。楊鶴齡為人亢爽不羈，喜諧謔。[192] 但是到了孫中山策劃乙未廣州起義時，楊貪生怕死，不敢參與。[193] 此後也始終拒絕參加革命的實際行動。

雖然如此，但孫中山在1912年當了臨時大總統後，還是懷舊而聘其為秘書。[194] 1912年4月1日孫中山解職，1913年袁世凱派人暗殺宋教仁，迫使孫中

190　Howard L. Boorman, ed., *Biographical Dictionary of Republican China,* vol. 1, p. 230. 陳占勤：《陳少白先生年譜》（1991），頁25。

191　Howard. L. Boorman, ed., *Biographical Dictionary of Republican China,* vol. 1, p. 229, col. 1 to p. 231, col. 1. 隨孫中山出師廣西事，見余齊昭：《孫中山文史圖片考釋》（廣州：廣東省地圖出版社，1999），頁446。

192　見陳少白：〈楊鶴齡之史略〉，載陳少白：《興中會革命史別錄》，轉載於《辛亥革命》，第一冊，頁76-84：其中頁77。又見余齊昭：《孫中山文史圖片考釋》，頁3。

193　見陳少白：〈楊鶴齡之史略〉，載陳少白：《興中會革命史別錄》，轉載於《辛亥革命》，第一冊，頁76-84：其中頁83。

194　杜元載主編：《革命文獻》，第十一集（臺北：中央文物供應社，1973），頁363。

山舉行二次革命時，楊鶴齡袖手旁觀，回到澳門蟄居。1919年5月16日，楊鶴齡寫信向孫中山求職。曰：「此數十年中因孫黨二字幾於無人敢近，忍辱受謗，不知凡幾。」[195]楊鶴齡不思報國，卻埋怨被「四大寇」之名牽累。孫中山批曰：「代答，函悉。此間現尚無事可辦，先生故閉戶著書。倘他日時局轉機，有用人之地，必不忘故人也。」[196]孫中山的回答已經很客氣了。惜楊鶴齡毫無分寸，於1920年1月9日再度函催。曰：「始謀於我，而收效豈可無我乎？」[197]孫中山批曰：「真革命黨，志在國家，必不屑於升官發財；彼能升官發財者，悉屬偽革命黨，此又何足為怪。現無事可辦，無所用於長才。」[198]

　　孫中山作覆後，似乎又於心不忍，在1921年5月5日在廣州重新當上總統後，於1921年9月14日「敦聘楊鶴齡先生為〔總統府〕顧問」。[199]同時受聘為總統府顧問者還有尤列和陳少白。孫中山又撥專款修葺在越秀山南麓、與總統府毗鄰的「文瀾閣」，讓陳、尤、楊三位故友居住。孫中山此舉，與其說是「為了能與陳、尤、楊時相聚首，切磋政要」，[200]不如說是孫中山念舊。因為到了1921年9月14日的楊鶴齡，由於長期蟄居澳門，沒有絲毫實踐經驗，其對政事的認識，仍停留在1890年代初期的高談闊論，不切實際。若聽信其信口雌黃，不誤大事才怪！

　　1921年10月10日，廣州政府慶祝武昌起義十周年，楊鶴齡驕傲地應邀參加慶祝大會，並在北校場的閱兵典禮上與孫中山等合照留念。但過了五天，

195　楊鶴齡致孫中山函，1919年5月16日，載楊效農主編：《孫中山生平史料及臺報紀念特刊選集》（北京：新華社《參考消息》編輯部，無出版年份），頁42。又見《孫中山全集》，第五卷，頁57。

196　孫中山：〈批楊鶴齡函〉，1919年5月24日，《孫中山全集》，第五卷（北京：中華書局，1986），頁56-57。

197　楊鶴齡致孫中山函，1920年1月9日，載楊效農主編：《孫中山生平史料及臺報紀念特刊選集》，頁42。該函藏中國國民黨中央黨史委員會，原日期書1月9日，16日收到。經中山大學余齊昭老師考證，年份應作1920年，與《國父年譜》所列吻合。見余齊昭：《孫中山文史圖片考釋》，頁450，註8。

198　孫中山：〈批楊鶴齡函〉，1920年1月16日，《孫中山全集》，第五卷，頁205。

199　孫中山：〈對楊鶴齡的委任狀〉，1920年9月14日，據楊國鏗藏原件。該件複印於見余齊昭：《孫中山文史圖片考釋》，頁446。

200　余齊昭：《孫中山文史圖片考釋》，頁446。

孫中山在1921年10月15日出征廣西時，楊鶴齡這位顧問就貪生怕死地找個藉口遁回澳門去了。只有陳少白像過去一樣，忠心耿耿地隨孫中山出征。[201] 所以說，楊鶴齡雖受厚遇，到底還是經不起考驗。

如此這般，楊鶴齡在實際困難面前再一次拋棄了孫中山。經此一役，任何稍具自尊心的人，肯定就此罷休。但楊鶴齡似乎就是纏着孫中山不放而不斷求職。孫中山不得已，於1923年4月4日「派楊鶴齡為港澳特務調查員，此令」。[202] 調查什麼呢？該令沒說，還不是個閒職！該令也沒提到經費，弦外之音是：楊鶴齡本來就居住在澳門，並經常來往於香港和澳門之間，不需額外經費。而且，若他真心為國，也應該不在乎有無薪餉！楊鶴齡連一毛錢也撈不到，多少滋味在心頭？

尤列（1865－1936），廣東省順德縣人，少肄業於廣州算術館，與楊鶴齡是同學。畢業後充廣東輿圖局測繪生。後來孫中山去了香港新成立的西醫書院讀書，尤列也去了香港華民政務司署當書記。[203] 適逢其會，就參加了「四大寇」的行列。尤列「放誕流浪，喜大言」。[204] 1895年，孫中山與陳少白等在廣州密謀起義，尤列怕死，不敢參與。[205] 但對孫中山在廣州設農學會，卻極感興趣，以為有油水可撈，不知死活地跑到廣州，「借宿會中，以創辦織布局相號召，每出入必肩輿，假廝役為長隨，以從其後，其放誕多若此。乙未事敗，始知可危，亦出亡。」[206]

數年後，尤列又「謀諸孫先生，挾數百元走星加坡，資盡則懸牌行醫以資日給」。[207] 這就奇怪了！尤列沒有受過正規醫科訓練，竟然去為病人治

201 同上註，頁446。

202 孫中山：〈批楊鶴齡函〉，1923年4月4日，載《孫中山全集》，第七卷（北京：中華書局，1986），頁293。

203 馮自由：《革命逸史》(1981)，第一冊，頁26、29-30。

204 陳少白：〈尤少紈之略史〉，載陳少白著：《興中會革命別錄》，轉載於《辛亥革命》，第一冊，頁79-81：其中頁79。

205 陳少白：〈四大寇名稱之由來〉，載陳少白著：《興中會革命別錄》，轉載於《辛亥革命》，第一冊，頁83。

206 陳少白：〈尤少紈之略史〉，載陳少白著：《興中會革命別錄》，轉載於《辛亥革命》，第一冊，頁79-81：其中頁79-80。

207 同上註，頁80。

病，這已經再不是放誕不羈的問題而是草菅人命了。「尤性本懶而頗多嗜好，行醫每有所入，即入西菜館大嚼一頓，或寄宿西式旅館一宵，以為無上之享受。及資將罄，則以其餘購阿芙蓉若干，麵包若干，攜歸，窮日夜之力以盡其阿芙蓉，覺餓，則嚙麵包以充飢。及兩者皆盡，則擁衿僵臥，經日不起，必俟有來就診者，始起床。所得醫金，用途仍如上述。」[208] 此段記載，出自「四大寇」之一的陳少白之手，讀來有如晴天霹靂。

陳少白又說，1913年，「二次革命起，尤往滬，揚言能解散革命黨。袁世凱信之，羅致北京，斥數千金為之供張，聲勢顯赫。後悉其偽，諷使之去。自此不敢復見孫先生。」[209] 若說尤列之無牌行醫、吸鴉片煙等等屬私人生活而難找旁證，那麼被袁世凱羅致北京是公開的事情，而且如此鋪張，相信當時會有很多人知道。

陳少白更說1921年，「孫先生回廣州，駐觀音山總統府，命許崇智出資三千，修府右之文瀾閣，並建天橋以通之，使予佈置而居之。復憶及居港時之『四大寇』，乃遣人召楊鶴齡與尤俱來，楊至而尤則觀望於香港，促之三四次不應，蓋懼不測也。迨經剴切表白無他意，乃至。」[210] 這段記載，就不缺諸如許崇智、楊鶴齡的人證，還有諸如那俗稱「四寇樓」的文瀾閣這物證。[211]

尤列受到如斯禮遇，可曾思恩圖報？沒有。陳少白說：「乃坐席未暖，故態復萌，見人輒大言，並刊其語於報端，謂孫先生特修文瀾閣，為伊駐蹕之地，以備隨時諮詢，故勉循孫氏之請而來此。舉止多令人不可耐。府中人惡之，舉以告孫先生，先生使人以數百金，令之退去，自是不復相見。」[212] 若尤列果曾將其言刊諸報端，那就是公開的秘密了。

事情就此了結？沒有。1925年，陳少白說：「孫先生逝世，尤時在上

208　同上註，頁80。

209　同上註，頁80。

210　同上註，頁80。

211　余齊昭：《孫中山文史圖片考釋》，頁446。

212　陳少白：〈尤少紈之略史〉，載陳少白著：《興中會革命別錄》，轉載於《辛亥革命》，第一冊，頁79-81：其中頁80。

海，謂孫先生襲其說而倡革命，以後革命黨之領袖，非伊莫屬。」[213]

治史不能依靠一家之言。那麼，可有人挺身而出，為尤列辯護？有。馮自由就寫了三篇文章為尤列辯護。其一說：「辛丑〔1910年〕後尤至南洋，初在星加坡牛車水單邊街懸壺問世，竟精醫花柳雜病，男婦咸稱其能。」[214]此段雖讚尤列醫術好，但也佐證了尤列沒有經過正規醫科訓練就行醫之說。馮自由繼續寫道：「尤志在運動工界，恆於煙館賭徒中宣傳革命排滿，遂亦漸染阿芙蓉癖，久之，每有所得，輒購阿芙蓉膏若干，燒肉麵包各若干，歸寓閉門停業高臥不起，必俟黑白二米（時人稱鴉片曰黑米）俱盡，然後重理舊業，然就診者固門庭如市也。」[215]此段與陳少白所言大致相同，唯一不同的是馮自由為尤列開脫，說其抽大煙是由於宣傳革命而引起，又讚尤列儘管如此肆意妄為，但依舊門庭如市。

1912年孫中山讓位與袁世凱後，尤列去了北京。馮自由說：「袁世凱以為革命元老，謂足與總理抗衡，欲羈縻之，使為己用，特館之於東廠胡同榮祿舊宅，民三後，尤知袁有異志，乃移居天津避之。」[216]此段與陳少白所言亦大致相同，但不同者有二：

第一、陳少白說尤列主動向袁獻媚而受到招攬，馮自由則說是袁世凱主動羈縻尤列。

第二、陳少白說袁世凱看穿了尤列無能制孫後把他轟走，馮自由則說尤察袁有異志而自動離開。

但陳、馮都異口同聲地說尤列接受了袁世凱長時間的厚待。而且，在榮祿舊宅優居三年，天天抽大煙，費用可是開玩笑的？此事後來頗受非議，馮自由再度撰文為尤列辯護，說：袁世凱「知尤先生乃黨中耆宿，乃委曲招致，居以石駙馬大街醇王邸，待遇優渥。有若曹瞞之籠絡關羽」。[217]怎麼東廠胡同榮祿舊宅突然又變成更高檔的石駙馬大街醇王邸？至於後來尤列為何離京？馮自由說是由於尤列拒絕「大書孫某罪惡史」；尤列婉拒，乃走天

213　同上註，頁81。

214　馮自由：〈尤列事略〉，《革命逸史》（1981），第一冊，頁26-28：其中頁27。

215　同上註。

216　同上註，頁28。

217　馮自由：〈尤列事略補述二〉，《革命逸史》（1981），第一冊，頁33-41：其中頁34。

津。[218] 這再度辯護，仍跳不出第一次辯護的框框，只是增加一些細節而已。

至於陳少白指控尤列在1921年「見人輒大言，並刊其語於報端，謂孫先生特修文瀾閣，為伊駐蹕之地，以備隨時諮詢，故勉循孫氏之請而來此。舉止多令人不可耐」，[219] 以及1925年「孫先生逝世，尤時在上海，謂孫先生襲其說而倡革命，以後革命黨之領袖，非伊莫屬」[220] 等情，馮自由就沒有進行任何辯護了。馮自由的《革命逸史》「寫成於1939年至1948年」，[221] 比諸1935年、陳少白逝世約一週後出版的《興中會革命史要》，[222] 晚了五到十五年，馮自由完全有足夠時間去為尤列辯護，但他沒有這樣做，是否等同默認？

尤門有幸，尤列的曾孫尤迪桓先生娶了一位念念不忘光宗耀祖的媳婦曾家麗女士，她後來儘管當上香港政府高官，但仍於五十開外的年齡，撥冗回到母校香港大學攻讀碩士學位，並寫就碩士論文〈尤列與辛亥革命〉。該論文：

1. 第3頁說尤列「1865（乙丑）年2月22日出生於有水鄉之稱的順德杏壇北水。他在新基坊漱坊園松溪別墅長大，家中亭台樓閣，鄉間盡是小橋流水桑基魚塘」。——筆者按：尤列像楊鶴齡一樣出生富裕家庭，與那出生於窮苦農家的孫中山，顯然幸福得多。結果是「乙未年廣州之役，楊與尤亦皆不與焉」。[223]

2. 第6頁曰：「興中會醞釀期為1893年，由尤列借得廣州廣雅書局抗風軒開會，有志之士議定成立興中會以『驅除韃虜，恢復華夏為宗旨』。之後興中會在檀香山及日本先後成立」。——筆者按：1893年尤列在廣州成立了

218　同上註，頁35。

219　陳少白：〈尤少紈之略史〉，載陳少白著：《興中會革命別錄》，轉載於《辛亥革命》，第一冊，頁79-81：其中頁80。

220　同上註，頁81。

221　中華書局近代史編輯室：〈說明〉，1980年6月，載馮自由：《革命逸史》（1981），第一冊，頁1。

222　〈編者按〉，載陳少白：《興中會革命史要》，收錄在國使館編：《中華民國建國文獻：革命開國文獻》，第一輯史料一（臺北：國史館，1995），頁88。

223　陳少白：〈四大寇名稱之由來〉，載陳少白：《興中會革命別錄》，轉載於《辛亥革命》（1981），第1冊，頁76-84：其中頁83。

興中會？比1894年孫中山在檀香山成立之興中會更早一年？但尤曾家麗沒有為其言提供註釋，不知所據為何？

3. 第6頁又曰：「歷史對乙未（1895）廣州起義經過，史書已很多詳盡紀錄，不在此贅述。」——筆者按：在此，尤曾家麗對於陳少白所說，到了廣州起義時，尤列拒絕參加之事，就避而不談，反而列了一個表，說尤列是領導人物之一，負責策劃、接應等，但又無法提供任何史料以證之。

4. 第8頁曰：「1900年（庚子）惠州三洲田起義。詳情很多歷史書已有記載，故不再在此重複」。——筆者按：尤曾家麗撰寫該碩士論文之主要目的是描述甚至突出尤列在歷次起義中具體做了寫什麼，不能三番四次地推說「歷史書已有記載」而不提供任何信息。其實，這些歷史書都眾口一詞地說，尤列沒有做了什麼；若尤曾家麗真的要重複，也只會自討沒趣！結果她接下來寫道「不過必須指出惠州起義的歷史意義，比之五年前的廣州起義更形重要」。這純粹是顧左右而言他的寫法。

5. 第8頁說惠州起義失敗後，「尤列不再以香港為大本營，在日本橫濱與孫中山同居前田町121番館約半年，便赴南洋經營革命，一去十年」。——筆者按：換而言之，尤列藉南洋遁，逃避了此後孫中山所領導的歷次起義。

6. 第11頁曰：「1911年武昌起義爆發，尤列命中和堂將領負責廣東軍事，自己則往東三省和雲南聯絡吳祿貞（1880-1911）、蔡鍔（1882-1916）等反正。吳、蔡是尤列在日本時期認識的留學生，回國後任清廷將領，其實都是革命黨人。尤列在途中得悉吳祿貞遇害，遂轉往雲南昆明。蔡鍔於10月30日起義成功宣佈獨立，並被推舉任雲南都督」。——筆者按：此段同樣是顧左右而言他，也同樣沒有提供任何註釋以證其言，究竟尤列為辛亥革命具體做了些什麼？

7. 第11頁又曰：「1913年，袁世凱（1859－1916）繼孫中山總理退位而成為大總統，曾出手籠絡尤列，以為用尤列來牽制孫中山。尤列初未洞悉其動機，民國既已建立，中和堂亦需要正式恢復其實為革命黨（有別於其他會黨堂口）的定位，所以尤列樂於赴京，以中和黨黨魁身份，將中和黨蓋章交給內政部存檔，並立刻獲批」。——筆者按：難道一句「尤列初未洞悉其動機」，就能掩蓋了尤列接受袁世凱利用「來牽制孫中山」這段史學界公認的史實？

8. 第12頁曰：「由1916至1921年（51歲至56歲）在神戶著《四書章節便覽》（*Oriental Bible*）及《四書新案》二書，先後在日本出版。前者至今仍留有縮微膠卷（microfilm）存於日本國立圖書館」。——筆者按：此段以及該碩士論文共103頁的其餘部份，與主題〈尤列與辛亥革命〉完全離題，故在此不再多花筆墨。

9. 尤曾家麗在其碩士論文開宗明義用英語寫就〈論文摘要〉（Abstract of thesis）如下：The study aims to present Yau Lit as a brilliant yet subtle revolutionary, an educator, a Confucian scholar and finally as a statesman whose life is dedicated to one Cause for achieving egalitarianism and democratic governance for his country. 謹將此段翻譯如下：「本論文之目標，是要展示尤列那卓越幽香的革命家風範，他作為教育家、儒學家以及政治家的一生，毫無保留地為祖國之平等與民主而奮鬥所做出的不懈努力」。

我的天！也不翻翻字典。卓越革命家的定義是什麼？有高明的革命理論，過人的革命實踐，長期從事革命事業者也。儘管孫中山有革命理論諸如《三民主義》，有屢敗屢起的革命實踐，畢生無私奉獻於救國救民的事業，鞠躬盡瘁，死而後已，中國大陸也只稱他為「革命先行者」而已。尤列毫無革命理論，更從未參加過革命的實際行動，連革命者之名也夠不上，有的只是年輕時曾與孫中山等人一起高談（當代大陸年輕人稱之為「吹水」）反滿，如此這般就把他歌頌為卓越幽香的革命家，算是什麼玩意？Statesman（政治家）的定義是什麼？世界史上有哪幾位名人夠得上政治家的稱號？政治家者，有高明的政治理論，卓越的政績，讓千萬人受惠，蔭及廣大後人者也。尤列畢生沒有從政，連政客（politician）之名也夠不上，把尤列描述為政治家，這種「吹水」也太離譜？至於儒學家，難道幼從私塾老師隨口唱幾句四書五經、年長後胡亂寫幾句相關按語，就能當上儒學家？又至於教育家，唉！尤列在教育上有何創新？曾調教出哪些出色的學生？

罔顧史實而「吹水」之處，莫此為甚。究竟這是一篇公開的學術論文，還是私藏家裏以逗兒孫的小品？難怪香港黃泥涌峽的「七月流火」在其《孫中山的女人們》一書中，表示對兩岸三地的史學界徹底絕望了（見本書第九章）。

上述種種史實證明，孫中山在香港西醫書院讀書時經常聚首之所謂「四

大寇」，其所放之厥詞，來自肺腑而又真正有意付諸行動者，似乎只有孫中山和陳少白。其中又只有孫中山走盡了革命之途才魂歸天國，可謂鞠躬盡瘁，死而後已。

準此，孫述憲先生之用「名滿天下」之詞來形容四大寇，[224] 其褒揚之處，中山先生自是當之無愧，陳少白也可以；至於尤列與楊鶴齡，則不提也罷！孫述憲先生身為香港的資深文化人，對一些特定歷史情節，不花點功夫去搞清楚就在報章上大事美化，無助後人以史為鑒。其實，孫述憲先生只須花幾分鐘時間去翻翻四大寇之一的遺著，讀讀陳少白下面那短小精悍的描述，對四大寇名稱的來源與性質就一目了然：「每遇休暇，四人輒聚楊室暢談革命，慕洪秀全之為人。又以成者為王，敗者為寇，洪秀全未成而敗，清人目之為寇，而四人之志，猶洪秀全也，因笑自謂我儕四人，其亦清廷之四大寇乎，其名由是起，蓋有慨乎言之也。時孫先生等尚在香港醫學堂肄業，而時人亦以此稱之，實則縱談之四大寇，固非盡從事於真正之革命也。而乙未年廣州之役，楊與尤皆不與焉。」[225] 而陳少白之所謂「時人亦以此稱之」，這些「時人」是誰？人數有多少？馮自由說：「楊耀記店伙聞總理等放言無忌，遂以此名稱之，而四人亦居之不辭。」[226] 嚇！綽號在幾名店伙之間打轉轉就算是「名滿天下」？看來孫述憲先生對馮自由所寫的《革命逸史》也陌生得很！

其實，被美化了的歷史最能誤導讀者，連內行人有時候也難免掉進陷阱，哪怕《國父年譜》的編者也免不了。茲舉一例：《國父年譜》（1985年增訂本）說，孫中山在西醫書院讀書時「與同學楊鶴齡、陳少白、尤列⋯⋯時人咸以『四大寇』呼之」。[227] 陳少白固然是孫中山在西醫書院的同學，但楊鶴齡與尤列則從來沒在該校註冊及列席上課，說不上是孫中山的同學。但空穴來風，竊以為該書編者可能被一幅照片所誤導（見圖6.8）。「四大寇」為後人遺留了唯一的一幅合照之中，四寇平排而坐，關景良站在後排。尤列親

224　見孫述憲的書評，香港《信報》，1991年9月7日。

225　陳少白：〈四大寇名稱之由來〉，載陳少白著：《興中會革命別錄》，轉載於《辛亥革命》，第一冊，頁76-84：其中頁83。

226　馮自由：〈尤列事略〉，《革命逸史》（1981），第一冊，頁26-28：其中頁26。

227　《國父年譜》（1985），上冊，頁51，1890年條。

筆書明該照片「攝於香港雅麗氏醫院」。[228] 關景良則說得更具體:該照片攝於「雅麗氏醫院三樓騎樓」。[229] 既然該照片攝於香港雅麗氏醫院,而西醫書院的學生都在雅麗氏醫院上課,以至一不小心,就會誤認照片中人全是西醫書院學生,並因此而進一步誤會四大寇全是西醫書院學生。如此這般,楊鶴齡和尤列就被誤稱為孫中山的同學了。這些雖屬細節,但不容忽視。從這個意義上說,中山大學的余齊昭老師考證出該照片應該是拍攝於1892年而非尤列所說的1888年10月10日,糾正了多年以來的以訛傳訛,就真個於無聲處聽驚雷。[230]

十三、他想得很多

本章重點探索,年輕的孫中山學了些什麼知識?這種知識,當然包括書本以外的知識。更由於本書集中探索孫中山如何走上革命的道路,則書本以外的知識似乎起了更大的作用。西醫書院的正規課程諸如解剖學、藥物學、生理學等等,不一定能啟發他的革命思想。反而他與師友的交往,能起到刺激作用。例如,作為所謂「四大寇」之一,天天與其他三寇談反滿,儘管楊、尤是鬧着玩的,孫中山可當真,並由此而得到啟發與鼓舞。又例如他愈來愈敬重他的恩師康德黎醫生,而當恩師遭到基督教神職人員打擊時,他會對基督教產生反感,把他初時那種拯救中國人靈魂的基督教熱情,[231] 進一步轉化為救國救民的決心。故本章不事羅列孫中山在西醫書院攻讀過的課程,也不讚美他的成績如何優越,這種工夫羅香林先生早已做過,在此不贅。相反地,本章着重探索他與康德黎醫生慢慢建立起來的深厚友誼,以及他與所謂「四大寇」其他三寇的結交始末,因為這些特殊的人際關係,讓他想得很多。他想什麼?鑒於本書集中探索他如何走上革命的道路,故在此也只提有

---

228 尤列在該照片上親筆所書,照片藏北京歷史博物館。見余齊昭:《孫中山文史圖片考釋》,頁4頁及頁5註7。

229 廣東文物展覽會編:《廣東人物》(1941),頁102,見余齊昭:《孫中山文史圖片考釋》,頁4及頁5註8。

230 見余齊昭:《孫中山文史圖片考釋》,頁3-5。

231 見本書第七章。

關實例。

孫中山想到，他童年在翠亨村時遇到的種種社會不平現象。在此重提要者三則：

第一、是他家為了先人過去賣地沒有把白契變紅契而每年都備受稅吏敲詐之苦。[232]

第二、當孫中山還只有十歲而仍在鄉間讀私塾時，「翠亨村有某姓兄弟三人，勤儉致富，與孫家素善。先生散學時，輒游其園。一日，見衙役偕勇弁圍宅，捕三人去，其一處死，餘則繫獄，村人莫審罪名，憤恨不平。先生曾挺身而詰清吏，吏怒，以刀刺之。先生急避去。自是深恨清吏橫暴，慨然以拯民水火為己責。」[233]

第三、「先生在塾，忽聞盜劫本村殷富，村民相率逃避。先生從容往覘之，至則群盜搜刮已畢，乃目睊其去。既而富商向村人泣訴謂：曩者經商海外，猶得法律保障，不意甫返國門，竟被劫一空，何祖國法紀之蕩然耶？先生聞而詢村中長者，渠等認為盜患亦類蝗蟲水旱天災之不可皆免者。然先生不以為然也。」[234]孫中山之不同意盜匪猶如天災，是因他讀了聖賢書，由此知道政治嚴明則民生安定而盜匪絕。

世人皆愛談孫中山幼仰慕洪、楊，而鮮及其當時之親身經歷。這種現象，給人沒頭沒腦的感覺。因為，孤立地講洪、楊故事，不一定能引起孫中山共鳴。但是，正由於孫中山曾目睹清吏橫行，故當他聽到已有前人挺身而出反對滿清時，仰慕之情油然而生，就在所難免了。

孫中山想到他在夏威夷所受的教育：「憶吾幼年，從學村塾，僅識之無。不數年得至檀香山，就傅西校，見其教法之善，遠勝吾鄉。故每課暇，輒與同國同學諸人，相談衷曲。而改良祖國，拯救同群之願，於是乎生。當時所懷，一若必使我國人人皆免苦難，皆享福樂而後快者。」[235]他更自言在

232　Paul Linebarger, *Sun Yat-sen and the Chinese Republic* (New York: 1925, Reprinted New York: AMS Press, 1969), chapter 10, entitled "The White Deed".

233　林百克著，徐植仁譯：《孫逸仙傳記》（上海：商務印書館，1926），頁51-59。

234　同上註。

235　孫中山：〈在廣州嶺南學堂的演說〉，1912年5月7日，載《孫中山全集》，第二卷，頁359-360：其中頁359。

英國人辦的意奧蘭尼學校三年所受的教育引起他身心變化最大，其中最重要者莫如學校中紀律嚴明的好處，讓他感到必須竭誠遵守校中紀律，並準此而渴望中國同樣醒覺到遵守紀律的重要性。[236] 他的同窗唐雄回憶，孫中山「好讀史乘」，而所讀者乃「華盛頓林肯諸偉人勛業，尤深景仰」。[237] 眾所周知，華盛頓正是領導美國人起來反抗英國殖民主義壓迫、爭取美國獨立的領袖。孫中山心儀華盛頓，會從他的生平中得到啟示和鼓勵，加強他反對滿清政權的決心。唐雄又回憶說：「是時檀香山種族問題，發生許多不平現象，國父刺激甚深，遂啟發其對於中國革命運動的思想。」[238] 是什麼種族問題？據史扶鄰教授考證，當時美國野心勃勃要併吞檀香山。為了達到這個目的，不少美國野心家不斷在檀島鬧事企圖製造併吞藉口，激發起檀香山土人的民族主義情緒。當地的華僑是同情夏威夷人的，譬如後來1894年11月在檀香山興中會成立時，先當選為副主席而不久又當上正主席的何寬，就在同年 7 月旅檀美人發動政變推翻王室成立「共和臨時政府」時，不值美人所為而參加了夏威夷人的反抗行列。[239] 1879至1883年的孫中山，早已感受到夏威夷人反抗美帝的暗流，既相應地激發起他自己的民族主義情緒，又認識到華盛頓的後人在自己取得獨立以後，竟然不顧別人對獨立自主的渴求而企圖強加併吞！[240] 基督教教義當中重要的一條是，在上帝面前人與人之間是平等的、民族與民族之間是平等的。一個民族不應該欺負另外一個民族。以此類推，滿

236　林百克著，徐植仁譯：《孫逸仙傳記》，頁121。

237　蘇德用：〈國父革命運動在檀島〉，載《國父九十誕辰紀念論文集》（臺北：中華文化出版事業委員會，1955），第一冊，頁61-62，轉載於《國父年譜》（1985），上冊，頁24-25，1879年秋條。又見佚名：〈檀山華僑〉，載《檀山華僑》（火奴魯魯，1929），頁15，轉載於《孫中山年譜長編》，上冊，頁28，1880年條。

238　蘇德用：〈國父革命運動在檀島〉，載《國父九十誕辰紀念論文集》，第一冊，頁61-62，轉載於《國父年譜》（1985），上冊，第26頁，1879年秋條。

239　馬兗生：《孫中山在夏威夷：活動和追隨者》（北京：世界知識出版社，2003），頁22-23。

240　有關書籍見William Richards Castle, *American Annexation of Hawaii* (Honolulu, 1951); William Adam Russ, *The Hawaiian Republic, 1894-98, and Its Struggle to Win Annexation* (Selinsgrove, PA: Susquehanna University Press, 1961); Michael Dougherty, *To Steal a Kingdom* (Waimanalo, HI: Island Style Press, 1992); Stephen T. Boggs, *US Involvement in the Overthrow of the Hawaiian Monarchy* (Place and Publisher unclear, 1992).

族入主中原，讓其貪官污吏橫行，是滿族欺負漢族，必須矯正。這一點，正符合孫中山當時的反滿情緒並豐富了他的理論根據。

其實，很多熱情洋溢的基督教年輕傳教士，帶着這種信仰到了南美洲、菲律賓等地傳教時，看到種種不平現象，憤怒之餘就拿起武器當了解放鬥士，並創立了一種嶄新的學說，名為「解放神學」（Liberation Theology）。從這個角度看問題，則孫中山深受基督教那種解放意識所感染，並終於決定入教，就毫不不奇怪了。入教後，把基督教那種解放意識運用到他民族解放的決心，在他心靈中就如一種聖戰。如此這般，我們可以理解為何孫中山革命的一生當中，無論條件如何艱苦、處境如何惡劣，他都從不氣餒，屢敗屢起，而且永遠是那麼樂觀的。因為，他很清楚，他奮鬥的目標，不是個人榮辱，而是遵從並實踐上帝的意旨而已。憑着這種精神，他就能做到鞠躬盡瘁、死而後已。中國成語也有「替天行道」[241]之謂；但中國這個「天」，意思比較模糊，而基督教的上帝，是一位非常具體的、有意志和性格的、至高無上的神。可以說，本來已經從中國古籍中接受了「天」這個模糊概念的孫中山，又從基督教義裏吸收了營養而把這個模糊的概念定型為具體的上帝。從概念變成一種信仰。據云孫中山臨終時對孔祥熙說：「正如上帝曾派遣耶穌到人間，同樣地，把我派遣到這個世上來。」[242]孔祥熙又把這句話在北京協和醫院舉行的、採基督教儀式的孫中山追悼會上複述了，此話得以公之於世。[243]

孫中山想到他在香港讀中學和大學近乎九年（1883－1892），放假期間回到故鄉時，「曾一度勸其鄉中父老，為小規模之改良工作，如修橋、造路等，父老韙之，但謂無錢辦事。我乃於放假時自告奮勇，並得他人之助，冀以自己之勞力貫徹主張。顧修路之事涉及鄰村土地，頓起糾葛，遂將此計劃

241　《三國演義》，第四十七回：「統曰：『某非為富貴，但欲救萬民耳。丞相渡江，慎勿殺害。』操曰：『吾替天行道，安忍殺戮人民！』」不以人廢言，曹操之言，就變了成語。見宋水培等編：《漢語成語詞典》（成都：四川辭書出版社，2000），頁738。

242　"Just as Christ was sent by God to the world, so also did God send me." Diary of Professor L. Carrington Goodrich, 19 March 1925, quoted in Martin Wilbur, *Sun Yat-sen: Frustrated Patriot* (New York: Columbia University Press, 1976), p. 281. Professor Goodrich was one of the double male-quartet singers at the service.

243　Ibid.

作罷。未幾我又呈請於縣令，縣令深表同情，允於下次假期中助之進行。迨假期既屆，縣令適又更迭，新縣官乃行賄五萬元買得此缺者，我無復希望，只得回香港。」回到香港，孫中山反覆思量此段經歷，並把它與他在香港的所見所聞相比較，結果他決定：「由市政之研究進而為政治之研究。研究結果，知香港政府官員皆潔己奉公，貪贓納賄之事絕無僅有，此與中國情形正相反。蓋中國官員以貪贓納賄為常事，而潔己奉公為變例也。」怎麼辦？「我至是乃思向高級官員一試，迨試諸省政府，知其腐敗尤甚於官僚。最後至北京，則見滿清政府政治下之齷齪，更百倍於廣州。於是覺悟鄉村政治乃中國政治中之最清潔者，愈高則愈齷齪。」[244] 滿清王朝到了孫中山那個年代，貪官污吏橫行霸道，比比皆是。目睹這種情況，孫中山就產生了為民請命推翻滿清的想法。正由於當時的政府是外族政權，推翻政府就等同反滿，反滿就是一種民族主義情緒了。

　　總結孫中山在檀香山所接受的三年英式教育和半年（兩個學期）的美式教育，從意識形態上說，代表了他對基督教的嚮往而結果被孫眉遣返之事例（見本書第四章），世人傳頌得最多；代表了法治精神的學校紀律卻鮮為人道。殊不知這種法治精神大大加強了他本來已經具備的救國救民決心。救靈魂與救國救民兩種思想不斷地在他腦海中互相激盪。他徘徊於兩者之間，有時此消彼長，有時此長彼消。在他到香港讀書的十年（1883－1892）和醫科畢業後的幾年，他還是搖擺於兩者之間。無論搖擺得多麼利害，也擺脫不了一個嚴肅問題：儘管投身革命並推翻了滿清政權，將來的中國政府應該是怎麼一個模式？

十四、對萬能政府的構思

　　孫中山經過長期思考，終於到了1906年就認為「無文憲法，是英國的最好」。但是，英國的憲法「是不能學的」。因為其「所謂三權分立，行政

244　Sun Yatsen, "Dr Sun's Address", *Hong Kong Daily Press*, Wednesday 21 February 1923, cols. 1-3. 漢譯本見孫中山：〈革命思想之產生：1923年2月20日在香港大學演講〉，載《國父全集》，第三冊，頁323-325：其中頁324，第5-7行；《孫中山全集》，第七卷，頁115-117：其中頁116。

權、立法權、裁判權各不相統」。[245]

　　「各不相統」有何不好？他們互相制衡不正是防止攬權獨裁、貪污腐敗的好方法嗎？孫中山不這麼想。他認為這些問題可以成立一個負責糾察的權力機關來解決。三權加糾察權再加考選權就成了他五權憲法的基礎。[246] 而五權都同時統轄於一個「萬能政府」。[247] 他又認為：「在人權發達的國家，多數的政府都是弄到無能的；民權不發達的國家，政府多是有能的。」[248] 他還舉了一個例子：「近幾十年來歐洲最有能的政府，就是德國俾士麥當權的政府。在那個時候的德國政府的確是萬能政府。那個政府本來是不主張民權的，本來是要反對民權的，但是他們的政府還是成了萬能政府。其他各國主張民權的政府，沒有那一國可以叫做萬能政府。」[249]

　　說穿了，孫中山屬意的萬能政府，其實就是集行政、立法、司法、監察、考選五權於一身的政府。大別於英國的行政、立法、司法等三權分立互相制衡的機制。為何孫中山屬意這樣的政府？歸根結柢是因為他認為這樣的模式更有利於把「一片散沙」的中華民族團結和調動起來。他說：「我們是因為自由太多，沒有團體，沒有抵抗力，成一片散沙。因為是一片散沙，所以受外國帝國主義的侵略，受列強經濟商戰的壓迫，我們現在不能抵抗。要將來能夠抵抗外國的壓迫，就要打破各人的自由，結成很堅固的團體，像把士敏土參加到散沙裏頭，結成一塊堅固石頭一樣。」[250]

　　孫中山對萬能政府的構思，不是開始於成長後讀到德國歷史，而是能追

245　孫中山：〈三民主義與中國民族之前途——在東京《民報》創刊周年慶祝大會的演說，1906年12月2日〉，載《國父全集》(1989)，第三冊，頁8-16：其中頁13，第4-5行。又見《孫中山全集》，第一卷，頁323-331，其中頁329。

246　孫中山：〈三民主義與中國民族之前途——在東京《民報》創刊周年慶祝大會的演說，1906年12月2日〉，載《國父全集》(1989)，第三冊，頁8-16：其中頁13-14。又見《孫中山全集》，第一卷，頁323-331，其中頁330-331。

247　孫中山：〈民權主義第六講〉，《國父全集》(1989)，第一冊，頁113-128：其中頁126，第3行。又見《孫中山全集》，第九卷，頁334-355：其中頁347。

248　孫中山：〈民權主義第五講〉，《國父全集》(1989)，第一冊，頁99-113：其中頁104，第9行。又見《孫中山全集》，第九卷，頁314-333：其中頁321。

249　同上註。

250　孫中山：〈民權主義第二講〉，載《國父全集》(1989)，第一冊，頁67-76：其中頁74，第11-13行。《孫中山全集》，第九卷，頁271-283，其中頁281。

溯到更早的時期。本書第三章就提及，他童年時代非常仰慕其父親在極度艱苦的情況下，把家庭管理得井井有條，家人和睦相處——那是一種家長式的管理方法。第四章提到他在火奴魯魯讀書時，獨攬大權的韋禮士主教，把意奧蘭尼學校辦得非常出色。本章提到他在香港西醫書院讀書時，同樣是獨攬大權的雅麗氏醫院湯姆生院長把該院岌岌可危的經濟建築在一個牢固的基礎上。此外，他在香港讀書的前後十年，擺在他眼前的，有活生生的、極有說服力的實例：香港政府的穩定、廉潔和高效率。關於這一點，從他在1923年2月20日於香港大學用英語所作的演說[251]可見一斑：

> 我之思想發源地即為香港。至於如何得之，則三十年前在香港讀書，暇時輒閒步市街，見秩序整齊，建築宏美，工作進步不斷，腦海中留有甚深之印象。我每年回故里香山二次，兩地相較，情形迥異。香港整齊而安穩，香山反是。我在里中時竟須自作警察以自衛，時時留意防身之器完好否？恆默念香山、香港相距僅五十英里，何以如此不同？外人能在七、八十年間在荒島上成此偉績，中國以四千年之文化，乃無一地如香港，其故安在？[252]

筆者特別重視這段引文最後的一句話，蓋有鑒於孫中山「一片散沙」之說也。同時筆者希望鄭重指出，1883年至1892年間孫中山在香港求學時期的香港政制，絕對不是像英國本土般三權分立的。香港總督幾乎是集三權於一身。他的權力，來自兩份文件：

第一份文件是《英王制誥》（Letters Patent）[253]，1843年4月5日維多利亞

251　*Hong Kong Daily Press*, Wednesday 21 February 1923. 這是一篇報道，文字非全部都是演講辭原文，語氣也非第一身。上海《國民日報》1923年3月7日把該報道換成第一身的語氣刊登後，《孫中山全集》第七卷頁115-117轉載如儀。該報的《國民週刊》第一卷第一號把該報道重載，《國父全集》（1989）第三冊頁323-325亦據此轉載如儀。但為了避免重新翻譯，筆者下面的引文，就姑且採用這現成的譯稿。見下註。

252　孫中山：〈革命思想之產生——1923年2月19日在香港大學演講〉，載《國父全集》（1989），第三冊，頁323-325：其中頁323，第17-20行。《孫中山全集》，第七卷，頁115-117：其中頁115。

253　Patent（制誥）者，公開也，即非機密的意思。

女王親自簽署，並蓋上英倫三島聯合王國（United Kingdom）的國徽（Great Seal）。[254]

第二份文件是《皇家訓令》（Royal Instructions），[255] 1843年4月6日維多利亞女王親自簽署，並蓋上女王的私章（personal seal）。[256]

兩份文件都採取這種形式，目的是在彰顯英王正在使用君主特權（royal prerogative）的意思。[257] 為何採取這種形式？據筆者了解，這與英國長期以來在海外奪取他人土地來建立自己殖民地的悠久歷史有關。當英國最初在海外奪取殖民地時，都是以英王的名義奪取。這種形式就一直被保留下來。

而兩份文件的內容也蠻有意思。《英王制誥》建立了香港總督這個職位並對他的權力範圍作了原則性的規定。其中最重要者有四：

第一、立法權：經諮詢立法局後，總督有制訂香港法律和法例的全權。

第二、行政權：總督有權召開行政局會議，而該局的任務是向總督提供諮詢，以便決定行政政策。

第三、總督掌有任命最高法院和地區法院法官的全權；而且在必要時，經過規定程序後，有權停職和罷免該等法官。

第四、軍權：總督是香港駐軍的總司令。[258] 就在這些大前提下，第二道文件、《皇家訓令》填補了各種有關細節。例如，規定立法局和行政局的議員皆由總督任命等。可以說，香港總督享有「絕對權力」（absolute power）。[259] 兩份文件共同組成了管治香港的所謂「憲法」。

而這所謂「憲法」的理論基礎是：英國以武力奪走了別國的土地和人民以成立一個殖民地，受害國家的政府和人民以至該殖民地內之原住民肯定非常敵視這殖民地政府，所以該殖民政府的領導人必須擁有絕對權力來調動一

254　Stephen Davies with Elfed Roberts, *Political Dictionary for Hong Kong* (Hong Kong: MacMillan, 1990), p. 270, col. 1.

255　Royal Instructions, 6 April 1843, CO381/35, pp. 17-52.

256　Davies with Roberts, *Political Dictionary for Hong Kong*, p. 270, col. 1.

257　Ibid.

258　Norman Miners, *The Government and Politics of Hong Kong*, 5th edition (Hong Kong: Oxford University Press, 1991), p. 56.

259　Davies with Roberts, *Political Dictionary for Hong Kong*, p. 270, col. 1.

切人力物力以應變，藉此保證殖民地安全。[260]

　　當孫中山在香港西醫書院唸三年級的時候，他的恩師之一何啟被香港總督任命為立法局議員。[261] 此事對香港華人社會來說固然是一件大事，對西醫書院來說更是無限光榮，在該院華人學生團體當中所起的轟動及所挑起他們對香港政治制度的極大興趣可知。而何啟更是向孫中山等同學們解釋香港政制的上佳人選，因為他除了有醫生執照以外，同時又是英國倫敦林肯法學院的畢業生，是在香港的執業大律師。孫中山那「萬能政府」的構思，相信很大程度是通過親身經驗以及諸如何啟等老師對他的潛移默化，促成他對香港管治架構的認識和管治效率的仰慕。關於這一點，他在上述香港大學演講詞中就表露無遺。[262]

　　後來在1896和1897年間，孫中山在英國遇到的是三權分立的政治制度。並通過學習而了解到三權分立的理論基礎是讓三權互相制衡以避免獨裁政治。這樣的一個制度和理論，與他前半生所體驗到的，以及在香港學習到的管治模式和理論是極端矛盾的。他該作何選擇？他決定英國的憲法「是不能學的」。因為其「行政權、立法權、裁判權各不相統」，[263] 這樣的模式解決不了中國「一片散沙」的問題。他還是屬意香港那個「萬能政府」的模式。但作為一個民族領袖，他不能標榜英國在中國土地上成立的殖民政府，故只好顧左右而言德國俾斯麥的「萬能政府」。其實，他從沒有在俾士麥的「萬能政府」之下生活過，但對香港的「萬能政府」的運作卻有超過十年親身的深切體會，結果説出了肺腑之言。

　　既然孫中山不贊成英國西敏寺（Westminister）式的民權，[264] 那麼他的民

260　Ibid.

261　G. H. Choa, *The Life and Times of Sir Kai Ho Kai*, pp. 16-17.

262　孫中山：〈革命思想之產生——1923年2月19日在香港大學演講〉，載《國父全集》（1989），第三冊，頁323-325：其中頁323，第17-20行。《孫中山全集》，第七卷，頁115-117：其中頁115。

263　孫中山：〈三民主義與中國民族之前途——在東京《民報》創刊週年慶祝大會的演説，1906年12月2日〉，載《國父全集》（1989），第三冊，頁8-16：其中頁13，第4-5行。又見《孫中山全集》，第一卷，頁323-331，其中頁329。

264　孫中山：〈民權主義第五講〉，載《國父全集》（1989），第一冊，頁99-113：其中頁104，第9-10行。又見《孫中山全集》，第九卷，頁314-333：其中頁321。

權主義在說什麼？他提出了「政權」與「治權」分家的概念。「政權」屬於人民，這就是「民權」。[265] 這「民權」包括選舉、罷免、創制和複決政府等四權。[266]「治權」則包括立法、司法、行政、考試和監察等五權；[267] 把這五權「完全交到政府的機關之內，要政府有很大的力量，治理全國事務。」[268]換句話說，這是「權」與「能」分家的概念。他闡明道：

> 我們現在分開權與能，說人民是工程師，政府是機器。在一方面要政府的機器是萬能，無論什麼事都可以做。又在他一方面，要人民的工程師也有大力量，可以管理萬能的機器。[269]

人民憑什麼去駕馭這「什麼事都可以做」的「萬能政府」以避免其獨攬大權而流於專制？孫中山認為人民可以依靠選舉、罷免、創制和複決政府之權來進行。[270]

竊以為這種想法太天真了。一個集五權於一身而又控制了軍權的萬能政府，人民就可以如此輕而易舉地罷免它？而這種天真的想法，似乎又是在孫中山天真年紀的時候先入為主而變得根深蒂固。他在西醫書院唸書的時代，通過恩師何啟會認識到，香港那個萬能總督，雖然名義上是由英王委任，實質上是從英國政府中的殖民地部裏的有關文官之中挑選的。他的一切行動，都必須向殖民地部大臣直接負責。如果政績不佳，殖民地部大臣有權隨時罷免他。就連那著名的《英王制誥》和《皇家訓令》，都是殖民地部裏的有關

265　孫中山：〈民權主義第六講〉，載《國父全集》(1989)，第一冊，頁113-128：其中頁126，第1-2行。又見《孫中山全集》，第九卷，頁334-355：其中頁347。

266　孫中山：〈民權主義第六講〉，載《國父全集》(1989)，第一冊，頁113-128：其中頁126之圖案。又見《孫中山全集》，第九卷，頁334-355：其中頁352之圖案。

267　同上註。

268　孫中山：〈民權主義第六講〉，載《國父全集》(1989)，第一冊，頁113-128：其中頁123第2-3行。又見《孫中山全集》，第九卷，頁334-355：其中頁347。

269　孫中山：〈民權主義第六講〉，載《國父全集》(1989)，第一冊，頁113-128：其中頁126，第4-5行。又見《孫中山全集》，第九卷，頁334-355：其中頁351-352。

270　孫中山：〈民權主義第六講〉，載《國父全集》(1989)，第一冊，頁113-128：其中頁126之圖案。又見《孫中山全集》，第九卷，頁334-355：其中頁352之圖案。

文官起草的，英王只不過是蓋個「橡皮圖章」而已。[271] 年輕的孫中山靈機一觸，似乎認為把殖民地大臣換作人民，把委任換作選舉，把萬能總督換作萬能政府，那不就萬事皆吉。

孫中山有這種想法，看來是受了下列因素影響：

第一、中國積弱，亟需一個強有力的政府來收拾那檔爛攤子。在這大前提下，追求一個「萬能政府」就成了當務之急。至於用什麼方法來制衡這萬能政府，就成了次要的問題。救亡要緊！

第二、孫中山1883至1892年間，身在香港殖民地而構想出萬能政府這概念就不奇怪，但到了1896至1897年他身在殖民地老家的英倫長期視察，仍認為殖民地的制度比英倫老家的好，就顯得不尋常。關鍵在於孫中山並非以英國的標準量高低，而是從當時中國的國情考慮問題，蓋1896至1897年間，中國的國運比1883至1892年間更為危殆：1894至1895年間，中國在甲午戰爭之中慘敗後「強鄰環列，虎視鷹瞵，久垂涎於中華五金之富，物產之饒，蠶食鯨吞，已效尤於接踵，瓜分豆剖，實堪慮於目前」。[272] 就在這同時，歐洲列強把非洲瓜分了！若中國人無必死之決心，團結一致抵抗列強，終有亡國滅種的一天！在這種情況下，萬能政府更顯得不容或缺。

第三、到了1924年，孫中山有系統地通過演講方式發表其民權主義時，中國已經進入軍閥時代，國家四分五裂，情況比過去任何一個時候更危殆。孫中山本人的處境也非常凶險。筆者在撰寫《中山先生與英國》的第八章「現實抉擇，1924－1925」和第九章「挑戰英國，1924－1925」時，一邊寫書一邊為他捏把汗。當時他困於廣州一隅，市內有滇軍、桂軍、湘軍、豫軍等各路客軍，在不同程度上拒絕接受孫中山政府的節制，橫徵暴斂，無法無天。近在咫尺的東江，又有其叛變了的舊部陳炯明的軍隊，隨時準備對廣州發起攻擊。省外有北洋軍閥虎視眈眈。市內更有廣州商團這心腹大患，必欲置他於死地而後快。當時商團的陰謀若得逞，孫中山就真個死無葬身之地。正史曰：三民主義之講述，「原定每週一次」，「至8月24日後因北伐督師

271　這個結論，是筆者三十六年來不斷鑽研英國殖民地部、外交部等檔案以及英國政制、香港歷史所得。

272　馮自由：〈興中會組織史〉，載《革命逸史》（1981），第四集，頁1-22。

韶關而停止。」[273] 説得輕鬆！實際情況是：當時廣州太危險了，他逼得藉北伐美名，體面地忍痛離開廣州這唯一的心肝寶貝根據地，連三民主義的演講也中斷了。在如此凶險的情況下，談什麼自由民主都是廢話，救亡要緊。而救亡最有效的辦法，是促請國人犧牲小我的自由，服從「萬能政府」的命令，以成全大我。其邏輯是，沒有大我的自由，就沒有小我生存的空間。所謂覆巢之下，焉有完卵？孫中山民權主義有關「萬能政府」的演講，是在這種情況之下面世的。至於成全了大我以後，應該組織怎麼樣的一個政府，則孫中山無暇顧及，唯有寄望於古聖賢所説的「選賢與能」，如此就帶出接下來的第四點。

第四、孫中山十三歲出國以前在翠亨村唸私塾時讀三字經之類的書籍暨部分四書五經，全是儒家範疇。他在香港唸書的時節，或在課堂上學習中國語文，或通過英譯本自修國學，他看的也全是儒家的經典著作。當然，儒家主張人治：「選賢與能，講信修睦。」[274] 只要找到聖賢來為政府掌舵，則萬事皆吉。以至他在〈民權主義〉的演講中，不斷地提及堯、舜、禹、湯、文、武。[275] 又按儒家的思維方法把人類分成聖、賢、才、智、平、庸、愚、劣等級別。[276] 結果，他把他那理想中的「萬能政府」建築在聖賢掌舵的空中樓閣，忽略了法治的重要性。

替孫中山思前想後，則最終無論孫中山自己想得怎麼多，1892年7月他從西醫書院畢業時，他必須面對一個非常實際的問題：如何謀生？過去高談闊論時指點江山，談談革命可以，真幹起來，從何幹起？下章就探索孫中山藉醫術謀生的過程，以及他如何最終走上革命道路的邏輯。

273　《國父年譜》（1985），下冊，頁1160，1924年1月27日條。

274　《禮記·禮運·大同篇》。

275　孫中山：〈民權主義第五講〉，載《國父全集》（1989），第一冊，頁99-113：其中頁104、105、107。又見《孫中山全集》，第九卷，頁314-333：其中頁322、325。

276　孫中山：〈民權主義第三講〉，載《國父全集》（1989），第一冊，頁76-88：其中頁79。又見《孫中山全集》，第九卷，頁283-299：其中頁287。

第七章

澳穗濟世：
治病救人莫如治病救國要緊

一、導言

　　1892年7月23日，孫中山在香港西醫書院畢業了，[1] 幹什麼好呢？他不能在香港掛牌行醫，因為他所取得的學位不是內外醫科全科學位（M.B.B.S.），只是「考准權宜行醫」（Licentiate）。

　　《國父年譜》（1985年增訂本）說，孫中山畢業後在1892年12月18日於澳門設中西藥局，為貧病義診。[2] 時距他畢業的1892年7月23日約五個月，在這五個月當中，他幹了些什麼？徵諸《孫中山年譜長編》，則說是年「秋，擬赴北京任職，因兩廣總督衙門刁難，不果」。[3] 所據乃吳相湘先生的《孫逸仙先生傳》當中所引述的江英華回憶錄，追閱吳相湘先生的大作，則吳先生又說所據乃李敖先生所著《孫逸仙和中國西化醫學》。[4] 經過如此間接又間接地輾轉引用的史料，筆者無法追閱原文之餘，只好望洋興嘆。

　　但空穴來風，事出有因。筆者乃從其他途徑追查。後閱英語《康德黎爵士傳》，則說畢業典禮過後，康德黎希望把孫中山和江英華這兩位首期畢業生「推薦給李鴻章，可惜不果」。[5] 此話可作為江英華回憶錄中所說過的話之佐證。可惜《康德黎傳》語焉不詳，令人心癢難搔。後閱莊政先生大作，方知江英華回憶錄乃鄭子瑜先生於1930年採訪所得，最先刊登於孟加錫1940年

1　孫中山是在1892年7月23日畢業的。見 *China Mail* (Hong Kong), Saturday 23 July 1892, p. 3, cols. 1-5。

2　《國父年譜》（1985），上冊，頁61-62。

3　《孫中山年譜長編》，上冊，頁60，秋條。

4　吳相湘：《孫逸仙先生傳》，上冊，頁102，註3。

5　Neil Cantlie and George Seaver, *Sir James Cantlie: A Romance in Medicine* (London: John Murray, 1939), p. 79.

1月26日出版的《華僑日報》第三版。[6]時江英華正在山打根行醫。[7]於是筆者放心引述如下：

> 1892年，余與孫先生同時畢業於雅麗氏醫院，余年廿一，孫先生年廿六。同班三十餘人，僅吾二人及格而已。畢業後，因英政府未有位置，香港總督羅便臣乃馳書北京英公使，託其轉薦於北洋大臣李鴻章，謂孫先生與余兩人識優學良，能耐勞苦，請予任用。李覆書，云可來京候缺，每人暫給月俸五十元；並欲授吾二人所謂「欽命五品軍牌」。孫先生為潛身京都，運動諸人臣反滿計，允即前行。吾二人遂偕康德黎師上廣州，請英領帶見兩廣總督德壽〔按：應為李瀚章，但非李鴻章〕領牌，然後晉京，免惹清政府之忌。詎德壽諸多為難。欲吾二人填寫三代履歷，方准領得。孫先生氣怒而返港；余亦勸其莫輕易進京，以免身危，遂不果。自是孫先生愈不滿於清吏，而反滿之心益決，此事外人知之者絕鮮，孫先生亦不喜對人言。[8]

筆者飛到英國，徵諸康德黎夫人日記，可知康德黎醫生赴穗之具體日期是1892年9月22至24日。他是22日星期四啓程前往廣州，[9]24日星期六下午

6　莊政：《孫中山的大學生涯》（臺北：中央日報出版社，1995），頁89，註70。筆者按：該註謂有關剪報藏中國國民黨中央黨史，編號為041‧117。筆者在2009年7月1專程前往該館查閱檔案，發覺此編號並不存在。經查詢，回答是該系列最後一個編號是041/60。故筆者引用該件時，改為已經出版了的鄭子瑜：〈孫中山先生老同學江英華醫師訪問記〉，附錄於鄭子瑜：〈一頁開國史料──記中山先生指示江英華密謀在穗發難書〉，臺北《近代中國》，第61期（1987年10月31日出版），頁110-114：其中頁112-114，以方便讀者追閱。

7　承香港吳志華博士相告：「山打根即Sandakan，位於現時馬來西亞北婆羅州（Borneo）的沙巴省（Sabah），曾經是該省首府。孟加錫即Makassar（舊作Macassar），是現時印尼南蘇拉威西省（South Sulawesi）（前稱Celebes）的首府，在十六、十七世紀時該市曾是重要的商港，為荷蘭人所控制。山打根與孟加錫均聚居了不少華人。」（吳志華覆黃宇和函，2004年11月24日。

8　鄭子瑜：〈孫中山先生老同學江英華醫師訪問記〉，附錄於鄭子瑜：〈一頁開國史料──記中山先生指示江英華密謀在穗發難書〉，臺北《近代中國》，第61期（1987年10月31日出版），頁110-114：其中頁112-114之頁123第1段。

9　Mrs Cantlie's diary, Thursday 22 September 1892.

2時回到香港。[10] 康德黎夫人沒法陪伴左右，故派一位護士隨行。[11] 為何要護士隨行？因為自從18日星期天起，康德黎醫生的腎就再次犯病，逼得整天躲在家裏休息不能外出。[12] 翌日亦如此。[13] 20日稍為好轉，[14] 22日就帶着兩個學生北上廣州去。康德黎醫生帶病勉為其難之處，感人肺腑。康德黎夫人在日記中沒有道明此行目的，但既然她的兒子在寫乃父傳記時說是為了把孫中山和江英華推薦予李鴻章，[15] 則可知該行之目的與江英華之言吻合，顯然是康家憑口碑傳下來的信息。

　　像所有回憶錄一樣，江英華的回憶錄難免有枝節上的錯誤。例如它說同班三十餘人就不準確。1887年與孫中山和江英華同期入學並參加第一次測驗的學生總共只有十八人，[16] 到了1892年首期學生畢業時，則留班的留班，退學的退學，故人數會更少。結果原班學員當中只有孫中山和江英華兩人如期畢業。若所指乃全校三十餘人，那倒差不多。又例如1892年的兩廣總督並非德壽而是李瀚章。[17] 但這種枝節性的錯誤不影響回憶錄主體的準確性。故竊以為其主體是準確的，因為此條有康德黎夫人日記和《康德黎爵士傳》所提供的信息佐證。

　　但筆者對此仍不感滿足，希望能找到更多的佐證。鑒於江英華說過，「香港總督羅便臣乃馳書北京英公使，託其轉薦於北洋大臣李鴻章」，而香港總督羅便臣乃英國殖民地部所派出的官員，駐北京的英國公使乃英國外交部官員，故筆者再飛倫敦的英國國家檔案館查閱英國外交部和殖民地部的有關檔案，希望找到該總督和公使與李鴻章的來往信件，以便找出更多的、更準確的細節。可惜無功而還。其實，吳志華博士在2001年已經做過類似的嘗

10　Ibid, Saturday 24 September 1892.

11　Ibid, Thursday 22 September 1892.

12　Ibid, Sunday 18 September 1892.

13　Ibid, Monday 19 September 1892.

14　Ibid.

15　Cantlie and Seaver, *Sir James Cantlie*, p. 79.

16　Dr Canlie's handwritten record of the examination results, 1887, Wellcome Institute Archives, MS2934.

17　見錢實甫：《清季重要職官年表》（北京：中華書局，1959），頁150。

試，也同樣是沒有結果。[18] 準此，竊以為該等信件很可能沒有被保存下來。因為此等信件屬私事性質，又與英國的國家利益無關，很可能香港總督和英國公使都沒有存檔。他們不存檔，後人在政府檔案裏自然無法找到，唯望將來在他們的私人文書裏找到原件，以豐富我們的歷史知識。

另一個可能性是康德黎醫生直接寫信給李鴻章。蓋香港西醫學院與李鴻章是有淵源的。該院首任教務長孟生醫生曾「救過李鴻章一命」。事緣1887年11月，李鴻章被告知患了舌癌，自忖必死，姑且召孟生醫生從香港赴津診治。孟生診斷結果是舌下膿腫，經排膿即痊癒。[19] 有過這種關係後，翌年該院董事局（Court）就邀請李氏當該院的庇護人，以壯聲威。李氏回信接受院長（President）殊榮。[20] 接着康德黎醫生就函覆李鴻章，感謝他接受此榮譽。[21] 現在首批學生畢業了，康德黎醫生把他們推薦給李鴻章，為中國效力，也順理成章。正如孟生醫生1887年10月1日在西醫書院成立典禮上說過的，香港西醫書院的主要目的是為中國培養西醫，以促進中國現代化。[22] 康德黎醫生1892年7月23日在首屆畢業典禮上則說得更具體：「經過五年的辛勞：現在我們毫無保留地把我們的勞動成果無私地奉獻給偉大的中國，因為在目前的中國，科學還鮮為人知，也沒人懂西醫；外科手術亦沒人嘗試去做。只有巫師神婆橫行，謊稱能治病救人，害得成千上萬的產婦枉死、嬰

18　吳志華：〈認清楚歷史搞清楚事實　有關中區警署古蹟的種種回應〉，香港《明報》，2004年11月12日，第D08頁世紀版。

19　見陳錫祺：〈關於孫中山的大學時代〉，載陳錫祺：《孫中山與辛亥革命論集》，頁62，引王吉民、伍建德合著 A History of Chinese Medicine, p. 320. 此言有佐證，見 Minute-book of the Senate, 3rd meeting, 23 December 1888, College of Medicine for Chinese, in the Registrar's Office, University of Hong Kong.

20　顯然是李鴻章的幕僚把 patron 的漢譯再倒譯為英語時就便成了 president。See Li Hongzhang to the Directors of the Hong Kong College of Medicine, n.d., Wellcome Institute Western MS6931/96.

21　Cantlie to Li Hongzhang, 12 July 1889, MS 6931/95, in ibid, thanking Li Hongzhang for his acceptance of the honour.

22　孟生：〈教務長在香港西醫學院開院典禮上致詞〉，1887年10月1日，地點：香港大會堂，典禮主持人：署理港督。黃宇和譯自該院出版的單行本題為 "The Dean's Inaugural Address"。

兒夭折。」[23] 若現在康德黎親函李鴻章，把香港西醫書院首批畢業生推薦給他，也是最自然不過。可惜倫敦大學Wellcome Institute所收藏的康、李來往信件當中，卻沒有康德黎醫生推薦孫中山和江英華給李鴻章的來往信件。

　　無法找到香港總督和英國駐華公使與李鴻章的來往信件，以及康德黎醫生推薦孫中山和江英華給李鴻章的來往信件，固然美中不足，但不影響江英華的回憶錄主體的可靠性，因為正如前述，該回憶錄有康德黎夫人日記和《康德黎爵士傳》所提供的信息佐證也。而且，筆者看不出江英華和康氏家族有任何撒謊的動機，故應為信史。

　　江英華回憶錄的重要價值之一，是説明了一個問題：儘管學生時代的孫中山平常高談革命，若要實踐起來，談何容易；故畢業後又順從恩師好意，企圖在李鴻章那裏謀個差事，先進入建制然後再從建制裏邊着手改良中國。可惜這個願望遭到挫折，徒增其對滿清政權的反感。但對政權反感不能當飯吃，人總是要謀生的，現存史料顯示，他到澳門行醫了。

　　過去，有關孫中山在澳門行醫的史料寥寥無幾，主要的消息來源大致有三。若按面世先後排列，則有：

　　第一、1897年出版的英語《倫敦蒙難記》。[24]

　　第二、1935年出版的《總理開始學醫與革命運動五十周年紀念史略》。[25]

　　第三、1939年初版的馮自由《革命逸史》。[26]

23　"... freely we hand our offering to the great Empire of China, where science is as yet unknown, where the ignorance of our own medical times is current, where the astrologer stalks abroad with the belief that he is a physician, where the art of surgery has never been attempted, and where thousands of women suffer and die by the charmed potions of the witchcraft practices of so-called obstetricians". James Cantlie, "The Dean's speech", as reported in Anon: "College of Medicine for Chinese", *China Mail* (Hong Kong), Monday 25 July 1892, p. 3, cols. 1-6: at cols. 2-3.

24　Sun Yatsen, *Kidnapped in London* (Bristol: Arrowsmith, 1897). 漢語譯本見孫中山：《倫敦被難記》，轉載於《國父全集》(1989)，第二冊，頁193-223：其中頁194；《孫中山全集》(1981)，第一卷，頁49-86：其中頁50。

25　廣州嶺南大學孫中山博士紀念醫院籌備委員會編：《總理開始學醫與革命運動五十周年紀念史略》(廣州：嶺南大學，1935)，頁17-18，轉引於陳錫祺主編：《孫中山年譜長編》，上冊，頁60-61。

26　馮自由：〈孫總理之醫術〉，載馮自由：《革命逸史》(上海：商務印書館，1939年初版；北京：中華書局，1981年重版)，第一集，頁9-10。

三則史料內容均甚簡單。按事發先後排:

第三則曰:「當先生在香港學醫時,偶一返鄉,道經澳門,澳紳曹子基、何穗田家人,延之診治,久病不癒,一藥便瘳,驚為神奇。乃先生畢業,曹、何與港紳陳賡虞,資助先生在澳門組織中西藥局,掛牌行醫。鏡湖醫院者,為澳門華人所設立,向用中醫中藥施贈貧病。中國醫藥經驗數千年,當有可採取之處,唯欠缺近世科學之研究,先生屢以此獻議於該院值理,卒得其接受。一旦破除舊例,兼用西醫西藥,聘先生為之主持,先生慨然擔任義務,不受薪金。」[27]

第二則所述,與第三則雷同,可能是馮自由所提供。

第一則曰:「葡人定例律凡行醫於葡境內者必須持有葡國文憑,澳門葡醫以此相齮齕,始則禁阻予不得為葡人治病,繼則飭令藥房見有他國醫生所定藥方,不得為之配合。以是之故,而予醫業之進行猝遭頓挫,雖極力運動,終歸無效。顧予赴澳之初,並不料其有是,資本損失為數不少,旋即遷徙至廣州焉。」[28]

短短三則史料,把孫中山在澳門行醫始末概括了。澳門這彈丸之地(見圖7.1),過去所發生過的事情本來就寥寥無幾。

繼1984年的《中英聯合聲明》宣佈1997年香港回歸後,經過多年交涉,終於在1987年4月13日簽署的《中葡聯合聲明》宣佈了澳門在1999年回歸。無獨有偶,在中葡交涉快接近尾聲的1986年11月孫中山誕辰120周年開始,突然湧現出大量有關孫中山在澳門行醫的信息,讓人眼花繚亂。筆者把這眾多的信息收集起來,分門別類地整理一下,發覺可以將它們歸納為三大類:

第一、孫中山在澳門下環正街三號創辦了《鏡海叢報》(中文版),並當該報編輯和主筆,又經常撰稿,鼓吹革命。

第二、孫中山在澳門草堆街設立中西藥局,以此作為據點,策劃革命。

第三、孫中山在澳門議事亭前地十四號設立「孫醫館」,既作診所又是寓所,與夫人盧慕貞和幼子孫科一起在那裏居住。

---

27 陳錫祺主編:《孫中山年譜長編》,上冊,頁60-61,轉引《總理開始學醫與革命運動五十周年紀念史略》(1937),頁17-18。

28 孫中山:《倫敦被難記》,轉載於《孫中山全集》,第一卷,頁45。

圖7.1　澳門舊地圖

圖7.2　《鏡海叢報》複印本封面

這三大類的信息，排山倒海而來，比諸過去那三則簡單的史料，猶如石破天驚，學術界紛紛引用。尤其是關於孫中山創辦《鏡海叢報》（中文版）之信息，讓很多「文章和書籍大多認為，該刊是孫中山早年在澳門活動時為宣傳革命，在葡人好友飛南第支持下，兩人合作創辦的中文週刊，孫中山是該刊匿名的編輯和主筆」。[29] 至於孫中山在澳門議事亭前地十四號設立「孫醫館」的信息，更被國家級的出版社——權威的文物出版社——所採納，[30] 並被廣為轉引，影響深遠。

把這三大類信息放在一起分析，不難發覺孫中山既當報紙的編輯和主筆，同時又策劃革命，再同時又行醫。三管齊下，他哪來的時間和精力？這個問題引起筆者注意，決心追查到底。經考證，筆者發覺這三大類信息都有一個共同的源頭——《澳門日報》的報道。而該等報道均出自同一個人的手筆——《澳門日報》1980年代和1990年代的副總編輯陳樹榮先生。他分別用陳樹榮、梅士敏、濠江客、魯傳等筆名甚至佚名，在《澳門日報》發表了大量有關文章。[31] 這個發現，引起筆者更大興趣，決心逐條鑒定這三大方面報道的可靠性，方予採用。

29　姜義華：〈《鏡海叢報》序〉，載澳門基金會、上海社會科學院合編：《鏡海叢報》〔影印本〕（上海：澳門基金會、上海社會科學院聯合出版，2000），頁2。以下簡稱《鏡海叢報》（2000年複印出版冊）。

30　盛永華、趙文房、張磊：《孫中山與澳門》（北京：文物出版社，1991），圖61和說明。

31　筆者在2006年3月29日和5月23日專程到澳門拜訪陳樹榮先生時，承他親口賜告，梅士敏和濠江客，都是他在《澳門日報》發表文章時所用的筆名。2006年12月5日專程往澳門拜訪《澳門日報》李鵬翥社長和陸波總編輯，得到的答案也相同。

二、孫中山創辦了《鏡海叢報》（中文版）？

首先，筆者把有關報道用表格的方式開列清單，以便分析。

表7.1　陳樹榮在《澳門日報》刊登有關孫中山中創辦《鏡海叢報》的文章
（1986－2001）

（表中日期部分，首兩數目字代表年份，中兩數目字代表月份，末兩數目字代表
日子，例如861111代表1986年11月11日。下同）

日期	作者	題目	引文
861111 (1)	佚名	紀念孫中山先生誕辰一百二十周年特刊：孫中山與澳門（事蹟摘記）	一八九三年七月，孫中山與葡籍友人飛南第合作，出版中文週刊《鏡海叢報》，孫中山當匿名編輯和主筆，發表革命言論。
861111 (2)	佚名	紀念孫中山先生誕辰一百二十周年特刊：孫中山在澳門活動遺蹟	（3）下環正街三號，是中山先生創辦的《鏡海叢報》社址。
861111 (3)	佚名	紀念孫中山先生誕辰一百二十周年特刊：創辦鏡海叢報與飛南第結友誼：孫中山當年在澳門脫險，葡籍友人掩護避過鷹犬	孫中山與飛南第的友誼長進，更表現在創辦《鏡海叢報》的過程中。飛南第〔從香港〕回澳，在其祖居旁邊，開辦了一間印刷店，出版了一份葡文報紙。孫中山為宣傳革命，得到飛南第的大力支持，於一八九三年七月十八日，開辦了《鏡海叢報》，銷路相當廣，銷量相當大。 其時，孫中山雖離澳往廣州行醫，但仍經常來往穗澳間，並保持在澳門的中西藥局，繼續營業，成為其革命活動的一個據點。孫中山擔任《鏡海叢報》的匿名編輯和主筆，經常在《鏡海叢報》發表政治論文，抨擊時局，影響甚大，並在報上刊登一些相當於現在讀者投函的文章，文末有「孫中山醫生啟」的字樣。

（續上表）

861111（4）	佚名	紀念孫中山先生誕辰一百二十周年特刊：創辦鏡海叢報與飛南第結友誼：孫中山當年在澳門脱險，葡籍友人掩護避過鷹犬	一九六〇年十一月八日，法新社從澳門發出一段消息，八十六歲的澳門老居民烏蘇拉・飛南第，在其祖屋——下環正街一號去世。消息説她是澳門葡人飛南第家族中最後一人，又説她哥哥是孫中山生前的好友。
871109	本報記者・魯傳	本報特稿：孫中山當年來澳門行醫寄寓議事亭前地十四號	《鏡海叢報》這份週報創刊於一八九三年七月，由土生葡人飛南第任社長，當時孫中山尚居澳，與飛南第是好友，創刊之初，孫中山積極參與該報，為其撰稿，寫評論。〔按：孫中山為葡文《鏡海叢報》撰稿，寫評論？若所指乃中文《鏡海叢報》，則事隔一載，陳樹榮再不堅稱孫中山是該報創辦人、編輯和主筆，只是輕描淡寫地説為其撰稿、寫評論。用筆名「魯傳」來寫這篇文章的人是誰？陳樹榮後來在《澳門日報》本身，署名説該文是他寫的；[32] 同時又在《廣東社會科學》署名説「孫中山當年來澳門行醫寄寓議事亭前地十四號」這篇報道是他寫的。[33]〕
900808	陳樹榮	人物：孫中山與澳門初探（五）	《鏡海叢報》是孫中山早年在澳門活動時，在葡人好友法連斯哥・飛南第支持下，合作創辦的中文週報…… 《鏡海叢報》是怎樣創辦的？以往的資料顯示，是居澳葡人法連斯哥・飛南第支持孫中山合作創辦的。報主飛南第原已創辦和經營葡文週刊《澳門回聲》（《Echo Macaense》）。中文《鏡海叢報》的東主是飛南第，孫中山則主理編務。 《鏡海叢報》的社論……所署「黔上味味生」的筆名，或許是孫中山早期的筆名。 〔按：四年之後，陳樹榮忽然又重新堅稱飛南第支持孫中山合作創辦了《鏡海叢報》。並主理編務。〕

32　陳樹榮：〈人物：孫中山與澳門初探（三）〉，《澳門日報》，1990年8月6日。

33　陳樹榮：〈孫中山與澳門初探〉，《廣東社會科學》第四期，頁28-36：其中頁29。

（續上表）

900809	陳樹榮	人物：孫中山與澳門初探（六）	《鏡海叢報》……一八九五年十一月六日，正是孫中山在廣州首次起義失敗後抵澳的第二天。〔按：這個日期是絕對錯誤的。1895年10月26日廣州起義失敗，孫中山27日離開廣州，28日達到澳門，29日到達香港，11月2日離開香港，11月10日到達神戶。沿途均有人證物證。詳見本書第八章第九節（iv）-（vi）。〕報上刊登了是次武裝起義的「電訊」，在社論「是日邱言」中，加以類似今日「編者按」的文字，並全文「特錄」經修訂過的孫中山的《農學會序》。這一期《鏡海叢報》，很可能是由孫中山負責主理編務的最後一期了。〔按：1895年11月6日，孫中山正在坐船自香港往神戶途中，怎有可能在澳門主理《鏡海叢報》的編務？〕……從現有的史料、文獻等來看，孫中山自己完全沒有談及《鏡海叢報》，這或許是出於早期革命工作的需要，孫中山不便於透露，以防清廷耳目。〔按：早期不説，晚期説也無妨吧？〕
900810	陳樹榮	人物：孫中山與澳門初探（七）	孫中山與飛能第〔sic〕的友誼長進，尤為突出表現在合作開辦《鏡海叢報》。當孫中山在廣州策劃首次武裝起義失敗後逃抵澳門，《鏡海叢報》還刊登有關消息，在頭版刊登孫中山在起義前發表的《農學會序》並加上類似「編者按」的評述，介紹孫中山的事蹟……
911110	陳樹榮	風采：孫中山在澳門居住過的地方	5・《鏡海叢報》——下環正街三號，是澳門葡人飛南第的祖屋，孫中山在澳門時，常到那裏參與辦報。
911207	濠江客	澳門圖説：飛南第與孫中山的友誼	飛南第在澳門創辦了中、葡文《鏡海叢報》……孫中山經常為《鏡海叢報》撰稿，寫社評。
921006	本報記者・梅士敏	孫中山澳門行醫一百周年	一八九三年由居澳葡人印刷商、孫中山的好朋友飛能弟〔sic〕開設的中文、葡文《鏡海叢報》，刊登了許多篇廣告… 孫中山在澳門行醫一年內，還參與創辦和編輯《鏡海叢報》……
941113	梅士敏	孫中山與澳門關係密切	5・下環正街三號的《鏡海叢報》館址。

（續上表）

981114	陳樹榮	特稿：澳門宜發揮孫中山名人效應	一、鑄造紀念牌，懸掛在有關的紀念地——例如……下環《鏡海叢報》遺址。
011224	濠江客	澳門圖説：孫中山鴻文首篇發表於澳門行	翻開《孫中山全集》，鴻文第一篇是〈致鄭藻如書〉，這是孫中山於1890年前後給鄭藻如的函件，發表在1892年的澳門報紙上。〔按：費成康在2000年出版於澳門的《鏡海叢報》複印本的序言第四頁中已經指出是不可能的，陳樹榮卻不予理會。〕

　　本表首項、861111之（1），清楚書明孫中山是《鏡海叢報》的匿名編輯和主筆。接下來的861111（2）項，言之鑿鑿地説孫中山創辦了《鏡海叢報》。再接下來的861111（3）項，除了在文章標題顯彰孫中山創辦了《鏡海叢報》之外，又在正文裏説創辦之目的是為了宣傳革命，更説孫中山在報上刊登一些相當於現在讀者投函的文章，文末有「孫中山醫生啓」的字樣。

　　第一、先處理所謂孫中山寫讀者投函的事。筆者查閱《鏡海叢報》，發覺確實有「來稿照登」，於是把現存的六十九期《鏡海叢報》共412頁，作地毯式搜索。謹將所得全部列表如下：

表7.2　澳門《鏡海叢報》之「來稿照登」統計表
（1893年7月18日—1895年12月25日）

期號	日期	書頁	來稿照登	署名
2/10	940926	28	著名闊佬何連旺係大體面大威勢大物件	闕如
2/11	941003	34	南北行捐助藥劑芳名列左	同善堂
2/12	941010	40	甲午捐助藥劑各善信芳名列左	同善堂
2/14	941024	52	甲午綢緞行捐助同善堂藥劑芳名列左	同善堂
2/16	941107	64	永義堂行芳名：廣元生、永悦隆、祥利號…	〔同善堂〕
2/17	941114	70	洋貨軍裝行捐助同善堂藥劑芳名	〔同善堂〕
2/18	941121	76	山貨行捐助同善堂藥劑芳名	〔同善堂〕
2/24	950102	112	嘗言少年子弟不可作狹邪遊此父兄之督責	闕如
2/25	950109	118	抵澳以來……自成七律二章聊抒所懷	渠敖培

　　從本表看，「孫中山醫生啓」的字樣毫無蹤影。至於宣傳革命云云，也踏破鐵鞋無覓處。

　　第二、所謂孫中山是《鏡海叢報》的匿名編輯和主筆云云，則負責搜集、整理和複印出版現存中文《鏡海叢報》的費成康博士，就做過很好的考證。他細心鑽研過中文《鏡海叢報》各期內容後，斷然寫道：

　　《鏡海叢報》上的一些文章明確地指出，該叢報的主筆是貴州人王真慶，又作王孟琴，「黔中味味生」是他的筆名。在1895年1月16日的《鏡海叢報》上，有份「叢報局主稿王真慶」的告白，[34]……同年12月4日的新聞〈兩為存誌〉[35]指出，「澳門《鏡海叢報》局主筆為黔人王君孟琴」。[36]

　　到了上述引文中〈兩為存誌〉出版的1895年12月4日，孫中山已經因為廣州起義失敗而途經香港、日本等地跑到夏威夷與家人團聚。儘管有人異想天開般假設王真慶是孫中山的化名，也絕對不能成立。因為在香港、日本和夏威夷等地都有人見過他。而到達夏威夷後，親戚朋友皆目睹真人長時間與家人在一起。反觀在澳門的王真慶，卻在此時因文章開罪了澳督，「判監三日，第一日發苦獄，次日改押頭等監房」，後經王真慶竭力解釋以求開脫之後，「判令羈留三日，靜思己過」。[37]一個在夏威夷與家人歡慶團圓，一個在澳門銀鐺入獄，兩地又相隔十萬八千里，怎可能是同一個人？

　　第三、所謂孫中山創辦《鏡海叢報》，則經費從何而來？他開設中西藥局，也要向鏡湖醫院貸款。其次，他從來沒有辦報的知識、訓練與經驗，貿

34　按即《鏡海叢報》（2000年複印出版冊），頁124。

35　同上註，頁394。

36　費成康：〈孫中山和《鏡海叢報》〉，是為《鏡海叢報》（2000年複印出版冊），序言，頁7。在費成康博士的結論面世之前，《澳門日報》的那篇報道也曾引起過《孫中山年譜長編》的編者注意，但處理時很小心，只是在腳註中寫道：「説者或謂先生擔任該報『匿名編輯和主筆』，是先生『為宣傳革命，得到費爾南德斯〔按即飛南第〕的大力支持』而開辦的。」此外就不加評論，由讀者自己去判斷，是聰明的做法。見陳錫祺主編：《孫中山年譜長編》，上冊，頁61，腳註2。

37　按即《鏡海叢報》（2000年複印出版冊），頁394。

然辦報，智者不為。再其次，孫中山雖然童年時代曾在翠亨村讀過約三年私塾，但此後在夏威夷、香港等地所讀的正規學校皆採英語教學。1895年11月6日《鏡海叢報》頭版曰：「香山人孫文，字逸仙，少從亞美利加洲遊學，習知外洋事態、語言文字，並精西醫，篤信西教。壯而還息鄉邦，尚不通漢人文。」[38] 孫中山甫到澳門之時，正是他從香港西醫書院畢業不久之日，若說他「尚不通漢人文」，似乎過份誇大，但讓他來辦一份中文報紙，則肯定力有未逮。

第四、所謂孫中山創辦《鏡海叢報》之目的是為了宣傳革命，這就先入為主地認為他到澳門並不是為了行醫而是為了從事革命。若是如此，則為何他向鏡湖醫院貸款開設中西藥局？開設中西藥局同樣是為了從事革命？

三、開設中西藥局是為了從事革命？

為了回答這個問題，筆者又把搜集到的有關報道，按其出版先後排列成表，以便分析。

表7.3 陳樹榮在《澳門日報》刊登有關孫中山中西藥局的文章（1990－2003）

日期	作者	題目	引文
861111（1）	佚名	紀念孫中山先生誕辰一百二十周年特刊：孫中山在澳門活動遺跡	（2）草堆街八十四號。當年的中西藥局，而今的「大生布疋頭店」。
861111（2）	佚名	紀念孫中山先生誕辰一百二十周年特刊：孫中山與澳門（事蹟摘記）	一八九二年十二月，孫中山兩次向鏡湖醫院借款，共三千一百六十八兩。在草堆街八十到八十四號，開設「中西藥局」。孫中山在鏡湖醫院義務行醫，由「中西藥局」免費供應西藥作為支付向醫院借款的利息，生意頗佳。

38　佚名：〈是日弁言〉，《鏡海叢報》1895年11月6日頭版，載《鏡海叢報》（2000年複印出版冊），頁395。

（續上表）

861111（3）	佚名	紀念孫中山先生誕辰一百二十周年特刊：創辦鏡海叢報與飛南第結友誼·孫中山當年在澳門脫險，葡籍友人掩護避過鷹犬	孫中山為宣傳革命，得到飛南第的大力支持，於一八九三年七月十八日，開辦了《鏡海叢報》，銷路相當廣，銷量相當大。 其時，孫中山雖離澳往廣州行醫，但仍經常來往穗澳間，並保持在澳門的中西藥局，繼續營業，成為其革命活動的一個據點。
871112	本報記者·陳樹榮	本報特稿：孫中山澳門行醫史料新探（下）	這則由「孫中山謹啓」的聲明告白，刊登於……一八九三年九月二十日，其時距孫中山抵澳行醫的一八九二年秋，已逾年時間。……〔按：「孫中山謹啓」這則聲明告白，並非刊於一八九三年九月二十日，當天並沒有出版葡語《澳門回聲》。該告白刊登在一八九三年九月二十六日。〕 在「聲明告白」中，孫中山僅稱「本醫生晉省有事」，才將「所有中西藥局事務，統交陳孔屏兄代理」。但這僅是「代理」，還不是説「結業」。孫中山不願意輕易放棄「中西藥局」這個「地盤」，放棄這個開展革命活動的「陣地」。
900318	陳樹榮	特稿加強研究「孫中山與澳門」	孫中山〔於一八九二年秋〕來澳工作約一年……在草堆街八十四號開設「中西藥局」，贈醫施藥。〔按：孫中山並非在「中西藥局」贈醫施藥，而是在鏡湖醫院贈醫術。〕
900805	陳樹榮	人物：孫中山與澳門初探（二）	孫中山……一八九二年……十二月向鏡湖醫院借款一千四百四十四兩，在草堆街開設「中西藥局」。
900806	陳樹榮	人物：孫中山與澳門初探（三）	一則由「中西藥局」謹啟的「中西聖藥」的廣告，甚至每週登報，達一年之久。〔按：若每週一次，刊登一年就是五十二次。筆者作了一個統計，共二十次，見下文表7.5〕
900807	陳樹榮	人物：孫中山與澳門初探（四）	從《春滿鏡湖》的廣告，可知孫中山在澳門行醫，有幾個突出的地方。 一、固定診症的地點有三個，除了鏡湖醫院，還有「草堆街中西藥局」和「仁慈堂右鄰寫字樓」，即孫中山來澳的寓所，位於「議事亭前地十四號」。

（續上表）

911110	陳樹榮	風采：孫中山在澳門居住過的地方	3．中西藥局——草堆街八十四號 4．議事亭前地的「孫醫館」是孫中山居澳較長的寓所。
911116	濠江客	澳門圖說：孫中山在澳創辦「中西藥局」	在草堆街八十號至八十四號開辦。草堆街上的這間「中西藥局」，現址尚有，為一間二層的古式樓房〔按：筆者實地調查的結果是三層〕，後門開在內街，便於撤走，這或許是孫中山當時的巧妙安排，以便於革命工作。革命黨人常聚那裏，策劃謀事。
921006	本報記者・梅士敏	孫中山澳門行醫一百周年	孫中山醫生在澳門行醫的一年多時間裏，每日固定診症的地方有三處，除了鏡湖醫院，還有「草堆街中西藥局」和「仁慈堂右鄰寫字樓」。這座寫字樓，即年青的孫中山來澳的寓所。
940218	本報記者・梅士敏	孫中山百年前返澳門度歲	一八九二年……十二月底，在草堆街八十四號開設「中西藥局」。
941113	梅士敏	孫中山與澳門關係密切	3．草堆街的中西藥局
981112	本報記者・梅士敏	本報特稿：孫中山的澳門遺物在何方？	〔孫中山〕每日分別在三處地方掛牌行醫。其中在鏡湖醫院、中西藥局和孫醫館都各自工作二小時。
981114	陳樹榮	特稿：澳門宜發揮孫中山名人效應	二、收購中西藥局遺址——闢作孫中山陳列館——位於草堆街八十四號的中西藥局，創辦於一八九三年初，由孫中山向鏡湖醫院借錢開辦中西藥局，作為贈醫施藥的重要地方。〔按：如前所述，孫中山並非在「中西藥局」贈醫施藥，而是在鏡湖醫院贈醫。〕
000312	本報記者・梅士敏	本報特稿：澳門須重視孫中山事跡——向特區政府提五項建議。	位於草堆街八十四號的中西藥局。
011120	濠江客	澳門圖說：孫中山澳門三地方診症	晨早七點鐘至九點鐘止，在草堆街診症，無論男女，診金每位二毫。

（續上表）

011203	濠江客	澳門圖說：孫中山澳門行醫的用品	孫中山向鏡湖醫院借錢開辦中西藥局。
030915	濠江客	澳門圖說：孫中山借錢開藥局	孫中山開設的中西藥局，位於草堆街八十號，是一幢逾百年的古老大屋，樓高三層，內間頗為寬敞，且有後門通往盧石塘街，便於孫中山的革命活動，有利躲避清朝「探子」的追緝。

　　本表最引人注目者，是聲稱孫中山在澳門進行革命活動的四大則：按時間先後是：

　　第一、861111（3）一則說：「其時〔指1893年7月18日〕，孫中山雖離澳往廣州行醫，但仍經常來往穗澳間，並保持在澳門的中西藥局，繼續營業，成為其革命活動的一個據點。」

　　第二、871112一則說：中西藥局是孫中山在澳門開展革命活動的地盤、陣地。

　　第三、911116一則說：「草堆街上的這間『中西藥局』，現址尚有，為一間二層的古式樓房，後門開在內街，便於撤走，這或許是孫中山當時的巧妙安排，以便於革命工作。革命黨人常聚那裏，策劃謀事。」

　　第四、030915一則說：「孫中山開設的中西藥局，位於草堆街八十號，是一幢逾百年的古老大屋，樓高三層，內間頗為寬敞，且有後門通往盧石塘街，便於孫中山的革命活動，有利躲避清朝『探子』的追緝。」

　　筆者對這四大則報道的按語是：目前沒有確鑿史料顯示孫中山在澳門行醫時曾有革命活動，遑論追緝。不錯，中國國民黨中央黨史委員會編撰和出版的《國父年譜》，在介紹孫中山在澳門行醫的情況時，劈頭第一句就說：「澳門原屬香山縣治，與先生故鄉翠亨村陸路相連，又與香港、廣州水程暢通，便於革命活動。」[39] 言下之意，是孫中山之選擇到澳門行醫是為了從事革命。但這只是一個自傲為革命黨的黨史會對其創黨領袖的描述，並沒有提出任何根據。反觀中國共產黨治下的中華書局所出版的《孫中山年譜長編》，就沒有這種花絮，[40] 因為共產黨沒有必要增添這種花絮。

　　《孫中山年譜長編》的主編陳錫祺先生，在1979年曾向筆者查詢，孫中

山在其《倫敦被難記》中所提到之「少年中國黨」究竟是什麼回事？現在就讓筆者嘗試回答這個問題。「少年中國黨」者，《倫敦被難記》中之英語原文稱之為Young China Party。其大動作包括1895年「定計於廣州突舉義旗，據省城而有之，盡逐諸官吏。……起事之謀已敗……電香港令緩師……廣州諸黨魁亦紛紛四散……」。所述無疑是興中會1895年之廣州起義，以致該書原譯者把Young China Party翻譯為興中會。但1981年由北京中華書局出版的《孫中山全集》第一卷的編者們，卻認為是翻譯錯了，他們認為不可能是興中會。理由是：「將少年中國黨與興中會等同起來」，是不妥當的。[41] 至於如何不妥當，編者就沒作解釋了。2006年出版的《孫文選集》的編者黃彥先生，同樣認為Young China Party不是興中會，理由是「與原意不符」。[42] 至於原意是什麼，黃彥先生就沒有道明原委。竊以為《倫敦被難記》所述的一些細節，的確與我們目前所掌握到的有關興中會的資料不符。茲舉兩例：

（一）「予在澳門始知有一種政治運動，其宗旨在改造中國，故可名為『少年中國黨』……予當時不禁深表同情而投身為彼黨員。」現存史料顯示，興中會是1894年11月孫中山在檀香山親手締造者，而不是他在1892年秋初到澳門行醫時已經由別人組織起來之後他才參加的。

（二）「興中會之總部設於上海」。現存史料顯示，興中會之總部設於香港，當時上海似乎連分會都沒有。若有，也可能只是在上海工作的陸皓東一個人孤軍作戰。為什麼會出現這些矛盾？據筆者考證，《倫敦被難記》之

39　羅家倫主編、黃季陸、秦孝儀、李雲漢增訂：《國父年譜》（臺北：中國國民黨中央黨史委員會，1994），頁69。該頁沒註明該說之出處。追查該書1985年的版本，則引嶺南大學孫中山博士紀念醫院籌備委員會編：《總理開始學醫與革命運動五十周年紀念史略》。但所引乃宣傳品，且該宣傳品先入為主地說孫中山學醫是為了從事革命，難怪李雲漢先生，作為一位嚴肅的學者，在修訂《國父年譜》以便在1994出版時，就刪掉這個註釋；但作為黨史會的主任委員，看來不便把正文也刪掉。不刪掉似乎也有多少理據，蓋孫中山自己也曾說過：「借醫術為入世之媒」（見孫中山：〈建國方略：孫文學說，第八章：有志竟成〉，《國父全集》，第一冊，頁491。《孫中山全集》，第六卷，頁229）。但能否將「入世之媒」解釋為「革命之媒」，就見人見智了。

40　陳錫祺主編：《孫中山年譜長編》，上冊，頁60。

41　《孫中山全集》，第一卷，頁50，註1。

42　黃彥編：《孫文選集》（廣州：廣東人民出版社，2006），中冊，頁29，註解2。

英語原著的作者並非孫中山，槍手是其恩師康德黎醫生。[43]康德黎醫生是陸陸續續地聽了孫中山的陳述而打鐵趁熱地、日夜趕寫該書，趕在清朝駐倫敦公使館的職員，在光天化日之下，公然從街頭把孫中山綁架進入公使館，並把其幽禁起來這椿轟動一時的大案，仍然受世人關注的時刻出版。在這種情況下，一些細節無暇顧及得周全，可以理解。

其實，興中會這名字，目前西方史學界普遍把它翻譯成為Revive China Society。若當時孫中山對恩師說是Young China Party，也差不離幾。筆者甚至認為，興中會成立之初，雖然所取中文名字叫興中會，但英文名字很可能就叫做Young China Party。因為當時興中會的會員，絕大部分是受過西方教育的年輕人，血氣方剛，充滿理想。若取名Young China Party，正符合他們的思想感情。若取名Revive China Society，反而給人一種老氣橫秋的感覺，不符合他們的年紀和脾氣。

至於把「予在澳門始知有一種政治運動，其宗旨在改造中國，故可名為『少年中國黨』」作為根據而大做文章，說孫中山在澳門積極進行革命活動，就是從根本上誤解了這句話的原意。該話原意是改良，不是革命。該話接下來的句子是這樣的：「其黨有見於中國政體不合於時勢所需，故欲以和平之手段、漸進之方法請願於朝廷，俾倡行新政。」[44]陳樹榮三番四次說孫中山在澳門行醫期間積極從事革命，甚至在上述表7.3之中的030915一則說：「孫中山開設的中西藥局……有後門通往盧石塘街，便於孫中山的革命活動，有利躲避清朝『探子』的追緝」等情，值得商榷。誠然，待「朝廷悍然下詔，不特對於上書請願之人加以譴責，且謂此等陳請變法之條陳以後概不得擅上云云。吾黨於是……徐圖所以傾覆而變更者」。[45]等到孫中山決定傾覆朝廷時，人已離開澳門多時了。在澳門從事革命云云，從何談起？

此外，表7.3另有引人注目者，是聲稱孫中山在草堆街三個不同地方設立中西藥局之九則：

43　見拙著《孫逸仙倫敦蒙難真相》（上海：上海書店出版社，2004），第四章第三節。

44　孫中山：〈倫敦被難記〉（譯文），收入黃彥編：《孫文選集》，中冊，頁27-71：其中頁29。

45　同上註，頁31。

一、861111（1）説：中西藥局設在「草堆街八十四號」。

二、861111（2）説：中西藥局設「在草堆街八十到八十四號」。

三、900318説：中西藥局設「在草堆街八十四號」。

四、911110説：中西藥局設「在草堆街八十四號」。

五、911116説：中西藥局設「在草堆街八十到八十四號」。

六、940218説：中西藥局設「在草堆街八十四號」。

七、981114説：中西藥局設「在草堆街八十四號」。

八、000312説：中西藥局設「在草堆街八十四號」。

九、030915説：中西藥局設「在草堆街八十號」。

總之，究竟是八十號、八十四號、還是八十至八十四號？另一個問題是：究竟中西藥局這幢房子是二層還是三層？911116一則説是二層；030915一則説是三層。據筆者多次到草堆街實地考察所得，則無論是八十、八十二還是八十四號的樓房，都是三層。而且看來樓齡皆超過一百年，似是原來的房子，沒經加建。接下來的問題是，龐然大物的一所三層高房子，儘管一樓作藥局，孫中山一個人同時住二樓和三樓，不是太浪費嗎？又即使多了個陳萃芬，也只是兩口子而已。2006年3月29日，承陳樹榮先生帶領參觀該列房子時，筆者就提出這個問題。陳樹榮先生回答説，孫中山利用二樓與同志開會，策劃革命，自己住在三樓。據筆者實地考察毗鄰的七十八號「金興金舖」為例子，該棟樓房面積是很大的，三樓有五個房間，孫中山何須住五個房間？空置二樓專門為革命同志開會，也完全沒這必要。

此外，究竟孫中山的「中西藥局」是設在草堆街第幾號？這都是亟待解決的問題。但鑒於陳樹榮又説孫中山的寓所在議事亭前地十四號的「孫醫館」（見下節），難道孫中山有兩個寓所？到了這個地步相信讀者已經估計到，筆者重點探索這些雞毛蒜皮的微觀細節，目的正是要回答一個重大的宏觀問題，即孫中山如何走上革命的道路？準此，就容筆者預告一下探索結果所帶出的問題：若孫中山只是在鏡湖醫院和草堆街中西藥局行醫，而從未在議事亭前地設立過「孫醫館」，那麼孫中山在澳門行醫這段歷史，就不必在本書多費筆墨。若孫中山果真在議事亭前地設立過「孫醫館」，那麼他在澳門行醫這段歷史，意義就非同小可。此話怎説？筆鋒就轉到議事亭前地了。

四、「孫醫館」設在議事亭前地十四號？

一如既往，筆者把搜集到的有關報道，按其出版先後排列成表，以便分析。

表7.4　陳樹榮在《澳門日報》刊登有關孫中山「孫醫館」的文章
（1990－2003）

日期	作者	題目	引文
871109	本報記者．魯傳	本報特稿：孫中山當年來澳門行醫寄寓議事亭前地十四號	九十五年前，孫中山來澳門行醫約一年，留下一段光輝的里程。…… 孫中山在澳門行醫這一年間，住在哪裏？…… 據一八九五年九月四日仁慈堂管理委員會的「會議記錄」，孫中山當時寄寓於「議事亭前地十四號」…… 這份會議記錄，發表在一八九五年十一月九日的葡文《鏡海叢報》。…… 仁慈堂這份「會議記錄」，有這樣的記載：「議事亭前地十四號這座房子，曾租給中國人孫中山，租期一年，月租十二元，擔保人葉來新。」…… 議事亭前地十四號，與仁慈堂毗鄰，隔着羅結地巷。 〔按：用筆名「魯傳」來寫這篇文章的人是誰？陳樹榮後來在《澳門日報》署名説該文是他寫的；[46] 同時又在《廣東社會科學》署名説「孫中山當年來澳門行醫寄寓議事亭前地十四號」這篇報道是他寫的。[47]〕

46　陳樹榮：〈人物：孫中山與澳門初探（三）〉，《澳門日報》，1990年8月6日。

47　陳樹榮：〈孫中山與澳門初探〉，《廣東社會科學》第四期，頁28-36：其中頁29。

（續上表）

880313	本報記者・梅士敏	孫中山醫術精湛鏡湖耀彩——從《鏡海叢報》創刊號發現的新史料	《鏡海叢報》創刊號中，……已有提及「孫醫館」，文字如下：「惠顧掛號，請到下環正街或宜安公司，仁慈堂右街孫醫館，草堆街中西藥局，均可閱報。」…… 從上述資料，可說明兩點：一、「孫醫館位於議事亭前地的仁慈堂右街。據仁慈堂當時的會議記錄，孫中山於1892年秋居澳，租住仁慈堂物業——議事亭前地16號，約一年時間。」[48]〔按：據筆者實地調查所得，仁慈堂主樓是議事亭前地十六號，它的右街的房子，又是議事亭前地十六號？〕該址在60年前建郵電大廈時已被拆，未拆前與「仁慈堂右街孫醫館」，可能是同一址，只是門口位置不同，門牌也有別。〔按：事隔四月，陳樹榮再不言之鑿鑿了。〕
900318	陳樹榮	特稿：加強研究「孫中山與澳門」	〔孫中山〕於一八九二年秋來澳工作約一年向仁慈堂租了議事亭前地十四號開設「孫醫館」。
900807	陳樹榮	人物：孫中山與澳門初探（四）	從《春滿鏡湖》的廣告，可知孫中山在澳門行醫，有幾個突出的地方。 一、固定診症的地點有三個，除了鏡湖醫院，還有「草堆街中西藥局」和「仁慈堂右鄰寫字樓」，即孫中山來澳的寓所，位於「議事亭前地十四號」，為居葡人民間慈善團體仁慈堂的物業，租與孫中山，稱之為「孫醫館」 五、醫術高明……包括「補崩牙、崩耳、割眼膜……」〔孫中山是牙醫？眼醫？〕
900810	陳樹榮	人物：孫中山與澳門初探（七）	這份中文《鏡海叢報》出版的三天後〔按：即1895年11月9日〕，飛能第〔sic〕主辦的葡文《澳門回聲》報，又刊登孫中山事蹟的文章，其中談到了在澳門行醫時，曾寓於「議事亭前地十四號」，這是仁慈堂的物業，記錄在仁慈堂管理委員會的「會議記錄」上：「議事亭前地十四號這座房子，曾租給中國人孫中山，租期一年，月租十二元，擔保人葉來新。」這份會議記錄刊登在這一期的《澳門回聲》報上。…… 〔按：從此以後，陳樹榮又言之鑿鑿地大談仁慈堂管理委員會的「會議記錄」了。〕

---

48 飛南第：〈創辦鏡海叢報條列利益佈啓〉，中文《鏡海叢報》，1893年7月18日，載《鏡海叢報》（2000年複印出版冊），頁1-2：其中頁3。

（續上表）

911107	本報記者・梅士敏	一八九二年與一八九六年孫中山兩度向鏡湖醫院借錢（上）	仁慈堂旁的孫醫館（六十多年前已拆去）
911110	陳樹榮	風采：孫中山在澳門居住過的地方	3・中西藥局——草堆街八十四號 4・仁慈堂右街孫醫館——位於「議事亭前地十四號」，為居澳葡人民間慈善團體仁慈堂的物業，租與孫中山，月租十二元，記載在仁慈堂的物業租賃登記冊上（迄今尚可查閱）。孫中山在那裏開設孫醫館，並作為其寓所。……議事亭前地的「孫醫館」是孫中山居澳較長的寓所。
911114	濠江客	澳門圖説：孫中山在澳門設「孫醫館」	「孫醫館」由孫醫生逸仙開辦，館設於「議事亭前地十四號」（位於今日郵電大廈前的花園空地），這是仁慈堂的物業，故亦有稱之為「仁慈堂右鄰寫字樓」，由仁慈堂租給孫中山，月租十二元，有關此段租務情況，在仁慈堂一八九二年——一八九三年的「租簿」中，有逐月的記錄，而仁慈堂管理委員會的「會議記錄」，則亦有記載。這份「會議記錄」，發表在一八九五年十一月九日的葡文《鏡海叢報》。其「會議記錄」如下：「議事亭前地十四號這座房子，曾租給中國人孫中山，租期一年，月租十二元，擔保人葉來新。」孫醫館的左邊與仁慈堂毗鄰，隔着一條羅結地巷，而右邊則是一八九二年與「孫醫館」同年誕生的同善堂。
921006	本報記者・梅士敏	孫中山澳門行醫一百周年	孫中山醫生在澳門行醫的一年多時間裏，每日固定診症的地方有三處，除了鏡湖醫院，還有「草堆街中西藥局」和「仁慈堂右鄰寫字樓」。這座寫字樓，即年青的孫中山來澳的寓所，位於「議事亭前地十四號」，此為居澳葡人民間慈善團體仁慈堂的物業，租與孫中山（每月十二元），稱之為「孫醫館」，孫中山與原配夫人盧慕貞和一歲多的兒子孫科一起住在那裏。
940116	梅士敏	永豐艦與澳門一段情	一九二二年……陳炯明叛變……孫中山偕夫人宋慶齡冒着槍林彈雨連夜突圍，幾經周折，登上《永豐艦》〔按：所有史料都説當時孫中山、宋慶齡是勞燕分飛的。〕

（續上表）

940218	本報記者‧梅士敏	孫中山百年前返澳門度歲	一八九二年……十二月底……以月租十五〔sic〕元，向仁慈堂租借議事亭前地十四號，開設「孫醫館」。
941113	梅士敏	孫中山與澳門關係密切	孫中山還有租賃仁慈堂的地方開設的孫醫館……（4）仁慈堂右街孫醫館（原位於議事亭前地十四號，七十多年前已拆除）
980301	陳樹榮	人物：孫中山與澳門華人	他〔孫中山〕在議事亭前地開設的診所，也署名「孫醫館」。該座房子，是屬葡人民間慈善團體仁慈堂的物業，以每月十二元租與孫中山，他與原配夫人盧慕貞和一歲多的兒子孫科一起住在那裏。
981112	本報記者‧梅士敏	本報特稿：孫中山的澳門遺物在何方？	〔孫中山〕每日分別在三處地方掛牌行醫。其中在鏡湖醫院、中西藥局和孫醫館都各自工作二小時。
981114	陳樹榮	特稿：澳門宜發揮孫中山名人效應	三、樹立孫中山澳門行醫紀念碑，立於議事亭前地郵電大廈側面——這是百多年前著名的「孫醫館」所在地，一八九二年秋，孫中山於香港西醫學堂畢業後應邀來澳門行醫濟世，曾向仁慈堂租賃其旁邊的一座二層房子（月租十二元），開辦的診所，孫中山自稱為「孫醫館」（剛好旁為最早的同善堂）。該一列房子，後來因郵電局建大廈而拆去。
000312	本報記者‧梅士敏	本報特稿：澳門須重視孫中山事跡——向特區政府提五項建議。	一處在仁慈堂右側（羅結地巷旁），向仁慈堂月租十二元租賃一間兩層房子，開辦診所，孫中山自稱為「孫醫館」（孫中山夫人盧慕貞與一歲兒子孫科居於上址）……
011028	濠江客	澳門圖說：孫中山‧鏡湖‧公民教材	孫中山在澳門行醫時，自稱為「孫醫生」，將設在議事亭前地十四號的二層樓，稱為「孫醫館」。
011120	濠江客	澳門圖說：孫中山澳門三地方診症	中午由一點鐘至三點鐘止，在仁慈堂右鄰寫字樓（孫醫館）診症。

（續上表）

011126	濠江客	澳門圖説：孫醫館‧仁慈堂‧月租十二元	孫醫館位議事亭前地十四號，原是仁慈堂物業，由孫中山於一八九三年初向仁慈堂租賃，月租十二元，以孫新的名字租賃了一年多。
011203	濠江客	澳門圖説：孫中山澳門行醫的用品	……向仁慈堂租屋開設孫醫館。
030915	濠江客	澳門圖説：孫中山‧孫醫館	議事亭前地在一百年前有一座二層洋房，是孫中山於一八九三年在澳門開設的「孫醫館」。這座小洋房，原是仁慈堂的物業，由孫中山以月租十二元，向仁慈堂租用，當時的仁慈堂會議記錄有記載。 ……孫中山診金價格單中，開列了「孫醫館」的診金：「一、凡親自到仁慈堂右鄰寫字樓診症者，送醫金壹圓。」於此可知，孫醫館位於「仁慈堂右鄰」，既是「醫館」診所，且是「寫字樓」（辦公室）。到診者須交「醫金壹圓。」 孫中山在《鏡海叢報》刊登的另一則廣告中，列明「孫醫館」位於「議事亭前地十六號」。 〔按：查！──查探的結果，見後文。〕

　　本表之871109、900807、911110、921006、941113、000312、011028、011226等八項，都説孫中山將議事亭前地十四號作為寓所；其中921006、980301、000312等三項，更説其夫人盧慕貞和一歲多的兒子孫科一起住在那裏。這就與先前所言孫中山居住在草堆街之説，直接衝突。難道孫中山真的同時有兩個寓所這麼浪費？此外，幾乎所有史料都説盧慕貞留在翠亨村侍奉守寡的家姑（家翁已於1888年去世）。若她真的去了澳門居住，則誰照顧那位留在翠亨村的小腳家姑？最後，據上述熊永華老先生説，在過去，議事亭前地那些兩層高的小洋房，房東都是葡人，只是用作寫字樓或商戶，從來不住人的。辦公時間過後，馬上關門大吉，葡人回半山區或海邊寓所，華僕回華人區過夜。[49]若孫中山真的居住在議事亭前地，豈非破壞葡人規矩？可堪參考的是，居住在草堆街七十八號的熊永華老先生曾回憶説，其祖父熊子鎏

49　黃宇和：〈澳門調查報告〉（手稿），2006年6月5日。

常喚那位居住在草堆街八十號的孫中山去飲早茶，[50] 故竊以為孫中山極可能是居住在草堆街。果真如此，則孫中山哪用得上一座龐然大物做居所？儘管當時陳粹芬跟他在一起，加起來才兩口子，而隔壁同樣大小的草堆街七十八號的永興金舖連商店、工場、員工宿舍、飯堂、老闆家宅等容下十多二十人！[51] 故竊以為孫中山很可能只租用一樓已經綽綽有餘，房東大可把二樓、三樓另租給別人。筆者這種想法，得到永興金舖老闆熊永華先生證實。他說，草堆街七十八號、八十號等房子過去都有後門的，一樓做生意從前門出入；二樓、三樓是普通人家，可以從後門的樓梯出入。[52]

　　鑑於本章主旨是探索孫中山在澳門行醫的情況，而孫中山曾居住在草堆街還是議事亭前地之考證，也是為了徹查其醫務所甚至所謂其革命據點所在何方。準此，現在再查證孫中山是否真的曾租用過議事亭前地十四號作為診所。

　　鑑於這個問題，在本表出現得最早、描述得最具體、同時又是陳樹榮署名的文章，是900810那一則，它說：

這份中文《鏡海叢報》出版的三天後〔按：即1895年11月9日〕，飛能第〔sic〕主辦的葡文《澳門回聲》〔按：即 Echo Macaense〕報，又刊登孫中山事蹟的文章，其中談到了在澳門行醫時，曾寓於議事亭前地十四號，這是仁慈堂的物業，記錄在仁慈堂管理委員會的「會議記錄」上：「議事亭前地十四號這座房子，曾租給中國人孫中山，租期一年，月租十二元，擔保人葉來新。」這份會議記錄刊登在這一期的《澳門回聲》報上。[53]

　　筆者注意到，在這之前，陳樹榮又已經用魯傳這筆名，傳播過同樣的信息。筆者從何得悉「魯傳」即陳樹榮？陳樹榮後來在《澳門日報》本身，署

50　黃宇和：〈澳門調查報告〉（手稿），2006年3月29日

51　黃宇和採訪永興金舖老闆熊永華（六十七歲），2006年3月29日。

52　同上註。

53　陳樹榮：〈人物：孫中山與澳門初探（七）〉，《澳門日報》，1990年8月10日。

名撰文說明該文是他所寫的。[54] 同時，他又在《廣東社會科學》署名撰文說「孫中山當年來澳門行醫寄寓議事亭前地十四號」這篇報道是他寫的。[55] 茲將陳樹榮用「魯傳」這筆名所寫文章的有關部分引述如下：

> 孫中山在澳門行醫這一年間，住在哪裏？……
>
> 據一八九五年九月四日仁慈堂管理委員會的「會議記錄」，孫中山當時寄寓於「議事亭前地十四號」……
>
> 這份會議記錄，發表在一八九五年十一月九日的葡文《鏡海叢報》。……
>
> 仁慈堂這份「會議記錄」，有這樣的記載：「議事亭前地十四號這座房子，曾租給中國人孫中山，租期一年，月租十二元，擔保人葉來新。」……
>
> 議事亭前地十四號，與仁慈堂毗鄰，隔着羅結地巷。[56]

準此，筆者一連串的疑問是：

第一、孫中山是1893年在澳門租屋行醫的，為何遲到1895年才有租屋記錄？

第二、是什麼促使仁慈堂在兩年之後將會議記錄發表？

疑雲陣陣之餘，決定首先從1895年11月9日的葡文《澳門回聲》入手調查。筆者預先約好了陳樹榮先生；以及澳門歷史檔案館代館長Marie Imelda MacLeod（漢語譯作張芳瑋）女士，在2006年5月23日專程往澳門拜訪她。當天甫出澳門的邊檢大樓，陳樹榮先生已在那裏等候筆者。我倆坐出租車直奔澳門歷史檔案館，道明來意後，筆者即求張芳瑋代館長派一位熟悉葡文的職員，與我們一道查閱1895年11月9日的葡文《澳門回聲》縮微膠卷。她欣然答應，並委託閱覽室職務主管朱偉成先生親自與我們並肩作戰。結果發覺：

54　陳樹榮：〈人物：孫中山與澳門初探（三）〉，《澳門日報》，1990年8月6日。

55　陳樹榮：〈孫中山與澳門初探〉，《廣東社會科學》第四期，頁28-36：其中頁29。

56　見表13.4之中871109一項，即魯傳：〈本報特稿：孫中山當年來澳門行醫寄寓議事亭前地十四號〉，《澳門日報》，1987年11月9日。

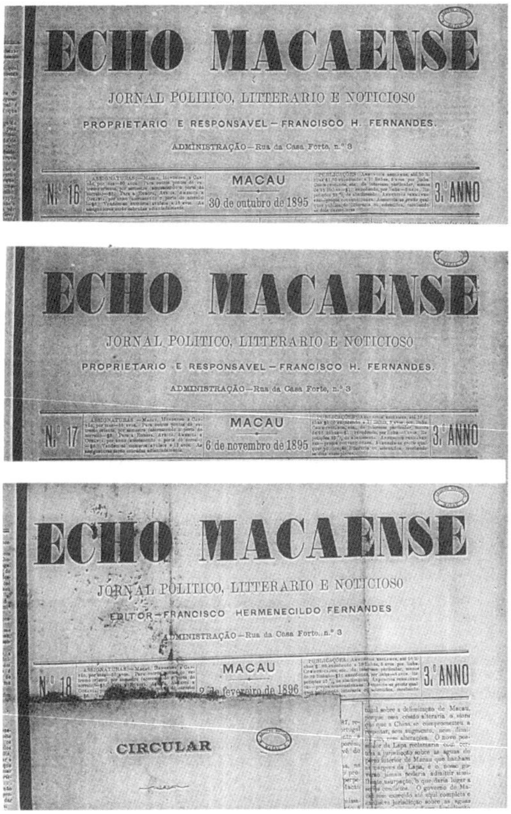

ECHO MACAENSE

JORNAL POLITICO, LITTERARIO E NOTICIOSO

PROPRIETARIO E RESPONSAVEL—FRANCISCO H. FERNANDES.

ADMINISTRAÇÃO—Rua da Casa Forte, n.º 3

Nº 16 MACAU 30 de outubro de 1895 3.º ANNO

ECHO MACAENSE

JORNAL POLITICO, LITTERARIO E NOTICIOSO

PROPRIETARIO E RESPONSAVEL—FRANCISCO H. FERNANDES.

ADMINISTRAÇÃO—Rua da Casa Forte, n.º 3

Nº 17 MACAU 6 de novembro de 1895 3.º ANNO

ECHO MACAENSE

JORNAL POLITICO, LITTERARIO E NOTICIOSO

EDITOR—FRANCISCO HERMENECILDO FERNANDES

ADMINISTRAÇÃO—Rua da Casa Forte, n.º 3

Nº 18 MACAU 2 de fevereiro de 1896 3.º ANNO

CIRCULAR

圖7.3　葡文《澳門回聲》（*Echo Macaense*），第十六、十七、十八期（均沒刊登過仁慈堂管理委員會會議記錄）

　　第一、1895年11月9日的葡文《澳門回聲》並不存在。有的是1895年11月6日出版的第十七期。該期共六頁，沒有任何有關孫中山租用仁慈堂物業的消息。

　　第二、往前查第十六期（1895年10月30日出版），同樣沒有。

　　第三、往後查第十八期（1896年2月2日出版），[57] 也沒有。

　　準此，可確知該報沒有刊登過仁慈堂管理委員會記錄，「議事亭前地十四號這座房子，曾租給中國人孫中山，租期一年，月租金十二元，擔保人是葉來新」云云，查無實據。

　　既然陳樹榮先生曾言之鑿鑿地、三番四次（見表7.4所列各項）說過，葡文《澳門回聲》刊登過該會議記錄，坐在我們旁邊的他，應該很快就能從縮微膠卷中指出該會議記錄曾出現過的具體位置。可惜他不斷地顧左右而言他。

　　上窮碧落下黃泉也要查個水落石出。2006年6月5日，承翠亨村孫中山故居紀念館蕭潤君館長大力支持，派黃健敏和張詠梅再度陪筆者專程往澳門歷史檔案館，這次專心追查仁慈堂管理委員會會議記錄。該會議記錄浩瀚如海，幸有目錄。筆者拿着葡英字典，慢慢咀嚼、抄錄。又請朱偉成先生核實筆者所抄者確實是仁慈堂管理委員會會議記錄。再請黃健敏和張詠梅幫忙筆者一塊核對所抄日期，結果發現，孫中山在澳門行醫期間的1892秋到1894年初，仁慈堂管理委員會會議記錄並不存在。「議事亭前地十四號這座房子，曾租給中國人孫中山，租期一年，月租金十二元，擔保人是葉來新」云云，又是查無實據。

　　山窮水盡疑無路，柳暗花明又一村，表12.4之中的911110一則顯示，陳樹榮在其署名文章中提供了另外一條線索：

　　　　仁慈堂右街孫醫館——位於「議事亭前地十四號」，為居澳葡人民間慈善團體仁慈堂的物業，租與孫中山，月租十二元，記載在仁慈堂的物業租賃登記冊上（迄今尚可查閱）。[58]

57　第十八期頭版有一說明，謂該刊因為開罪了澳門總督，被勒令停刊三十天。故第十八期遲至翌年2月2日才出版。

　　在這篇文章中，捨「仁慈堂管理委員會會議記錄」而採「仁慈堂的物業租賃登記冊」，筆者凝視「迄今尚可查閱」這句話，於是在2006年6月20日，再度前往澳門歷史檔案館，這次目標是查閱「仁慈堂物業租賃登記冊」，結果又是查無實據。

　　種種查無實據的現象，該作何解釋？究竟孫醫館曾否存在？

五、究竟「孫醫館」曾否存在？

　　竊以為孫醫館確實曾存在過。因為在現存的葡文《澳門回聲》之中，就有關於孫中山診所的廣告，題為〈春滿鏡湖〉。該廣告是澳門的幾位鄉紳盧焯之等出資為孫中山刊登者，其中一項曰：「凡親自到仁慈堂右鄰寫字樓診症者，送醫金壹圓」（見圖7.4）。[59]

　　由此而進一步可知，孫醫館位於「仁慈堂右鄰」。[60]在這個基礎上，陳樹榮三番四次堅稱孫醫館在議事亭前地十四號。他的推論能否成立？關鍵是，我們對「仁慈堂右鄰」這個表述，應該如何理解？

　　第一、按照西方人的習慣，若說右鄰，是以第一身的左右手為標準。比方說，筆者注視一幅照片，「右起」表示從筆者右手的方向數起。受過現代教育的當代華人，也接受了這個習慣。所以當代華人若看着一幅仁慈堂的照片，就會把右鄰理解為該華人的右手那一邊。若在議事亭前地仁慈堂那一排的房子，是從右面開始計算，而仁慈堂本身的門牌號碼若是十六號，那麼：二號、四號、六號、八號、十號、十二號、十四號、十六號（仁慈堂）這樣計算，仁慈堂右鄰就的確應該是十四號。

　　第二、徵諸舊圖片（見圖7.5），可見仁慈堂的右邊在過去確實有過二號、四號、六號、八號、十號、十二號、十四號等七幢房子，[61]可作為該推論的另一佐證。

58　陳樹榮：〈風采：孫中山在澳門居住過的地方〉，《澳門日報》，1991年11月10日。

59　盧焯之等：〈春滿鏡湖〉，*Echo Macaense*，26 September 1893, p. 4

60　濠江客：〈澳門圖説：孫中山‧孫醫館〉，《澳門日報》，2003年9月15日。

61　見陳樹榮主編、撰稿：《同善堂一百一十周年紀念冊》（澳門：同善堂值理會，2002年10月31日），頁78-79。

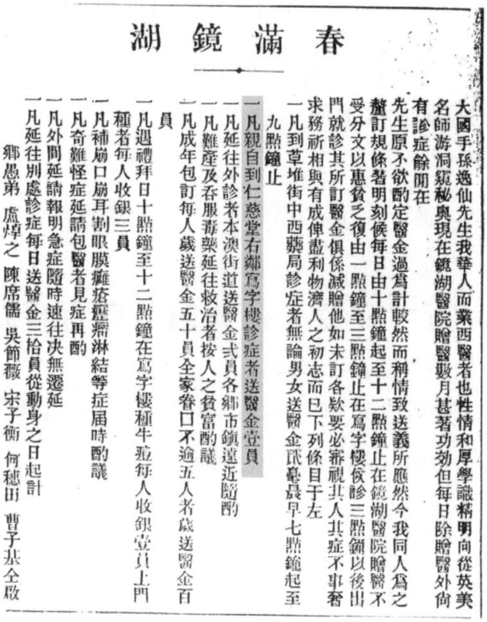

春滿鏡湖

大國手孫逸仙先生我華人而業西醫者也性情和厚學識精明向從英美名師游洞窺秘奧現在鏡湖醫院贈醫數月甚著功効但每日除贍醫外尚有診餘閒在先生原不欲酌定醫金過爲計較然而稱情致送義所應然今我同人爲之釐訂規條若明刻候每日由十點鐘起至十二點鐘止在鏡湖醫院贈醫不受分文以惠貧乏復由一點鐘至三點鐘止在寫字樓候診三點鐘以後出門就診其所訂醫金俱係減贈他如未訂各欵要必審視其人其症不事苛求務祈相與有成俾盡贈濟人之初志而巳下列係目于在

一到草堆街中西藥局診症者無論男女送醫金貳毫晨早七點鐘起至九點鐘止

一親自到仁慈堂右鄰寫字樓診症者送醫金壹員

一凡延往外診者本澳街道送醫金式員各市鎮遠近隨酌

一凡難產及吞服毒藥延往救治者按人之貧富酌議

一凡成年包訂每人歲送醫金五十員全家眷口不過五人者歲送醫金百員

一凡禮拜日十點鐘至十二點鐘在寫字樓種牛痘每人收銀壹員上門種者每人收銀三員

一凡補崩口崩耳割眼膜癰疽癗淋結等症屆時酌議

一凡奇難怪症延請包醫者見症再酌

一凡外間延請報明急症隨時速往決無遷延

一凡延往別處診症每日送醫金三拾員從動身之日起計

鄉愚弟　盧焯之　陳席儒　吳節薇　宋子衡　何穗田　曹子基　仝啓

圖7.4〈春滿鏡湖〉
載葡文《澳門回聲》〔Echo Macaense〕
（1893年9月26日）

圖7.5　澳門議事亭前地
（右起二號、四號、六號、八號、十號、十二號、十四號、十六號〔仁慈堂〕最高）

第三，2006年7月28日，筆者再往澳門實地考察，把議事亭前地的每一幢房子的門牌號碼都抄錄下來，以便分析研究。發覺該地西南邊的一排房子，門牌號碼全部是單數：從新馬路（Avenida de Almeida Ribeiro）那端數起，是三、五、七、九等。[62] 該地東北邊的一排房子（其中包括仁慈堂），則過去門牌號碼是二、四、六、八、十、十二、十四共七幢房子。雖然這批房子早已全部被拆除，但仁慈堂的門牌號數不改，仍然是十六號。已經全部被拆掉房子的遺址改成為空地，栽了樹木，美化市容。結果東北邊那一排房子，第一幢的門牌號碼就是十六號，那就是仁慈堂。這種現象，應可再次被視為「仁慈堂右鄰」即「議事亭前地十四號」這種推論的佐證。

但是，筆者追查仁慈堂管理委員會會議記錄等等原始文獻，又發覺孫中山把診所設在「議事亭前地十四號」這種說法，查無實據。這種矛盾，又如何解釋？

筆者苦苦思索之餘，突然想起2006年4月6日，承廣東省檔案局幫忙，筆者到廣州市花都區作實地調查時，蘇惠珍副局長介紹其祖屋的情況。當時我們站在大廳正中，背向神台，面向天井，她用左手指着「左」邊的廂房說：「左廂房本來是我父親住的，因為按傳統，大兒子住左廂房。」談話間，我們不知不覺地站了相反的方向，即面向神台，背向天井，她用左手指着「右廂房」說：「右廂房本來是我三叔住的——二叔早夭——但由於我父親不在這所祖屋居住，三叔就住了左廂房（說話時用右手指着左廂房），結果斷嗣。他懷疑是由於自己違反了傳統，上天責怪他僭用了大哥的左廂房，所以又搬回右廂房（說話時用左手指着右廂房）。」[63]

就是說，按中國傳統習慣，該是左廂房就是左廂房，該是右廂房就是右廂房，左右之分，並不決定於說話的人所站的位置。而按中國傳統習慣來分左右，後果與西方習慣剛剛相反。1893年為孫中山出資刊登廣告的那幾位澳門鄉紳，當他們說「仁慈堂右鄰」，究竟是以中國傳統還是西方習慣命名？

62　第一幢房子是三號。沒有一號者，很可能是擴建新馬路時拆掉了。

63　黃宇和：〈花都調查報告〉（手稿），2006年4月6日。感謝廣東省檔案局張平安副局長，派關彩霞、李春煇（電腦技術員，負責攝影）、司機蔣文兵，陪筆者到花都調查。並感謝花都區檔案局陳耀輝局長和蘇惠珍副局長，花了一整天時間，陪筆者下鄉了解情況。

若以中國傳統命名,那麼「仁慈堂右鄰」就應該是目前議事亭前地的十六A號。因為仁慈堂是十六號。

同時,斥資刊登廣告的盧焯之等鄉紳必須考慮到讀者的意識形態。當澳門的華人,看到「仁慈堂右鄰」等字樣,害病時會到議事亭前地十六A號還是十四號求診?帶病求診者若被誤導而找錯地方,肯定會怨聲載道。蘇惠珍副局長的父摯輩皆二十世紀下半葉的人,他們對於左右之分,仍然是以中國傳統為標準。十九世紀下半葉的的澳門華人,行事方式是否一樣?

另一方面,當時的澳門是葡人管治的地方,澳門華人的行事方式可能按照葡人習慣而不是中國傳統。那就關係到澳葡是入鄉隨俗,還是強人所難。據筆者研究澳門歷史的微小心得,覺得澳葡是非常尊重當地華人風俗習慣的。此外,據筆者長期研究香港歷史所得,則霸道如大英帝國,佔領香港之後,也非常尊重當地華人的風俗習慣。這種尊重,在行政上會否伸展到左右之分?這個問題讓筆者想起某次到澳門實地考察時,恍惚看過一條街道的名稱叫「仁慈堂右巷」。不過當時對此不夠重視。於是翻查自己的〈調查報告〉(手稿),果然在2006年6月5日那份報告之中提及此事,趕緊於2006年6月20日專程再往澳門核實,發覺「仁慈堂右巷」果然是以中國傳統左右之分來命名,位置就在中國傳統說法的、仁慈堂的右方。

於是跑進仁慈堂二樓的博物館,再次向鄭志魂先生請教:

> 他指着窗外、仁慈堂北面的橫巷說:「這是仁慈堂右巷。」繼而指着隔巷那幢房子說:「這幢房子也是仁慈堂的物業。」然後帶我到仁慈堂南面,伸首出窗外指着那條橫巷說:「過去這橫巷叫仁慈堂左巷」。繼而指着隔巷那片空地說:「這裏過去是一列房子,後來拆掉了。」最後他帶我到大堂,指着其中的一幅油畫,說,「他就是羅結地先生(Francisco S. Roquete),過去為了擴建仁慈堂左巷,他就捐資把該巷左邊的房子買來拆掉,因此市政廳就把該巷以他的名字來命名,即把仁慈堂左巷改為「羅結地巷」[64]

64　黃宇和:〈澳門調查報告〉(手稿),2006年6月20日。

圖7.6　「仁慈堂右巷」街道牌
（牆壁上釘上這街道牌的建築物正是
孫醫館，2006年6月5日黃宇和攝）

圖7.7　孫中山在澳門議事亭前地十六A號設立的孫醫館

（今便民大藥房，小巷是仁慈堂右巷，2006年6月5日黃宇和攝）

筆者離開仁慈堂往北走，越過仁慈堂右巷而視察第一幢房子。門牌號碼是十六A，外牆鑲嵌了一小方塊雲石，上面刻了葡中雙語曰「Património da Santa Casa de Misericordia仁慈堂物業」等字樣。筆者恍然大悟。既然這幢毗鄰仁慈堂的房子是屬於仁慈堂的物業，它與仁慈堂主樓屬兩位一體，以至號碼也列為十六A而不作十八號，則當時的澳門華人慣於稱之為「仁慈堂右鄰寫字樓」，也絕對不奇怪！

終於水落石出：孫中山在澳門行醫時，私人診所設在議事亭前地十六A號，房子至今完好無缺。目前被藥劑師租用，大寶號稱「便民大藥房（Pharmacia Popular）」。準此：

第一、「議事亭前地十四號這座房子，曾租給中國人孫中山，租期一年，月租十二元，擔保人葉來新」云云，[65] 就煙消雲散。

第二、葡文《澳門回聲》1895年11月9日、仁慈堂管理委員會會議記錄、仁慈堂的物業租賃登記冊等等查無實據的現象，也完全可以解釋。

第三、遺憾的是，北京文物出版社1991年出版的《孫中山與澳門》的編者早被誤導了；該書編者在第六十一圖的說明中一字不漏地寫道：「議事亭前地十四號這座房子，曾租給中國人孫中山，租期一年，月租十二元，擔保人葉來新——仁慈堂管理委員會會議記錄，《澳門回聲》1895年11月9日」。

上面所引葡文《澳門回聲》所刊登的那道題為〈春滿鏡湖〉這廣告，不但幫助了筆者驅散陣陣疑雲，也大有助於我們探索孫中山在澳門行醫的情況。這就必須感謝陳樹榮先生，因為這道廣告是他首先發掘出來的。

六、孫中山澳門行醫情況

茲將〈春滿鏡湖〉這道廣告，全文轉錄，以便分析：

春滿鏡湖

大國手孫逸仙先生，我華人而業西醫者也。性情和厚、學識精明。向從英美名師游，洞窺秘奧。現在鏡湖醫院贈醫數月，甚著功

效。但每日除贈醫外，尚有診症餘閒在。

先生原不欲酌定醫金，過為計較。然而稱情致送，義所應然。今我同人，為之釐訂規條，著明刻候，每日由十點鐘起至十二點鐘止，在鏡湖醫院贈醫，不受分文，以惠貧乏。復由一點鐘至三點鐘止，在寫字樓候診。三點鐘以後，出門就診。其所訂醫金，俱係減贈。他如未訂各款，要必審視其人其症，不事奢求，務祈相與有成，俾盡利物濟人之初志而已。下列條目於左：

一、凡到草堆街中西藥局診症者，無論男女，送醫金貳毫，晨早七點鐘起至九點鐘止。

二、凡親自到仁慈堂右鄰寫字樓診症者，送醫金壹圓。

三、凡延往外診者，本澳街道送醫金貳圓。各鄉市遠近隨酌。

四、凡難產及吞服毒藥，延往救治者，按人之貧富酌議。

五、凡成年包訂，每人歲送醫金五十圓。全家眷口不逾五人者，歲送醫金百圓。

六、凡遇禮拜日，十點鐘至十二點鐘，在寫字樓種牛痘，每人收銀一圓。上門種者每人收銀三圓。

七、凡補崩口、崩耳；割眼膜、爛瘡、瀝瘤、淋結等症，屆時酌議。

八、凡奇難怪症，延請包醫者，見症再酌。

九、凡外間延請，報明急症，隨時速往，決無遷延。

十、凡延往別處診症，每日送醫金三拾圓，從動身之日起計。

鄉愚弟　盧焯之、陳席儒、吳節薇、宋子衡、何穗田、曹子基同啟。[66]

從這道廣告，可知孫中山在澳門行醫的病例、地點、和時間。下面逐一鑑定和分析：

病例則包括接生，補崩口、崩耳；割眼膜、爛瘡、瀝瘤、淋結等症。

65　陳樹榮：〈人物：孫中山與澳門初探（七）〉，《澳門日報》，1990年8月10日。

66　盧焯之等：〈春滿鏡湖〉，*Echo Macaense*，26 September 1893, p. 4

有謂孫中山也「補崩牙」者，[67] 屬手民之誤還是無知？蓋補崩牙是牙醫的專業，也必須特殊器材，孫中山這普通醫生，決不能勝任。

行醫的地點有三：

第一、仁慈堂右鄰寫字樓。現經考證，具體位置是目前議事亭前地第十六A號這幢房子。

第二、鏡湖醫院。雖經兩度拆卸重建，但院址沒改，具體位置依舊，並有擴充。[68] 筆者找出原址舊圖複製如下，謹供讀者參考（見圖7.8）。

第三、草堆街中西藥局。唯過去的史料和現在發現的這道廣告，都沒有說明其具體門牌號碼。另一方面，表7.3顯示，陳樹榮先生在不同的文章裏先後道出三個不同的門牌號碼：八十號、八十四號、以及八十至八十四號。在說出一個新的門牌號碼時，又沒有解釋為何新的是對的、舊的是錯的，更沒有說明所據為何。竊以為這三個門牌號碼之中，同時租用八十至八十四號之說是絕對不能成立的。據實地考察，八十號、八十二號、八十四號這三幢房子，全部是三層高，孫中山完全沒必要租賃三幢龐然大物來開設一家藥房。他極可能只是租賃其中一幢。哪一幢？可能是八十號，因為筆者2006年7月28日到草堆街實地考察時，七十八號的東主熊永華老先生說，隔壁八十號的街門過去是用多條木柱直豎以防盜的，黃昏上柱，早上卸柱，每條木柱上面都刻有「中西藥局」等字樣。中西藥局結業後，接手租賃該房子的人開布疋店，但為了節省，並沒有把木柱換掉，只是上柱時，把柱子上刻有「中西藥局」等字樣的一面朝內，避免途人看到該等字樣而造成誤會而已。這種情況維持了幾十年。再後來到了二十世紀八十年代左右，接手租賃的人開電器店，改設金屬拉門，才把諸木柱處理掉。[69] 竊以為此說樸實可靠。但為何盧

67　陳樹榮：〈人物：孫中山與澳門初探（四）〉，《澳門日報》，1990年8月7日。

68　澳門鏡湖醫院慈善會：《澳門鏡湖醫院慈善會會史，1871-2001》（澳門：鏡湖醫院慈善會，2001）。又見澳門鏡湖醫院慈善會：《鏡湖醫院慈善會創辦一百三十週年紀念特刊》（澳門：鏡湖醫院慈善會，2001年10月28日），頁83、120。

69　黃宇和採訪熊永華（六十七歲），2006年6月20日，〈澳門調查〉，2006年6月20日。熊永華老先生又說：電器舖裝修，工人找到一塊牌匾，被對面賣手袋之人買了，可能是孫中山遺物，但不知道是什麼。又見黃宇和：〈澳門調查報告〉（手稿），2006年7月28日。至於何時從布疋店改為電器店，則1986年11月11日的《澳門日報》，仍稱草堆街有疋頭店，故改變之時間可能在這日期之後。見佚名：〈紀念孫中山先生誕辰一百二十週年特刊：孫中山在澳門活動遺跡〉，《澳門日報》，1986年11月11日，第13版。

圖7.8　孫中山1892年末至1894年初在澳門行醫時的鏡湖醫院
（翠亨村孫中山故居紀念館供圖）

圖7.9 東興金舖的東主熊永華老先生

（圖中為熊永華先生，2006年3月29日黃健敏攝）

圖7.10 孫中山設在草堆街八十號的中西藥局舊址

（樓高三層，2006年3月29日黃健敏攝）

焯之等人在設計該廣告時，不直言中西藥局的門牌號碼？筆者也無法解釋，唯考慮到草堆街很短，單數的門牌號碼是一號至九十七號，雙數是二號至一百一十六號，[70] 到了草堆街這彈丸之地，一目了然，可能盧焯之等人認為沒有必要刊登門牌號碼。

筆者這個觀察，得到七十八號東興金舖的東主熊永華老先生證實。他又說，像草堆街這種華人區，都是樓高三層；像議事亭前地那樣的葡人區，皆樓高二層，徵諸舊圖片，證實所言不虛。

至於行醫的時間，則：

一、從晨早七起至九點鐘止，在草堆街中西藥局診症。

二、從早上十點鐘起至十二點鐘止，在鏡湖醫院贈醫。

三、從下午一點鐘至三點鐘止，在仁慈堂右鄰寫字樓寫字樓候診。

四、從下午三點鐘以後，出診。出診包括澳門全市甚至澳門以外的鄉郊。

五、星期天也不休息，十點鐘至十二點鐘，在寫字樓種牛痘。

六、動手術，也在星期天進行，有時候恩師康德黎醫生從香港來幫忙。

由此可知，孫中山為了醫務，由清晨到晚上都忙個不亦樂乎。準此，孫中山創辦中文《鏡海叢報》並主理編務、當匿名主筆、在草堆街中西藥局策劃革命云云，讀來猶如天方夜譚。

有關孫中山在澳門行醫的情況，在本章第八節中繼續探索。現在亟待解決的問題是：上述大量脫離事實的信息為何能出現並被廣泛引述？

七、為何脫離事實的信息能出現並被廣泛引述？

首先探索為何不實信息能大量出現的問題，竊以為這與1980年代兩岸三地微妙的政治局勢有關：

第一、1979年9月30日，中國國家元首葉劍英提出和平統一臺灣的方

70　Cadastro des Vias Públicas e Outros Lugares da Cidade de Macau (Macau: Leal Senado de Macau, 1993), p. 1303. 《澳門市街道及其它地方名冊》（澳門：澳門市政廳，1993），頁1307。

案。[71]臺灣的領導人蔣經國回應説：「三民主義統一中國」。三民主義是孫中山的主體政治思想，孫中山馬上變成中國統一大業的最高象徵。本來屬於學術領域的孫中山研究，對很多人來説，立即成了政治任務。過去很多對孫中山漠不關心、所知甚少的人，都一哄而起，爭先恐後地「請纓」。

　　第二、至於澳門這個案例，則正如上文指出：經過多年交涉的《中葡聯合聲明》，終於在1987年4月13日簽署，宣佈了澳門在1999年回歸。結果在中葡交涉快接近尾聲的1986年11月孫中山誕辰120周年開始，陳樹榮那有關孫中山在澳門行醫的信息就大量出爐。陳樹榮的做法，還有比「請纓」更深層次的原因，那就是「表忠」，動機與本書第四章所及澳門大學霍啓昌教授同出一轍。

　　果然，上述大量不實信息的第一炮，就發放在1986年11月11日、孫中山誕辰120周年前夕。該炮題為「紀念孫中山先生誕辰一百二十周年特刊」，刊於《澳門日報》第十三版，佔了全版篇幅，其中有多篇文章，題目如下：

　　一、孫中山從澳門走向世界，早期革命運動留下遺蹟（紅色大字標題）。

　　二、創辦鏡海叢報與飛南第結友誼

　　三、孫中山與澳門（事蹟摘記）

　　四、孫中山在澳門活動遺蹟

　　五、澳門的中山紀念館

　　六、偉大的愛國者值得同胞敬仰：隆重紀念孫中山先生誕辰，澳門各界已展開多樣活動。

　　諸題目當中，最火爆者，莫如第一道，而以「早期革命運動」幾個字最為矚目。孫中山早期曾經在澳門從事過革命運動？筆者已逾耳順之年，畢生所看過的所有中英原始史料以及出版物，這算是獨家新聞。看該文內容，則似乎只有第二節回應了題目。該節標題為：「二、澳門是孫中山最早發表革命言論的論壇」。什麼革命言論？

　　第一曰：孫中山在香港西醫書院讀書時「與陳少白、尤列、楊鶴齡志趣

71　新華社：〈葉劍英提出的九條和平統一主張〉，1979年9月30日，http://news.xinhuanet.com/taiwan/2004-12/17/content_2346416.htm。

相投，被人稱為『四大寇』，發表不滿清廷的言論，公開提出『勿敬清廷』的口號」。怎麼能把發生在香港的事情硬搬到澳門去了？

第二曰：孫中山的〈致鄭藻如書〉，「最早發表在一八九二年的澳門報紙上」。查〈致鄭藻如書〉絕對不是什麼革命言論，而是鼓吹改良之作。試問，〈致鄭藻如書〉倡議的：「興辦農會以倡導農桑，立會設局以禁絕鴉片，創置學會、學校以普及教育」，[72] 怎能算是革命言論？

而且，發表革命言論的論壇是1892年的澳門中文報紙？果真如此，則1893年7月18日才創刊的中文《鏡海叢報》，竟然自傲乃「澳門數百年來僅僅有一華報」，[73]「開三百年未開之局，發千萬人欲發之情」，[74] 以及「澳門自三百年來，今始有《鏡海叢報》」。[75] 如此種種又應作何解釋？費成康博士有很好的解釋：「孫中山的〈上鄭藻如書〉不可能在此時〔1892年〕發表於澳門〔尚未誕生〕的報刊之上」。[76]

又是一樁查無實據的案子。

諸題目當中之第二道，煞有介事般聲稱孫中山在澳門創辦了《鏡海叢報》；上文已證實並無其事。該題目的副標題曰：「孫中山當年在澳門脫險，葡籍友人掩護避過鷹犬」，結果正文劈頭就說：

> 一八九六年十月，孫中山倫敦蒙難，幸得他的老師、英人康德黎教授多方奔走營救，幸免於難。此段傳奇性事蹟，很多人都耳熟能詳。
>
> 然而，在此一年前，孫中山在1895年十月策劃武裝起義未遂，逃

---

72 濠江客：〈澳門圖説：孫中山鴻文首篇發表於澳門行〉，《澳門日報》，2001年12月24日。致鄭藻如書的全文，見《孫中山全集》，第一卷，頁1-3。這裏引述陳樹榮先生以濠江客的筆名撰寫的文章，證明他明知致鄭藻如書的內容，卻把它説成是革命言論。

73 黔中味味生〔王真慶〕所寫的社論：〈危地論〉，《鏡海叢報》，1894年12月26日，載《鏡海叢報》（2000年複印出版冊），頁101-102：其中頁102。

74 〔王真慶〕：〈如日之升〉，《鏡海叢報》，1895年7月24日，載《鏡海叢報》（2000年複印出版冊），頁280。

75 〔王真慶〕，《鏡海叢報》，1894年12月26日，載《鏡海叢報》（2000年複印出版冊），頁389-390：其中頁389。

76 費成康：〈孫中山和《鏡海叢報》〉，此乃《鏡海叢報》（2000年複印出版冊）序言，頁4。

難來澳，幸得他的好友、葡人飛南第的幫助，而安全脫險。有關此段傳奇性事蹟，卻是鮮為人所知。

　　〔廣州起義失敗，孫中山〕於十月二十七日乘船逃離廣州，抵澳後，即去下環正街找其葡籍好友飛南第。而飛南第當時已從澳門政府官員中獲得消息，清政府已通緝孫中山。飛南第為安全計，還陪孫中山一同去香港。據澳門歷史家、漢學家高美士記述，當時孫中山還扮了女裝，由飛南第陪同，乘船往香港，才避過清政府的爪牙耳目。[77]

整個故事的根據，似乎就是該文之中的下面這一段：

　　……一九六〇年十一月八日，法新社從澳門發出一段消息，八十六歲的澳門老居民烏蘇拉‧飛南第，在其租屋——下環正街一號去世。消息說她是澳門葡人飛南第家族中最後一人，又說她哥哥是孫中山生前的好友。[78]

　　這位八十六歲的老太太，只說她哥哥是孫中山生前的好友。她肯定做夢也沒想到，她的一句話就衍生出一個力求賽過倫敦蒙難的傳奇故事。

　　遺憾的是，北京中華書局1991年出版的《孫中山年譜長編》上冊的編者被誤導了；該書編者在第九十六頁照抄如儀：「於10月27日乘船逃離廣州，抵澳後，即去下環正街找其葡籍好友……當時已從澳門政府官員中獲得消息，清政府已通緝孫中山……。」[79] 按孫中山是在1895年10月28日抵達澳門的。而在同一天的清晨，「保安輪」從香港抵達廣州，朱貴全等被捕，供出孫中山種種，當局才正式地公開下令通緝他。[80] 通緝令一下，澳門政府官員

77　佚名：〈紀念孫中山先生誕辰一百二十周年特刊：創辦鏡海叢報與飛南第結友誼‧孫中山當年在澳門脫險，葡籍友人掩護避過鷹犬〉，刊於《澳門日報》，1986年11月11日，第13版。

78　同上註。

79　陳錫祺主編：《孫中山年譜長編》，上冊，頁95-96，1895年10月28日條。

80　黃宇和：《中山先生與英國》（臺北：學生書局，2005），第二章，有詳細的分析報道。

馬上就知道?!不要忘記，當時是1895年，而1895年的科技能把發生在廣州的事情馬上傳到澳門？當時最先進的通訊工具是有線電報，結果1895年10月廣州起義時，楊衢雲從香港發十萬火急密電給廣州的孫中山説「貨不能來」，翌日才到。孫中山從廣州發同樣是十萬火急密電給香港的楊衢雲説「貨不要來」，也同樣是隔了一天才到（詳見本書第八章）！實情是：發生在1895年10月26日的廣州起義，遲至1895年11月6日才在澳門的《鏡海叢報》見報。[81]

可惜，一個傳奇的故事諸如澳門官員馬上就獲知廣州當局通緝孫中山的消息，在1986年11月11日發表後，被廣泛地接受了，結果鼓舞了該故事的匿名作者在後來既署真名而又進一步寫道：

> 這樣傳奇性的事蹟，令人想到孫中山在早年的反清革命活動中，對他幫助最大的外國友人，除了曾在倫敦蒙難中營救他的英國康德黎博士外，還有這一位葡人飛能第〔sic〕，而飛能第悉力機智營救孫中山，是在孫中山倫敦蒙難之前一年。飛能第是拯救孫中山的第一位外國人。[82]

什麼叫「營救」、「拯救」？孫中山被倫敦公使館的職員幽禁起來，並準備把他偷運回國正法，康德黎得悉後為了令他重獲新生與自由而日夜奔跑，像這樣的行動，才能稱得上「營救」、「拯救」。孫中山還未被抓起來，即使他曾如陳樹榮所説般跑到飛南第家裏過夜暫避，又即使飛南第曾陪他往香港一轉，[83] 都談不上「營救」、「拯救」。更何況，孫中山曾否如陳樹榮所説般跑到飛南第家裏過夜暫避，又由飛南第陪他往香港一轉等情，則仍然有待證實。

為何孫中山途徑澳門逃往香港的故事被誇大到這個程度？本節開宗明義地指出，1980年代臺海兩岸局勢所產生的政治需要，使很多過去對孫中山漠

81　〈本澳新聞・要電彙登〉，《鏡海叢報》，1893年11月6日，第5版，載《鏡海叢報》（2000年複印出版冊），頁369。

82　陳樹榮：〈人物：孫中山與澳門初探（七）〉，《澳門日報》，1990年8月10日。

83　孫中山與飛南第以及《鏡海叢報》的關係，將在下一節探索。

不關心、所知甚少的人，都爭先恐後地千方百計尋找史料。上述大批查無實
據的信息，正是這個時代的產物。更由於澳門回歸在即，促使澳門知識份子
諸如霍啟昌教授、陳樹榮副總編輯等，迫不及待地向有關方面表忠。

　　為何中國大陸的學術界竟然跟着他們團團轉？這也與1980年代大陸的政
治環境和史料嚴重缺乏有關。在1984年簽訂的《中英聯合聲明》以及1987年
簽訂《中葡聯合聲明》之前，中國學術界從來不重視港、澳研究，結果對兩
地所知極少。社會主義中國突然要準備接管資本主義的港、澳，難度極大。
倉猝間，廣州市的中山大學、暨南大學、廣東省社會科學院等等，紛紛受命
成立港澳研究中心，如飢似渴地搜集材料，當然也包括購買港、澳的報紙諸
如《澳門日報》等。廣東省社會科學院金應熙院長甚至親自翻譯霍啟昌一些
有關香港歷史的論文。

　　中國大陸過去這種閉關自守的情況，也直接影響了大陸「孫中山研究」
的發展。解放前，在長期的國共鬥爭當中，國民黨創始人孫中山，故然不會
受到共產黨重視。解放後，廣州市中山大學的陳錫祺教授，一枝獨秀地研究
孫中山，其志可敬，其情可憫。因為，從其1957年初版之《同盟會成立前的
孫中山》一書看，即使是1984年的修訂本，可用之史料仍極為貧乏，結果連
蘇聯的歷史教科書也用上了。準此，竊以為該書可歌可泣。到了1984年，陳
錫祺教授在十年文革結束後所培養出來的孫中山研究隊伍，開始成長，於是
大展宏圖，從1985年起着手編輯《孫中山年譜長編》，1988年定稿。[84] 由於
編輯該《年譜長編》的需要，中山大學公開地設法找尋《澳門日報》中一些
有關孫中山曾在澳門行醫報道的複印件，自然不會放過自1986年11月11日起
在《澳門日報》出現的有關文章，而該等文章作者的名字——陳樹榮——就
不脛而走。

　　也就在這關鍵時刻，陳樹榮在葡文的《澳門回聲》中，發現了幾則中文
廣告：

　　其一、是上述那道〈春滿鏡湖〉，這是個突破。從此，世人方知孫中山
在澳門行醫時，除了鏡湖醫院和中西藥局兩個據點以外，還有「仁慈堂右鄰

84　陳錫祺：〈編後附記〉，載陳錫祺主編：《孫中山年譜長編》，下冊，頁2137-2138：其
　　中頁2137。

寫字樓」。該廣告還詳列應診時間、地點、病例等等。對於我們了解孫中山在澳門行醫的情況，大有幫助。

　　其二、是中西藥局所連續刊登的廣告〈中西聖藥〉，最後一道廣告刊於1894年1月31日。[85] 由此可知孫中山在澳門行醫，為期大約一年多一點，推翻了過去馮自由所說的「數月」。

　　其三、是駐守前山寨的廣州海防同知魏恆出資為孫中山刊登〈神乎其技〉的廣告，開列孫中山曾為他和他的朋友所治癒的各種頑疾，這又是一則珍貴史料。

　　在這三則廣告和中文《鏡海叢報》的一則題為〈鏡湖耀彩〉的新聞等基礎上，陳樹榮陸續寫了〈孫中山當年來澳門行醫寄寓議事亭前地十四號〉、[86]〈孫中山澳門行醫史料新探〉、[87]〈孫中山醫術精湛鏡湖耀彩〉[88] 等文章，刊於《澳門日報》上。通過陳樹榮所撰寫的介紹文章，《孫中山年譜長編》的編者，轉引了該新聞和三則廣告。[89] 該書由權威的北京中華書局出版，全國發行，時值孫中山研究高潮，影響既廣且深。

　　陳樹榮也由於這些重大發現而成為澳門傳媒的寵兒，應邀到處發表演說，澳門電視台頻頻採訪他，[90] 以至中國新聞社駐澳門記者發出了一則新聞，稱讚陳樹榮是「澳門歷史」的權威。[91] 這麼一鬧，不但全中國都知道有陳樹榮其人，就連澳門歷史學會成立時，也公推他當副理事長。廣東省社會

85　*Echo Macaense*, 31 January 1894, p. 4.

86　魯傳：〈孫中山當年來澳門行醫寄寓議事亭前地十四號〉，《澳門日報》，1987年11月9日。筆者從何得悉魯傳即陳樹榮？因為陳樹榮後來，又在《澳門日報》本身，署名說該文是他寫的。見陳樹榮：〈人物：孫中山與澳門初探（三）〉，《澳門日報》，1990年8月6日。他更在《廣東社會科學》第四期，頁28-36；其中頁29，署名說〈孫中山當年來澳門行醫寄寓議事亭前地十四號〉這篇報道是他寫的。

87　陳樹榮：〈孫中山澳門行醫史料新探（上）〉，《澳門日報》，1987年11月11日；陳樹榮：〈孫中山澳門行醫史料新探（下）〉，《澳門日報》，1987年11月12日。

88　陳樹榮：〈孫中山醫術精湛鏡湖耀彩〉，《澳門日報》，1988年3月13日。

89　陳錫祺主編：《孫中山年譜長編》，上冊，頁61、63-64、64-65。

90　此節承《澳門日報》總編輯陸波先生賜告，見黃宇和：〈澳門調查報告〉（手稿），2006年12月7日（手稿）。

91　此節承《澳門日報》社長李鵬翥先生賜告，見黃宇和：〈澳門調查報告〉（手稿），2006年11月5日。

科學院邀請他當了一個時期的客座研究員，他就寫了一篇論文來凝聚他曾在
《澳門日報》發表過的文章，題為〈孫中山與澳門初探〉，刊登在該院的院
刊《廣東社會科學》。[92]

　　該院之邀請陳樹榮當短期客座研究員，似乎是希望他盡量提供他所掌握
到的、孫中山與澳門的圖片資料，因為該院的張磊院長，當時正與北京文
物出版社的一位編輯盛永華女士，共同編寫一本畫冊，名為《孫中山與澳
門》，準備由文物出版社在1991年出版，目的是紀念辛亥革命八十周年暨孫
中山先生誕辰125周年。陳樹榮也不負所託，傾囊相授；這可從該書的〈後
記〉之中一目了然：「我們衷心感謝《澳門日報》陳樹榮先生的幫助，他的
有關研究成果和收集的資料大有裨益於圖冊的編輯工作。」[93]〈後記〉中的
其他鳴謝，一概與學術無關。結果，「議事亭前地十四號這座房子，曾租給
中國人孫中山」云云，就從《澳門日報》移師到國家級的權威出版社——著
名的文物出版社。該圖冊出版後，雅俗共賞，暢銷全國（圖7.11, 7.12）。

　　1996年是孫中山誕辰130周年，距離澳門回歸也只有三年。為了紀念這
個政治性很強的日子，澳門基金會斥資出版一本紀念圖冊，決定請編者把現
成的《孫中山與澳門》（北京：文物出版社，1991）從單語（漢語）改為
葡、漢、英三語，並修改和補充了一些圖片資料，如此這般，另一本關於孫
中山與澳門的圖冊又面世了。其中很顯著地、曾被改動過的地方，是原來
的圖61以及「議事亭前地十四號這座房子，曾租給中國人孫中山」等說明消
失了。取而代之者，是圖81-81A。該圖再也不是議事亭前地全景，而是該地
十二號的同善堂這座建築物；而該圖的說明則謂孫中山設醫館及寓所在「仁
慈堂右鄰的同善堂」，又說「同善堂位於議事亭前地十四號」，[94]而不是其
真正位置十二號。真是一塌糊塗！英語的說明更有意思：Most people believe
that when Sun Yat-sen practised medicine in Macao, he treated patients at the
Tong Sin Tong next to the Santa Casa de Misericordia. ... The hall was also

---

92　陳樹榮：〈孫中山與澳門初探〉，《廣東社會科學》，1990年第四期，頁28-36。

93　盛永華、趙文房、張磊：《孫中山與澳門》，後記。

94　張磊、盛永華、霍啟昌合編：《澳門：孫中山的外向門戶和社會舞台》（澳門，版權頁上
　　沒有註明出版社是哪家，1996），圖81-81A。

61

議事亭前地十四号这座房子，曾租给中国人孙逸仙，租期一年，月租金十二元，担保人是叶来新。

《仁慈堂管理委员会会议记录》，

《澳门回声》周刊 1895 年 11 月 9 日

61　20世纪初的澳门议事亭前地。孙中山在澳门行医时，每日下午1时至3时在仁慈堂右写字楼诊症。星期日10时至12时，还在此接牛痘。这里也是孙中山在澳门的寓所，位于议事亭前地14号。

圖7.11　盛永華等編：《孫中山與澳門》
（北京：文物出版社，1991），圖61

后　　记

摆在大家面前的这本图册——《孙中山与澳门》，是我们对孙中山诞辰125周年和辛亥革命80周年的菲薄献礼。

澳门以其独特的地位和作用，为伟大的爱国者、民主革命先行者孙中山提供了通向世界的门户和踏入社会的舞台；而孙中山在澳门的活动，又为这个港域增添了光辉。编辑《孙中山与澳门》，不仅具有重要的学术价值；同时，它蕴涵着现实意义。事实上，被长期占领的澳门又是有着多功能的都市。它曾起过中西经济、文化交流的作用，也凝聚了中葡人民的友谊——孙中山与飞南第的交往就是例证。

在成书过程中，得到了许多单位和人士的关怀和支持。他们的热情帮助，使得图册得以问世。

我们衷心感谢澳门新华分社和宗光耀、黎秀洪、冼为铿先生的指教鼓励和帮助；

我们衷心感谢蔡氏基金会资助本书的出版；

我们衷心感谢澳门文化司署和马若龙文化司，他们对本书的研究和编辑给予帮助；

我们衷心感谢《澳门日报》陈树荣先生的帮助，他的有关研究成果和收集的资料大有裨益于图册的编辑工作；

我们衷心感谢京澳公司的支持，他们一贯热心于文化事业的发展；

我们衷心感谢翠亨孙中山故居纪念馆，他们提供了一些馆藏的孙中山手札的复印件；

我们还衷心感谢萧润君、李才尧先生和余齐昭女士的支持。

我们怀着虔敬的心情，以严肃认真的态度编辑了这本图册，尽量利用了海峡两岸和港澳地区以及国外的照片资料，力求比较全面地反映孙中山与澳门的长期密切关系。

期待着大家的批评和指正。

编者
1991年夏·澳门

圖7.12　盛永華等編：《孫中山與澳門》
（北京：文物出版社，1991），〈後記〉

81-81A.Quando praticava medicina em Macau, Sun Yat Sen, além de atender os pacientes, entre a uma e as três horas da tarde, da segunda feira ao sábado, e das dez ao meio dia de domingo, no consultório da Associação de Beneficência Tong Sin Tong. Dava também vacina anti-variólica. Crê-se que o consultório, no nº 14 do Largo do Senado, lhe servia de residência. Outros afirmam que Sun Yat Sen residia na Travessa da Misericórdia, em Macau.

81-81A. 孫中山在澳門行醫時，每日下午1時至3時在位於議事堂前地，仁慈堂右鄰的同善堂寫字樓診症。星期日10時至12時，還在此接種牛痘。這裏也是孫中山在澳的寓所，位於議事前地14號，但另有一說孫醫館是在仁慈堂。

81-81A.Most people believe that when Sun Yat-sen practised medicine in Macao, he treated patients at the Tong Sin Tong next to the Santa Casa de Misericordia from 1:00 - 3:00 p.m. Monday through Saturday, and from 10:00 a.m. - 12:00 noon on Sunday. Here he also administered smallpox vaccinations. The hall was also probably his residence in Macao. It is at No. 14 Largo Leal Senado. But there are others who believe Sun's clinic was at Travessa da Misericórdia.

圖7.13 盛永華等編：《澳門：孫中山的外向門戶和社會舞台》
（澳門，1996），頁164。

孫中山在澳門行醫時，曾將議事亭前地14號同善堂寫字樓作為診療所和寓所。

When Sun Yat-sen practiced medicine in Macao, he opened up a clinic in the Tongshantang Office building, located at No. 14 Largo Leal Senado. He also lived there.

圖7.14 孫中山故居紀念館編：《偉大的民主先驅孫中山》
（北京：大百科全書出版社，2001），頁23

probably his residence in Macao. It is at No. 14 Largo Leal Senado.[95] 該英語説明劈頭第一句説：「大多數人相信……」（圖7.13）。這大多數人是誰？

隨後在2001年，中國大百科全書出版社出版了《中國民主革命的偉大先驅孫中山》，其中第23頁同樣是印刷了同善堂的圖片，圖片説明曰：「孫中山在澳門行醫時，曾將議事亭前地14號同善堂作為診所和寓所。」[96] 該書是由國家級的權威出版社出版，絕對不是那本連出版社也沒列出來的、在澳門印刷的《澳門：孫中山的外向門戶和社會舞台》可比，[97] 影響自然更深且遠（圖7.14）。

同善堂是澳門華人創辦的慈善團體，其主要工作是贈醫施藥。從舊圖片看，樓高二層。筆者參觀過目前位於華人地帶、樓高三層而又更為寬敞的同善堂現址，一樓是贈醫施藥的地方，設有派籌、輪候、醫生室、藥房、廁所等部分。二樓以上，全是辦公室、會議室等，擠得滿滿的。這樣的佈局，能容得外人在此居住以及另設私人診所？此外，孫中山願意居住在人流這麼複雜的地方？若他在贈醫施藥的同善堂設診所而向每位病人收醫金一圓，會有病人光顧？能付得起醫金一圓的人，會到人流這麼複雜的地方看病？當年的一圓不是個小數目，孫中山的父親過去在澳門當鞋匠時，月薪才四圓。[98]

原文物出版社的編輯盛永華女士，是唯一的一位自始至終地先後都參與了《孫中山與澳門》（北京文物出版社，1991）、《澳門：孫中山的外向門戶和社會舞台》（澳門，1996）和《中國民主革命的偉大先驅孫中山》（北京中國大百科全書出版社，2001）這三本書的編輯工作。[99] 三本書有關孫中山在澳門行醫的圖片和説明，不同程度上都由她經手。但是，第一本書的「議事亭前地十四號」，為何變成第二、第三本書的議事亭前地十四號的

---

95 同上註。

96 孫中山故居紀念館編：《中國民主革命的偉大先驅孫中山》（北京：中國大百科全書出版社，2001），頁23。

97 張磊、盛永華、霍啟昌合編：《澳門：孫中山的外向門戶和社會舞台》。

98 孫中山的姐姐孫妙茜語，記錄在王斧：〈總理故鄉史料徵集記〉，載《建國月刊》，第五卷第一期，1931年出版。轉載於孫中山故居紀念館編：《孫中山的家世：資料與研究》（北京：中國大百科全書出版社，2001），頁113-119；其中頁117。

99 她是第一、第二本書的編輯，第三本書的編審，在各書、版權頁上均有説明。

「同善堂」？此外，當時的「同善堂」其實是在議事亭前地十二號而非十四號。所有這些矛盾，她都沒作任何解釋。可能她一直專心一意地只顧編輯，沒有察覺那位著名的澳門權威送來的貨物當中摻雜了不少查無實據的東西。

孫中山在同善堂設私人診所這獨家新聞，究竟來自何方？2001年出版的《中國民主革命的偉大先驅孫中山》，似乎是繼承了1996年出版的《澳門：孫中山的外向門戶和社會舞台》之說法，而推翻了1991年出版的《孫中山與澳門》的說法（即過去陳樹榮的說法）。為何如此？因為後來陳樹榮改變了口風，而改變口風的根據並非發現了新史料，而是他應澳門同善堂邀請編寫《同善堂110周年紀念冊》，於是他就把孫中山在議事亭前地的孫醫館寫進同善堂的功勞冊。準此，他又必須把過去他一直認為孫醫館在議事亭前地十四號的說法，改變為十二號（圖7.15）。若所有的人都把歷史如此這般地隨意篡改，就真的天下大亂。

上述種種矛盾之能出現，部分責任恐怕要由中國的出版制度來負。為什麼？

西方國家的出版社，有一套審查制度，由出版社恭請書稿所在領域的兩位權威學者寫匿名審查報告，以該稿學術成就為依歸。若出版物有嚴重差錯諸如出現查無實據等情，出版社的威信自然受到打擊，但不會牽涉到政府的威信。中國的出版社也有一套審查制度，由政府官員負責審查，標準包括政治和學術兩方面。若審查通過而書稿又順利出版之後，才發現出版物有嚴重差錯諸如出現查無實據等情，則不但出版社的威信會受到打擊，政府的威信同樣受到影響。若出版社屬一個政府部門，像文物出版社之直屬國家文物局，那麼政府威信所受到的影響就更大。若中國大百科全書出版社的國家刊物，在準確性上出現問題，就直接影響到國家的聲譽了。猶幸隨着中國大陸對澳門的認識慢慢有所提高，首先就有費成康博士指出，孫中山創辦《鏡海叢報》並當匿名編輯、主筆之說不實。[100] 繼而筆者又考證出孫中山藉中西藥局從事革命、在中文《鏡海叢報》寫署名讀者來函鼓吹革命、把議事亭前地十四號作診所和寓所、在其實是議事亭前地十二號的同善堂行醫和居住云

100　費成康：〈孫中山和《鏡海叢報》〉，是為《鏡海叢報》（2000年複印出版冊）序言，頁7。

九十多年前的議事亭前地，圖右為同善堂初址。

圖7.15　陳樹榮編撰：《同善堂110周年紀念冊》
（澳門，2002），圖75

云，均屬子虛烏有。

　　驅散了種種查無實據之說，只是個開始。接下來的工作，是系統地繼續探索孫中山在澳門行醫的情況，以及為何他終於離開澳門。

八、是什麼逼使孫中山離開澳門？

　　孫中山之終於離開澳門，與他在澳門行醫的業務有關。上文提到，1892年秋，澳門名流曹子基、何穗田、吳節薇等邀請孫中山到澳門行醫，並於大約三個月後的1892年12月18日，由吳節薇作擔保人，向澳門鏡湖醫院藥局貸款2,000銀元，以便「開創中西藥店……寄辦西國藥材」。利息方面：「每百圓每月行息一圓」。如何還債？清還利息方面，雙方同意孫中山採取兩個步驟，同時執行：第一、在鏡湖醫院贈醫。第二、蒙贈醫的病人，憑單到中西藥局免費取藥。至於債本2,000銀元，則孫中山必須在五年之內，尋其他途徑賺錢還足。[101]

　　孫中山似乎還同時向鏡湖醫院借了第二筆錢。揭單原件已經遺失，但是鏡湖醫院1896年2月19日堂期向下屆移交財產記錄內有兩單。其一曰：「存孫中山翁揭本銀1,440兩，壬十一月初一日〔即1892年12月19日〕單吳節薇翁署保。」其二曰：「存中西藥局孫中山揭本銀1,728兩〔即2,400銀元〕，五年揭單一紙吳節薇翁署保。」[102] 這第二筆錢，很可能是用來租用及裝修議事亭前地的孫醫館。兩筆債共3,168兩（即4,400銀元）。

　　這兩筆債就直接牽涉到孫中山在澳門行醫的經濟情況。謹將現存的葡文《澳門回聲》之中的有關廣告列表，以便作系統的分析。該表第一行是廣告的題目，餘下各行則抽出廣告內容之中較有代表性者填上。

101　〈揭本生息贈藥單〉，1893年12月18日，照片複印在澳門鏡湖醫院慈善會：《鏡湖醫院慈善會創辦一百三十周年紀念特刊》（澳門：鏡湖醫院慈善會，2001年10月28日），頁66。

102　鏡湖醫院1896年2月19日堂期向下屆移交財產記錄，照片複印在澳門鏡湖醫院慈善會：《鏡湖醫院慈善會創辦一百三十周年紀念特刊》，頁66。

表7.5　葡文《澳門回聲》(*Echo Macaense*)的有關廣告

日期	〈神乎其技〉[103]	〈中西聖藥〉[104]	〈春滿鏡湖〉[105]	〈聲明告白〉
930725	魏恆謹識			孫醫生謹啓[106]
930801		已於十七日開市		
930808	魏謹識	已於十七日開市		
闕如				
930822		已於十七日開市		
930829		〔沒孫刊登之廣告〕		
930905	魏謹識			飛南第謹啓[107]
930912		已於十七日開市		
930919		已於十七日開市		
930926		已於十七日開市	仁慈堂右鄰寫字樓	本醫生晉省有事[108]
931004		已於十七日開市	仁慈堂右鄰寫字樓	
闕如				
931017		已於十七日開市		鏡海叢報局謹啓

103　詳見下文。

104　全文曰：「本局揀選地道良藥，各按中西製法，分配成方。中藥則膏丹丸散，色色俱備，並擇上品藥材，監工督製。每日所發湯劑，皆係鮮明飲片。參蓍尤桂，不惜重資購儲極品，以待士商惠顧，冀為傳播。所製西藥，早已功效昭昭，遍聞遠近，無煩贅述焉。中西各藥，取價從廉。」

105　全文轉錄於本章第六節。

106　全文曰：「啓者：本醫生寫字樓及中西藥局各伴如有在外揭借銀兩賒取貨物倘無本醫生親筆簽名不得作數，一唯經手人是問，本醫生概不干涉。恐有冒託本醫生之名向人揭借銀兩賒取貨物等事，特此聲明，以免後論。孫醫生謹啓。」

107　所啓關乎《鏡海叢報》銷售事宜。飛南第者，葡名Francisco H. Fernandes。他在此白紙黑字自稱為飛南第，陳樹榮卻時而稱之飛能第，實混淆視聽。見陳樹榮：〈人物：孫中山與澳門初探（七）〉，《澳門日報》1990年8月10日。也有學者將其音譯為佛蘭德斯、費爾南德斯。見陳錫祺主編：《孫中山年譜長編》，上冊，頁195，註1，同樣應統一為飛南第。

108　全文曰：「啓者：本醫生晉省有事，所有中西藥局事務，統交陳孔屏兄代理，壹企一切出入銀兩，揭借匯兌等件，陳孔屏兄簽名即算為實，別無異言。光緒十九年八月十六日〔陽曆1893年9月25日〕孫中山謹啓」。

（續上表）

931024		已於十七日開市		鏡海叢報局謹啓
931031		已於十七日開市		鏡海叢報局謹啓
闕如				
931107		〔孫沒刊登廣告〕		
931114		已於十七日開市		鏡海叢報局謹啓
931121		已於十七日開市		
931128		已於十七日開市		
931205		已於十七日開市		
931212		已於十七日開市		
931219		已於十七日開市		
931227		已於十七日開市		
940103		已於十七日開市		
940109		〔孫沒刊登廣告〕		
940116		〔孫沒刊登廣告〕		
940123		已於十七日開市		
940131		已於十七日開市		
940208		〔全沒中文廣告〕		
940215		〔全沒中文廣告〕		
940221		〔全沒中文廣告〕		
闕如				
940307		〔只有政府通告一則：葡漢並列〕		

　　從這表看，中西藥局似乎遲至1893年7月29日才終於開業。筆者作如是想，理由有三：

　　第一、1893年8月1日出版的葡文《澳門回聲》第三期，刊有中西藥局謹啓的〈中西聖藥〉的廣告，說「已於十七日開市」。[109] 所謂十七日，應指陰

109　廣告〈中西聖藥〉，*Echo Macaense,* 1 August 1893, p. 4. 該報藏澳門歷史檔案館，編號Arquivo Histórica de Macau: L2333: IC － 014。

曆光緒十九年六月十七日，因為該廣告所用的語言是漢語，對象是華人，而當時的澳門華人以陰曆計算日子。故筆者認為廣告中所謂十七日是陰曆，將其轉為陽曆就是1893年7月29日。

第二、1893年7月25日出版的葡文《澳門回聲》第二期，沒有刊登中西藥局的廣告；這也難怪，若中西藥局在29日才開業，總不能在25日就說已開市。

第三、孫中山在1892年12月18日才簽了〈揭本生息贈藥單〉，[110]此後選址，租屋、裝修、僱人、從英國購買西藥等等，都需要時間，他在大約七個月內開業，合乎情理。奇怪的是，以後所有以〈中西聖藥〉為題的中西藥局廣告，都一字不改地含有「已於十七日開市」等字樣。這意味着什麼？一字不改的廣告較為便宜，可能是出於經濟的考慮，反正已經開市了，從哪一天開始都沒關係。這是否進一步意味着身負重債的孫中山在審慎理財？

在簽訂〈揭本生息贈藥單〉與中西藥局正式開業之間這七個月內，孫中山除了籌備開設中西藥局和議事亭前地之孫醫館以外，還幹了些什麼？竊以為他已經用部分時間在鏡湖醫院贈醫。理由有二：

第一、若歸還利息的方式是採取贈醫和施藥兩個步驟的話，那麼儘管在中西藥局成立之前，他仍可以從香港進口西藥，儲藏在鏡湖醫院裏，並在鏡湖醫院內饋贈他的病人。

第二、1893年7月18日出版的中文《鏡海叢報》創刊號，在「本澳新聞」綱下有〈鏡湖耀彩〉諸目，其中一道新聞歷陳孫中山在澳門醫治過的病例六則。就是說，在1893年7月29日中西藥局開業以前，孫中山在澳門已經有過行醫記錄，其中第一則就說是在「醫院」進行。茲將該全文轉錄，以便分析：

〈鏡湖耀彩〉

陳宇，香山人，六十一歲，患沙癍八年矣，辛楚殊常，頃在醫院

110　〈揭本生息贈藥單〉，1893年12月18日，複印在澳門鏡湖醫院慈善會：《鏡湖醫院慈善會創辦一百三十周年紀念特刊》，頁66。

為孫醫生割治，旬日便瘥，精健倍昔。

　　昔又西洋婦某，胎產不下，延孫治之，母子皆全。

　　又賣麵人某，腎囊大如斗，孫醫用針刺去其水，行走如常。

　　又大隆紙店兩伴，誤為毒藥水焚炙心胸頭面，勢甚危殆，孫醫生用藥敷之，旬時就瘥。

　　又某客棧之伴，與妻角口，妻於夜半吞洋煙求死。次晨八點鐘始有人擡到孫館，如法救之，亦慶更生。

　　又港之安撫署書寫人尤其棟，患吐血症多年不瘥，華醫束手，親造孫醫求治，一月奏效。[111]

　　這篇報道的第一則，說孫中山在「醫院」為陳宇在割治沙麻，這所醫院，應是鏡湖醫院，因為孫中山沒有在澳門其他醫院行醫。

　　這篇報道的第二則，耐人尋味：西洋婦某延孫治之？鏡湖醫院是華人的慈善團體，位置在華人區，主要功能是為貧窮華人贈醫施藥，專業一向是中醫中藥，只有孫中山抵達後才增設西醫門診。過去自視極高的洋人，不會涉足這幢位於華人區的華人慈善醫院。為何洋婦卻延孫中山接生？廣告的第五則提供了線索：「孫館」。這孫館所指為何？它不會是鏡湖醫院，若是，則會像廣告第一則那樣書明是醫院。它不會是中西藥局，因為這時候中西藥局還未開業，裝修期間，亂七八糟，不能作診所。那麼它究竟所指為何？竊以為很可能就是上述〈春滿鏡湖〉那則廣告之中所提到的「仁慈堂右鄰寫字樓」，其具體位置是議事亭前地當今的一六A號，處於高貴的洋人區，洋婦從那裏延孫中山接生，絲毫不影響其身份。在這個基礎上，我們可以推測，1893年7月18日該廣告出現之前不久，議事亭前地的孫醫館開業了。同時我們可以勾畫出如下一幅孫中山澳門行醫圖：

　　第一、上門診症：最顯著的例子，莫如那位出資為他登廣告的前山寨廣州海防同知魏恆。該廣告在1893年7月25日刊登，曰：「去歲臘月封篆後延

111　佚名：〈鏡湖耀彩〉，中文《鏡海叢報》，1893年7月18日，第5頁；載《鏡海叢報》（2000年複印出版冊），頁3。

請孫逸仙診視。」[112] 所謂去歲臘月，即1893年1月7日到2月5日，就是說，孫中山在1893年1月起，即開始上門診症，不待六個月後孫醫館及中西藥局之開業也。這絲毫不奇怪，自從1892年12月他從鏡湖醫院貸來共4,400銀元的兩筆重債之後，必須盡快賺錢還債。至於魏恆，則他患痔瘡二十餘年，「其苦已甚，其累日深」。經孫中山診治七天，「其痔遂脫」，於是「家內男女老幼、上下人等，亦皆信之不疑，請其醫治。或十數年之肝風，或數十年之腦患，或六十餘歲之咯血，均各奏神速」。[113] 魏恆感激之餘，就在葡文《澳門回聲》創刊以後，在1893年的7、8、9等三個月內，分別為孫中山刊登各一次廣告鳴謝。[114] 接着，一批華人富商又合資為他刊登了題為〈春滿鏡湖〉的廣告共兩次。[115]

第二、孫中山在議事亭前地設醫館，對象是葡人和土生葡人，他們都習慣看西醫，也有能力付較高的醫療費；他們會為孫中山提供一定數目的客源。當中自然也有信賴他的華人富商，諸如那批出資為他登廣告的盧焯之、陳席儒、吳節薇、宋子衡、何穗田、曹子基等等。對這些華商來說，親自到議事亭前地求診而付醫金一圓，或延請上門者，「本澳街道送醫金貳圓、各鄉市遠近隨酌」，[116] 他們絕對能負擔得起。在言語上，孫中山可以對洋人說英語，對華人說白話，相得益彰。

第三、在草堆街中西藥局診症，對象相信是中層及以上的華人。當時的草堆街是華商聚集做生意的地方，非常繁盛。它與營地大街、賣草街並稱為「三街」，且有「三街會館」之設。[117] 孫中山在這裏開診所，無論男女，一律收費貳毫，對華商來說，絕無問題，華工也負擔得起。言語方面，華商華工皆粵人，他們跟孫中山說粵語，如魚得水。

---

112 魏恆：〈神乎其技〉，*Echo Macaense*, 25 July 1893，p. 4.

113 同上註。

114 見表7.5。

115 見表7.5。

116 盧焯之等：〈春滿鏡湖〉，*Echo Macaense*，26 September 1893, p. 4

117 濠江客：〈澳門圖說：孫中山在澳創辦「中西藥局」〉，《澳門日報》，1991年11月16日。筆者到草堆街作實地調查時，也從草堆街七十八號東興金舖老闆熊永華老先生那裏得到證實。

　　第四、在鏡湖醫院贈醫，對象是赤貧的華人。此舉既幫助了他還利息，又做了好事，更贏得好名聲，何樂不為？

　　總之，孫中山在澳門行醫，對各階層人士的利益都照顧到，可謂廣結善緣，應該是前途無限的。但他很快就離開澳門了，為什麼？目前史學界有兩個解釋：

　　第一、孫中山自言：「葡人定例律凡行醫於葡境內者必須持有葡國文憑，澳門葡醫以此相齮齕，始則禁阻予不得為葡人治病，繼則飭令藥房見有他國醫生所定藥方，不得為之配合。以是之故，而予醫業之進行猝遭頓挫，雖極力運動，終歸無效。顧予赴澳之初，並不料其有是，資本損失為數不少，旋即遷徙至廣州焉。」[118]

　　第二、費成康博士在搜集現存中文《鏡海叢報》的過程中，發現一則要聞。那就是該報1893年12月19日首頁以社論方式刊登的〈照譯西論〉。該文原文是葡文，刊登在同日同號的葡文版上。據費成康博士考證，「這篇由葡人執筆，揭露該醫院弊病並為孫中山鳴不平的文章，顯然體現了孫中山對該醫院現狀的不滿以及整頓該醫院的主張。該文發表後，孫中山與該醫院值事、司事和中醫的衝突必定更加尖銳。大約在一個月後，孫中山便被迫離開澳門。」[119] 準此，費城康的結論是：「葡籍醫生的排擠，只構成孫中山離開澳門的部分原因，而與鏡湖醫院有關人士的衝突當是他離去的又一重原由。」[120]

　　現在，讓我們評估這兩種解釋：

　　第一、葡醫悍然出面阻止孫中山為葡人治病，證明有不少葡人到議事亭前地的孫醫館看病，甚至延到家裏診治，才會引起葡醫妒忌而出面干預。若孫中山的醫館門可羅雀，葡醫只會在旁竊笑，而不至於出面干涉那麼有失斯文。孫中山自言「予赴澳之初，並不料其有是」，也值得深思。他在香港也因為沒有取得英國認可的牌照而不能在香港行醫，若澳門例同，他也不會明

118　孫中山：《倫敦被難記》，轉載於《孫中山全集》，第一卷，頁45。

119　費城康：〈孫中山和《鏡海叢報》〉，載《鏡海叢報》（2000年複印出版冊），其中費序頁6。

120　同上註。

知故犯，他的恩師康德黎醫生見多識廣，亦會出言勸止。他之決定在議事亭前地設診所為澳門上層人士治病，當是經過評估後，認為其可行，才斥資租屋裝修設診所。結果醫務蓬勃，而蓬勃的原因，也直接與其恩師康德黎醫生有關。康德黎醫生是英國皇家外科醫學院院士，離英前已是倫敦查靈十字醫院的外科顧問醫生，手術高明。孫中山在澳門遇到重大手術，康德黎醫生都在星期天專程赴澳給予援手。[121] 相信當時澳門所有葡籍醫生，很難能與康德黎匹比。由於在生死關頭有保障，澳門的葡人暨土生葡人很可能趨之若鶩。

　　收入方面，若我們作最樂觀的假設：孫中山在孫醫館行醫兩小時滿員，10分鐘看一位病人，每位收費1元，120分鐘看12位，共收入12元。一個星期六天滿員，收入72元。一年工作50週滿員，收入3,600元。但世界不是那麼樂觀的，假設收入減半，一年也有1,800元，若是悲觀一點，收入再減半，一年也有900元。加上出診的收入，若悲觀地計算只有100元。他一年最悲觀的總收入約有1,000元。他欠鏡湖醫院2,000元，分五年清還，每年必須歸還大約400元的本銀，剩下600元自用。

　　他在中西藥局的收入，若我們作最樂觀的假設：行醫兩小時滿員，10分鐘看一位病人，每位收費貳毫，120分鐘看12位，共收入2.4元。一個星期六天滿員，收入14.4元。一年工作50週滿員，收入720元。但世界不是那麼樂觀的，假設收入減半，一年有360元，若是悲觀一點，收入再減半，一年有180元。這是光從診金着眼計算，中西藥局賣藥盈虧不算在內。若一年只有180元收入，光是償還預計的一年400元債務，已是望塵莫及，遑論其他。

　　他在鏡湖醫院沒有收入，因為他在那裏是贈醫的。不單如此，還要支出，因為按照合約規定，接受他贈醫的病人，可以拿着他所開的藥方，到中西藥局免費領取藥物。

　　這麼一計算，事情就很清楚。孫中山與鏡湖醫院當局發生衝突，絕對不影響他的生計。至於議事亭前地孫醫館，則是他收入的主要來源。若孫醫館辦不下去，他就無法在澳門立足。無牌行醫是犯法的：若孫中山最初推說不知情而在議事亭前地為葡人治病，勉強還能説的過去。若經葡醫抗議，孫中

121　Neil Cantlie and George Seaver, *Sir James Cantlie*, p. 97；馮自由：〈孫總理之醫術〉，載《革命逸史》（1981），第一集，頁9-10：其中頁10。

山向澳葡政府申請執照而遭拒後，卻繼續行醫，就是以身試法，肯定遭逮捕檢控，智者不為。儘管醫名顯赫並持有英國行醫執照者諸如康德黎醫生，由於沒有澳葡所發的行醫執照，同樣不能在澳門行醫、動手術、或幫助孫中山動手術，否則同樣會遭到逮捕檢控。所以，葡醫一鬧，孫中山就絕對待不下去。

第二、若孫中山與鏡湖醫院發生摩擦，頂多不在該院贈醫，也不在中西藥局施藥，而用現金歸還利息，以「每百圓每月行息一圓」[122] 計算，本銀2,000元一年的利息共240元，若他在議事亭前地的生意興隆，一年240元的利息，他是能負擔得起的。退一步說，儘管他與鏡湖醫院鬧翻了，他仍可照常前往該院贈醫並在中西藥局施藥。若鏡湖醫院當局阻止他進入醫院行醫，那麼從法律上來說，他不能履行合約的責任不在於他，他只要在醫院門外蹲兩個小時，就算付清了當天的利息，優哉游哉。如此種種，皆足以說明他不必因為與鏡湖醫院發生摩擦而離開澳門。另一方面，費成康列舉兩個理由，來質疑葡醫干預導致孫中山離澳之說。他認為：孫中山有自己經營的中西藥局，「不必為他的藥方無處配藥而擔憂」。[123] 竊以為中西藥局在人煙稠密的華人區，葡人之不屑涉足其間，就像同時期的香港英人絕對不會到港島的太平山地區買藥一樣。費成康又認為，「不久後有位只有『英人之醫照』的西醫劉香甫又在鏡湖醫院『贈診病眾』」，[124] 葡醫也沒有排擠他，故質疑孫中山離開澳門是由於被葡醫排擠之說。追查費成康所引史料，可知這位西醫劉香甫是香港西醫書院的後期畢業生。[125] 竊以為葡醫反對的，不是華人西醫在鏡湖醫院為華人治病，因為這不影響他們的經濟利益；而是華人西醫為葡人治病，甚至非常成功而生意興隆，這就直接傷害到他們的利益而群起反對了。

122　〈揭本生息贈藥單〉，1893年12月18日，複印在澳門鏡湖醫院慈善會：《鏡湖醫院慈善會創辦一百三十周年紀念特刊》，頁66。

123　費城康：〈孫中山和《鏡海叢報》〉，載《鏡海叢報》（2000年複印出版冊），其中費序頁6。

124　同上註。

125　〈臨別贈言〉，《鏡海叢報》，1895年4月17日，載《鏡海叢報》（2000年複印出版冊），頁196。所云〈在港之雅利氏醫院〉，正是當時西醫書院臨時藉以教學的地方。

孫中山被逼離開澳門，經濟損失是慘重的，加上一番心血付諸流水，心靈所受的創傷會更大。他不禁要問：澳門本來就是中國的土地，中國人不能在中國的土地上行醫，這像什麼話！他最終會怪罪清朝政府無能，反清情緒，油然而生？竊以為這種情緒是難免的，他早年從檀香山回到翠亨村看到家鄉依舊落後時，就大罵天子了。[126] 但這些都只是情緒，並未見諸行動：目前筆者能掌握到的史料，沒有任何證據顯示1892年秋到1894年1月左右、孫中山在澳門行醫這段時間，他曾有任何反清活動。有的，只是改良的言論：此話怎說？筆者將下文交代。[127]

總結本章到目前為止發掘所得，則孫中山1892年秋到1894年1月左右在澳門居留期間，並無任何進行革命的跡象。他似乎只是希望老老實實地當個西醫。奈何這種樸實的訴求，也無法實現，他被葡醫逼走了。深痛清朝喪權辱國之餘，反滿情緒難免加深。而這種反滿情緒，又會把他朝革命方向推前一步。

但是，革命的最終目的是為了讓中國「現代化」，並非為了革命而革命。革命只是在通往「現代化」的道路被堵死後，必須採取激烈手段來排除

126　林百克著，徐植仁譯：《孫逸仙傳記》（上海：商務印書館，1926），頁137。

127　陳樹榮先生之能發掘葡文《澳門回聲》及中文《鏡海叢報》等等，是因為他有一股強烈的好奇心。澳門的大街小巷，上下高低，他都如飢似渴地探索。筆者兩次承他帶領，在澳門做實地調查，就深深地感受到這一點。他尤其是對掌故的搜集，不遺餘力；他掌握到澳門掌故的數量，可以說是首屈一指。哪怕是矛盾百出的，他也照單全收——他三番四次地說，孫中山在草堆街八十號、八十四號、八十至八十四號設中西藥局，就是明顯的照單全收例子之一。掌故者，道聽途說也，不能作為翔實可靠的史料看待。若掌故多聽了，習以為常之餘，自己又去發明一些掌故；不但在報章上發表，更在嚴肅的學術期刊上刊登，又向國家級的出版社提供這些東西，輾轉向全世界傳播，寧不天下大亂？現在終於水落石出，把孫中山在澳門行醫的情況，勾畫出一個比較近歷史事實的輪廓，為慰。陳樹榮先生，發掘了葡文《澳門回聲》的幾則漢語廣告，以及中文《鏡海叢報》幾則有關孫中山在澳門行醫的消息，功不可沒，筆者謹致敬意。唯他在這些發現的基礎上，發表了大量查無實據的文章，也實在不該。筆者利用他所發掘的材料，配以其他史料，並用了大約三十個月的時間，頻頻從澳大利亞飛香港，又從香港或廣州前往澳門作做實地調查，在議事亭前地和草堆街作地毯式搜索，到澳門歷史檔案館尋幽探秘，繼而轉飛臺北、美國、英國等地參照核實各方史料，與海外學者深入討論，終於把孫中山在澳門行醫的情況理出一個頭緒，都要感謝陳樹榮先生作了一個開始。準此，筆者想請中國大百科全書出版社、文物出版社、中華書局暨大批曾被誤導的大陸學術界同仁，容許陳樹榮先生將功抵過，為禱。

這些障礙，迫不得已的途徑。1893至1894年的孫中山，還是希望採取溫和的辦法來爭取中國「現代化」的。這種溫和的辦法，姑且名之為「改良」。

九、用溫和辦法來爭取中國「現代化」

上文提到，孫中山在澳門行醫期間，雖沒任何反清活動，卻有改良的言論。這種改良言論，在香港西醫書院讀書的學生時代、當世人的注意力都集中在四大寇的革命言論之時，就誕生了。目前史學界所掌握到的第一篇提倡改良的文章，是孫中山大約在1890年撰寫的〈致鄭藻如書〉。筆者酌定1890年這個日期，是因為該文第二段開始就說：「某今年二十有四矣」。[128] 孫中山在1866年11月12日出生，若以虛歲計算，到他虛年二十四歲時，當是1890年他在西醫書院讀三年級的時候。鄭藻如者，廣東省香山縣濠頭鄉人，與孫中山可謂有同邑之誼；1851年舉人，受知於李鴻章，襄辦洋務。曾任津海關道，1881年出使美國、西班牙、秘魯三國大臣，1886年患半身不遂，病休居鄉。[129] 為何他給鄭藻如寫信？因為：

第一、「伏以台駕為一邑物望所歸，聞於鄉間，無善不舉，興蠶桑之利，除鴉片之害，俱著成效。倘從此推而廣之，直可風行天下，利百世，豈唯一鄉一邑之沾其利而已哉！」[130]

第二、「某留心經濟之學十有餘年矣，遠至歐洲時局之變遷，上至歷朝制度之沿革，大則兩間之天道人事，小則泰西之格致語言，多有旁及。方今國家風氣大開，此材當不淪落。某之翹首以期用世者非一日矣。」[131] 在1890說十有餘年，就是從孫中山在1879年9月在於夏威夷的意奧蘭尼學校讀書開始，就不忘經世致用了。

128　孫中山：〈致鄭藻如書〉，《孫中山全集》，第一卷，頁1-3：其中頁1。

129　羅家倫主編、黃季陸、秦孝儀、李雲漢增訂：《國父年譜》（臺北：中國國民黨中央黨史委員會，1994），頁57。

130　孫中山：〈致鄭藻如書〉，《孫中山全集》，第一卷，頁1-3：其中頁1。

131　同上註。

在〈致鄭藻如書〉中，孫中山提倡：

1、農桑：在「吾邑東南一帶之山，禿然不毛，本可植果以收利，蓄木以為薪……道在鼓勵農民，如泰西興農之會，為之先導。此實事之欲試者一。」

2、戒煙：「今英都人士倡禁鴉片貿易於中國，時賢興敵煙會於內，印度教士又有遏種、遏賣、遏吸，俱有其人，想煙害之滅當不越於斯時矣。然而懦夫劣士慣戀煙霞，雖禁令已申，猶不能一時折槍碎斗，此吾邑立會以勸戒，設局以助戒，當不容緩。推貴鄉已獲之效，仿滬土戒煙之規。此實事之欲試者二。」

3、興學：國家「雖多置鐵甲、廣購軍裝，亦莫能強也。必也多設學校，使天下無不學之人。……如是，則……風俗安得不良，國家安得而不強哉！然則學校之設，遍周於一國則不易，而舉之於一邑亦無難。……此實事之欲試者三。」[132]

孫中山提出的三項建議，都是很具體的。其中第二項，更證明他對時事之遠如倫敦民間團體的禁煙運動、在印度傳教士之倡議禁煙，都很熟識。參照近人對當時禁煙運動的研究，[133]益覺年輕的孫中山已相當有見識。尤其難能可貴的是，他對國家命運的深切關懷，且看他在結論中怎麼說：「之斯三者，有關於天下國家甚大，倘能舉而行之，必有他邑起而效者，將見一倡百和，利以此興，害以此除，而人才亦以此輩出，未始非吾邑之大幸，而吾國之大幸也。某某望於台駕有以提倡之。台駕其有意乎？茲謹擬創辦節略，另繕呈覽，懇為斧裁而督教之，幸甚！」[134]

鄭藻如閱後有什麼反應？迄今沒發現任何史料加以說明。唯鄭藻如已半身不遂，臥病在家，很難奢望他有任何重大作為。所以沒有什麼反應也不奇怪。

孫中山也不氣餒，鍥而不捨地、接着似乎在1891年又寫了〈農功〉一

132　同上註，頁1-2。

133　Joyce A. Madancy, *The Troublesome Legacy of Commissioner Lin: The Opium Trade and Opium Suppression in Fujian Province, 1820s to 1920s* (Cambridge: Harvard University Asia Center, 2004).

134　孫中山：〈致鄭藻如書〉，《孫中山全集》，第一卷，頁1-3：其中頁3。

文，交另一位香山同鄉鄭觀應。[135] 鄭觀應，有祖居「鄭家大屋」在澳門，[136] 當時正在編寫其《盛世危言》，結果就把孫中山的〈農功〉收進去。在該文中，孫中山在劈頭第一段就說：「昔英國挪佛一郡本屬不毛，後察其土宜徧種蘿蔔，大獲其利。伊里島田卑濕，嗣用機器竭其水，土脈遂肥。撒里司平原之地既枯且薄，自以鳥糞培壅，百穀無不勃茂。」[137] 按挪佛者，英國東岸之Norfolk也；伊里者，Ili也；撒里司者，Salisbury也。筆者在英國生活多年，所知與孫中山略同，但孫中山當時還未到過英國，故顯示出他對閱讀過的西方書籍，曾深思熟慮，是一位很認真而又亟望學以致用的學子。

他同時對中國古籍也有涉獵：「稽古帝王之設地官司徒之職，實兼教養。孔子策衛，曰富之教之。其時為邑宰者，勸農課耕，著有成效。近世鮮有留心農事者。惟泰西尚有古風。」[138]

於是他建議說：

我國似宜專派戶部侍郎一員，綜理農事，參仿西法，以復古初。委員赴泰西各國，講求樹藝農桑、養蠶牧畜、機器耕種、化瘠為腴一切善法，泐為專書，必簡必賅，使人易曉。每省派藩臬道府之幹練者一員，為水利農田使，責成各牧令於到任數月後，務將本管土田肥瘠若何，農功勸惰若何，何利應興，何弊應革，招徠墾闢，董勸經營，定何章程，作何佈置；決不得假手胥役生事擾民，亦不准故事奉行，敷衍塞責。如果行之有效，開闢利源，使本境居民日臻富庶，本管道府查驗得實，乃得保以卓異，予以升遷。僅僅折獄催科，只得謂之循分供職。苟借此需索供應，騷擾閭閻，別經發覺，革職之外，仍重治其罪。[139]

135　《國父年譜》，頁62-63，1891年10月20日條。

136　佚名：〈紀念孫中山先生誕辰一百二十周年特刊：孫中山與澳門（事蹟摘記）〉，《澳門日報》，1986年11月11日，第13版。

137　孫中山：〈農功〉，《孫中山全集》，第一卷，頁3-6：其中頁3。

138　同上註，頁5。

139　同上註，頁5。

為什麼孫中山如此焦急農務？「蓋天生民而立之君，朝廷之設官，以為民也。今之悍然民上者，其視民之去來生死，如秦人之視越人之肥瘠然，何怪天下流亡滿目，盜賊載途也。」[140]

那麼孫中山自己又身體力行了些什麼？「今吾邑孫翠溪西醫，頗留心植物之理，曾於香山試種罌粟，與印度所產之味無殊。猶恐植物新法未精，尚欲遊學歐洲，請求新法，返國試辦。惟恐當道不能保護，反為之阻遏，是以躊躇未果。」[141]

從鄭觀應之決定把孫中山的〈農功〉收入他自己的《盛世危言》，則他似乎頗了解孫中山的心情與動機，甚至與他有過多次交談。這也不奇怪，《盛世危言》在1893年刊刻，那個時候孫中山已經到了澳門行醫，很可能經常拜訪鄭觀應，談論時艱。看來當時在澳門志同道合者，大有人在。蓋孫中山在《倫敦被難記》中描述過他在澳門行醫的情況後，馬上補充說：

> 予在澳門始知有一種政治運動，其宗旨在改造中國，故可名之為「少年中國黨」（Young China Party）。其黨有見於中國之政體不合於時勢之所需，故欲以和平之手段，漸進之方法請願於朝廷，俾倡行新政。其最要者則在改行立憲政體，以為專制及腐敗政治之代。予當時不禁深表同情而投身為彼黨黨員，蓋自信固為國利民福計也。[142]

觀諸孫中山的〈致鄭藻如書〉，上面引述過的內容，的確是真心實意地提倡改良。未及引述的序言說：「每欲上書總署」，[143] 總署者，總理各國事務衙門也，佐證了「請願於朝廷」[144] 之言。有云孫中山「後曾對戴季陶等言及，鄭觀應編著《盛世危言》一書，中有先生論文二篇。其中一篇陳少白所記係關於農政者，另一篇則忘記篇名。觀諸該書卷三〈農功〉一文，內容與

---

140 同上註，頁5。
141 同上註，頁6。
142 孫中山：〈倫敦被難記〉，《孫中山全集》，第一卷，頁45。
143 孫中山：〈致鄭藻如書〉，《孫中山全集》，第一卷，頁1-3：其中頁1。
144 孫中山：〈倫敦被難記〉，《孫中山全集》，第一卷，頁45。

先生〈致鄭藻如書〉、〈上李鴻章書〉及〈創立農學會徵求同志書〉等思想脈絡，前後一貫，故馮自由等蓋已確認〈農功〉為先生作品。」[145] 這些前人的血汗，都是珍貴的參考資料。

那麼這Young China Party究竟是什麼組織？過去有人把它翻譯為興中會，不確。理由有四：

第一、興中會是孫中山自己發起的，不是別人發起後他才參加的。

第二、發起的時間是1894年，不是1893年。

第三、發起的地點是檀香山，不是澳門。

第四、興中會的目標不是改良，而是革命。

對於Young China Party這個組織，目前能掌握到的線索，只有孫中山的一句話。但按情理推，則很可能是當時澳門的一群文化人。一般來說，在通商口岸的人，目睹口岸與內地強烈的對照，都有一股改良中國的強烈願望。當時在香港就有「輔仁文社」這樣的組織。那麼，當時澳門這群文化人，究竟是誰？竊以為很可能是《鏡海叢報》的有關人員，蛛絲馬跡如下：

第一、現存的中文《鏡海叢報》創刊號，頭版印有該報主人飛南第的佈啟，曰：「到下環正街〔按即該報社址〕、或宜安公司、仁慈堂右街孫醫館、草堆街中西藥局，均可閱報。」[146] 所列四個地方，後兩個均為孫中山所開設，孫中山與《鏡海叢報》當局的關係，密切可知。

第二、《鏡海叢報》1893年12月19日頭版印有類似社論之〈照譯西論〉，猛烈抨擊澳門鏡湖醫院種種腐敗現象，如「醫院每日只醫十數人而一年開銷六七千元經費。今西醫局每日醫百數十人，其功十倍，乃令一人擔持」等內幕消息，只有當時人的孫中山能提供。該文接着提出整頓辦法四種：

一、將院內中醫生考試方准入院醫人。

二、舊時司事盡行撤換，再由各善士揀選實力辦事、有心愛人之人，以當斯職。

145　《國父年譜》，頁62-63，1891年10月20日條，引羅香林：《國父之大學時代》（重慶：獨立出版社，1945），頁61。

146　飛南第：〈創辦《鏡海叢報》條列利益佈啟〉，《鏡海叢報》，1893年7月18日，載《鏡海叢報》（2000年複印出版冊），頁1-2：其中頁2。

三、院內經費，當分一半以給西醫經費。

四、病人入院，不說人情，只論其症應否入院醫治。[147]

這些建議，也符合孫中山力求改良中國的積極態度。一天在鏡湖醫院、中西藥局、孫醫館三個地方輪流診症以及出診而疲於奔命的孫中山，偶爾向《鏡海叢報》同仁傾訴苦水，他們於是撰就斯文，既為他打抱不平，又為他宣傳改革鏡湖醫院的方案，堪稱知己。

第三、後來1895年10月26日孫中山計劃在廣州舉行的起義失敗了。1895年11月6日，《鏡海叢報》在該報第五頁「本澳新聞」綱下的〈要電彙登〉目內，刊登了下列消息：「查得省垣雙門底王家祠雲岡別墅，有孫文即孫逸仙在內，引誘匪徒，連籌畫策，即於初九日〔即1895年10月26日〕帶勇往捕，先經逃去。……復於十一日派勇前往火船埔頭及各客棧嚴密查訪，未幾而香港夜火船保安由港抵省，船上搭有匪黨四百餘人……」[148]這份要電，沒有在先一期、即1895年10月30日的《鏡海叢報》刊登。而據考證，孫中山於1895年10月27日離開廣州，28日經過澳門，29日到達香港。[149]就是說，《鏡海叢報》收到廣州起義的電文時，孫中山早已離澳抵港。但《鏡海叢報》諸公仍不忘為其說句好話，結果在下一期、即1895年11月6日出版的《鏡海叢報》，於刊登上述〈要電彙登〉的同時，在頭版的〈是日邱言〉中，加以類似今日〈編者按〉的文字來全文「特錄」經修訂過的孫中山的〈創立農學會徵求同志書〉。茲轉錄該編者按如下：

香山人孫文，字逸仙，少從亞美利加洲遊學，習知外洋事態、語言文字，並精西醫，篤信西教。壯而還息鄉邦，尚不通漢人文。苦學年餘，遂能讀馬班書，撰述所學，蓋亦聰穎絕倫之士也。惟是所志甚大，殊皆楚項藉學劍學書之意，期於高遠，忽於細微。緣是而所就，事多不克襄厥成。往曾上書京朝造報張香帥李傅相，皆能如其意願。

147　佚名：〈照譯西論〉，《鏡海叢報》，1893年12月19日，第1-2版，載《鏡海叢報》（2000年複印出版冊），頁11-12。

148　〈本澳新聞・要電彙登〉，《鏡海叢報》，1893年11月6日，第5版，載《鏡海叢報》（2000年複印出版冊），頁369。

149　見本書第八章。

退而薄游歐美，結交俊傑。今春返居香港，溯長江窮五嶺，考察地利
民生之益，創為農學會，佈書集事，欲建無窮之利。嗚呼，今時正患
無才，猶患有才而無以用。未甘落寞。此等之憂，恐比強鄰而更甚。
昔武照讀駱賓王檄而顧問宰相，深嘆其才之不用。今茲伴食中書，其
亦能明斯故耶？動日求才，人才亦安在哉！待錄其農學序如左。[150]

從這引文可以看出，執筆的人對孫中山頗為了解，對其抱負亦知甚深。
在他落荒而逃之際，稱讚他「聰穎絕倫」，更是患難見真情。

第四、孫中山在廣州起義失敗而逃抵檀香山後，似乎對那位曾護送他家
人到檀的陸燦描述他過去在澳門行醫時，與當地進步人士來往的情況：「在
澳門，孫和各種秘密社團的成員討論政治和議論政府。他驚奇地發現許多青
年對中國有着和他同樣的想法和希望。很多人和他一樣，在教會學校上過
學，通過旅行和接受西方教育開闊了眼界。他們回到中國，自然會看到她的
缺點和落後，要求變革。」[151]

準此，竊以為孫中山在澳門行醫時，的確結交了一批志同道合的朋友。
至於這批朋友是否就是Young China Party，則至今查無實據。作為一個正規
的黨，必要黨章、黨魁、黨員冊等等，並向政府登記註冊。這一切，目前都
沒有蹤影。故很可能只是一班朋友，經常聚集在一起聊天，縱有高談闊論，
卻沒有正規組織，像孫中山在香港西醫書院讀書時的所謂四大寇，或後來之
香港輔仁文社一樣。

十、行醫目睹「苛政猛於虎」

孫中山在澳門行醫大約一年而被迫提前結業。其中頗堪注意者，乃其治
癒駐守前山寨的廣州海防同知魏恆患痔瘡二十餘年之舉。魏恆那「其苦已
甚，其累日深」的痔瘡，經孫中山診治七天，「其痔遂脫」，於是「家內男

150　〔主筆王真慶〕：〈是日邱言〉，《鏡海叢報》，1895年11月6日，第1-2版：其中第一
　　　版，載《鏡海叢報》（2000年複印出版冊），頁365-366：其中頁365。

151　陸燦原著、傅伍儀譯：《我所了解的孫逸仙》（北京：中國和平出版社，1986），頁43。

女老幼、上下人等，亦皆信之不疑，請其醫治。或十數年之肝風，或數十年之腦患，或六十餘歲之咯血，均各奏神速。」[152] 看來孫中山通過行醫而結交了一些地方官吏。

孫中山離開澳門赴穗濟世後，懸牌於雙門底聖教書樓。[153] 2007年12月26日筆者往該處實地調查時，承深諳廣州地方沿革的區少武先生賜告，據最近考古所得，該地原來有新舊兩道城門，故稱雙門。「雙門底」就是在該兩道城門下面和附近的意思。[154] 而在雙門底的聖教書樓書樓，乃長老會的左斗山所開設，出售新學書籍。[155] 書樓內進為基督教禮拜堂，宣道師為王質甫。[156] 又於西關設東西藥局。欲知該兩地在廣州的具體位置，可參閱本書第八章圖8.9。[157]

從此，孫中山又與中國官場結下不解之緣，讓他親眼看到「苛政猛於虎」的種種慘狀。後來孫中山在1897年於倫敦用英語發表了篇文章，細訴不少慘絕人寰的案例：

> 有一次，我到某縣衙拜訪縣官。他邀我共同觀摩一種「新發明」的訊刑。美其名曰「白鳥再造」。犯人被剝光衣服後。全身被貼上兩吋寬、六吋長的紙條。如此裝扮過後，疑犯看來就像隻白鳥。接著，各紙條被點火燃燒。只要身體不起疱，便可把紙條燃而復貼，貼而復燃。最後，疑犯的全身被擦上濃鹽水。其痛楚之烈，非筆墨所能形容。

152　費城康：〈孫中山和《鏡海叢報》〉，載《鏡湖叢報》（2000年複印出版冊），其中費序，頁2，引《鏡湖叢報》葡文版 Echo Macanese 中、魏桓：〈神乎其技〉，Echo Macanese，25 July 1893.

153　《總理開始學醫與革命運動五十周年紀念史略》，頁18，轉載於《孫中山年譜長編》，上冊，頁66。

154　黃宇和：〈廣州調查報告〉（手稿），2007年12月26日。

155　陳建明：〈孫中山早期的一篇佚文——「教友少年會紀事」〉，《近代史研究》，1987年第3期，頁185-190：其中頁187。

156　《總理開始學醫與革命運動五十周年紀念史略》，頁18，轉載於《孫中山年譜長編》，上冊，頁66。

157　孫中山博士醫學院籌備會編：《總理業醫生活史》，轉載於《國父年譜》，上冊，頁64。

圖7.16　聖教書樓舊址

（當年的雙門已經拆掉，變成今天的北京路，2007年12月26日黃宇和攝）

圖7.17　廣州洗基東三十三之二東西藥局舊址

（承區少武先生賜告，2007年12月26日黃宇和攝）

目睹這慘狀。我心中的痛楚不亞於受害者。情不自禁之餘。借故暫退，於無人處咽淚水。[158]

孫中山感同身受，對滿清政權的不滿可知。他又寫道：

數年前有某病人來向我求醫。他說他的膝蓋和腳踝僵硬難當。我對他進行診視時，發覺他從肩到肘，自臀到膝，四肢傷痕累累。我問他，關節如何變僵？傷痕從何而來？他回答說：「曾被誣為海盜，後雖無罪釋放，但在審訊過程中，三次已被死神喚，結果又讓活下來。」讓他活下來，目的是為了能對他繼續嚴刑逼供。

要治好這種早已僵化的關節，看來是無望了。但該病人的病例和他的故事卻深深地吸引著我，使我繼續為他進行護理了一段時候，以便我深切了解他曾受過的酷刑，對他身體會起什麼影響。以及聽全他的故事。這個故事，我現在就在本文覆述一遍，讓讀者能了解到在中國，執「法」究竟是怎麼回事。無辜被控者，又能惹來怎樣的無妄之災。

我發覺，該病人雙腳所有的關節，不是腫大了就是變了型。有些踝骨已經完全粘結成一塊。膝骨組則已腫大到了、或粘結成了不能個別辨認的程度。如果在一個終於無罪獲釋者的身上，能留下如此怵目驚心的傷痕的話，這個審訊又是怎麼回事？[159]

孫中山看到滿清官吏酷刑所造成的悲慘後果，能不義憤填膺而矢志推翻滿清？那麼，造成這悲慘後果的過程是怎樣的？

該病人是個船夫。某天清晨，他在河邊走路時，突然遇到一隊兵勇。該隊兵勇，不由分說，便把他拉到新會縣令那裏受審。受審時，他還

---

158 Sun Yatsen, "Judicial Reform in China", *East Asia* (July 1897), v. 1, no. 1, pp. 3-13. 黃宇和將此文翻譯成漢語，見黃彥編：《孫文選集》，頁94-104。

159 同上註。

來不及開口，屁股已挨了200大板。跟著縣官命他從實招供。招認什麼呢？他如墜五里霧中。

他所熟悉的香港法律，其精髓是任何嫌疑犯都是清白的，直到該嫌疑犯被判有罪為止。該縣官不由分說，先命衙差打船夫200大板。受過十三年英式教育並在法治的英國殖民地香港生活了近十年的孫中山，聽後一定大吃一驚！號稱父母官的縣丞毒打一個清白的人200大板?!

　　縣官喝道：「大膽海賊，還不招供！」
　　答曰：「小人乃一介船夫，從未為賊，也從未有過絲毫越軌的行為。」
　　「嘿！」縣官說：「不認就讓他跪鐵鏈！」
　　船夫雙手被鎖在木枷上。[160] 雙膝被迫跪在兩捲尖利的鐵鏈上。整個身體和木枷的重量就積壓着雙膝。跪了一夜又半天，再被帶到縣官面前。
　　縣官問：「受夠了沒有？招認不招認？」
　　答曰：「小人從未犯法，從何招認？」
　　縣官說：「他所受的，仍不足以令其招供。給他壓槓桿！」

按他所熟悉的香港法制，執法與司法兩個部門是完全分開並各自獨立的。警察執法，搜集證據逮捕犯人，並將證據交有關部門起訴犯人。法官司法，職在按照起訴人提供的證據審判犯人。現在該縣官集執法、起訴、司法於一身，孫中山已大感不妥。該縣官竟然用酷刑招供，更是大違法治精神！但該縣官只是按照大清律例辦事，那麼對孫中山來說，這個制度就必須推翻！

160　中山先生在英文原著中所說的wooden framework（木架），其專有名詞應為cangue，即枷。這種東方特有的刑具，其英文名字cangue在一般的牛津字典（*Concise English-Chinese Dictionary*）裏找不到，其罕可知。難怪柯林斯只能泛稱為wooden framework（木架）。若華人倒譯過來時也作「木架」，就要鬧笑話。

　　準此，船夫雙手再次被鎖上珈。雙膝被平放在地上。膝上被壓以一條槓桿。兩個大男人各站在槓桿一頭，你上我下，我上你下地玩蹺蹺。船夫劇痛得馬上失去知覺。也不知道那蹺蹺究竟玩了多長時間。恢復知覺後再被關在牢裏十天。稍事喘息後，又被帶到縣官面前審訊。結果仍不得要領。

　　縣官再換一種嚴刑逼供。船夫的雙手被吊起來。足踝即遭板球棒一般的硬棍敲打，以致每根踝骨都被打碎。受刑過程中，船夫並不致失去知覺，但奇痛難當。以致雖然他已準備自誣，以便結束這場煎熬，但已痛得口舌不靈。結果，又被關進牢裏十多天。

這簡直是草菅人命！孫中山還能聽下去？

　　再被審訊時，縣官似乎比以往多留心審問，多問了些問題，而不馬上動刑。但階下囚仍然照實供稱他只不過是一介船夫。並聲稱自己是「老街坊」，人盡皆知其品性良好。

　　但縣官不單止不召來人證，反而下令綁着船夫的大拇指和大腳趾。然後把他吊起來，面朝下。他本來已筋疲力盡。這麼一吊，懸空之間立刻不省人事。如此這般，又避過一次逼供。但次晨，在牢中恢復知覺時，已虛弱不堪。

　　休審三週。縣官估計船夫已恢復得可以承受最後一次審問。於是船夫再次被帶到公堂——不，應該說是地獄。這次縣官也不多說，只是屬聲警告船夫，促他趕快招供。船夫仍拒絕自誣。結果「地獄的程序」又開始了。四根「柴枝」（我的病人如此稱呼它們的）被綁在船夫的手臂和大腿上，然後就點上火，讓它們燃燒。

聽到這裏，孫中山追問船夫這些「柴枝」是什麼玩意？船夫解釋了，讓孫中山後來可以繼續寫道：

　　我應該補充說，這些所謂「柴枝」，其實是由壓縮的鋸木屑、木炭碎和其他材料做成的錐形物品。點燃後，燒得很慢，卻發出熾熱，

燃盡方息。能抵受這種酷刑者，萬中無一。故不供認者鮮有。但很奇怪，他似乎難受得馬上又失去知覺。對那漫長的劇痛一無所覺。再次逃過一場逼供。

　　酷刑徒勞，縣官不得已把他釋放了。因為，在中國，如果嫌疑犯不認罪，官方是不能判刑的。加上船夫是名窮光蛋。酷刑也榨不出任何油水來。如果長期把他監禁，又太破費。乾脆把他逐出衙門算了。[161]

有那樣的制度就產生那樣的行事方式。孫中山行醫愈久，碰到的類似的案例就愈多，改變那個制度的決心就愈固。

　　正史說孫中山「所得診金藥費，悉充交結之用」。[162]結交誰？「納交官紳，爭取同情，且謀掩護」。[163]竊以為造反而向官紳爭取同情謀掩護，無異與虎謀皮。因為誰也知道，一旦事敗，受牽連的官紳必然被誅九族，智者不為；所以，若說孫中山花大錢去結交官紳以爭取其對革命之同情，有待商榷。鑑於當時孫中山要爭取的主要對象是秘密會社中人，竊以為他花大錢結交的的正是這批喝大杯酒吃大塊肉的江湖草莽。孫中山如何認識密會社中人？

　　有云某天四大寇相偕去廣州，遊觀音山三元宮，有所感觸，大放厥詞，誹謗朝廷。在三元宮內潛修之八十老人鄭安，聞之大異，招入垂詢。孫中山興之所至，乃暢言革命，磅礡之處，至為動人。鄭謂倘若反滿，必須聯絡會黨，始克有望。因詳述會黨之組織宗旨，及各地會堂分佈地址。孫中山一一牢記。[164]若此言屬實，則孫中山終於找到了他夢寐以求的反滿群眾，而這批群眾的人數比香港道濟會堂的教友多上何止千百萬倍。但孫中山不是會黨中

161　Sun Yatsen, "Judicial Reform in China", *East Asia* (July 1897), v. 1, no. 1, pp. 3-13. 黃宇和譯。

162　《國父年譜》（1985），上冊，頁64，引孫中山博士醫學院籌備會編：《總理業醫生活史》。

163　同上註。

164　南洋會黨領袖鄧宏順談述，文載《大同雜誌》創刊號，轉載於《國父年譜》，上冊，頁52。原文乃追述間接聽來的故事，其真實性有待考證，這裏姑從其說。事發具體日期又不詳，如果真有其事，則大概是孫中山在西醫學院讀書五年中的後期。

人，各個會堂又有自己的聯絡暗號。沒有暗號，會眾絕對不會表露身份，以免招來殺身之禍。孫中山如何去聯絡會黨，並把各會堂的會眾團結起來一起行動？

苦無良策之餘，很可能他在志同道合的小圈子裏說了一些苦惱的話，於是他的摯友鄭士良終於表露了身份。這麼一個偶然場合，有史可徵。馮自由說，四大寇聚談之楊耀記，「同志鄭士良、陸皓東等來往廣州、上海〔而經〕過〔香〕港時，亦常下榻其間，故該店可稱革命黨人最初之政談俱樂部。」[165] 鄭士良與三合會頗有淵源，於兩廣秘密會社交遊甚廣。正是孫中山所需要的突破點。其實，早在1886年孫中山在廣州博濟醫院唸醫科時，已認識鄭士良。當時他們是該醫院的同學：鄭士良剛卒業於德國禮賢會在廣州開辦的學校，並受洗為基督徒，繼而在博濟醫院學醫。[166] 由於鄭士良有三合會背景，具反清復明的思想感情，因而不會像普通基督教徒那樣對革命談虎色變，甚至可能默許。難怪孫中山「奇其為人，過從甚密，歡洽逾恆」。[167] 後來孫中山轉到香港習醫，鄭士良則仍留博濟醫院肄業，但兩人往返穗港頻繁，保持聯繫。正由於鄭士良本身屬三合會，長期以來必須隱藏身份，故言詞謹慎，不能像四大寇那樣肆無忌彈。後來經過與孫中山長期來往，慢慢對他建立了信心，深信孫中山不會出賣他的，於是就表露了真正身份。

須知秘密會社有他們反清復明的一面，也有他們「黑社會」犯罪的一面。準此，野史可以提供珍貴的參考資料。據云「先生在〔香〕港曾接納三點會首領，並親自切實調查其實力，約定時間在茶樓飲茶，先生入時，凡起立者即會員。先生如約前往，至十餘處，每處茶客起立者百數十人，喜出望外。實則其頭目事先邀集工人充數，為一騙局」。[168] 按中國風俗習慣，這

165　馮自由：〈華僑革命開國史〉，載《華僑與辛亥革命》（北京：中國社會科學出版社，1981），頁2。

166　孫中山博士醫學院籌備會編：《總理業醫生活史》，轉載於《國父年譜》（1985），上冊，頁42。

167　同上註。

168　田桐：〈革命閑話〉，《太平雜誌》，第一卷，第二號，轉載於《孫中山年譜長編》，上冊，頁88。負責編輯該冊的諸位先生，把這段野史也收進去，寧縱無枉，可謂別具眼光。

一百數十人共十餘次的飲茶錢，亟欲結交他們的孫中山會主動提出為他們付賬。結果當然是盡入該黑社會頭目的口袋中。

又例如正史所說的，後來在1895年10月27日從香港開往廣州參加起義的、「在香港召集的會黨三千人」[169] 之所謂「決死隊」，[170] 其實都是會黨中人臨時召集的苦力，召集的藉口是為廣州招募兵勇，苦力對革命內幕全不知情，而應招人數實際上也只有大約四百人。[171] 又是一個騙局！

諸如此類的騙局，一個接一個，孫中山愈是急於從事革命，受騙的次數就愈多。東西藥局能提供多少錢給他受騙？結果就如陳少白所說：1894年初的某天「我在香港，他在廣州，忽然藥房裏有信來，說：『孫先生失蹤了，藥房開銷很難，收入不敷，只剩十幾塊錢了。』我接到信，就去廣州……替他把兩間藥房收拾起來，交回那些出過股本的人。』」[172]

東西藥局不出一年就面臨破產。孫中山因為從事革命而走進了死胡同。

十一、上書李鴻章

孫中山突然失蹤！他到哪裏去了？據陳少白說，他跑回翠亨村躲起來起草上李鴻章書。[173] 後來更有學者在1894年2月15日（農曆正月初十）廣州的《中西日報》發現一則東西藥局的廣告，曰：「……大醫生孫君逸仙……舊歲底因事返澳度年，今已由澳回省。」[174] 兩條史料沒有衝突的地方：當時從

169　馮自由：《中國革命運動二十六年組織史》，第九年乙未，轉載於《中華民國開國前革命文獻》，第一編，第九冊《革命至倡導與發展：興中會》，頁531。

170　《孫中山年譜長編》，上冊，頁90。

171　Memorandum by the Acting Assistant Colonial Secretary F. J. Badeley on the Canton Uprising of October 1895, enclosed in Robinson to Chamberlain, 11 March 1896, CO129/271, pp. 437-447. Robinson was the Governor of Hong Kong and Chamberlain was the Secretary of State for the Colonies.

172　陳少白：《興中會革命史要》，轉載於《中國近代史資料──辛亥革命》（上海：上海人民出版社，1981），第一冊，頁21-75：其中頁27。以後簡稱《辛亥革命》。

173　同上註。

174　廣州《中西日報》廣告，1894年2月15日(農曆正月初十)，轉錄於嶺南大學孫中山博士紀念醫院籌備委員會編：《總理開始學醫與革命運動五十周年紀念史略》（廣州：嶺南大學，1935），見《孫中山年譜長編》，上冊，頁71，1894年2月15日(農曆正月初十)條。

廣州往翠亨最快捷的途徑是坐船到澳門，再從澳門採水路或坐肩輿返翠亨。回程也一樣。筆者甚至懷疑，他回程再次途經澳門時，很可能登門拜訪鄭觀應，出示所擬之李鴻章書，徵求他的意見。筆者作如是想，是因為後來鄭觀應為孫中山寫了介紹信給有關人士（見下文）。看來，孫中山過去在澳門行醫時，與鄭觀應的交往，現在起了實際作用。

　　為什麼孫中山要上書李鴻章？很明顯，他的思路又回到改良途上。後來孫中山對於自己過去不但曾有過追求改良的想法，甚至有上書的行動，則日後由於專心致志地從事革命，當然就沒有興趣也沒有必要再提起來。正由於日後他絕口不提此事，以致孫中山在生之年，人們一直不知道他曾上書李鴻章。至於陳少白的話，則在1934年陳少白去世後才發表，而孫中山又比他早九年在1925年去世了。儘管有人看了陳少白的《興中會革命史要》，都已是死無對證。

　　偏偏一位有心人陳桓看了陳少白的《興中會革命史要》後不放過它，商諸另一位博聞強記的史學家顧頡剛，顧頡剛終於在1894年9月10日的上海廣學會所辦的《萬國公報》（*Review of the Times*）第六十九、七十號上找到了一篇沒有署名的連載文章，題為〈上李傅相書〉，副題是〈廣東香山來稿〉。由於作者沒有署名，而當時孫中山還是籍籍無聞，所以文章發表時，恐怕沒人知道他是孫中山。但經顧頡剛考證，證明他正是孫中山，而該文正是陳少白所指的〈上李鴻章書〉。[175] 顧頡剛之發現和考證，造福學林，功德無量。

　　上李鴻章書的中心思想是，歐洲富強之本，不盡在於船堅砲利，壘固兵強，而在於：人盡其才、地盡其利、物盡其用、貨暢其流。而此四大辦法的要義如下：

　　第一、人盡其才：在教養有道、鼓勵有方、任使得法三方面。教養方面，他認為「泰西諸邦崛起近世，深得三代之遺風，庠序學校遍佈國中」。鼓勵方面，他建議「學者倘能窮一新理，創一新器，必邀國家之上賞……此泰西各種學問所以日新月異而歲不同」。任使方面，他認為泰西文官、武

175　李敖：《孫中山研究》（臺北：李敖出版社，1987），頁23-24。

將、農長、監工、商董，「皆就少年所學而任其職」，「此泰西之官無苟且，吏盡勤勞者，有此任使之法也。」竊以為他的建議，可以歸納為一句話：將教育和仕途專業化。清朝的文官制度，沿舊例以科舉入仕途，而科舉是毫無專業可言的。後來康有為在1898年的百日維新中也有同樣的建議，但在時間上比孫中山遲了四年。康有為是否在《萬國公報》上看了孫中山這篇不署名文章而有所啟發，則有待進一步探索。

第二、地盡其利：在農政有官、農務有學、耕耨有器三方面。農政方面，中國政府不管，泰西則「特設專官經略其事，凡有利於農田者無不興，有害於農田者無不除」。農務方面，則地學、化學、植物學、動物學、農醫學等專門學問，均須推廣。耕耨方面，則「自古深耕細耨，皆藉牛馬之勞。近世製器日精，多以器代牛馬之用」。所以，他建議中國宜購泰西之器而仿製之。他的結論是「農政有官則百姓勤，農務有學則樹畜精，耕耨有器則人力省」。

第三、物盡其用：在窮理日精、機器日巧、不作無益三方面。窮理方面，「泰西之儒，以格致為生民根本之務，捨此則無以興物利民，由是孜孜然日以窮理致用為事。如化學精，則凡動、植、礦質之物，昔人已知其用者，固能廣而用之，昔人未知其用者，今亦考出以為用。」機器方面，「機器巧則百藝興，製作盛，上而軍國要需，下而民生日用，皆能日就精良而省財力。」不作無益方面，「泰西之民，鮮作無益。我中國之民，俗尚鬼神，年中迎神賽會之舉，化帛燒紙之資，全國計之每年當在數千萬。此以有用之財作無益之事，以有用之物作無用之施。此冥冥一大漏卮，其數較鴉片為尤甚，亦有國者所當並禁也。」這最後一點，反映出基督教對他的影響。

第四、貨暢其流：在關卡之無阻難、保商之有善法、多輪船鐵道之載運三方面。關卡方面，「泰西各國體恤商情，只抽海口之稅」，故「百貨暢流，商賈雲集，財源日裕，國勢日強」。中國則「處處斂徵，節節阻滯」。故「謀富強者，宜急為留意」。保商方面，「泰西之民出外經商，國家必設兵船、領事為之護衛，而商亦自設保局、銀行與相倚恃。國政與商政並興，兵餉與商財為表裏。故英之能傾印度，扼南洋、奪非洲、併澳土者，商力為之也。」中國利權皆為所奪，「以彼能保商，我不能保商，而反剝損遏抑之」。「謀富強者，可不急於保商哉！」輪船鐵道方面，「夫商務之能興，

又全恃舟車之利便。故西人於水，則輪船無所不通。」「於陸，則鐵道縱橫，四通八達。」中國宜急起直追。

孫中山認為實行這四大端，已急不容緩，蓋中國的形「勢已岌岌不可終日」。因為除了外患頻仍，內亂亦一觸即發；蓋「上則仕途壅塞，下則遊手而嬉，嗷嗷之眾，何以安此？明之闖賊，近之髮匪，皆乘饑饉之餘，因人滿之勢，遂至潰裂四出，為毒天下」。[176]

除了上書的原文以外，陳少白所說的、孫中山上書李鴻章之舉，是有佐證的。那就是上海圖書館藏盛宣懷的文書檔案中的三封書函，分別是魏恆、盛宙懷和鄭觀應等為孫中山所寫的共三封推薦信。這三封信，先由沈渭濱教授發掘，[177] 戈止義教授訂正。[178] 準此，可知1894年春夏之間孫中山寫成〈上李傅相書〉後，首先請求前澳門海防同知魏恆寫介紹信給盛宣懷的堂弟盛宙懷，要求盛宙懷推薦孫中山給盛宣懷。孫中山希望見到盛宣懷後，再面懇盛宣懷引薦予李鴻章。

魏恆同意了。為什麼？這是一個關鍵問題。若沒有魏恆的介紹信，以後所發生的一系列事情就無從談起，故筆者願意花點筆墨探索這個問題。

魏恆同意寫介紹信的原因，某學者曾解釋說：澳門「海防同知署駐前山寨。孫中山家鄉香山縣，與澳門毗鄰，魏恆亦可算作父母官。孫中山託其介紹，當近情理」。[179] 竊以為這個推理有倒果為因之嫌：該學者似乎認為既然魏恆為孫中山寫了介紹信，就足以證明可能是出於父母官之心。但從實際情況出發考慮問題，則一般當官的哪會管這些事情？

另有學者推測說，由於孫中山懸壺行醫，知者甚多，魏恆作為知者，「為提携後進起見，向盛宙懷推薦孫中山，是可以想像得到的。」[180] 想像力

176　孫中山：〈上李鴻章書〉，《孫中山全集》，第一卷，頁8-18。

177　沈渭濱：〈1894年孫中山謁見李鴻章一事的新資料〉，《辛亥革命史叢刊》，第一輯（北京：中華書局，1980），頁88-94。

178　戈止義：〈對「1894年孫中山謁見李鴻章一事的新資料」之補正〉，上海《學術月刊》（1982），第八期，頁20-22。

179　沈渭濱：〈1894年孫中山謁見李鴻章一事的新資料〉，《辛亥革命史叢刊》，第一輯，頁88-94：其中頁91。

180　戈止義：〈對「1894年孫中山謁見李鴻章一事的新資料」之補正〉，上海《學術月刊》（1982），第八期，頁20-22：其中頁21第2欄。

誠豐富，但同樣有倒果為因之嫌。

竊以為魏恆願意為孫中山寫介紹信，原因大致有下列幾種：

（1）因為孫中山曾經治好了魏恆「其苦已甚，其累日深」的、患了二十餘年的痔瘡。[181] 魏恆感恩圖報，寫封信乃舉手之勞，何樂而不為？

（2）魏恆在信中把孫中山描述為「善中西醫術，知者甚多，妒者亦復不少」。[182] 由此可知魏恆對孫中山在澳門行醫時所遭受到鏡湖醫院的值班事、司事和中醫打壓[183] 和遭到當地葡籍醫生排擠等情，[184] 甚為熟悉。以至魏恆在感恩的基礎上再多一重同情，願意為他寫信。

（3）魏恆從何得悉孫中山在澳門遭到中醫打壓和葡醫排擠而最終提前結束營業離開澳門？很可能是孫中山親口對他說的。這種情況，讓筆者懷疑，孫中山與魏恆的交情甚深，樂意為他寫信。

（4）魏恆在信中提到：「省中新政，諒已早有風聞。茲不多贅」，[185] 證明魏恆是個關心新政的人。孫中山在上李鴻章書中，重點提倡新政中的農業，對魏恆來說，是友情之上再加同志之誼，更是樂意寫這封介紹信。函曰：

> 荔孫世丈大人賜覽：久違矩訓，馳繫實深。任卸前山篆回省，值台莊已先期遄發，未獲面別，殊深悵疚。茲懇者：香山縣醫士孫生名文號逸仙，人極純謹，精熟歐洲掌故；政治、語言、文字皆精通，並善中西醫術，知者甚多，妒者亦復不少。現擬遠遊京師，然後作歐洲

---

181   費城康：〈孫中山和《鏡海叢報》〉，載《鏡湖叢報》（2000年複印出版冊），其中費序，頁2，引《鏡湖叢報》葡文版 *Echo Macanese* 中、魏恆：〈神乎其技〉，*Echo Macanese*，25 July 1893.

182   見下文。

183   費城康：〈孫中山和《鏡海叢報》〉，載《鏡湖叢報》（2000年複印出版冊），其中費序，頁6。

184   孫中山：《倫敦被難記》（漢語譯本），轉載於《孫中山全集》，第一冊，頁49-86：其中頁50。《倫敦被難記》英語原文於1896年12月21日定稿（見康德黎夫人日記，1896年12月21日），1897年1月21日出版（見康德黎夫人日記，1896年12月20日；倫敦《泰晤士報》，1897年1月21日，第12版第2欄）。

185   見下文。

之遊。久仰令兄觀察公[186]德望，欲求一見，知侄與世丈處，既有年
誼世好，[187]又蒙青照有素，特囑函懇賞賜書於令兄觀察公前先容，感
激之情，不啻身受者矣。侄賦閒省寓，毫無善狀，幸上下人口平安，
堪以告慰。省中新政，諒已早有風聞。茲不多贅。匆匆泐佈，敬請崇
安，唯照不莊。興里侄恆頓首。廿八日。[188]

　　從這封信中我們又知道，孫中山求魏恆寫信的時候，魏恆已經卸去澳門
海防同知之職而居住在廣州，以致孫中山是在廣州請求他寫介紹信的。孫中
山拿了魏恆的信，就啟程前往上海，並與陸皓東結伴同行。為什麼去上海？
因為當時盛宙懷在上海。為什麼邀陸皓東同行？因為陸皓東是上海電報局的
領班生，[189]熟悉上海情況，而他任職的上海電報局之總辦又正是盛宣懷；孫
中山希望陸皓東能設法打通那條請盛宣懷介紹見李鴻章的途徑。
　　盛宙懷鑒於魏恆情面而接見了孫中山，並致函其堂兄盛宣懷，曰：

　　　　敬稟者：頃有滬堂教習唐心存[190]兄之同窗孫逸仙兄，係廣東香山
　　縣人，精熟歐洲醫理，並由廣東前山同知魏直牧函託求轉吾哥俯賜吹

186　按即盛宣懷，時任津海關道。

187　「年誼」，泛指科舉考試同年登科的舉人或進士彼此之間的友誼。「世好」，兩家世代
　　有厚誼者。見戈止義：〈對「1894年孫中山謁見李鴻章一事的新資料」之補正〉，上海
　　《學術月刊》（1982），第八期，頁20-22：其中頁20，第1-2欄。

188　魏恆致盛宙懷函（1894年6月1日），原件藏上海圖書館，轉載於沈渭濱：〈1894年孫中
　　山謁見李鴻章一事的新資料〉，《辛亥革命史叢刊》，第一輯，頁88-94：其中頁89。
　　該信日期，是沈渭濱教授推算出來的，見其文頁91。竊以為言之成理。

189　陳少白：《興中會革命史要》，載《辛亥革命》，第一冊，頁26。

190　有人懷疑此人可能是唐元湛，廣東香山縣人（孫中山同鄉），1862年生，長孫中山四
　　歲。所謂同窗者，可能是故鄉私塾先後校友含糊之詞。至於「滬堂」，則可能是電報學
　　堂上海分班之簡稱，是盛宣懷所開辦，故不必全稱。此皆上海圖書館葛正慧先生考證，
　　轉載於沈渭濱：〈1894年孫中山謁見李鴻章一事的新資料〉，《辛亥革命史叢刊》，第
　　一輯，頁88-94：其中頁93。有人不同意唐心存即唐元湛之說，並謂他們是兩個人。見
　　戈止義：〈對「1894年孫中山謁見李鴻章一事的新資料」之補正〉，上海《學術月刊》
　　（1982），第八期，頁20-22：其中頁22第1-2欄。由於缺乏確鑿史料，均存疑。

植。附呈原信，〔尚〕祈詧閱。特此稟達。恭叩福安。弟宙懷謹稟。
初十日[191]

在得到盛宙懷的推薦信後，孫中山在上海巧遇鄭觀應，結果鄭觀應也為
孫中山謁見李鴻章之事寫了一封推薦信，曰：

> 杏翁仁兄方伯大人閣下敬肅者：敝邑有孫逸仙者，少年英俊，曩
> 在香港考取英國醫士，留心西學，有志農桑生殖之要術，欲遊歷法國
> 講求養蠶之法，及遊西北省履勘荒曠之區，招人開墾，免致華工受困
> 於外洋，其志不可謂不高，其說亦頗切近，而非若狂士之大言欺世者
> 比。茲欲北遊津門，上書傅相，一白其胸中之素蘊，弟特敢以尺函為
> 其介，俾其叩謁台端。尚祈進而教之，則同深紉佩矣。專肅，敬請勛
> 綏，唯祈
> 　　鈞鑒不備
> 　　　　　　　　　　　　　　　　　　　　教小弟制鄭觀應頓首。

> 再肅者：孫逸仙醫生擬自備資斧，先遊泰西各國，學習農務，藝
> 成而後返國，與同志集資設書院教人；並擬遊歷新疆、瓊州、臺灣，
> 招人開墾，囑弟懇我公代求傅相，轉請總署給予遊歷泰西各國護照一
> 紙，俾到外國向該國外部發給遊學執照，以利遄行。想我公有心世
> 道，必俯如所請也。肅此，再叩勛綏不備。
> 　　　　　　　　　　　　　　　　　　　　教小弟名心又肅。[192]

上述魏恆和鄭觀應的兩封信，其珍貴之處，除了佐證了孫中山的確曾上
書李鴻章之事以外，還證明了孫中山不但有改良的理論（見其上李鴻章書的

191　盛宙懷致盛宣懷函（1894年6月13日），轉載於沈渭濱：〈1894年孫中山謁見李鴻章一
　　事的新資料〉，《辛亥革命史叢刊》，第一輯，頁88-94：其中頁89。

192　鄭觀應致盛宣懷函，無日期，轉載於沈渭濱：〈1894年孫中山謁見李鴻章一事的新資
　　料〉，《辛亥革命史叢刊》，第一輯。

內容），還有把理論付諸實踐的具體行動方案（歐洲之行與回國報效）。看來這個時候的孫中山，的確打消了革命的念頭而全心全意地去設法改良中國了。

但李鴻章貴為傅相，權傾中外，孫中山憑什麼企望傅相垂顧？而且，正如上述，當1892年夏天孫中山剛畢業的時候，康德黎曾嘗試過把應屆畢業生——孫中山和江英華——給李鴻章引見而不果。[193] 但是，那次之沒有成功，並非由於李鴻章拒絕用人。相反地，他接受了康德黎的建議並欲授孫、江二人「欽命五品軍牌」。[194] 那次引見不成是因為孫中山不滿廣東官吏從中刁難而已。現在孫中山避開廣東官吏而直接上書李鴻章，他相信會有成功的機會。因為，他認為：

第一、上文提到，1888年年香港西醫書院董事局邀請李氏當該院的庇護人。李氏回信接受校長殊榮。[195] 準此，按中國風俗習慣，李鴻章與孫中山就有了掛名的師生關係。故孫中山上書時一開始就說「曾於香港考授英國醫士」。[196]

第二、上文又提到，1892年7月孫中山在香港西醫書院畢業後，康德黎醫生把孫中山與江英華推薦給李鴻章，故李鴻章應該是聽過孫中山之名字的。當時已經授予五品軍牌，這次待遇不應比上次差。

第三、孫中山通過聆聽西醫學院教務長康德黎醫生在孫中山的畢業典禮中的致詞，對李鴻章產生了好感與希望。康德黎透露，1888年李鴻章回信接

193　鄭子瑜：〈孫中山先生老同學江英華醫師訪問記〉，附錄於鄭子瑜：〈一頁開國史料——記中山先生指示江英華密謀在穗發難書〉，《近代中國》（臺北），第六十一期（1987年10月31日），頁110-114：其中頁112-114。又見Cantlie and Seaver, *Sir James Cantlie*, p. 79.

194　鄭子瑜：〈孫中山先生老同學江英華醫師訪問記〉，附錄於鄭子瑜：〈一頁開國史料——記中山先生指示江英華密謀在穗發難書〉，《近代中國》（臺北），第六十一期（1987年10月31日），頁110-114：其中頁112：第7段。

195　顯然是李鴻章的幕僚把patron的漢譯再倒譯為英語時就便成了president. See Li Hongzhang to the Directors of the Hong Kong College of Medicine, n.d., Wellcome Institute Western MS6931/96. See also Cantlie to Li Hongzhang, 12 July 1889, MS 6931/95, in *ibid,* thanking Li Hongzhang for his acceptance of the honour.

196　孫中山：〈上李傅相書〉，原載上海《萬國公報》，1894年第六十九、七十期，轉載於《孫中山全集》，第一卷，頁第8-18：其中頁8。《國父全集》（1989）未收進該文。*China Mail* (Hong Kong), Saturday 23 July 1892, p. 3, cols. 1-5: at col. 3.

受提名為西醫學院庇護人時，建議該院重點講授化學（chemistry）和解剖學（anatomy）這兩門學問。康德黎對李鴻章這種觀點的分析非常精闢，認為李鴻章在説：「給我們科學，其他都好辦。」而不是像一般凡夫俗子那般，光是一股勁地喊：「治好我的病呀！」這種尊重科學的態度，會讓孫中山產生幻想，認為他與一般守舊官僚不同。[197]

最後探索一個很實在的問題。諺云：兵無糧草不行。孫中山在書寫「上李傅相」書時，他在廣州的東西藥局已瀕臨破產邊緣，何來經費跑上海、天津等地？孫中山的外甥孫楊連合留有口碑說：「譚虛谷，崖口村人，在煙臺做生意，是孫中山的朋友，有經濟能力。當孫中山上書李鴻章，往天津又折回上海出國時，有些活動經費是譚虛谷接濟的。」[198] 若此言屬實，則楊連合很可能是從其祖母孫妙茜口中得悉，而孫妙茜又是從孫中山那裏聽來，蓋孫妙茜乃孫中山的姊姊也。

孫中山帶了魏恆、盛宙懷和鄭觀應三封推薦信，北上天津，要求當時正於該處籌辦東征轉運事宜的盛宣懷協助。盛宣懷收到三封書函後，有否推薦孫中山予李鴻章？孫中山見了李鴻章沒有？

十二、孫中山見了李鴻章？

孫中山上書時，親自見了李鴻章沒有？多種報道説有。

第一種、1928年由上海商務印書館出版的、並由胡去非執筆的《孫中山先生傳》説：

王辰，先生年二十七，以第一名畢業於香港醫校，乃懸壺澳門廣州兩地，託名行醫。其為人治病也，富者取資，貧者施與；邇時國人業西醫者絕少，先生之名大振，黨徒漸多，遣鄭士良結納會黨，聯絡防

197　Anon: "College of Medicine for Chinese", *China Mail* (Hong Kong), Monday 25 July 1892, p. 3, cols. 1-6.

198　李伯新訪問楊連合（四十六歲），1960年5月10日，載李伯新：《孫中山史蹟憶訪錄》，中山文史，第三十八輯（中山：中國人民政治協商會議廣東省中山市委員會文史學習委員會，1996），頁79-80：其中頁80。

營，端倪略備。乃與陸皓東北遊京津，以窺清廷之虛實……至北京時，冒險謁李鴻章，密陳北京政府之橫暴腐敗，革命之不可緩，議論雄快。李謝之曰：「今日之革命，余亦知其不可已；然余年七十有九，精力既衰，斷不能大有為，幸君努力為之，中國前途，唯君等是賴，余必為君後援。」[199]

此段引文，上半部與本書發掘所得完全相反。至於下半部，怎麼？孫中山上書的內容是勸李鴻章改良的，怎麼突然變成勸他革命？

第二種、1952年吳敬恆述、楊成柏編《國父年系及行誼》說：「中日交戰前，先生由湖南出揚子江口，由海路入北京，深夜冒險晤李鴻章於私邸，陳說大計，勸李革命，李以年老辭。」[200]此說不但把勸李改良說成是勸李革命，而其「深夜冒險晤李」云云，更大有把孫中山描述成一位能飛簷走壁、視傅相侍衛如無物的武林高手的味道。而我們都知道，孫中山並非武林高手。有人聽翠亨村孫梅生說過：「我和孫中山在翠亨村童年同學，有時我和孫中山、楊帝賀等人，常去客家村的石門坑攸福隆村、生豬竇村和大象埔村偷看三合會中人練武術。自己愚昧，老是學不懂，而孫中山記性好，學得快，很快會打幾路拳腳。」[201]竊以為孫梅生說過的話即使屬實，則偷學了幾路拳腳，沒有師傅解說其中奧妙，孫中山更沒有天天苦練，也沒跟人過招，怎能當上武林高手？他甚至不算是武林中人。

第三種、1965年11月11日，臺北《新生報》發出中央社特稿，題為〈萬世風範的國父〉，說過去孫中山演講時曾擔任過記錄的中國廣播公司董事長梁寒操講了八個有關孫中山的小故事。其中第一個故事是這樣說的：

有一次他滿懷愛國報國的熱忱，上書李鴻章，並由唐紹儀陪同，去見李鴻章。當時李鴻章還沒有看完國父所上的書，就老氣橫秋地對國父

199　胡去非：《孫中山先生傳》（上海：商務印書館，1928），頁7。該書在1968年由臺灣商務印書館重印。

200　吳敬恆述、楊成柏編：《國父年系及行誼》（臺北：帕米爾書店，1952），頁4。

201　見李伯新採訪楊連合（四十八歲），1962年5月24日，載李伯新：《孫中山史蹟憶訪錄》，頁82-85：其中頁83。

說：「天下大事困難重重，不是你們年青人所能夠了解的。」國父辭
出後，大為光火，眼睛冒出憤怒的光芒對唐紹儀說：「我起先以為李
鴻章很行，現在才知道他根本不行。我的建議他幹不了，我自己來
幹！」[202]

說這個故事的梁寒操曾當過國民黨中央宣傳部部長，說這個故事的目的
是為了「紀念國父百年誕辰」。

第四種、1983年6月1日，臺北《傳記文學》刊登了桂崇基的文章，題為
〈中山先生見李鴻章〉。文曰：

中山先生上書李鴻章，世人固多知之。他是否見過李鴻章，則因缺乏
資料，難以臆斷。據唐紹儀言，一次，他返回香港，曾晤中山先生，
見其器宇軒昂，其時不過二十許人，即懷有大志，便斷言其必將為大
器。中山先生出示其所擬上李鴻章書，並請唐設法介紹見李鴻章。時
唐在高麗袁世凱幕府任事，對北洋有關人物多直接或間接認識，便代
為介紹天津海關候補道徐秋畦。中山先生去天津，由徐秋畦向李鴻章
為之先容。屆期，徐秋畦陪中山先生往見。李鴻章見中山先生即問你
叫什麼名字？中山先生答孫文。其時中山先生發言猶帶濃重廣東音，
把文字念門音。李鴻章一聽，便說，你官話都不會講，怎能做官？未
及二三語，即端茶，差官乃高呼送客。徐秋畦乃拉中山先生一同起身
告辭。行至二門，中山先生便在庭中大罵李鴻章是官僚……[203]

該文作者桂崇基是國民黨老黨員，寫該文時八十三歲。調子與國民黨中
央宣傳部前部長梁寒操有異曲同工之妙。
《傳記文學》的編者是位慎重的學人，鑒於桂崇基「未說明出處」，故

202　中央社特稿：〈萬世風範的國父〉，《新生報》（臺北），1965年11月11日，轉引於李
　　　敖：《孫中山研究》，頁11-12。
203　桂崇基：〈中山先生見李鴻章〉，《傳記文學》（臺北），第四十二卷第六期（1983年6月
　　　1日），頁48。

「特專函請教桂先生，頃接其覆告，係得自唐紹儀親口所述」。[204] 編者還是不放心，特將桂先生親筆覆函製版刊出。函曰：「紹唐我兄大鑒：民國二十年左右，唐紹儀任中山模範縣長，弟由澳門往見，唐親為言此一段經過，如能代為註明此一出處，甚感。專此順頌撰祺。弟桂崇基手啓。五、二十二。」[205]

另一方面，可有記載説孫中山上書時未曾見到李鴻章？有。

那是陳少白的《興中會革命史要》：

王韜有一個朋友在李鴻章幕下當文案，王韜就寫了封信，介紹孫先生到天津，見這位李鴻章幕下的老夫子，同老夫子商量，或者可以見李鴻章。孫先生快樂極了，就到天津去見老夫子。那時候，剛剛中日大戰，打得很厲害，李鴻章至蘆臺督師。軍書旁午，老夫子把孫先生的大文章送到李鴻章那邊去，李鴻章是否看過，就不得而知了。不過後來李鴻章説：「打仗完了以後再見吧！」孫先生聽了這句話，知道沒有辦法，悶悶不樂的回到上海。[206]

由是觀之，筆者所搜集到的、孫中山曾否見過李鴻章的有關報道的比例是四比一：四種説見過，一種説沒有。正反雙方，哪方可信？竊以為陳少白所言孫中山並沒有見過李鴻章之言較為可信，原因有六：

（1）已有學者指出，李鴻章當時是北洋大臣，常駐天津，上述第一、二種報道説北京相見似不甚合。

（2）該學者同時又指出：孫中山勸李革命，揆諸當時局勢，恐無此可能。[207]

（3）筆者則已於上文進一步提出「深夜冒險晤李」云云，大有把孫中

204　編者按語，附桂崇基：〈中山先生見李鴻章〉，《傳記文學》（臺北），第四十二卷第六期（1983年6月1日），頁48。

205　桂崇基覆函，1983年5月22日，附桂崇基：〈中山先生見李鴻章〉，《傳記文學》（臺北），第四十二卷第六期（1983年6月1日），頁48。

206　陳少白：《興中會革命史要》，轉載於《辛亥革命》，第一冊，頁27。

207　《國父年譜》（1985），上冊，頁68頁註4。

山描述成能飛簷走壁、視傅相侍衛如無物的武林高手的味道。誇張之處，讓人懷疑全文的可靠性。因為我們都知道，孫中山並非武林高手。現在筆者欲另外補充下列幾點：

（4）陳少白之得悉孫中山撰寫上李鴻章書，是孫中山親口對他說的，並曾要求他訂正該稿。[208] 後來陳少白之直書孫中山沒有見到李鴻章，相信也是孫中山親口對他說的。當時陳少白是孫中山最親密的戰友，孫中山無事不對他直言。

（5）在1928年倡第一種說法的胡去非，[209] 在1935年陳少白的《興中會革命史要》出版後的1937年出版他的《總理事略》時，就作了「先生見李鴻章不遂」的更正。[210]

（6）上述四種指孫中山曾經見過李鴻章的報道，第一、二種說孫中山見到李鴻章時勸他革命，第三、四種說孫中山見過李鴻章後大罵他的官僚作風。四種說法似乎都在重點顯示孫中山革命家的風範。須知第一、二種說法的出現是國民黨一黨專政的1930年代，第三、四種說法則是國民黨遷臺後仍然是一黨專政的1960年代到1980年代初期出爐的。當時的國民黨拼命推行對孫中山的個人崇拜以自重，說他是天生的、自始至終都是堅定不移的革命家。但顧頡剛之在上海廣學會《萬國公報》第六十九、七十號發掘出孫中山的上李鴻章書就為國民黨出了難題。堂堂革命家，求見滿清大吏已屬丟臉，不獲接見更是無顏，故非把拒見說成是接見不可，並且硬把孫中山建議李鴻章改良說成是勸其革命；最後痛罵李氏一頓，方顯威風！其完全漠視孫中山上書中內容之處，莫此為甚。

但是一經查出上述第三種說法的作者是國民黨前宣傳部長梁寒操的傑作，馬上就明白到它是政治宣傳品而非嚴肅、負責的史學著作。同時也明白到與它同一口徑的其他三種說法，都是政治宣傳品。既然屬政治宣傳，就難怪梁寒操的傑作出爐後的一段時間，臺灣宣傳媒體「不但把孫中山見李鴻

208　陳少白：《興中會革命史要》，轉載於《辛亥革命》，第一冊，頁27。

209　胡去非為其《孫中山先生傳》寫弁言的日期是1928年4月13日。

210　胡去非：《總理事略》（上海：商務印書館，1937），頁21。該書曾由臺灣商務印書館在1972年再版。

章的電視畫面弄成李鴻章一派誠惶誠恐模樣，並且乾脆就說孫中山當時是去『招降李鴻章』了！」[211] 其滑稽無聊之處，莫此為甚。但是，從事歷史研究的人都很清楚，通過大眾媒體所作的政治宣傳，比歷史工作者寫一百本書的效應要高強得多。其深入人心之處，恐怕好幾代的歷史工作者共同努力也洗不清。

不但過去的中國國民黨如此，過去的中國共產黨也如此。1963年5月2日，廣州市中山大學歷史系系主任金應熙教授和該系的黨總支部委員陳勝粦講師，在共同接受翠亨村孫中山故居紀念館徵詢該館展覽安排時，金應熙教授說：「我們從翠亨中山故居陳列室中也看到孫中山〈上李鴻章書〉，是有些改良主義願望，但革命因素是重大的。你們的陳列室應從正面多點反映革命因素問題。」[212] 利用改良的鐵證來強行為革命因素作政治宣傳，只有在1950年代和1960年代中國大陸特定的歷史環境才能作出的決定。

俱往矣！言歸正傳，孫中山企圖通過他與香港西醫書院的關係向李鴻章進言失敗了。都怪孫中山沒有經驗，不知道西醫書院董事局之獲得李鴻章答應當該院庇護人，是事先大費周章的。儘管有了孟生醫生治癒其病之恩，還是首先通過天津的爾文醫生（Dr Irving）探聽李鴻章當該院庇護人的可能性。[213] 待爾文醫生謁見過李氏後回信說，如蒙正式邀請，將欣然接受，該院董事局才決議發公函邀請。[214] 孫中山似乎還未懂這種先探聽後行動的做法，貿貿然上書，自然碰壁。

而且，事分輕重緩急。大戰在即，若李鴻章真的曾說過類似「打仗完了再說」的話，也不算過份。孫中山在這個時候企圖與李鴻章談那些與該場戰爭毫無關係的事情，自然不會如願。其實，孫中山也不是特意選擇這個時刻上書的。只是碰巧他在這個時候從事革命的企圖走進死胡同，藥局只剩下十

211　李敖：《孫中山研究》，頁12。

212　翠亨村孫中山故居紀念館徵詢金應熙、陳勝粦，1963年5月2日，載李伯新：《孫中山史蹟憶訪錄》，頁137-139：其中頁139。

213　Minute-book of the Senate, 3rd meeting, 20 July 1888, College of Medicine for Chinese, in the Registrar's Office, University of Hong Kong.

214　Minute-book of the Senate, 4th meeting, 28 September 1888, College of Medicine for Chinese, in the Registrar's Office, University of Hong Kong.

幾塊錢，無計可思而又救國心切之餘，思想轉向改良而急於求見李鴻章而已。

有謂「上書失敗，先生決志以革命手段推翻清廷」。[215]竊以為此說尚有待商榷，蓋上書雖然失敗，孫中山還是把該書全文八千餘字刊刻於當年上海出版的《萬國公報》月刊。[216]此舉目的很明顯：他希望藉此引起李鴻章重視，或其他大員注意。如果他的改革建議得到接納，並被邀請參加推動新政，則仍有望採取和平手段改變清廷以圖強。無奈日復一日，仍如石沉大海。同時，在1894年7月25日，甲午中日戰爭就爆發了。清軍節節敗退，清廷顯得愈是腐敗無能，他的革命決心就愈是堅決。終於「憮然長嘆，知和平之法無可復施」。[217]結果他的思路又返回革命的途徑。

接下來的，就是策動1895年10月的廣州乙未起義。此事將在下章探索。

十三、小結

世人多屬意孫中山自小即矢志革命之說，並津津樂道其童年於鄉間聽太平天國老兵談洪、楊軼事以為據。[218]此說完全忽視了孫中山少年和青年時代（十三至二十六歲）在夏威夷和香港所受到的英式教育，尤其是法治概念對他的深遠影響，以及他醫科畢業後在澳門和廣州行醫時進一步目睹滿清官吏那種無法無天、嚴刑拷打嫌疑犯所造成的人間悲劇，皆加強了他改變當時制度的決心。

改變制度，既可從外面用革命手段把它推翻，也可以從裏面用改良方法把它從根本上改變。本章所發掘出來的史料，經鑒定，證明孫中山的思想歷程經過了改良、革命、改良、革命等多次轉折，最後還是被迫走上革命的道路。同時證明，孫中山自小即矢志革命之說不能成立；此說把複雜的歷史現象簡單化了。

215　《孫中山年譜長編》，上冊，頁73。

216　以〈上李傅相書〉為題在第六十九、七十期（1894年）兩冊連載。

217　孫中山：《倫敦被難記》，轉載於《孫中山年譜長編》，上冊，頁73。

218　《國父年譜》（1985），上冊，頁19。

　　最後值得鄭重一提的是：在辛亥革命一百週年前夕的2011年4月，曾任「臺北駐澳門辦事處」主任（1984－1999）的王允昌先生趕寫了《孫中山與澳門》一書，由臺灣御書房出版有限公司出版了。書訊云：

> 孫中山先生在香港西醫書院深造期間，常利用週末假期赴澳門與革命志士論政，即所謂「四大寇」。爾後於澳門行醫，即秉持「藉行醫為入世之媒，以革命為救國之實」的理念。1894年孫中山先生受到澳門維新改革人士鄭觀應影響，上書李鴻章，提出「人盡其才，物盡其用，貨暢其流」主張。1895年孫中山在廣州策劃起義失敗，遭到清政府通緝，潛逃澳門避難，幸受葡國友人飛南弟暗中協助，將孫中山化妝成村姑乘船赴香港，轉日本神父〔神戶〕，救了孫中山先生一命。倘無葡國友人之助，孫中山先生的革命事業可能無法完成，則中國現代史亦將要改寫。[219]

　　為了一睹全豹，筆者迫不及待地先後懇請臺灣與香港的朋友代購一本快遞擲下，閱後發覺該書作者對陳樹榮先生各項重大「發明」，無論真偽，皆囫圇吞棗，令人驚訝。其絕口不提陳樹榮先生之處，更是令人嘆息。離譜的例子包括第37頁之〈圖片說明〉：「中山先生向澳門葡人團體『仁慈堂』租用議事亭前地羅結地巷口的一幢兩層樓房，開設『孫醫館』。」所指其實是陳樹榮先生之重大發明「議事亭前地十四號孫醫館」。如此轉彎抹角地把陳樹榮先生的發明據為己有，已屬過份，〈圖片說明〉繼續曰：「該址後拆卸改建為現時的郵政總局」，更是不可饒恕，蓋該房子被拆卸後一直是空地，栽了花草樹木以美市容，郵政總局建在鄰近的另外一個地方；若該作者在工餘或假日到議事亭前地該址走走，在澳門這彈丸之地，屬舉手之勞，他卻連這一點也沒辦到。須知微觀探索若差之毫釐，宏觀結論就繆之千里，本書一個接一個例子都說明這不易之理，作者能不慎焉！

219　《出版之門》，據澳門《新華澳報》2011年6月22日消息報道，http://www.publishing.com.hk/pubnews/NewsDetail.asp?NewsID=20110622005。

第八章

廣州起義:
出師未捷唯足見大公無私

舉義是密謀性質，極少留下原始資料甚或蛛絲馬跡。要探索1895年的廣州起義，難度絕對不亞於本書其他章節。

一、籌備起義

孫中山上書李鴻章失敗，接着甲午中日戰爭爆發，清軍節節敗退，對孫中山是很大的刺激，他下定決心投身革命。

起義必須有經費，孫中山先前在澳門和廣州等地靠行醫賺到的錢都已用罄，還欠了澳門鏡湖醫院一大筆債務，再往哪兒找錢從事革命？

他在香港雅麗氏醫院唸西醫醫學時，學會了兩種籌款方法：

第一、1887年和1888年，在湛約翰牧師（Rev John Chalmers）領導下於公園舉行園遊會作公開義賣為雅麗氏醫院籌款。[1]這種活動，不但出師有名，而且招牌是冠冕堂皇的，以至香港總督坑儷也樂意出面贊助，而香港上下人士也踴躍支持。籌得的款項可觀。作為該院學生的孫中山，也積極參加了工作。

第二、1889至1892年間，湯姆生院長（Rev Dr John C. Thomson）每年公佈該院的工作報告，讓世人有目共睹，然後與湛約翰牧師挨家挨戶地探訪，請人家定期捐款（subscribe）。[2]這種活動，同樣出師有名，招牌同樣麗亮。每年所籌得的款項不但可觀而且穩定可靠。

若用這兩種方法籌款造反，出師無名。亮出名堂後群眾也只會爭相走

1　Rev. John Chalmers's Report (Hong Kong District) for 1888, 6 March 1889, CWM, South China, Reports 1866-1939, Box 2 (1887-97), Envelope 23 (1888).

2　Dr John Thomsom's supplementary report for 1890, - February 1891, pp. 4-5, CWM, South China, Reports 1866-1939, Box 2 (1887-97), Envelope 25 (1890).

避，而當事人肯定要遭到逮捕。但孫中山到底是聰明人，從湯姆生的方法得到啟發，變通一下，就想到「中國商務公會股單」[3]（Commercial Union of China Bond）[4]這個主意。變通之處有三：

（1）湯姆生的捐款對象是明的，孫中山就創造一批暗的捐款對象。即成立一個秘密會社——興中會，而會員就成了捐款對象了。

（2）湯姆生公佈工作報告，報道已取得的成果，捐款人可以從中確知其捐出的金錢會妥善地用於慈善義舉而得到精神上的安慰。孫中山發行股單，預期革命成功後，新政府會利用財政收入付款予持股人，讓其得到經濟上的回報。每股股金為100美元。[5]

（3）湯姆生在香港運作，孫中山則打算回到他少年時代上學的夏威夷活動。理由很簡單，他在香港多年而能找到的知音寥寥無幾，檀香山華僑約四萬，他希望有發展的空間。

於是他在1894年中從天津回到香港後，就於同年秋再度赴檀香山，發動華僑支持革命。無奈在檀「鼓吹數月，應者寥寥」。[6]舌敝唇焦之餘，更令到親戚故舊避而遠之；當孫中山在火奴魯魯的中國城街上走過，甚至有華僑在其背後指指點點，稱他為「瘋子」。[7]最後，表示支持他的，多為本書第四章提到過的中西擴論會。該會由一些受過西方教育的華裔知識份子於1883年組成，原意是一起練習英語會話，但愈來愈變得暢談國事，討論時艱。時值甲午中日戰爭，清軍節節敗退，消息傳來，檀香山華僑莫不義憤填膺。故當孫中山向他們宣傳革命時，中西擴論會的會員諸如何寬、李昌等，都熱烈響應，結果在1894年11月24日，大家約同在娥瑪王后巷第140號（No. 140 Queen Emma Lane, Honolulu）何寬家聚集。不久以來人太多，轉往較為寬

3　《國父全集》（1989），第九冊，頁546-547。

4　《國父全集》（1989），第十冊，頁477。

5　《國父全集》（1989），第九冊，頁547，註3。

6　孫中山：〈建國方略：孫文學說，第八章：「有志竟成」〉，《國父全集》，第一冊，頁409-422。《孫中山全集》，第六卷，頁228-246。

7　馬兗生採訪陳志昆，1998年8月，載馬兗生：《孫中山在夏威夷：活動和追隨者》（北京：世界知識出版社，2003），頁15。

大的同巷157號李昌家開會。[8]

　　當時共有二十餘人參加會議，由孫中山主持，議決成立一個名為興中會的革命團體。議定會章後，即按章推舉職員。選出劉祥、何寬為正副主席，黃華恢為司庫，程蔚南、許直臣為正副文案等等。[9]孫中山自己則不居任何職位，理由很簡單：他要回國投身革命，居任何職位都等於白費。[10]入會則採宣誓結盟方式：各人在開卷《聖經》上置其左手，右手向上高舉，懇求上帝鑒察，然後宣讀誓詞曰：「聯盟人某省某縣人某某，驅除韃虜，恢復中國，創立合眾政府，倘有二心，神明鑒察。」[11]

　　方式不採中國傳統的歃血為盟，而用基督教手按《聖經》發誓，可見入會者可能大多數為基督徒或受西方文化影響甚深的人。

　　興中會在火奴魯魯成立後，會員宋居人和李昌趕往茂宜島，試圖說服孫眉參加興中會。當時孫眉也確實受到甲午中日戰爭中清軍慘敗的震撼，故馬上同意。值得注意的是，孫眉之加入興中會，宣誓時同樣在開卷《聖經》上置其左手，右手向上高舉，懇求上帝鑒察。猶記1883年夏，孫眉才因為孫中山要求領洗進入耶教而把乃弟遣返回鄉。真是士別十年，刮目相看。孫眉雖然始終沒有領洗進入耶教，但已經接受了西方的宣誓方式，也同情和支持乃弟的抱負。他又介紹友好鄧松盛（字蔭南）參加。[12]如此輾轉介紹，參加的人數慢慢遞增，據〈興中會會員及收入會銀時日與進支數簿〉所載，從1894年11月24日到1895年9月2日，先後共有112人加入興中會。[13]為了有朝一日

8　項定榮：《國父七訪美檀香考述》（臺北：時報文化出版事業有限公司，1982），頁48。可惜何寬的房子在1930年代被拆掉，李昌的房子亦在1960年代被拆除，後人無法憑弔——見馬兗生：《孫中山在夏威夷：活動和追隨者》，頁17。

9　馮自由：〈興中會組織史〉，載馮自由：《革命逸史》（北京：中華書局1981），第四集，頁1-23：其中頁3。

10　偏偏有學者說孫中山當選了該會會長，看來該學者是把主持興中會成立大會的主席孫中山誤作該會成立後選出來的會長。見Mary Chan Man-yue, "Chinese Revolutionaries in Hong Kong, 1895-1911" (M.A. thesis, University of Hong Kong, 1963), p. 49.

11　馮自由：《華僑革命開國史》（臺灣：商務印書館，1953），頁26，引述於《國父年譜》（1985），上冊，頁70。

12　馬兗生：《孫中山在夏威夷：活動和追隨者》，頁20-22。

13　同上註，頁19。

回國參加起義，興中會借芙蘭‧諦文牧師（Rev Frank Damon）在火奴魯魯所設之尋真學院（Mills Institute）的操場舉行軍事訓練，聘請一位曾任中國南洋練兵教習隊長的丹麥人做教練。「一開始，有四十人參加練兵活動。但是，那丹麥教練太嚴格了，學員一個一個退出；後來沒剩下幾個人，這就是中國人說的虎頭蛇尾吧。」[14]

　　至於經費方面，則綜合會員所繳交的會費、售賣股單等所獲，僅得1,388美元，[15]難成氣候。孫中山異常焦急，其兄孫眉乃賤售其牛牲一部，鄧蔭南則盡數變賣其商店及農場，[16]宋居仁也出售其飯館，[17]以充義餉。綜合各款，亦僅美金六千餘元，折合港幣約13,000元，孫中山遂於1895年1月間放舟返回香港。後來陸續前往香港與孫中山會合，並參加廣州起義的有鄧蔭南、宋居仁、夏百子、陳南（廚師）、李杞、侯艾泉（裁縫）等人。宋居仁的妻子是夏威夷人，有兩個兒子，宋居仁把兩個兒子都帶回中國參加革命，後來全部犧牲。[18]

　　在此必須解決一樁歷史懸案：由於興中會的誓詞非常激烈——「驅除韃虜，恢復中國，創立合眾政府」——而當時的誓詞又沒有用文字記載下來，以至有兩位前輩學者質疑此誓詞之真實性。首先是旅美華人學者薛君度先生，他認為「立誓詞一事是逐步發展起來的，而後人則據以推斷一開始就是如此」。[19]以色列學者史扶鄰教授（Harold Z. Schiffrin）同意這種看法，並進一步認為「這個誓詞未必是在香港提出的，在夏威夷使用它就更加不可能

14　Chung Kung Ai, *My Seventy Nine Years in Hawaii, 1879-1958* (Hong Kong: Cosmorama Pictorial Publisher, 1960), p. 315.

15　〈興中會會員及收入會銀時日與進支數簿〉，載馬兗生：《孫中山在夏威夷：活動和追隨者》，頁20及頁198之附件五。

16　馮自由：《中國革命運動二十六年組織史》，頁16，轉載於陳錫祺主編：《孫中山年譜長編》（北京：中華書局，1991），上冊，頁77。

17　馬兗生：《孫中山在夏威夷：活動和追隨者》，頁25。

18　宋譚秀紅、林為棟：《興中會五傑》（臺北：僑聯出版社，1989），頁69-71。又見馬兗生：《孫中山在夏威夷：活動和追隨者》，頁24；馮自由：《中國革命運動二十六年組織史》，頁16，轉載於《孫中山年譜長編》，上冊，頁77。

19　薛君度著，楊慎之譯：《黃興與中國革命》（長沙：湖南人民出版社，1980），頁30。

了」。[20] 他們的理由是：如此激烈的造反誓詞，會嚇跑支持者。

竊以為沒有文獻記載可以理解：若當時馬上就把它寫下來而又被清朝奸細抓着，就變成是罪證了：出師未捷身先死！但沒有文獻記載並不等同沒有該誓詞。而且，竊以為兩位前輩過慮矣，理由如下：

1. 在夏威夷，從一開始孫中山就公開宣稱他爭取支持者及籌款之目的是要推翻滿清，以至親戚故舊皆避而遠之，更有人譏諷他是瘋子。公開說話尚且如此，誓詞何必閃閃縮縮？

2. 後來賣掉了他們在夏威夷的一切產業，把性命豁出去而隨孫中山回國投身革命的興中會會員諸如鄧蔭南、宋居仁等，難道就是為了溫和的改良而不是激烈的起義？慷慨激昂的誓詞能激動人心，閃閃縮縮的誓詞不宣也罷。

3. 宣誓加入興中會者交會費五銀元，鍾工宇在火奴魯魯當裁縫師傅的月薪才五銀元，而以當時的物價算，一銀元可以買到一頭一百磅重的綿羊了（見本書第四、五章）。故普通會員之加入興中會，也不是鬧着玩的。他們當時皆受甲午中日戰爭之中，清軍兵敗如山倒的猛烈衝擊，斷然加入興中會的。若把孫中山之毅然決定造反、檀香山華僑之斷然加入其興中會這等果斷行動，抽離其當時中日戰爭這歷史條件，就必然會認為興中會誓詞過激了。

4. 興中會成立不久，會員公開地舉行軍事訓練，以行動來宣示造反勢在必行！

5. 至於香港方面，從下文可知，由孫中山的興中會和楊衢雲的輔仁文社合併而成的新的興中會，行動骨幹都是出錢出命的志士。把身家性命全豁出去了，為何就不能作慷慨激昂的宣誓？

孫中山返港後，即召集舊友陳少白、陸皓東、鄭士良、楊鶴齡等組織興中會總部。既然夏威夷分部都有會章，並按章推舉出各職員；那麼總部肯定也應有會章並按此選舉各職員，但是沒有。這種現象好解釋，這個總部當時所有群眾才只有五、六個人，暫時用不上會章和推舉職員，更遑論革命。

但像火奴魯魯和澳門一樣，香港這個中西交匯之地方也孕育出一批愛國

20　史扶鄰著，丘權政、符致興合譯：《孫中山與中國革命的起源》（北京：中國社會科學出版社，1981），頁37。由於史扶鄰曾在美國讀書，其書又在美國出版，所以很多人誤會他是美國人，其實他是以色列人，在耶路撒冷大學教書。

圖8.1　孫中山

圖8.2　陳少白

（採自：倪俊明：《辛亥革命在廣東》〔廣
州：廣東教育出版社，2001〕，圖53）

圖8.3　陸皓東
（採自：倪俊明：《辛亥革命在廣東》〔廣
州：廣東教育出版社，2001〕，圖60）

圖8.4　鄭士良
（採自：倪俊明：《辛亥革命在廣東》〔廣
州：廣東教育出版社，2001〕，圖72）

圖8.5　香港輔仁文社
前排右起第三人是楊衢雲，第四人是謝纘泰
（採自：倪俊明：《辛亥革命在廣東》〔廣州：廣東教育出版社，2001〕，圖53）

的熱血青年，並已經組織起來，稱輔仁文社。該社社員在香港都很有社會基礎。社長楊衢雲，祖籍福建省海澄縣（今廈門杏林）霞陽村對岸之翁厝社。父清水公，幼旅居馬來亞之檳榔嶼，壯從海泊遠航，後寄居東莞虎門寨，娶東莞縣白沙水圍村鄭女為妻，生衢雲。後清水公轉業香港閩籍商行，家亦移居香港。[21] 陳少白謂楊衢雲「幼時偏重英國文」，[22] 成長後任教於香港一家著名中學名叫聖若瑟書院（St Joseph's College）。[23] 後入香港具國際規模的沙宣洋行（David Sassoon and Sons Company）任書記，生活優裕，唯痛時艱，恆集友論國是與救亡之策，[24] 1892年3月13日組織輔仁文社，眾推為社長。並推謝纘泰為秘書。謝纘泰，澳洲悉尼出生。七歲受洗入基督教。在卦拉夫敦中學（Grafton High School）唸書到十五歲回香港，在香港中央書院完成學業後，加入香港政府的工務局當書記。[25]

　　輔仁文社社友，有名字可考者十人（圖8.5所示香港輔仁文社社員也剛好是十人），這十人當中，七人是中央書院畢業生，兩名是聖保羅書院（St Paul's College）畢業生，最後一名是聖若瑟書院畢業生。可見皆為香港年輕一代受過現代西方教育的本地精英。他們畢業後或在政府機關任事，或當洋行買辦，或留校教書。[26] 更難得的是：他們沒有被英國殖民地教育所奴化，反而是非常關心國家前途。輔仁文社的座右銘是 *Ducit Amor Patriae*（盡心愛

21　楊拔凡：〈楊衢雲家傳〉（手稿），1955年冬定稿。收入楊拔凡、楊興安合著：《楊衢雲家傳》（香港：新天出版社，2010），頁14-50：其中頁14。

22　陳少白：〈興中會革命史別錄──楊衢雲之略史〉，轉載於柴德賡等編：《中國近代史資料叢刊──辛亥革命》（上海：上海人民出版社，1981），第一冊，頁76。以後簡稱《辛亥革命》。

23　Hsueh Chun-tu, "Sun Yat-sen, Yang Chu-yun, and the Early Revolutionary Movement in China", *Journal of Asian Studies*, v. 19, no. 3 (May 1960), pp. 307-318: p. 307, quoting 佚名：《楊衢雲略史》（香港，1927）

24　Chan, "Chinese Revolutionaries in Hong Kong, 1895-1911", p. 37.

25　謝纘泰生平，見 Chesney Duncan, *Tse Tsan-tai: His Political and Journalist Career* (London, 1917).

26　吳倫霓霞：〈孫中山早期革命運動與香港〉，《孫中山研究論叢》，第三集（廣州：中山大學，1985），頁67-78：其中頁72-73。所據乃香港皇仁書院校刊《黃龍報》，但未列期號與頁數，故有待查核。關於輔仁文社社員的人數和人名，莫世祥教授有最新的考證，並認為吳倫霓霞所列十二社員之中陸敬科、何汝明、溫德都不可能是社員。見其《中山革命在香港，1895-1925》（香港：三聯書店，2011），頁36-38。

國）。[27] 用拉丁文作座右銘，教養與西化的程度可見一斑。至於他們為該社取名輔仁，則該名源自《論語》。曾子曰：「君子以文會友，以友輔仁。」[28] 可見這批年輕人，不但西學很好，國學的基礎也不錯，是很有教養和生氣的一群。

輔仁文社之成立，讓筆者不得不鄭重重提孫中山在檀讀書最後一年的1883年，在火奴魯魯受過西方教育的華僑成立了性質雷同的中西擴論會（見本書第四章），以及1892年12月孫中山到澳門行醫時參與的Young China Party即少年中國黨（見本書第七章）。在中國近代史上，最先感覺到中國「現代化」的急切性者，皆首批受過西方教育的熱血青年，他們覺得比諸西方列強，中國是太落後了，必須迎頭趕上，否則無法立足於地球上。

輔仁文社的社綱共六條：

1. 磨礪人格，臻於至善；

2. 不得趁溺於當世之惡習；

3. 為未來中國青年作表率；

4. 以多種途徑增進中外文、武學識；

5. 精通西學；

6. 以愛國者自勵，努力掃除吾國之乖誤。[29]

可見輔仁文社之初衷，純粹是出於愛國而臻改良祖國的深切願望。上述〈輔仁文社社綱〉，乃美國華人學者薛君度先生所獲輔仁文社兩份原始文獻其中的一份，薛先生將其交賀躍夫發表如上。另一份是〈輔仁文社序〉，結尾部分曰：「茲我同志七人，以為此社」。可知最初只有社員七人。後來吸收新血而發展到「17人或10餘人」──香港樹仁大學的莫世祥教授對輔仁文社有最新的研究，發掘了不少有關個別社員的履歷，其中「介入內地政事最

27　Tse Tsan Tai, *The Chinese Republic: Secret History of the Revolution* (Hong Kong: South China Morning Post, 1924), p. 8.

28　《論語‧顏淵篇第十二》，第二十四章。載James Legge, *The Chinese Classics* (Originally published by Oxford University Press, Reprinted in Taipei by SMC, 1991), v. 1, p. 262.

29　賀躍夫：〈輔仁文社與興中會關係辨析〉，載陳勝粦主編：《孫中山與辛亥革命史研究：慶賀陳錫祺先生九十華誕論文集》（廣州：中山大學出版社，2001），頁21-39：其中頁24。

圖8.6　香港輔仁文社社長楊衢雲
（採自：倪俊明：《辛亥革命在廣
東》〔廣州：廣東教育出版社，
2001〕，圖52）

圖8.7　香港輔仁文社祕書謝纘泰
（Tse, Tsan-tai. *The Chinese
Republic: Secret history of the
Revolution*〔Hong Kong: South
China Morning Post, 1924〕,
frontispiece）

廣，後來竟成為歷史丑角者，是溫宗堯（1876－1946）……1940年日本扶持汪精衛在南京組織偽『國民政府』之後，溫出任司法院院長。」[30] 由此可見，堅持愛國到最後一口氣的其他社員諸如楊衢雲、謝纘泰等，是多麼不容易。

　　若說中西擴論會是夏威夷第一個兼有愛國感情的組織，教友少年會是香港第一個有慕西學愛祖國傾向的團體，輔仁文社則是香港第一個目標鮮明的愛國團體，經常聚會討論國是。這些活動是不能見容於香港殖民政府與滿清政權的。為了避免英、滿雙方密探的干預，故取名文社，採其舞文弄墨、政治上無傷大雅之意。又雖有社址，但聚會則分在各社友的辦公室不定期舉行，同樣是為了避人耳目。[31]

　　由於他們的聚會屬秘密性質，似乎沒有保存會議記錄，也似乎未曾有系統地登記會員名單，故我們對他們所知甚少。後來又冒出個朱貴全和丘四。[32] 據香港警探掌握到的材料，「朱賀〔音譯，指朱貴全〕，多年以來是香港某船的合夥人」。[33] 他與楊衢雲認識，可能是通過業務關係，因為楊衢雲是「招商局總書記，及新沙宣洋行副總經理」。[34] 香港警方的材料又說，朱貴全「曾經當過虎門砲台程將軍〔音譯〕麾下一名把總之流的軍官」，[35] 又是香港的會黨中人。[36] 而楊衢雲「為人仁厚和藹，任俠好義，尤富於國家思想。嘗習拳勇，見國人之受外人欺凌者，輒抱不平」。[37] 這些素質，都是

30　莫世祥：《中山革命在香港，1895-1925》，頁40。

31　Chan, "Chinese Revolutionaries in Hong Kong, 1895-1911", pp. 36-37.

32　馮自由：〈香港興中會總部與起義計劃〉，載《革命逸史》（1981），第四集，頁8。

33　"Chu Ho was for some years a ship's partner in Hongkong". Memorandum by the Acting Assistant Colonial Secretary F. J. Badeley on the Canton Uprising of October 1895, enclosed in Robinson to Chamberlain, 11 March 1896, CO129/271, pp. 437-447: here, p. 445, paragraph 15(2).

34　馮自由：〈楊衢雲事略〉，載《革命逸史》（1981），第一集，頁4。

35　Memorandum by the Acting Assistant Colonial Secretary F. J. Badeley on the Canton Uprising of October 1895, enclosed in Robinson to Chamberlain, 11 March 1896, CO129/271, pp. 437-447: here, p. 445, paragraph 15(2).

36　Memorandum by the Acting Assistant Colonial Secretary F. J. Badeley on the Canton Uprising of October 1895, enclosed in Robinson to Chamberlain, 11 March 1896, CO129/271, pp. 437-447: at pp. 441-443.

37　馮自由：〈楊衢雲事略〉，載《革命逸史》（1981），第一集，頁4。

曾當過軍人而同時又是會黨中人的朱貴全所仰慕的。難怪朱貴全也參加了輔仁文社。

　　孫中山向社長楊衢雲、秘書謝纘泰等提出與其合併，該社欣然答應。[38] 1895年2月21日兩會正式合併，人數乃不過數十人而已。會名仍稱興中會，這並非顯示人多勢眾的輔仁文社被興中會併吞了，只足以證明輔仁文社成員下了決心投筆從戎而已。入會儀式為一律舉右手向天宣誓。誓詞曰：「驅除韃虜，恢復中華，創立合眾政府。倘有貳心，神明鑒察。」[39] 方式不採中國傳統的歃血為盟，可能是為了照顧深受西方教育影響的新一代香港人之思想感情；也不用基督教手按《聖經》發誓，可能是為了照顧會黨中人諸如朱貴全等人之思想感情。故採折衷辦法，一律舉右手向天宣誓。

二、部署廣州起義

　　由於清軍在甲午中日戰爭中慘敗，清廷威信掃地，民心激憤已極，發難機不可失，促使興中會員加緊準備。按照當時實際情況和個人專長，大致安排了三大領域分工：

第一、前往廣州衝鋒陷陣。

第二、留守香港運籌帷幄。

第三、佔據香港英語的輿論陣地，爭取外國人支持。

（i）前往廣州衝鋒陷陣

　　這方面由孫中山統率最適合，他曾在廣州行醫多時，熟悉情況。且長期以來「以醫術結交於軍政各界，督撫司道以其醫術優越，咸器重之」；雖然他平時高談時政，放言無忌，語涉排滿，但聞者僅目為瘋狂，不以為意。[40] 他又有當地華人基督教會支持，以茲掩護。那麼他如何率領眾人到廣州？似

38　Tse tsan-tai, *The Chinese Republic*, p. 7.

39　馮自由：《革命逸史》（1981），第四集，頁8-9。

40　馮自由：《中華民國開國前革命史》，第一冊，頁17。

乎是特別買了一艘小汽船，蓋鄒魯説孫中山事敗後離開廣州時所乘乃自備拖帶軍隊來省之小輪。[41]這也言之成理，有了自己的小汽船，不單可以不動聲色地到達廣州，而到達廣州後，也可以靈活行動。

1895年4月下旬，孫中山率眾到達廣州後，租得廣州南城門以南稱「雙門底」之王家祠作為起義總部。[42]

這王家祠具體位置是什麼？廣東省人民政府外事辦公室的區少武副巡視員是有心人，蒐集了一幅廣州起義後不久由外國人繪成的地圖（見圖8.9）。其中用英語標出HQ（總部）的地方即是。孫中山藉以懸壺行醫的聖教書樓則用Book Shop（書店）標出。發現武器的地方則用Weapons Discovered標出。孫中山在洗基開設之東西藥局則用Dispensary字標出。

革命黨人決定在陰曆乙未年九月九日重陽節（陽曆1895年10月26日）起義。起義總部假農學會名義作為掩飾，孫中山甚至邀得兩廣總督李翰章作為贊助人之一。[43]巡撫馮玉山亦極為贊成。[44]另粵中官紳署名贊助者數十人，沒有人懷疑其挾有危險性質者。為了進一步掩飾其真正目的，區鳳墀宣教師起草了[45]〈擬創立農學會徵求同志書〉，最初以油印件面世，[46]在起義前二十天的1895年10月6日，更在廣州《中西日報》發表了。該書開宗明義曰：

> 今特創立農學會於省城，以收集思廣益之實效，首以翻譯為本，搜羅各國農桑新書，譯成漢文，俾開風氣之先。即於會中設立學堂，以教授俊秀，造就其為農學之師。且以化學詳核各處土產物質，闡明相生

41　鄒魯：《乙未廣州之役》，轉載於《辛亥革命》，第一冊，頁22。

42　馮自由：〈廣州興中會及乙未庚子二役〉，載《革命逸史》（1981），第四集，頁10。

43　《孫中山年譜長編》，上冊，頁85，註釋2。後來李翰章於1895年4月14日因病危去職（見同註）。

44　《孫中山年譜長編》，上冊，頁86-87，引《大陸報》1904年第9號。

45　《孫中山全集》，第一卷，頁24，註*。

46　黨史會藏，編號054/28，載《國父全集》（1989），第四冊，頁13，註1。

圖8.8　廣州王家祠內之王氏書舍，1895年
（2008年1月21日 區少武先生供圖）

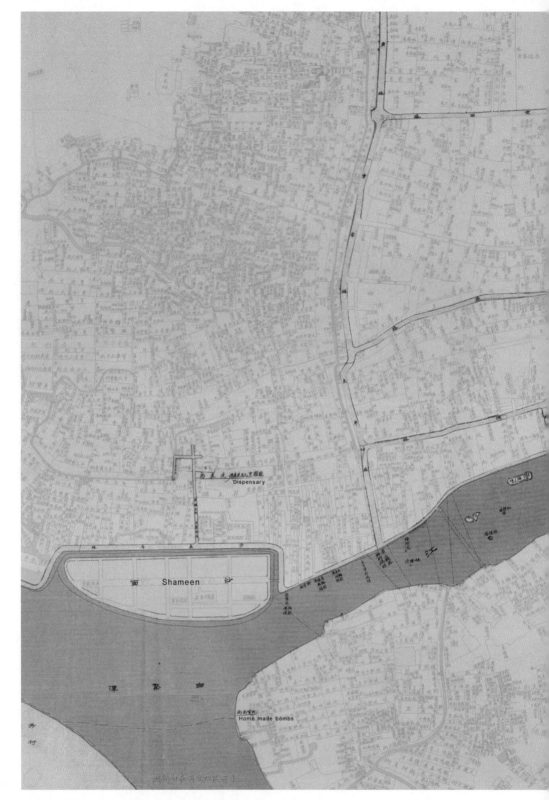

圖8.9 廣州起義示意圖，1895年（區少武先生供圖，廣州伍星會展公司整理及掃描）

Book Shop

HQ

GZ Academy

Survey Academy

Weapons discovered

Weapons discovered

Piers

相剋之理，著成專書，以教農民，照法耕植。再開設博覽會，出重賞以勵農民。又勸糾集資本，以開墾荒地。[47]

　　孫中山與區鳳墀兄弟般的戰鬥友誼，本書第五章有所提及，現在不妨回顧一下。區鳳墀乃倫敦傳道會廣州站（Canton Station）所僱用的宣教師（preacher），長期以來在廣州河南的福音堂（preaching hall）宣道。[48] 1890至1894年間應聘在德國的柏林大學教授漢語四年，任滿仍回廣州河南重操舊業。[49] 但已有如脫胎換骨：當時的德國，教育水平之高與受教育人數之眾，與人口比例為全球之冠。政治之廉潔，紀律之嚴明，與當時區鳳墀在滿清治下之廣州，猶如天壤之別。稍存愛國心的人都會矢志改變中國的落後局面，更何況他是先知先覺的知識份子？難怪他與孫中山有強烈的共同語言。在德國期間，區鳳墀的妻子去世，「歸國後寄寓廣州河南瑞華坊其婿尹文楷家」。[50] 孫中山到廣州策劃起義後，則住在河南崎興里，[51] 兩人「朝夕契談」，[52] 投契可知。

　　起義前五天，倫敦傳道會廣州站的代理主任傳教士威禮士（Herbert R. Wells）[53] 興高采烈地寫信給倫敦總部說：「區先生目前正在致力於創辦

47　佚名〔區鳳墀〕：〈擬創立農學會書〉，廣州《中西日報》，1895年10月6日，轉載於《孫中山全集》，第一卷，頁24-26：其中頁25。又見《國父全集》（1989），第四冊，頁11-13。

48　Rev. T.W. Pearce to Reve Wardlaw Thompson, Canton 5 April 1889, p. 6. CWM, South China, Incoming letters 1803-1936, Box 11 (1887-92), Folder 3 (1889). 此件沒preacher暨preaching hall的漢語專有名詞，筆者不願隨意翻譯，參之王誌信的《道濟會堂史》，可知該會分別稱之為宣教師和福音堂。筆者為了尊重該堂教友及避免混淆，決定沿用之。

49　Rev. Thomas Pearce to Rev. Thompson, 20 February 1895, CWM, South China, Incoming correspondence 1803-1936, Box 13 (1895-97), Folder 1 (1895).

50　馮自由：〈區鳳墀事略〉，載《革命逸史》（1981），第一集，頁12。

51　鄒魯：《乙未廣州之役》，轉載於《辛亥革命》，第一冊，頁229-230。又見黎玩瓊：〈談談道濟會堂〉，1984年1月6日，載王誌信：《道濟會堂史》，頁85-87：其中頁86。

52　《國父年譜》（1985），上冊，頁43-44，其中1886年條，引國民黨黨史會：《總理年譜長編鈔本》，頁10。

53　Wells一般音譯作韋爾斯。見《新英漢辭典》，頁1670頁。鑑於王誌信編著之《道濟會堂史》把他音譯作威禮士，而王誌信似乎又是沿用張祝齡牧師遺作〈合一堂早期史略〉的稱呼，筆者為了尊重該堂教友及避免混淆，這裏姑沿舊習稱之為威禮士。

一所農學院，所有建築所需費用和將來的日常開支都由他們華人自己去籌措。」[54] 他可不知道，農學會的真正目的是為革命打掩護，而所謂「為農學院籌措建築費用和將來的日常開支」，則其真正用途是廣州起義。

威禮士牧師接着又寫道：「他們更在努力籌款以便創建一家名叫《大光報》（Light）[55] 的日報。領導這個計劃的都是我們自己人，包括區先生和來自香港的王牧師（Pastor Wong）。」[56] 輕描淡寫的一句話，卻道出兩個驚人的信息：

第一，過去的權威記載，像鄒魯那《乙未廣州之役》、[57] 陳少白的《興中會革命史要》，[58] 以及鄧慕韓的〈乙未廣州革命始末記〉，[59] 談到廣州起義時，多集中描述孫中山如何聯結綠林、運動民勇等。殊不知倫敦基督教傳道會在廣州的教友在不同程度上支持了孫中山的廣州起義。難怪起義失敗後，威禮士牧師的夫人憂心忡忡地向倫敦總部報告說：「我們的教友是起義首領們的朋友。雖然我們深信我們的教友是無辜的，但很難逆料他們的命運將會是怎樣。」[60]

第二，經考證，王牧師者，香港道濟會堂主牧王煜初是也。[61] 王煜初

54　Rev. Herbert R. Wells to Rev. Wardlaw Thompson, 21 October 1895, CWM, South China, Incoming correspondence 1803-1936, Box 13 (1895-97), Folder 1 (1895).

55　按英語Light一般翻譯作光明或光線。鑑於區鳳墀後來於1912年終於在香港成功地創辦了一家名為《大光報》的日報，讓筆者推測區鳳墀和王煜初在1895年擬創辦的日報很可能就是《大光報》。因為Light 同樣可以翻譯成為《大光報》。關於1912年創辦《大光報》事，見王誌信：《道濟會堂史》，頁96。

56　Rev. Herbert R. Wells to Rev. Wardlaw Thompson, 21 October 1895, CWM, South China, Incoming correspondence 1803-1936, Box 13 (1895-97), Folder 1 (1895). In another document, Wong Yuk ch'o.

57　《辛亥革命》，第一冊，頁225-234。

58　同上註，頁29。

59　鄧慕韓：〈乙未廣州革命始末記〉，載《辛亥革命史料選輯》（長沙：湖南人民出版社，1981），上冊，頁9-19。

60　Mary M. Wells to Rev. Wardlaw Thompson, 2 November 1895, CWM, South China, Incoming correspondence 1803-1936, Box 13 (1895-97), Folder 1 (1895).

61　Rev. Thomas Pearce to Rev. Warlaw Thompson, 18 February 1890, p. 6, CWM, South China, Incoming correspondence 1803-1936, Box 13 (1895-97), Folder 1 (1895). Mr Pearce spelt Pastor Wong's name as Wong Yuk Choh. In another document, Pastor Wong himself spelt his own name as Wong Yuk ch'o. 徵諸王誌信：《道濟會堂史》，頁11，可知乃王煜初。

原屬德國禮賢傳道會（Rhenish Mission），在該會香港的巴陵育嬰堂任教師。[62] 1884年被倫敦基督教傳道會香港華人自理會聘為主牧，品德之高尚，被譽為「窮讚美之詞仍不足」（Above all praise）。[63] 同年春，孫中山轉學到香港中央書院讀書，每星期日恆至鄰近福音堂聽王煜初牧師說教。[64] 1887年該華人自理會建成自己的教堂，[65] 1888年啟用，稱道濟會堂。[66] 王煜初既曾多年在德國傳教士領導下工作，深受德國人嚴謹的工作作風與濃厚的愛國主義思想感情所感染。目睹時艱，轉而憂國憂民，他與區鳳墀可以說有共同語言。當時香港已為英屬，言論與結社等自由都比內地充分，王煜初傳道之餘亦授西學。[67] 當時香港道濟會堂的二百多名教友，原都是倫敦傳道會歷代傳教士在香港辛勤傳教的成果，與廣州教友是一脈相承的。而且，自從1890年以來，每年的農曆新年，王煜初牧師都帶領香港道濟會堂的代表團到廣東與當地教友聯歡，每年輪流在廣州和廣州以外的分站博羅、從化、佛山等地進行。[68]

參與密謀的其他基督徒包括左斗山。正如本書第七章所述，他在雙門底開設聖教書樓，孫中山曾借該書樓一角懸牌行醫。[69] 現在則成了起義機關之

62　Rev. John Chalmers's Decennial Report (Hong Kong District) for 1880-1890, 12 February 1891, p. 6, CWM, South China, Reports 1866-1939, Box 2 (1887-97), Envelope 25 (1890). 此件只說王煜初乃 Rhenish Mission 的教師。徵諸王誌信：《道濟會堂史》，頁11頁，可知乃巴陵育嬰堂教師。

63　Rev. John Chalmers (Hong Kong) to Rev. R. Wardlaw Thompson (London, LMS Foreign Secretary), 30 April 1890, CWM, South China, Incoming correspondence 1803-1936, Box 11 (1887-92), Folder 4 (1890).

64　馮自由：《革命逸史》（1981），第二集，頁11。馮自由把中央書院說成是皇仁書院，不確。中央書院遲到1894年才改名為皇仁書院。馮自由又把原來是福音堂說成是道濟會堂，亦不確。道濟會堂遲到1887年才建成並以此命名。見下文。

65　Rev. John Chalmers (HK) to Rev. R. Wardlaw Thompson (London, LMS Foreign Secretary), 28 July 1887, CWM, South China, Incoming Correspondence 1803-1936, Box 11 (1887-92), Folder 1 (1887).

66　王誌信：《道濟會堂史》，頁16。

67　同上註，頁29-30。

68　Rev. Thomas Pearce to Rev. Wardlaw Thompson, 18 February 1890, p. 6, CWM, South China, Incoming correspondence 1803-1936, Box 11 (1887-92), Folder 4 (1890).

69　《總理開始學醫與革命運動五十周年紀念史略》，頁18，轉載於《孫中山年譜長編》，上冊，頁66。

一。[70] 王質甫則像區鳳墀一樣，乃基督教宣道師，主理聖教書樓、內進之福音堂，現用其身份與福音堂作掩護，偷運槍械。[71]

除了倫敦傳道會廣州站的華人基督教會以外，第二種勢力就是三合會。隨孫中山赴廣州的鄭士良乃三合會人士，由他去聯絡廣州方面的會黨（包括在防營、水師內的會黨中人）。第三種勢力最為薄弱但同樣忠心耿耿，他就是四大寇之一的陳少白。

（ii）留守香港運籌帷幄

這方面由楊衢雲的原輔仁文社一股負責，他們在香港有良好的社會和經濟基礎，人脈也廣，由他們購買軍火，並率領香港會黨三千人的決死隊，準備在1895年10月26日重陽節，趁為掃墓而出入廣州的人潮擠擁之際，於25日晚乘夜輪去廣州，並用木桶裝載短槍，充作水泥。26日晨抵達廣州時劈開木桶取出槍械，首先進攻各重要衙門。同時由孫中山、鄭士良等率領的、埋伏在水上及附近之會黨，分路響應。

買軍火必須經費；除了謝纘泰暗中捐款以外（見下文），輔仁文社一眾社員在香港的人脈關係再一次發揮了作用。著名的黃勝之子黃詠商，[72] 鉅富余育之等，都沒有名列輔仁文社社員，唯皆心儀其宗旨而與楊衢雲、謝纘泰等有密切往來。他們像名人何啟等，都暗中支持其策劃的廣州起義。結果黃詠商賣掉了香港蘇杭街的祖產洋樓一所，得資八千，[73] 余育之則慷慨捐助「軍餉萬數千元，密約衢雲、黃詠裏〔商〕等至紅毛墳場交款，雖同志中亦鮮有知之者」。[74]

一直困擾學術界的一個問題是：楊衢雲等從何買到軍火並將其偷運進香港？香港嶺南大學博士生鄒一崢同學專題研究謝纘泰，並通過國際長途採訪

70　王誌信：《道濟會堂史》，頁35。

71　同上註。

72　Tse, *The Chinese Republic*, pp. 7-8. 同見鄒魯：《中國國民黨史稿》（上海：商務印書館，1947），頁14。

73　馮自由：〈黃詠商略歷〉，載《革命逸史》（1981），第一集，頁6。

74　馮自由：〈余育之事略〉，載《革命逸史》（1981），第一集，頁45。

已經移民加拿大的謝家後人謝國強（Andrew Tse Kwok-cheong）先生。謝國強先生說：

> 一開始在香港搞革命，非常危險，不是一般人可以做的。謝家在香港是有頭有臉的人物，有錢有勢，和香港政界關係很好（強調）。謝纘泰之父是三合會／洪門大哥，謝纘泰可以做些一般人不能做的事情，也有人保護他，警察局也給謝配槍，也有小印刷廠（所以可以給革命印佈告），這些都是謝可以搞事的條件。革命的資金謝（家）出了很多。我問楊衢雲不也有錢麼，答楊衢雲窮，我問他不是說革命資金來自一些香港富商麼，他說哪有，錢都是自己出的，而且那時候買槍很難，都要到國外去買，況且買來之後還要進入香港，這就需要謝家來擺平。[75]

期待着鄒一崢同學的研究成果早日問世，造福學林。

但是，有一種跡象愈來愈明顯，即楊派與孫派「賬目分明」：楊派在香港籌得的款項由楊派操縱，買軍火，充軍餉。孫派在夏威夷籌得的款項由孫派帶到廣州運動綠林。楊派在香港的人馬由楊衢雲調度；孫派的人馬在廣州由孫中山指揮。破例者只有一兩樁小事情，即楊衢雲通過他自己的商業網絡，把一小部分洋槍預先祕密託運到廣州，藏孫派王質甫牧師在南關雙門底的聖教書樓及南關鹹蝦欄的張公館。[76]

（iii）佔領香港英語的輿論陣地，爭取外國人支持

乍看這標題，很多讀者會認為筆者在接近天馬行空般神遊冥想，[77]實質

75　鄒一崢電訪謝國強，2010年11月26日。承鄒一崢電郵賜告，至以為感，見鄒一崢電郵黃宇和，2011年6月22日。

76　香港《華字日報》，1895年10月30日星期三，第2版，第2欄。

77　陳寅恪：〈馮友蘭中國哲學史上冊審查報告〉，載《金明館叢稿二編》（上海：古籍出版社，1982），頁247。

其來有自，而且是經過一番轉折的。筆者發覺，當時在香港除了輔仁文社敢怒而不敢公開發言以外，有另一批有識之士，卻可以對中國時局暢所欲言。他們就是英國人圈子之中的輿論界。類似下面一篇《德臣西報》（*China Mail*）社論的觀點經常在香港的英文報章出現。該社論一開始就痛陳時弊：

> 對於中國那種無窮無盡的痛苦、無休無止的社會動亂、滿清的專制與行政的紊亂、廣大民眾那忍無可忍的貧窮與那官僚之貪污腐敗，中國傳統的讀書人都視若無睹而不去改變這不合理的制度。究其原因，是因為這個制度符合傳統讀書人的利益。[78]

這段社論，讓筆者聯想到輔仁文社。該社社眾都是在香港受教育，英語甚佳的一群。成長後又在香港政府或洋行任職，天天與洋人打交道，看的又是英語報章——楊衢雲「幼時偏重英國文」，[79] 而謝纘泰更好為文「登諸英文日報」。[80] ——上述那段社論，不正是輔仁文社社眾想説但又不敢公開説的話？他們對於香港英文報章的有關觀點，會不會感到愈來愈親切？該社論繼續説，時代不同了，中國正出現一線曙光：

> 有一批新型的知識份子出現了。由於他們長期與外國人生活在一起，所以見識與眾不同。更由於他們不是現存制度的既得利益者，所以他們不會像傳統知識份子那樣埋沒良心地只顧自己仕途而不管貧苦大眾的死活。中國之亟需改革，是任何稍具頭腦而又能獨立思考的人都能

78　Editorial, *China Mail*, 14 October 1895 p. 3 col. 6.

79　陳少白：〈興中會革命史別錄——楊衢雲之略史〉，轉載於《辛亥革命》，第一冊，頁76。陳少白的全句是：「幼時偏重英國文，故中國文字所知獨少。」筆者對後一句話是有保留的。楊衢雲既然能為其組織起名輔仁文社，而輔仁之詞出自曾子曰：「君子以文會友，以友輔仁。」《論語・顏淵篇第十二》，第二十四章。載Legge, *The Chinese Classics*, v. 1, p. 262。證明楊衢雲是讀過《論語》的。乙未廣州起義失敗，孫、楊兩派積怨甚深。孫派的陳少白更與楊派的謝纘泰在香港的英文報章上罵戰（見下文以及本書第三章），謊話連篇。故凡是陳少白對楊派的微詞，筆者都抱保留態度。

80　陳少白：〈興中會革命史別錄——楊衢雲之略史〉，轉載於《辛亥革命》，第一冊，頁77。

看得出來。問題是，中國要等到現在，才出現一批敢於提出改革的
人。[81]

　　這段社論，讓筆者再次聯想到輔仁文社的社眾。該社論的主筆從何得悉
香港已出現了一批矢志改革中國的新型知識份子？竊以為個別社眾，天天與
洋人打交道，建立了良好私交，就毫不奇怪。茶餘飯後，與洋朋友談及香港
英文報章的觀點，也屬意料中事。甚至有個別社眾諸如在澳洲出生及長大的
謝纘泰，寫信給主筆表示贊同社論的觀點，也最為自然不過。實情是，由於
謝纘泰英語甚佳，畢業後在香港政府服務，由此而認識了香港兩大英語報章
的主筆：《德臣西報》的黎德（Thomas H. Reid）和《士蔑西報》（Hong
Kong Telegraph）的鄧勤（Chesney Duncan），爭取他們對革命的同情。[82]
慢慢地雙方建立了深厚友誼，更是有經典可尋：《德臣西報》主筆黎德後來
回到英國以後，還寫信給謝纘泰說：「……當在華和在遠東地區的其他報
章皆視閣下之改革運動如蛇蠍之時，鄙人帶頭在《德臣西報》公開表示支
持，至今仍以為榮為幸。」[83]《士蔑西報》的主筆鄧勤後來更為謝纘泰豎碑
立傳：他在1917年於倫敦出版了一本題為《謝纘泰的政治與記者生涯》的著
作。[84]

　　筆者初閱《國父年譜》，謂1895年3月16日孫中山在香港「舉行興中會
幹部會議，議取廣州軍事策劃」時，「《德臣西報》主筆黎德亦來謁見，願
為臂助」。[85]當時筆者直覺的反應是「存疑」。看其註釋，則所據為謝纘泰
的《中華民國革命秘史》，心裏更是狐疑。蓋筆者考證過謝纘泰的寫作，覺

81　Editorial, *China Mail*, 14 October 1895, p. 3 col. 6.

82　Tse, *The Chinese Republic*, pp. 7-9. 鄒魯：《乙未廣州之役》，載《辛亥革命》，第一
　　冊，頁225，卻說是何啟聯繫兩報主筆的。這可能也是實情。但鄒魯隻字不提謝纘泰的關
　　係，則顯然是由於原興中會會員與輔仁文社之間的矛盾，而有意埋沒謝纘泰所起過的作
　　用。關於這一點，筆者在本書第四章第一節還有做進一步分析。

83　Thomas Reid to Tse Tsan-tai, 9 October 1912, quoted in Tse, *The Chinese Republic*,
　　p. 33.

84　Chesney Duncan, *Tse Tsan-tai: His Political and Journalist Career*.

85　《國父年譜》（1985），上冊，頁75。

得他吹噓的本領絲毫不亞於陳少白。[86] 故多年求證，希望找到原始史料諸如黎德本人的公私文書或日記等，惜皆不可得。但謝纘泰的另一句話給了筆者啟發。他說1895年8月29日興中會在香港再度會議，黎德答允盡力向英國政府及人民爭取其同情與助力。[87] 黎德會通過什麼渠道以達到他之目的？很明顯地，他可以在《德臣西報》發表社論作這種呼籲。於是筆者就到香港向政府檔案處所存的1895年的《德臣西報》求證。果然有所斬獲。

筆者又發覺，在謝纘泰所說的1895年3月16日「舉行興中會幹部會議」三天之前，《德臣西報》的社論已呼籲列強不要干涉一場快要來臨的革命。茲翻譯如下。首先，該文指出，中國傳統式的叛亂是枉然的：

> 中國的芸芸眾生，背負千年文明的包袱，有的是可悲的惰性。他們缺乏人類應有的果斷行動與優越的智慧以踏着先烈的屍體去實現他們的理想。他們對現存制度不滿的表達方式，不是同心同德地團結起來推翻那猛於虎的苛政，而是加入秘密會社尋求庇護⋯⋯而那些秘密會社又是那麼散漫，以至他們數不清的舉義的企圖都以失敗告終。[88]

該社論馬上又鄭重宣稱說，據該社掌握到的情報，一群有組織、有頭腦、有理想、而又：

> 不屬於任何秘密會社的開明人士，為了改革中國政治制度，正準備採取不流血方式（如果那是可能的話）進行政變。他們改革黨（Reform Party）希望成立的政權是對外開放、歡迎西方文明和貿易的，一改目前那種閉關自守的作風。⋯⋯他們的計劃值得支持，列強理應歡迎這種自發的、要求徹底改變中國政治制度的企圖。內戰、無可避免會擾亂貿易和帶來其他可怕的暫時困難。但是，若列強不付出這種代價，

86　見本章第二節。

87　《國父年譜》（1985），上冊，頁76。

88　Editorial, *China Mail,* 12 March 1895, p. 3, cols. 6-7: col. 6.

苛政猛於虎的局面將永遠不會改變，而中國廣大的市場也永遠不會獲得開放。[89]

英國以商立國。有什麼比開放廣大中國市場更能打動英國朝野之心？準此，社論呼籲列強不要敵視這改革黨：

我們希望，列強不要用過去對付太平天國的那種態度與手段來對待目前正在醞釀中的政變。太平天國諸王倒行逆施，充分證明當時英人戈登（Charles Gordon）之協助滿清政府鎮壓太平軍是做得對的。但是，如果列強默許目前正在醞釀中的文明政變，則該政變肯定會成功！對於該政變的具體行動細節，我們還不太清楚。但有一點我們卻可以肯定地說，他們所草擬的憲法，是以西方模式作為基礎，並藉此作為溝通中國古代文明與當今世界的橋樑。[90]

列強為何要付出內戰所帶來暫時困難的代價？因為內戰所帶來的好處是長遠而巨大的，改革黨已擬就施政大綱：

公佈憲法：中央政府和地方政府的一切行為均依照這憲法辦事。徹底整頓司法制度：廢除嚴刑逼供，建立陪審員制度和辯護律師制度。以西方制度訓練文武官員。定期發俸，而薪俸必須高到能杜絕貪污納賄的行為。承認所有現存條約。承擔一切外債並繼續以海關盈餘作為該等債務的抵押。廢除釐金。[91]

一提到廢除釐金，該社論主筆馬上歡呼曰：

準此，在華貿易將馬上突飛猛漲，關稅的收入也滾滾而來，讓新政權完全有足夠的能力應付所有開支。因此，只要改革運動能發動起來，

89　Editorial, *China Mail,* 12 March 1895, p. 3, cols. 6-7.

90　Editorial, *China Mail,* 12 March 1895, p. 3, cols. 6-7: col. 7.

91　Ibid.

則成功可期。成功以後，就像日本和埃及一樣，中國必須聘請外國專家來指導各個政府部門的成立和運作，直到一切都上了軌道為止。接着大修鐵路，開發礦場。這一切都會為英國的企業家和資本家提供大展鴻圖的機會，以至我們長期以來夢寐以求的、可盼而不可達的「開放中國」的宿願，終於將會得到實踐。[92]

《德臣西報》這份英文報章，是當時香港殖民地的主流大報。雖談不上是政府喉舌，但立場完全站在英國那邊，對殖民政府與英國利益極盡保駕護航之能事，卻是有目共睹的事實。孫中山亟欲得到英國政府默許其革命事業——至低限度不像過去對付太平軍那樣若明若暗地幫助清廷進行鎮壓——而一廂情願地認為該社論代表了英國政府本身對其革命事業的同情和支持，則毫不奇怪。這種幻想一直維持到他臨終之日！[93]

如果説，《德臣西報》只不過是一家之言，那麼在華的其他英語報章對時局的看法又如何？茲將當時《北京與天津時報》發表的一篇社論有關部分翻譯如下：

中國人民對官吏的貪污腐敗都非常清楚。……儘管是這個城市〔北京〕最高的大官，在本市民眾當中也是臭名昭彰。因為民眾心中都很清楚：正是這批貪官污吏的昏瞶無能把他們的國家弄到目前這個淒慘的地步。……朝廷四分五裂，軍隊是烏合之眾，飽受迫害的民眾只會發出無奈的哀鳴。中國的現狀真讓人絕望！難道在好幾億的中國人當中，就找不到幾位愛國者挺身出來，振臂高呼説：「我們再也受不了！現在是決裂的時候了！」[94]

92　Ibid.

93　見拙著《中山先生與英國》（臺北：學生書局，2005），第十章。

94　Reprinted from the *Peking and Tientsin Times* in the Hong Kong *China Mail* and "The Impending Revolution in China", 15 March 1895, p. 4, col. 3.

《上海信使報》一篇社論的有關部分也值得翻譯：

> 中國的廣大民眾是否永遠蹲在無知與黑暗當中而不吭一聲？是否永遠
> 不會出現一位領袖來解放這大批可憐的、被壓迫得死去活來的貧苦大
> 眾。我們相信，不，我們確信，這個陷人民於水深火熱之中的腐敗政
> 府很快就會被打倒！[95]

上述兩篇社論，都在1895年3月15日被香港的《德臣西報》全文轉載。
當時在香港準備開興中會高層會議的孫中山看後，會得到這麼一個信息：即
華北、華中、華南的三家英文大報都有一個共同看法，滿清政府已腐敗到無
可救藥的地步，必須推翻。其中的《德臣西報》更進一步說：據該報所掌握
到的內幕消息，已有一個開明的改革黨正在密鑼緊鼓地準備起義，並因此而
呼籲列強默許。[96]準此，該報在轉載華北、華中兩家報社的社論時，還特別
指出：由於該兩家報社對這內幕消息懵然不知而喟然嘆息。

把《德臣西報》1895年3月12日的社論，與孫中山1897年3月1日在倫敦
《雙週論壇》用英語發表的文章〈中國的現在和未來——改革黨呼籲英國善
持中立〉[97]作比較，發覺兩篇文章的精神與論據如出一轍。用詞也雷同：例
如用改革黨（Reform Party）這個詞來描述興中會這個組織，但說着說着，
慢慢就用革命（revolution）這個詞來描述該會準備採取的行動等。同時並
用「改革」與「革命」兩詞，表面上似乎是互相矛盾，但竊以為是經過深思
熟慮的一種策略。因為，保守的英國人，一看到革命黨（revolutionary party）
這個名詞，可能馬上就會產生反感。但若看到改革黨（Reform Party）這個
名詞，會由衷地歡迎。因為他們都一致認為，當時的中國實在需要改革。所
以，從一開始就採用改革黨這個名詞，讓英國人先入為主地認為這是一個採

---

95 Anon, "The 'Impending Revolution in China", *China Mail*, 15 March 1895, p. 4, cols. 3-4: col. 3.

96 Editorial, *China Mail,* 12 March 1895, p. 3, cols. 6-7: col. 7.

97 Sun Yatsen, "China's Present and Future: The Reform Party's Plea for British Benevolent Neutrality", *Fortnightly Review* (New series), vol. 61, no. 363 (1 March 1 1897), pp. 424-440.

取和平手段來改革中國的政黨，因而對它產生好感。然後慢慢地再說，在迫不得已的情況下，將不惜採取革命手段，以爭取英國人認可。因為當時的英國人對滿清朝廷的腐敗無能也實在忍無可忍。從上述三篇「各自為政」的獨立社論可知這種不滿的普遍性。

有人曾因為遲至1895年3月16日孫中山在香港舉行興中會幹部會議時，《德臣西報》主筆黎德才允為臂助；[98] 而該報在此三天前已發表社論支持革命，[99] 而「感覺困惑」。[100] 其實，這種現象好解釋。冰凍三尺，非一日之寒：黎德乃大報主筆，見多識廣，不會僅僅參加過興中會一次會議就允為臂助那麼冒失。肯定是謝纘泰、孫中山和其他興中會的高層人士曾經對黎德做過耐心細緻的思想工作。很明顯，在1895年3月16日黎德出席興中會的會議之前，他已被爭取過來而早在三天前就刊登了那篇社論。[101] 綜合上面分析，可知1895年孫中山在香港跟《德臣西報》主筆黎德和香港英語輿論界混得稔熟，並已經爭取了他們的同情和支持。而「混熟」與「爭取」的媒介，正是孫中山的新盟友——輔仁文社，尤其是該社秘書謝纘泰。

《德臣西報》1895年3月12日的社論刊出以後，各方反應如何？反應得最快的是香港本地的華人：香港街頭馬上謠言滿天飛，說在一兩天內就會爆發革命。於是《德臣西報》就藉1895年3月16日的社論澄清其事，說：「根據我們所掌握到的情報，我們可以肯定地說，雖然該改革黨組織起來已有幾個月，但舉義的時機還未成熟。主要原因是他們當中還沒有一位眾望所歸的領袖。這樣一位領袖的出現，恐怕要等到事發以後，誰表現得最有領導才幹，誰才會令其他人心悅誠服。」[102] 這篇社論準確地反映了當時香港興中會的真實情況：例如該會成立才幾個月、孫中山所領導的興中會與楊衢雲所領導的輔仁文社合併後兩人爭當首領的事實等，皆佐證了上段有關孫中山等與

98　《國父年譜》(1985)，上冊，頁75。

99　Editorial, *China Mail,* 12 March 1895, p. 3, cols. 6-7.

100　霍啟昌：〈幾種有關孫中山先生在香港策進革命的香港史料試析〉，載孫中山研究學會編：《回顧與展望：國內外孫中山研究述評》(北京：中華書局，1986)，頁440-455：其中頁452。

101　Editorial, *China Mail,* 12 March 1895, p. 3, cols. 6-7.

102　Editorial, *China Mail,* 16 March 1895, p. 3, col. 7.

黎德混得很熟的「神遊冥想」。

在華的英人反應又如何？可以想像，在香港的英國人（包括香港政府的官員），會在茶餘飯後口頭跟黎德談論他們的看法，或寫信表達他們的意見。至於華中和華北的報章，也會轉載並發表評論，一如《德臣西報》曾轉載並評論過他們的社論一樣。從《德臣西報》很快地就在1895年3月18日發表第二篇有關社論，可見各方反應之迅速。從該第二篇社論的內容，可窺各方反應的性質。這第二篇社論很長，佔了兩欄半的篇幅（平常的社論只有半欄或一欄不到）。它首先用非常明確有力的語言痛陳中國時弊，並指出甲午之慘敗正是這些時弊的集中表現。中國是沒望了。當局者迷的人自然看不到這一點，但對於那些曾留過洋的、旁觀者清的改革黨（Reform Party）成員，就昭然若揭。[103]

那麼改革黨有何靈丹妙藥？「據本社所取得的該黨的救亡草案」：

> 在政制方面，他們不打算成立一個共和國。將來的中央政府將以一位君主（Emperor）為國家元首。……至於這位君主將會從過去那個朝代的後人當中挑選出來，則不是當前急務，留待將來再從長計議。……中央政府各部門則包括內政部、外交部、財政部、陸軍部、海軍部、最高法院、工務部、農業部、貿易部、警察部和教育部。總的來說，是把西方的施政方法灌進現存的架構，用舊瓶新酒的辦法來適應中國國情。[104]

綜觀整個政治藍圖，皆英國君主立憲的翻版。可以想像，該報第一篇社論提到的所謂改革黨推翻滿清，已引起一些英人讀者的不安；怕該革命黨是以改革為名革命為實。推翻滿清王室不利於英國立憲體制的穩定。法國大革命曾引起英國與歐洲其他王朝聯手對付歐洲革命派，英人心理可見一斑。竊以為黎德被邀請參加1895年3月16日興中會高層會議，目的很可能是共同商議如何回應1895年3月12日社論所引起的反彈，而1895年3月18日的社論，正

103　Editorial, *China Mail,* 18 March 1895, p. 3, col. 6-8: col. 6.

104　Ibid, col. 6.

是該高層會議商量對策的結果。

1895年3月18日的社論繼續説：

> 特別值得一提的是該改革黨所提出對司法制度的改革。眾所周知，中
> 國的司法制度真是糟糕透頂，其最大的污點是對證人和嫌疑犯嚴刑迫
> 供……〔改革黨認為〕判刑必須符合人道與文明的標準；監獄必須徹
> 底改革；法制必須為原告與被告都提供辯護律師的服務；陪審員制度
> 必須確立。[105]

這段社論嚴厲批評中國嚴刑迫供的惡習，與孫中山後來在1897年7月1日
於倫敦的《東亞》雜誌所發表的論文〈中國法制改革〉[106]互相呼應。又一次
佐證了本章上一段的神遊冥想，即1895年3月16日興中會高層會議曾商議如
何回應1895年3月12日社論所引起的反彈。準此，容筆者進一步推論：孫中
山通過這次會議而更深切認識到英國人對中國時局的看法。該社論在結尾時
説，若改革黨能：

> 成功地改變現狀，在外國顧問的協助下按照現代的標準重新組織一個
> 新政府……滿清政權將會從地球上消失後，而那可笑的、作為臣服於
> 滿清統治象徵的辮子，也會隨風而逝……只要中國人能向全世界證明
> 他們有誠意建立一個不再是壓迫和愚民的政府，列強將會承認並全力
> 支持這個新政權。

孫中山在1895年3月16日興中會高層會議上先聽到了黎德這番高論，後
來又在《德臣西報》1895年3月18日的社論中透過白紙黑字看到了相同的觀
點，寧不歡欣鼓舞！

105　Ibid, col. 7.

106　Sun Yatsen, "Judicial Reform in China", *East Asia* (July 1897), v. 1, no. 1, pp. 3-13.
　　　黃宇和將此文翻譯成漢語，見黃彥編：《孫文選集》（廣州：廣東人民出版社，2006），
　　　頁94-104。

三、採取行動

（1）經費方面：革命黨人不能公開籌款，於是黃詠商如前述般賣掉了祖產香港蘇杭街洋樓一所，得資八千，支持起義。[107] 隨孫中山從檀島回香港的鄧蔭南也賣掉其私產得資萬數千元、余育之助款萬數千元。[108] 至於這批款項純屬捐贈還是償以股單，則現存文獻沒有記載。竊以為很可是償以股單。

（2）國際關係：1895年3月1日，孫中山拜會日本駐香港領事中川恆次郎，請其援助起義，不果。[109] 接着孫中山拜會德國駐香港領事克納普，[110] 看來目的與結果相同。為何要孫中山出面？看來生活在香港的輔仁文社諸社員以至上述英文報章的編輯都有所不便。但在此前後，《德臣西報》的社論及文章曾多次暗示有革命黨密謀推翻滿清，並呼籲外人給予支持。[111] 黎德對清廷之不滿，與傳教士如出一轍，只是言論更公開而已。至於何啟，則常在中西各報發表中國改革政見，名重一時。現他又暗中表示同情革命。[112] 其搖擺於改革和革命之間，與孫中山的情況一樣，只是鑑於身份，言論不能像學生哥的孫中山那麼肆無忌憚而已。可見是當時曾受過西方教育的有志之士的一種比較普遍的現象。此外，在1895年3月18日的社論中，黎德指出革命黨不準備創立合眾政府而準備成立君主立憲。[113] 有學者因為此說有悖興中會誓言而大感困惑。[114] 其實這現象好解釋：內外有別。興中會的誓詞是秘密的，怎能隨便公開？向外國人公開的言論必須服從於一個目標——爭取他們同情

107　馮自由：《革命逸史》（1981），第一集，頁6。

108　馮自由：《革命逸史》（1981），第一集，頁43；第四集，頁4。

109　中川致原敬函，1895年3月4日，《原敬關係文書》（東京：日本放送出版協會，1984），第二卷，書翰篇，頁392、393，轉載於《孫中山年譜長編》，上冊，頁81-82。

110　史扶鄰：《孫中山與中國革命的起源》，頁68。有關此事的進一步敘述和分析，見李吉奎：《孫中山與日本》（廣州：廣東人民出版社，1996），頁3-7。又見：《孫中山與日本關係研究》（北京：人民出版社，1996），頁35-36。

111　Editorials, *China Mail*, 12, 15, 16, 18 March 1895.

112　馮自由：《中華民國開國前革命史》，第一冊，頁10-11，轉載於《國父年譜》（1985），上冊，頁74。

113　Editorial, *China Mail*, 18 March 1895.

114　霍啟昌：〈幾種有關孫中山先生在港策進革命的香港史料試析〉，載《回顧與展望》，頁440-455：其中頁452。

和支持。試想，當時孫中山正奔走於日本領事、德國領事和英報主編之間，而三國政制都是君主立憲。他若明倡廢掉君主，就會失去他們的同情和支持了。智者不為。而且黎德也沒參加興中會，故沒作誓詞，自然不知誓詞內容是什麼。

（3）戰略部署：兵分三路。第一路由孫中山帶領鄭士良、陳少白等赴穗負責陣地指揮，陸皓東則從上海來參加。第二路是由楊衢雲留守香港運籌帷幄：包括招兵買馬，偷運軍火到廣州。第三路負責事成後對外宣言，該宣言由香港《德臣西報》編輯黎德起草，何啟等修改，以便屆時通告各國，要求承認為「民主國家交戰團體」。[115] 竊以為所謂「民主國家交戰團體」，可能是從英語的「belligerent party」翻譯過來。按國際法，如果外國視革命軍為這樣的一個團體，則保持中立；若目為叛黨，就有可能幫助與其具有邦交的政府平亂。

（4）未舉先敗：1895年10月26日重陽節清晨6時，在廣州各路人馬的首領紛紛來討口令待命，卻遲遲不見楊衢雲答應派來的、配備了槍枝彈藥的「敢死隊三千人」。該敢死隊是起義的主力，而在廣州方面聚集的各路人馬都沒有現代化武器，且大多數是一般的綠林和散勇，全屬配合性質，不能單獨行動。遲至當天早上8時許，方接楊衢雲電報說：「貨不能來。」怎麼啦？擬1895年10月26日清晨到達廣州的香港夜渡，1895年10月25日晚上就從香港開出了，「決死隊」沒上船，楊衢雲最遲在1895年10月25日晚上就知道，怎麼他的電報遲至1895年10月26日早上8時許才遞到孫中山手裏？須知當時是有線電報，很慢，第二天收到已經很了不起。但孫中山該怎辦？陳少白說：「凡事過了期，風聲必然走漏，再要發動一定要失敗的，我們還是把事情壓下去，以後再說吧！」孫中山同意，便發錢給各綠林首領，讓他們回家，將來待命。又電楊衢雲曰：「貨不要來，以待後命。」孫、陳均以處境危險，宜盡快離開。但孫讓陳先走，自己留下善後。陳就於當晚乘「泰安」夜航去香港。[116] 果然當天已走漏了風聲，尤幸兩廣總督譚鍾麟「以孫文時

115　馮自由：〈廣州興中會及乙未庚子二役〉，載《革命逸史》（1981），第四集，頁11。

116　陳少白：《興中會革命史要》，轉載於《辛亥革命》，第一冊，頁21-75：其中頁31-32。

為教會中人，無舉義憑據，萬一辦理錯誤，被其反噬，着李家焯不可鹵莽從事」。[117] 故李家焯仍不敢逮捕孫中山。當天晚上，孫中山還與區鳳墀宣教師連袂赴王煜初牧師宴。[118] 李家焯的探勇仍是不敢動手，甚而被孫中山奚落一番。[119] 孫中山可知道，是他與基督教會的關係救了他一命！

翌日，1895年10月27日，孫中山避過探勇後，坐自備之小汽船輾轉逃往香港。[120] 終於，「決死隊」在28日清晨6時抵穗，比原定時間遲了兩天，比孫中山離開廣州的時間也遲了約二十小時。軍令如山，誤了軍機是要殺頭的，雖然楊衢雲不是軍人，但這麼簡單的知識難道楊衢雲也不懂？

四、為何「決死隊」沒有按時到達？

孫中山在29日即輾轉自澳門坐船抵達香港。可以想像，此時的孫、楊兩派矛盾之深：孫派怨楊派不如期「發貨」；楊派怨孫派拒不「接貨」。應該指出，孫中山回到香港後有沒有再見到楊衢雲，目前還是樁懸案。對於這個問題，《國父年譜》和《孫中山年譜長編》都沒有談及。究其原因，很可能是沒有掌握到確鑿證據，所以不談為佳。就連當事人之一的謝纘泰，在其後來所撰的《中華民國秘史》和孫中山的追憶，均沒提及。可能雙方都不願意再提這讓人痛心的事情。但從情理推論，雙方在香港再見過面的可能性是很高的。[121]

竊以為孫、楊兩派都分別被香港與廣州方面的三合會欺騙了。香港的會黨曾向他們保證派出「決死隊員」三千人，實際上只是騙當地的苦力去做替死鬼。據香港政府事後的一份調查報告說，1895年10月初，香港警方已獲線報，謂有三合會份子正在香港招募壯勇。10月27日，香港警官士丹頓探長

117　鄒魯：《乙未廣州之役》，轉載於《辛亥革命》，第一冊，頁23。

118　黎玩瓊：〈談談道濟會堂〉，1984年1月6日，載王誌信：《道濟會堂史》，頁85-87：其中頁86。該宴會是王煜初牧師為兒子王寵光娶媳婦而設。

119　鄒魯：《乙未廣州之役》，轉載於《辛亥革命》，第一冊，頁23。

120　鄒魯：《乙未廣州之役》，轉載於《辛亥革命》，第一冊，頁22；鄧慕韓：〈乙未廣州革命始末記〉，載《辛亥革命史料選輯》，上冊，頁9-19：其中頁18。。

121　見拙著《中山先生與英國》，第四章第一節。

（Inspector Stanton）更獲線報，謂該等份子已募得約四百人，並將於當晚乘「保安」輪往廣州。士丹頓親往碼頭調查，發覺為數約六百名的、最窮苦的苦力，因無船票而被拒登船。此時，不久大批警員也步操進現場搜查軍火，既搜船也將各苦力逐一搜身，不果。結果有為數約四百名的苦力登船。「保安」輪啟航後，朱貴全對諸苦力說：船上藏有小洋槍，抵埠後即分發候命。眾苦力方知中計。他們早已被政府的威力——如臨大敵的香港警察——嚇得魂飛魄散，現在更是加倍堅決拒絕參與起義。朱貴全等見勢色不對，船甫泊定即潛逃上岸。該香港事後調查報告強調說：當時派駐碼頭的兵勇人數一如平常，可知廣州當局全不知情。待五十多名「募勇」向碼頭駐兵申冤，才東窗事發。[122]

此報告不盡不實之處，下文分析。當務之急是追查「決死隊」在1895年10月25日晚為何無法如期從香港出發，而其原因很可能是與會黨濫竽充數不足有關。會黨這樣做，帶來的嚴重後果有五：

第一是誤了出發日期。

第二是喪盡軍心。試想：以募勇之名騙人去造反，誰甘心？那算什麼「決死隊」？

第三是絕對的誤導：「決死隊」之名給人的印象是訓練有素的軍人，哪怕是會黨中人，也應該暗中受過訓練。但那些苦力卻完全是烏合之眾，甚至可能畢生也未沾過槍枝彈藥的邊，給他們洋槍他們也不會放。

第四是人丁單薄。就算全部四百苦力都同意造反，與預定之人數三千相差懸殊。

第五是招疑以至暴露密謀。香港的一位英國人向當地記者透露，他曾命其華僕僱用四名苦力當其轎夫，1895年10月27日開始工作。不料該四名苦力卻沒有如期報到。該華僕解釋說，四名苦力都赴廣州打仗去了！[123]香港這個鳥蛋般的小地方（當時還沒有新界，只有港島和九龍半島），突然缺少了

122　Memorandum by the Acting Assistant Colonial Secretary, F. J. Badeley, on the Canton Uprising of October 1895, enclosed in Robinson to Chamberlain, 11 March 1896, CO129/271, pp. 437-445: here, pp. 441-445.

123　Anon, "The Threatened Rising at Canton — Searching the Canton Steamer", *China Mail*, 28 October 1895, p. 4, col. 2.

四百苦力的人力供應，能不招疑？

　　那麼，誰是在香港負責招募苦力的會黨人士？據那四十多名在廣州碼頭被兵勇帶走問話的苦力所供：

> 係朱貴銓〔全〕[124]偕其兄朱某及邱四聲言招募壯勇，每名月給糧銀十員，惟未知何往。其兄朱某前數日經已招得四百人，先行他往。當在火船時有銀八百餘元，由朱貴銓及邱四交輪船水腳〔按即船票〕外，每人先給過銀五毫。其銀係朱貴銓親手分派，並由邱四每人給紅邊帶四尺五寸，以為暗號。又教以除暴安良口號四字，言到省登岸即分給軍裝。[125]

　　這段供詞的內容，與香港警官士丹頓探長在香港方面所了解到的情況雷同，[126]可互相佐證。而其中提到的朱貴銓〔全〕乃兄，招得四百苦力以後就「先行他往」，讓乃弟去冒險。看來這位會黨中人，不但騙了孫中山、楊衢雲等，也騙了乃弟。此人為了金錢而欺騙乃弟讓其當替死鬼，連最起碼的江湖道義也沒有！騙了乃弟，在中國近代史上沒發生深遠影響。騙了孫、楊，就加深了兩派之間的怨恨，破壞了革命事業。

　　至於廣州方面的會黨，則孫中山又追憶說，在預定起事當天清晨：「忽有密電馳至，謂西南、東北兩軍中途被阻。兩軍既不得進，則應援之勢已孤，即起事之謀已敗。然急使既遣，萬難召回。一面又連接警報，謂兩軍萬難進行。」[127]這很可能是廣州方面的會黨連濫竽充數的辦法也沒有，因而到了關鍵時刻，空頭支票無法兌現之餘，而推搪塞責的一派胡言。因為，在香港還可以冒險藉募勇之名騙來苦力，在內地則連這種欺騙手段也施展不開。

124　不同文獻用不同名字，在引文之中更是不能改，故本書在引文中忠實地按原文照錄「朱貴銓」或「朱貴全」，而在正文評述該引文時，也只好交替使用，敬請讀者留意。

125　香港《華字日報》，1895年10月30日星期三，第2版，第3欄。

126　Memorandum by the Acting Assistant Colonial Secretary F. J. Badeley on the Canton Uprising of October 1895, enclosed in Robinson to Chamberlain, 11 March 1896, CO129/271, pp. 437-445: here, p. 441-443

127　孫中山：《倫敦被難記》，轉載於《國父全集》（1989），第二冊，頁197；《孫中山全集》，第一卷，頁54。

如此説，則儘管香港方面果真能派出決死隊三千人，到了廣州仍是孤軍作戰，必敗無疑。

　　無奈香港方面的會黨募勇不足，而無法如期啓程，不單誤了廣州方面的軍機，也害死了楊衢雲。蓋楊衢雲在1895年10月26日得悉原擬在10月25日晚上出發的敢死隊不能成行後加緊催辦，結果朱貴全兄等似乎保證10月27日晚上必能啓程，以至楊衢雲下令藏有軍械的士敏土預先託運於10月27日晚上開往廣州的夜渡，以便軍火與敢死隊同船前進。待楊衢雲在10月27日接孫中山先一日發出電止進兵時，七箱藏有軍械的士敏土已經下船，收不回了！[128] 當晚10時香港的士丹頓探長即獲報，謂沙宣洋行買辦楊衢雲曾購入大批軍火，並藏在剛開往廣州的夜渡「保安」號。經調查確有其事後，[129] 故士丹頓探長的下一個目標，就是緝拿楊衢雲歸案了。

五、缺乏經驗

　　導致失敗的另一個原因，是孫中山、陸皓東等人，皆初生之犢不畏虎，嚴重缺乏經驗。一個很明顯的問題是：為何孫中山認為來自香港的主力——會黨「決死隊」三千人——就能打敗駐紮在廣州數以萬計的正規軍？關鍵似乎是於1883年秋、孫中山從檀香山回到翠亨村不久所發生的一件事情。孫中山回鄉後與同村青年陸皓東結成好朋友，並經常共同談論時政之腐敗。當時廣東正在舉辦團防，滿清政府遣派閲兵大臣方耀到香山縣，準備在濠頭鄉舉行檢閲。由於香山官府過去一直虛報兵額，以便中飽私囊，接命後慌忙向各鄉招募壯丁冒充兵勇。陸皓東與同村多人應徵參加，但更多的應徵者是煙鬼、乞丐。以至檢閲時隊伍不整，放槍時參差不齊，醜態百出。陸皓東回到翠亨村後，將檢閲經過告訴孫中山，兩人皆認為以清朝軍隊之腐敗，只消

128　鄧慕韓：〈乙未廣州革命始末記〉，載《辛亥革命史料選輯》，上冊，頁9-19；其中頁17。

129　Memorandum by the Acting Assistant Colonial Secretary, F. J. Badeley, on the Canton Uprising of October 1895, enclosed in Robinson to Chamberlain, 11 March 1896, CO129/271, pp. 437-445.

五六十名健兒便可奪取虎門砲台。[130] 若此口碑屬實，則按照孫、陸兩人的邏輯，三千健兒應能克服廣州，更何況這三千健兒是「決死隊員」！又由於孫中山似乎是誤信了香港的會黨能提供三千決死隊員，於是就決定起義了。

　　真是初生之犢！此二犢感情極好，而促進他們真摯友情的因素之一，是「英雄所見略同」。君不見，也就是於1883年秋、孫中山從檀香山回到翠亨村不久，二犢就甘冒全村之大不韙，攜手毀瀆該村祖廟裏的北帝像。[131] 正如本書第四章所指出，當時若被村民抓着，恐怕就會被活活打死。[132] 結果孫中山亡命香港，陸皓東也逃往上海。[133] 1892年，目前的翠亨村孫中山故居建成了，孫中山有了自己的書房。陸皓東常常到孫中山的書房談論時局到深夜。太晚了，兩人就乾脆同睡在書房的鐵床上。[134] 兩犢感情之篤，可見一斑。

　　孫中山等過份低估當時清廷駐紮在廣州之兵力，亦可從另一事例看出。1895年3月16日，孫中山與楊衢雲等商議起義計劃時，孫中山說：

　　發難之人貴精不貴多，人多則依賴而莫敢先，且易泄漏，事敗多由於此。當年太平天國時，劉麗川以七人取上海，今廣州防兵之眾，城垣之大，雖不可與上海同日而語，然而只有敢死者百人奮勇首義，則事便可濟。[135]

130　陸文燦：《孫中山公事略》(稿本，藏翠亨村孫中山故居紀念館)。該稿後來刊登於《孫中山研究》，第一輯(廣州：廣東人民出版社，1986)。陸燦，又名陸文燦，乃陸皓東堂姪，檀香山興中會會員。1895年回翠亨村成親，適孫中山在廣州舉義失敗，陸燦就主動幫助孫家大小逃往澳門轉香港再轉檀香山。

131　李伯新訪問陸天祥(八十三歲)，1959年無月日，載李伯新：《孫中山史蹟憶訪錄》，中山文史第三十八輯(中山：中國人民政治協商會議廣東省中山市委員會文史學習委員會，1996)，頁59-64：其中頁62。

132　本書第四章第十七節。

133　馮自由：《革命逸史》(1981)，第二集，頁2、10。

134　李伯新訪問陸天祥(八十六歲)，1962年3月31日，載李伯新：《孫中山史蹟憶訪錄》，頁第65-68：其中頁67。

135　鄧慕韓：〈乙未廣州革命始末記〉，載《辛亥革命史料選輯》，上冊，頁9-19：其中頁12。

　　此語與上述「只消五六十名健兒便可奪取虎門砲台」[136]之言，如出一轍。出此豪言之孫中山，其邏輯為何？他解釋說：

> 蓋是時廣州之重要衙署不外將軍、都統、總督、巡撫、水提等七處，雖為軍事機關，第承平日久，兵駐左右，有名無實，絕不防衛，只有衙役數人把守而已。

此言佐證了孫中山經常出入高官之門，為他們及家眷治病。孫中山既有此第一手資料，故：

> 擬以五人為一隊，配足長短槍械及炸彈，進攻一署，直入署後官眷之房，將其長官或誅或執，如是全城已無發號施令之人，尚恐有城外兵隊聞變入援，則擇最重要之街道，如雙門底、惠愛街二處，伏於店舖兩旁，以寶壘掩護，伺其來突發槍擲彈擊之，援兵不知虛實，突遭迎頭痛擊，必不敢前。猶慮其由橫街小巷經過，則預先講此等道路轟炸，則兩旁舖屋傾塌，粵垣街道闊僅數尺，舖砌白石，投以炸彈即易爆炸，磚瓦堆塞，援兵必不能過，擔任握守重要街道之敢死隊二三十人便足，西門、歸德門二處城樓則以二三十人佔領，以延城外響應者入，圍攻旗界又以一二十人，與進攻衙署任務已完之隊分頭防火為號，且壯聲勢，如此則大事成矣。[137]

　　全屬紙上談兵。難怪「孫先生以此計劃與同志商，多以為人少力薄，偶有蹉跎，同歸於盡，冒險太甚，贊成者只得三數人」。[138]更難怪謝纘泰批評說：「孫逸仙看來是個輕率的莽漢」，又說：「孫念念不忘『革命』，而且有時全神貫注，以至一言一行都顯得奇奇怪怪！……一個人固然可以置生死於

136　陸文燦：《孫中山公事略》（稿本，藏翠亨村孫中山故居紀念館）。該稿後來刊登於《孫中山研究》，第一輯。

137　鄧慕韓：〈乙未廣州革命始末記〉，載《辛亥革命史料選輯》，上冊，頁9-19；其中頁12-13。

138　同上註，頁13。

度外，但在行動上，卻必須認識到領導人的性命不可能作無謂的犧牲。」[139]
後來孫中山改為建議分路攻城，動議才獲通過。[140]

　　其實，孫中山之種種表現，皆顯示出他是在忘我地奉獻。正因為孫中山
本人在忘我地奉獻，所以他以為其他人都會像他一樣地忘我奉獻。真的，若
所有戰士都像他一樣地忘我奉獻，捨命戰鬥，廣州焉能不克？但謝纘泰等人
早認識到，絕大多數人是不會忘我奉獻的，甚或認為忘我奉獻的人絕無僅
有，所以才覺得孫中山像瘋瘋癲癲的。君不見，1894年秋孫中山回到檀島鼓
吹革命時，也有華僑在其背後指指點點，稱他為「瘋子」。[141] 孫中山這種在
別人眼中是「瘋瘋癲癲」的現象，也表現在他似乎絲毫沒想到家人的安危：
他好像從未想過萬一事敗，在翠亨村的家人肯定慘遭毒手，因而也沒為他們
安排後路。鄭照回憶説，廣州起義失敗後：

> 清吏捕索甚急，而其家人則仍居住鄉間，甚為危險。時達成公早已去
> 世，其母則尚健在。盧夫人居家奉姑養子（公子科已出世數年）。是
> 年僑居檀島之陸文燦君，回粵結婚，見此險狀，乃自告奮勇擔任搬取
> 先生及眉公家眷之事。於是老夫人、眉公夫人、盧氏夫人及公子科全
> 家隨其遷往澳門，復至香港得陳少白兄之接濟而乘輪赴檀。抵岸後，
> 全體先在舍下暫住，旋遷往茂宜島眉公處，始得安居焉。[142]

　　此段回憶的最後一句話值得注意：孫家大小抵達火奴魯魯時，似乎先在
鄭照的家裏暫住，所以他的故事，是從當時的孫家大小口中得悉。若這口碑
屬實，則孫中山在事前的確沒有為家人預先安排後路。

　　那麼，拯救孫家的當事人陸文燦自己又怎麼説？陸文燦，簡稱陸燦，

139　《孫中山年譜長編》，上冊，頁87，引謝纘泰：《中華民國革命祕史》（英文原著）。

140　鄧慕韓：〈乙未廣州革命始末記〉，載《辛亥革命史料選輯》，上冊，頁9-19頁：其中
　　　頁12-13。

141　馬兗生採訪陳志昆，1998年8月，載馬兗生：《孫中山在夏威夷：活動和追隨者》，
　　　頁15。

142　見鄭照：〈孫中山先生逸事〉，載尚明軒、王學莊、陳崧編：《孫中山生平事業追憶
　　　錄》（北京：人民出版社，1986），頁516-520：其中頁518。

乃翠亨村人，陸皓東之姪。他在1946年8月之後，[143] 用英語寫了一本回憶
錄。[144] 這回憶錄後來被翻譯成漢語。[145] 他說：廣州起義失敗後，孫中山逃到
香港：

> 捎話來叫我去香港會見他。陸皓東的死對他是一個沉重的打擊。……
> 他問我能否把他的妻子、母親和三個孩子帶到夏威夷去給孫眉撫養。
> 他說他們在中國是不安全的。我立即答應並很快送他的家屬去夏威
> 夷。[146]

這就佐證了鄭照之言。但是，陸文燦在同書後部又寫道：

> 當第一次起義準備就緒的時候，他意識到任何差錯都會危及家庭。他
> 讓他們離開翠亨村，搬到香港去，希望他們能在英國租界地內安全生
> 活。[147]

這就變得前言不對後語了。是什麼因素造成這種矛盾？線索不難尋。在
兩段引文的中間，陸文燦在寫道：

> 當我離開香港時，我感到孫中山變得果斷、冷靜、像將軍那樣深思熟
> 慮，胸有成竹。一個輕舉妄動的男孩帝象變成一個我們所期待的精明
> 的、堅定不移的領袖。[148]

看來陸文燦為了證明孫中山已從輕舉妄動變得深思熟慮，於是筆鋒一

143　陸燦著，傅伍儀譯：《我所了解的孫逸仙》（北京：中國和平出版社，1986），頁1。

144　Luke Chan, Betty Tebetts Taylor, *Sun Yat-Sen: As I Knew Him: Memoirs of Luke Chan, Boyhood Friend of Sun Yat Sen*.

145　陸燦著，傅伍儀譯：《我所了解的孫逸仙》。

146　同上註，頁18。

147　同上註，頁42-43。

148　同上註，頁18。

轉，就把沒有考慮家人安危的孫帝象，寫成起義前就把家人搬到香港的孫中山。至低限度陸文燦認為孫帝象曾經有過輕舉妄動的時刻，所指乃毀瀆北帝神像之事。[149] 陸文燦的書，實話摻雜着不少善意的假話。為了讓人相信其善意的假話，陸文燦甚至編造了下面一個故事。他說，孫中山把家人搬到香港後：

> 他們在香港租住的房子並不像孫希望的那樣秘密。第一次革命失敗後，清廷特務要來搜查，幸而房主是個英國人，他要他們出示證件，否則不准搜查，並聲稱如搜查不出東西來，他要控告他們；特務只好離去。[150]

稍懂英國殖民史或香港歷史的人，都不會編出這樣的一個故事。英國人統治日不落大帝國的秘密武器之一，是刻意製造一個假象：即英國人是世界上最優越的民族，被征服的人最好是乖乖地被統治。製造這種假象的重要手段之一，是在殖民地裏把自己與當地人隔開來。譬如在香港的港島，從半山區到山頂的地帶，只許英國人或其他白種人居住。陸文燦說，作為英國人的房東把房子租給孫家，若屬實則房東必須經常與房客接觸，想香港的英國殖民政府也不容許！

承陸文燦冒死幫忙，孫家大小逃過一劫。但是，在翠亨村的房子，命運又如何？村中耆老回憶說：「清兵不相信翠亨村有孫文，拉大隊封了翠薇村。也有十多個清兵來過封屋，後不知怎樣卻受賄走了，未把屋封上。」[151] 此話讀來，讓人撲朔迷離，孫中山是欽犯，案情重大，軍機大臣字寄兩廣總督譚鍾麟等嚴拿，可不是開玩笑的。清兵急急如律令般搜捕欽犯，怎會錯把翠薇作翠亨？這樁歷史懸案，必須解決。有學者說：清兵到了翠亨村，發覺是這麼細小的一座村莊，不相信是帶頭造反人的故鄉，於是他往。筆者則從

149　同上註，頁10。

150　同上註，頁43。

151　李伯新採訪陸天祥（八十六歲），1962年5月23日，載李伯新：《孫中山史蹟憶訪錄》，頁68-70；其中頁69。

另外一個方向探索：當時清兵手頭掌握了什麼信息去封屋抓人？竊以為信息之一是革命黨人的供詞。經追查，果然發覺陸皓東的供詞一開始是這樣說的：「吾姓陸明中桂，號皓東，香山翠薇鄉人。」[152]陸皓東受審時可能説過這樣的話，目的是把清兵引離翠亨村。但現存的〈陸皓東供詞〉是很有問題的，詳見下文。

　　清兵到了翠薇村查問，當然誰也不知道孫中山、陸皓東是何許人。結果另派小隊士兵到其他村莊騷擾，也不奇怪。孫中山是欽犯，封屋挖祖墳是慣例。但據上述口碑，則似乎該小隊清兵到了翠亨村，受賄之後就輕易地放過孫中山故居一馬。[153]究竟是誰賄賂了清兵？據陸燦説，是他自己到唐家灣〔按：譯者誤作董家村〕一個做過官的叔祖父向其請教：

> 他問我們族長有沒有關於治安條例的書。我説我不知道。叔祖父拿出他的書說應當讓族長看看有關查封的幾段。他還說村裏當事人要好好招待士兵，陪着他們去搜查（盡可能帶他們）繞彎路。然後説，根據書上規定，可以按軍隊行走的路程給與「報酬」。你只能提出這點建議。士兵得到了報酬，認為沒什麼可「充公」他們可能立即離去。……事實上並沒有發生麻煩，士兵們無意追究此事，他們收了「報酬」，讓我們領他們到孫中山空無一人的家，最後平靜無事地離去。[154]

　　茲複製一幅現代英文地圖（見圖8.10），其中Blue Valley即翠亨村；Tang Township即唐家灣，以示距離。

　　此段讀來，似乎是屬於陸文燦回憶錄中真話的那一種。理由有二：

152　陸皓東供詞，載鄒魯：《乙未廣州之役》，轉載於《辛亥革命》，第一冊，頁229。

153　李伯新採訪陸天祥（八十六歲），1962年5月23日，載李伯新：《孫中山史蹟憶訪錄》，頁68-70：其中頁69。

154　陸燦著，傅伍儀譯：《我所了解的孫逸仙》，頁16-18。該書原文是英語，譯者似乎是北方人，不太清楚翠亨村及周遭地理，誤將唐家灣譯作董家村，屬情理之常。後來翠亨村孫中山故居紀念館的黃健敏把該譯文中誤譯之人名地名糾正過來另行出版。見陸燦、泰勒（Betty Tebbetts Taylor）合著，黃健敏譯：《我所認識的孫逸仙——童年朋友陸燦的回憶》（北京：文物出版社，2008）。

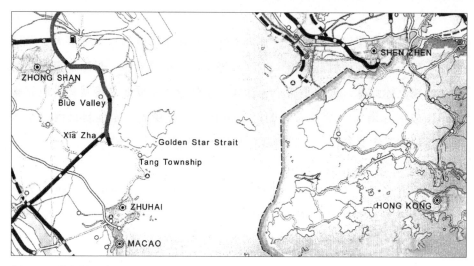

圖8.10 翠亨村與唐家灣
（翠亨村在Blue Valley，唐家灣用Tang Township代表）

（1）此話不牽涉到陸文燦最關心的問題，即孫中山英雄形象的問題，他不必編故事。

（2）陸文燦似乎是一個不愛居功的人。君不見，鄭照說是陸文燦回到翠亨村時見到孫家險象環生，於是自告奮勇，主動把孫家大小帶往香港；陸文燦卻說是孫中山要求他，他才這樣做；後來甚至說孫中山在起義前早已安排家人去了香港。陸文燦不居功之處，讓人欽佩，增加其有關封屋之言的可靠性。

至於會黨，則在孫中山漫長的革命生涯中，於推翻滿清那段時候，初期有很長的一段時間是依靠會黨的，理由是他過份相信會黨的「反滿」的決心，而忽視了會黨同時也是非法的犯罪組織，有其唯利是圖不擇手段的另一副臉孔。結果是，雖然廣州起義失敗了，他仍然只會一股勁地怪楊衢雲調度失宜，而沒有懷疑會黨三番四次地欺騙他，以至他此後的革命手段仍堅守兩個方針：

（1）在海外向華僑捐款；

（2）把捐款用在國內聯絡會黨，利用會黨推翻滿清。結果當然仍是屢起屢敗，直到1905年同盟會成立後，留學生與新軍代替了會黨作為革命骨幹，才取得武昌起義的成功。

六、為何密謀瓦解？

重溫廣州起義這段歷史：孫中山沒有任何顯著的舉動，為何廣州當局這麼快就偵知？關於這個問題，有多種解釋：

（1）**黨屬告密**：馮自由說，舉義前一二日，有朱湘者，以其弟朱淇列名黨籍，且作討滿檄文，恐被牽累，「竟用朱淇名義向緝捕委員李家焯自首，以期將功贖罪。李得報，一面派兵監視總理行動，一面親赴督署稟報……粵督譚鍾麟聞李家焯報告有人造反，急問何人。李以孫某對。譚大笑曰：『孫乃狂士，好作大言，焉敢造反？』堅不肯信，李失意而退。」[155] 看

155　馮自由：〈廣州興中會及乙未庚子二役〉，載《革命逸史》（1981），第四集，頁11-12。

來孫中山平日與官場中人交往時放言無忌的習慣，在生死關頭救了他一命。
「是日〔1895年10月26日〕總理方赴省河南王宅婚禮宴會，見有兵警偵伺左
右，知事不妙，乃笑語座客曰：『此輩豈來捕余者乎？』放言驚座，旁若無
人。宴後從容返寓。兵警若熟視無睹。」[156]但關鍵是：雖然譚鍾麟「堅不肯
信」，難道李家焯會就此罷休？他在官場混跡多年，深知將來若出問題，粵
督還不是仍然對他限期破案？所以他還是我行我素，當晚仍派遣探勇監視孫
中山不放。

　　(2) 穗府偵知：據譚鍾麟事後奏曰：

旋據管帶巡勇知縣李家焯率千總鄧惠良等，於初十日〔1895年10月
27日〕在雙門底王家祠拿獲匪夥陸皓東、程懷、程次三名，又於鹹
蝦欄屋內拿獲程耀臣、梁榮二名，搜出洋斧一箱，共十五柄。十一日
〔1895年10月28日〕香港泰安〔保安〕輪船搭載四百餘人抵省登岸，
李家焯率把總曾瑞璠等往查獲朱桂銓〔朱貴全〕、邱四等四十五名，
餘匪聞拿奔竄。[157]

　　李家焯從何得悉雙門底王家祠藏有武器？譚鍾麟奏稿沒作解釋。馮自由
則說，密謀被粵吏「駐港密探韋寶珊所偵知，遂電告粵吏使為戒備。……
譚督於初十日〔1895年10月27日〕聞報，急……令李家焯率兵至王家
祠……。」[158]馮自由從何得悉此事，則他也沒作解釋。至於李家焯又從何得
悉「保安」輪上藏有匪夥，則譚鍾麟與馮自由都沒作交代。

156　同上註，頁12。

157　兩廣總督譚鍾麟奏稿，載中國第一歷史檔案館編：《光緒朝硃批奏摺》，第118輯（北
　　京：中華書局，1996），頁137-139：其中頁137。該稿又轉載於鄒魯：《乙未廣州之
　　役》，轉載於《辛亥革命》，第一冊，頁232-234：其中頁233。

158　馮自由：〈廣州興中會及乙未庚子二役〉，載《革命逸史》（1981），第四集，頁12。
　　竊以為要麼是同名同姓，要麼是馮自由搞錯了，因為香港名流韋玉被英女王冊封的名字
　　正是韋寶珊爵士（Sir Poshan Wei Yuk）。見 G. H. Choa, *The Life and Times of Sir Kai
　　Ho Kai* (Hong Kong: Chinese University Press, 1981), p. 18. 竊以為這位韋寶珊的身份，
　　不至於淪為滿清密探。而且，若真的曾當過滿清密探，香港政府在調查他身家底細以便
　　在1896年由香港總督任命他為立法局議員，和1919年冊封他為爵士時，恐怕都會被查出
　　來。但真相如何，還有待歷史學家去耐心考證。

圖8.11　從珠光路進入鹹蝦欄的長興直街今貌
（2007年12月26日黃宇和攝）

圖8.12　廣州鹹蝦欄14號公館（有灣窗baywindow者）今貌
（2007年12月26日黃宇和攝）

（3）有學者認為是香港政府偵破，根據是上述的香港政府報告，[159]並因此而批評正史之謂1895年10月28日「晨，該輪抵埠時，南海縣令李徵庸及緝捕委員李家焯已率兵在碼頭嚴密截緝」云云，[160]實屬不確。[161]該學者追源溯始，認為是兩廣總督譚鍾麟奏稿[162]在作怪。該學者的結論是：譚鍾麟文過飾非，虛構故事，「其可靠性值得懷疑」。[163]言下之意是諸位依靠《革命文獻》來撰寫正史的賢達紛紛中計。[164]

筆者旁徵其他史料。看了《德臣西報》在1895年10月28日星期一刊登的一篇報道，深受啟發。既是28日星期一刊登，當然是27日星期天發稿。發稿之日，正是那四百名苦力在香港登船之時。按西方習慣，新的一週從星期天算起。所以，在27日星期天發稿時說「上週」，所指的日期就包括了10月20日星期天到10月26日星期六的一週。該報道一開始就說：「上週在廣州發現了、由一批革命黨人企圖佔領該城的計劃。」[165]此話佐證了馮自由所說的、在舉義前一、二日〔即1895年10月24、25日〕，有朱湘假其弟「朱淇名義向緝捕委員李家焯自首」之事。[166]而且，這樣的消息傳到香港，證明事情已公開了。該報道繼續說：這個發現，讓廣州當局馬上動員起來，千方百計偵緝禍首以防患於未然。[167]此話間接佐證了馮自由所說的、1895年10月26日

159　Memorandum by the Acting Assistant Colonial Secretary, F. J. Badeley, on the Canton Uprising of October 1895, enclosed in Robinson to Chamberlain, 11 March 1896, CO129/271, pp. 437-445: here, pp. 441-445.

160　《國父年譜》（1985），所據乃馮自由：《革命逸史》（1981），第四集，頁12-13。

161　霍啟昌：〈幾種有關孫中山先生在港策進革命的香港史料試析〉，載《回顧與展望》，頁440-455：其中頁448-449。

162　兩廣總督譚鍾麟奏稿，載中國第一歷史檔案館編：《光緒朝硃批奏摺》，第118輯，頁137-139。該稿又轉載於鄒魯：《乙未廣州之役》，轉載於《辛亥革命》，第一冊，頁232-234。

163　霍啟昌：〈幾種有關孫中山先生在港策進革命的香港史料試析〉，載《回顧與展望》，頁440-455：其中頁449。

164　同上註，頁 448-449。

165　Anon, "The Threatened Rising at Canton — Searching the Canton Steamer", China Mail, 28 October 1895, p. 4, col. 2.

166　馮自由：〈廣州興中會及乙未庚子二役〉，載馮自由：《革命逸史》，第四集，頁11。

167　Anon, "The Threatened Rising at Canton — Searching the Canton Steamer", China Mail, 28 October 1895, p. 4, col. 2.

孫中山赴王宅婚禮宴時，已有李家焯的兵勇偵伺孫中山左右。[168] 該《德臣西報》的報道又説，廣州當局早就派員在香港進行秘密調查。[169] 此話間接佐證了馮自由所説的、駐港密探韋寶珊[170] 偵知興中會準備在廣州起義的密謀。[171]

　　《德臣西報》駐廣州記者在1895年10月29日星期二從廣州發來的報道也值得注意。他説：「謠言導致當局在碼頭等候抵穗夜渡並逮捕了數名懷疑是〔該大批苦力〕的首領。」[172] 該報道在29日晚刊刻（30日面世），所説的自然是28日的事。

　　《德臣西報》又翻譯並刊登了香港《華字日報》（Chinese Mail）的有關報道。[173] 筆者將該報道倒譯後不感滿意（理由之一是其中有些專有名詞諸如人名地名等被該報譯者省略或迴避了而令人很難準確掌握），於是在2003年7月下旬，再飛香港查閱《華字日報》原文。[174] 喜得珍貴報道數則，茲轉錄以作分析：

> 統帶巡防營卓勇李芷香大令〔按即李家焯〕……查得省垣雙門底王家祠內雲岡別墅，有孫文即孫逸仙在內引誘匪徒運籌畫策，即於初九日〔按即1895年10月26日星期六〕帶勇往捕。先經逃去，即拿獲匪黨程準、陸皓東二名。又在南關鹹蝦欄李公館拿獲三匪並搜獲大飯鍋二隻、長柄洋利斧十五把。是屋崇垣大廈，能容千人。聞前兩日有數十人在屋內團聚。續因風聲洩漏，先被逃去。[175]

168　馮自由：〈廣州興中會及乙未庚子二役〉，載《革命逸史》（1981），第四集，頁11。

169　Anon, "The Threatened Rising at Canton — Searching the Canton Steamer", *China Mail*, 28 October 1895, p. 4, col. 2.

170　正如前面説過得，這位韋寶珊的真正身份有待考證，因為香港名流韋玉被英女王冊封的名字正是韋寶珊爵士（Sir Poshan Wei Yuk）。見 G. H. Choa, *The Life and Times of Sir Kai Ho Kai*, p. 18.

171　馮自由：〈廣州興中會及乙未庚子二役〉，載《革命逸史》（1981），第四集，頁12。

172　From our Own Correspondent, "The Threatened Rising at Canton — Numerous Arrests", *China Mail*, 30 October 1895, p. 4, col. 3.

173　Ibid.

174　由於時間緊迫，承香港大學鄭承陳桂英、張慕貞兩位大力幫忙，破格讓筆者翻閱原件，讓筆者很快就查出原文，特致深切謝意。

175　香港《華字日報》，1895年10月30日星期三，第2版，第2欄。

《華字日報》這段報道，消息來源是什麼？該報解釋說：「正據省城訪事人來函登報間，忽接閱省中《中西報》所載此事甚詳，因全錄之以供諸君快睹。」[176]

那麼，《華字日報》本身在省城訪事人的來函又怎麼說？

初十日〔按即1895年10月27日星期天〕，前任西關汛官管帶中路辦理善後事務鄧守戎惠良會同卓營勇弁潛往城南珠光里南約空屋內，搜出洋槍兩箱及鉛彈快碼等件，即拿獲匪徒四名。兩匪身著熟羅長衫，狀如紈袴。〔其〕餘二匪，則絨衫緞履，類商賈中人。是晚番禺惠明府開夜堂提訊四匪，供稱所辦軍火，因有人託其承辦，並供開夥黨百數十人，定十一日由香港搭附輪來省，或由夜火船而來。[177]

當局得到這項情報，會採取什麼行動？

十一日早〔按即1895年10月28日星期一〕，鄧守戎於晨光熹微之際，即帶兵勇駐紮火船埔頭，俟夜輪船抵省，按圖索驥，一遇生面可疑之人，立行盤詰。遂拿獲廿餘人，解縣審辦。[178]

這位訪事人的報告可有佐證？有。廣州的《中西報》報道說：

十一早〔李家焯〕派勇前往火船埔頭及各客棧，嚴密查訪。未幾而香港夜火船保安，由港抵省船上，搭有匪黨四百餘人。勇等見其形跡可疑，正欲回營出隊截捕，已被陸續散去，只獲得四十餘人回營訊問，內有朱貴銓、邱四二名，均各指為頭目。[179]

176　同上註。
177　同上註。
178　同上註。
179　同上註，第2-3欄。

上述中西記者當時從廣州發出的報道都有一個共同點：1895年10月28日星期一清晨，廣州當局在碼頭佈了兵勇等候從香港來的夜渡並當場逮捕了朱貴全、邱四等兩名首領。這共同點佐證了譚鍾麟的奏稿和馮自由的敘述，並直接牴觸了香港政府的事後調查報告中所說的、廣州當局事前全不知情，碼頭駐兵人數如常，待為數大約五十名船上苦力向該等駐兵申訴被騙過程而報告李家焯後才東窗事發，以至朱貴全、邱四等首領成功地潛逃上岸逸去。[180]

為何出現這種矛盾？

竊以為香港政府的調查報告本身就提供了線索：

第一、該報告不是當時香港政府為了本身需要而雷厲風行般調查的結果，而是英國殖民地部大臣得悉香港苦力曾牽涉入廣州起義後，在1895年12月23日和1896年1月6日先後公函質問香港總督為何不曾吭一聲，[181]香港總督轉而下令調查其事，最後由一位署助理輔政司經過調查後撰寫而成的。

第二、該報告有關保安輪上發生的事情和該輪抵穗靠岸的情況，全賴乘客當中的一位香港華籍警察[182]回港後向上司的報告。可以想像，船還沒靠岸，幾百名心急如焚的苦力已經把船的出口塞得水洩不通，該警察能把岸上情況看得有多清楚？船一靠岸，就有約五十名苦力急跑向駐兵表示清白，其他約350名苦力即發足狂奔，火急逃命，碼頭立刻亂成一團，當然還有其他急於上岸乘客，在人山人海、你推我擠的情況下，廣州輪渡的碼頭面積又非常狹小，作為乘客而不是以記者身份進行採訪的這位香港警察，對周遭所發生的事情會有多大興趣？

180　Memorandum by the Acting Assistant Colonial Secretary F. J. Badeley on the Canton Uprising of October 1895, enclosed in Robinson to Chamberlain, 11 March 1896, CO129/271, pp. 437-445: here, p. 444, paragragh 12.

181　Robinson to Chamberlain, 11 March 1896, CO129/271, pp. 438-440: here, p. 438, paragragh 1.

182　有學者稱其為警長。見霍啟昌：〈幾種有關孫中山先生在港策進革命的香港史料試析〉，載《回顧與展望》，頁440-455：其中頁447。筆者查核原文，可知為"A Chinese Police Constable"，即普通警員而已。見Memorandum by the Acting Assistant Colonial Secretary F. J. Badeley on the Canton Uprising of October 1895, enclosed in Robinson to Chamberlain, 11 March 1896, CO129/271, pp. 437-445: here, p. 443. 感謝香港歷史檔案館的許崇德先生及時為筆者複印原件航空擲下，讓筆者解決了一個關鍵問題，關鍵之處見下文。

第三、竊以為該調查報告有推卸責任之嫌。筆者發現，香港《士蔑西報》在其1895年11月15日的社論是這樣寫的：

> 香港的警察當局正快馬加鞭地贏得文過飾非之惡名。就以最近廣州起義為例吧，六百名香港人，在香港政府的眼皮底下，被招募去屠殺我們的鄰居！至於香港政府那禁運軍火的法令，也形同廢紙：看！好幾百枝手槍在香港被購入、裝箱、運往廣州！[183]

香港殖民政府的老爺們，看了該社論後仍是無動於衷。等到英國外交部得悉其事而詢諸殖民地部，[184]殖民地部又轉而公函質問香港總督，該督才下令調查。在這種情況下出籠的報告，不盡推諉之能事才怪！推諉的高招，莫過於把最繫生死存亡的廣州當局也描述成毫不知情！經這麼一擺弄，則早已偵出會黨在香港募勇的香港警方，無形之中就顯得特別高明了。

總的來說，該事後聰明的調查報告中有關香港方面的情節——例如香港警察在碼頭搜查該等苦力以尋找武器、有六百苦力候命但只有四百苦力登船等——是翔實可靠的，也有其他史料佐證其事。[185]而在香港眾目睽睽之下，對這些情節既不能誇大也不能隱瞞，只能老老實實地報道。否則是拿仕途開玩笑。至於其對廣州碼頭情況的報道，就有大量反證而顯得有問題了。上述學者依賴這份英方的調查報告中有問題的部分來質疑譚鍾麟的奏稿，就顯得同樣有問題。此外，該學者說，該份英方調查報告中有關廣州碼頭情況，所據乃香港的一位華籍「警長」的報告。[186]筆者核對原文，可知為該人乃「A

183　Editorial, *Hong Kong Telegraph,* 15 November 1895, p. 2, col. 3. 感謝香港歷史檔案館許崇德先生，為筆者掃描相關資料並電郵擲下。

184　FO22134, FO51/95.6, being minutes in the margin of Robinson to Chamberlain, 11 March 1896, CO129/271, p. 438.

185　Anon, "The Threatened Rising at Canton — Searching the Canton Steamer", *China Mail*, 28 October 1895, p. 4, col. 2. 該報道說：有四百名不帶任何行李的男漢，坐星期天的夜渡上廣州，香港警察大舉搜查個透徹，目的自然是為了該船的安全而不是為了照顧廣州當局，但沒有找到任何武器。此話有力地佐證了香港政府的事後調查報告。

186　霍啟昌：〈幾種有關孫中山先生在港策進革命的香港史料試析〉，載《回顧與展望》，頁440-455：其中頁447。

Chinese Police Constable」，即普通「警員」而已。[187]「警長」與「警員」所作的報告，水平自有高低之分。該學者整篇論文的中心是拿這位所謂「警長」所作的、有問題的報告，來質疑賴譚鍾麟奏稿以成文的《革命文獻》部分（指鄒魯的《乙未廣州之役》），[188] 也顯得同樣有問題了。

此外，該學者賴以質疑譚鍾麟奏稿可靠性的理由，還包括該「奏稿全文對同樣事件的報道，就有幾處是前後矛盾的」。[189] 接着該學者就列舉兩個例子：

第一、最初是「據稱九月間香港『保安』輪船抵省」。其後是「十一日香港『泰安』輪船搭載四百餘人抵省」。該學者批評譚鍾麟「報道同一件事，先是指『保安』輪，其後已改為『泰安』輪」。[190] 筆者核對原文，發覺譚鍾麟的奏稿其實是奏覆。凡是奏覆，其開頭部分都扼要地重複上諭的主要內容，隨後才是奏覆本身。正是上諭部分提及「保安」輪；[191] 奏覆部分提到「泰安」輪。[192] 兩句話各出自兩個人的口，不能説譚鍾麟自相矛盾，只能説他把船的名字搞錯了。而搞錯的原因有多種，要麼是部下把船名記錯了，要麼幕僚之誤。不影響奏覆主要內容的可靠性。

第二、該學者批評譚鍾麟原先報道「千總鄧惠良等探悉前往截捕，僅獲四十餘人」。但在原奏稍後則已經不是鄧惠良，而改為「李家焯率把總曾瑞瑤等往查獲朱桂銓、邱四等四十五名」。[193] 筆者核對原文後，發覺該學者犯

187　Memorandum by the Acting Assistant Colonial Secretary F. J. Badeley on the Canton Uprising of October 1895, enclosed in Robinson to Chamberlain, 11 March 1896, CO129/271, pp. 437-445: here, p. 443.

188　霍啟昌：〈幾種有關孫中山先生在港策進革命的香港史料試析〉，載《回顧與展望》，頁440-455：其中頁448-449頁。

189　同上註，頁449。

190　同上註，頁449。

191　兩廣總督譚鍾麟奏稿，載鄒魯：《乙未廣州之役》，轉載於《辛亥革命》，第一冊，頁232-234：其中頁232。

192　同上註，頁233。

193　霍啟昌：〈幾種有關孫中山先生在港策進革命的香港史料試析〉，載《回顧與展望》，頁440-455：其中頁449。

了同樣的毛病。即提「鄧惠良」者乃上諭部分，[194] 提「李家焯」者是奏覆本身，[195] 譚鍾麟沒有自相矛盾。若要批評譚鍾麟奏稿，只能說它把朱貴全誤作朱桂銓。但據筆者看過的清代原始檔案中的供詞，大部分名字都出現同音異字的情況。當時沒有身份證，當局對登記準確名字的重要性似乎都不夠重視。

該學者又指出鄒魯在其《乙未廣州之役》中犯了自相矛盾的毛病。[196] 查該學者所據，正是鄒魯附錄於其文中的、譚鍾麟的奏覆。[197] 該學者分不出正文與附件，並因此進而質疑鄒文的可靠性。又由於鄒文被收入了《革命文獻》，更進而認為《革命文獻》也不可靠。[198] 實在冤枉。

澄清了上述的一些關鍵細節，可知廣州起義密謀敗露，似乎主要是出了兩件事故：

第一是來自廣州的密探在香港偵知。但據各方史料顯示，他所偵知者只是會黨在港招勇赴穗，而不是興中會在穗的機關及首腦人物。這種公開招勇行為，而且一招就是數以百計，穗探不輕而易舉地偵得才怪。

第二是革命黨人朱淇乃兄告密。這是密謀敗露的關鍵：朱淇被抓，受不了嚴刑而供出王家祠、鹹蝦欄等機關重地，以及香港夜渡等情節，是可以想像到的。

七、外人的介入

有關廣州起義的中方史料，顯示在廣州參加實際行動的全是中國人。英方史料則顯示至少有一個英國公民參加。當時英國外交部急於了解這個英國

194　兩廣總督譚鍾麟奏稿，載鄒魯：《乙未廣州之役》，轉載於《辛亥革命》，第一冊，頁232-234；其中頁232。

195　同上註，頁233。

196　霍啟昌：〈幾種有關孫中山先生在港策進革命的香港史料試析〉，載《回顧與展望》，頁440-455；其中頁449。

197　兩廣總督譚鍾麟奏稿，載鄒魯：《乙未廣州之役》，轉載於《辛亥革命》，第一冊，頁232-234；其中頁233。

198　霍啟昌：〈幾種有關孫中山先生在港策進革命的香港史料試析〉，載《回顧與展望》，頁440-455；其中頁448-449。

人的底蘊，心急的程度，可從該部在1895年12月31日除夕還公函詢諸殖民地部。[199] 殖民地部接函後，又馬上於1896年1月1日元旦函詢香港總督。[200] 英國外交部的消息，源自英國駐廣州領事布倫南（Bryon Brenan）的報告：

似乎有兩位外國人——一個英國人和一個德國人——曾經服務於試圖在廣州起義的人。那位英國公民的名字叫克特（Crick）。[201]

筆者一看到克特（Crick）這個名字，眼睛一亮。多年以來，筆者不斷地追查一位名字類似克特這樣的人。事緣《俄國財富》[202]（漢譯本見有關《全集》[203]）曾報道說，在倫敦報章刊登了孫中山被綁架消息後數星期，俄國的一些流亡份子在倫敦會見了孫中山。孫中山向在場的人士推薦了《倫敦被難記》，其中的一位俄國人似乎答應把它翻譯成俄文。後來果然不負所託，俄文版於1897年年底全書發表於《俄國財富》。至於會談的地點，《俄國財富》[204] 的底本說是在一位名叫КРЭГС的英國人的家裏。此人是何方神聖？漢語本把此人的名字音譯作克雷各斯，[205] 幫助不大。筆者的同仁、俄國史教授Zdenko Zlater教授幫忙筆者為這奇怪的名字倒譯為英文字母，大約得到Cregs這樣的英語拼音。英文名字中沒有Creg字，卻有Crick字或其擁有辭Crick's。在英語用法上，「在Crick's」即「在Crick的家裏」的意思。所以Cregs字應作Crick's字無疑。筆者聯想至此，不禁歡呼。1897年1月，那位介紹孫中山認識俄國流亡者的英國人，正是1895年10月參與孫中山廣州起義的

---

199 Francis Bertie (FO) to CO, 31 December 1895, CO129/269, p. 442.

200 CO Minuntes, 1 January 1896, on Francis Bertie（FO）to CO of 31 December 1895, CO129/269, p. 441. It is poetic justice that Francis Bertie was to handle Sun Yatsen's kidnapping case in London less than a year later. See J. Y. Wong, *The Origins of an Heroic Image: Sun Yatsen in London, 1896-1897* (Hong Kong: Oxford Univeristy Press, 1986）.

201 Brenan to O'Conor, 12 November 1895, enclosed in FO to CO, 31 December 1895, CO129/269, pp. 441-446: at pp. 445-446.

202 1897年第12期。

203 《國父全集》（1989），第二冊，頁381-382；《孫中山全集》，第一卷，頁86-87。

204 1897年第12期。

205 《國父全集》（1989），第二冊，頁382，註1；《孫中山全集》，第一卷，頁86，註*。

英國人克特先生。他們又在英國恢復了聯繫。

根據英國駐廣州領事的調查報告，克特先生：

先前曾捲入三文治群島（Sandwich Islands）的政治動亂而被遞解出境。
廣州起義前三個月即移居廣州，並租了一幢房子居住。他的行止沒有
引起任何人的注意。直到廣州起義的密謀曝光後，人們才回憶起他經
常與孫文在一起。數日前他才離開廣州，離開前誰也沒有對他發生懷
疑。他離開後，海關人員搜查他曾居住過的房子，發現了一些盛士敏
土的空箱。由於盛有士敏土的箱子已被海關發現藏有軍械，故海關人
員懷疑該等空箱曾用作偷運軍火給他暫時收藏。海關人員又發現，房
子的地下曾被人挖了一個洞，洞裏藏有炸藥，導爆線，化學藥劑等。
他是一位化學師，他正是以這種專業為謀反者提供服務。[206]

這位克特先生，先捲入了三文治群島動亂，後參與了廣州起義，現在又
與俄國的流亡份子混在一起並把他們介紹給孫中山，可見其行動具有一貫
性。

更重要的是，所謂三文治群島者，是英國人最初給夏威夷群島所起的名
字，就是說，孫中山在夏威夷群島的檀香山讀書之時，或最遲在1894年他回
檀香山年組織興中會時就認識了這位克特先生，並得到他慨允幫忙在廣州舉
義。後來孫中山到了倫敦，他又為孫中山穿針引線，結交俄國的流亡份子。
可以說，他是這個時期的孫中山生命中的一位承上啟下的英國人。

這一發現，有助我們進一步對檀香山、香港、廣州、倫敦等地在孫中山
生命中的連貫性。

206　Brenan to O'Conor, 12 November 1895, enclosed in FO to CO, 31 December 1895,
　　 CO129/269, pp. 441-446: at pp. 445-446.

八、敍事排列

本章為了解決有關乙未廣州起義中湧現出來的各樁歷史懸案，敍述方面就變得四分五裂了。為了彌補這一缺點，現將各節所及之具關鍵性的大事列表如下：

表8.1 乙未廣州起義關鍵各節

以下詞句，若文法上無主語（subject），主語就是孫中山。

日期方面，首二數目代表年份，次二數目代表月份，後二數目代表日子。若後二數目是00，則代表該月某日。

941124	興中會在檀香山成立。
950221	香港興中會與香港輔仁文社合併，仍稱興中會。
950301	拜會日本駐香港領事中川恆次郎，請其援助起義，不果。
950318	香港《德臣西報》發表社論，指出革命黨準備成立君主立憲。
951000	10月初，香港警方獲線報，謂有三合會份子正在香港招募壯勇。
951000	朱貴全偕其兄朱某及邱四聲言招募壯勇，每名月給糧銀十元。
951010	興中會選舉會長（稱總辦），楊衢雲志在必得，孫中山退讓，楊當選。
951023	〔日期酌定〕朱貴全之兄招得四百人，先行他往，壯勇由朱貴全帶領。
951024	穗南關鹹蝦欄李公館有數十人在屋內聚集。是屋崇垣大廈，能容千人。
951025	星期五：朱湘假其弟朱淇名義向緝捕委員李家焯自首。
951025	原定「決死隊」在香港乘夜輪去廣州，但會黨騙募苦力不足，無法成行。
951026	重陽節：原定趁機舉義，但苦候「決死隊」不果。
951026	晨8時許，接楊衢雲電報說：「貨不能來。」
951026	晨8時許，忽有密電馳至，謂西南、東北兩軍中途被阻。
951026	晨8時後，決定取消起義，遣散埋伏水上及附近準備響應之會黨。
951026	覆電楊衢云曰：「貨不要來，以待後命。」
951026	黃昏，陳少白乘「泰安」夜航返香港。孫中山留穗善後。
951026	黃昏，緝捕委員李家焯擬逮捕孫中山。
951026	黃昏，兩廣總督譚鍾麟以孫中山為教會中人，着李家焯不可魯莽從事。
951026	晚，與區鳳墀宣教師連袂赴河南王煜初牧師為兒子王寵光娶媳婦的婚宴。
951026	晚，李家焯探勇掩至婚宴，仍不敢動手，反被孫中山奚落一番。

951027	清晨，扮女裝避過探勇租小汽船赴唐家灣，轉乘轎子到澳門。
951027	李家焯突然掩至雙門底王家祠農學會拿獲陸晧東、程懷、程次三人。
951027	李家焯於鹹蝦欄屋拿獲程耀臣、梁榮二名，搜出洋斧一箱，共十五柄。
951027	鄧守戎惠良在城南珠光里南約空屋內，搜出洋槍兩箱及鉛彈快碼等。又當場逮四人：二人身著熟羅長衫，狀如紈袴。餘絨衫緞履，類商賈中人。
951027	晚，番禺惠明府開夜堂提訊該四人，供稱所辦軍火，因有人託其承辦，並供開夥黨百數十人，將於翌日由香港搭火輪來省，或乘夜火船而來。
951027	香港士丹頓警探長獲線報謂會黨已募得約四百人，將於當晚乘船赴穗。
951027	士丹頓親往碼頭調查，發覺為數約六百名苦力，因無船票被拒登船。
951027	朱貴全等帶了一袋銀元來為苦力買船票。
951027	大批警員步操進現場搜查軍火，既搜船也將各苦力逐一搜身。
951027	楊衢雲早已同船託運多隻載有短槍的木桶，充作水泥，未被搜出。
951027	黃昏，為數約四百名的苦力登上「保安」輪夜渡赴穗。
951027	啟航後，朱貴全給四百名的苦力各五毫銀；又對諸苦力說：船上藏有小洋槍，抵埠後即分發候命。
951028	鄧守戎於晨光熹微之際，即帶兵勇駐紮火船埔頭，俟夜輪船抵省。
951928	清晨6時，朱貴全等暨四百苦力抵穗，比原定時間遲來了兩天。
951028	船甫靠岸，四百苦力即發足狂奔，其中約五十名自首表示清白。
951028	朱貴全、邱四同時被捕，兩人互指對方為頭目。

九、後話

後來1911年武昌起義的成功，為1895年的廣州首義增添了不少光彩，同時也增添了頗多傳奇式的故事。有關孫中山的天方夜譚，上文已處理了一些，這裏再探索其他問題，包括〈陸晧東供詞〉是真是偽？孫中山是什麼時候離開廣州？採取什麼方式離開？回到香港有沒有被抓起來送進域多利監獄作客？等等。

（i）所謂〈陸晧東供詞〉

有關陸晧東的傳奇，包括其供詞，由於行文需要，必須留待這裏處理。

翠亨村有口碑流傳說：「晧東能書善畫，起草『青天白日滿地紅』軍旗

的圖案。」[207] 此話倒沒什麼，因為有其他史料佐證。但該口述歷史接下來的話，就有待商榷了：「1895年，在廣州武裝起義，叛徒朱淇向其兄朱清（清廷青平局）告密，再轉報省管帶省河緝李家焯，由兩廣總督譚鍾麟派兵圍捕。」說此話的人，似乎是看了馮自由的著作，但記憶有誤，把其中細節搞錯了。[208] 最後，該說指：「皓東很快得到情報，離開廣州雙門底王家祠農學會所在地。但發覺忘帶黨人的花名冊，和朱貴全、邱四決返取回，陸怕他們臨陣退縮，他們不怕。朱、邱作掩護，到所在地焚冊，結果三人被捕。」[209] 則據本章考證所得，可證此說明顯錯誤，蓋陸皓東被捕時，朱、邱所坐的船，還未從香港開出。[210]

另一個有關陸皓東的傳奇，是他的所謂供詞。全文曰：

吾姓陸，名中桂，號皓東，香山翠薇鄉人，年二十九歲。向居外處，今始返粵。與同鄉孫文同憤異族政府之腐敗專制、官吏之貪污庸懦、外人之陰謀窺伺，憑弔中原，荊榛滿目。每一念後，真不知涕淚何從也。

居滬多年，碌碌無所就，乃由滬返粵，恰遇孫君，客寓過訪，遠別故人，風雨連床，暢談竟夕。吾方以外患之日迫，欲治其標，孫則主滿仇之必報，思治其本。連日辯駁，宗旨遂定，此為孫君與吾倡行排滿之始。

蓋務求驚醒黃魂，光復漢族。無奈貪官污吏，劣紳腐儒，覥顏鮮恥，甘心事仇，不曰本朝深仁厚澤，即曰我輩踐土食毛。詎知滿清以建州賊種，入主中國，奪我土地，殺我祖宗，擄我子女玉帛。試思誰

207　李伯新採訪楊連合（四十八歲），1962年5月24日，載李伯新：《孫中山史蹟憶訪錄》，頁82-85：其中頁84。

208　馮自由說：舉義前一二日，有朱湘者，以其弟朱淇列名黨籍，且作討滿檄文，恐被牽累，「竟用朱淇名向緝捕委員李家焯自首，以期將功贖罪。」見馮自由：〈廣州興中會及乙未庚子二役〉，載《革命逸史》（1981），第四集，頁11-12。

209　李伯新訪問楊連合（四十八歲），1962年5月24日，載李伯新：《孫中山史蹟憶訪錄》，頁82-85：其中頁84。

210　見本章第三、第四節。

食誰之毛，誰踐誰之土？揚州十日，嘉定三屠，與夫兩王入粵，殘殺我漢人之歷史尤多，聞而知之，而謂此為恩澤乎？

要之今日，非廢滅滿清，決不足以光復漢族，非誅除滿奸，又不足以廢滅滿清，故吾等尤欲誅一二狗官，以為我漢人當頭一棒。

今事雖不成，此心甚慰。但我可殺，而繼我而起者不可盡殺。公羊既歿，九世含冤，異人歸楚，五說自驗。吾言盡矣，請速行刑。[211]

儘管陸皓東受審時的確說過這樣的話，清吏也絕對不會把這種痛斥清廷的話照書如儀（除非他自己也想被殺頭）。又儘管陸皓東當時自己執筆直寫，主審的官員也會當場撕毀以表示其效忠清廷，原稿是不會流傳下來的。但為什麼能流傳下來？竊以為有兩個可能性：

第一、像孫中山追認陸皓東曾領洗入耶教一樣，這可能又是孫中山等革命黨人的傑作，藉此以褒揚已經犧牲了的陸皓東，以及藉此聲討滿清及激勵同志奮勇前進。

第二、有云：「美國駐廣州領事喜默（Charles Seymour）得知陸皓東被捕消息後，親自前往南海縣署說項營救，並擔保陸皓東是上海電報局翻譯員，並非亂黨，同時亦指出他是個基督徒。但縣署拿出陸皓東的供詞，以示當事人既已招供，證據確鑿。事已至此，喜默有心無力，營救陸皓東之舉遂告失敗。」[212]

第二種說法，《華人基督教史人物辭典》與《中國共產黨新聞網》都爭先恐後般提出來。[213]但正如本書第五章考證所得，陸皓東並未曾正式領洗，恐怕不宜列入《華人基督教史人物辭典》；而陸皓東受刑之時，中國共產黨還未誕生，把他列入黨史，同樣不太適宜。其實，兩者雖未註明出處，但所

211　陸皓東供詞，載鄒魯：《乙未廣州之役》，轉載於《辛亥革命》，第一冊，頁229。

212　佚名：〈陸皓東〉，《華人基督教史人物辭典》，http://www.bdcconline.net/zh-hant/stories/by-person/l/lu-haodong.php, viewed 7 June 2011. 又見吳曉紅：〈陸皓東：為共和革命而犧牲者之第一人（6）〉，2011年01月26日，《中國共產黨新聞網》，http://dangshi.people.com.cn/BIG5/85038/13820335.html, viewed 7 June 2011。

213　同上註。

據明顯地皆馮自由之言：「時有美國領事親訪南海縣署，謂陸皓東係耶穌教徒，向充上海電報局翻譯員，絕非亂黨，依可為之保證，李令以供詞示之，美領無言而退。」[214] 但無論如何，第二種説法道出一個可能性：若當時美國駐廣州領事果真親往南海縣署說項營救，則南海縣令臨急智生而憑空炮製出一份〈陸皓東供詞〉，並藉此堵住美國駐廣州領事的嘴巴，就見怪不怪！

由於所謂〈陸皓東供詞〉之真實性存在着很大的問題，故後來國史館編纂《中華民國建國文獻‧革命開國文獻》時，就沒有將此件收進去。[215]

(ii) 孫中山何時離開廣州？

關於這個問題，目前史學界有兩個版本：

第一個版本是孫中山自己所寫的回憶錄。他說：廣州事「敗後三日，予尚在廣州城內；十餘日後，乃得由間道脱險出至香港」。[216] 如此推算，他離開廣州的日期當在1895年11月中旬左右。孫中山是親歷其境的人，他的話應該甚為可靠。

第二個版本是《孫中山年譜長編》。它說日期是1895年10月27日；[217] 所據乃《澳門日報》。該報說：孫中山在「10月27日乘船逃離廣州。抵澳後，即去下環正街找其葡籍友好費爾南德斯。而費爾南德斯當時已從澳門政府官員中獲得消息，清政府已通緝孫逸仙。費爾南德斯為安全計，還陪孫逸仙一同去香港。據澳門歷史家、漢學家高美士記述，當時孫逸仙還扮了女裝，由

214　馮自由：〈廣州興中會及乙未庚子二役〉，載《革命逸史》(1981)，第四集，頁10-14：其中頁12。

215　見國史館編纂：《中華民國建國文獻‧革命開國文獻》，第一輯，史料一至五(臺北：國史館，1995-1999)。

216　孫中山：〈建國方略：孫文學説，第八章「有志竟成」〉，載《國父全集》(1989)，第一冊，頁410，第20行。

217　《孫中山年譜長編》，上冊，頁94-96，1895年10月27日條。

費爾南德斯陪同，乘渡船往港，才避過了清政府的爪牙耳目。」[218] 按費爾南德斯原名Francisco Fernandes。[219] 又有音譯作飛南第。[220]

但兩個版本，日期相差十多天，哪一個版本比較可靠？

筆者找到佐證兩種，都是支持第二個版本的。其一是陳少白的回憶。他說密謀在1895年10月26日洩露以後，「孫先生説自己有事要辦。叫我先走。我就在當晚乘『泰安』夜航船回到香港去了。第二天，是星期日，孫先生租到一隻小輪船，駛到香山唐家灣坐轎子到澳門，再從澳門搭船到香港。他這樣兜了一個圈子，費了兩天工夫。我在香港……着急了兩天，才見孫先生到我家裏來了。」[221] 陳少白所説、孫中山繼他離開廣州後的第二天離開廣州，日期正是1895年10月27日。這個日期看來是孫中山重逢陳少白時親口對他説的。另外一種佐證是一名英文記者所寫的報道。他説：孫中山「在他的香港同志們到達廣州之前的二十個小時，他已經逃之夭夭。」[222] 所謂「香港同志們」，乃指那批由朱貴全、邱四所率領的、從香港坐夜船到廣州的四百苦力。他們是於1895年10月28日清晨抵達廣州的。[223] 若孫中山在這之前的二十小時離開廣州，則日期正好是1895年10月27日。

準此，竊以為《孫中山年譜長編》所説的孫中山在1895年10月27日離開廣州之説甚為可靠。但為何在這個問題上最有發言權的孫中山，卻説1895年10月26日廣州事「敗後三日，予尚在廣州城內；十餘日後，乃得由間道脫險

218　《孫中山年譜長編》，上冊，頁95-96，引當代《澳門日報》1986年11月11日的文章。該文自始至終都用孫中山這名字，為了符合當時歷史情況，筆者在引用該文時全部還原為孫逸仙。又該文題為〈創辦《鏡海叢報》與飛南第結友誼〉，見姜義華：〈《鏡海叢報》序〉〉，載澳門基金會、上海社會科學院合編：《鏡海叢報》（上海：澳門基金會、上海社會科學院聯合出版，2000），姜序頁2。《澳門日報》的文章沒有註釋，不知所據為何。徵諸《鏡海叢報》（2000年複印出版冊），則1895年10月30日、11月6日、11月13日、11月20日和11月27日的週報都沒有是項報道。又《鏡海叢報》另有葡文版，「二者的內容有較大的差異」，見費成康：〈孫中山和《鏡海叢報》〉，載《鏡海叢報》（2000年複印出版冊），費序頁1。

219　《國父年譜》（1994增訂本），上冊，頁93，1895年10月29日條。

220　見姜義華：〈《鏡海叢報》序〉，載《鏡海叢報》（2000年複印出版冊），頁2。

221　陳少白：《興中會革命史要》，載《辛亥革命》，第一冊，頁21-75：其中頁31-32。

222　From our Own Correspondent, "The Situation at Canton", *China Mail*, 2 November 1895, p. 4, col. 5.

223　香港《華字日報》，1895年10月30日星期三，第2版，第2欄。

出至香港」？[224] 此説明顯是錯誤的。因為三日加十餘日，已是1895年11月中旬，而到了這個時候，又有確鑿的證據證明孫中山已經抵達日本的橫濱並在馮鏡如的文經印刷店二樓組織了興中會分會，人證物證俱在。[225] 而他到達橫濱之前在香港的活動情況，目前史學界也已經掌握到大量人證物證（見下文）。為何孫中山編了這個故事？究其原因，竊以為有兩種可能性：

第一是孫中山記憶錯誤，因為他寫該回憶錄的時候已經是二十四年之後的1919年。[226]

第二是他故意這麼説，以圖抵消香港英文報章排山倒海般的指責他不顧「香港同志們」的死活而預先「逃之夭夭」，更希望藉此化解該英文記者接下來的其他批評：「這算是什麼首領？但由於他的頭顱已經不保，這對於他的追隨者和朋友來説，是個大解脱，因為他再沒法子纏着他們不放了。」[227] 正如前述，香港的英文報章與楊衢雲、謝纘泰等非常友好，現在出了事故，楊衢雲、謝纘泰等肯定把全部責任推到孫中山頭上。孫中山如何抵消這種批評？若把離穗日期説成是事發之後十幾天，就洗脱預先逃之夭夭之嫌了。

衡量之下，竊以為兩個可能性之中的第二個可能性較高。出生入死的時刻，自然畢生難忘，以至錯記日期的機會較少。但遭到公開的誣衊侮辱而蒙受不白之冤時，同樣是畢生難忘；而為了自衛，編個日期，似乎是孫中山説這句話之唯一目的。按普通法，自衛殺人也屬無罪。孫中山為了捍衛自己的聲譽而編個故事，相信會得到後人諒解。

後來孫中山被尊稱為國父，他説過的話就恍如聖旨，鮮有敢違，偏偏黨

---

224 孫中山：〈建國方略：孫文學説，第八章「有志竟成」〉，載《國父全集》(1989)，第一冊，頁410，第20行。

225 當時陳少白和馮自由均在場，並留有文字記載。見陳少白：《興中會革命史要》，載《辛亥革命》，第一冊，頁21-75；其中頁34。又見馮自由：《革命逸史》(1981)，第四集，頁15。至於開會的具體日期，《孫中山年譜長編》酌定為1895年11月13日。見該書上冊頁102，1895年11月13日條。《國父年譜》(1994年增訂本)則酌定為1895年11月15日。見該書上冊頁97，1895年11月15日條。為何兩書都要酌定？因為陳少白和馮自由都沒有説明開會的具體日期也。

226 孫中山：〈建國方略：孫文學説「自序」〉，載《國父全集》(1989)，第一冊，頁351-353；其中頁352，註1。

227 From our Own Correspondent, "The Situation at Canton", *China Mail*, 2 November 1895, p. 4, col. 5.

史會的鄧慕韓依舊尊重史實並剛直敢言，他指出孫中山在其〈孫文學說〉第八章『有志竟成』云：三日尚在城內係誤記」。[228]「三日」尚且誤記，就別提「十餘日」[229] 了。

（iii）孫中山如何離開廣州

考證出孫中山離開廣州的具體日期後，接下來探索他離開廣州的具體情況。英語史料方面，有下列幾個版本，茲按其面世先後排列：

第一、1896年10月24日星期六，即孫中山被清朝駐倫敦公使館釋放後的第二天，公使館翻譯鄧廷鏗接受《倫敦晚報》記者採訪時說：「孫文在一些朋友的幫助下，坐進一隻竹籬，朋友們從城牆上把載着他的竹籬慢慢下放到城外地上，最後逃到香港。」[230] 1896年10月26日星期一，孫中山接受倫敦《每日記事報》採訪時，也說是朋友們從城牆上把載着他的竹籬慢慢下放到城外地下，並增添了下列細節：「十一名革命首領被斬首了，其他逃脫；我是逃脫的幸運兒之一，辦法是乘籬下牆進入一艘在珠江河上等候的小汽船然後開往澳門，最後逃到新加坡及美國。我本來打算參觀幾個歐洲首都後即回新加坡，但現在反而不知何去何從，但有一點是肯定的，我不能回中國去了。」[231] 此兩段報道可堪注意者有三：

228　鄧慕韓：〈乙未廣州革命始末記〉，載《辛亥革命史料選輯》，上冊，頁9-19：其中頁18。

229　孫中山：〈建國方略：孫文學說，第八章「有志竟成」〉，載《國父全集》（1989），第一冊，頁410，第20行。

230　"Others escaped, among them Sun Yat Sen, who, with the assistance of friends, was lowered, in a large basket over the city wall, and succeeded in reaching Hong Kong and from there to America" - Anon,"Sun's Dramatic Career — Interview with Mr T.H. Tang, the official interpreter of the Chinese Legation", in *The London Evening News*, Saturday 24 October 1896, p. 2, col. 6.

231　"Quite so, and eleven of the leaders were beheaded at Canton. Several, including myself, escaped, the manner of my escape being that I was let down from a wall into a steam launch lying in the Canton River. Then I got down the river to Macao, which is a Portuguese settlement, and eventually to Singapore and America. I had meant to return to Singapore after visiting one or two of the capitals of Europe, but what I shall do now I don't altogether know. Obviously I cannot go back to Chinese territory" — Anon, "Sun and the Plot", in *The Daily Chronicle*, Monday 26 October 1896.

（1）孫中山説從廣州走新加坡，是查無實據。至於他説曾準備回新加坡，則可能他當時作如是想，姑且先説説，探聽英國人的反應

（2）小説家採城門關閉後「藉籬遁」之寫法不知凡幾。當時緝捕委員李家焯矢志抓拿孫中山歸案，派多名得力密探日夜監視，孫中山暗遁恐難逃其慧眼。為何筆者説得如此肯定？

（3）蓋起義總部與後來發現武器諸分部均在城牆以南的「南關」，孫中山的東西藥局在西城門以西的「西關」（詳見上文圖8.9及説明和下文圖8.14和圖8.15及説明）。計劃是攻打城內各衙門；唯未舉先敗，孫中山還未涉足城內，天機就被洩露了。既然還未踏足城內，故絕對不必出城逃亡。鄧廷鏗遠在倫敦而説三道四，還可以理解；孫中山親歷其境，仍信口開河，就不可思議。當時也在倫敦的孫中山天天看報，以求緊貼輿論脈搏，若是讀了鄧廷鏗之言而抄襲其説也大有可能，但為什麼？且聽下文分解。

第二、由孫中山口述、其恩師康德黎醫生執筆的英文原著《倫敦被難記》，1896年12月21日定稿，[232] 1897年1月21日出版，[233] 當時孫中山仍在英國，該書説：「至廣州諸黨魁，亦紛紛四散。予於奔避之際，遇險者數，後幸得達一小汽船，乘之以走澳門。在澳門留二十四小時，即赴香港。」[234] 此段無甚要聞，只説孫中山乘小汽船離開廣州。所述是坐小汽船離開廣州，但如何到達小汽船，就只用「遇險者數」敷衍了事，沒有任何「藉籬遁」之類的傳奇。

第三、1911年11月中旬，孫中山重訪英國，於接受倫敦《河濱雜誌》（*Strand Magazine*）的採訪時説，1895年10月26日重陽節當天清晨，得悉革

232　On 19 November 1896 Mrs Mabel Cantlie wrote in her diary that her husband had just started to help Sun Yatsen write the history of his life. On Monday 21 December 1896, she wrote: "Hamish has just written the history of Sun Yatsen & sent it to the printers."

233　On 21 January 1897, Mrs Mabel Cantlie wrote in her diary: "The book on Sun Yatsen came out to-day [sic], numerous good critiques on it." See also *The Times*, 21 January 1897, p.12, col.2.

234　"The leaders in Canton fled, some one way, some another; I myself, after several hairbreadth escapes, getting on board a steam launch in which I sailed to Macao. Remaining there for twenty-four hours only, I proceeded to Hong Kong" — Sun Yatsen, *Kidnaped in London* (Briston：Arrowsmith, 1897), pp. 26-27. 漢語譯本見孫中山：《倫敦被難記》，收入《孫中山全集》，第一卷，頁49-86：其中頁54。

命黨從汕頭開赴廣州的主力部隊受阻，明白到從香港開來的特遣隊無補於事，於是：「我們拍了一封電報到香港，想阻止特遣隊的進發，但已經來不及了。四百名強力特遣隊已乘輪離開香港，帶有十箱左輪手槍。我們大夥兒開始驚慌，接着便是一陣混亂，大家都希望能在風暴到來之前逃走。我們把所有的文件都焚燒了，並且把軍火都埋起來。我潛至珠江三角洲海盜出沒的運河地區躲藏了好幾晝夜。之後，我登上了一個朋友的汽船。在抵達澳門之後，我讀到了一紙以一萬兩銀子為酬捕拿孫文（我自己）的告示，很感榮幸。同時，我也聽說有一批警察，截住了由香港開來的輪船，立刻逮捕了船上人員。1895年的廣州之役，就此結束。」[235]

此段同樣說孫中山乘小汽船離開廣州，但突出者有四點：

（1）所謂從汕頭開赴廣州的特遣隊，屬子虛烏有。

（2）從香港的特遣隊（其他文獻稱決死隊或敢死隊）開出時孫中山仍在廣州；

（3）此後數天孫中山仍在廣州所在地的珠江三角洲。

（4）孫中山再不提「藉籃遁」之類的傳奇。

235　"All seemed going well, when a bombshell exploded. It was a telegram from the Swatow leader addressed to me: - 'Imperial troops on the alert. Cannot advance.' It was the Swatow army that we depended. We tried to recall our scouts; we sent telegrams to Hong Kong. In vain; the contingent, four hundred strong, had left by steamer, carrying ten cases of revolvers. Our conspirators took alarm, and then commenced a scene of confusion, as everyone who could fled before the storm. All our papers were burnt and our arms and ammunition buried. I spent several days and nights a fugitive hiding in the pirate-haunted canals of the Kwantung delta before I managed to get on board a little steam-launch, whose owner I knew. On reaching Macao I had the pleasure of reading a proclamation offering ten thousand taels for the capture of Sun Wen (myself), and of hearing that a body of police had met the Hong-Kong steamer and promptly arrested all on board. So ended the Canton conspiracy of 1895." — Sun Yatsen, "My reminiscences", *The Strand Magazine* (1912), pp. 301-307: at 302-303. 此文由張玉法院士翻譯成漢語，題為〈我的回憶〉，見其〈譯介孫逸仙博士幾篇英文傳記資料〉，載李雲漢編：《研究孫中山先生的史料與史學》（臺北：中華民國史料研究中心，1975）。後收入《國父全集》（1989），第二冊，頁264-273：其中頁265-266。《孫中山全集》的編者採張玉法院士的譯文而改變了一些字句就刊於該集第一卷，頁547-558。此種情況是《孫中山全集》第一卷出版的1981年之時，海峽兩岸對立的寫照。後來孫中山在其〈建國方略：孫文學說，第八章「有志竟成」〉中，簡略地重複了這樣的故事，載《國父全集》（1989），第一冊，頁410，第20行。

　　上文已經證實頭三點皆不真實。為何孫中山說這不實的話？

　　須知這些話是對英國人說的，很多1895年在香港生活而又讀過香港報章批評孫中山在敢死隊到達廣州之前就「逃之夭夭」的英國人，像康德黎醫生一樣，到了1911年11月已經回到英國生活；而1911年11月孫中山在武昌起義後專程赴英之主要目的，是希望說服英國政府支持中國新生的革命政權，[236]如此又怎能讓英國人仍然誤信他乃「貪生怕死」的革命領袖？而他也實在沒有貪生怕死啊！為了增加其公信力，孫中山不惜在採訪筆錄上簽字認可（見圖8.13）。[237]這種異乎尋常做法，可稱為革命策略吧。

　　不要低估「逃之夭夭」這污衊，在精神上對孫中山的重大打擊；上文提到，他在1919年撰寫〈建國方略：孫文學說，第八章「有志竟成」〉時又舊事重提，甚至誇大其詞說「敗後三日，予尚在廣州城內；十餘日後，乃得由間道脫險出至香港」。[238]

　　「逃之夭夭」這種對孫中山的污衊，就連陳少白也受不了，以至1896年孫中山倫敦脫險後，一方面是孫中山在倫敦信誓旦旦地對英國人說他是被綁架進入公使館的，陳少白卻在日本的《神戶記事報》（Kobe Chronicle）用英語撰文說孫中山以革命家的大無畏精神跑進公使館宣傳革命，結果被認出廬山真面目而被抓起來。此文後來由香港的《德臣西報》（China Mail）在1896年11月26日轉載，[239]是陳少白故意把剪報寄《德臣西報》以便其轉載也極有可能。[240]結果《德臣西報》轉載《神戶記事報》文章之後兩日，有人寫信給《德臣西報》編輯：

先生：

為了糾正最近因為孫逸仙醫生被倫敦清使館拘禁而造成的錯誤印象，

236　見拙著《中山先生與英國》，第五章。

237　孫中山：〈我的回憶〉，載《國父全集》（1989），第二冊，頁272，註1。

238　孫中山：〈建國方略：孫文學說，第八章「有志竟成」〉，載《國父全集》（1989），第一冊，頁410，第20行。

239　香港《德臣西報》（China Mail），1896年11月26日，第2版，第5欄。

240　見拙著《孫逸仙倫敦蒙難真相》，第三章對此事的分析。

請允許我告訴您，革新派的領袖是楊衢雲，一位真金般高貴，白璧般無瑕的進步人士，一位徹底的愛國者和革新派人物。他被稱為護國公，孫逸仙醫生只不過是革新運動的組織者之一……

附記：姓名住址暫不奉告，望原諒。1896年11月28日於香港。[241]

竊以為這位匿名者正是謝纘泰，因為革命黨人當中這時候只有他仍然留在香港，由於他隱藏得很深，故沒有曝光。此後，儘管辛亥革命成功了，中華民國也成立了，謝纘泰還是不斷地對孫中山口誅筆伐。到了1924年，孫中山已是垂死之人，凡是當時報章上所刊登他的照片，都能看出他命不久矣，謝纘泰還利用他控制的香港《南華早報》（*South China Morning Post*）用英語出版其專著《中華民國革命祕史》，其中對孫中山進行肆意攻擊的部分如下：

1895年10月19日楊衢雲當選為革命一旦成功後的臨時政府大總統，孫中山大為不悅，此後一直懷恨在心。其實，黃詠商（黃勝的二兒子）早就看出孫中山的無能，並於1895年10月12日就發誓與孫中山絕交。[242]

陳少白也不甘示弱，在其《興中會革命史要》書稿中寫道：

我們要知道，當時孫先生如何會被公使館拘留起來呢？照孫先生自作的《倫敦蒙難記》所說，是道遇公使隨員鄧廷鏗，自言是香山同

---

241   香港《德臣西報》，1896年11月30日，第3版，第2欄

242   "10th October 1895 — Yeung Ku-wan was elected President of the 'Provisional Government', preparatory to the attempt to capture Canton. [Note: The election of Yeung Ku-wan displeased Dr Sun Yat-sen, and it always rankled in his breast. On the 12th October 1896, Wong Wing-sheung (second son of Hon. Wong Shing) remarked, when strongly censuring Dr Sun Yat-sen for his incapacity: 'I will have nothing to do with Sun in the future']." Tse, Tsan-tai. *The Chinese Republic: Secret history of the Revolution*, p. 9, col. 2.

鄉，他鄉遇故知，就提議到鄧家內談天。原來他的家，就是中國公使館，以後先生又遇到好幾次。末了一回即被挾持登樓，禁諸室中。但實際並不是這樣一回事。當時孫先生對我說，他早已知道公使館，他故意改換姓名，天天跑到公使館去宣傳革命。後來，公使館的人疑惑起來，因為當時廣州起義之事，傳聞還盛，以為這人或許就是孫逸仙。公使隨員鄧廷鏗因為是同鄉，就試出他的確是孫逸仙，於是孫先生就被他們拘禁起來了。[243]

1911年11月中旬，孫中山接受倫敦《河濱雜誌》的採訪之中，另一個不尋常的地方是：他把珠江三角洲錯綜複雜的自然河道說成是人工挖成的運河，為什麼？此難題藉下一點（即第四點）分解。

第四、1912年康德黎醫生與人合撰《孫中山與中國的睡醒》時說：「事敗，改革派中央委員會取消總部，燒毀一切檔案，收藏起各種武器後，分別逃亡。孫中山躲進一個朋友的家裏，趁夜闌人靜之際，朋友們從城牆上用籮載着他，然後連人帶籮下放到城外。此後他在廣州城外以南縱橫交錯的運河群中躲起來，慢慢朝着故鄉〔翠亨村〕逃走。有時乘坐運河的船，當兵勇查船時又上岸落荒而逃。幾經艱苦，終於到達澳門，躲在朋友家。但是，澳門也不是安全的地方，結果去了香港，然後赴夏威夷，最後取道美國到達倫敦。」[244] 這個故事值得分析者有下列數點：

（1）什麼？「藉籮遁」的傳奇又死灰復燃？

（2）若孫中山果真曾在水道縱橫交錯的珠江三角洲左閃右避，曠時日久，則自他在1895年10月27日離開廣州之日，絕對無法在1895年10月29日經

243　陳少白，《興中會革命史要》，收入《辛亥革命》，第一冊。

244　"Thereupon, the Central Reform Committee broke up their headquarters in Canton, burnt their papers, hid their arms, and escaped from the city as best they could. Sun gained a friend's house; at night he was let down over the city wall and sought refuge on the canal banks to the south of the city. Here he wandered on towards home, now travelling in canal boats, now seeking the shore when soldiers came to search the boats for refugees, and finally reaching Macao, where he was hidden by friends. Macao, however, became too dangerous, and he went from thence to Hong Kong, and, as we know, sailed for Honolulu and thence to London, via America." — James Cantlie and C. Sheridan Jones, *Sun Yat Sen and the Awakening of China,* pp. 59-60.

澳門到達香港。

（3）在此，康德黎醫生不單把孫中山離開「廣州城外以南」地區的時間，推遲好幾天，還添加了不少驚險鏡頭諸如「藉籃遁」、日夜躲避官兵追捕、歷盡艱辛才逃出生天等；比1911年11月中旬孫中山接受《河濱雜誌》時所說的在「珠江三角洲海盜出沒的運河地區躲藏了好幾晝夜」更為緊張刺激。為什麼？

（4）此外，康德黎醫生在香港生活近十年，經常到廣州與珠江三角洲其他地方，深知珠江三角洲有的是無數自然水道而沒有運河，為什麼他像1911年11月的孫中山一樣，指鹿為馬？

（5）竊以為康德黎醫生很可能在暗助愛徒一臂之力，力圖抵消香港英語報章在1895年廣州事敗後對孫中山「逃之夭夭」的誹謗。

（6）筆者甚至認為1911年11月中旬孫中山之接受《河濱雜誌》採訪，極有可能是康德黎醫生安排的，而該雜誌的編輯是其好友，且看《河濱雜誌》編者是怎樣寫按語的：「中華民國臨時大總統孫逸仙先生，蜚聲全球。不管其將來事業如何，任何人都不能否認，他是世界上一位最傑出的人物，同時也是一位偉大的革命組織者。盱衡世界革命史，蓋無出其右者。」[245]這種異乎尋常的讚美，在當時英國報章雜誌一片敵視中國新生革命政權與孫中山之聲中，屬絕無僅有。康德黎醫生人脈極廣，人緣更好，他與《河濱雜誌》的編輯諗熟，毫不奇怪，但編輯之能出此語，則兩人之交情肯定非比尋常，故應康德黎之邀而寫此按語。

筆者在想：《河濱雜誌》取名自倫敦著名的河濱路（The Strand），康德黎醫生服務的查靈十字醫院（Charing Cross Hospital），就在河濱路靠北徒步約一分鐘的路程。若康德黎曾救過他一命，也大有可能。他感恩圖報而應康德黎之請採訪孫中山並寫此按語，不在話下。果真如此，則「運河」云

245　"What ever career the future has in store for the celebrated Sun Yat Sen, as President of the Republic of China, none can deny his claim to be considered one of the most remarkable men in the world and the organizer of the greatest revolution, considering the numbers involved, that history can record." — Editor's Note, in Sun Yatsen, "My reminiscences", *The Strand Magazine* (1912), pp. 301-307: at 301. 正如前述，此文由張玉法院士翻譯，題為〈我的回憶〉，後收入《國父全集》（1989），第二冊，頁264-273：其中頁272。

云，均可解釋：當時倫敦到處都是運河，把孫中山説成是在英國人熟悉的運河群中左躲右藏，倍增親切。

那麼孫中山到底是如何離開廣州的？

漢語史料方面，《孫中山年譜長編》編者們辛勤勞動的結果，是為研究者搜集了多種版本。

筆者開宗明義，首要提出一點，即所有這些漢語版本都沒有「藉籮遁」這個神話。究其原因，則漢語諸版本若如英語各版本之含有革命策略的話，漢語諸版本的目標再不是捂着英國人的嘴巴，而是抗衡楊衢雲那一派之中、尤其是謝纘泰對孫中山不斷發動的人身攻擊。而且，「藉籮遁」這個神話在漢語世界當中是沒有市場的；因為大家都知道，起義大本營與各革命機關均在城外，戰鬥計劃也是從城外攻向城內。但由於天機先泄，革命黨人還來不及攻城就各自落荒而逃，故「藉籮遁」絕對不能取信於人。

要對付楊派的人身攻擊，孫派決定以其人之道還治其人之身。譬如，把楊衢雲當選「未來總統」之事篡改為孫中山先當選，然後讓位給楊衢雲；關於此點，上文已證其非。孫派更是加油添醋地説：

> 楊衢雲以要挾得總統名義，乃在港先編一小隊，名為總統衛隊。是時定章凡領隊之人，除先發餉項外，另給以時表一枚，藉知時刻；手槍一支，以資護衛。衢雲對於衛隊各人與領隊同一待遇，各人領得手槍後在僻靜之銅鑼灣一帶將其試驗，領隊所領有良有窳，而衛隊所領，則盡精良。領隊各人以衢雲立心太偏，要求更換，否則初八晚不帶兵落船。詎屆時衢雲不能將槍改換，故各領隊竟不允許。然是時孫先生在廣州不知此中情形，所調各路隊伍均已如期到齊，集中候命，海陸軍亦預備響應，專候香港一路到來，即行舉事……楊衢雲發來電文謂港部須改遲二日方能出發。[246]

上文所考證之英語史料已經證實，港部之所謂「決死隊」無法如期出

246　鄧慕韓：〈乙未廣州革命始末記〉，載《辛亥革命史料選輯》，上冊，頁9-19：其中頁16。

發，是因為香港的秘密會社頭頭無法欺騙到足夠數目的苦力上當，而絕非
「各領隊」拒絕「帶兵落船」。又所謂「各領隊」也屬子虛烏有，只有朱貴
全、邱四兩個黑社會的頭頭而已。以此類推，「總統衛隊」云云，很可能也
是虛構，目的是把廣州起義失敗的責任，全部推卸到楊衢雲頭上。

下面分析漢語各版本，而以孫中山最親密的戰友之一鄭士良和「四大
寇」之一的尤列開始：

1. 鄭士良的回憶：筆錄該回憶的宮崎寅藏，先展示了當時危機四伏，謂
粵督譚鍾麟獲興中會起事確報，急調長沙營勇一千五百人回省防衛，並派李
家焯率千總鄧惠良等搜查王家祠、鹹蝦欄革命黨機關部，捕去陸皓東、程奎
光等六人。李家焯復派隊在開往香港、澳門的各輪船碼頭，嚴密搜查，伺先
生落船時拘捕之。關於孫中山脫險情形，則鄭士良回憶之主體説：

> 當時，孫先生、我和另外一位同志正在廣東的大本營。〔陸皓東被捕
> 消息傳來〕，知道此事的一個同志，馬上跑出去，我也認為刻不容
> 緩，因此拉着孫先生的袖子，慫恿他趕快一起逃。但孫先生卻處之泰
> 然，不慌不忙，臉色一點也沒變，燒着同志們的名簿和文件，命令部
> 下埋炸彈等等。當然我不能留孫先生一個人先逃，所以邊發抖邊幫忙
> 處理善後，隨即又催孫先生逃，可是孫先生卻泰然地説：「幫我找苦
> 力的衣服來……」。雖然討厭但又不得不服從，遂找工人的衣服來
> 給他。於是孫先生和我都換了苦力的衣服。此時孫先生才説：「走
> 吧！」說罷，遂站起來走在前頭出門，我跟着他後面。這時，孫先生
> 不但不避開人，而且故意走人多的地方，這樣走到人群嘈雜的碼頭，
> 走那裏搭上開往澳門的船，然後在澳門轉乘開往香港的船。[247]

鄭士良的回憶錄破綻百出：

（1）當時的廣東大本營就在王家祠，陸皓東等既然已經在大本營王家祠
被捕，哪來另外一個大本營？若孫中山在同一個大本營，又怎能安然無恙？

247　《孫中山年譜長編》，上冊，頁94，引宮崎滔天：〈鄭弼臣君〉，載宮崎滔天：《宮崎
　　滔天全集》，第二卷，頁549-550。

（2）孫中山雖然是農家子弟，但接受了十五年的西方教育，繼而行醫三年，已經變得文質彬彬，細皮嫩肉；儘管穿上苦力的衣服，也不能穿上苦力那古銅色的皮膚、戴上長滿老繭的雙手。醫生走路無論如何也裝扮不出一個苦力的模樣，裝女的還可以。

（3）鄭士良說自己已經怕得發抖，難道孫中山就不驚慌？但鄭士良卻說孫中山非常鎮靜，看來鄭士良是故意說自己發抖來突出孫中山臨危不亂的英雄形象，以抗衡香港英語傳媒污蔑孫中山「逃之夭夭」之讒言，動機與上述陳少白堅稱孫中山天天跑進清朝駐倫敦公使館宣傳革命，如出一轍。倒是孫中山直言「我們大夥兒開始驚慌，接着便是一陣混亂，大家都希望能在風暴到來之前逃走」之語，[248] 較為可信。

（4）當時廣州與香港之間鐵路未設，附近之三水、江門又未通商而無輪船開往香港，只有廣州有船開往香港、澳門而已。[249] 既然「李家焯復派隊在開往香港、澳門的各輪船碼頭，嚴密搜查，伺先生落船時拘捕之」，孫中山公然跑往碼頭欲乘坐開往澳門的船，無疑自投羅網，智者不為。

（5）後來鄧慕韓「根據孫中山先生所談，及當日親與其事諸同志所述」，「復經陳少白先生審覈」後說，當孫中山到達香港，「鄭士良、鄧蔭南、陳少白諸公已經現行到港。」[250] 鄭士良所言與孫中山一道「搭上開往澳門的船」，[251] 理應存疑。

2. 尤列說：「先生匿居王煜初家三日，始與尤列、朱福全三人，俟一開往香山縣唐家灣的小輪船啓碇離岸一丈許時突圍躍登上輪，朱福全因身體碩胖未能及，遂為清史捕殺。」[252] 此說讀來猶如武俠小說，但同樣是破綻百出：

（1）論距離：一丈是十華尺，當時的一華尺比一英呎長得多，儘管是

248　同註235。

249　鄧慕韓：〈乙未廣州革命始末記〉，載《辛亥革命史料選輯》，上冊，頁9-19：其中頁18。

250　同上註，頁19。

251　《孫中山年譜長編》，上冊，頁94，引宮崎滔天：〈鄭弼臣君〉，載宮崎滔天：《宮崎滔天全集》，第二卷，頁549-550。

252　《孫中山年譜長編》，上冊，頁95，引葉夏聲：《國父民初革命紀略》（廣州：孫總理侍衛同志社，1948），頁9。

十英尺，一位運動健將疾跑一輪然後奮然一躍，或能躍達十英尺，若之前不疾跑，則肯定躍不到十英尺。孫中山既不是運動健將又沒疾跑，肯定躍不到十英尺，遑論十華尺！

（2）論形勢：若清兵已經把碼頭團團圍住，搜查登船的客人，忽然看到有人突圍躍登上船，不馬上喝止停船才怪。該船離岸才一丈，船員是會聽到喝止的。儘管沒聽到喝止而繼續開船，則清兵不乘坐快艇追趕才怪！

（3）怎麼突然冒出個朱福全？此人名不見經傳。

（4）孫中山在廣州匿居三日後才離開之說，上文已證其非。看來尤列是拾孫中山牙慧而故作是說，蓋孫中山那「匿居三日」的追憶在1919年就刊登了。[253] 尤列在1948年[254]透露同樣的信息，得來全不費功夫。

（5）尤列根本沒有參加廣州起義！據參加過廣州起義的陳少白說，「乙未廣州之役，〔四大寇之中的〕楊與尤亦皆不與焉。」[255]

既然尤列沒曾親與其事，他怎能編出這樣的一個故事矇騙後人？據陳少白說：尤列「放誕流浪，喜大言。……民國二年，二次革命起，尤往滬，揚言能解散革命黨。袁世凱信之，羅致北京，斥數千金為之供張，聲勢顯赫。後悉其偽，諷使之去。……十四年，孫先生逝世，尤時在上海，謂孫先生襲其說而倡革命，以後革命黨之領袖，非伊莫屬」。[256] 不是說凡是陳少白之言皆可信，筆者過去就曾考證出其不可信的一些言辭。[257] 但把尤列自言其在乙未廣州之役失敗後、曾與孫中山等突圍躍登上船之舉，[258]比諸陳少白所描述

253　孫中山：〈建國方略：孫文學説，「自序」〉，載《國父全集》（1989），第一冊，頁351-353：其中頁352，註1。

254　葉夏聲：《國父民初革命紀略》，頁9。

255　陳少白：〈四大寇名稱之由來〉，載陳少白：《興中會革命別錄》，轉載於《辛亥革命》，第一冊，頁76-84：其中頁83。

256　陳少白：〈尤少紈之略史〉，載陳少白：《興中會革命別錄》，轉載於《辛亥革命》，第一冊，頁76-84：其中頁79-81。

257　詳見拙著The Origins of an Heroic Image: Sun Yatsen in London, 1896-1897。漢語修訂本見《孫逸仙倫敦蒙難真相：從未披露的史實》（臺北：聯經出版事業公司，1998）。簡體字修訂本見《孫逸仙倫敦蒙難真相》（黃宇和院士系列之二）（上海：上海書店出版社，2004）。

258　葉夏聲：《國父民初革命紀略》，頁9。

的尤列畢生行徑，大有異曲同工之妙。如此這般，就見怪不怪了。但為何尤列偏偏要編一個他曾與孫中山一塊突圍出險的故事？則竊以為到了他編造該故事的1948年，辛亥革命已於1912年推翻了滿清，孫中山亦已於1940年4月1日成了中華民國國父。[259] 沒有參加國父領導首義的「四大寇」之一尤列，臉皮往哪兒擱？回頭編個與國父冒死攜手突圍的故事，多寫意！

　　3. 高良佐謂：「先是，皓東於事敗時，約總理同逃，既下輪矣，復返農學會，欲取回機密。瀕行謂總理曰：『如兩時不返，即不可等候，我可死，先生不可死也。』無何，果在會所被逮就義。」[260] 此言同樣不可信。理由如下：

　　（1）逃命刻不容緩，乾等兩小時猶如送死，陸皓東不會要求孫中山乾等兩小時，孫中山也不會死等。

　　（2）結伴逃亡，倍增危險，蓋只要其中一人被認出，其餘遭殃。倒是孫中山藉其恩師之口，道出「分別逃亡。孫中山躲進一個朋友的家裏」，[261] 較為可信。

　　（3）取回機密：帶在身邊若被搜出，不是自取滅亡？

　　猶如孫中山追認陸皓東曾領洗入耶教（見本書第五章）一樣，這可能又是孫中山等革命黨人事後的傑作，為陸皓東塑造一個捨命救同志的英雄形象，藉此以褒揚已經犧牲了的陸皓東、聲討滿清及激勵同志奮勇前進。

　　那麼孫中山到底是如何離開廣州的？

　　鄒魯說：當時孫中山住在廣州的「河南崎興里」，1895年10月26日當天晚上還與區鳳墀一道前往同樣是居住在廣州河南的王煜初兒子王寵光娶媳婦的婚宴。[262]「河南崎興里」就在當今的海珠區，像河北的珠光里，現在已經

259　國民政府訓令，渝字第319號，1940年4月1日，載《國民政府公報》（重慶：國民政府文官處印鑄局，1940年4月3日），渝字第245號，頁11。轉載於《國父年譜》（1985），下冊，頁1305，1940年4月1日條。

260　《孫中山年譜長編》，上冊，頁95，引高良佐：〈總理業醫生活與初期革命運動〉，《建國月刊》，第十四卷，第1期。

261　同註244。

262　鄒魯：《乙未廣州之役》，轉載於《辛亥革命》，第一冊，頁229-230。又見黎玩瓊：〈談談道濟會堂〉，1984年1月6日，載王誌信：《道濟會堂史》，頁85-87：其中頁86。

擴建為珠光路一樣，崎興里已經擴建為寬敞的崎興直街。

　　婚宴上發生了什麼事情？馮自由説：「是日總理方赴省河南王宅婚禮宴會，見有兵警偵伺左右，知事不妙，乃笑語作客曰：『此輩其來捕余者乎？』，放言驚座，旁若無人。宴後返寓，兵警若熟視無睹。」[263] 若宴會後孫中山回到自己寓所休息，要逃跑的話絕對不必藉竹籮下城牆遁，因為河南是沒有城牆的，城牆都在河北（見圖8.14）。

　　同時，圖8.14所示廣州城分兩部分：老城在北，面積很大，但距離珠江河邊較遠；後來在南城牆與河邊之間的土地上擴建了新城。如此種種，在葉名琛檔案的各式漢語地圖都很清楚。儘管是新城的南城牆，與河邊也有相當距離。把各種漢英地圖放在一起比較，再加上實地考察，可以確知1895年廣州起義各革命機關均在新城的南城牆與河邊之間：聖教書樓、王氏書舍等所在地之「雙門」，正是南城牆的城門；1895年10月27日緝捕委員李家焯於鹹蝦欄拿獲程耀臣等並搜出洋斧一箱之李公館、鄧守戎惠良在城南珠光里南約搜出洋槍兩箱及鉛彈快碼等之空屋，均在南城門以南的「南關」，孫中山的東西藥局在西城門以西的「西關」。

　　所以1895年10月26日晚上的宴會結束後，萬一孫中山是從河南回到河北總部甚至東西藥局過夜，都不必入城；故後來出走，也不必出城！

　　若此説還不夠説服力，筆者再出示另一地圖（見圖8.15），是1924年政府把城牆拆掉改為大馬路後所繪，故大馬路均按照原來老城與新城的城牆而建，若我們把圖8.14與圖8.15比較，可知當時廣州起義各革命機關，全在城牆以外。

　　最後，宴會曲終人散時，孫中山在哪裏過夜？馮自由説「宴後從容返寓。兵警若熟視無睹」。[264] 此言有待考證，因為孫中山回到自己在河南崎興里的寓所單獨過夜太危險，竊以為很可能要求區鳳墀讓他在其福音堂與香港道濟會堂到廣州赴宴的教眾一起過夜，較為保險，區鳳墀也會義不容辭。甚至認為王煜初、區鳳墀等和孫中山商量後而採取這種措施的可能性極大。此

263　馮自由：〈廣州興中會及乙未庚子二役〉，載《革命逸史》（1981），第四集，
　　　頁10-14：其中頁11-12。

264　同上註，頁11。

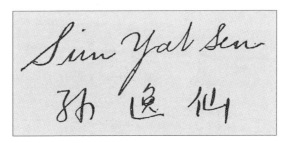

圖8.13　孫中山在採訪記錄上簽字

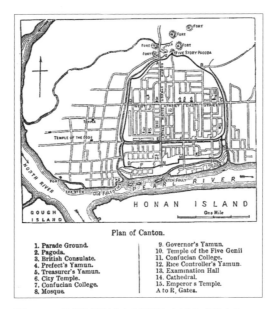

圖8.14　廣州城護城之城牆均在珠江河以北
（城牆用粗線條代表）

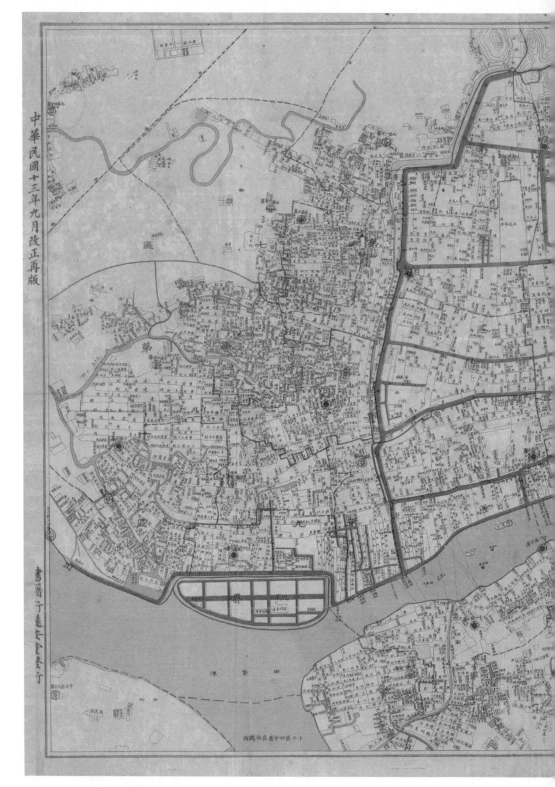

圖8.15　廣州地圖（1924年）

（區少武先生供圖，廣州伍星會展公司掃描）

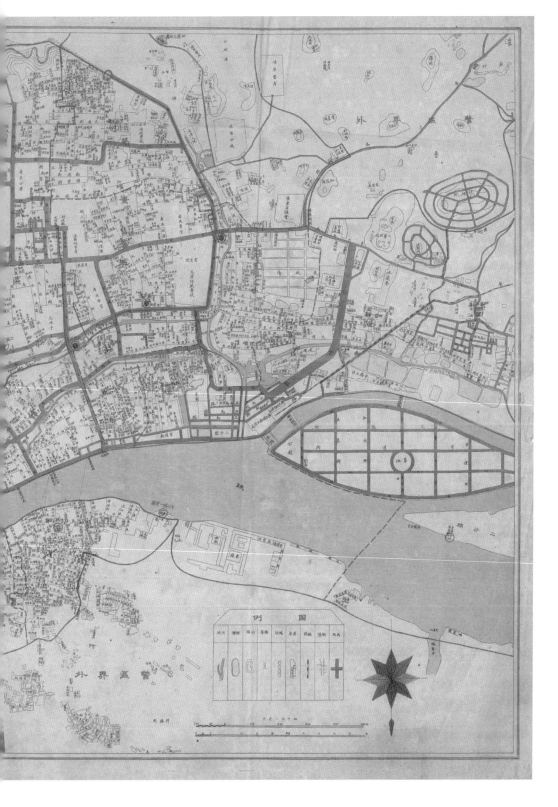

點有康德黎醫生之言佐證，他說孫中山躲進一個朋友的家裏過夜，[265] 這位朋友極可能就是區鳳墀，而區鳳墀的福音堂同樣是在廣州河南的。

那麼，孫中山在翌日，即1895年10月27日，是如何離開廣州河南的？筆者翻查了薛忠三、歐陽頤合編的《兩千年中西曆對照表》，發覺當天是星期日，[266] 該福音堂的教眾都會扶老攜幼前來做主日崇拜。不單如此，香港道濟會堂的大批教眾，在先一日從香港跟隨王煜初牧師到廣州河南參加其兒子王寵光娶媳婦的婚禮及晚宴後，很多沒有親戚投宿的都會到該福音堂過夜，翌日與當地教眾一道做主日崇拜；禮成之後，孫中山就極有可能藏在大批人群之中離開，王煜初與區鳳墀等安排心腹教友掩護孫中山離去，不在話下。當孫中山終於到達澳門時，他的葡萄牙朋友飛南第發覺孫中山男扮女裝！[267] 筆者甚至懷疑，王煜初牧師挑選1895年10月26日為兒子娶媳婦，是其經過深思熟慮後的精心安排，蓋當天是非比尋常的日子——重陽節！幾乎所有中國人都在當天往掃墓的時候，他卻為兒子舉行婚禮及晚宴，從中國人的風俗習慣來說，屬極不吉利，王煜初此舉可謂空前絕後。王煜初牧師與區鳳墀宣教師嘗對孫中山說，革命需要衝鋒陷陣的悍將，也必須處變不驚的殿後者並以此自命。事實證明，孫中山不顧一切地幹革命，全沒想到自身安全以及仍在翠亨村家眷的安危。後來事態發展也證明，無論孫中山成敗如何，王煜初與區鳳墀都止於從旁協助，孫中山當上臨時大總統時邀其當官也婉拒，畢生仍然奉獻於宗教事業。準此，竊以為王煜初與區鳳墀預先考慮到萬一事敗時，如何掩護孫中山逃出生天，於是作此安排。

265　James Cantlie and C. Sheridan Jones, *Sun Yat Sen and the Awakening of China*, pp. 59-60.

266　薛仲三、歐陽頤合編：《兩千年中西曆對照表》（上海：商務印書館，1961），頁379。

267　《孫中山年譜長編》，上冊，頁95-96，引當代《澳門日報》1986年11月11的文章。該文題為〈創辦《鏡海叢報》與飛南第結友誼〉，見姜義華：〈《鏡海叢報》序〉，載《鏡海叢報》（2000年複印出版冊），姜序頁2。《澳門日報》的文章沒有註釋，不知所據為何。徵諸《鏡海叢報》（2000年複印出版冊），則1895年10月30日、11月6日、11月13日、11月20日和11月27日的週報都沒有是項報道。又《鏡海叢報》另有葡文版，「二者的內容有較大的差異」，見費成康：〈孫中山和《鏡海叢報》〉，載《鏡海叢報》（2000年複印出版冊），費序頁1。故《澳門日報》的文章所據可能是葡文版。飛南第曾親臨其事，由他執筆用葡文寫出來，得心應手。

孫中山離開福音堂後，如何從廣州河南到達澳門？鄒魯説：

事敗時，李家焯遣人嚴搜赴香港、澳門之各輪碼頭，伺捕總理。而總理乃乘所備拖帶軍隊來省之小輪，由廣州經順德至香山之唐家灣。行前，司機不諳水道，有難色，總理乃親自指引航線，卒能安抵目的地。[268]

在香港等待着孫中山的是什麼呢？有云是域多利監獄。本文就試圖集中探索是否真有其事。

（iv）孫中山曾被囚於香港域多利監獄之説

2004年11月5日，在翠亨村實地調查暫告一段落後，途經香港返回澳洲。中午時份拜見林鉅成學長時，承林學長相告，香港盛傳孫中山曾被囚於香港的域多利監獄。筆者聽後，既驚且喜。既驚自己的工夫遠未到家，怎麼連這種大事也懵然不知；但更喜有賢達提出新説，蓋推陳出新，乃史家夢寐以求之理想，也是推動歷史研究向前發展的動力。

關鍵是：此説所據為何？筆者頓覺心癢難搔，於是決定虛心探求各位賢達所掌握到的證據；並馬上拜託香港朋友代為收集有關報道，以便進行分析。其中筆者的老同學伍傑忠先生尤其熱情，連夜送來當天《明報》所刊登的韋基舜先生大文。當筆者返回澳洲後又陸續收到其他朋友寄來的剪報，感激之餘，深覺香港人如此關心自己的歷史，令人雀躍！

拜讀過香港各位賢達的大文後，再參考母校香港大學美術博物館所設有關《中區警署古蹟群計劃》網站中的資料，[269]尤其是其中「專欄文章」那一部分，對於事件的來龍去脈取得了初步認識。孫中山曾被囚域多利監獄之説，似乎是在一片保護中區警署古蹟群的聲中出現。筆者首先必須聲明自己

268　鄒魯：《乙未廣州之役》，轉載於《辛亥革命》，第一冊，頁22。

269　Hong Kong University's Museum and Art Gallery, the consultant of Hotung family's proposal, http：//www.hku.hk/hkumag/cps.

圖8.16　香港域多利監獄

堅決擁護保護中區警署古蹟的立場，同時對何東家族暨其他四大家族共同斥鉅資五億港元作為信託基金以保育該古蹟群致以崇高敬意，也向那批為了保護該古蹟群而奔走呼籲的熱心人士，尤其是執筆最力的韋基舜先生敬禮！筆者雖然移居澳洲多時，但1950年代曾在香港唸小學、1960年代曾在香港唸中學和大學。對於這個哺育過筆者的地方，一草一木都有深厚感情。對於香港的古老建築諸如中央郵政局等一幢接一幢地被推倒而感到痛心疾首。有云香港地價高昂，必須把大而不當的古老建築推倒重建。那麼難道倫敦的地價就不高？但有誰曾提出把倫敦的古老建築諸如國會大樓、西敏寺等推倒重建？母校牛津大學各學院的建築難道不是通通都大而不當？但有誰敢提出把它們推倒重建？英國人都非常珍惜他們自己的文化遺產。儘管是曾經當過英國殖民地的澳洲，也把殖民地時代建築起來的古老建築物保養得甚好。香港回歸以後，香港人當家作主了，站起來提出保護自己的文化遺產，是理所當然的事，值得所有香港人甚至已經移居海外的前香港人支持。

　　筆者同時又是歷史工作者，大半生竭力尋求歷史真相。對於歷史懸案更感興趣。首先查出了英國用以發動第二次鴉片戰爭的藉口、即所謂廣東內河水師曾把「亞羅」號船上的英國國旗侮辱的指控，全屬一派謊言。[270] 後來又鑑定出西方史學家史扶鄰先生所謂孫中山1896年10月倫敦蒙難是由於孫中山傻乎乎地跑進公使館宣傳革命而被抓起來之說，[271] 是站不住腳的。[272] 結果史扶鄰先生為拙著寫書評時，也坦然承認證據不足，[273] 其胸襟之廣闊，讓人欽佩，成為世界史學界佳話。現在筆者不忖冒昧，試圖探索孫中山曾否在香港域多利監獄坐過牢的問題，若有什麼遺漏或差錯，尤望讀者諸君海量汪涵，為禱。

270　見拙文 "The *Arrow* Incident: A Reappraisal", *Modern Asian Studies* (Cambridge University Press), v. 8, no. 3 (1974), pp. 373-389。該文後來被翻譯為漢語並刊於廣州市《中山大學學報》（社會科學版），1980年第3期，頁45-57。後來經更深入的探索後即修訂收入拙著 *Deadly Dreams: Opium, Imperialism and the Arrow War (1856-60) in China* (Cambridge: Cambridge University Press, 1998) 作為第二章。

271　Harold Z. Schiffrin, *Sun Yat-sen and the Origins of the Chinese Revolution* (Berkeley：University of California Press, 1968). 漢語本見史扶鄰著，丘權政、符致興譯：《孫中山與中國革命的起源》。

272　見拙著 *The Origins of an Heroic Image*.

273　該書評刊於 *Journal of Asian and African Studies,* v. 24, nos. 1-2 (1986/7), pp. 144-6.

　　孫中山曾被囚域多利監獄之說，始作俑者，似乎是香港建築師學會在2004年9月14日發行的一份問卷，由中區警署古蹟關注組掛帥，該組成員包括香港建築師學會、長春社和其他團體。問卷的標題是〈保育中區古蹟群公眾意見調查〉。該問卷的第二段說：「中區古蹟群作為香港開埠以來的中心發源地，國父孫中山先生曾被拘禁於域多利監獄內，附近的長命斜留下你我上一代以至兩、三代的珍貴集體回憶，你願意見到她們消失嗎？」[274] 短短三句話，卻語重心長。其中最引人注目者，當然是「國父孫中山先生曾被拘禁於域多利監獄內」一句話。而說這句話的目的，顯而易見是要指出域多利監獄有重大的歷史意義，必須作為重點文物來保護。

　　2004年9月25日，香港《蘋果日報》刊登了左丁山先生的文章，題為「保留古蹟」。左先生有感北京旅遊局副局長指稱香港沒有文化旅遊景點，於是向「哈佛博士L」請教。「博士L」回答曰，其實香港有不少文物古蹟可以吸引遊客者，譬如孫中山坐過牢的地方就是其中佼佼者。於是左先生建議把那座曾經「收押過孫中山」的「域多利監獄」中的各個監房改為藝術家教學或繪畫的畫室、圖片展覽室等。左先生並借「博士L」之口道出這正是何東等家族集資五億元以保存中區古蹟群的目標。最後左先生嘆息香港特區政府一心只想發財而罔顧何東等家族的好意。[275]

　　這位「哈佛博士L」是誰？是否李歐梵先生？姑勿論是與否，李先生是接着站出來說話了。李先生在2004年自哈佛大學退休後，即應香港中文大學之聘，當上該校文學院教授，定居香港。他撰文曰：「最近發生的文物保存事件就是一個明證，中環的舊警察局（孫中山曾在此坐過牢，但香港政府不像澳門，似乎對孫中山毫無感情），是否可以保存得住，仍在未定之天。香港政府處處心思在發展旅遊，卻不把旅遊視為保存文化遺產的一種手段。香港不少專欄作家早已指出：如今中國大陸人來港自由行，除了到各商場購物外，為什麼沒有設置文化或歷史的自由行？」李先生大文的精神與左先生的專欄文章如出一轍。[276]

274　香港建築師學會問卷，題為〈保育中區古蹟群公眾意見調查〉，2004年9月14日發行。

275　左丁山：〈保留古蹟〉，香港《蘋果日報》，2004年9月25日，第E6版。

276　李歐梵：〈情迷澳門、回眸香江〉，香港《亞洲週刊》，2004年10月31日，頁17。

專欄作家喬菁華先生更以醒目的標題──〈拆掉國父遺蹟〉──撰文曰：國父遺蹟包括「國父洗禮處之香港必列者士街二號公理會，皇仁書院荷李活道與鴨巴甸街交叉處，歌賦街與城隍街交叉處，香港西醫書院荷李活道雅麗氏醫院，道濟會堂（荷李活道），國父密商大計之歌賦街八號，史丹頓街十三，結志街五十二號，史丹利街二十四號（《中國日報》原址）……大都圍繞着荷李活道一帶，域多利監獄便是他曾坐牢的地方。上述古蹟，除監獄外，已從我們的眼睛消失了」。[277]

2004年9月28日，香港的《快週刊》以〈大館保衛戰〉為題，開宗明義地寫道：「風雨百年，流金歲月。有『香港紫禁城』之稱的中區警署建築群，屹立香江一百六十年，任其周遭建築物起得再高，玻璃幕牆再大，映照新時代的光輝再鮮豔，都只算花花俏俏的新潮擺飾。一旦置身遼闊無涯的歷史帷幕，只有包括中區警署、前中央裁判司署，以及曾囚禁孫中山先生的域多利監獄，這三組香港最後僅有、富維多利亞及愛德華特色的建築群，才算價值無可比擬的古玩，見證殖民地時代歷史變遷。」可惜香港特區政府將這三組古建築群擬作商業招標，就連何東家族暨四大世家斥資五億元保護遺產，都難逃「特首[278]請吃檸檬」的命運。該刊指責政府「以商業掛帥，欲發展成第二個上海『新天地』，一切向錢看」。[279]

2004年10月25日，香港的《蘋果日報》以「300人手牽手、保中區警署古蹟」為題，報道了香港市民示威遊行的情況。示威者「要求政府承諾建築群內的十八座建築物『一間也不能拆』，並於招標發展程序中，強制加入文物保護條款」。參加示威遊行的有七十一歲高齡的體育界名人韋基舜先生，他對記者說：他自己已經「居於中西區超過七十年……對中區警署建築群一草一木都有深刻印象及感情；國父孫中山先生更被拘留於域多利監獄，他批評港府發展古蹟時加入新建築物，嚴重破壞古蹟完整性，好似『着長衫、打領帶』」。[280]

277　喬菁華：〈拆掉國父遺蹟〉，香港《明報》，2004年10月9日。

278　當時的香港特首是董建華先生。

279　林因美：〈大館保衛戰〉，香港《快週刊》，2004年9月28日，頁60-63：其中頁60。

280　佚名：〈300人手牽手保中區警署古蹟〉，香港《蘋果日報》，2004年10月25日，第A6版。

專欄作家喬菁華先生閱報後頗感「意外。上星期日（十月二十四日）的三百人遊行，聽說由民主派中人發起，舜哥與民主派甚少來往，彼此政見不同，但可能在保護中區警署古蹟這件事情上，不同政治立場的人士，也會走在一起……他告訴喬菁華，域多利監獄曾是國父孫文給殖民政府扣押、驅逐的地方，很有歷史價值。」[281]

綜觀上述各件，無論是問卷、報道、專欄或是散文，都有三個共同的特點：

第一、它們都熱誠地表達了各撰稿人保護香港中區警署建築群這文化遺產的衷心願望。赤子之心，感人肺腑。

第二、它們都說，必須保護該建築群的強烈理由之一，是國父孫中山先生曾經在域多利監獄坐過牢。國父在香港活動的其他遺蹟差不多已經全被發展商的推土機剷平，這碩果僅存的文化遺產，絕對不能容忍它湮沒。讀來讓人有聲淚俱下之慨。

第三、它們都沒有提出任何證據，證明孫中山曾經在域多利監獄坐過牢，令人頓足。

儘管它們沒有提出證據，但是：

國父孫中山被囚域多利監獄這說法卻經常被人提及，儼然成為「共識」，且變成保護歷史建築群的重要理據。一些記者和專欄作者把這說法引伸下去，把域多利監獄說成是囚禁革命志士的地方。本以為一些研究國父生平的學者很快會出來澄清有關說法，然而故事流傳了近兩個月，報章亦多次複述，到上星期三才由古物古蹟辦事處的執行秘書吳志華於《明報》提出其中的謬誤。更令人奇怪的是，直到今天，仍沒有學術界中人站出來說明問題。[282]

281　喬菁華：〈六四吧關門〉，香港《明報》，2004年10月28日。
282　高添強：〈國父被囚域多利監獄的謬誤〉，香港《信報》，2004年11月3日。

（v）分析孫中山曾否被囚於香港之爭論

　　吳志華博士在2004年10月27日星期三刊登的大文，可歸納為一句話：根據他所看過的原始材料和有關著作，沒有跡象顯示孫中山曾經在香港的域多利監獄坐過牢。[283]

　　該文引起中區警署古蹟關注組的關注，蓋「監獄與中央警署及早期的中區裁判處毗鄰，彼此息息相關。疑犯被捕後帶到中央警署落案，然後解往裁判處審訊，定罪後便押往域多利監獄服刑」。「域多利監獄位於亞畢諾道（Old Bailey Street），為香港第一所監獄，始建於1841年，當時男女犯人均被囚禁於此。」[284]

　　其中甘乃威和韋基舜兩位先生甚至撰文回應。兩位先生的大文同日同版在2004年11月5日的《明報》刊出。拜讀之後，竊以為兩位先生的回應顯示出他們都是有原則的前輩。

　　甘乃威先生回應說：「筆者曾請教香港歷史博物館總館長丁新豹博士及香港大學龍炳頤教授，他們均認為國父並沒有被囚禁於域多利監獄。」[285] 龍炳頤教授是香港大學建築系主任，歷來關心孫中山在香港活動的古蹟，香港大學最近之豎立孫中山銅像，就是他多年奔走的結果。丁新豹總館長更是在香港歷史研究方面卓然有成的學者。甘乃威先生向他們兩位請教，是找對了學者。而且，外行人請教內行人，是既謙虛而又客觀的態度。當內行的意見與自己所掌握到的信息有衝突時不再堅持己見，是有原則的表現。當然，不能說所有內行人都是絕對正確的，關鍵是找到確鑿的證據。像上述有關「亞羅」事件辱旗之控，英國的史學權威堅持了一百多年，最後證明他們全搞錯了。[286] 時至三十年後的今天，他們仍然不再吭一聲。不吭一聲就等同默

283　吳志華：〈孫中山被囚域多利監獄？〉，香港《明報》，2004年10月27日，第D04版。

284　http://www.arch.cuhk.edu.hk/server2/resch/livearch/projects/Central_police_station/research_studies/history/prison1.jpg.

285　甘乃威：〈一間也不能拆！〉，香港《明報》，2004年11月5日，第D06版。

286　見拙文 "The *Arrow* Incident: A Reappraisal", *Modern Asian Studies* (Cambridge University Press), v. 8, no. 3 (1974), pp. 373-389。

認。默認是由於沒法回應。而沒法回應是由於找不到更有力的反證以資回應也。

　　韋基舜先生對吳志華博士的回應同樣是有原則的，因為他不正面回應吳志華的主要論點，即沒有證據證明孫中山曾經在香港的域多利監獄坐過牢。他不作正面回應，竊以為很可能是找不到那些大家都在拼命找的確鑿證據。在找到有力證據之前不作正面回應，是既有原則而又客觀的表現。

　　另一方面，韋基舜先生從側面回應了吳志華博士。側面回應之一，是：「在該年代，孫文不用『孫中山』之名，至於『中山』乃後來從『中山樵』之名轉用而來。」[287] 竊以為這個回應之目的很明顯：若吳志華博士連當時孫文所用的名字也搞錯了，內行有限。翻查吳文，的確自始至終都用孫中山這名字。[288] 至於韋基舜先生所說的「該年代」，[289] 則吳文既提到孫中山在「1883年11月考入拔萃書室」，又提到香港政府「一直到1912年民國成立後才解除」對他的驅逐令。[290] 就是說，「該年代」[291] 從1883年開始，1912年結束。據筆者考證，「中山樵」這名字，在「該年代」中間的1897年9月（9月之內的具體日子就不能確定了）間產生的（見下文）。準此，韋先生與吳博士各對一半：1897年9月「中山樵」這名字產生之前，大家稱呼孫文為孫逸仙，之後就開始有人稱呼他為孫中山了。

　　「中山樵」這名字源自日本人平山周回憶他與孫中山在日本最初交往的片段。他說：

　　1896年秋⋯⋯總理來京曰：「昨夜熟慮，欲且留日本」。即同車訪犬養，歸途過日比谷中山侯爵邸前，投宿寄屋橋外對鶴館，掌櫃不知總理為中國人，出宿泊帖求署名。弟想到中山侯爵門標，乃執筆書

287　韋基舜：〈孫中山面見李鴻章？〉，香港《明報》，2004年11月5日，第D06版。

288　吳志華：〈孫中山被囚域多利監獄？〉，香港《明報》，2004年10月27日，第D04版。

289　韋基舜：〈孫中山面見李鴻章？〉，香港《明報》，2004年11月5日，第D06版。

290　吳志華：〈孫中山被囚域多利監獄？〉，香港《明報》，2004年10月27日，第D04版。

291　韋基舜：〈孫中山面見李鴻章？〉，香港《明報》，2004年11月5日，第D06版。

〔姓〕中山，未書名；總理忽奪筆自署〔名〕樵。曰：「是中國山樵之意也」。總理號中山，蓋源於此。[292]

　　竊以為平山周把事發時間説成是1896年秋，是記憶錯誤了。1896年初秋，孫中山在美國。1896年9月23日星期三從紐約坐船往英國，[293] 1896年9月30日抵達英國利物浦。[294] 1896年10月11日被滿清駐倫敦公使館人員綁架。[295] 被釋後一直留在英國，直到1897年7月1日才離開，取道加拿大前往日本。[296] 1897年8月16日抵達橫濱。[297] 接下來才發生平山周回憶中的、孫中山取名「中山樵」之事。竊以為平山周雖然錯把1897年發生的事情記憶為1896年，但不影響他回憶主體的準確性。若把稍有瑕疵的史料都全盤否定的話，就鮮有可用的史料了。關鍵是把每條史料都鑑定其準確部分和不可靠的地方，去蕪存菁，這樣才能重建起最為接近事實的歷史。

　　韋基舜先生側面回應吳文之二，是針對吳文之中：「據另一同屆畢業生江英華憶述，羅便臣及後更為孫中山撰寫推薦信，介紹他到李鴻章的官署內任職」[298] 等三句話。韋先生的回應是：「我肯定，孫中山從未做過李鴻章的『幕僚』。」[299] 這就有點對不上號了。吳文只説羅便臣曾寫信把孫中山推

292　據《總理年譜長編初稿各方簽註彙編》（中國國民黨中央執行委員會黨史資料編纂委員會編，油印本），該文是平山周在「追懷孫中山先生座談會」上的發言。後來全文收錄在陳固亭編《國父與日本友人》（臺北：幼獅，1977年再版）。後來又轉錄於尚明軒、王學莊、陳崧編：《孫中山生平事業追憶錄》，頁528-529。

293　駐美公使楊儒致駐英公使龔照瑗密電，1896年9月25日，原藏倫敦公使館，羅家倫引用於其《中山先生倫敦蒙難史料考訂》（南京：京華印書館，1935年重版），頁16-17。

294　Chinese Legation Archives, Slater to Halliday, 1 October 1896, 羅家倫引用於其《中山先生倫敦蒙難史料考訂》，頁110-111：其中頁110。

295　見拙著 The Origins of an Heroic Image.

296　見拙文：〈孫中山第一次旅歐的時間和空間考訂〉，載《孫中山和他的時代：孫中山研究國際學術討論會》（北京：中華書局，1989），第三冊，頁2298-2303。嚴格來說，當時還沒產生孫中山之名字，但商諸中華書局的編審，則為了全書統一起見，他們認為還是用孫中山這名字較為恰當。筆者從之。

297　明治三十年8月18日神奈川縣知事中野繼明致外務大臣大隈重信，秘甲第403號。

298　吳志華：〈孫中山被囚域多利監獄？〉，香港《明報》，2004年10月27日，第D04版。

299　韋基舜：〈孫中山面見李鴻章？〉，香港《明報》，2004年11月5日，第D06版。

薦予李鴻章任職，沒有說孫中山曾上任，更沒說孫中山所任乃李鴻章的「幕僚」。須知從推薦到上任之間是有個過程的：首先看李鴻章是否接受推薦而委孫中山任職，其次看孫中山是否接受聘請。有時候有人儘管接受了聘請也不一定最終上任。韋先生又針對吳文所說、羅便臣曾寫推薦信之事，寫道：「既然吳先生言之鑿鑿，有請將港督羅便臣的推薦信刊登出來，一開讀者眼界。」這回應同樣對不上號，因為吳博士從一開始就聲明其所據乃江英華的回憶，而不是根據羅便臣的推薦信而立論的。[300]

吳博士對韋先生的回應是把江英華回憶錄的有關部分全部轉載，並說當時負責採訪江英華和記錄其言的「鄭子瑜教授仍健在」。[301] 言下之意，不信可以問問香港中文大學中國文化研究所的鄭子瑜教授。但由於吳博士在他自己的回應中沒有處理「該年代」孫文的名字是孫逸仙還是孫中山的問題，以至韋先生在2004年11月29日的再度回應中，藉此窮追猛打。此外，韋先生又重複前言說：「孫逸仙不單只沒有在李鴻章官署任職，更從來沒有與李鴻章會面。」[302]

關於「該年代」孫文是叫孫逸仙還是孫中山的問題，筆者在上文已有所交代。結論是韋先生與吳博士各對一半。其實對這個名稱的爭論已經遠離雙方討論的焦點：蓋該焦點是孫中山曾否在域多利監獄坐過牢的問題。筆者為了排難解紛，才在這裏花了如斯筆墨。至於孫中山是否曾與李鴻章會過面，筆者在本書第七章已經交代過了，答案是沒有。

竊以為韋先生2004年11月29日的再度回應是顯得情急了。何以見得？他把該回應用廣告方式在香港的《明報》、《信報》、《蘋果日報》、《東方日報》、《星島日報》等各大報章刊登。用詞也比他2004年11月5日的回應強烈得多了，例如他把高添強先生2004年11月3日的文章說成是為吳志華「幫腔」「唱和」。但造成這種情急的原因，看來絕對不是由於一己之私，而是為了中區古蹟群可能遭到損害而心焦如焚。不是嗎？眼巴巴地看着由2004年

300　吳志華：〈孫中山被囚域多利監獄？〉，香港《明報》，2004年10月27日，第D04版。

301　吳志華：〈認清楚歷史、搞清楚事實：有關中區警署古蹟的種種回應〉，香港《明報》，2004年11月12日，第D08版。

302　韋基舜：〈事實與真相：回應古物古蹟辦事處執行秘書吳志華先生；及高添強先生〉，香港《信報》，2004年11月29日，第27版。

9月14日香港建築師學會發行問卷之時而慢慢地、無聲無色地建立起來的「共識」，一下子被吳、高兩位像大風颳煙霞般颳得無影無蹤！正因為韋老先生的情急是為了全心全意保護香港的文化遺產而引起，所以讓人肅然起敬，也令人覺得應該有更多的香港人站起來支持他保育香港文化遺產。回顧2004年10月24日星期天舉行的「手牽手、護古蹟」行動，只有三百來人參加。而且，「由於人數不足一千人，未能依原定計劃包圍中區警署一周。」[303] 可謂言者心酸、聽者落淚。

香港號稱有大約七百萬人口，難道只有寥寥三百人關心自己的文化遺產？不見得。是否中區警署古蹟關注組的宣傳手法失當？筆者有感韋先生的熱心，姑且提出一些粗淺看法。有可能香港的廣大市民，由於看到該關注組在未能提出確鑿證據之前，就說孫中山曾在域多利監獄坐過牢而有所疑慮。君不見：一些日本人曾修改課本、臺獨份子也曾修改課本。無論他們把修改課本的動機說得如何冠冕堂皇，在世界大家庭面前，該舉都是見不得光的小動作。愈是尊敬中山先生、愈是熱愛中山先生的人，愈是不願意見到他的英雄形象蒙上類似的陰影。2004年11月20日刊出的龍應台女士的一篇特長文章，似乎就很有代表性：該文題為〈香港，你往哪裏去？〉，在文中，龍女士力數香港政府「拆、拆、拆」的不是。而在孫中山曾否在域多利監獄坐牢的問題上，她就寫道：「史學家還在辯論。」[304] 看來龍女士是極力支持保護香港文化遺產的有心人，但她同時又不願意為了這個目標而犧牲原則，這個原則就是：不能說沒有事實根據的話。她的態度，是否代表了廣大市民的心聲？

竊以為韋先生也是很有原則的人，儘管記者和專欄作家說他曾自言孫中山在域多利監獄坐過牢，[305] 但這樣的文字從來就不在他所親筆撰寫的兩篇回應文章中出現。又儘管後一篇回應顯得相當激動，仍不寫這樣的話。韋先生的這種很有分寸的風範，是否也是代表了廣大香港市民的心聲？準此，竊以

303　佚名：〈300人手牽手保中區警署古蹟〉，香港《蘋果日報》，2004年10月25日，第A6版。

304　龍應台：〈香港，你往哪裏去？〉，香港《明報》，2004年11月20日，第A4版和D6版。

305　佚名：〈300人手牽手保中區警署古蹟〉，香港《蘋果日報》，2004年10月25日，第A6版；喬菁華：〈六四吧關門〉，香港《明報》，2004年10月28日。

為韋先生甚至所有香港人，都應該感謝吳、高兩位先生曾勇敢地站起來說出忠言逆耳的話。否則，若香港特區政府真的在「中山先生曾在域多利監獄坐過牢」之所謂「共識」的基礎上保存了中區警署古蹟建築群，並以此向外國遊客宣傳，同時又提不出確鑿證據證明是說，則遲早會成為國際笑柄，到時整個香港就真的無地自容了。

如何能調動香港廣大市民的積極性而同時又能讓香港特區政府信服必須保育中區警署古蹟群？竊以為香港政府與市民都有一個真正的共識，那就是法治是香港繁榮安定的磐石。一旦丟了法治，香港也就完蛋了。

準此，既然該古蹟群當中的警署曾是執法機關，中央裁判司署曾是司法機關，域多利監獄曾是懲教機關，為何不把該古蹟群完全復修原型而作為法治教育基地？正常運作的警署、法庭，平日都忙得不可開交，很難接待學生參觀，也騰不出人手教育。監獄更是同學們難得一見的地方。中區古蹟群則不一樣，它們不再是辦公的地方，作為法治教育基地，最是理想不過。如此這般，既保育了該古蹟群的絕對完整性，又造福社會，為香港的繁榮安定做出重大貢獻。這種貢獻，金山銀山也買不到！這是千載難逢的機會，稍具頭腦的人都會緊緊抓住這機緣不放！目前中國大陸已經大力推廣法治精神，香港特區政府焉能落後？儘管必須花大錢也要辦好此事，更何況特區政府不必出錢，因為何東等家族已經捐出了共五億大元成立信託基金，若把基金作穩妥投資，所得的回報就能長期維持該法治教育基地的日常經費。萬一不足，相信廣大香港市民會慷慨解囊，支持這麼有意義的機構。

再宏觀地看這問題，則「法治」是「現代化」的精髓，中國前途的磐石；中山先生革命的一生，就是為中國的「現代化」而奮鬥。藉修復香港中區古蹟群作為法治教育基地來紀念孫中山，意義之重大，賽過在香港建築一百座孫中山紀念館。

（vi）考證孫中山曾被囚於香港之說

言歸正傳。筆者在自己的研究過程中，有否發現任何證據證明孫中山曾在香港域多利監獄作過客？

由於香港的這項傳聞沒有說明孫中山在香港坐牢的具體時間，所以筆者

在考證時，只好把所有的可能性都考慮進去。就是說，把探索範圍擴大，而不局限於乙未廣州起義失敗後孫中山逃回香港作短暫停留然後再出走這段時間。準此，相信大家都有一個共識，若孫中山果真曾在域多利監獄作客的話，時間會在1883年11月到1912年1月1日之間。1883年11月他開始到香港讀書，1912年1月1日他在南京宣誓就職臨時大總統。而這兩個日子之間大致可以分為三個階段：

（1）學生時代：1883－1892年。

（2）醞釀和策劃廣州起義時期：1892－1895年。

（3）被香港政府放逐時期：1896－1911。

造成監獄作客的情況大致有兩種：要麼是他觸犯了香港的法律而被抓起來；要麼是他觸犯了別國法律後逃到香港，而被該國成功地申請引渡回犯罪的地方去接受審判，因為在引渡過程當中他就會在香港被短暫地關起來了。

先談第一種情況之發生在上述第一個階段的可能性，即孫中山在香港讀書的時代（1883－1892）觸犯了香港的法律而被抓起來的可能性。目前史學界所掌握到的史料，一致認為孫中山是品學兼優的好學生，從來未觸犯過香港的法律。準此，竊以為他曾被邀請到域多利監獄吃皇家飯的可能性並不存在。不錯，他經常表示過對滿清政府的不滿，批評它腐敗。在西醫書院唸書時甚至經常與另外三位年輕朋友陳少白、尤列、楊鶴齡等一起「時假楊耀記商號為集會之所，高談革命，意氣激昂，時人咸以『四大寇』呼之」。[306] 但他們這種討論都有兩個特點：

第一，他們是關起門來發牢騷，而不是跑上街頭煽動群眾。

第二，他們批評的對象從來就只是滿清政府，而絕對不是香港的殖民政府。若他們公開批評香港殖民政府，馬上就會被抓起來。英國殖民政府為了有效地控制殖民地，不會容忍任何對它的公開批評。君不見，香港直到1967年香港暴動和暴動期間，任何報章若對香港政府有任何批評，馬上被援殖民地法例而封屋抓人。被抓的人若是香港出生者就被判入獄；若非香港出生者則遞解出境。1967年還在香港聖保羅男校唸書的高才生、曾鈺成的弟弟曾德成，就是因為在學校散發反對香港政府的傳單而被抓起來。由於他是香港出

306　《國父年譜》（1994年增訂本），上冊，頁55，1890年條。

生，所以被判入獄而不是遞解出境。但他攻讀醫科的理想從此煙消雲散。[307]
暴動過後，英國人痛定思痛，深感如此嚴厲的法律已經不合時宜，於是有所
放寬。退一步說，若孫中山在香港讀書時真的曾因言入罪，在他那個時代恐
怕絕對畢不了業。他之能畢業，證明他從未坐過牢。

　　後人很容易犯的一個毛病，就是以孫中山後來的盛譽移植到當時的歷史
環境。以「四大寇」這個問題來說，就有後人認為當時「四大寇」已經「名
滿天下」。[308]若當時孫中山果真是以激烈的反清言辭而名滿天下，他早已被
香港殖民地政府垂青：即使他不被邀請到域多利監獄作客，但一踏入中國大
陸就會被滿清官吏抓起來，同樣是在西醫書院畢不了業。倒是四大寇之一的
陳少白道出當時實際情況。他說：「實則縱談之四大寇，固非盡從事於真正
之革命也。」[309]若孫中山在香港讀書而當四大寇的時候就真正從事革命並
因而名滿天下，他不被抓起來才怪！但既然有後人一口咬定當時的四大寇已
經名滿天下，[310]就很容易被別人衍生為孫中山曾經在香港的域多利監獄坐過
牢。以訛傳訛，莫此為甚。

　　再談第一種情況的第二個階段、即孫中山在香港醞釀和策劃廣州起義時
期（1892－1895）觸犯了香港法律而被抓起來。在這段時期的1895年2月，
孫中山在香港成立興中會總部。此舉就觸犯了香港殖民地關於結社的法律，
因為法定結社必須向政府申請並註冊，開列執行委員和普通會員名單等，接
受政府監管，方為合法團體。孫中山之在香港成立興中會總部的目標是推翻
滿清政府，屬秘密性質，所以不會向香港殖民政府註冊並接受監管。他不註
冊就觸犯了香港法律，若當時被發現就會遭到逮捕。在遭到逮捕之後、提堂
審訊之前，就有可能在域多利監獄作客。但沒有證據證明他當時曾被發現，
所以也不存在他曾坐牢的問題。

307　1967年香港左派暴動時，筆者正在香港大學讀書，與曾鈺成是同年異科的同學，同住在
　　盧伽堂宿舍（Lugard Hall），又是隔壁房間。大家談得來，很要好，所以對他弟弟的遭遇
　　也清楚。後閱張家偉大作《香港六七暴動內情》（香港：太平洋世紀出版社，2000），第
　　16章第2節〈曾德成對青春無悔〉，覺得還是符合筆者當時所見所聞。

308　見孫述憲的書評，香港《信報》，1991年9月7日。

309　陳少白：〈四大寇名稱之由來〉，載陳少白：《興中會革命別錄》，轉載於《辛亥革
　　命》，第一冊，頁76-84：其中頁83。

310　見孫述憲的書評，香港《信報》，1991年9月7日。

　　稍後興中會又與楊衢雲的輔仁文社合併，會名仍稱興中會。輔仁文社本身也沒有註冊，所以該會雖有社址，但聚會則分在各社友的辦公室不定期舉行，目的是為了避人耳目。[311]合併後的興中會同樣沒向香港殖民政府註冊，甚至開始在香港秘密購買軍火和把軍火偷運往廣州，那就嚴重地觸犯了香港的有關法律。雖然具體負責購買和偷運軍火的是楊衢雲，[312]但若楊衢雲被抓而供出孫中山是同黨的話，孫中山也會受牽連。目前史學界所掌握到的史料證明，部分軍火隨朱貴全、邱四暨大約四百名苦力坐船於1895年10月28日抵達廣州時就被查出。[313]查出的消息傳到香港後，楊衢雲即機警地盡快離開香港而沒有被香港警察抓着。[314]所以孫中山也沒有因為被楊衢雲牽連而入獄。

　　孫中山在廣州舉事失敗後逃回香港並往香港匯豐銀行提款時，被香港的偵探盯上了，但沒有當場遭到逮捕。[315]該偵探事後所作的報告有佐證：香港的李紀堂先生回憶說，孫中山到匯豐銀行提款時「有守衛上海匯豐銀行之偵探告余，此即在省造反之孫中山先生，由廣州來此。余即往視之，見總理尚留有辮髮，身着白夏令長衫，余未與接談。」[316]

　　孫中山也夠機靈：一發現有人盯上他，馬上轉皇后大道一樓宇，「之後便失其行蹤，大概是從後門遁走。」[317]時為1895年10月31日，而偵探也查出他提款數目是三百元。[318]其實，當孫中山回到香港後馬上就拜訪恩師康

311　Chan, "Chinese Revolutionaries in Hong Kong, 1895-1911", pp. 36-37.

312　中文的有關史料見馮自由：〈廣州興中會及乙未庚子二役〉，載《革命逸史》（1981），第四集，頁11。英文的原始文獻見Memorandum by the Acting Assistant Colonial Secretary, F. J. Badeley, on the Canton Uprising of October 1895, enclosed in Robinson to Chamberlain, 11 March 1896, CO129/271, pp. 437-445。

313　香港《華字日報》，1895年10月30日星期三，第2版，第2欄。

314　Tse, *The Chinese Republic — Secret History of the Revolution*, p. 10.

315　Memorandum by the Acting Assistant Colonial Secretary, F. J. Badeley, on the Canton Uprising of October 1895, enclosed in Robinson to Chamberlain, 11 March 1896, CO129/271, pp. 437-447: here, p. 445, paragraph 16.

316　陳春生：〈訪問李紀堂先生筆錄〉，載《辛亥革命史料選輯》，上冊，頁38-43：其中頁38。

317　Memorandum by the Acting Assistant Colonial Secretary, F. J. Badeley, on the Canton Uprising of October 1895, enclosed in Robinson to Chamberlain, 11 March 1896, CO129/271, pp. 437-447: here, p. 445, paragraph 16.

318　Ibid.

德黎仰詢去留，康德黎轉詢律師意見，律師勸他趕快離開以免遭滿清刺客奪命。[319] 看來孫中山已經意識到此後很長一段時候不能再踏足香港了，故到銀行把一個數目龐大[320]的存款提出來以謀後計。提款期間發覺香港警察也要找他，險地不宜久留，故「不及與康德黎君握別，即匆匆乘日本汽船赴神戶」。[321]

三談第一種情況的第三個階段，即孫中山被香港政府放逐時期（1896－1911），他違反了放逐令（即非法踏足香港）而被抓起來。1896年3月4日，香港殖民政府以孫中山曾在香港組織革命團體反對友邦，有礙香港治安，乃援1882年頒佈的第八號放逐出境條例其中第三條的規定，下令放逐出境，從當天開始，禁止孫中山在香港居留，為期五年。在這段期間，若孫中山踏足香港，馬上就觸犯了該令。倘被發覺，即可能遭到逮捕並扣留起來，等候法庭審訊。待法官驗明正身，證明他的確是孫中山並違反了放逐令，再驅逐出境。遭到扣留期間，款待他的地方很可能就是域多利監獄。

自從香港殖民政府對孫中山發出放逐令以後，有多次傳聞他在香港的足跡，但多數是說他停留在已經駛進香港港口的遠洋船上。這倒沒什麼，因為他沒有登陸辦理入境手續或偷偷上岸，不算入境，所以沒有違反放逐令。但在1902年1月18日至24日，他就真正踏足香港土地了：他是從日本乘坐日輪「八幡丸」號到達香港的。當時，香港殖民政府在對他所發出的、為期五年的放逐令已經過期，所以登陸無阻。登陸後就住在上環永樂街《中國日報》社三樓。唯居港僅數日，即被警方諷使他適。孫中山就於1902年1月24日離開香港再赴日本。他離開香港以後，港府重申禁令。[322]

至1911年辛亥革命爆發後，孫中山到倫敦尋求英國政府對革命派的支持時，才由英國外交部建議英國殖民地部撤銷香港殖民政府對孫中山的放逐

319　Schiffrin, *Sun Yat-sen and the Origins of the Chinese Revolution*, p. 98.

320　當時一名香港華人廚師的月薪才八元左右。見Carl T. Smith, *A Sense of History: Studies in the Social and Urban History of Hong Kong* (Hong Kong: The Hong Kong Educational Publishing Co., 1995), p. 330。

321　孫中山：〈倫敦被難記〉，轉載於《國父全集》（1989），第二冊，頁197；《孫中山全集》，第一卷，頁54。

322　《國父年譜》（1994年增訂本），上冊，頁189，1902年1月18日條，引謝纘泰：《中華民國革命秘史》，頁21。

令。儘管孫中山得悉該令已撤，但到達香港水域時，仍留在其所坐的遠洋輪上而不貿然登岸，看來是恐怕其中有變而自找不必要的麻煩。[323] 據筆者所搜集到的史料，在香港殖民政府對孫中山所發出和重申的放逐令有效期間，孫中山沒有在香港登陸居留。若有賢達找到證據證明他的確曾經上岸，千萬賜告筆者，為禱。竊以為治史鮮有蓋棺定論這回事，一切取決於確鑿史料的發掘。發掘了新的反證，就能推翻前說。

英國外交部的文獻有力地佐證了上述筆者採用中方史料所重建起來的歷史：1911年11月英國外交部對孫中山被放逐的整個歷史過程，作備忘錄如下：

> 孫中山在1896年被香港政府放逐五年。五年期滿後他訪問了香港。於是香港政府在1902年頒佈了新的放逐令，該令在1907年6月期滿時似乎再延續五年。
>
> 1908年初，中國駐英公使要求把當時居住在新加坡的孫中山驅逐出境，並要求禁止他重新踏入英國在中國海域內的和馬來亞境內的任何屬地一步。殖民地部不願意在毫無根據的情況下採取這一行動，但警告孫中山說，若一旦發現他在新加坡進行顛覆中國政府的行動，他就會被驅逐出境。
>
> 他似乎在1909年離開新加坡，同時又向殖民地部申請訪問香港，但殖民地部拒絕撤銷〔香港政府曾對他發出過的〕放逐令。[324]

上述備忘錄，是由於當時（1911年11月）孫中山要求英國政府撤銷香港殖民政府對他的驅逐令，應運而生。準此，助理外交次長作批示曰：

把有關信件諮會殖民地部，並告訴他們說：格雷爵士傾向於容許孫中

323　詳見拙著《中山先生與英國》。

324　W. L.'s minute on Jordan to Grey, Tel. 289, 20 November 1911, FO Reg. No. 46374, FO371/1095, pp.301-306: at p. 301. 按 W. L. 即自1907年起擔任助理外交次長的 Sir Walter Langley，見 *Foreign Office List 1918*, p. 621-623。

山訪問香港，條件是他不能在該殖民地定居，因為我們不能容許該地
被利用作為在中國作政治或軍事活動的基地。[325]

備忘錄再上呈：外交次長把助理次長批文中的「訪問」兩字塗掉而代之
以「路過」兩字，並把最後一句話改為：「或利用該地顛覆中國政府。」[326]
文件再上呈。外相把外交次長最後那句話塗掉，並批示曰：「刪掉它。咨文
就以『殖民地』三字作結束。不管他利用不利用香港作為基地，我們就是不
要他當居民。」[327]

如此這般，放逐令就無形解除。由於這幾份英國外交部的文獻沒有提及
孫中山在該放逐令有效期間踏足香港，所以我們可以相信孫中山沒有觸犯該
放逐令而被關在域多利監獄。

現在談第二種情況：即觸犯了別國法律後逃到香港而被該國成功地申請
引渡回犯罪的地方去接受審判。首先談這種情況發生在第一個階段——即孫
中山在香港讀書的時代（1883－1892）——的可能性。目前史學界所掌握的
有關資料，都充滿了讚揚孫中山品學兼優、見義勇為等熱情洋溢之詞，與作
奸犯科的事情絲毫沾不上邊。所以竊以為他曾被引渡的可能性並不存在。

次談第二種情況的第二個階段：即孫中山在香港醞釀、策劃和在廣州準
備起義時期（1892－1895）曾被引渡的可能性。在醞釀甚至策劃時期，他肯
定未曾被引渡，否則他就活不到廣州乙未重陽之舉。密謀曝光後孫中山逃回
香港，留港期間他曾否被引渡？

要回答這個問題，先決條件之一，是必須找出孫中山在哪一天逃抵香
港，以及哪一天再離開該地。關於這兩道難題，2004年10至11月間在香港的
那場爭論中，湧現出兩個版本。韋基舜先生寫道：「孫中山以當事人身份講
明自己在香港停留了兩日，但是吳先生則說『經澳門逃亡到香港，只停留了

325　Ibid.

326　A. N.'s minute on Jordan to Grey, Tel. 289, 20 November 1911, FO Reg. No. 46374,
　　FO371/1095, pp.301-306: at p. 301.按A. N. 即自1910年起任外交次長的Sir Arthur
　　Nicolson, Bart，見*Foreign Office List, 1918,* p. 287。

327　E. G.'s minute on Jordan to Grey, Tel. 289, 20 November 1911, FO Reg. No. 46374,
　　FO371/1095, pp.301-306: at p. 301. 按 E. G. 即外交大臣 Sir Edward Grey。

四天，在匯豐銀行取款三百元作路費便乘船到日本神戶』。到底應該以當事人的自述為準？還是相信吳先生的『考據』？」[328] 韋基舜先生的提問，一語道出所有歷史工作者必須嚴肅對待的問題，即當事人的話是否每句皆可信而不必考證？本章伊始，就已證明並非如此。唯此一時也彼一時，筆者必須盡可能分別在每一個關鍵問題上都具體探討。

　　陳少白說，由於孫中山兜了一個圈子往澳門，故多費了兩天工夫，以至陳少白他自己在香港「着急了兩天，才見孫先生到我家裏來了」。[329] 考慮到當時交通的落後情況，若孫中山於1895年10月27日離開廣州輾轉往澳門，相信要花上整整一天以上的時間。到達澳門後，喬裝打扮、找朋友幫忙、覓船到香港等等，[330] 相信也需要一整天的時間才能到達香港。所以，竊以為陳少白說兩天以後，即1895年10月29日，才在香港與孫中山重逢，應為信史。其次，孫中山是什麼時候離開香港他往的？孫中山自己沒有說出具體日期。[331] 陳少白則不斷用「當天」、「第二天」等意思模糊的詞彙：究竟當天具體是哪一天？第二天又從哪天算起？陳少白都沒說清楚。[332] 但據香港警方的報告，他們的偵探在1895年10月31日還親眼看着孫中山在香港匯豐銀行提款。[333] 若他在「當天」離開，那麼具體日期應該是1895年10月31日，以至孫中山在香港停留的時間是前後三天。若他在「第二天」離開，那具體日期就應該是1895年11月1日，孫中山在香港停留的時間前後四天。的確，孫中山本來在1895年11月1日就打算與陳少白坐船離開，惜無客輪。[334] 幸虧他們在

328　韋基舜：〈事實與真相：回應古物古蹟辦事處執行秘書吳志華先生；及高添強先生〉，香港《信報》，2004年11月29日，第27版。

329　陳少白：《興中會革命史要》，載《辛亥革命》，第一冊，頁21-75：其中頁31-32。

330　《孫中山年譜長編》，上冊，頁95-96，引《澳門日報》1986年11月11日轉載的、《鏡海叢報》1895年11月16日的報道。

331　見孫中山：〈倫敦被難記〉，轉載於《國父全集》（1989），第二冊，頁197；《孫中山全集》，第一卷，頁54。

332　陳少白：《興中會革命史要》，載《辛亥革命》，第一冊，頁21-75：其中頁31-32。

333　Memorandum by the Acting Assistant Colonial Secretary, F. J. Badeley, on the Canton Uprising of October 1895, enclosed in Robinson to Chamberlain, 11 March 1896, CO129/271, pp. 437-447: here, p. 445, paragraph 16.

334　Schiffrin, *Sun Yat-sen and the Origins of the Chinese Revolution*, p. 98.

第二天，即1895年11月2日、就坐上了一艘開往日本的貨輪離開香港。[335] 所以實際留港時間應該是前後五天。

　　為何筆者如此肯定1895年11月2日是孫中山離開香港之時？因為找到了人證和物證。人證有三位：其中兩位是陳少白和鄭士良。陳少白回憶說，他與孫中山、鄭士良同坐一艘船離開香港前往日本神戶。他又說，他們所坐的那條船，名字叫「廣島丸」。[336] 物證是《神戶又新日報》，徵諸該報1895年11月6日的報道，可知「『廣島丸』於去月2日由香港出發駛往日本」。[337] 準此，可以確定孫中山離開香港的日期是1895年11月2日。另外，第三位人證是在該船公司香港辦事處任職的李紀堂先生。他回憶說：

> 過了一二天，總理派人至三菱洋行之日本輪船公司購船票往日本。是日大風，先買三等票。我在該公司當華經理，適在公司，說此船只有普通客位十二個，隨後即買二等票，旋又改購一等票。余覺得奇怪，因往船看下，見了即是孫先生，因與他招呼。總理說：「你何以知我為孫某？」我說：「早二日在上海銀行見過」……談了幾句話，船即開行。[338]

　　船開行的前二天，正是孫中山被香港偵探察覺在匯豐銀行提款的1895年10月31日。[339] 匯豐銀行的全名是香港上海匯豐銀行（Hong Kong and Shanghai Banking Corporation）。李紀堂所說的上海銀行正是匯豐銀行。因此筆者可以進一步確定孫中山離開香港的準確日期是1895年11月2日。

　　在這五天當中，沒有任何證據證明他曾被關起來等候引渡。而且，兩廣

335　Ibid.

336　陳少白：《興中會革命史要》，載《辛亥革命》，第一冊，頁21-75：其中頁32。

337　〈船報：內外船外航消息〉，《神戶又新日報》，1895年11月6日，見安井三吉編：《孫文と神戶簡譜》。

338　陳春生：〈訪問李紀堂先生筆錄〉，載《辛亥革命史料選輯》，上冊，頁38-39。

339　Memorandum by the Acting Assistant Colonial Secretary, F. J. Badeley, on the Canton Uprising of October 1895, enclosed in Robinson to Chamberlain, 11 March 1896, CO129/271, pp. 437-447: here, p. 445, paragraph 16.

總督譚鍾麟是在1895年11月1日才透過英國駐廣州領事向香港總督羅便臣爵士要求把孫中山引渡回廣州。[340] 幸虧英國有庇護政治犯的悠久傳統，而應譚鍾麟索求就違反了這種傳統。違者將會被千夫所指。因此香港總督在1895年11月12日拒絕了譚鍾麟的要求。[341] 就是說，到了這個時候，儘管孫中山還滯留在香港的話，他也沒有被抓起來等候引渡。既然沒有被抓起來，自然就不存在他被邀請到域多利監獄吃皇家飯的可能性。

　　最後談第二種情況的第三個階段，即孫中山被香港政府放逐時期（1896－1911）被抓起來等候引渡的可能性。按照筆者目前所掌握到的史料，孫中山並沒有在放逐令有效期間踏上香港陸地一步，所以不存在他曾被抓起來的可能性。儘管他曾被抓起來了，香港殖民政府也不可能援用引渡法把他引渡到中國大陸，因為香港政府與滿清政府並沒有引渡犯人的協定。又儘管滿清政府提出引渡，也會像1895年11月12日那樣遭到拒絕。[342] 因此，竊以為孫中山在於被香港政府放逐時期（1896－1911）在香港遭到逮捕等候引渡的可能性並不存在。

　　綜合上述分析，必然的結論是：1895年10月廣州密謀曝光後，孫中山逃回香港作短暫停留時，並沒有被抓起來關進域多利監獄。相反地，他平安地離開香港他往。儘管筆者把搜索範圍擴大，往前推到1883年11月他初到香港讀書之時，往後延遲到1912年1月1日他在南京宣誓就職臨時大總統之日，同樣找不到任何跡象顯示孫中山曾在香港的域多利監獄作過客。

　　應該指出：沒有找到證據並不等同沒有發生過這種事情，只是在沒有找到有關證據之前不能說發生過這種事情。長江後浪推前浪：若孫中山的確曾

340　譚鍾麟致總理衙門密電，1896年4月5日，載羅家倫：《孫中山倫敦被難史料考訂》，頁1-2。同時見Memorandum by the Acting Assistant Colonial Secretary, F. J. Badeley, on the Canton Uprising of October 1895, enclosed in Robinson to Chamberlain, 11 March 1896, CO129/271, pp. 437-447: here, p. 444, paragraph 14.

341　Robinson to Tan Zhonglin, 12 November 1895, FO17/1249, p. 46, quoted in Schiffrin, *Sun Yat-sen and the Origins of the Chinese Revolution*, p. 98.

342　Memorandum by the Acting Assistant Colonial Secretary, F. J. Badeley, on the Canton Uprising of October 1895, enclosed in Robinson to Chamberlain, 11 March 1896, CO129/271, pp. 437-447: here, p. 444, paragraph 14. See also Robinson to Tan Zhonglin, 12 November 1895, FO17/1249, p. 46, quoted in Schiffrin, *Sun Yat-sen and the Origins of the Chinese Revolution*, p. 98.

在香港的域多利監獄作過客，則期待着將來有後進找到真憑實據，了此懸案，為史學界增光，為中區古蹟群添彩。

（vii）1895年孫中山可曾再見楊衢雲？

1895年廣州起義失敗了，孫中山逃回香港。在香港期間，除了與陳少白會合，拜見恩師康德黎請教去留，到匯豐銀行提款以外，還幹了些什麼？很明顯的探索目標是：他有沒有找楊衢雲理論。按情理推，他會渴望找到楊衢雲。如此，則接下來的問題是他有沒有成功地找到楊衢雲？要回答這個問題，就必須確定當時楊衢雲是否已經離開香港避難他往。徵諸《國父年譜》（1994年增訂本），則該《年譜》說楊衢雲於1895年11月3日離開香港，輾轉經南洋、印度等地而最終去了南非。[343] 所據乃謝纘泰後來所撰的《中華民國秘史》。[344] 謝纘泰是楊衢雲當時的親密戰友，[345] 其有關楊衢雲行蹤的信息應該甚為可靠。而據本章上文考證，孫中山在1895年10月29日已經回到香港，而在1895年11月2日才離開香港前往日本。準此，竊以為兩人同時在香港的時間最少有三天，孫中山應該能找到楊衢雲。

接下來的問題是：楊衢雲有沒有為了逃避香港警察而躲起來，以至連孫中山都見不到他？對於這個問題，《國父年譜》和《孫中山年譜長編》都沒提及。究其原因，很可能是沒有掌握到確鑿證據，所以不談為佳。就連當事人謝纘泰在後來所撰的《中華民國秘史》[346] 和孫中山後來所寫的追憶，[347] 也沒提及。按情理推，則在偷運軍火曝光的消息傳到香港後，楊衢雲因畏罪而盡快躲起來伺機逃亡的可能性極高。這也難怪，當時孫中山最關心的問題同樣是留在香港的安危問題而急於向恩師請教。「夫妻本是同林鳥，大難臨

343　《國父年譜》（1994年增訂本），上冊，頁96，1895年11月3日條。

344　Tse, *The Chinese Republic*, p.10.

345　陳少白：〈謝纘泰之略史〉，載陳少白：《興中會革命別錄》，轉載於《辛亥革命》，第一冊，頁76-84：其中頁77。

346　Tse, *The Chinese Republic*.

347　孫中山：〈建國方略：孫文學說，第八章「有志竟成」〉，載《國父全集》（1989），第一冊，頁410。

頭各自飛。」夫妻尚且如此，跟何況是貌合神離的孫中山、楊衢雲？逃命要緊：竊以為孫、楊兩人無暇兼顧聚首的可能性是存在的。

另一方面，當時兩人都年少氣盛，為了「貨不能來」與「貨不要來」[348] 兩道電文而把對方恨之入骨，是情理之常。不顧一切地非找對方理論一番不可，是意料中事。但結果兩人有沒有最終碰上頭？史學界目前還沒找到有力證據以證其事，只好存疑。

儘管如此，還是有人寫道，「孫中山曾斥楊衢雲說：『你為什麼到了時期，你自己不來？那還罷了，隨後我打電止你不來，隔一日，你又不多不少派了六百人來』。」[349] 並稱所據乃陳少白的《興中會革命史要》。查閱《興中會革命史要》，則沒有這項記載。追查《興中會革命別錄》，同樣沒有這項記載。看來是引用者記錯了出處。其實，孫中山不可能知道六百人這個數字，因為該批人在1895年10月27日黃昏於香港登船時，孫中山沒有在場點人頭。翌日清晨他們抵達廣州時，他已於二十小時之前離開了廣州。而事後報章的報道也只是提到約有四百苦力自香港乘船到廣州。六百人這個數字他無從得悉。

廣州失敗的無情結果是：除了極少數貞忠之士諸如陳少白、鄭士良以外，大多數本來同情孫中山的人對他都不怎麼樣。謝纘泰謂自此再不言革命了。[350] 至於那位曾賣掉了祖產香港蘇杭街洋樓一所、得資八千以支持廣州起義的黃詠商，[351] 甚至宣佈與孫中山絕交。[352] 孫中山若要繼續其拯救中國的革命事業，前面是荊棘滿途。

348　陳少白：《興中會革命史要》，轉載於《辛亥革命》，第一冊，頁31-32。

349　韋基舜：〈事實與真相：回應古物古蹟辦事處執行秘書吳志華先生；及高添強先生〉，香港《信報》，2004年11月29日，第27版，引陳少白《興中會革命史要》。

350　Tse, *The Chinese Republic*, pp. 4-5.

351　馮自由：《革命逸史》（1981），第一集，頁6。

352　Tse, *The Chinese Republic*, p. 9.

十、後論：
香港為孫中山的革命理論和革命實踐打下基礎

（i）乙未事敗

乙未廣州起義失敗了，原來的革命隊伍也作鳥獸散。

興中會方面的骨幹，孫中山先走日本再隻身逃回檀香山他哥哥孫眉的農場，以免在日本也被清廷設法引渡。蓋當時甲午中日戰爭結束，和議已成，清廷新派公使領事等將次抵達日本，[353] 外傳日本政府將允引渡革命黨人，故孫中山非再度逃亡不可。跑哪兒？在檀香山有哥哥，是他唯一能暫時依靠的人。旅費怎辦？商借五百元於橫濱同志，皆不能應命，幸馮自由的伯叔輩馮紫山慨贈，乃得成行。隨他逃日的陳少白、鄭士良又怎辦？孫中山各給一百元，讓陳少白暫留日本，鄭士良回香港潛伏。如此這般，原興中會的骨幹全部各散東西。[354]

原輔仁文社的骨幹，則楊衢雲逃離香港先赴越南西貢，再走新加坡、麻加拉斯、哥倫坡，而最後暫時定居於南非。至於謝纘泰和黃詠商，則由於他們自始至終沒有在廣州密謀之事露面，所以他們還可以在香港安居樂業。但原輔仁文社的其他成員亦再也不敢聚會，談論時艱。故原輔仁文社亦煙消雲散。

由這兩個組織合併而成的香港興中會，已經全垮了，人去樓空。孫中山的革命事業，是否就此完蛋？沒有，因為香港已經為他的革命理論和革命實踐打下基礎。只要他不放棄，他還可以在這個基礎上茁壯成長。

（ii）實踐基礎

不錯，廣州密謀失敗了。但孫中山吸取了經驗教訓。教訓之一是如何建

353　裕庚：〈出使日本大臣裕庚奏報到任呈遞國書日期摺〉，1895年9月1日，載《清光緒朝中日交涉史料》（北平：故宮博物院，1932），第48卷，頁4-5。

354　馮自由：《中華民國開國前革命史》，第一冊，頁32。

立革命隊伍的問題。革命隊伍又包括革命骨幹和革命群眾。骨幹方面，原來親如兄弟的、「朝夕往還、相依甚密」[355]、「不談革命無以為歡」[356]的四大寇，一到付諸實踐的地步時，馬上有兩寇當了逃兵。[357]他吃了虧，吸取了教訓，但苦欠良策，只能不斷地尋找志同道合的人，直到1905年同盟會在東京成立後，他終於找到了一大批志同道合、既勇於任事而又不怕死的留學生當革命骨幹。

至於革命群眾，乙未之役，三合會讓他吃了大虧。他吸取了教訓，但同樣是苦無良策，因為當時願意反清的普通群眾，在華南就只有三合會眾了，孫中山不能不繼續依靠他們。直到同盟會成立後，同盟會的骨幹回國後滲透新軍，孫中山才找到嶄新的革命群眾。

有了新的骨幹、新的群眾，1911年10月10日的武昌起義終於成功了。從乙未廣州起義到辛亥武昌起義，孫中山經歷了七次失敗，屢敗屢起，最後才取得勝利。這勝利來得好不容易啊！

（iii）理論基礎

研究孫中山思想的論文、專著，不勝枚舉。但研究其思想如何形成的，卻寥寥無幾。這形成的過程，正是1879年他往檀香山讀書到1892年他在香港西醫書院畢業這段約十三年的時光。偏偏同行對這關鍵的十三年，卻是着力最少的。1896年倫敦脫險後，孫中山留在英國自修共九個月，也是他思想形成的重要時刻，可惜研究這段時期的學者也絕無僅有。筆者先研究他1896－1897年旅英細節，再通過本書鑽研他1879－1892年間的讀書情況，前後呼應，總祈對他思想的來龍去脈，弄出一個輪廓。

出生於華南農村窮苦家庭、到了虛齡十歲才開始讀書識字的孫中山，

355　馮自由：《革命逸史》（1981），第一集，頁13-15。《國父全集》（1989年增訂本），頁55。

356　孫中山：〈建國方略：孫文學說，第八章：「有志竟成」〉，《國父全集》，第一冊，頁491。《孫中山全集》，第六卷，頁229。

357　陳少白：〈四大寇名稱之由來〉，載陳少白：《興中會革命別錄》，轉載於《辛亥革命》，第一冊，頁76-84：其中頁83。

十三歲到檀香山英國聖公會主辦的學校唸了三年高小、美國人主辦的學校唸了半年初中以後，心裏點燃了兩個火頭。第一、對基督教高度的熱情。第二、以救國救民為己任。第一個火頭表現在他對乃兄表達了領洗進入基督教的願望，後果是被孫眉遣返故里。[358] 第二個火頭表現在他回故里的旅途中，在快要返抵故鄉的船上，強烈抗議清朝官吏的貪污腐敗。[359]

回到故鄉，兩個火頭還在他心中燃燒。第二個火頭促使他在市集要衝，疾呼改革，[360] 沒人理會。[361] 他發急了，第一個火頭急升，一發不可收拾：他毀瀆鄉間神像。村民鳴鑼聚眾，大興問罪之師，他隻身逃往香港。

綜觀孫中山早年在香港活動前後約十二年（1883－1895）的光景，有幾個突出的地方值得注意。

第一、孫中山最後決定用革命手段推翻腐朽的滿清政權，並付諸行動，有一個思想上的發展過程。這個過程，發生在香港。最初，他對基督教的信仰熱情高漲；其拯救中國人靈魂的決心，到了考慮要獻身教會當傳教士的地步。但在香港唸中學的時候，發生了中法戰爭。清軍戰敗，激發了他的愛國熱情，以至他的思想開始從拯救個別中國人的靈魂轉變到拯救整個中華民族的命運。換句話說，是國家的災難把他的思想「拉」到救國救民的道路上。繼而在香港西醫書院讀書，目睹基督教會內各種不平現象，尤其是傳教士湯姆生牧師醫生種種奪權的厲害手段。其庸俗之處，絲毫沒有中國傳統所謂「出家人」那種理想般的超塵脫俗，讓他非常反感。這種反感，把他「推」離本來要獻身傳教事業的願望；拉上革命的道路。「推」與「拉」之間共同形成一股強大力量，讓他完全打消了當傳教士的念頭，慢慢形成獻身於救國救民事業的決心。

第二、救國救民，有兩種方式。一種是幫助現有政權改良現狀，另一種方式是推翻現有政權重組政府。兩種想法，都是孫中山在香港讀書時萌芽

358　孫中山：〈覆翟理斯函〉，載《孫中山全集》，第一卷，頁46-48：其中頁47。

359　Paul Linebarger, *Sun Yat Sen and the Chinese Republic* (New York: Century, 1925), pp. 135-139.

360　《國父年譜》（1994年增訂本），上冊，頁35-36，濃縮了林百克著，徐植仁譯：《孫逸仙傳記》，頁131-139的內容。

361　同上註。

的。而在很長的一段時間裏，他搖擺於兩者之間。首先，他的恩師康德黎醫生，對甲午中日戰爭前的李鴻章是仰慕的，並稱讚他是中國的俾斯麥（Otto von Bismarck）。[362] 康德黎的觀點，對年輕的孫中山無疑有一定影響，以至孫中山在1894年春、夏間有上書李鴻章之舉。[363] 上書失敗後，他還不灰心，把上書投到上海的《萬國公報》刊登，[364] 希望藉此引起當局注意，可惜無人問津。最後他就被迫得決心革命，並利用香港的有利條件，組織革命團體及策動乙未廣州起義。

第三、無論是改良或是革命，孫中山都得到香港第一個華人基督教團體——道濟會堂——高層人士的支持。該堂的第一任主牧王煜初，關心國是，提倡新政，並在這方面有所著述。[365] 該華人基督教團體在廣州的宣教師區鳳墀，更積極參與孫中山在廣州策動的乙未起義。[366] 為何王煜初、區鳳墀和其他教友如此支持孫中山的抱負？因為，像孫中山一樣，他們都是近代中華民族當中第一批接觸到西方文化的人。他們對西方有了一定的認識以後，再比較一下當時中國的落後情況，會產生一種民族危機感。救國救民的思想，就油然而生。可惜後來中國共產黨掌權以後，不但不了解這批基督教徒的愛國熱情，反而指責他們賣國，[367] 真是千古奇冤。

第四、孫中山也利用該華人教會作掩護來進行他的革命活動。正由於孫中山在廣州與當地的基督教會有密切關係，以至兩廣總督譚鍾麟儘管接到有關孫中山密謀的線報，也不敢輕舉妄動。譚鍾麟甚至警告那位提出逮捕孫中山的緝捕委員李家焯説，千萬別由於逮捕孫中山而被基督教會反噬。[368] 若孫中山與基督教人士沒有密切往來，他早已作階下囚。可以説，廣州密謀已呈敗象後，他與基督教會的關係間接地救了他一命。

362　Dr James Cantlie's speech, as reported by anon, "College of Medicine for Chinese", *China Mail,* Saturday 23 July 1892, p. 3, cols. 1-5: at col. 3.

363　見本書第六章。

364　孫中山：〈上李傅相書〉，原載上海《萬國公報》1894年，第六十九、七十期。

365　見本書第一章。

366　見本章。

367　Lucian Pye, "How China's Nationalism was Shanghaied", in Jonathan Unger ed., *Chinese Nationalism* (New York: M.E. Sharpe 1996).

368　見本章。

第五、另一位間接救他一命的人也是基督徒——他的恩師康德黎醫生。廣州起義失敗後孫中山逃回香港，仰詢恩師何去何從？恩師是有識之士，第一個想到的是法律問題：若孫中山繼續在香港居留，是否有被引渡回國的危險？故介紹他往見其律師達尼思（Mr H. L. Dennys）。達尼思律師聽了孫中山的故事後，以香港尚無先例可援，但仍勸他馬上離開，以防萬一。於是他在當天（1895年11月1日）就打算與陳少白坐船離開，惜無客輪。[369] 也就在同一天，兩廣總督譚鍾麟照會英國駐廣州領事，咨照香港總督，要求交出被懷疑在香港避難的孫中山等五人。[370] 幸虧他們在第二天就坐上了一艘開往日本的貨輪離開。[371] 待譚鍾麟的咨照到達香港時，孫中山已人去樓空。孫中山逃過一劫。

第六、後來這位基督徒——孫中山的恩師康德黎醫生，更直接地拯救了孫中山的性命，那就是倫敦蒙難。

第七、康德黎醫生這位基督徒，不單拯救了孫中山的性命，也在廣州起義失敗後這關鍵時刻，拯救了孫中山的革命事業。孫中山逃回香港時的荒涼景象，上文已有所及。回到檀島，他更涼了半截。光舉一例：每股100美元為股金股單[372] 現在都全部變成廢紙了。此外，面子也極不好過：捐了錢起義，但「起義軍」連一槍也未打響就已土崩瓦解，一敗塗地！[373] 孫中山自己追憶說：「余到檀島後，復集合同志以推廣興中會，然已有同志以失敗而灰心者。」[374] 他說得倒輕鬆！審度當時形勢，沒人破口大罵才怪。當孫眉聞知廣州起義失敗而有多人被殺頭時，他會否為乃弟極度擔心而後悔沒阻止過他？現在乃弟平安歸來，他歡喜若狂之餘會採取什麼態度？當時他的母親楊

369　Schiffrin, *Sun Yat-sen and the Origins of the Chinese Revolution*, p. 98.

370　譚鍾麟致總理衙門密電，1896年4月5日，載羅家倫：《孫中山倫敦被難史料考訂》，頁1-2。以後所引均據此版本，而非1930年8月之上海商務印書館的初版。

371　Schiffrin, *Sun Yat-sen and the Origins of the Chinese Revolution*, p. 98.

372　《國父全集》（1989），第九冊，頁547，註3。

373　L. Eve Armentrout Ma, *Revolutionaries, Monarchists, and Chinatowns: Chinese Politics in the Americas and the 1911 Revolution* (Honolulu: University of Hawaii Press, 1990), p. 44.

374　孫中山：〈建國方略：孫文學說，第八章「有志竟成」〉，《國父全集》，第一冊，頁411。《孫中山全集》，第六卷，頁230。

太夫人、孫中山的妻子盧慕貞、長子科、長女金琰等均剛逃離翠亨村而被接養檀島，[375] 與孫眉合住。[376] 母親、妻子等會對孫眉説些什麼？孫眉的反應是否就是「囑先生不必氣餒，應再接再勵」[377] 那麼簡單？果真如此，則我們將如何解釋孫中山在檀島滯留了六個月[378] 仍無法去他早已準備去的美洲大陸？如果孫中山腰纏萬貫而又矢志赴美的話，他可以不顧一切地去。但當時他不名一文：若哥哥不給盤川，同志不予貸款，他就行不得也哥哥！就在這關鍵時刻，事情又有了轉機。時值恩師康德黎一家在1896年2月8日坐船離開香港[379] 取道檀島回國。3月即於火奴魯魯與孫中山街頭偶遇，[380] 現在重逢，恩師額手稱慶之餘，乃給予倫敦地址，勉其來訪。[381] 有種種跡象顯示，恩師此舉是希望孫中山到倫敦深造，完成他的醫學學位。[382] 因為正如前述，孫中山在香港西醫書院所取得的並不是世界公認的醫學全科學士（M.B., B.S.）學位，而是次一等的證書。在這種情況下，如果孫中山向乃兄説，準備到倫敦完成他的醫科學業，相信是能打動孫眉的心的。結果事態演變成倫敦蒙難，從此孫中山就義無反顧地投身革命，結束了長期以來他搖擺於救靈魂還是救國家的苦楚。[383]

375　見鄭照：〈孫中山先生逸事〉，載尚明軒、王學莊、陳崧編：《孫中山生平事業追憶錄》，頁516-520：其中頁518。

376　《國父年譜》，上冊，頁86。

377　同上註。

378　孫中山説他在1896年6月離檀赴美，見其《倫敦被難記》，轉載於《國父全集》（1989），第二冊，頁198。

379　Neil Cantlie and George Seaver, *Sir James Cantlie,* p. 95.

380　"On my way home from China in March 1896, I passed through Honolulu and by accident encountered Sun Yat Sen". See Cantlie to the Under Secretary of State for Foreign Affairs, 19 October 1896, paragraph 3, FO 17/1718, pp. 8-10.

381　孫中山：《倫敦被難記》，轉載於《國父全集》（1989），第二冊，頁197；《孫中山全集》，第一卷，頁54。

382　見拙著*The Origins of an Heroic Image*, chapter 4.

383　見拙著《中山先生與英國》，第三章。

十一、總結

　　廣州起義一個突出的地方，是1895年2月21日孫中山的興中會與楊衢雲的輔仁文社正式合併時，雙方爭當主導，相持不下之餘，選舉會長（按興中會章程稱會長為總辦）的事情就一推再延。[384] 直到1895年10月10日，「眾以發難在即，始投票選舉會長」。[385] 這個會長（總辦），不光是區區一個興中會的會長，而是起事若成功後合眾政府的當然大總統。[386]「楊衢雲堅欲得總統，嘗親對總理言，謂非此不足以號召中外。」[387] 竊以為楊衢雲此言，道出了當時實際情況：地頭蛇他有一窩，具影響力的外國朋友他也有不少，甚至香港兩大英文報章的主筆都是他的支持者。相形之下，孫中山雖然曾在香港讀過書，但在香港沒有任何社會基礎。陳少白則連西醫書院的課程也沒唸完就退學。鄭士良在內地做事，陸皓東任職於上海等等。至於外援，孫中山的恩師康德黎還被蒙在鼓裏！所以，無論從什麼角度看，孫派都是勢孤力單。

　　但是，光從楊衢雲這一番表演就可以看出，他搞革命的最終目的，是為了個人私利。據云鄭士良聽了孫中山複述楊衢雲的話以後，就嚷着要把他宰了。[388] 鄭士良這種表達不滿的方式，充分表現出會黨人士的本色，也反映了當時某些革命黨人中存在着的一個嚴重問題：他們要推翻滿清，但他們本身的意識型態，則仍是非常陳舊的。試想，按現代民主程序，所有公民都有權公開競選，哪有某候選人的支持者竟要手刃競選對手那樣駭人聽聞！鄭士良這種思想，與後來袁世凱之派人暗殺那位有意競逐國務總理的宋教仁之獨裁思想又有什麼分別？而且，看來鄭士良搞革命的最終目的，同樣是為了個人私利。他認為他與孫中山等冒着性命危險到廣州衝鋒陷陣打江山，得江山後

384　有云1895年2月21日「召開興中會成立會，推黃詠商為臨時主席」。見《孫中山年譜長編》，上冊，頁81。所據乃馮自由：〈興中會組織史〉，載《革命逸史》（1981），第四集，頁8-9及第一集，頁6。查《革命逸史》（1981），第四集，頁1-23〈興中會組織史〉：其中頁8-9及第一集頁6〈黃詠商略歷〉，均沒提此事，讓人費解。復查馮自由：《中華民國開國前革命史》，也無結果。。

385　馮自由：〈香港興中會總部與起義計劃〉，載《革命逸史》（1981），第四集，頁9。

386　同上註。

387　馮自由：〈鄭士良事略〉，載《革命逸史》（1981），第一集，頁24—25：其中頁24。

388　同上註。

就應該是他們享江山的。從這個邏輯出發，孫派中人肯定會從一開始就質問楊衢雲會不會親自率領敢死隊赴穗，而楊衢雲很可能就推說輔仁文社有的是武將如朱貴全等，而朱貴全等推他為輔仁文社社長，就足以證明他是將將之才，不必親自去衝鋒陷陣。若楊衢雲真的這麼一說，就難怪鄭士良一氣之下就嚷着要把楊衢雲宰了。

陳少白對這次興中會競選會長的記述也反映出類似鄭士良的陳舊閉塞思想。他說，選舉結果，孫中山得勝。但後來楊衢雲對孫中山說，讓他暫時先當這個總辦，以利指揮，待革命成功後再把位置還給孫中山。孫中山聽後很傷心，對陳少白和鄭士良說，還未行動已爭權奪利。[389] 竊以為陳少白這段記述屬虛構故事。孫中山沒當上會長，陳少白就勉強說成是先當後讓。而在虛構故事的過程中，又把自己的封建思想暴露無遺：在民主法治社會，當選人如果不願意幹下去，只能辭職，讓選民另選賢能而絕對不能把位置私相授受。陳少白可能把興中會的章程也沒好好閱讀，或一知半解，或打心裏不願意接受。

孫中山嚴誡鄭士良、陳少白等別妄動，證明孫中山當時已接受了現代的民主思想。孫中山由於聽了楊衢雲的話而退出競選，證明他搞革命不是為了個人名位與財富。他推翻滿清，不是為了建立孫家王朝，而是為了建立共和國。所以，雖然他在童年時代曾敬重洪秀全反清之勇氣，成長後反而非常鄙視洪秀全，斥他與楊秀清「互爭皇帝」，是太平天國失敗「最大的原因」。[390]他建立共和國，也並非為了自己當總統。所以，雖然他當上了臨時大總統，但為了國家福祉，避免打內戰，就拱手把臨時大總統的寶座讓出，並把袁世凱推薦給國民議會選他當總統。雖云當時雙方實力懸殊，若打內戰則孫中山必敗，但古今中外鮮有不戀棧權力者。美國人林百克也注意到，孫中山沒有一點個人野心，甚至沒有絲毫個人主義（egotism）的味道，他想的一切，做的一切，都是為了中華民族的福祉而奮鬥。[391]

389　陳少白：《興中會革命史要》，載《辛亥革命》，第一冊，頁30-31。

390　孫中山：〈民權主義第一講〉，1924年3月9日，《國父全集》（1989），第一冊，頁65，第7—8行。

391　Linebarger, *Sun Yat Sen and the Chinese Republic,* p. 119.

　　若孫中山捨身革命不是為了個人財富與權勢，那是為了什麼？是什麼無形的力量拉動他勇往直前？是以一己絕對的「無私奉獻」來「救國救民」的理想。這種理想來自何方？時值辛亥革命一百周年，環顧全球各有關孫中山的遺址，形形色色的紀念活動，隨時隨地都能看到他親手疾書「天下為公」的複製品。此言出自中國古籍《禮記‧禮運》，則似乎孫中山「無私奉獻」的理想來自中國的傳統價值觀。其實不然，《禮記‧禮運》及中國其他古籍都沒教人作「無私奉獻」。而綜觀孫中山一批又一批國學修養比他深的革命同志，似乎都沒有一個人像他那樣「無私奉獻」。倒數來說吧，他在國民黨的繼承人蔣中正，國學修養遠遠超過孫中山，但蔣中正談不上是「無私奉獻」的人。汪精衛的國學修養，更是孫中山所望塵莫及，但當汪精衛在戰都重慶被蔣中正邊緣化後，就投靠日本去了，談不上「無私奉獻」。黃興接受過正規的傳統教育，國學修養遠遠超過孫中山，而且在歷次起義及武昌起義中，軍功彪炳；但後來孫中山要求黨員宣誓效忠於他時，黃興就退出革命隊伍。孫中山此舉不一定妥當，但黃興沒有考慮到孫中山的動機是希望鬆懈的黨員更能步伐一致，而不是出於個人的權力慾。章太炎的國學修養更是了不起，他當上同盟會在東京革命喉舌《民報》的主編後，鼓吹革命，功勞至鉅。但當孫中山被迫離開東京並帶走一切款項後，章太炎就反目，對孫中山進行體無完膚的人身攻擊，大大地破壞了革命隊伍的團結。章太炎同樣沒有考慮到，孫中山此舉不是為了個人享樂，這筆錢他是用來從事革命的。章太炎嚴缺經費繼續辦報，想辦法籌款就是了。再倒數到孫中山在香港讀書時高談反滿的「四大寇」之一的楊鶴齡，與孫中山是翠亨村的同鄉。楊家有錢，僱私塾老師專門教導楊家子弟。孫中山家貧，適齡時連村塾也無力上，直到他十歲時，哥哥孫眉從夏威夷匯款回來，才開始讀村塾，三年後就轉到夏威夷讀英語學校，故國學修養同樣不如楊鶴齡。但到了真正採取行動來推翻滿清——1895年的廣州起義——的時候，楊鶴齡就拒絕參與了。[392] 上述一批又一批曾一度是孫中山的革命同志，其國學修養均超過孫中山，但想得更多的還是個人得失，而不是為了一個理想而「無私奉獻」。他們所受的教育不包

392　陳少白：〈四大寇名稱之由來〉，載陳少白：《興中會革命別錄》，轉載於《辛亥革命》，第一冊，頁76-84：其中頁83。

括「無私奉獻」，而「光宗耀祖」的思想卻不少。

那麼，孫中山「無私奉獻」的思想若非來自漢學，則是否來自西學？在1895年廣州起義與孫中山合作的原輔仁文社社長楊衢雲暨社友，西學都很好的。但正如前述，廣州起義還在籌備中，楊衢雲就搶先說事成後他要當總統。孫中山一於讓步，集中精神投入廣州起義的具體工作。在「無私奉獻」這問題上，高下立見。就是說，深受西學影響的人不一定就能做到「無私奉獻」。那麼，孫中山與楊衢雲的分別在哪兒？孫中山是位「無私奉獻」的耶教徒。論財富，他把募捐而來的錢全部如言投放在革命事業，自己不留分毫。終於，辛亥革命成功了。反觀康有為，他捨不得把募捐而來的錢如言投放在庚子勤王，卻用之在南美置業，結果庚子勤王失敗了。[393]論遺產，孫中山留給愛妻宋慶齡的，只有他自己的幾套衣服、一些書籍，以及加拿大華僑贈他的上海故居，如此而已。

至於楊衢雲，則除了他矢志革命之志最終目的是為了自己當總統「光宗耀祖」這種傳統思想以外，其他方面也表現出他深具「俠義心腸」這種同樣是傳統的價值。事緣廣州起義失敗後，楊衢雲遠走南非，本可就此隱名埋姓而定居下來，卻心念祖國，終於又冒着性命危險返回香港，並於1898年往日本求見孫中山，希望繼續攜手合作救國。有云當時孫中山面斥楊衢雲，楊衢雲接受批評，促成兩人再度合作，共同策劃1900年之惠州起義。起義前一年的1899年，孫中山邀請長江流域的哥老會和珠江流域的三合等祕密會社首腦在香港成立興漢會，會上眾人推舉孫中山為總會長。孫中山吸取了1895年廣州起義兩派相爭的慘痛教訓，請楊衢雲辭去興中會會長之職，楊衢雲當即答應，已見胸襟；更難得的是，楊衢雲辭職後不單沒有任何消極表現，且全身投入惠州起義，就連對他一直成見甚深的孫中山與陳少白也極為感動，以至惠州起義失敗而楊衢雲逃回香港並終於在1901年1月10日兩廣總督德壽派刺

393　見拙文 "Three Visionaries in Exile: Yung Wing, K'ang Yu-wei and Sun Yat-sen, 1894-1911", *Journal of Asian History* (Otto Harrassowitz, Wiesbaden, West Germany), v. 20, no. 1(1986), pp. 1-32.

客把其殺死後，[394] 孫中山聞訊即召集同志，為其舉哀；更在海內外籌款以助遺孤；[395] 又親筆修書對謝纘泰説：「痛公之亡，晚膳皆不能下嚥。」[396]

　　又哪怕是謝纘泰，由於他與孫中山不和，而對孫中山盡人身攻擊之能事；但全盤考慮謝纘泰所做的一切，其主流動機還是盼望祖國進步，並為此而在精神和物質上都做了重大付出。光是這一點，就值得世人尊敬。總之，本書所及之首批受西方「現代化」思潮影響的通商口岸知識分子，即本書第四章提到的諸如孫述憲之輩污衊為「番書仔」的熱血青年，都是非常愛國的；他們的英雄形象，不會因為一些狹隘偏激的讕言爛語而有所褪色。

394　見拙文 "Chinese Attitudes Towards Hong Kong: An Historical Perspective", *Journal of the Oriental Society of Australia*, v. 15-16 (1983-84), pp. 161-169. 又見楊拔凡：〈楊衢雲家傳〉（手稿），1955年冬定稿。收入楊拔凡、楊興安合著：《楊衢雲家傳》，頁14-50：其中頁19。楊衢雲被刺殺時才四十歲。

395　楊拔凡：〈楊衢雲家傳〉（手稿），收入楊拔凡、楊興安合著：《楊衢雲家傳》，頁14-50頁：其中頁22

396　孫中山函謝纘泰，1901年2月13日。該毛筆親筆函全文拍照複製在楊拔凡、楊興安合著：《楊衢雲家傳》，書首圖片部分以及頁22；該圖片説明卻誤作1900年12月25日。

第九章

任重道遠：
「同志仍須努力」

革命尚未成功

同志仍須努力

孫文

一、任重

辛亥革命距今百載，「孫中山研究」則為時更久——一個世紀以來已有不少人寫過關於他的文章，然而成績如何？「同志仍須努力」。為什麼？「道遠」也。

二、道遠

造成「道遠」者，主要有兩個因素：

1. 客觀的因素：即自然的因素，主要是由於史料嚴重缺乏。

2. 主觀的因素：即人為的、由於政治或個人的原因，替孫中山研究造成極大困難。

（i）自然的因素

偉人成名之前，極少有人刻意保存有關文獻。待他成名以後，再去追查，則絕大部分文獻早已湮沒，難明真相。

例如，很長的一段時候，歷史學家連孫中山的出生年月日也說不清楚。孫中山生前最親密的一位戰友汪精衛回憶說：追隨先生多年同志，屢欲知先生生日，先生咸不答。有時笑曰：「我不說給你們知道，但到了那一日我必請你們吃晚飯。」。而先生每年約同志晚餐者並非一次，同志終不能確定先生生日也。[1]這種現象被當時一位外國作者抓着作為笑柄，嘲弄一翻說：「據最近出版的一本、由孫中山本人提供材料的孫中山傳記〔按即林百克的英文原著《孫中山傳記》〕，孫中山連他自己是何年何月何日生也不清楚，也從不關心。另據一位在場的人說，最後一次慶祝孫中山生日，是在1924年

---

1 汪精衛：〈孫先生軼事〉，《嶺東民國日報》，1925年11月18日；轉載於《國父年譜》（1994），上冊，頁8，1866年11月12日條。

11月2日舉行。在毫無頭緒的情況下，國民政府竟然欽定孫中山的生日為11月12日，並從此就在每年的11月12日，大事慶祝『國父誕辰』。」[2]

　　孫中山也曾兩次親筆手書自傳，第一次是在1896年，説他自己生於1866年「華曆十月十六日」，[3]當為1866年11月22日。近年在孫中山夫人盧慕貞遺物中，發現孫中山生辰八字云：「乾誕於同治五年十月初六寅時（丙寅、己亥、辛卯、庚寅）。」[4]可確知為1866年11月12日。國民黨先前誤打誤撞，結果撞對了！此日期比孫中山第一次手書的自傳早了十天，孫中山可能記憶有誤，或寫錯了。

　　孫中山第二次親筆手書自傳，是在1919年。[5]筆者發覺其中也有錯誤。例如，他説1895年廣州起義「敗後三日，予尚在廣州城內；十餘日後，乃得由間道脫險出至香港」。[6]經考證，這筆史料是錯誤的，筆者並有理由相信，孫中山為了達到某一個政治目的，故意這樣説的，箇中情由，請參看筆者在本書第八章的考證。

　　國民政府定都南京後，1930年就成立中國國民黨中央黨史編纂委員會，最初目的是編纂孫中山的年表。該會委託委員鄧慕韓、[7]編纂王斧、[8]成員

2　Lyon Sharman, *Sun Yat-sen, His Life and Its Meaning: A Critical Biography* (New York: John Day Co., 1934), p. 4.

3　孫中山手書自傳墨蹟原件：〈覆翟理斯函〉，中國國民黨中央黨史會藏，轉載於《孫中山全集》，第一卷，頁46-48。

4　黃季陸：〈國父生辰考證的回憶〉，臺北《傳記文學》，第十一卷2期，1967年8月號。復見黃季陸：〈國父生辰的再考證〉，臺北《傳記文學》，第十一卷3期，1967年9月號。均轉載於《國父年譜》（1994），上冊，頁9，1866年11月12日條。

5　孫中山：〈建國方略：孫文學説第八章「有志竟成」〉，載《國父全集》（1985），第一冊，頁409-422。《孫中山全集》，第六卷，頁228-246。

6　孫中山：〈建國方略：孫文學説第八章「有志竟成」〉，載《國父全集》（1985），第一冊，頁410，第20行。

7　鄧慕韓：〈調查訪問材料〉，載中國國民黨廣東省黨部編：《新聲》，第18期（1930年出版）。轉載於孫中山故居紀念館：《孫中山的家世》（北京：中國大百科全書出版社，2001），頁109-112。以後簡稱故居編：《家世》（2001）。按鄧慕韓（1881-1953），廣東三水人，1905年後隨孫中山革命，1930年後任國民黨中央黨史編纂委員會委員兼廣州辦事處主任。

8　王斧：〈總理故鄉史料徵集記〉，載《建國月刊》，第五卷第1期，1931年出版。轉載於故居編：《家世》（2001）。按王斧（1880-1942），廣東瓊山（今屬海南）人，1901年起追隨孫中山革命，1930年後任國民黨中央黨史編纂委員會編纂。

鍾公任等，[9]在1930年和1931年先後到中山縣（今中山市）採訪其親屬，包括孫中山的四姊孫妙茜（1863－1955），孫中山的原配夫人盧慕貞（1867－1952），以及村民陸華興等。

可惜筆者發覺，孫妙茜對王斧所述是有錯誤的；例如她說：孫中山「跟眉公往美國讀書，十八歲回香港續學英文。常亦回家。不料鄉中神廟中，有數處偶像，忽然被人斷頸裂胸……」[10]嚴格來說：

（1）孫中山並非與孫眉同行；

（2）他是往夏威夷而非美國，蓋當時的夏威夷尚未被美國併吞；

（3）他離開夏威夷後，並沒有馬上去香港讀書，而是直接回到翠亨村；

（4）「斷頸裂胸」，是言過其實了，其他史料只說是斷了北帝的手指，劃花了金花娘娘的臉；斷指與劃花臉都比較容易辦到，也快捷；斷頸裂胸則較難，也花時間。幾個頑童倉促鬧事，其實心裏也有點發毛，必欲速戰速決。

（5）他是在翠亨村毀瀆神像之後才逃往香港，並非在香港讀書期間回翠亨村毀瀆神像。[11]

這些錯誤，竊以為是可以解釋的。關於：

第（1）點：孫妙茜可能是泛指孫中山出國去依靠孫眉，而不一定是指兩人同行。孫妙茜乃農村婦孺，又不識字，[12]她用字遣詞，不會像讀書人那麼嚴謹。

第（2）點：由於後來夏威夷在1894年7月4日被美國併吞，以至很多沒

9　鍾公任：〈採訪總理幼年事蹟初次報告〉，1931年5月14日，原件藏臺北中國國民黨中央黨史館，轉載於故居編：《家世》（2001），頁120-124。按鍾公任（1882-1947），廣東鎮平（今蕉嶺）人，1905年後隨孫逸仙革命，1930年後任國民黨中央黨史編纂委員會成員。

10　王斧：〈總理故鄉史料徵集記〉，載《建國月刊》，第五卷第1期，1931年出版。轉載於故居編：《家世》（2001），頁113-119：其中頁117。

11　詳見本書第四、五章。

12　孫妙茜對王斧說：「我是不識字的」，見王斧：〈總理故鄉史料徵集記〉，載《建國月刊》，第五卷第1期，1931年出版。轉載於故居編：《家世》（2001），頁113-119：其中頁116。

深究其事的現代學者，都誤會孫中山曾到過美國的夏威夷讀書，就難怪文化水平不高的孫妙茜也有過這種誤會了。至於

第（3）至（5）點，則事發的1883年，孫妙茜虛齡二十一歲，相信已經嫁出，回娘家時道聽途說，對事情的經過一知半解，完全可以想像。這件事例說明，當事人間接了解到的情況，其可靠性要比親歷其境的描述要低。因此在運用口述史料時，首先必須鑑定講述者所據是第一手還是第二手的信息，再核實其可靠性。

從另外一個角度考慮問題，則孫妙茜雖然不識字，但似乎記憶力特別強。譬如，曾在孫中山故居工作多年的鄒佩叢君，在分析研究孫氏家族源流的各種有關記載時，發覺儘管王斧在採訪孫妙茜時，孫妙茜一面向其展示記載孫植尚為十四祖的《翠亨孫氏家譜》，同時仍說「十世植尚公，分房」。[13] 孫妙茜的話有佐證：

其一是孫眉所記《翠亨孫家家譜略記》；

其二是孫社正所修《翠亨敦業堂茂成孫公家譜》；

兩份資料都說孫植尚是十世。又鑑於《翠亨孫氏家譜》本身也有孫氏十世孫直〔植〕吳的記載，鄒佩叢斷定孫植尚與孫直〔植〕吳同屬植字輩，皆十世。[14] 又斷定《翠亨孫氏家譜》把孫植尚列為十四世，與孫殿朝、孫殿侯等殿字輩[15]諸人同輩，是錯誤的。

準此，鄒佩叢的結論是，孫妙茜的記憶是準確的，並認為她與乃兄「從小就將家族中口耳相傳的自其十世至十七世直系祖先名諱寫在紙上（孫眉），記在心中（孫妙茜，以至出口成誦）」。[16]竊以為鄒佩叢君言之成理，故對於使用孫妙茜的口碑，信心大增。至於孫妙茜的親戚朋友，在複述她的口碑時，有可能參雜了政治或其他因素的情況（見本書第三章），研究者又必須提高警惕。

孫中山的原配夫人盧慕貞，對鍾公任所述也有錯誤。例如，她說她娘家

13　鄒佩叢：《孫中山家族源流考》，中山文史第五十七輯（中山：政協廣東省中山委員會文史資料委員會，2005），頁64。

14　同上註，頁63。

15　同上註，頁60。

16　同上註，頁64。

「距總理家七、八里」。[17] 按她所說的里是華里，而一華里約半公里。回想
2006年3月14日，筆者在孫中山故居紀念館的職員幫助下，專程前往參觀盧
夫人故居之後，坐小汽車回翠亨村時，車程約十分鐘，估計兩地距離約七、
八公里，比盧夫人所說的，遠了一倍。[18] 筆者不感滿足，於2006年3月28日再
專程從廣州坐長途車到珠海，同樣在翠亨孫中山故居紀念館的職員幫助下，
重臨盧夫人故居外沙村村口以外的直線公路，自那裏坐小汽車到翠亨村村
口，計程表顯示了5.5公里。若加上遠覷蔡昌故居與小汽車所在地的距離，及
過去彎彎曲曲的田間小路，上山下坡的羊腸小徑，過去走路共應約7公里以
上，[19] 與孫中山故居紀念館的蕭潤君館長在2006年3月24日星期四在電話上回
答筆者提問時，所作的估計吻合，證明盧夫人所說的七、八華里不夠準確。
盧夫人的錯誤比較難於解釋。她出嫁後肯定多次回娘家，若走路則對距離會
有一定認識，若坐肩輿也會詢問肩夫以便付錢。1931年她回答鍾公任提問時
才六十五歲，記憶應無大礙。問題在於現代學者要求之嚴謹，大別於過去村
婦追憶之約略。

　　近人也重視蒐集有關孫中山的口述史料，而以李伯新先生為著。正如前
述，李伯新先生從1955年9月就開始在翠亨村孫中山故居工作。[20] 可惜到了那
個時候，孫中山的四姊孫妙茜，已於同年1月16日去世，[21] 但李先生仍開始斷
斷續續地採訪有關人士，及筆錄其口述。首先是蒐集了1957年5月楊連逢專
程到澳門採訪的記錄。時久居澳門的盧慕貞夫人已於1952年9月7日逝世，[22]
楊連逢無法採訪她，猶幸當時已經是虛齡九十七歲的孫緞仍健在，故採訪了
孫緞。[23] 孫緞者，孫中山的堂姊、孫中山三叔孫觀成之女。

17　鍾公任：〈採訪總理幼年事蹟初次報告〉，1931年5月14日，原件藏臺北中國國民黨中央
　　黨史館，轉載於故居編：《家世》(2001)，頁120-124：其中頁124，回答第19條提問。

18　黃宇和：〈唐家灣、外沙村、崖口楊家村調查報告〉(手稿)，2006年3月14日。

19　黃宇和：〈翠亨村村調查報告〉(手稿)，2006年3月27-30日

20　李伯新：《孫中山史蹟憶訪錄》，中山文史第三十八輯(中山：中國人民政治協商會議廣
　　東省中山市委員會文史學習委員會，1996)，前言。

21　孫滿編：《翠亨孫氏達成祖家譜》，1998年12月印本，轉載於故居編：《家世》
　　(2001)，頁12-28：其中頁18。

22　同上註，頁20。

23　楊連逢採訪孫緞，1957年5月，載李伯新：《孫中山史蹟憶訪錄》，頁165-166。

李伯新本人則於1959年開始採訪有關人士，第一位是陸天祥。在此後的七年裏，李伯新重訪陸天祥六次，合共七次採訪。初訪時陸天祥虛齡八十三歲。[24] 準此，筆者推算他可能比孫中山少十歲。從1960年5月10日開始，李伯新又連續採訪楊連合，也是連續共採訪了七次，最後一次有目前的孫中山故居紀念館館長蕭潤君先生參加。[25] 楊連合者，孫妙茜長孫，孫中山外甥孫，平常喜聽親友講述有關孫中山事跡。李伯新初訪他時，年齡四十六歲。從1965年8月15日開始，李伯新又連續採訪楊珍，也是共採訪了七次。楊珍者，翠亨村人，孫妙茜的好友。李伯新初訪她時，年齡六十八歲，故筆者推算她約比孫妙茜少三十四歲。由於孫妙茜很長時間負責看守孫中山故居，而楊珍又曾在孫中山故居工作，故從孫妙茜那裏聽了不少孫家故事。此外李伯新又採訪了翠亨村其他老人，甚至鄰村人士。終於集結成書，1996年出版。[26]

本書就採用了不少李伯新先生所蒐集到的口述史料。雖然其中無意之失諸如記憶錯誤者有之，故意褒貶而帶感情用事者亦屢見不鮮；至於那些出於政治等因素而編造的神話，更不在話下。所以，像處理原始文獻一樣，口述史料都必須經過鑑定其真實性，驗證其可靠性，衡量其可信程度，方能使用。方法包括多找旁證，實地考察，細密思索。日夜神遊冥想之處，不亞於偵探破案之決心。

（ii）自然因素可以克服

上述種種缺乏原始文獻所造成「孫中山研究」重重困難的自然因素，是可以克服的，對策大致有二：即通過

1. 長期作地毯式的實地調查，可以彌補檔案資料之嚴重不足。
2. 對有關細節的微觀鑽研，可以達到了解宏觀歷史的境界。例如本書當中的：

24　李伯新採訪陸天祥，載李伯新：《孫中山史蹟憶訪錄》，頁59-64。

25　同上註，頁79-95。

26　李伯新：《孫中山史蹟憶訪錄》。

第一章〈辛亥百年〉：

　　為什麼爆發辛亥革命？眾說紛紜，莫衷一是。其實海納百川，所有解釋都可以歸納為一條大道理：中華民族必須「現代化」，否則落後的中國必定被「現代化」的列強征服，中華民族會變成亡國奴。

　　何以見得？在十九世紀，歐洲列強挾其「現代化」的軍事力量，排山倒海東來，在兩次鴉片戰爭（1839－1842年與1856－1860年）中，攻打中國猶如摧枯拉朽，[27]中國被逼簽訂城下之盟。喪權辱國的不平等條約接踵而來。

　　此後百年間，中國被強迫簽訂了大約745至1,000條的不平等條約，[28]國人稱此時期為「百年國恥」。準此，亡國滅種的驚呼不絕於耳，救國救民之喊聲震耳欲聾。

　　因為，割地賠款的痛楚，不光是由於物質上的損失；在心靈上，中國精英遭受了前所未有的沉重打擊：[29]兩次鴉片戰爭徹底動搖了中國精英對華夏文化的信心，消極甚至絕望者無數。陳天華之蹈海，是顯例之一。

　　先知先覺者諸如孫中山，不單不消極，反而從積極處着想，從而油然產生仰慕西學之心，並試圖利用西學促使中華民族「現代化」，這是他與眾不同之處。更由於他深受耶教傳教士那種「無私奉獻」思想的影響，以至他自己也無私地獻身革命。結果是，孫中山所領導的辛亥革命，推翻了千年帝制，創立了中國歷史上第一個共和國——中華民國。眾望所歸，孫中山當選為臨時大總統，並於1912年1月1日宣誓就職，是為中國有史以來第一位總統。

　　所以，中國近代史上有非常清晰的一條脈絡：沒有鴉片戰爭，中國人就沒有積極仰慕西學之心；沒有仰慕西學之心，就沒有我們所認識的孫中山；沒有孫中山，就沒有我們所認識的辛亥革命。

27　見茅海建：《天朝的崩潰》（北京：三聯書店，1995）。

28　見Wang Dong, "The Discourse of Unequal Treaties in Modern China", *Pacific Affairs*, v. 76, no. 3 (Fall 2003), pp. 399-425: at p. 419.

29　Tu Wei-Ming, "Cultural China: The Periphery as the Center", *Daedalus*, 120:2 (1991), pp. 1-32: at p. 2. See also Tu Wei-ming ed. *The Living Tree: The Changing Meaning of Being Chinese Today* (Stanford: Stanford University Press, 1994).

　　那麼，這個宏觀大道理，是通過什麼微觀細節建立起來的？筆者從1984年開始前往孫中山出生的翠亨村實地調查，近年去得更是頻繁，結果發現：

　　（1）孫中山童年與姐姐上山打柴，無論從村南的金檳榔山山頂，還是從村北的犁頭尖山山腰，都無可避免地看到珠江河口那萬舟雲集的金星門；洋人藉這些船隻，運來中國的全是鴉片。正當的商船會駛進正當的港口諸如廣州，貨物驗關放行。見不得光的鴉片煙船，早在鴉片戰爭以前就慣於停泊在「治外」的天然「避風港」諸如珠江河口靠西的金星門，或更著名的珠江河口靠東之伶仃洋（見第四章圖4.1和4.2、第五章圖5.21）。

　　（2）待窮苦的孫中山等到實齡九歲，而終於交得起學費進入村塾讀書時，他第一位老師是一名癮君子，煙癮發作時，就頻頻缺課；不久更因為鴉片煙癮大發，無錢買鴉片煙及時制止痙攣等極端痛楚，結果在村塾中一命嗚呼，把學童們嚇得魂飛魄散。

　　（3）這一切，對孫中山的幼小心靈，都是極大的震撼！後來，他先後在檀香山和香港所接受的西學教育，把他的世界觀改變了——中國有出路，出路在於「現代化」。筆者把他接受的西學教育做微觀分析，終於明白到為何他最後走上革命道路：他矢志促使中國「現代化」。

第二章〈家世源流〉：

　　（1）查明孫中山家世源流這微觀問題，可以了解到最初支持他革命的基本群眾是廣府人這宏觀歷史關鍵。若他是客家人，則客家人無論是在孫中山後來歷次起義所在地之廣東，或是出洋謀生的華工，都是弱勢社群，要號召人多勢眾的廣府人參加他倡議的革命，難矣哉！

　　（2）徹查孫中山家世源流這微觀細節，而牽涉到的另一個宏觀問題，是孫中山是否貴冑後裔？蓋羅香林教授所倡議的「紫金說」，堅稱他是唐朝侯爵的後裔，耕讀世家。中國國民黨黨史委員會所堅持的「東莞說」，則謂他只不過是普通農家子弟。貴冑後裔與貧窮的農家子弟，對於革命思想之萌芽，其腦袋提供了不同的土壤！

第三章〈國學淵源〉：

（1）鑑定了孫中山出生的房子，是青磚大屋還是泥磚蝸居，這芝麻綠豆的小事，才明白到他投身革命，是為廣大貧苦大眾請命。結合這種情況，再探求他童年及青少年時代讀過什麼聖賢書，就明白到他為何仰慕湯武革命，[30] 孫中山之最終走上革命道路，自有其國學淵源。

（2）光有國學淵源諸如湯武革命的知識，還不足以促使孫中山獻身革命。綜觀孫中山一生之中，結交了一批又一批的革命志士，但似乎沒有一人像他那樣「無私奉獻」。倒數來說，他在國民黨的繼承人蔣中正，國學修養遠遠超過孫中山，但蔣中正談不上「無私奉獻」。汪精衛的國學修養，更是孫中山望塵莫及，但當汪精衛在戰都重慶被蔣中正邊緣化後，就投靠日本去了。黃興接受過正規的傳統教育，國學修養遠遠超過孫中山，而且在歷次起義中，尤其是1911年10月10日的武昌起義後，他趕往參加指揮，軍功彪炳；但後來孫中山要求黨員宣誓效忠於他時，黃興就退出革命隊伍。孫中山此舉不一定妥當，但黃興沒有考慮到孫中山的動機是希望鬆懈的黨員步伐一致，而不是出於個人的權力慾。章太炎的國學修養更是了不起，他當上同盟會在東京革命喉舌《民報》的主編後，鼓吹革命，功勞至鉅。但當孫中山被逼離開東京並帶走一切款項後，章太炎就反目，對孫中山進行體無完膚的人身攻擊，大大破壞了革命隊伍的團結。章太炎同樣沒有考慮到，孫中山此舉不是為了個人享樂，這筆錢是用來從事革命的。章太炎極缺經費繼續辦報，想辦法籌款就是了。再倒數孫中山在香港讀書時跟其高談反滿的「四大寇」之一楊鶴齡，與孫中山是翠亨村的同鄉。楊家有錢，僱私塾老師專門教導楊家子弟，一直到楊鶴齡成長。孫中山家貧，到了適學年齡卻連村塾也無力上，直到他實齡九歲時，哥哥孫眉從夏威夷匯款回來，才開始讀村塾，約四年後就轉到夏威夷讀英語學校，此後他在香港所上的中學和大專，都是用英語授課的，若論學習時間的長短與集中的程度，孫中山的國學修養應該連楊鶴齡也不如。但到了真正採取行動推翻滿清——1895年廣州起義——的時候，楊鶴齡就拒絕參與了。上述一批又一批曾一度是孫中山志同道合的人，其國學修養均超過孫中山，但他們想得更多的是個人得失，而不是為了一個理想而

30　孫中山：〈覆翟理斯函〉，載《孫中山全集》，第一卷，頁46-48：其中頁47。

「無私奉獻」。究其原因，他們所受的教育不包括「無私奉獻」；「光宗耀祖」的思想倒是不少。孫中山「無私奉獻」的精神，來自耶教：他先後在檀香山和香港讀書時，受到耶教傳教士那種「無私奉獻」的精神深深感染。故本書第三章就開始探索他1879年至1883年，在檀香山的教會學校接受教育的情況。但做這種探索之前，對於孫中山國學淵源仍有不盡言之處，下面繼續討論。

（3）洋人一方面嚴厲批評科舉出身的士大夫，自鴉片戰爭以降，百般阻擾中國向西方學習的進程。[31]另一方面，對積極向西方學習的孫中山，又拾傳統士大夫諸如康有為、章太炎等的牙慧，來批評孫中山國學根柢淺。[32]一句話，洋人總覺得當時的中國人，無論是進步還是落後，都一無是處。探索孫中山國學淵源各種微觀細節，大有助於我們了解一個宏觀大道理，即洋人甚至某些華人自己，對孫中山根深蒂固的偏見。

（4）中國四書五經所表現出來的精神，與基督教教義的價值觀，既有勸人為善那相同的一面，也有基督教嚴禁中國信徒拜祖先等重大分歧。這種分歧，在孫中山生長的那個時代，發展成為多宗嚴重的流血事件，外國傳教士與中國的士紳勢同水火。[33]孫中山既然有讀聖賢書，怎麼會信奉基督教？這個宏觀大問題，也在第三章通過微觀探索而了解到其中奧秘。孫中山認為基督教進取，儒家守舊，佛家道家也如是；西方信奉耶教，結果「現代

31　費正清教授説，中國西化的進程 was "obstructed at every turn by the ignorance and prejudice of the Confucian literati." — John King Fairbank, *China, A New History* (Cambridge, MA: Harvard University Press, 1992), p. 217.

32　Teng, Ssu-yu and John King Fairbank eds.. *China's Response to the West* (New York: Atheneum, 1963), p. 193, which forms part of a section entitled "Sun Yatsen's Early Revolutionary Program". 史扶麟也批評孫中山「對經典缺乏全面的修養」，見其《孫中山與中國革命的起源》（北京：中國社會科學出版社，1981），頁10，所據乃陳錫祺：《同盟會成立前的孫中山》（廣州：廣東人民出版社，1957年初版，1981年重印），頁8。但陳先生是拿孫中山與康有為比較。平心而論，康有為畢生功力在古籍，孫中山只讀過其中的四書五經，從數量上當然是無從比較。但問題是，四書五經是否最有代表性的國學的精髓？熟讀四書五經而明白箇中道理的人，當時以至當今又有多少？中國古籍浩瀚如海，康有為又是否全部看了？竊以為焦點是量還是質的問題。

33　See Paul Cohen, *China and Christianity: The Missionary Movement and the Growth of Chinese Antiforeignism, 1860-1870* (Cambridge, MA: Harvard University Press, 1963). 呂實強：《中國官紳反教的原因，1860-1874》（臺北：中國學術獎助委員會，1966）。

化」了，中國墨守成規，以至落後挨打；他的結論是：中華民族必須「現代化」，否則就有亡國滅種之慮。要「現代化」，就必須深切了解耶教精髓，從實用角度出發，誠所謂「不入虎穴焉得虎子」，結果，在火奴魯魯意奧蘭尼學校所有華裔學童當中，孫中山率先入教了，之後又鼓勵同學唐雄領洗。

（5）孫中山領洗進入耶教後，其對耶教熱情之高，曾經有過當傳教士的依稀想法，目的是把西方的先進思想在中國傳播。但後來卻決定從事革命，結果馮自由說：「余在日本及美洲與總理相處多年，見其除假座基督教堂講演革命外，足跡從未履禮拜堂一步。」[34] 多年跟隨孫中山在東南亞奔走的張永福也說：「先生為教徒，但永不見其到教堂一步」。[35] 這種現象該如何解釋？上文介紹過了，孫中山信耶教最基本的理由，是藉此促使中國「現代化」。革命是促使中國「現代化」最直接的途徑，但耶教卻與中國的傳統價值觀與思想感情有重大矛盾，他要革命就必須爭取廣大同胞支持，要取得這種支持，就不能大張旗鼓地做耶教徒，結果星期天上教堂做主日崇拜也免了。

（6）世人皆愛談孫中山幼仰慕太平天國的洪秀全與楊秀清，但極少提及孫中山當時之親身經歷。這種現象，給人沒頭沒腦的感覺。因為，單獨地講洪、楊故事，不一定能引起孫中山共鳴。但是，找出孫中山曾目睹清吏橫行等微觀細節，即明白到當他聽到已有前人挺身而出，反對滿清暴政時，仰慕之情油然而生，就在所難免了。

第四章〈檀島西學〉：

（1）查明孫中山在1879年5月，是採用什麼交通工具，從翠亨村到達澳門這雞毛蒜皮的小事，才明白到他「慕西學之心」[36] 這句石破天驚的話之源頭。蓋此語「不特表示先生在思想上開拓新境界，而且在生命上得到新啟

34　見馮自由：〈孫總理信奉耶穌教之經過〉，載《革命逸史》（北京：中華書局，1981年重版），第二冊，頁9-18：其中頁12。

35　張永福：〈孫先生起居注〉，載尚明軒、王學莊、陳崧編：《孫中山生平事業追憶錄》（北京：人民出版社，1986），頁820-823：其中頁822。

36　孫中山：〈覆翟理斯函〉，載《孫中山全集》，第一卷，頁46-48：其中頁47。

示。此種自我之發現與生命之醒覺，實為先生一生偉大事業之發源」。[37] 換句話說，這正是孫中山革命性之「現代化」改革開放思想的開始。

（2）接着探索孫中山從澳門到檀香山時，所坐的船是英國人的船，還是葡國人之舟；若是英國人的船，孫中山會產生慕英學之心；若是葡國人之舟，孫中山會有慕葡學之意。結果，證明了澳門大學歷史系霍啟昌教授所堅稱孫中山是坐葡人之舟，屬子虛烏有；由此而證明孫中山仰慕的，是當時如日中天的益格魯·撒遜（Anglo-Saxon）文化，不是夕陽斜照的葡萄牙文明。

（3）再查明孫中山在檀香山的意奧蘭尼學校讀書時，是寄宿生而非走讀生，這貌似無關宏旨的小節，才明白到他接受的，正是當時益格魯·撒遜民族賴以建立與維持日不落大英帝國的所謂「公學」（public school）式的全面教育，意義就非同小可。

（4）繼而設法了解意奧蘭尼學校校監韋禮士主教（Bishop Alfred Willis）的生平及其為人，這又似乎是離題的小節，方醒悟到韋禮士主教用他那種橫眉冷對別人批評他「頑固」的態度，排除萬難地打造一所卓越的學校。正所謂不知我者罵我頑固，知我者讚我頑強。韋禮士主教以身作則地投身教育，孫中山的頑強，是否深受韋禮士主教所影響？孫中山最終義無反顧地投身革命，是否也曾被韋禮士主教之無私貢獻精神所啟發？諺云：「近硃者赤，近墨者黑」；孟母三遷，自有其千古不易之理。

（5）進而深入探索當時美國綱紀慎會傳教士，在檀香山華人社會的傳教活動，這又似乎與孫中山終於走上革命道路這宏觀歷史問題，風馬牛不相及的小節，才深切地了解到，當時孫中山為何滋生出如此高漲的宗教熱情，為何他嚷着要領洗進入耶教，以及為何他甫返翠亨村，就毀瀆北帝像這種「造反」行為。

（6）最後尋求各種微觀細節，印證孫中山對他自己在夏威夷所受教育所下的結論：「憶吾幼年，從學村塾，僅識之無，不數年得至檀香山，就傅西校，見其教法之善，遠勝吾鄉。故每課暇，輒與同國同學諸人，相談衷曲。而改良祖國，拯救同群之願，於是乎生。當時所懷，一若必使我國，人

37　《國父年譜》（1994年增訂本），上冊，頁27，1897年6月條。

人皆免苦難，皆享福樂而後快者。」[38] 他更自言在英國人辦的意奧蘭尼學校三年所受的教育引起他身心變化最大，其中最重要者莫如學校紀律嚴明的好處，讓他感到必須竭誠遵守校中紀律，並準此而渴望中國人同樣醒悟到，自覺地遵守紀律的重要性。[39]

第五章〈中學時代〉：

（1）集中探索孫中山高漲的宗教情緒，如何慢慢地變成高漲的革命熱情這深層次性的轉折。通過微觀鑽研那位替孫中山施洗進入耶教的喜嘉理牧師，那種跡近狂熱的狹隘宗教信仰，就不難發覺孫中山愈來愈體會到喜嘉理這種狂熱與狹隘，對孫中山他本人已經接受了的國學淵源，愈來愈勢成水火，而慢慢把孫中山「推」離最初喜嘉理牧師一廂情願地，認為孫中山的宗教熱情已經高漲到要當傳教士的程度。

（2）國難愈來愈深重，慢慢把孫中山「拉」上革命的的道路。正是他在香港中央書院讀書的1884年，爆發了中法戰爭，香港的《循環日報》評論説：「中法自開仗之後，華人心存敵愾，無論商賈役夫，亦義切同仇⋯⋯此可見我華人一心為國，眾志成城，各具折衝禦侮之才，有滅此朝吃之勢。」[40] 孫中山耳濡目染，大受影響。翌年清朝屈辱求和，對孫中山更是一個很大的衝擊。事後他回憶説：「予自乙酉中法戰敗之年，始決傾清廷，創建民國之志。」[41]

（3）再舉一個例子：當時香港中央書院課程，促使孫中山把他在香港所喝的水塘水，與他自小在故鄉翠亨村所喝山水井的水作比較，馬上發覺到香港政府用英女王的名義大費周章地建築水塘，為市民提供乾淨的飲用水；繼而領悟到家鄉山水井早已長期飽受污染，但清朝政府就是不管，於是孫中山就大罵天子了。須知在那個時代，大罵天子是造反的行為，要誅九族的！

---

38   孫中山：〈在廣州嶺南學堂的演説〉，1912年5月7日，載《孫中山全集》，第二卷，頁359-360：其中頁359。

39   林百克著，徐植仁譯：《孫逸仙傳記》（上海：商務印書館，1926），頁121。

40   香港《循環日報》，1884年10月9日。

41   孫中山：〈建國方略：孫文學説，第八章「有志竟成」〉，載《國父全集》，第一冊，頁409。《孫中山全集》，第六卷，頁229。

第六章〈大專時代〉：

（1）香港西醫書院的創立這微觀課題，表面上與本書探索孫中山如何走上革命道路之宏觀主旨毫無關係，其實關係可真緊密，因為該書院的創辦人——英國人康德黎醫生（Dr James Cantlie）——不單對孫中山促使中國「現代化」的抱負有深遠影響，後來更多次拯救他性命。為何多次救他性命？因為康德黎醫生也極望中國「現代化」，並衷心支持孫中山要促使中國「現代化」的決心，故本書必須在這微觀細節上多花筆墨。

（2）探索香港西醫書院首任教務長孟生醫生（Dr Patrick Manson）所說「香港應該是中國全面走向文明的帶路人」[42]這句微觀的話，可了解後來孫中山所言「香港是他革命思想發源地」[43]這宏觀道理。後來鄧小平在1978年決定改革開放，1979年即在毗鄰香港的深圳設立經濟特區，讓香港帶動深圳，深圳帶動全國；這個宏觀策略，也非偶然。

（3）找出1887年10月1日西醫書院宣佈創院儀式的微觀細節，讓人明白到，孫中山深切領略在法律上權力劃分的重要性這宏觀道理，對我們了解孫中山後來構思的「五權憲法」之緣由，不無幫助。試想，那所還沒有自己院舍，所有教學活動必須借用雅麗氏醫院進行的西醫書院，其宣佈創院的儀式卻由署理香港總督主持，社會名流熱情道賀；其隆重之處，比諸1887年2月17日雅麗氏醫院以簡單祈禱的形式，草草開幕，[44]真有天淵之別！這樣一比較，就讓孫中山深深地體會到，英國人極度重視在法律上權力的劃分：這個典禮是莊嚴的宣言，它宣佈西醫書院在法律上是一所完全獨立於雅麗氏醫院的個體。

（4）探索香港西醫書院所賴以生存的雅麗氏醫院院長、英國倫敦傳道會醫療傳教士湯姆生醫生（Rev Dr John Thomson）的城府與手段，他藉雅

42　孟生：〈教務長在香港西醫學院開院典禮上致詞〉，1887年10月1日，地點：香港大會堂，典禮主持人：署理港督，黃宇和譯自該院出版的單行本，題為"The Dean's Inaugural Address", Records of the College of Medicine for Chinese in Hong Kong, deposited at the Royal Commonwealth Society Library, Cambridge.

43　孫中山：〈革命思想之產生——1923年2月19日在香港大學演講〉，載《國父全集》（1989），第三冊，頁323-325。《孫中山全集》，第七卷，頁115-117。

44　Rev. John Chalmers's Decennial Report (Hong Kong District) for 1880-1890, 12 February 1891, pp. 20-21, CWM, South China, Reports 1866-1939, Box 2 (1887-97), Envelope 25 (1890).

麗氏醫院干預西醫書院的運作,以及該傳道會的英人教眾與華人信徒之水火不容等種種微觀細節,同樣強有力地讓我們深切了解到,是什麼力量慢慢地把孫中山「推」離他最初要當傳教士哪怕是依稀的想法。

（5）一步一腳印地描繪香港西醫書院的掌舵人康德黎醫生（Dr James Cantlie）千辛萬苦地要把醫療科學推介到中國這古老文明的雄心壯志,讓我們更進一步體會到孫中山最終要拯救全中國的決心這宏觀道理。

（6）進一步細查康德黎醫生的生活小節,可以理解到後來孫中山無私奉獻的宏觀圖畫:康德黎醫生可能比誰都要忙:他在自己的私人醫務所為病人看病以謀生;在雅麗氏醫院當義務外科醫生;創辦西醫書院,並義務為其教書,後來更當教務長主持校務;創辦香港山頂醫院（Peak Hospital）並總理其事務;[45]創辦了香港防禦疾病疫苗研究所（Vaccine Institute）,並長期在該處做實驗;又籌建香港公共圖書館。這一切,早已把他忙垮了,但他還抽到時間參加香港後備兵團,[46]當義務軍人,這是多麼高尚的愛國主義精神。如此種種,皆讓孫中山體會到,無私奉獻不一定要當傳教士,康德黎醫生那種入世的奉獻,對於中國更切實際。

第七章〈澳穗濟世〉:

繼1984年的《中英聯合聲明》宣佈了1997年香港回歸後,1987年擬就的《中葡聯合聲明》,隨即宣佈1999年澳門回歸。自從這關鍵時刻開始,突然湧現出大量有關孫中山在澳門行醫的信息,讓人眼花撩亂。筆者把這眾多的信息收集起來,分門別類地整理一下,發覺可以將它們歸納為三大類:

第一、孫中山在澳門下環正街三號創辦了《鏡海叢報》（中文版）,並當該報編輯和主筆,又經常撰稿,鼓吹革命。

第二、孫中山在澳門草堆街設立中西藥局,以此作為據點,策劃革命。

第三、孫中山在澳門議事亭前地十四號設立「孫醫館」,既作診所又是寓所,與夫人盧慕貞和幼子孫科一起在那裏居住。

---

45 包括從英國邀來了第一位受過正規訓練的護士。

46 Speech by Mr. J. J. Francis, Q.C., acting as spokeman for the residents of Hong Kong, 5 February 1896, quoted in Neil Cantlie and George Seaver, *Sir James Cantlie*, pp. 88-90.

　　這三大類信息，排山倒海而來，比諸過去簡單史料，猶如石破天驚，學術界紛紛引用。筆者把這三大類信息放在一起分析，不難發現孫中山既當報紙的編輯和主筆，同時又策劃革命，再同時又行醫，三管齊下，他哪來的時間和精力？光是行醫，則一天之內在鏡湖醫院、中西藥局、「孫醫館」三個地方輪流診症以及出診，孫中山已疲於奔命，遑論其他。雖云其恩師康德黎醫生在香港也做了很多事情，但他創辦西醫書院、創辦山頂醫院、創辦疫苗研究所、籌建公共圖書館等，都是先後有序，讓他同時進行是沒有可能的。但卻有人指稱孫中山同時當報紙編輯和主筆、策劃革命、日夜行醫，就必須徹底調查明是否有這可能，調查方式如下：

　　（1）頻頻到澳門草堆街等地方做地毯式的實地考察，確定了孫中山的中西藥局之具體位置是在草堆街八十號；再結合該建築物的結構、方位和面積，又徵諸文獻記錄等，證明孫中山在澳門行醫這段時間，並沒有像眾人相信那樣，以中西藥局為革命據點，也絕對沒有創立《鏡海叢報》及藉該報來鼓吹革命。

　　（2）筆者繼而重點探索孫中山曾否在澳門議事亭前地十四號設立「孫醫館」，這些雞毛蒜皮的微觀細節，目的正是要回答一個重大的宏觀問題，即孫中山如何走上革命的道路？若孫中山果真在議事亭前地設立過「孫醫館」，那麼他在澳門行醫這段歷史的意義就非同小可。筆者在澳門歷史檔案館像大海撈針般搜索，以及在議事亭前地作地毯式的普查，終於找到充份的文獻、物證、地證與人證等微觀證據，證明孫中山確實曾在澳門葡人精英的心臟地帶，議事亭前地十六號A設立過「孫醫館」，並曾為洋人治病，結果招致葡醫嫉妒，逼他離開澳門，大大增加孫中山的民族主義情緒，並把他在革命道路上再「拉」前一步。

　　（3）孫中山轉移到廣州行醫，通過發掘孫中山曾醫治過的眾多被貪官污吏嚴刑拷打成殘廢的窮苦大眾這些微觀細節，使我們明白到為何他痛心疾首之餘，加速了他走向革命的步伐。

　　（4）鎖定了哪些人曾分別為孫中山寫介紹信給李鴻章，並找出這些推薦信，誰為他提供旅費往天津等微觀細節，讓我們更有信心地下一個宏觀結論：孫中山竭盡了一切和平途徑，企圖促使中國「現代化」都失敗以後，才毅然走上革命的道路。

第八章〈廣州起義〉：

　　同樣是通過中外文獻資料和微觀實地調查所得，澄清了一些宏觀的歷史問題，諸如：

　　（1）為何孫中山所帶領的，準備在廣州衝鋒陷陣的那一股人馬，未舉先敗？

　　（2）為何負責在香港運籌帷幄的楊衢雲，不能如期派出「敢死隊」三千人赴穗？而終在兩天後到達廣州的所謂「敢死隊」，只有四百餘名苦力，且船一靠岸就作鳥獸散，甚至有成員扭着領隊向差役告發！

　　（3）為何香港的英文報章在廣州起義前，暗中通過輿論為廣州起義做勢？為何事敗後又一面倒地批判孫中山？

　　（4）廣州起義失敗後，孫中山並非如他自己所言：「敗後三日，予尚在廣州城內；十餘日後，乃得由間道脫險出至香港。」[47] 因為如此推算，他離開廣州的日期當在1895年11月中旬左右。但筆者運用微觀研究，證明孫中山在1895年10月29日已經到達香港，11月2日離開香港赴日本。

　　（5）廣州起義失敗後，也並非如孫中山所言：「乘籮下牆進入一隻在珠江河上等候的小汽船，然後開往澳門。」[48] 蓋起義總部的王家祠，以及其他機關諸如鹹蝦欄張公館等，都在城外；孫中山藉以行醫的聖教書樓和東西藥局，也在城外；孫中山的寓所在河南。若真的起義，自然要進攻城內各衙門，但未舉先敗，孫中山還未踏足城內，所以完全不必藉籮遁。

　　（6）上述五點微觀探索，道出當時孫中山與楊衢雲兩派內訌之烈這宏觀問題。

47　孫中山：〈建國方略：孫文學説，第八章「有志竟成」〉，載《國父全集》（1989），第一冊，頁410，第20行。

48　"Quite so, and eleven of the leaders were beheaded at Canton. Several, including myself, escaped, the manner of my escape being that I was let down from a wall into a steam launch lying in the Canton River. Then I got down the river to Macao, which is a Portuguese settlement, and eventually to Singapore and America. I had meant to return to Singapore after visiting one or two of the capitals of Europe, but what I shall do now I don't altogether know. Obviously I cannot go back to Chinese territory" — Anon, "Sun and the Plot", in *The Daily Chronicle*, Monday 26 October 1896.

第九章〈任重道遠〉：

　　本書主旨，是探索孫中山為了促使中國「現代化」，如何走上革命道路的歷程。若從這宏觀歷史回復到微觀問題，則「孫中山研究」這領域，已經「現代化」了沒有？此問題且留待下文分析。但無論是否已經「現代化」，則本書所及種種，充份說明了兩個科研標準：

　　（1）我們不要先入為主地認為微觀研究不值一哂，不要再一口咬定，只有宏觀研究才有價值；因為，只講宏觀問題，卻忽略微觀研究，很容易就流於「假、大、空」了。本書證明，通過微觀研究，可以解決很多宏觀大問題。

　　（2）缺乏史料之自然因素，是可以克服的，途徑是實地調查各種微觀細節，諸如孫中山是客家人還是廣府人？他出生於什麼房子？讀過什麼書？坐什麼船前往檀香山？在意奧蘭尼學校是寄宿生還是走讀生？比較孫中山在香港所喝的水之質量和他一直在故鄉翠亨村所喝的水之質量……等等一般人認為是微不足道的細節。

　　自然因素可以克服，人為因素又如何？

（iii）人為因素難矣哉！

　　人為的因素，本書也已經談了不少。

　　在1949年之前的國民政府時代，最明顯的例子，莫如羅香林先生用子虛烏有的「證據」，移花接木般強把孫中山說成是客家人，祖籍在紫金。此說導致一場曠日持久的民事訴訟，兩場不大不少的政治風波，以及學術界無休無止之筆戰；既破壞社會和諧，也造成民系分裂（見本書第二章）。尤幸羅香林先生在戰火紛飛之艱難時期，仍刻意完整地保存了他所蒐集到的原始文獻，包括他的個人文書，交香港大學圖書館收藏，否則筆者就無法破此懸案，特向羅香林先生敬禮。

　　再替羅香林先生設身處地想想，則客家人飽受廣府人欺負，偏激之餘走向極端，結果編了「孫中山是客家人」的故事，替客家人把「國父」爭過來，先出口氣再說。但他心底裏明顯地還是戚戚然，故把證據保存下來，留待後人破案，以便還歷史原貌。若果真如此，則筆者向羅香林先生三鞠躬。

但追根究柢，在嚴肅的中外學者眼中，羅香林替客家人爭「國父」之舉，是中國近代史上一樁無聊至極的歷史事件，無助中國史學界在國際學壇上的聲望與地位。

在1949年，國民政府府遷往臺灣，所有高等學府都設有三民主義研究所。然而，1980年代一位臺灣研究生到日本深造時，其日本教授卻對他說：「你們臺灣沒有一個是真正研究孫中山的。」他聽後很氣憤：在臺灣有那麼多他崇拜的名師，他佩服的名著，全不值一哂？後來他在日本研究的時間長了，見多識廣了，看英日等外文著作多了，對比感覺就愈來愈強烈，他終於沒話說了。[49] 竊以為那位日本教授之言不無偏頗，過去臺灣的黨棍文痞固然不少，真正研究孫中山的學者也大有人在，其中蔣永敬、李雲漢、張朋園、張存武、李國祈、陳三井等先生都是筆者敬重的前輩。他們那個時代無處不受制於政治、史料嚴重缺乏等因素，外文的書籍也不多，但還是孜孜不倦地鑽研孫中山，讓人欽佩。但是，李登輝（1923－）執政期間（1988－2000），不少三民主義研究所改為社會科學研究所。陳水扁（1950－）執政八年（2000－2008），強調臺灣本土性，期間曾嘗試把中央研究院近代史研究所改為臺灣史研究所，此舉雖然未果，唯影響所及，該所現職研究員當中，似乎已經沒人研究民國史了，遑論「孫中山研究」。

在1949年以後的中國大陸，則由於孫中山是中國國民黨的創始人兼黨魁，中國共產黨歷來不鼓勵「孫中山研究」，似乎只有廣州市中山大學陳錫祺先生的《同盟會前的孫中山》（廣州：廣東人民出版社，1957初版）一枝獨秀。到了在1979年9月30日，中華人民共和國人民代表大會常務委員會委員長葉劍英，向新華社記者發表談話時，提出了九條和平統一臺灣的主張。[50] 「孫中山研究」馬上在神州大地興旺發達起來。至1994年法國學者白潔爾（Marie-Claire Bergère）教授，用法文出版其《孫中山傳》時，[51] 成

49　感謝那位臺灣學者，在2004年8月筆者到寶島科研時賜告籐井升三教授的話，使筆者深受鞭策，加倍認真地研究中山先生。

50　新華社：〈葉劍英提出的九條和平統一主張〉，1979年9月30日，http://news.xinhuanet.com/taiwan/2004-12/17/content_2346416.htm。

51　Marie-Claire Bergère, *Sun Yat-sen* (Paris, 1994), translated by Janet Lloyd (Stanford: Stanford University Press, 1998).

績如何？白潔爾「批評大陸自1979年發軔的孫中山史學，不值西方學者一顧」。[52] 陳建華同樣地認為白潔爾的「觀點不免灼見與偏見」：[53] 偏見在於她「對大陸孫中山史學的一筆抹殺」；[54] 灼見在於中國人天天喊孫中山如何偉大，但對自己這位民族英雄，很多關鍵性的問題諸如他如何走上革命的道路，至今沒有好好解決。但是，既然白潔爾教授自視這麼高，又寫了一本有關孫中山傳記的洋洋巨著，她自己身為作者，解決了這個重大的歷史問題沒有？沒有。她不屑為中國人效勞，去解決哪怕是學術上的重大問題。這個重任，還必須由中國人（無論是在大陸、臺灣、香港、澳門甚至海外的華人）來承擔。

那麼，自從1994年法國學者白潔爾發表了她的批評以後，兩岸三地以至海外華人，對於肩負之重任，交差了沒有？2006年11月6日，中國社會科學院等單位在廣東省中山市舉行了「紀念孫中山誕辰140周年國際學術研討會」，兩岸三地的一些學者群起圍攻一位華裔報告人所提供的新史料與新見解：來自香港的一位近代史教授嚴斥報告人不該「證實」有關孫中山歷史的真偽；來自臺灣的一位資深學者嚇唬報告人快要「走火入魔」；來自大陸的會議主持人「命令」報告人中斷其回答聽眾之提問，以便他自己發砲：「哼！……的確是讀完了你這本書啊，還不知道你想講什麼！」什麼書？聽眾之目的，是討論當場提交該會的學術報告所含之最新發現，而不是討論主持人看不懂的書。無奈主持人離題萬里地亂槍掃射一輪後，突然宣佈會議結束，比原定時間提前約半小時，以至無法深入討論。從萬里迢迢以外飛到中國參加盛會的外國學者，目瞪口呆，鴉雀無聲地魚貫離場。他們讀書閱報，知有反右、文革等政治運動，但文革式的批鬥，還是首次目睹。雖然有來自北京、天津、上海的教授提出異議，但可惜他們溫文儒雅的聲音，無法扭轉大局。

特別有意思的是，一位在場的日本教授雖然當時不說什麼，但三思以

52　陳建華：〈孫中山與現代中國「革命」話語關係考釋〉，載《「革命」的現代性——中國革命話語考論》（上海：上海古籍出版社，2000），頁60-150：其中頁97。陳建華把Bergère音譯為貝歇爾，大陸孫中山學者則音譯為白潔爾。

53　同上註，頁88。

54　同上註，頁88。

後，應邀在閉幕禮的大會上發言時，就情不自禁地重複廣東省社會科學院孫中山研究所王杰所長在開幕式上所說過的話：「孫中山研究正在面臨一些問題。其中之一，就是後繼乏人。」為什麼後繼乏人？在場的年輕學者，目睹上述兩岸三地那三位資深學者的表演，能不心驚膽戰？其他在場的外國學者事後也評論說：兩岸三地的資深教授，對中國從海外邀請而來做學術報告的外籍學者，也如此殘酷，他們對本地才俊之無情，不問可知。

那麼自從2006年孫中山誕辰140周年，到2011年辛亥革命一百周年這五年來，「孫中山研究」這領域又有何發展？長期關心中國近代史研究和中國近代史教學的廣州市中山大學哲學系退休教授袁偉時先生，在接受香港鳳凰衛視採訪時，暢談辛亥革命一百周年的意義以及各種慶祝活動；他預言2011年10月在武漢舉行的「辛亥革命一百周年國際學術研討會」，總的來說，又將是一場「面具舞會」。[55]

學術界以外的廣大社會人士，對中國史學界又有何看法？一位自言「絕對不是學歷史專業」[56]的香港黃泥涌峽居民，由於關心中國的命運，而廣閱中國近代史工作者的力作與譯著；並在這基礎上，用「七月流火」的筆名，寫就《孫中山和他的女人們》（香港：環宇出版社，2011），為辛亥革命一百周年獻禮。書成後似乎感慨良多，故在「後記」中發揮一番：認為雖然「中國的社會科學專業繁多」，但「中國歷史專業絕對是世界一流的」。為什麼？

> 據理力爭地吵架還算是有良心的，最可恨的是為了某種目的或某種需要而有意地歪曲歷史和曲解歷史，所謂「歷史是個任人打扮的小姑娘」，就是這個意思。這確實是很要命的一件事，這樣一搞，歷史就成了一筆糊塗賬，時間久了，是非真偽難辨雌雄，歷史學就被搞殘了。[57]

55　袁偉時：〈為什麼紀念辛亥革命？〉，2010年9月26日，香港鳳凰衛視網，http://news.ifeng.com/special/history/xinhaigeming99/。

56　七月流火：《孫中山和他的女人們》（香港：環宇出版社，2011），頁378-390，「後記」：其中頁381。

57　同上註，頁379。

該作者的結論是：

> 我覺得歷史系應該關門大吉，讓對歷史感興趣的人自己去找書看。歷史專業的老師都改行當歷史圖書館的管理員，整理一下目錄和索引之類的，如有造假就立即關進文字獄法辦。[58]

此言固然失之於偏頗，然其偏頗之言，可視作部分香港人士對兩岸三地歷史工作者的極端不滿，而應該受到充份重視。

至於大陸取消歷史系的呼聲，筆者在十年前已略有所聞；當時就有一位學稍有成而變得有些自大的年輕歷史工作者，放下身段求筆者為歷史系說句好話。筆者無言以對：能說些什麼呢？

又至於臺灣方面，上述那位在國際學術研討會上批評報告人快要「走火入魔」的資深學者，據說是寶島史學界的泰山北斗，影響所及，相信臺灣史學界同仁心裏最清楚。

歷史作為一門社會科學，若得不到社會支持，是很難活下去的。試想，若父母都拒絕把孩子送到歷史系讀書，學生也拒絕修讀歷史課，歷史系能不關門大吉？故取消歷史系的呼聲，應該被視為警鐘大鳴！

總的來說，在上述人為因素影響下，「孫中山研究」能做出什麼真正的成績？猶幸當局把2006年11月6日在中山市舉行的「紀念孫中山誕辰140周年國際學術研討會」做了現場錄音，存廣東省檔案館。將來若有人矢志重新推動「孫中山研究」，可把該錄音調出來詳細分析，以了解病癥所在，並尋求出路。此外，回顧下面兩道引文，也許對將來推動「孫中山研究」有所幫助：

第一、孫中山的顧問、美國人林百克，在其《孫逸仙傳記》的一段評論之中說：

> 若是孫文在登上那〔艘在1879年駛往夏威夷的〕船之時，早已像他的同胞那樣存在着對外人的敵意和偏見，那麼他決不會從鐵樑中得到這

58　同上註，頁380。

麼深遠的啓發。年幼孫文的胸襟已很寬敞，以致他有這個宏量把中國
與外國做一個真實的比較，並虛心承認他自己熱愛的祖國原來是這麼
落後。比諸當時他的同胞們那種極度蔽塞與頑固的心理，則年幼的孫
文那種開放與坦率的態度，真是世間罕有。[59]

　　第二、1895年孫中山發動廣州起義前夕，香港英文報章《德臣西報》的
一篇社論說：時代不同了，中國正出現一線曙光：

有一批新型的知識份子出現了，由於他們長期與外國人生活在一起，
所以見識與眾不同。更由於他們不是現存制度的既得利益者，所以他
們不會像傳統知識份子那樣埋沒良心地，只顧自己仕途，而不管貧苦
大眾的死活。中國之亟需改革，是任何稍具頭腦而又能獨立思考的人
都能看得出來的。問題是，中國要等到現在，才出現一批敢於提出改
革的人。[60]

　　所謂新型知識份子的出現，其實自西學東漸就開始了。以本書所及為
例，1883年孫中山等在火奴魯魯成立的中西擴論會，1890年孫中山等開始
在香港聚集論政之「四大寇」，1891年孫中山等在香港組織的教友少年會，
1892年春楊衢雲、謝纘泰等在香港成立的輔仁文社，1892年秋孫中山到澳門
行醫時遇到的所謂Young China Party（少年中國黨）等組織的成員，都是這
些「新型的知識份子」。他們目睹西方進步、祖國落後、人民疾苦，痛心疾
首之餘，不惜灑鮮血斷頭顱，也要促使祖國「現代化」。無奈「傳統知識份
子」，仍然「埋沒良心地，只顧自己仕途，而不管貧苦大眾的死活」。若我
們把該社論中這句話，換成「傳統知識份子」，仍然「埋沒良心地，只顧自
己仕途，而不管『孫中山研究』的死活」，則這篇社論對於目前「孫中山研
究」領域的情況來說，仍是非常貼切，因為這些「傳統知識份子」，無論何

59　Linebarger, *Sun Yat Sen and the Chinese Republic*, p. 107。此段為筆者所譯。另有譯文
　　見徐植仁譯：《孫中山先生傳》，頁97-98。

60　Editorial, *China Mail*, 14 October 1895, p. 3 col. 6.

時何地，若遇到新的證據與新的思維，馬上本能地群起撲殺；這就難怪2006年11月6日的外國學者看得目瞪口呆，鴉雀無聲地魚貫離場。但時代不同了，雖然1895年孫中山發動廣州起義前夕，很少聽到中國人批評自己傳統知識份子的聲音，但今天不少中華民族的年輕學子，已經公開聲討包括歷史學在內的一些科目「假、大、空」，可惜那些長期沉醉於「假、大、空」的老師們就是充耳不聞。

綜上所述，可見先後英國、美國、日本、法國以至中國本土的有識之士，都曾在十九世紀末，二十世紀初，二十世紀末、二十一世紀初，紛紛指出中國學術界，尤其是中國史學界的「蔽塞與頑固」[61]所造成的禍害。如何使其「現代化」，則有待國人努力、社會監督、國際好友協助。

觀諸西方史學的發展，則自有其盛衰之時。過去「神權」統治一切，有的只是神學，自無史學可言。啟蒙時代帶來了實證史學，作為一門新興學問，自十九世紀開始，實證史學興旺發達垂一百多年，躊躇志滿之餘，不思進取，反而嚴重缺乏想像力，結果變得僵化與枯燥乏味。須知歷史是人生的寫照，人生是多姿多彩的；乾巴巴的歷史，其實就是嚴重地脫離現實；難怪1970年代出現了「後現代」思潮，幾乎摧毀了實證史學，以至有位實證史學家著書驚呼《歷史大屠殺》。[62]加上其他新興的社會科學諸如社會學、人類學、心理學等激烈競爭，歷史學幾乎沒頂！猶幸實證史學自有堅強的生命力，堅強之處在其實證而不事「假、大、空」，故經過長時間與「後現代」思潮，以及其他新興的社會科學專業的角力與良性互動後，截長補短，結果現在又重新興旺發達起來。[63]

反觀中國史學界，則雖然經歷了五千多年的發展，至今仍是「君權」統治一切。無論何時何地，若有新生命呱呱落地，自命代表「君權」的所謂「正統」史學家，馬上「殺無赦」，「寧枉無縱」，悲乎！

61　Linebarger, *Sun Yat Sen and the Chinese Republic*, p. 107.

62　Keith Windschuttle, *The Killing of History: How a Discipline is being Murdered by Literary Critics and Social Theorists* (Sydney: MacLeay Press, 1996).

63　Richard Evans, *In Defence of History* (London: Grants Books, 1997).

三、總結

對實證史學來說，治史大致有兩個層次。第一個層次是：歷史工作者像偵探般，按照各種蛛絲馬跡，「上窮碧落下黃泉」也要廣泛蒐集能蒐集到的各種證據（包括反面證據），再把各式各樣證據像拼圖般，重建起一段有關歷史。所蒐集到的證據愈是齊全，重建起來的歷史就愈接近史實。完成這道工序，對偵探來說，事情就完結：因為破了案，任務就完成了。

但對歷史工作者來說，重建歷史，並把其寫出來，只是「敘述」，任務並未完成，因為還有第二個層次有待努力：即解釋這重建起來的歷史究竟有什麼意義。如何解釋？方法是把重建起來的歷史進行分析、推理，探討這段歷史究竟說明了什麼道理，並把這道理昇華為理論，是為「立說」，成一家之言。就是說，偵探可能只滿足於「敘述」及破案，歷史工作者則要求在「敘述」及破案的基礎上，進而「立說」。這就是偵探與歷史工作者之間的基本分別。[64] 中國古聖賢也有「著書立說」之諺，可見光是「著書」仍不夠，還必須「立說」。

本書立了什麼「說」？一句話：中國需要「現代化」，這是中山先生走上革命道路最基本的動因，也是他畢生忘我地為革命而奉獻的最高理想，更是他所領導辛亥革命之最終目標。見微知著，光從「治史」這專業來說，其中的「孫中山研究」這領域，距離該理想與目標，還有多遠？上述英國、美國、日本、法國以至中國本土的有識之士，跨越三個世紀所作之批評，應視作友好的鞭策。

中國傳統知識份子對那些有選擇地接受了西學的新型華裔知識份子的偏見，也不自今天始。那位曾經是孫中山親密戰友的章太炎，也免不了這種偏見。辛亥革命成功後，新成立的國民政府亟需一位臨時大總統，章太炎即倡言若舉總統，「以功則黃興，以才則宋教仁，以德則汪精衛。」[65] 黃興與

64　Robin George Collingwood (1889-1943), *The Idea of History* (Oxford University Press, 1st edition, 1945; Rev. edition, 1994).

65　胡漢民：《胡漢民自傳》，收入《中華民國開國五十年文獻：開國規模》（臺北：正中書局，1967），頁46。

宋教仁均曾留日，但日本文化基本上還是華夏文化的延續，只有孫中山的正規教育幾乎全是西學，這可能是造成章太炎這種偏見的關鍵原因之一。但結果國會仍然選舉孫中山當臨時大總統，總理一切。為什麼？人民眼睛是雪亮的！章太炎大大地自討沒趣之餘，最後乾脆跑到印度出家當和尚去了。他沒有孫中山那種「無私奉獻」的精神，結果沉溺於個人榮辱而不思報國，也只能有這種下場。

本書着重發掘、鑑定及分析史料，後果是敍事經常變得斷斷續續。為了向讀者交代一個比較完整的故事，筆者渴望再接再厲，短期內撰寫《孫文傳，1866－1895》，以迎接2011年孫中山先生150冥壽。

與此同時，必須完成另一項寫作計劃，即出版拙著《鴆夢：第二次鴉片戰爭探索》中文版（增訂本）。為什麼？在2010年至2011之間，筆者聽了不少紀念辛亥革命一百周年的慷慨陳詞，如雷貫耳；也讀了不少激昂文字，深受教益。貫耳與教益之處，在於深感所聽所聞，大都空洞無物；以至言者諄諄、聽者藐藐，使筆者深刻地認識到，必須深層次地用漢語闡述兩次鴉片戰爭，及其為中華民族帶來的「百年恥辱」與苦難。

若沒有這些恥辱與苦難，中國就沒有「現代化」思潮。若中國沒有「現代化」思潮，就沒有我們所認識的孫中山。若沒有我們所認識的孫中山，就沒有我們所認識的辛亥革命。光談辛亥革命，而忽略了追源溯始，把國難追溯到鴉片戰爭，就變成無根的浮萍。孫中山是在第二次鴉片戰爭後期的火燒圓明園六年之後誕生的。他接受西方「現代化」思潮最久最深的香港，其中香港島是在他出生前二十四年割讓給英國的；其中的九龍半島，是在他出生前六年割讓給英國的。本書中心思想——孫中山如何走上革命的道路——之背後，正是「現代化」思潮。若不是為了「現代化」，則革命所為何事？

若兩本拙著都能在孫中山先生150冥壽前後出版，也蠻有意思。

英漢、葡漢對照表

Aberdeen Street 鴨巴甸街（香港 港島）

Ai, Chung Kung 鍾工宇（孫中山在意奧蘭尼學校的同班同學，1879－1881）

Alexander Miss Mary 阿瑪麗小姐（奧阿厚書院預備學校孫中山的老師）

Algebra 代數（香港中央書院課程）

Algebra 代數（檀島意奧蘭尼學校1880年課程）

Alice Memorial Hospital 香港雅麗氏醫院

Alice Walkden 雅麗氏‧沃克敦（何啓之妻，英年早逝，何啓創雅麗氏醫院紀念之）

Allekoki 阿樂可基（山水池，孫中山在意奧蘭尼學校讀書時每天下午課餘前往游泳）

American Board of Commissioners for Foreign Missions 美國綱紀慎會海外傳道會

Anglo-Saxon 盎格魯撒遜（民 族）

Annual Missionary Service 倫敦傳道會香港分會傳道周年禮拜

Argyle Street 亞皆老街（九龍）

Arnold, Thomas 唐馬士‧安奴（英國如鄂畢公學的校長）

Avenida Almeida Ribeiro 澳門亞美打利庇盧大馬路（又名新馬路）

Avenida do Conselheiro Ferreiro de Almeida 澳門荷蘭園大馬路

Avenida Sidonio Pais 澳門士多鳥拜斯大馬路（國父紀念館所在地）

Bache, Victor 維克托‧巴克（檀香山興中會華僑兵操隊之丹麥教習）

Baker, B. O., MD 貝克醫學博士（醫生傳教士，1880年意奧蘭尼學校校長）

Baker, Brookes Ono 布魯克斯‧貝克（火奴魯魯意奧蘭尼學校校長，1880－1881）

Baldwin, Miss May 柏文美小姐（奧阿厚書院預備學校孫中山的老師）

Barker, Major-General Digby 巴駕少將

Barnes's *History of the United States* 巴恩斯著：《美國歷史》（孫中山在奧阿厚書院教科書）

Basel Mission 巴色傳道會

Bates Street 卑斯街（奧蘭尼學校所在地）

belligerent party 民主國家交戰團體

Beretania Street 貝熱坦尼阿街（在火奴魯魯市中心）

Berger, Miss Augusta 白奧姑斯達小姐（奧阿厚書院預備學校孫中山的老師）

Bergère, Professor Marie-Claire 法國白潔爾教授

Biology 生物學

Birmingham 伯明翰（英國）

Bishop, Charles R. 比索先生（夏威夷王國1880年教育部長）

Bismarck, Otto von 俾斯麥

Bond, Charles 查爾斯‧邦德（英人惡棍，1884年7月27日在香港高舉手仗，像趕狗般要趕跑那名為孫中山燒菜做飯的廚子離開公共長椅）

Bondfield, Rev G. H. 博恩費特牧師（雅麗氏醫院醫務委員會輔助委員）

Bonham Road 般含道（香港 港島）

Bridges Street 必列者士街（香港 港島）

Brenan, Bryon 英國駐廣州領事布倫南

Cameron, Major-General William Gordon 金馬倫少將（孫中山就讀的香港西醫書院成立時，金馬倫上將以代理香港總督 Acting Governor 身份主持成立大會）

Cantlie, James, *M.A., M.B. F.R.C.S* 康德黎醫生（孫中山就讀的香港西醫書院創辦人，教授）

Canton Christian College 廣州嶺南大學

Canton Hospital 廣州博濟醫院

Cathedral 大教堂

Chalmers, Rev John, *M.A. LLD.* 湛約翰博士牧師（孫中山就讀的香港西醫書院所寓雅麗氏醫院主牧）

Charing Cross Hospital 倫敦查靈十字醫院

charity hospital 慈善醫院

Chesney Duncan 鄧勤（香港《士蔑西報》主筆）

China Mail 香港《德臣西報》

China Merchants' Steam Navigation Company 商辦輪船招商（總）局（香港，1872年創辦）

Chinese Mail 香港《華字日報》

Christian gentlemen 深具基督精神的紳士

Chun Mun-Him 陳滿謙（音譯）（孫中山在意奧蘭尼學校的同班同學，曾一起與夏威夷男孩Sambo薩姆打架，陳滿謙個子小，冷不防繞到薩姆的背後，把他摔倒在地，其他華裔學童一擁而上，湊了他一頓）

Church Missionary Society 教會傳道會（英國）

Circular 通告

Clark, Abel1 阿貝‧克拉克（意奧蘭尼學校校長，1875－1880）

Clarke, Sir Fielding 格勒（香港首蓆法官Chief Justice of Hong Kong）

Clarke, His Honour Chief Justice Fielding香港首席大法官格勒（孫中山就讀的香港西醫書院名譽院長，出席1892年7月23日孫中山香港西醫書院畢業宴會）

class registers 孫中山就讀的香港西醫書院的學生上課點名冊

Colonial Secretary, Hong Kong 香港殖民地政府的輔政司

Commercial Union of China Bond 中國商務公會股單

Conduit Road 香港干德道

Congregational Church 綱紀慎會（香港公理堂）

contour 地勢的高度與形狀

Cook, Captain James 詹姆士·庫克（英國航海家）

Cornell's *English Grammar* 康奈爾著：《英文文法》（孫中山在奧阿厚書院教科書）

Cornell's *Geography* 康奈爾著：《地理》（孫中山在奧阿厚書院教科書）

Court 孫中山就讀的香港西醫書院董事局

Cousins, Rev Dixon 迪遜·克遜斯牧師

Cramming 猜題目

Crick 克特（英國人，曾幫助孫中山廣州起義，製造炸彈）

Cromwell, Oliver 奧利弗·克倫威爾

Crow, W. E. Esq. 卡特奧先生（孫中山就讀的香港西醫書院職員）

Damon, Francis W. 芙蘭·諦文（火奴魯魯）

Damon, Rev Dr Samuel Cheney 賽繆爾·諦文（火奴魯魯）

Darwin, Charles 達爾文（著名英國生物學家，1809－1882）

Darwinism 達爾文學說

David Sassoon and Sons Company 香港沙宣洋行

de Lamarck, Jean Baptiste 拉馬克（法國生物學家，1744－1829）

Dennys, Mr. L. L. 香港律師達尼思先生（康德黎醫生好友，出席1892年7月23日孫中山香港西醫書院畢業宴會；1895年廣州起義失敗後，勸孫中山盡快離開香港以免被清朝刺客暗殺）

Des Voeux, Sir George William 香港第十任總督德輔爵士（1887－1891年在任，香港港島的德輔道就是以他的名字命名。）

Diocesan College 拔萃書院（香港主教區學院）

Diocesan Native Female Training School 拔萃女子訓練學校（香港）

Drawing 繪圖（檀島意奧蘭尼學校1880年課程）

Ducit Amor Patriae 盡心愛國

Duncan, Chesney 鄧勤（香港《士蔑西報》〔*Hong Kong Telegraph*〕1895年主筆）

East Timor 東帝汶

Echo Macaense 澳門葡文報章《澳門回聲》

Egotism 個人主義

Eichler, Rev. Ernst R. 艾書拉（LMS的德籍傳教士）

Euclid 幾何（香港中央書院課程）

Ewa 依瓦（山谷，在奧阿厚島，火奴魯魯以西，1879年孫眉在此有牧場）

father figure 父親的形象

Featherston, Rev. W.T. 費達斯敦牧師（香港拔萃男校前校長）

Fellow of the Royal College of Surgeons 英國皇家外科學院的院士

Fernandes, Francisco 費爾南德斯（又作飛南第）

fete 園遊會

Fort Street 堡壘街（在火奴魯魯市中心）

Francis, J. J., Q.C. 法蘭士大律師（孫中山就讀的香港西醫書院首任常務法律顧問）

Galahads, Sir 伽拉哈斯爵士（孫中山就讀的香港西醫書院首任教務長孟生醫生在創院詞
　　中提到的醫學界名人）

General Fund 普通儲備金

General Intelligence 通識考卷（of the Government Central School）

geometry 幾何學（檀島意奧蘭尼學校1880年課程）

Gerlach, D., *M.D.* 格拉醫生（孫中山就讀的香港西醫書院教授）

Giles, Professor Herbert 翟理斯（劍橋大學中文系教授）

Goa 果阿

Gough Street 歌賦街（香港 港島）

Grafton High School 澳大利亞卦拉夫敦中學

grant-in-aid 香港政府教育經費補助

Great Seal 英國國徽

hachuring 簑狀線

Hager,Rev. Charles Robert 喜嘉理牧師

Hapahaole 哈帕好樂（火奴魯魯港當地人）

Happer, Rev Dr A. P. 核琶牧師醫生（在廣州傳教的美國長老會傳教士，1888年3月28日
　　在廣州創辦了格致書院，該書院在1917年改名為嶺南大學）

Harper, Rev Andrew P., M.D. 安德魯‧哈帕牧師

Hartigan, Dr 哈德根醫生（天主教徒，不分畛域地到基督教的雅麗氏醫院當義務醫生）

High Chief 首席大臣加拉鳩阿（夏威夷，1862）

higher organism 高等動物

Ho Pei 何培（音譯）

Ho, Kai, *M.D., C.M., M.R.C.S., Barrister-at-law* 何啟醫生大律師（孫中山就讀的香港西醫
　　書院教授，雅麗氏醫院創辦人）

Hobson, Rev Dr 合遜牧師醫生（孫中山就讀的香港西醫書院首任教務長孟生醫生在創院
　　詞中提到的）

Hollywood Road 荷李活道（香港 港島）

Holy House of Mercy 澳門仁慈堂大樓

Hong Kong Club 香港會館

Hong Kong District Committee, London Missionary Society 倫敦傳道會香港地區委員會

Hong Kong Institute of Architects 香港建築師學會

Hong Kong Public Library 香港公共圖書館（康德黎醫生創立）

Hong Kong Telegraph 香港《士蔑西報》

Hongkong Medical Mission 香港醫學傳道會

Honolulu 火奴魯魯（奧阿厚島Oahu Island首府）

Hotel Street 賀梯釐街（火奴魯魯）

House Committee 雅麗氏醫院院務管理委員會（代替了原來的醫務委員會Medical Committee，實為湯姆生院長奪權的手段）

Hui o Kamuela [Society of Kamuela] 卡姆爾拉會

Humpherys, Mr. J. D. 漢富利士先生（1888年3月捐贈了兩個獎學金予西醫書院，為期十年，每個獎學金每年值60元，孫中山以品學兼優獲獎）

Igreja de S. Domingos (St Dominic's Church) 澳門板障堂（玫瑰堂）

Iolani College意奧蘭尼學校（火奴魯魯）

Irving, Dr 爾文醫生（在天津為李鴻章治病之西醫，香港西醫書院教務長孟生醫生探聽李鴻章當該院庇護人的可能性）

Jardim Lou Lim leoc Garden 澳門盧廉若公園

Jones, D.D. 瓊斯（美國人，自稱傳教士）

Jordan, Gregory *P. M.B., M.R.C.S* 佐敦醫生（孫中山就讀的香港西醫書院教授）

Kahului 茄胡雷（埠，在茂宜島，又有音譯作架荷蕾、茄荷蕾。約1881年孫眉從火奴魯魯轉到這兒繼續做生意）

Kailua 凱魯阿（火奴魯魯外島）

Kamaole 卡孖奧利

Kapena Falls卡盆納瀑布（孫中山在意奧蘭尼學校讀書時逢星期六下午前往游泳）

Kerr, Rev Dr John 嘉約翰牧師醫生（廣州博濟醫院院長）

King David Kalakaua 加拉·鳩阿（夏威夷國王，1883）

King Kamehameha IV 卡麼哈麼哈四世（夏威夷國王）

King Kamehameha V 卡麼哈麼哈五世（夏威夷國王，1873年逝世）

Kobe Chronicle 日本《神戶記事報》

King Street 京街（在火奴魯魯）

Kuhn, Professor Philip 孔飛力教授（哈佛大學）

Kula Ranch, Maui 菇剌牧場（孫眉在茂宜島的牧場，舊譯菇矑）

Lahaina 拉哈阿意納（夏威夷王國首都，1862）

Largo do Senado (Senado Square) 澳門議事亭前地十四號（1892年孫醫館）

Latin 拉丁文（檀島意奧蘭尼學校1880年課程）

Leong Chew 梁釗（音譯，孫眉把他在火奴魯魯的店買過來）

Letters Patent《英王制誥》

Liberation Theology 解放神學

Linebarger, Paul Myron Wentworth 林百克（1871－1938）

Lo Koon Wai 盧觀偉（廣州嶺南大學教授，與陳序經推行全盤西化）

London Missionary Society 倫敦傳道會

Lou Lim Ieoc Garden 澳門盧廉若公園

Low, Eben 爾本・盧（孫中山在意奧蘭尼學校讀書時負責軍訓的英籍老師）

Lower School 高小（of the Government Central School）

Lowrey, Mr F. J.（奧阿厚書院預備學校孫中山的老師）

Lugard Hall 魯格堂（香港大學宿舍，現已拆掉）

MacDonnell, Sir Richard Graves 李察・麥當奴爵士（香港總督，1866－1872年在任）

MacKenzie, Rev Dr 麥肯思牧師醫生（天津）

MacLeod, Marie Imelda 張芳瑋（澳門歷史檔案館代館長）

Makassar 孟加錫（舊作Macassar，是現時印尼南蘇拉威西省〔South Sulawesi，前稱 Celebes〕的首府）

Manson, Patrick *M.D., LLD* 孟生博士醫生（孫中山就讀的香港西醫書院首任教務長）

Master 教師

Matron 宿舍監督

Maui Island 茂宜島

Medical Committee 雅麗氏醫院醫務委員會

medical missionary 醫療傳教士

Meheula, Solomon 羅門美厚拉

Mensuration 測量

Merrill, Mr 慕馹先生（孫中山在意奧蘭尼學校讀書時教導拼字的英籍老師）

Middle School 初中（of the Government Central School）

Mill's School（or Mills Institute）火奴魯魯尋真書院（芙蘭・締文牧師〔Rev Francis Damon〕所設）

mission hospital 傳教醫院

Missionary 傳教士

Moore，Miss Lulu 莫露露小姐（奧阿厚書院預備學校校長）

Morse, Rev Dr 麥爾斯牧師醫生（臺灣）

Mount Austin Hotel 香港柯士甸山賓館

Nitrogen 氮

Nuuanu (Nu'uanu) Avenue 奴安奴巷（在火奴魯魯市內）

Nuuanu (Nu'uanu) Street 奴安奴街（在火奴魯魯市內）

Oahu College 奧阿厚書院（又音譯奧阿厚中學，位於火奴魯魯）

Oahu Island 奧阿厚島（意奧蘭尼學校在該島的首府火奴魯魯）

Oakland Seminary 屋倫神學院（美國加州）

Oceanic Steamship Company 夏威夷遠洋汽輪公司

On Her Majesty's Service 為女王陛下服務

Parkes, Harry 巴夏禮（1856年英國駐廣州代領事，刻意製造了「《亞羅》事件」，趁清
　　朝深受內戰（太平天國起義）之苦，發動第二次鴉片戰爭）

Património da Santa Casa de Misericordia 澳門仁慈堂物業

Peak Hospital 香港山頂醫院（康德黎醫生創立）

Pearce, Rev. Thomas W. 托馬斯．皮堯士 牧師

Pharmacia Popular 澳門民大藥房

Physiology 生理學（檀島意奧蘭尼學校1880年課程）

Pidgin English 「洋涇浜」英語

Piercy, Mr and Mrs 皮爾瑟伉儷（Master and Matron of Diocesan Home）

politician 政客

Preacher 宣師

preaching hall 福音堂

Preparatory School 初小（of the Government Central School）

Prince Edward Road 太子道（九龍）

Procathedral 準大教堂

Protestants 耶教新派教徒

Queen Emma Lane 娥瑪王后巷（其中第140號是華僑何寬家，1894年11月24日孫中山
　　在火奴魯魯擬成立興中會時，先在何寬家聚集。不久以來人太多，轉同巷157號李昌
　　家，同日興中會在李昌家成立。兩幢房子均在1930年代被拆掉）

Queen Emma Street 娥瑪王后街（英國聖公會在夏威夷教區準主教堂所在地。每星期日
　　早上，孫中山和其他宿生在學校列隊後，即從學校沿奴胡安奴街〔Nu'uanu Street〕
　　步操到貝熱坦尼阿街〔Beretania Street〕，左轉到堡壘街〔Fort Street〕，然後直趨
　　娥瑪王后街〔Emma Street〕的聖安德魯〔St Andrew's〕準大教堂，以便參加11時
　　舉行的英語彌撒。他們按序坐在教堂右邊預定的長椅上。彌撒過後，再列隊步操回學
　　校）

Queen Emma Street 娥瑪王后街（火奴魯魯）

Queen Emma 娥瑪王后（夏威夷，1862）

Queen's College, Hong Kong 香港皇仁書院

Reid, Thomas H. 黎德（香港《德臣西報》〔China Mail〕1895年主筆）

Reserve Forces of Hong Kong 香港後備兵團

Restarick, Bishop Henry Bond 熱斯塔日特主教（火奴魯魯，1902－1920）

Review of the Times 上海《萬國公報》

revolvers 左輪手槍

Rhenish Mission 德國禮賢傳道會

Robinson, Sir Hercules 赫區樂斯·羅便臣爵士（香港總督，1859－1865年在任）

Robinson, Sir William 香港地十一任總督威廉·羅便臣爵士（1892－1898年在任，任內出席 1892年7月23日孫中山香港西醫書院畢業宴會）

Robinson's *Practical Arithmetic* 羅賓遜著：《實用算術》（孫中山在奧阿厚書院教科書）

Roquete, Francisco S. 澳門羅結地先生

Royal Instructions 英國《皇家訓令》

royal prerogative 君主特權

Rua das Estalagens 澳門草堆街八十號（1892年孫逸仙的中西藥局）

Rua Domingos 澳門板障堂街

Rua Pedro Nolasco da Silva 澳門白馬行〔街〕

Rugby 如鄂畢（公學）

Ruinas de S. Paulo（Ruins of St Paul's Church）澳門大三巴牌坊

Sambo 薩姆（夏威夷男孩，曾與孫中山等意奧蘭尼學校華裔宿生打架）

sand bar 沙洲（火奴魯魯港）

Sandakan 山打根（位於現時馬來西亞北婆羅州〔Borneo〕的沙巴省〔Sabah〕）。

Sandwich Islands 三文治群島（夏威夷群島過去的稱謂）

Santa Casa da Misericórdia（Holy House of Mercy）澳門仁慈堂大樓

School of Tropical Medicine 倫敦大學熱帶醫學院（由孫中山就讀的香港西醫書院首任教務長孟生醫生 Dr Patrick Manson 創立）

school prefects 學生幹部

Senado Square（Largo do Senado）澳門議事亭前地

Senate 孫中山就讀的香港西醫書院學術委員會

Senior Missionary, London Missionary Society Hong Kong District Committee 倫敦傳道會香港地區委員會的主牧

Seymour, Charles 美國駐廣州領事喜默

Sin Kai Cion 孫啓球（孫眉時代的檀香山華僑）

Smyly，William 威廉·斯邁理（香港拔萃書院的一位教師）

Society for the Promotion of Christian Knowledge 聖經知識促進會

Society for the Propagation of the Gospel 聖經傳道會

South China Morning Post 香港《南華早報》

Spelling 英語拼字（檀島意奧蘭尼學校1879年課程）

Spence, Professor Jonathan 史景遷教授

St Cross Girls' School, Lahaina 聖十字女子學校

St Cross School 聖十字學校（Lahaina, Maui Island）

St Dominic's Street（Rua Domingos）澳門板障堂街

St Dominic's Church（Igreja de S. Domingos）澳門板障堂（玫瑰堂）

St Dominic's Square 澳門板障堂前地

St Joseph's College 香港聖若瑟書院

St Paul's College 香港聖保羅書院

Staley, Rt Rev Thomas Nettleship 斯特利主教（檀香山首任主教，1862－1870在任）

Stanley Street 香港史丹利街

Stanton Street 香港史丹頓街

Stanton, Inspector 士丹頓探長

Statesman 政治家

Stewart, Hon. Frederick M.A., LLD. 史劍域博士（香港殖民地政府的輔政司〔Colonial Secretary〕、孫中山就讀的香港西醫書院名譽院長〔Rector〕）

Stewart-Lockhart, The Hon. J. H. 駱克（孫中山就讀的香港西醫書院首任名譽司庫，駱克後來更在1895年繼任為香港輔政司暨西醫書院名譽院長。1892年7月23日出席孫中山香港西醫書院畢業宴會。當今香港港島有命名「駱克道」者紀念他。）

Stiles, Edmund 埃德蒙·斯蒂（韋禮士主教的養子）

Storrs, Miss 斯多斯小姐（奧阿厚書院預備學校副校長）

Strand Magazine《河濱雜志》

Strand, The 河濱路（倫敦）

Sun Tai Cheong 孫帝象（1879年孫中山在火奴魯魯意奧蘭尼學校的名字拼音）

Sun Tai Chui（1883年孫中山在火奴魯魯奧阿厚書院預備學校的名字拼音）

Sun Tai Tseung（1884孫中山在香港中央書院的名字拼音）

Sun Tai-chu 孫帝象（187983年孫中山的同學鍾工宇為其名字名字拼音）

Sün Tui-chew（1883孫中山在香港拔萃書室的名字拼音）

Supplee, Thomas 唐瑪士·蘇普（意奧蘭尼學校代理校長，1880）

Surgeon-General 香港首席外科醫官

Swan, Reverend W. A. 斯旺牧師（1882年意奧蘭尼學校副校長）

Tholuck, Professor 杜勒（已故德國神學家，其遺孀授神學與芙蘭·諦文）

Thomson, John C., M.A., M.B., C.M. 湯姆生牧師醫生（孫中山在香港西醫書院讀書時香港雅麗氏醫院院長）

Tong Phong 唐雄（孫中山在火奴魯魯意奧蘭尼學校的同班同學）

Trigonometry 三角學

trustees董事局（或信託委員會）

Tse Kwok-cheong, Andrew 謝國強（謝纘泰後人）

Union Church 香港基督教愉寧堂（俗稱大石柱堂）

United Kingdom 英倫三島聯合王國

United Society for the Propagation of the Gospel 英國聖公會的聖經聯合傳道會

Vaccine Institute 香港防禦疾病疫苗研究所（康德黎醫生創立）

Victoria College 維多利亞書院（前身是中央書院，後改名皇仁書院）

Voluntary Medical Staff Corps 自願軍醫隊（倫敦查靈十字醫院）

Waipahu 位巴胡（火奴魯魯以西的一個地方）

Waterhouse Building 沃特豪斯樓（在火奴魯魯港）

Watson Scholarship 屈臣獎學金（孫中山1888－1892年皆獲該獎學金，基金由漢富利士
　　先生1888年3月捐贈）

Wells, Herbert R. 威禮士（LMS 的澳大利亞籍傳教士）

Wesleyan Mission 美以美會

Westminister 英國西敏寺

Whalley, Herbert F. E. 赫伯特‧沃理（意奧蘭尼學校校長，1882-）

Whalley, Reverend Herbert 夭理牧師（1882年意奧蘭尼學校校長）

Willis, Bishop Alfred 韋禮士主教（英國聖公會在夏威夷教區主教，火奴魯魯意奧蘭尼學
　　校校監）

Willis, Rt. Rev. Bishop Alfred 韋禮士主教（火奴魯魯）

Wong Shak-Yen 黃碩仁（音譯，孫中山在意奧蘭尼學校讀書時負責用漢語教導聖經的宣
　　教師）

Wood, Dr Frances 吳芳思博士

Wright, Geo. H. Bateson, M.A. 貝遜‧韋特（中央書院校長）

Xie, Zhuantai 謝纘泰

Yang, Quyun 楊衢雲

Young, William *M.D.* 楊威廉醫生（孫中山就讀的香港西醫書院教授）

參考資料及書目

一、未刊及已刊檔案資料

Archival Materials

(Unpublished and Published)

In the Chinese Mainland（中國大陸）

1. Beijing Palace Museum Archives 兩廣總督譚鍾麟奏稿，載中國第一歷史檔案館編：《光緒朝硃批奏摺》第118輯（北京：中華書局，1996），頁137-139。

2. Beijing Palace Museum Archives 裕庚：「出使日本大臣裕庚奏報到任呈遞國書日期摺」，1895年9月1日，載《清光緒朝中日交涉史料》（北平：故宮博物院，1932），第48卷，頁4-5。

3. Sun Yatsen Museum, Zhongshan 《孫氏家譜》，藏中山市、翠亨村、中山故居紀念館。

4. Sun Yatsen University, Guangzhou 林一廣抄錄國民黨黨史會工作人員鍾公任《總理幼年事跡初次報告》，見《林一廣日記》，1944年2月9日。該日記藏廣州市中山大學。

In Taipei（臺北）

1. Academia Historica Archives 國史館藏：國民政府訓令，渝字第第319號，1940年4月1日，載《國民政府公報》（重慶：國民政府文官處印鑄局，1940年4月3日），渝字第第245號，頁11。

2. Academia Historica Archives 國史館編纂：《中華民國建國文獻、革命開國文獻》，第一輯，史料一至五（臺北：國史館，1995-1999年）

3. KMT Archives 中國國民黨黨史館藏香港西醫學院資料

4. KMT Archives 中國國民黨黨史館藏鄭子瑜：〈總理老同學江英華醫師訪問記〉，載孟加錫《華僑日報》1940年1月26日，剪報藏中國國民黨黨史會，檔案編號041‧117。

5. KMT Archives 中國國民黨黨史館藏鍾公任：〈採訪總理幼年事蹟初次報告〉，〔1931年4月26日〕。

In Hong Kong（香港）

1. Central Government School (Queen's College): Hong Kong Government Reports, 1883-1896, deposited at the Public Record Office, Hong Kong (also available at Hong Kong Government Reports Online (1879-1941), Hong Kong University

Libraries, http://lib.hku.hk/Digital Initiatives/Hong Kong Government Reports):

(a) Hong Kong *Legislative Council Sessional Papers*

(b) Hong Kong *Government Gazette*

(c) Hong Kong *Government Annual Reports*

2. College of Medicine for Chinese, Hong Kong Legislative Council Sessional Papers 1896, Hong Kong University Libraries http://lib.hku.hk/Digital Initiatives/Hong Kong Government Reports/Sessional Papers1896/College of Medicine.

3. Hong Kong Annual Administrative Reports, 1841-1941, v. 2, 1887-1903. Edited by R.L. Jarman. Archive Editions, 1996.

4. Minute-book of the Senate, College of Medicine for Chinese, in the Registrar's Office, University of Hong Kong.

5. Minute-book of the Court, College of Medicine for Chinese, in the Registrar's Office, University of Hong Kong.

6. "History and Records of the Diocesan Boys School, Part 3a — Year by Year (1860-1947), p. 29, year 1883, typescript, HKMS88-294, Hong Kong Public Record Office.

In Macau （澳門）

1. Arquivo História de Macau: L2333: IC — 014 and IC — 015 *Echo Macaense* 25 July 1893 — 6 November 1895

2. Arquivo História de Macau: Arquivo de Santa Casa da Misericórdia

In England （英國）

1. Cantlie Papers deposited at the Wellcome Institute Library

2. *Church Missionary Society Archive: Section I: East Asia Missions, Parts 10-14* (Marlborough Wiltshire: Adam Matthew Publications, 2002).

3. Diaries of Lady Mabel Cantlie, in the custody of Dr James Cantlie.

4. CO129 British Colonial Office Records, deposited at the National Archives, London.

   FO 17 British Foreign Office Records: General Correspondence, China, deposited at the National Archives, London.

   FO 228 British Foreign Office Records: Embassy and consular reports, China, deposited at the National Archives, London.

   FO 371 British Foreign Office Records: General Correspondence, China, deposited at the National Archives, London.

5. London Missionary Society Records (deposited at the School of Oriental and African Studies, University of London):

CWM/LMS, South China, Incoming letters 1803-1936, Box 11 (1887-92); Box 12 (1893-94); Box 13 (1895-97).

CWM/LMS, South China, Reports 1866-1939, Box 2 (1887-97).

6. Musgrove Papers: BL Add.39168/138-141: Sun Yatsen's letters to G.E. Musgrove, deposited at the British Library.

7. Records of the College of Medicine for Chinese in Hong Kong, deposited at the Royal Commonwealth Society Library, Cambridge.

In France（法國）

Archives of the Ministry of Foreign Affairs, deposited at the Ministry's building on the Quai d'Orsay

1. Correspondance politique, 1871-1896: série Chine

2. Correspondance politique des consuls: série Chine, v. 14 Guangzhou 1895

National Archives: Section Outre-Mer, Papers of the former Ministry of the Marine and Colonies and the former Ministry of Colonies, deposited at the Pavillon de Flore

1. Indo-Chine Série A: Géneralités

2. Indo-Chine Série B: Relations étrangères

In the USA（美國）

1. Archives of the American Board of Commissioners.

   a. ABC 16: Missions to Asia, 1827-1919. IT 3 Reel 260, 16.3.8: South China, Vol. 4 (1882-1899) Letters C-H: Hager. Charles Robert Hager: 3-320, deposited at the Houghton Library, Harvard University.

   b. ABC19: Mission to the Polynesian Islands, in which ABC19.1, microfilm reel nos. 818 − 824 contains papers related to the Hawaiian Islands Mission for which the Rev Francis Damond worked

   c. ABC77.1 Box 30, ABCFM biographical files

2. Yale Divinity School Archives.

3. Iolani School Archives, Honolulu: Anon, 'The Bishop's College School', *Daily Pacific Commercial Advertiser*, 31 July 1882, photocopy of a newspaper cutting, Archives of the Iolani School.

4. Punahou College Archives, Honolulu:

   a. Catalogue of the Trustees, Teachers and Pupils of Oahu College (Honolulu: Printed at the *Hawaiian Gazette* Office, 1883), pp. 9-10

b. Punahou College Ledger, 1881-1885 (mss), under the name Tai Chu, 19 June 18.

c. Punahou Alumni Directory Information Card, 1928 (typescript).

Newspapers（中英報章）

Central China Post 《華中郵報》

China Mail (Hong Kong) 香港《德臣西報》

Chinese Mail (Hong Kong) 香港《華字日報》

Daily Press (Hong Kong) 香港《孖喇西報》

South China Morning Post (Hong Kong) 香港《南華早報》

Telegraph 香港《士蔑西報》

Macau Daily 《澳門日報》

二、西文參考書目

Adamson, J.W. *English Education 1789-1902*. Cambridge: The University Press, 1930.

Ai, Chung Kung — See Chung Kung Ai.

Anon, "A Knight of the People's Paradise", *Economist,* 16 June 2005.

Anon, "Civil Servant Wins Hong Kong Leadership Race", *Sydney Morning Herald,* internet news, 16 June 2005 at 7.15 p.m.

Anon, "Dr Charles R. Hager", *The Missionary Herald,* v. 113, no. 9 (September 1917), p. 397, cutting courtesy of Dr Harold F. Worthley of the Congregational Library, 14 Beacon Street, Boston, MA 02108, enclosed in Worthley to Wong, 26 August 2003.

Anon, "The Bishop's College School", *Daily Pacific Commercial Advertiser*, 31 July 1882, photocopy of a newspaper cutting, Archives of the Iolani School.

Arnold, Thomas. *Introductory Lectures on Modern History*. London: Longmans, Green and Co., 1874

Arnold, Thomas. *Thomas Arnold on Education: A Selection from his Writings with Introductory Material by T.W. Bamford.* Cambridge University Press, 1970.

Bamford, T.W. *Thomas Arnold.* London: 1960.

Bergère，Marie-Claire. Sun Yat-sen (Paris, 1994), translated by Janet Lloyd. Stanford: Stanford University Press, 1998.

Boggs, Stephen T. *US Involvement in the Overthrow of the Hawaiian Monarchy.* Place and Publisher unclear, 1992.

Boorman, Howard L. ed. *Biographical Dictionary of Republic China,* 6vs. (New York: Columbia University Press, 1976-1970).

Butt, Rudi, "Medical Services Development Timeline [in Hong Kong]", 29 November 2009, http://hongkongsfirst.blogspot.com/2009/10/medical-timeline-nineteenth-century.html, viewed 27 May 2011.

Cantlie, Neil and George Seaver. *Sir James Cantlie: A Romance in Medicine.* London: John Murray, 1939.

Castle, William Richards. *American Annexation of Hawaii.* Honolulu, 1951.

Chandos, J. *Boys Together.* London, 1984.

Cheng, Chu-yuan. *Sun Yat-sen's Doctrine in the Modern World.* Boulder: Westview Press, 1989.

Chow, Tse-tsung. *The May Fourth Movement: Intellectual Revolution in Modern China.* Camb. Mass.: Harvard University Press, 1960.

Chung, Kung Ai, *My Seventy Nine Years in Hawaii*, *1879-1958.* Hong Kong: Cosmorama Pictorial Publisher, 1960.

Cohen, Myron L. "The Hakka or 'Guest People': Dialect as a Socio-cultural Variable in Southeast China", in Nicole Constable ed., *Guest People: Hakka identity in China and Abroad.* Seattle, University of Washington Press, 1996, pp. 4-35.

Cohen, Myron L. *Kinship, Contract, Community and State: Anthropological Perspectives on China* Stanford: Stanford University Press, 2005.

Cohen, Paul. *China and Christianity: The Missionary Movement and the Growth of Chinese Antiforeignism, 1860-1870.* MA.: Harvard University Press, 1963.

Cohen, Paul. *Discovering History: American Historical Writing on the Recent Chinese Past.* New York: Columbia University Press, 1984.

Collins, Edwin. "Chinese Children: How They are Reared — Special Interview with Dr Sun Yat Sen". *Baby: The Mothers' Magazine* (London), v. 10, no. 113 (April 1897), pp. 122-123.

Constable, Nicole ed. *Guest People: Hakka Identity in China and Abroad.* Seattle, University of Washington Press, 1996.

Corráin, Donncha Ó. "Women in Early Irish Society", in Margaret MacCurtain and Donncha Corráin eds. *Women in Irish Society: The historical dimension.* Dublin: Arlen House, 1978. pp. 1-13.

Davies, J. K. *Democracy and Classical Greece.* London: Fontana, 1978.

Department of Science and Art of the Committee of Council on education. *Catalogue of the Education Library in the South Kensington Museum.* London: Her Majesty's Stationary Office, 1803.

Dougherty, Michael. *To Steal a Kingdom.* Waimanalo, HI: Island Style Press, 1992.

Etienne, Gilson. *History of Christian Philosophy in the Middle Ages.* New York: Random House, 1995.

Evans, Richard. In Defence of History. London: Grants Books, 1997.

Fairbank, John King. *China, A New History.* Camb., MA: Harvard University Press, 1992.

Featherstone, Rev W. T. comp., *The Diocesan Boys School and Orphanage, Hong Kong.* Hong Kong: Ye Olde Printers, 1930.

Finnane, Rowena. "Late Medieval Irish Law Manuscripts: A Reappraisal of Methodology and Context". M.A thesis, University of Sydney, 1991.

Fitch, Sir Joshua. *Thomas and Matthew Arnold and their Influence on English Education.* London, 1897.

Forrest, W.G. *The Emergence of Greek Democracy: The Character of Greek Politics, 800-400 B.C.* London: Weidenfeld and Nicolson, 1966.

Fung, Allen. "Testing the Self-Strengthening: The Chinese Army in the Sino-Japanese War of 1895-1895", *Modern Asian Studies,* v. 30, pt 4 (October 1996).

Green, John Richard. *A History of the English People.* First published in England in 1874. Reprinted in New York: Harper & Brothers, 1879.

Gregor, A. James and Chang, Maria Hsia, "Wang Yang-ming and the Ideology of Sun Yat-sen", *The Review of Politics*, v. 42, no. 3 (July 1980), pp. 388-404.

Hager, Charles Robert. "Dr Sun Yat Sen: Some Personal Reminiscences", *The Missionary Herald* (Boston, April 1912), pp. 171-174.

Hughes, Thomas. *Tom Brown's Schooldays.* First published, 1857. Reprinted Bristol: Purnell, 1984.

Jen, Yu-wen, "The Youth of Dr Sun Yat-sen", *Sun Yat-sen: Two Commemorative Essays.* Hong Kong: University of Hong Kong Centre of Asian Studies, 1977, pp. 1-22.

Lee, Robert. *France and the Exploitation of China, 1885-1901: A Study in Economic Imperialism.* Oxford University Press, 1989.

Legge, James. *The Chinese Classics.* Originally published by Oxford University Press, Reprinted in Taipei by SMC, 1991.

Lembright, R. L, H. A. Myers, D. B. Rush and C. Yoon eds. *Western Views of China and the Far East: Volume 1, Ancient to Early Modern Times*. Hong Kong: Asian Research Service, 1982.

Leong, Sow-Theng. *Migration and Ethnicity in Chinese History: Hakkas, Pengmin, and Their Neighbors*. Edited by Tim Wright. Stanford, Stanford University Press, 1997.

Linebarger, Paul. *Sun Yat-sen and the Chinese Republic.* New York, 1925. Reprinted, New York: ASM Press, 1969.

Linebarger, Paul. *The Political Doctrines of Sun Yatsen*. Westport, Conn.: Hyperion Press, 1937. [320.951041/1].

Liverpool Echo. Liverpool.

Lo, Hui-min ed. *The Correspondence of G. E. Morrison, Vol.1, 1895-1912.* Cambridge University Press, Cambridge, 1976.

Loden, Torbjorn. "Nationalism Transcending the State: Changing Conceptions of Chinese Identity", in Stein Tonnesson and Hans Antlov eds. *Asian Forms of the Nation*. Surrey: Curzon Press, 1996. Chapter 10.

Lu, Can. *Sun Yat Sen — As I Knew Him: Memoirs of Luke Chan, Boyhood Friend of Sun Yat Sen.* Translator: Fu Wuyi. Beijing: Zhongguo heping chubanshe, 1986.

Lum, Arlene ed. *At Thy Call We Gather: Iolani School*. Honolulu: Iolani School, 1997.

Mack, E. C. and W. H. G. Armytage. *Thomas Hughes: The Life of the Author of Tom Brown's Schooldays.* London, 1952.

Marshall, H. E. *Our Island Story: A Child's History of England, with pictures by A.S. Forrest.* London: T.C. and E.C. Jack, 1905.

McCrum, Michael. *Thomas Arnold Head Master*. Oxford: Oxford University Press, 1989.

Nelson, C.A., "Rev. C. R. Hager, M.D., D.D.", *The Chinese Recorder* (December 1917), newspaper cutting originally deposited in the United Church Board for World Ministries Library, now deposited in the Harvard Houghton Library, ABC 77.1. Box. 30.

Newsome, D. *A History of Wellington College, 1859-1959.* London, 1959.

Oxford English Prize Essays. Oxford: D.A. Talboys, 1830.

Pascoe, C. F. *Two Hundred Years of the S.P.G.: An Historical Account of the Society for the Propagation of the Gospel in Foreign Parts, 1701-1900.* London: S.P.G. Office, 1901.

Pascoe, Charles Eyre ed. *Everyday Life in Our Public Schools: Sketched by Head-Scholars of Eton, Winchester, Westmnister, Shrewsbury, Harrow, Rugby, Charterhouse, to which is added a brief notice of St Paul's and Merchant Taylors' Schools, and Christ's Hospital, with a glossary of some words in common use in these schools.* London: Griffith and Farran, 1871.

Percival, A.C. *Very Superior Men.* London, 1973.

Pond, Rev W.C. (San Francisco), "Christ for China", *American Missionary*, v. 22, no. 9 (1878), pp. 277-281.

Restarick, Henry Bond. *Hawaii, 1778-1920, from the Viewpoint of a Bishop; Being the Story of English and American Churchmen in Hawaii with Historical Sidelights.* Honolulu: Paradise of the Pacific Press, 1924.

Restarick, Henry Bond. *Sun Yat Sen: Liberator of China.* Preface by Kenneth Scott Latourette. New Haven, Connecticut: Yale University Press, 1931. London: Oxford University Press, 1931. Hyperion Press reprint edition, 1981, Westport, Connecticut.

Restarick, Henry Bond. *My Personal Recollections: The Unfinished Memoirs of Henry Bond Restarick, Bishop of Honolulu, 1902-1920.* Edited by his daughter, Constance Restarick Withington. Honolulu: Paradise of the Pacific Press, 1938.

Ricci, Matteo. *China in the Sixteenth Century: The Journals of Matthew Ricci, 1583-1610*, translated by Louis.J. Gallagher, S.J. New York: Random House, 1953.

Ride, Lindsay, "The Early Medical Education of Dr Sun Yat-sen", *Sun Yat-sen: Two Commemorative Essays*. Hong Kong: University of Hong Kong Centre of Asian Studies, 1977, pp. 23-31.

Roberts, J.A.G. "The Hakka-Punti War", Unpublished *D.Phil.* thesis, University of Oxford, 1968.

Russ, William Adam. *The Hawaiian Republic, 1894-98, and Its Struggle to Win Annexation.* Selinsgrove, PA: Susquehanna University Press, 1961.

Sharman, Lyon. *Sun Yat Sen: His Life and Its Meaning.* New York, 1934..

Smith, Carl T. *Chinese Christians: Elites, Middlemen, and the Church in Hong Kong.* Oxford University Press, 1985.

Smith, Carl T. *A Sense of History: Studies in the Social and Urban History of Hong Kong.* Hong Kong: The Hong Kong Educational Publishing Co., 1995.

Soong, Irma Tam. "Sun Yat-sen's Christian Schooling in Hawaii", *The Hawaiian Journal of History* v. 31 (1997): 151-178.

Stanley,Rev A. P. *The Life and Correspondence of Thomas Arnold.* London, 1890.

Stokes, Gwenneth. *Queen's College, 1862-1962.* Hong Kong: Standard Press, 1962.

Strand, David. An Unfinished Republic: Leading by Word and Deed in Modern China. Berkeley: University of California Press, 2011.

Sun Yatsen. *Kidnapped in London.* Bristol: Arrowsmith, 1897.

Sweeting, Anthony. *Education in Hong Kong, Pre-1841-1941: Fact and Opinion.* Hong Kong: Hong Kong University Press, 1999.

Teng, Ssu-yu and John King Fairbank eds. *China's Response to the West.* New York: Atheneum, 1963.

Thompson, H. P. *Into All Lands: The History of the Society for the Propagation of the Gospel in Foreign Parts, 1701-1950.* London, 1951.

Trilling, L. *Matthew Arnold.* London, 1939.

Tsai, Jung-fang, *Hong Kong in Chinese History: Community and Social Unrest in the British Colony, 1842-1913.* New York: Columbia University Press, 1993.

Tse, Tsan-tai. *The Chinese Republic: Secret history of the Revolution.* Hong Kong: South China Morning Post, 1924. First publ. in serial form in the South China Morning Post, November, 1924.

Villers, Ernest Gilbert. "A History of Iolani School", M.A. thesis, University of Hawaii, June 1940.

Wehrle, Edmund S. *Britain, China and the Antimissionary Riots, 1891-1900.* Minneapolis: University of Minnesota Press, 1966.

Windschuttle, Keith. The Killing of History: How a Discipline is being Murdered by Literary Critics and Social Theorists. Sydney: MacLeay Press, 1996.

Wist, Benjamin O. *A Century of Public Education in Hawaii October 15, 1840-October 15, 1940.* Honolulu: Hawaii Educational Review, 1940.

Witridge, A. *Dr Arnold of Rugby.* London, 1928.

Wong, John Y. Yeh Ming-ch'en: Viceroy of Liang-Kuang,1852-8. Cambridge University Press, 1976.

Wong, John Y. Anglo-Chinese Relations, 1839-1860: A Calendar of Chinese Documents in the British Foreign Office Records. Published for the British Academy by Oxford University Press, 1983.

Wong, John Y. "Chinese Attitudes Towards Hong Kong: An Historical Perspective", Journal of the Oriental Society of Australia, v. 15-16 (1983-84), pp. 161-169.

Wong, John Y. "Three Visionaries in Exile: Yung Wing, K'ang Yu-wei and Sun Yat-sen, 1894-1911", Journal of Asian History (Otto Harrassowitz, Wiesbaden, West Germany), v. 20, no. 1(1986), pp. 1-32.

Wong, John Y. The Origins of an Heroic Image: Sun Yatsen in London, 1896-1897. Hong Kong; Oxford: Oxford University Press, 1986.

Wong, John Y. Deadly Dreams: Opium, Imperialism and the 'Arrow' War (1856-60) in China. Cambridge University Press, 1998

Wu, John C. H. Sun Yat-sen: The Man and His Ideas. Taipei: Sun Yat Sen Cultural Foundation, 1971.

Yoon, Chong-kun. "Sinophilism during the Age of Enlightenment: Jesuit, Philosophe and Physiocrats Discover Confucus", in R. L. Lembright, H. A. Myers, D. B. Rush and C. Yoon eds. Western Views of China and the Far East: Volume 1, Ancient to Early Modern Times. Hong Kong: Asian Research Service, 1982.

Yu, Ying-shih. "Sun Yat-sen's Doctrine and Traditional Chinese Culture", in Cheng Chu-yuan ed. Sun Yat-sen's Doctrine in the Modern World (Boulder: Westview, 1989), pp. 79-102.

三、中、日文參考書目

Anjing, Sanji 安井三吉：〈支那革命黨首領孫中山考〉，《近代》，57期（1981年12月），頁49-78。

Anon 佚名：〈賭風大熾〉，上海《申報》，1878年5月18日；轉載於廣東省檔案館編：《廣東澳門檔案史料選編》（北京：中國檔案出版社，1999）。

Anon 佚名：〈本澳新聞——鏡湖爥彩〉，《鏡海叢報》創刊號，1893年7月18日，第5版，複印於澳門基金會、上海社會科學院編：《鏡湖叢報》（澳門基金會、上海社會科學院聯合出版，2000）。

Anon 佚名：〈照譯西論〉，《鏡湖叢報》，1893年12月19日，第1-2版，載澳門基金會、上海社會科學院編：《鏡湖叢報》（澳門基金會、上海社會科學院聯合出版，2000），頁11-12。

Anon 佚名：〈中國大陸家譜收藏與研究概況〉，http://big51.chinataiwan.org/zppd/YJCG/JP/200805/t20080529_651473.htm。Accessed on 7 June 2009.

Anon 佚名：〈陸皓東〉，《華人基督教史人物辭典》，http://www.bdcconline.net/zh-hant/stories/by-person/l/lu-haodong.php, viewed 7 June 2011.

Anon佚名：〈300人手牽手保中區警署古跡〉，香港《蘋果日報》，2004年10月25日，第A6版。

Anon佚名：《楊衢雲略史》（香港：1927）。

Aomen Jijinhui 澳門基金會、上海社會科學院編：《鏡湖叢報》（澳門基金會、上海社會科學院聯合出版，2000）。

Aomen 澳門鏡湖醫院慈善會：《澳門鏡湖醫院慈善會會史，1871-2001》（澳門：鏡湖醫院慈善會，2001）。

Aomen 澳門鏡湖醫院慈善會：《鏡湖醫院慈善會創辦一百三十周年紀念特刊》（澳門：鏡湖醫院慈善會，2001）。

Cai, Shangsi 蔡尚思：〈五四時期「打倒孔家店」的實踐意義〉，《紀念五四運動六十周年學術討論會論文集》，一套三冊（北京：中國社會科學出版社，1980），頁470-485。

Chen, Chunsheng 陳春生：〈訪問李紀堂先生筆錄〉，載《辛亥革命史料選輯》（長沙：湖南人民出版社，1981），上冊，頁38-43。

Chen, Jianhua 陳建華：〈孫中山與現代中國「革命」話語關係考釋〉，載《「革命」的現代性——中國革命話語考論》（上海：上海古籍出版社，2000），頁60-150。

Chen, Jianming 陳建明：〈孫中山與基督教〉，《孫中山研究論叢》，第五集（廣州：中山大學出版社，1987），頁5-25。

Chen, Jianming 陳建明：〈孫中山早期的一篇佚文——「教友少年會紀事」〉，《近代史研究》，總39期（1987年第3期），頁185-190。

Chen, Ningning 陳寧寧：〈家譜研究的歷史和現狀〉，http://big51.chinataiwan.org/zppd/YJCG/JP/200805/t20080529_651522.htm. Accessed on 7 June 2009.

Chen, Sanjing 陳三井：《中山先生與美國》（臺北：學生書局，2005）。

Chen, Shaobai 陳少白：〈四大寇名稱之由來〉，載陳少白：《興中會革命別錄》，轉載於《中國近代史資料叢刊——辛亥革命》（上海：上海人民出版社，1981），第一冊，頁76-84。

Chen, Shaobai 陳少白：〈尤少紈之略史〉，載陳少白：《興中會革命別錄》，轉載於《中國近代史資料叢刊——辛亥革命》（上海：上海人民出版社，1981），第一冊，頁79-81。

Chen, Shaobai 陳少白：〈楊鶴齡之史略〉，載陳少白：《興中會革命史別錄》，轉載於《中國近代史資料叢刊——辛亥革命》（上海：上海人民出版社，1981），第一冊，頁76-84。

Chen, Shaobai 陳少白：〈謝纘泰之略史〉，載陳少白：《興中會革命別錄》，轉載於《中國近代史資料叢刊——辛亥革命》（上海：上海人民出版社，1981），第一冊，頁76-84。

Chen, Shaobai 陳少白：《興中會革命史要》，載《中國近代史資料叢刊——辛亥革命》（上海：上海人民出版社，1981），第一冊，頁21-75。

Chen, Shurong 陳樹榮：〈孫中山與澳門初探〉，《廣東社會科學》，1990年第4期，頁28-36。

Chen, Shurong 陳樹榮：〈孫中山與澳門〉，廣東省《學術研究》，1996年第7期，頁71-72。

Chen, Shurong 陳樹榮主編、撰稿：《同善堂一百一十周年紀念冊》（澳門：同善堂值理會，2002）。

Chen, Xiqi 陳錫祺：《同盟會成立前的孫中山》（廣州：廣東人民出版社，1957初版，1981重印）。

Chen, Xiqi 陳錫祺：〈關於孫中山的大學時代〉，載陳錫祺：《孫中山與辛亥革命論集》（廣州：中山大學出版社，1984），頁35-64。

Chen, Xiqi 陳錫祺主編：《孫中山年譜長編》一套二冊（北京：中華書局，1991）。

Chen, Yinke 陳寅恪，〈馮友蘭中國哲學史上冊審查報告〉，載《金明館叢稿二編》（上海：上海古籍出版社，1982）。

da Silva, Beatriz A. O. Basto 施白蒂著、姚京明譯：《澳門編年史（十九世紀）》（澳門：澳門基金會，1998）。

da Silva, Beatriz A. O. Basto 施白蒂著、姚京明譯：《澳門編年史（二十世紀，1900－1949）》（澳門：澳門基金會，1999）。

da Silva, Beatriz A. O. Basto 施白蒂著、金國平譯：《澳門編年史（二十世紀，1950－1988）》（澳門：澳門基金會，1999）。

Deng, Muhan 鄧慕韓：〈孫中山先生傳記〉，載《革命先烈先進詩文選集》（臺北：1965），第三冊，總頁1326-1327。

700

Deng, Muhan 鄧慕韓：〈調查訪問材料〉，載中國國民黨廣東省黨部編：《新聲》第18期，1930年出版。轉載於孫中山故居紀念館編：《孫中山的家世：資料與研究》（北京：中國大百科全書出版社，2001），頁109-112。

Deng, Muhan 鄧慕韓：〈乙未廣州革命始末記〉，載《辛亥革命史料選輯》（長沙：湖南人民出版社，1981），上冊，頁9-19。

Fang, Shiguang方式光：〈評孫中山祖籍問題的爭論〉，《南方日報》，1987年12月21日，後轉載於《東莞文史》第26期（1997年9月），頁151-158。其後又轉載於孫中山故居紀念館編：《孫中山的家世：資料與研究》（北京：中國大百科全書出版社，2001），頁512-518。

Fang，Xing and Tang Zhijun 方行、湯志鈞整理：《王韜日記》（北京：中華書局，1987）。

Fei, Chengkang 費城康：〈孫中山和《鏡海叢報》〉，載澳門基金會、上海社會科學院編：《鏡湖叢報 》（澳門基金會、上海社會科學院聯合出版，2000），其中費序，頁1-10。

Feng, Ziyou 馮自由：《中華民國開國前革命史》（臺北：世界書局，1971年再版）。

Feng, Ziyou 馮自由：《華僑革命開國史》（臺北：商務印書館，1953重印）。該書後來又收入《華僑與辛亥革命》（北京：中國社會科學出版社，1981）。

Feng, Ziyou 馮自由：《革命逸史》（上海：商務印書館，1939年初版；北京：中華書局1981重版）。

Feng, Ziyou 馮自由：〈鄭士良事略〉，載《革命逸史》（北京：中華書局，1981重版），第一冊，頁24。

Feng, Ziyou 馮自由：〈孫總理信奉耶穌教之經過〉，載《革命逸史》（北京：中華書局，1981重版），第二冊，頁9-18。

Feng, Ziyou 馮自由：〈尤列事略〉，載《革命逸史》（北京：中華書局，1981重版），第一冊，頁26-28。

Feng, Ziyou 馮自由：〈尤列事略補述一〉，載《革命逸史》（北京：中華書局，1981重版），第一冊，頁29-33。

Feng, Ziyou 馮自由：〈尤列事略補述二〉，載《革命逸史》（北京：中華書局，1981重版），第一冊，頁33-41。

Feng, Ziyou 馮自由：〈孫眉公事略〉，載《革命逸史》（北京：中華書局，1981重版），第二冊，頁1-9。

Feng, Ziyou 馮自由：〈廣州興中會及乙未庚子二役〉，載《革命逸史》（北京：中華書局，1981重版），第四冊，頁10-12。

Feng, Ziyou 馮自由：〈興中會組織史〉，載《革命逸史》（北京：中華書局，1981重版），第四集，頁1-23。

Feng, Ziyou 馮自由：〈興中會四大寇訂交始末〉，載《革命逸史》（北京：中華書局，1981重版），第一冊，頁8-9。

Fujī, shōzo 籐井昇三：〈孫文與「滿洲」問題——在反對帝國主義和「亞洲主義」之間〉，載《孫中山和他的時代：孫中山研究國際學術討論會文集》，一套三冊（北京：中華書局，1989），上冊，頁661-668。

Gan, Naiwei 甘乃威：〈一間也不能拆！〉，香港《明報》，2004年11月5日，第D06版。

Gao, Liangzuo 高良佐：〈總理業醫生活與初期革命運動〉，《建國月刊》（南京），1936年1月20日。

Gao, Lujia 高路加：〈中國家譜在文化史研究中的作用〉，《廣州大學學報（社會科學版）》，卷1，期2（2002年2月），頁18-20。

Gao, Tianqiang 高添強：〈國父被囚域多利監獄的謬誤〉，香港《信報》，2004年11月3日。

Ge, Jianxiong 葛劍雄：〈家譜：作為歷史文獻的價值和局限〉，《歷史教學問題》，1997年第6期，頁3-6。

Ge, Zhiyi 戈止義：〈對「1894年孫中山謁見李鴻章一事的新資料」之補正〉，上海《學術月刊》，1982年第8期，頁20-22。

Guangdongsheng 廣東省檔案館編：《廣東澳門檔案史料選編》（北京：中國檔案出版社，1999）。

Gui, Chongji 桂崇基：〈中山先生見李鴻章〉，臺北《傳記文學》，第42卷第6期（1983年6月1日），頁48。

Hager, Rev. Robert 喜嘉理：〈美國喜嘉理牧師關於孫逸總理信教之追述〉，載馮自由：《革命逸史》，（北京：中華書局，1981），第二集，頁12-17。該文另目〈關於孫中山（中山）先生信教之追述〉而轉載於《中華基督教會公理堂慶祝辛亥革命七十周年特刊》，頁5-7。又另目〈孫中山先生之半生回觀〉而轉載於尚明軒、王學莊、陳崧編：《孫中山生平事業追憶錄》（北京：人民出版社，1986），頁521-524。

Hanyu dacidian 《漢語大詞典》縮印本（上海：漢語大詞典出版社，1997）。上、中、下三卷。

Hao, Jiangke 濠江客〔陳樹榮〕：〈孫中山在澳門設「孫醫館」〉，剪報，無日期，澳門仁慈堂博物館鄭志魂先生藏。

Hao, Ping 郝平：《孫中山革命與美國》（北京：北京大學出版社，2000）。

He, Guangyan 何廣棪：〈羅香林教授事略〉，載馬楚堅、楊小燕主編：《羅香林教授與香港史學：逝世二十周年紀念論文集》（香港：羅香林教授逝世二十周年紀學術研討會籌備委員會，2006）

He, Yuefu 賀躍夫：〈輔仁文社與興中會關系辨析〉，載陳勝粦（主編）：《孫中山與辛亥革命史研究：慶賀陳錫祺先生九十華誕論文集》（廣州：中山大學出版社，2001），頁21-39。

Hu, Qufei 胡去非編、吳敬恆校：《孫中山先生傳》（上海：商務印書館，1928）。該書在1968年由臺灣商務印書館重印。

Hu, Qufei 胡去非：《總理事略》（上海：商務印書館，1937）。該書曾由臺灣商務印書館在1972年再版。

Hu, Shouwei 胡守為：《嶺南古史》（廣州：廣東人民出版社，1999）。

Huang, Jianmin 黃健敏：《孫眉年譜》（北京：文物出版社，2006）。

Huang, Jianmin 黃健敏：《翠亨村》（北京：文物出版社，2008）。

Huang, Jilu 黃季陸：〈國父生辰考證的回憶〉，臺北《傳記文學》，11卷2期，1967年8月號。

Huang, Jilu 黃季陸：〈國父生辰的再考證〉，臺北《傳記文學》，11卷3期，1967年9月號。

Huang, Qichen 黃啟臣：《澳門通史》（廣州：廣東教育出版社，1999）。

Huang, Shuping and Gong Peihua 黃淑娉、龔佩華合著：《廣東世僕制研究》（廣州：廣東高等教育出版社，2001）。

Huang, Shuping 黃淑娉主編：《廣東族群與區域文化研究》（廣州：廣東高等教育出版社，1999）。

Huang, Shuping 黃淑娉主編：《廣東族群與區域文化研究調查報告集》（廣州：廣東高等教育出版社，1999）。

Huang, Yan 黃彥、李伯新：〈孫中山的家庭出身和早期事跡（調查報告）〉，《廣東文史資料》，第25輯（廣州：廣東人民出版社，1979），頁274-290。

Huang, Yuhe (Wong, J.Y.) 黃宇和：〈分析倫敦報界對孫中山被難之報道與評論〉，《孫中山研究》，第一輯（廣州：廣東人民出版社，1986），頁10-30。

Huang, Yuhe (Wong, J.Y.) 黃宇和：〈孫中山倫敦被難研究述評〉，載《回顧與展望：國內外孫中山研究述評》（北京：中華書局，1986），頁474-500。

Huang, Yuhe (Wong, J.Y.) 黃宇和：〈孫中山第一次旅歐的時間和空間的考訂〉，載《孫中山和他的時代》（北京：中華書局，1990），下冊，頁2298-2303。

Huang, Yuhe (Wong, J.Y.) 黃宇和：〈孫中山先生倫敦蒙難史料新證與史事重評〉，《中華民國建國八十週年學術討論集》（臺北：近代中國出版社，1991年12月），第一冊，頁23-63。

Huang, Yuhe (Wong, J.Y.) 黃宇和：〈微觀研究孫中山雛議〉，《近代史研究》，總87期（北京：中國社會科學院近代史研究所，1995年5月），頁195-215。

Huang, Yuhe (Wong, J.Y.) 黃宇和：〈中山先生倫敦蒙難新史料的發現與考訂〉，《近代中國》（臺北：近代中國出版社，1995年6月，8月，10月），總107期：頁174-195；總108期：頁278-289；總109期：頁49-72。

Huang, Yuhe (Wong,J.Y.) 黃宇和：〈興中會時期孫中山先生思想探索〉，《國父建黨一百周年學術討論集》（臺北：近代中國出版社，1995），第一冊，頁70-93。

Huang, Yuhe (Wong, J.Y.) 黃宇和：〈孫中山的中國近代化思想溯源〉，《國史館館刊》（臺北：國史館，1997年6月），復刊第22期，頁83-89。

Huang, Yuhe (Wong, J.Y.) 黃宇和：《孫逸仙倫敦蒙難真相：從未披露的史實》（臺北：聯經，1998）。

Huang, Yuhe (Wong, J.Y.) 黃宇和：〈英國對華「炮艦政策」剖析：寫在「紫石英」號事件50周年〉，北京《近代史研究》，1999年7月，總112期，頁1-43。

Huang, Yuhe (Wong, J.Y.) 黃宇和：〈孫逸仙，香港與近代中國〉，《港澳與近代中國學術研討會論文集》（臺北：國史館，2000），頁149-168。

Huang, Yuhe (Wong, J.Y.) 黃宇和：〈三民主義倫敦探源雛議〉，載中國史學會編：《辛亥革命與20世紀的中國》，一套三冊（北京：中央文獻出版社，2002），上冊，頁521-575。

Huang, Yuhe (Wong, J.Y.) 黃宇和：〈跟蹤孫文九個月、公私隱情盡眼簾〉，《近代中國》（臺北：近代中國出版社，2003-2004），總152期，頁93-116；總153期，頁65-88；總154期，頁3-33；總155期，頁140-168；總156期，頁167-190。

Huang, Yuhe (Wong, J.Y.) 黃宇和：〈英國對孫中山選擇革命的影響〉，載林家有、李明主編：《孫中山與世界》（長春：吉林人民出版社，2004），頁250-314。

Huang, Yuhe (Wong, J.Y.) 黃宇和：〈葉名琛歷史形象的探究——兼論林則徐與葉名琛的比較〉，《九州學林》（香港城市大學和上海復旦大學合編），第2卷（2004），第1期，頁86-129。

Huang, Yuhe (Wong, J.Y.) 黃宇和：《黃宇和院士系列之二：孫逸仙倫敦蒙難真相》（上海：上海書店出版社，2004）。

Huang, Yuhe (Wong, J.Y.) 黃宇和：〈英國對孫中山選擇革命的影響〉，載林家有、李明主編：《孫中山與世界》（長春：吉林人民出版社，2004），頁250-314。

Huang, Yuhe (Wong, J.Y.) 黃宇和：《中山先生與英國》（臺北：學生書局，2005）。

Huang, Yuhe (Wong, J.Y.) 黃宇和：〈英國造就了孫中山這位中國民主革命的領袖〉，載林家有、李明主編：《看清世界與正視中國》（長春：吉林人民出版社，2005），頁333-371。

Huang, Yuhe (Wong, J.Y.) 黃宇和：〈孫逸仙曾被囚香港域多利監獄？〉，《九州學林》（香港城市大學和上海復旦大學合編），第四卷（2006），第1期（總第11輯），頁291-325。

Huang, Yuhe (Wong, J.Y.) 黃宇和：《孫中山在倫敦，1896-1897：三民主義思想倫敦探源》（臺北：聯經，2007）。Huang, Yuhe (Wong, J.Y.) 黃宇和：〈改造中國：第二次鴉片戰爭、洋務運動、義和團〉，《九州學林》（香港城市大學和上海復旦大學合編），第五卷（2007），第3期（總第17輯），頁156-211。

Huang, Yuhe (Wong, J.Y.) 黃宇和：〈孫逸仙澳門行醫探索〉，《九州學林》（香港城市大學和上海復旦大學合編），第六卷（2008），第二期（總第20輯），頁104-171。

Huang, Yuhe (Wong, J.Y.) 黃宇和：〈孫逸仙祖籍問題探索——孫氏是本地人（廣府人）還是客家人？〉，《九州學林》（香港城市大學和上海復旦大學合編），第七卷（2008），第一期（總第23輯），頁101-191。

Huang, Yuhe (Wong, J.Y.) 黃宇和：〈任重道遠：孫逸仙成長之重要性寄探索之重重困難〉，《紀念孫中山誕辰140周年國際學術研討會論文集》（北京：社會科學文獻出版社，2009），下卷，頁1125－1146。

Huo, Qichang 霍啟昌：〈幾種有關孫中山在港策進革命的香港史料試釋〉，載孫中山研究學會編：《回顧與展望：國內外孫中山研究述評》（北京：中華書局，1986），頁440-455。

Huo, Qichang 霍啟昌：〈孫中山先生早期在香港思想成長的初探〉，載《孫中山和他的時代》（北京：中華書局，1990），中冊，頁929-940。

Jian, Youwen 簡又文：〈總理少年時期逸事〉，《國父文物展覽會特刊》（廣州：廣東省立文獻館，1946），轉引於《國父年譜》（1994年增訂本），上冊，頁45頁，1886年條。

Jiang, Yihua 姜義華：〈民權思想淵源——上海孫中山故居部分藏書疏記〉，載姜義華著：《大道之行——孫中山思想發微》（廣州：廣東人民出版社，1996），頁108-123。

Jiang, Yihua 姜義華：〈《鏡海叢報》序〉〉，載澳門基金會、上海社會科學院合編：《鏡海叢報》〔影印本〕（上海：澳門基金會、上海社會科學院聯合出版，2000）。

Lang, Jingxiao 郎擎霄：〈中國南方民族源流考〉，《東方雜志》（1933年），第三十卷，第1期。

Lang, Jingxiao 郎擎霄：〈中國南方械鬥之原因及其組織〉，《東方雜志》（1933年），第三十卷，第19期。

Lang, Jingxiao 郎擎霄：〈清代粵東械鬥史實〉，《嶺南學報》（1935年），第四卷，第2期。

Li, Ao 李敖：《孫中山和中國西化醫學》（臺北：文星書店，1965）。

Li, Boxin 李伯新：《孫中山故鄉翠亨》（香港：天馬出版有限公司，2006）。

Li, Boxin 李伯新：《孫中山史蹟憶訪錄》，中山文史第38輯（中山：中國人民政治協商會議廣東省中山市委員會文史學習委員會，1996）。

Li, Gongzhong 李恭忠：《中山陵：一個現代政治符號的誕生》（北京：社會科學文獻出版社，2009）。

Li, Jiannong 李劍農：《中國近百年政治史》，一套二冊（湖南：藍田師範學院史地學會，1942；上海：商務印書館，1947）。

Li, Jinqiang 李金強：〈香港中央書院與清季革新運動〉，載李國祁主編：《郭廷以先生百歲冥誕紀念史學論文集》（臺北：商務印書館，2005），頁249-269。

Li, Jinqiang 李金強：《一生難忘：孫中山在香港的求學與革命》（香港：孫中山紀念館，2008）。

Li, Junxuan 李進軒：《孫中山先生革命與香港》（臺北：文史哲出版社，1989）。

Li, Oufan 李歐梵：〈情迷澳門、回眸香江〉，香港《亞洲週刊》，2004年10月31日，頁17。

Li, Tony 李東尼：〈巨變將臨：功過歷史評說〉，《星島日報》，2005年2月28日，第A19版。

Li, Wanqiong 黎玩瓊：〈談談道濟會堂〉，載王誌信編著：《道濟會堂史》（香港：基督教文藝，1986），頁85-87。

Li, Yunhan 李雲漢編：《研究孫中山先生的史料與史學》（臺北：中華民國史料研究中心，1975）。

Li, Yunhan 李雲漢：〈早年排滿思想〉，載李雲漢、王爾敏：《中山先生民族主義正解》（臺北：臺灣書店，1999），頁35-42。

Li, Yunhan and Wang Ermin 李雲漢、王爾敏：《中山先生民族主義正解》（臺北：臺灣書店，1999）。

Liang Guanfu 梁觀福：《孫中山北伐在韶關專輯——韶關文史資料第34輯》（韶關：中國人民政治協商會議廣東韶關市委員會文史委員會，2008）。

Liao, Disheng 廖迪生、Zhang Zhaohe 張兆和：《大澳》（香港：三聯書店，2006）。

Liao, Shulan 廖書蘭：《黃花崗崗外——《黨人碑》與孫中山首次起義》（香港：商務印書館，2009）。

Lin, Jiayou 林家有、Li Ming 李明主編：《孫中山與世界》（長春：吉林人民出版社，2004）。

Lin, Qiyan 林啟彥：〈近三十年來香港的孫中山研究〉，載孫中山研究學會編：《回顧與展望——國內外孫中山研究述評》（北京：中華書局，1986），頁534-538。

Lin, Yinmei 林因美：〈大館保衛戰〉，香港《快週刊》，2004年9月28日，頁60-63。

Linebarger, Paul 林百克著，徐植仁譯：《孫逸仙傳記》（上海：民智書局，1926）。

Lingnan Daxue 嶺南大學孫中山博士紀念醫院籌備委員會編：《總理開始學醫與革命運動五十周年紀念史略》（廣州：嶺南大學，1935）。

Liu, Jiaquan 劉家泉：《孫中山與香港》（北京：中央文獻出版社，2001）。

Liu, Qing 劉清：〈研究孫中山的以篇重要文獻——孫中山佚文「詹氏宗譜序」評介〉，《黃岡師專學報》，第十九卷，第2期（1999年4月），頁82-85。

Liu, Shuyong 劉蜀永：〈鴉片戰爭前淇澳居民反侵略鬥爭初探〉，載楊水生、劉蜀永編：《揭開淇澳歷史之謎——1933年淇澳居民反侵略鬥爭研究文集》（北京：中央文獻出版社，2002），頁4-17。

Liu，Xiaochun 劉曉春：〈族譜、歷史、權力〉，www.xici.net/b301964/d16351502.htm。

Long, Huan 龍寰：〈孫中山在澳門〉，載中國人民政治協商會議廣東省中山市委員會文史委員會編：《中山文史》總第17輯（中山：中國人民政治協商會議廣東省中山市委員會文史委員會，1989），頁15-16。

Long, Yingtai 龍應台：〈香港，你望哪裏去？〉，香港《明報》，2004年11月10日，第A4版和D6版。

Lu, Can 陸燦：《孫中山公事略》（稿本，藏翠亨村孫中山故居紀念館）。〔筆者按：該稿後來刊登於《孫中山研究》第一輯（廣東人民出版社，1986）。見下條〕

Lu, Can 陸燦（遺著手稿）；黃彥、李伯新整理：〈孫中山公事略〉，《孫中山研究》，第一輯（廣州：廣東人民出版社，1986），頁332-372。

Lu, Can 陸燦、泰勒（Betty Tebbetts Taylor）合著，傅伍儀譯：《我所了解的孫逸仙》（北京：中國和平出版社，1986）。

Lu, Can 陸燦、泰勒（Betty Tebbetts Taylor）合著，黃健敏譯：《我所認識的孫逸仙——童年朋友陸燦的回憶》（北京：文物出版社，2011）。

706

Lu, Danlin 陸丹林：〈總理在香港〉，載陸丹林：《革命史譚》（重慶：1944）。

Lu, Tianxiang 陸天祥：〈孫中山在翠亨〉，《廣東文史資料》第25輯：孫中山史料專輯
（廣州：廣東人民出版社，1979），頁454-459。該文後來收入李伯新：《孫中山史
跡憶訪錄》，中山文史第38輯（中山：中國人民政治協商會議廣東省中山市委員會文
史學習委員會，1996），頁59-64。

Luo, Jialun 羅家倫、黃季陸主編，秦孝儀增訂：《國父年譜》，一套兩冊（臺北：中國
國民黨中央黨史委員會，1985）。

Luo, Jialun 羅家倫、黃季陸主編，秦孝儀、李雲漢增訂：《國父年譜》，一套兩冊（臺
北：國民黨黨史會出版，1994）。

Luo, Xianglin 羅香林：〈評古層冰先生「客人對」〉，《北平晨報副刊：北晨評論及畫
報》，第一卷，第16期（1931年4月27日）。

Luo, Xianglin羅香林：《客家研究導論》（興寧：希山藏書，1933）。

Luo, Xianglin 羅香林：《國父家世源流考》（重慶：商務印書館，1942初版；臺北：商
務印書館，1971再版）。

Luo, Xianglin 羅香林：《國父之大學時代》（重慶：獨立出版社，1945）。

Luo, Xianglin 羅香林：〈國父家世源流再證〉，原載羅香林：《客家史料彙編》（香港：
中國學社，1965），轉載於孫中山故居紀念館編：《孫中山的家世：資料與研究》
（北京：中國大百科全書出版社，2001），頁341-348。

Luo, Xianglin 羅香林：《客家史料彙編》（香港：中國學社，1965）。

Luo, Xianglin 羅香林：〈回憶陳寅恪師〉，臺灣《傳記文學》第十七卷，第4期（1970年
10月）〔總101輯〕：頁13-20。全文（圖片除外）轉載於張傑、楊燕麗合編：《追
憶陳寅恪》（北京：社會科學文獻出版社，1999），頁97-111。

Luo, Xianglin 羅香林：《國父在香港之歷史遺遺跡》（香港：珠海書院，1971；香港大
學出版社重印，2002）。

Luo, Xianglin 羅香林：《國父與歐美之友好》（臺北：中央文物供應社，1979再版）。

Lu, Shiqiang 呂實強：《中國官紳反教的原因，1860-1874》（臺北：中國學術獎助委員
會，1966）。

Ma, Chujian馬楚堅、楊小燕主編：《羅香林教授與香港史學：逝世二十周年紀念論文
集》（香港：羅香林教授逝世二十周年紀學術研討會籌備委員會，2006）。

Ma, Yansheng 馬兗生：《孫中山在夏威夷：活動和追隨者》（北京：世界知識出版社，
2003）。

Mao, Jiaqi *et al.* 茅家琦等著：《孫中山評傳》（南京：南京大學出版社，2001）。

Mei, Shimin 梅士敏：〈孫中山先生在澳門〉，載中國人民政治協商會議上海委員會文
史資料研究委員會編：《上海文史資料選輯》，第57輯（上海：上海人民出版社，
1987）。

Mei, Shimin 梅士敏：〈仁慈堂四百二十五年〉，《澳門日報》剪報，農曆甲戌年三月初
六〔即1994年4月16日〕，第13版，澳門仁慈堂博物館鄭志魂先生藏。

Meng, Xiangcai 孟祥才：《梁啟超傳》（北京：北京出版社，1980）。

Miao, Xinzheng 繆鑫正等編：《英漢中外地名詞匯》（香港：商務印書館，1977）。

Miyazaki, Torazo (Toten) 宮崎寅藏著，陳鵬仁譯：《宮崎滔天論孫中山與黃興》（臺北：正中書局，1977）。

Mo, Shixiang 莫世祥：〈孫中山香港之行——近代香港英文報刊中的孫中山史料研究〉，《歷史研究》，1997年第三期（總第247期），頁19-31。

Mo, Shixiang 莫世祥：《中山革命在香港，1895-1925》（香港：三聯書店，2011）。

Nanxiong 南雄珠璣巷人南遷後裔聯誼會籌委會編：《南雄珠璣巷人南遷史話》〔南雄珠璣巷叢書之一〕（廣州：中山大學出版社，1991）。

Nanxiong南雄縣政協文史資料研究會、南雄珠璣巷人南遷後裔聯誼會籌委會合編：《南雄珠璣巷南遷氏族譜‧志選集》〔南雄珠璣巷叢書之二，南雄文史資料第十五輯〕（南雄：1994）。

Nanxiong南雄珠璣巷人南遷後裔聯誼會籌委會編：《永遠的珠璣——廣東南雄珠璣巷人南遷後裔聯誼會籌委會成立十三周年紀念特刊》（廣州：《羊城晚報》出版社，2008）。

Ni, Junming 倪俊明：《辛亥革命在廣東》（廣州：廣東教育出版社，2001）。

Pan, Guangzhe 潘光哲：〈詮釋「國父」：以羅香林的《國父家世源流考》為例〉，《香港中國近代史學報》，第三卷（2005年），頁57-76。

Qian, Shifu錢實甫：《清季重要職官年表》（北京：中華書局，1959）。

Qianziwen 《千字文》（南北朝時南朝梁國周興嗣編）。

Qiao, Jinghua喬菁華：〈拆掉國父遺跡〉香港《明報》，2004年10月9日。

Qiao, Jinghua喬菁華：〈六四吧關門〉，香港《明報》，2004年10月28日。

Qin Lishan 秦力山：為《孫中山》序，轉載於柴德賡等編：《中國近代史資料叢刊——辛亥革命》（上海：上海人民出版社，1981），第一冊，頁91。

Qiu, Jie邱捷：〈翠亨村孫中山故居文物的社會史解讀〉，《歷史人類學刊》，第四卷，第2期（2006年10月），頁71-98。

Qiu, Jie and Li Boxin 邱捷、李伯新：〈關於孫中山的祖籍問題——羅香林教授《國父家世源流考》辨誤〉，廣州《中山大學學報》（哲社版）1986年第6期。該文轉載於孫中山故居紀念館編：《孫中山的家世——資料與研究》（北京：中國大百科全書出版社，2001），頁439-463。

Qiyue Liuhuo 七月流火〔筆名〕：《孫中山和他的女人們》（香港：環宇出版社，2011）。

Rao, Zhanxiong and Huang Yanchang饒展雄、黃艷嫦：〈孫中山與香港瑣記〉，載中國人民政治協商會議廣東委員會文史資料研究委員會編：《廣東文史資料》，第58輯（廣州：廣東人民出版社，1988）。

Sang, Bing 桑兵:《孫中山的活動與思想》（廣州：中山大學出版社，2001）。

Sankichi, Yusui安井三吉，〈支那革命黨首領孫中山考〉，《近代》，57期（1981年12月），頁49-78。

Sanzijing 《三字經》（南宋王應麟編）。

Schiffrin, Harold Z. 史扶鄰著、邱權政、符致興譯：《孫中山與中國革命的起源》（北京：中國社會科學出版社，1981）。

Schiffrin, Harold Z. 史扶鄰：〈孫中山與英國〉，載《孫中山和他的時代》（北京：中華書局，1990），上冊，頁411-419。

Shang, Mingxuan 尚明軒：《孫中山傳》（北京：北京出版社，1981）。

Shang, Mingxuan 尚明軒：〈孫中山〉，載李新主編：《中華民國史·人物傳》，第五卷（北京：中華書局，2011），頁3351－3370。

Shang, Mingxuan et al. 尚明軒、王學莊、陳崧編：《孫中山生平事業追憶錄》（北京：人民出版社，1986）。

Shao, Yuanchong 邵元冲：〈總理學記〉，載尚明軒、王學莊、陳崧編：《孫中山生平事業追憶錄》（北京：人民出版社，1986），頁320—324。

Shaoguan 韶關文史委員會：《紀念孫中山誕辰120周年、北伐戰爭60周年專輯——韶關文史資料第8輯》（韶關：中國人民政治協商會議廣東韶關市委員會文史委員會，1986）。

She, Zhongli 射仲禮：〈族譜與宗族邊界〉，《廣西民族學院學報（哲學社會科學版）》，第二十四卷，第6期（2002年11月），頁40-44。

Shen Renfa and Luo Zhanhua 沈仁發、羅湛華：〈抗戰時期中共廣東省委、粵北省委在樂昌活動的史蹟〉，《樂昌黨史》，2009年，總第38期，頁58-61。

Shen, Weibin 沈渭濱：〈1894年孫中山謁見李鴻章一事的新資料〉，《辛亥革命史叢刊》，第一輯（北京：中華書局，1980），頁88-94。

Sheng, Yonghua, Zhao Wenfang and Zhang Lei 盛永華、趙文房、張磊合編：《孫中山與澳門》（北京：文物出版社，1991）。

Sheng, Yonghua 盛永華等：〈一個巨人在外開門戶和活動舞台——圖錄《孫中山與澳門》導言〉，《廣東社會科學》，1990年第2期。

Son, Qingling 宋慶齡：《為新中國奮鬥》（北京：人民出版社，1952）。

Song, Shuipei 宋水培等編：《漢語成語詞典》（成都：四川辭書出版社，2000）。

Song, Tan Xiuhong and Lin, Weidong 宋譚秀紅、林為棟：《興中會五傑》（臺北：僑聯出版社，1989）。

Su, Deyong 蘇德用：〈國父革命運動在檀島〉，《國父九十誕辰紀念論文集》（臺北：中華文化出版事業委員會，1955），第一冊，頁61-62。

Sun 湘、贛、粵、桂孫氏理事會編：《湘、贛、粵、桂孫氏族譜》（無出版社，1995）。孫燕謀先生家藏。

Sun, Man 孫滿編：《翠亨孫氏達成祖家譜》，轉載於孫中山故居紀念館編：《孫中山的家世：資料與研究》（北京：中國大百科全書出版社，2001），頁12-28。

Sun, Man 孫滿口述、祝秀俠筆記：〈恭述國父家世源流〉，載臺北《廣東文獻》第十二卷，第4期（1982年12月31日），頁30-33。

Sun, Shuxian 孫述憲：〈書評〉，香港《信報》，1991年9月7日。

Sun, Suifang 孫穗芳：《我的祖父孫中山》（北京：人民出版社，1996）。

Sun, Yanmou 孫燕謀等編纂：《香山縣左埗頭孫氏源流考》（無出版社，1994）。

Sun, Yanmou 孫燕謀等編纂：《湘、贛、粵、桂孫氏族譜》（無出版社，1995）。

Sun, Zhentao 孫甄陶：〈國父家族歷史尚待考證——讀羅著《國父家世源流考》存疑〉，臺北《傳記文學》，第三十八卷，3-4期（1981年）。後來孫甄陶又以〈讀羅著《國父傢是源流考》存疑〉為題把稿子投香港的《新亞學報》，第十四卷（1984年）。最後，該文收入孫中山故居紀念館編：《孫中山的家世：資料與研究》（北京：中國大百科全書出版社，2001）頁351-367。

Sun Zhongshan 孫中山：〈致鄭藻如書〉，載《孫中山全集》，第一卷（北京：中華書局，1981），頁1-3。

Sun Zhongshan 孫中山：〈農功〉，載《孫中山全集》，第一卷（北京：中華書局，1981），頁3-6。

Sun Zhongshan 孫中山：〈揭本生息贈藥單〉，載《孫中山全集》，第一卷（北京：中華書局，1981），頁6-7。

Sun Zhongshan 孫中山：〈上李鴻章書〉，原載上海《萬國公報》，1894年第69、70期，轉載於《孫中山全集》，第一卷（北京：中華書局，1981），頁8-18。

Sun Zhongshan 孫中山：〈擬創立農學會書〉，載《孫中山全集》，第一卷（北京：中華書局，1981），頁24-26。

Sun Zhongshan 孫中山：〈覆翟理斯函〉，載《孫中山全集》，第一卷（北京：中華書局，1981），頁46-48。

Sun Zhongshan 孫中山：《倫敦被難記》（漢語譯本），轉載於《孫中山全集》，第一卷（北京：中華書局，1981），頁49-86。

Sun Zhongshan 孫中山：〈三民主義與中國民族之前途——在東京《民報》創刊周年慶祝大會的演説〉，載《國父全集》，第三冊（臺北：近代中國出版社，1989），頁8-16；《孫中山全集》，第一卷（北京：中華書局，1981），頁323-331。

Sun Zhongshan 孫中山：〈在廣州嶺南學堂的演説〉，載《孫中山全集》，第二卷（北京：中華書局，1982），頁359-360。

Sun Zhongshan 孫中山：〈批楊鶴齡函〉，載《孫中山全集》，第五卷（北京：中華書局，1985），頁205。

Sun Zhongshan 孫中山：〈建國方略：孫文學説，第八章：「有志竟成」〉，《國父全集》，第一冊（臺北：近代中國出版社，1989），頁409-422；《孫中山全集》，第六卷（北京：中華書局，1985），頁228-246。

Sun Zhongshan 孫中山：〈革命思想之產生：1923年2月20日在香港大學演講〉，載《國父全集》，第三冊（臺北：近代中國出版社，1989），頁323-325；《孫中山全集》，第七卷（北京：中華書局，1985），頁115-117。

Sun Zhongshan 孫中山：〈民權主義第二講〉，載《國父全集》，第一冊（臺北：近代中國出版社，1989），頁67-76；《孫中山全集》，第九卷（北京：中華書局，1986），頁271-283。

Sun Zhongshan 孫中山：〈民權主義第三講〉，載《國父全集》，第一冊（臺北：近代中國出版社，1989），頁76-88；《孫中山全集》，第九卷（北京：中華書局，1986），頁283-299。

Sun Zhongshan 孫中山：〈民權主義第五講〉，載《國父全集》，第一冊（臺北：近代中國出版社，1989），頁99-113；《孫中山全集》，第九卷（北京：中華書局，1986），頁314-333。

Sun Zhongshan 孫中山：〈民權主義第六講〉，載《國父全集》，第一冊（臺北：近代中國出版社，1989），頁113-128；《孫中山全集》，第九卷（北京：中華書局，1986），頁334-355。

Sun Zhongshan 孫中山：〈革命尚未成功，同志仍須努力〉，1923年10月10日，此聯為孫中山1923年10月10日-16日在廣州舉行的「中國國民黨黨員懇親大會」所作的題詞，後收錄在《中國國民黨懇親大會紀事錄》（廣州，1924），頁333。有關考證，見余齊昭：《孫中山文史圖片考釋》（廣州：廣東省地圖出版社，1999），頁222-224。

Sun Zhongshan 孫中山：《國父全集》，第一至十二冊（臺北：近代中國出版社，1989）。

Sun Zhongshan 孫中山：《孫中山全集》，第一至十一卷（北京：中華書局，1981-1986）。

Sun Zhongshan 孫中山：《孫中山藏檔選編》（北京：中華書局，1986）。

Sun Zhongshan 孫中山：《孫中山集外集》（上海：上海人民出版社，1990）。

Sun Zhongshan 孫中山博士醫學院籌備會編：《總理業醫生活史》（廣州：無日期）。

Sun Zhongshan guju jinianguan 孫中山故居紀念館編：《中國民主革命的偉大先驅孫中山》（北京：中國大百科全書出版社，2001）。

Sun Zhongshan guju jinianguan 孫中山故居紀念館編：《孫中山的親屬與後裔》（北京：中國大百科全書出版社，2001）。

Sun Zhongshan guju jinianguan 孫中山故居紀念館編：《孫中山的家世》（北京：中國大百科全書出版社，2001。

Tan Shan Huaqiao 檀山華僑編印社編：《檀山華僑》（火奴魯魯：檀山華僑編印社，1929）。

Tang, Yilian 唐益連：〈孫中山與好友唐雄生平補遺〉，《珠海文史》，第五輯（珠海：中國人民政治協商會議珠海市委員會文史資料研究委員會，1987），頁39-41。

Wan, Fu 王斧：〈總理故鄉史料徵集記〉，《建國月刊》，第五卷第1期，1931年出版，轉載於孫中山故居紀念館編：《孫中山的家世：資料與研究》（北京：中國大百科全書出版社，2001），頁113-119。

Wang, Dezhao 王德昭：《從改革到革命》（北京：中華書局，1987）。

Wang, Dezhao 王德昭：《孫中山政治思想研究》（香港：商務印書館，2011）。

Wang, Jingwei 汪精衛：〈孫先生逸事〉，《嶺東民國日報》，1925年11月18日，轉載於《國父年譜》（臺北：國民黨黨史會出版，1994），上冊，頁39，1884年條。

Wang, Lixin 王立新：《美國傳教士與晚清中國現代化》（天津：天津人民出版社，1997）。

Wang, Lixin 王立新：《基督教教育與中國知識份子》（福州：福建教育出版社，1998）。

Wang, Xiaoqiu 王曉秋：〈評康有為的三部外國變政考〉，《北方評論》（哈爾濱師範大學學報），1984年第6期。

Wang, Xing-rui 王興瑞：〈清朝輔仁文社與革命運動的關係〉，《史學雜誌》（重慶），1945年12月，第1期第1號。

Wang, Yunchang 王允昌：《孫中山與澳門》（台北：御書房，2011）

Wang, Zhixin 王誌信編著：《道濟會堂史——中國第一家自立教會》（香港：基督教文藝出版社，1986）。

Wei, Cheng 韋成編：《翠薇村史簡介》（2002年手稿），翠微村委員會藏。

Wei, Jixin 韋基舜：〈孫中山面見李鴻章？〉，香港《明報》，2004年11月5日，第D06版。

Wei, Jixin 韋基舜：〈事實與真相：回應古物古跡辦事處執行秘書吳志華先生及高添強先生〉，香港《信報》，2004年11月29日，第27版。

Wei, Qingyuan 韋慶遠：〈清初的禁海、遷界與澳門〉，載趙春晨、何大進、冷東主編：《中西文化交流與嶺南社會變遷》（北京：中國社會科學出版社，2004），頁345-370。

Wei, Qingyuan, et al. 韋慶遠、吳奇衍、魯素編著：《清代奴婢制度》（北京：人民大學出版社，1982）。

Wu Peijuan et al. 吳培娟等編：《鏡湖醫院慈善會創辦130周年紀念特刊》（澳門：鏡湖醫院慈善會，2001）。

Wu, Jianjie 吳劍杰等著：《孫中山及其思想》（武漢：武漢大學出版社，2001）。

Wu, Lun Nixia 吳倫霓霞：〈孫中山早期革命運動與香港〉，《孫中山研究論叢》，第三集（廣州：中山大學出版社，1985），頁67-78。

Wu, Lun Nixia 吳倫霓霞：〈孫中山先生在香港所受教育與其革命思想之形成〉，香港《珠海學報》，第15期（1985年），頁383-392。

Wu, Lun Nixia 吳倫霓霞：〈興中會前期（1894-1900）孫中山革命運動與香港關係〉，載《孫中山和他的時代》（北京：中華書局，1990），中冊，頁902-928。

Wu, Lun Nixia 吳倫霓霞：〈興中會前期（1894-1900）孫中山革命運動與香港的關係〉，《中央研究院近代史研究所集刊》（臺北：1990），第19期，頁215-234。

Wu, Lun Nixia 吳倫倪霞等編：《孫中山在港澳與海外活動史蹟》（香港：聯合書院，1986）。

Wu, Renhua and Zeng Jihong 吳任華編纂、曾霽虹審閱：《孫哲生先生年譜》（臺北：孫哲生先生學術基金會，1990）。

Wu, Xiangxiang 吳相湘：《孫逸仙先生傳》（臺北：遠東圖書公司，1982）。

Wu, Xiaohong 吳曉紅：〈陸皓東：為共和革命而犧牲者之第一人（6）〉，2011年1月26日，《中國共產黨新聞網》，http://dangshi.people.com.cn/BIG5/85038/13820335.html，viewed 7 June 2011.

Wu, Zhihua 吳志華：〈認清楚歷史、搞清楚事實：有關中區警署古蹟的種種回應〉，香港《明報》，2004年11月12日，第D08版。

Wu, Jingheng 吳敬恆述、楊成柏編：《國父年系及行誼》（臺北：帕米爾書店，1952）。

Xia, Liangcai 夏良才：〈論孫中山與亨利‧喬治〉，載《孫中山和他的時代》（北京：中華書局，1989），中冊，頁1462-1481。

Xia, Dongyuan 夏東元：《盛宣懷傳》（成都：四川人民出版社，1988）

Xia, Dongyuan 夏東元：《鄭觀應傳》（上海：華東師範大學出版社，1981）。

Xianggang 香港建築師學會問卷，題為〈保育中區古跡群公眾意見調查〉，2004年9月14日發行。

Xiangshan xianzhi（1547）〔嘉靖〕《香山縣誌》，八卷，（明）黃佐纂修，〔出版地不詳〕，〔出版者不詳〕，嘉靖26〔1547〕丁未；四冊；16開〔複印本，中山市圖書館藏，編號K296.54\4424〕。

Xiangshan xianzhi（1633）〔康熙〕《香山縣誌》，又名，申誌，十卷，（清）良翰纂修；歐陽羽文編輯，〔出版地不詳〕，〔出版者不詳〕，康熙12〔1633〕癸丑；五冊；8開〔複印本，中山市圖書館藏，編號K296.54\5034〕。

Xiangshan xianzhi（1750）〔乾隆〕《香山縣誌》，又名，暴誌，十卷，首一卷，（清）暴煜修；李單揆，陳書撰，〔出版地不詳〕，〔出版者不詳〕，乾隆十五年〔1750〕庚午；七冊；16開〔印刷品原件，有蟲蛀，未修復；中山市檔案館藏，編號A/d.1/10〕。此書收入故宮博物院編：《廣東府州縣志：第十三冊、（乾隆）香山縣志》，故宮珍本叢刊第178冊；其中頁305-451（海口：海南出版社，2001）〔廣州市中山大學圖書館藏，編號Z121.7/20/178-180; A1575841〕。

Xiangshan xianzhi（1827）〔道光〕《香山縣誌》，又名，祝誌，八卷，（清）祝淮主修；黃培芳纂，〔出版地不詳〕，〔出版者不詳〕，道光七年〔1827〕丁亥；二冊；8開〔印刷品原件，有蟲蛀，已修復；中山市檔案館藏，編號A/d.1/25〕。

Xiangshan xianzhi（1879）〔光緒〕《香山縣誌》，又名，光緒志，二十二卷，（清）田明曜修；陳澧等纂，〔出版地不詳〕，〔出版者不詳〕，光緒五年〔1879〕已卯；十二冊；16開〔中山市圖書館藏，編號K296.54\6066〕。此書收入《續修四庫全書》（上海：古籍出版社，1995），第713冊，頁42-533〔中山大學圖書館藏，編號121.7/4/713〕。

Xiangshan xianzhi（1912）《香山縣鄉土誌》，四冊，無名氏纂修，無出版年份（c.1912）（中山市地方志編輯委員會，1988年7月影印出版）〔廣州市中山大學圖書館藏，編號 K296.53/96-3〕。

Xiangshan xianzhi（1923）〔宣統〕《香山縣誌續編》，又名，民國志，又名屬志，十六卷，（清）屬式金主修；汪文炳、張丕基總纂，〔出版地不詳〕，〔出版者不詳〕，民國十二年〔1923〕癸亥；六冊；16開〔線裝，中山市圖書館藏，編號

K296.54\7148〕。廣州市省立中山圖書館（編號K/25/8/[2]）及中山市檔案館（編號d1/38－43）均藏有該書線裝原本。但是，臺灣成文出版社在1967年印行《中國方志叢書》並把該書作為第111號而影印發行時，卻作了如下描述：「據張仲弼（修），民國九年刊本影印」。這種描述，既把張仲弼代替了厲式金，又把原出版年份推前到民國九年即1920年，為何如此？按張丕基又名張張仲弼，看該書之跋可知。又厲式金為該書寫了序下款所署年份是庚申〔即1920年〕。此外，厲式金在其序中說：「予方再知邑事，迺請張君獨任之」。這些蛛絲馬跡，均可以解釋為何成文出版社做出如此誤導的說明。廣州市中山大學圖書館被誤導了，結果在目錄上做了如下描述：「《香山縣誌續編》，張仲弼修。（1920年刊本，臺灣成文影印本，1967）。編號K29-51/5/1:111; A1431555」。

Xiangshan xianzhi 《重修香山縣誌》（雍正內府刻本），收入故宮博物院編：《廣東府州縣志：香山縣志》，故宮珍本叢刊第178冊：其中頁305-451（海南出版社，2001）〔廣州市中山大學圖書館藏，編號Z121.7/20/178-180; A1575841〕。

Xiangshan xianzhi 《香山縣誌續編》，張仲弼修（1920年刊本，臺灣成文影印本，1967）〔廣州市中山大學圖書館藏，編號 K29-51/5/1:111; A1431555〕。

Xie, Chongguang 謝重光：〈羅香林先生客家研究的貢獻與局限〉，載嘉應學院客家研究所編：《客家研究輯刊》，2007年第2期（總第31期），頁80-85。

Xie, Rev Liming et al. 謝禮明總編輯：《澳門浸信教會立會九十五周年紀念特刊，1904-1999》（澳門：澳門浸信教會，1999）。

Xin, Ying Han cidian bianxiezu 新英漢辭典編寫組：《新英漢辭典》，增訂本（香港：三聯書店，1975）。

Xu, Zhiwei 許智偉：〈國父孫逸仙博士之教育思想及其在香港所受教育之影響〉，載《孫中山先生與辛亥革命》（民國史研究叢書）（臺北：1981），上冊，頁315-330。

Xue, Zhongsan and Ouyang Yi 薛仲三、歐陽頤合編：《兩千年中西曆對照表》（上海：商務印書館，1961）。

Yakou 崖口村檔案室編：《崖口村資料彙編》（石岐：中山市圖片社，2007）。

Yang, Bafan and Yang Xingan 楊拔凡、楊興安合著：《楊衢雲家傳》（香港：新天出版社，2010）。

Yang, Huifen 楊惠芬：〈舊書函揭孫中山有妾侍〉，《星島日報》，2002年9月14日。

Yang, Shuisheng and Liu Shuyong 楊水生、劉蜀永編：《揭開淇澳歷史之謎——1933年淇澳居民反侵略鬥爭研究文集》（北京：中央文獻出版社，2002）。

Ye, Xiasheng 葉夏聲：《國父民初革命紀略》（廣州：孫總理侍衛同志社，1948）。

Yijing 《周易》，載《十三經》（廣州：廣東教育出版社，1995）。

Yijing《易經》。

Yongkou 涌口村誌編纂領導小組編：《涌口村誌》（珠海：信印印務廣告中心，2006）。

You, Zengjiali (Yau Tsang, Ka-lai, Carrie) 尤曾家麗：〈尤列與辛亥革命〉（香港：香港大學碩士論文，2009年8月），http://hdl.handle.net/10722/56579。

Yu, Qizhao 余齊昭：《孫中山文史圖片考釋》（廣州：廣東省地圖出版社，1999）。

Yu, Geng 裕庚：〈出使日本大臣裕庚奏報到任呈遞國書日期摺〉，1895年9月1日，載《清光緒朝中日交涉史料》（北平：故宮博物院，1932），第四十八卷，頁4-5。

Yuan, Honglin 袁鴻林：〈興中會時期的孫楊兩派〉，載《紀念辛亥革命七十周年青年學術討論會論文選》（北京：中華書局，1983），上冊，頁1-22。

Zeng, Zhaoxuan 曾昭璇、曾憲珊合著：《宋代珠璣巷遷民與珠江三角洲農業發展》〔南雄珠璣巷叢書之三〕（廣州：暨南大學出版社，1995）。

Zeng, Zhaoxuan 曾昭璇、曾憲緯、張永釗、曾憲珊編著：《珠璣巷人遷遷移路線研究》（廣州：暨南大學出版社，1995）。

Zhang, Guoxiong 張國雄等編：《老房子：開平碉樓與民居》（南京：江蘇美術出版社，2002）。

Zhang, Jiawei 張家偉：《香港六七暴動內情》（香港：太平洋世紀出版社，2000）。

Zhang, Lei, *et al.* 張磊、盛永華、霍啟昌合編：《澳門：孫逸仙的外向門戶和社會舞台》；英文書名是 *Macau: Sun Yat-sen's gateway to the world and stage to society*；葡文的書名是 *Macau: Portal e palco por onde Sun Yat Sen ganhou acesso ao mundo*（澳門：版權頁上沒有注明出版社，1996）。

Zhang, Xiaochuan 張笑川：〈潘光旦家譜學研究〉，《蘇州科技學院學報（社會科學版）》，第23卷，第2期，頁105-109。

Zhang, Yongfu 張永福：〈孫先生起居注〉，載尚明軒、王學莊、陳崧編：《孫中山生平事業追憶錄》（北京：人民出版社，1986），頁820-823。

Zhang, Yongmei 〔張〕詠梅、鄒佩叢：〈孫中山怎麼成了客家人？他後代好像沒有……〉，http://tieba.baidu.com/f?kz=192702217, accessed on Sunday 8 June 2008.

Zhang, Yufa 張玉法：《清季的革命團體》（臺北：中央研究院近代史研究所，1975）。

Zhang, Yufa 張玉法：〈譯介孫逸仙博士幾篇英文傳記資料〉，載李雲漢編：《研究孫中山先生的史料與史學》（臺北：中華民國史料研究中心，1975）。

Zhang, Zhongzheng 張忠正：《孫中山博士與美國》（臺北：文揚工坊製作中心，2004）。

Zhao, Lingyang 趙令揚：〈香港史學家羅香林教授傳〉，載馬楚堅、楊小燕主編：《羅香林教授與香港史學：逝世二十周年紀念論文集》（香港：羅香林教授逝世二十周年紀學術研討會籌備委員會，2006），頁10-15。

Zheng, Zhao 鄭照：〈孫中山先生逸事〉，載尚明軒、王學莊、陳崧編：《孫中山生平事業追憶錄》（北京：人民出版社，1986），頁516-520。

Zheng, Ziyu 鄭子瑜：〈孫中山先生老同學江英華醫師訪問記〉，附錄於鄭子瑜：〈一頁開國史料——記中山先生指示江英華密謀在穗發難書〉，臺北《近代中國》，第61期（1987年10月31日出版），頁110-114。該〈訪問記〉原以〈總理老同學江英華醫師訪問記〉之標題載孟加錫《華僑日報》1940年1月26日。

Zhong, Gongyu 鍾工宇：〈我的老友孫中山先生〉（中譯本），載尚明軒、王學莊、陳崧編：《孫中山生平事業追憶錄》（北京：人民出版社，1986），頁726。

Zhong, Huixiang 鍾徽祥：〈孫中山先生與香港——訪吳倫霓霞博士〉，《人民日報（海外版）》，1986年11月5日。

Zhong, Rengong 鍾公任：〈採訪總理幼年事蹟初次報告〉〔1931年4月26日〕，原件藏臺北中國國民黨中央黨史館，轉載於孫中山故居紀念館編：《孫中山的家世：資料與研究》（北京：中國大百科全書出版社，2001），頁120-124。

Zhongguo nongmin zhanzhengshi yanjiu jikan 《中國農民戰爭史研究集刊》（上海：上海人民出版社，1981）。

Zhongguo shehui kexueyuan 中國社會科學院近代史研究所編：《紀念五四運動六十周年學術討論會論文集》，一套三冊（北京：中國社會科學出版社，1980）。

Zhonghua Jidujiaohui 《中華基督教會公理堂慶祝辛亥革命七十周年特刊》（香港：中華基督教會公理堂，1981）。

Zhongshan shi 中山市地方志編纂委員會辦公室：《香山縣鄉土志》卷十四，1988年按複印本影印出版。

Zhongshan shi 中山市文化局編：《中山市文物志》（廣州：廣東人民出版社，1999）。

Zhongshan shi中山市地方志編纂委員會編：《中山市志》，上冊（廣州：廣東人民出版社，1997）。

Zhongshan dizhidui中山地質隊編：《中山縣礦產志》，1960。

Zhongshanshi Sun Zhongshan yanjiuhui 中山市孫中山研究會編：《孫中山與香山相關人物集》（香港：天馬圖書有限公司，2004）。

Zhongyangshe中央社特稿：〈萬世風範的國父〉，臺北《新生報》，1965年11月11日。

Zhou, Jianxin 周建新：〈深化客家研究的再思考：從羅香林及其《客家研究導論》談起〉，載嘉應學院客家研究所編：《客家研究輯刊》，2007年第2期（總第31期），頁130-134及138。

Zhu Yuchao and Wei Shengge 朱裕超、魏生革：〈長纓在手縛蒼龍、敢叫日月換新天——寫在樂昌峽水利樞紐工程大江截流之際〉，《樂昌黨史》，2009年（總第38期），頁56-57及61。

Zhuang, Zheng 莊政：：《國父革命與洪門會當》（臺北：正中書局，1980）。

Zhuang, Zheng 莊政：《孫中山的大學生涯》（臺北：中央日報出版社，1995）。

Zhuhaishi 中國人民政治協商會議珠海市委員會文史資料研究委員會編：《珠海文史》，第五輯（珠海：中國人民政治協商會議珠海市委員會文史資料研究委員會，1987）。

Zijin 《紫金各界人士紀念孫中山誕辰一百二十周年會刊》（1986年12月編印）。

Zou, Lu 鄒魯：《乙未廣州之役》，轉載於《辛亥革命》，第一冊，頁232-234。

Zou, Peicong 鄒佩叢：《孫中山家族源流考》，中山文史第57輯（中山：政協廣東省中山委員會文史資料委員會，2005）。

Zou, Peicong 鄒佩叢：〈南荫地區族譜證明羅香林所謂「香山縣東部遷界、復界説」並非事實〉，載鄒佩叢編著：《孫中山家世研究與辨析》（太原：山西人民出版社，2008）。

Zou, Peicong 鄒佩叢：〈部分黨史會成員對羅著的反應〉，載鄒佩叢編著：《孫中山家世研究與辨析》（太原：山西人民出版社，2008），頁239-240。

Zou, Peicong 鄒佩叢編著：《孫中山家世研究與辨析》（太原：山西人民出版社，2008）。

Zou, Peicong 鄒佩叢、張詠梅：〈民國元年孫中山與親人的左埗之行〉（Sun Yatsen's visit to back to his ancestral village Zuo Butou in 1912), http://www.minge.gov.cn/chinese/pplrevo/unitedzine/18594.htm，accessed on Sunday 8 June 2008。

Zuo, Dingshan 左丁山：〈保留古跡〉，香港《蘋果日報》，2004年9月25日，第E6版。

謝　辭

一、鳴謝讀稿學人

本書部分書稿，曾蒙香港大學前校長王賡武先生、悉尼友好林碩彥先生、廣州市中山大學人類學系黃淑娉先生和歷史學系古代史專家胡守為先生、香港出版界前輩蕭滋先生等提出珍貴意見。

香港中華書局黎耀強編審，多年來盛意拳拳約稿的誠意，感人肺腑。拙著之能趕上辛亥革命一百周年之際出版，很大程度是黎耀強先生真誠待人的結果。他為本書所付出的辛勤勞動，諸如耐心細緻地讀稿，提供恰當的修改建議，小心翼翼地編輯以及製圖、設計、排版、印刷與釘裝等，皆盡心盡力，令人肅然起敬。為了趕時間，黎耀強先生收到本書初稿就開始排版了，此後筆者還不斷地修改、訂正與補充，黎先生皆以驚人的耐心與最大的寬容處理，筆者畢生感激。尤幸雙方有共同語言：精益求精。後來時間實在緊迫，黎耀強先生邀請林立偉先生協助編輯工作；林立偉先生臨危受命，至以為感。

本書部分章節初稿曾承《九州學林》出版，以期拋磚引玉；該刊編輯、香港城市大學范家偉博士曾為諸拙文之付出，至今感激。北京大學歷史系譚皓同學，臺灣中央研究院近代史研究所陳三井前所長、呂芳上前所長，民族研究所黃樹民所長；香港培僑中學校長招祥麒博士等，先後為拙稿部分章節校對文字。至於在研究過程中曾提供具體幫助的友好，則在本文個別地方鳴謝。由於提到的人名太多，教授、先生、大人、小姐等稱呼，此後一概省略（特殊情況除外），敬請讀者諒解。

二、鳴謝大陸友好

廣東友協謝廷光前祕書長及廣東省人民政府外事辦公室的區少武副巡視員，曾先後指示其同仁為筆者聯繫廣東省內筆者必須前往實地調查的地方諸如東莞的太平鎮上沙鄉和茶山鎮圓頭山鄉孫家村，以便筆者在2008年12月19日順利成行。又派員陪筆者在2007年7月11日前往翠亨村實地調查，在2009年4月14日再

度派員陪筆者前往東莞縣城、虎門要塞等地考察。區少武先生更親自陪筆者在2007年12月26日於廣州老城考察孫中山1894至1895年行醫的雙門底聖教書樓和西關以及1895年廣州起義據點之一的鹹蝦欄；又在2008年2月10至11日陪筆者專程前往南雄珠璣巷和梅關古道進行實地考察孫中山的遠祖南移路線和可能在粵北停留過的地方，以及安排筆者在同年12月再往考察及往樂昌縣抗戰時期中山大學的臨時校址。區少武副巡視員是有心人，蒐集了一幅1895年廣州起義後不久由外國人繪成的地圖，無私地借予筆者研究並在本書製圖，造福學林，功德無量。

廣東省檔案局張平安副局長，為筆者聯繫廣東省內筆者必須前往實地調查的地方，諸如紫金縣城與該縣境內各有關地方諸如忠壩鎮的孫屋排，以及上義、塘凹等地，以便筆者在2008年1月8至9日順利成行。又派員陪筆者在2006年4月6日前往花都地區調查泥磚屋和該地客家人生活的情況。更親自陪筆者在2002年5月專程往東莞考察，2004年2月19日親自陪筆者專程前往中山市翠亨村孫中山故居紀念館做學術交流、翌日經新會前往開平市考察僑鄉碉樓。至於開放廣東省檔案館內所有有關檔案予筆者鑽研，以及為筆者聯繫同行諸如中山市檔案局的高小兵局長、澳門歷史檔案館的Marie Imelda MacLeod（漢語譯作張芳瑋）代館長等，不在話下。2009年7月16日，還為筆者致長途電話予紫金縣檔案局龔火生局長，協助筆者申請《紫金各界人士紀念孫中山誕辰一百二十周年會刊》（1986年12月編印）全文複印，以便筆者為第二章做最後定稿。

翠亨村孫中山故居紀念館蕭潤君館長，自從2004年2月19日承廣東省檔案局張平安副局長親自介紹筆者與其認識，以及2004年3月4日廣州市中山大學邱捷教授親自帶筆者往翠亨村與其加深認識後，就熱情關懷筆者對孫中山的童年的研究。該館所藏全部有關檔案，都為筆者開放。甚至那些國家一級文物諸如翠亨孫氏《列祖生歿紀念部〔簿〕》等原件，都破例讓筆者帶上手套親自觀摩鑒定。此外，從2006年3月4日到2009年2月18日這接近三年的時間裏，筆者頻頻跑翠亨村做實地調查，蕭潤君館長都熱情接待，派車接送派人陪同。他指示其同仁：不單陪同筆者在翠谷之內的大小村落諸如石門九堡、逕仔蓢、竹頭園等追尋各種族譜與口碑，還攙扶筆者攀爬高低山脈諸如五桂山、犁頭尖山的竹高龍與皇帝田、譚家山的豬肝吊膽、後門坑的蝴蝶地與何氏坳、金檳榔山、黃草岡、馬了郎等勘探墓碑。更指示其同仁陪伴筆者前往翠谷以東的崖口村（孫母楊氏之娘家），以

北的南蓢墟（孫師程植生寓所）與左埗頭村和涌口村（孫近祖停留過的地方），以西的三鄉（孫中山曾在路上智擒拐匪），以南的外沙鄉（孫妻盧慕貞之娘家）、淇澳島（孫中山童年隨外祖父往採生蠔）、翠薇鄉（廣州起義失敗後清兵趕往抓孫中山的的地方）以及外伶仃島。甚至派車派人陪同筆者跨過虎門大橋越境前往東莞的上沙鄉與圓頭山孫家村；陪同筆者出境去澳門。為什麼去澳門？因為筆者曾聽過有人言之鑿鑿地說，孫中山的祖籍在澳門：理由是他爸爸孫達成曾往澳門謀生，娶了一名葡婦為妻，孫中山是混血兒。筆者不能姑妄聽之，必須前往實地調查，當然結果證實又是一樁「查無實據」的案子。

　　「孫中山的祖籍在澳門」、「孫中山在澳門行醫為名革命為實」等懸案，亦是有幸得到摯友熱情幫忙才能破解。為了查明此案，筆者首先到澳門歷史檔案館查閱原始檔案。承該館Marie Imelda MacLeod（張芳瑋）代館長、熟悉葡萄牙文的閱覽室職務主管朱偉成先生等熱情幫助，事半功倍，證實皆「查無實據」。於是筆者改變策略，進行實地調查與廣集口碑。首先是確定1892至1893年間，孫中山在澳門行醫時期所出沒各地標諸如鏡湖醫院、草堆街中西藥局、議事亭前地仁慈堂右鄰寫字樓等地方的具體位置，並進行地毯式的搜索，及採訪知情人士諸如草堆街東興金舖老闆熊永華賢伉儷與澳門仁慈堂博物館鄭志魂先生。《澳門日報》陳樹榮前副總編輯亦兩次陪筆者實地調查。若孫中山果真是土生葡人而在香港醫科畢業後回到澳門藉行醫從事革命，即使沒有文獻記載，也總該有口碑吧？結果連口碑也沒有。最後，筆者決定遍查《澳門日報》所刊登的有關掌故，因為該報是澳門所有報章之中，報道有關掌故最多的。但幾十年的《澳門日報》，浩瀚如海，從何着手？當時筆者長期旅居廣州市中山大學紫荊園專家樓，有長途車直達邊檢出境到澳門，很方便。唯天天跑澳門，實在不是辦法。於是懇請香港出版界的前輩蕭滋先生想辦法，蕭滋先生介紹筆者予曾任《澳門日報》副總編輯的黃天先生。黃天先生轉求《澳門日報》李鵬翥社長和陸波總編輯，並得到他們大力支持。經普查，結果又是「查無實據」。準此，可了下結論說，上述兩宗懸案，皆屬子虛烏有。澳門回歸前後，不少澳門人拼命爭奪孫中山這面牌子（見本書第七章）。看來有些澳門人甚至不惜把孫中山的的祖籍、在香港談革命、在廣州幹革命等等也爭過去。

　　紫金縣人民政府暨紫金縣檔案局接到廣東省檔案局的摯誠推薦後，熱烈歡迎筆者在2008年1月8至9日前往做檔案鑽研和實地調查。除了把館藏有關文獻諸如

忠壩孫屋排《孫氏族譜》等全部預先調出來讓筆者鑽研以外，該縣檔案局龔火生局長更親自陪筆者前往忠壩地區考察孫屋排、孫氏在忠壩的開基始祖友松公、始祖婆駱氏孺人以及其他有關墓碑，視察地望。更承黃必騰董事長，以同宗之誼，盛宴接待，讓筆者在席上有機會悠閒細緻地了解當地客家風土人情，廣集口碑。鍾振宇副縣長又特別從河源市趕回紫金縣城相會。後來筆者在回程時被紫金一批待業青年開無牌汽車從後硬碰企圖勒索，又得鍾振宇副縣長及龔火生局長及時趕到解圍。紫金當局似乎不斷地暗中保護筆者，照顧之周，可謂無微不至。

韶關市人民政府前副秘書長李元林、南雄市王榮光常務副市長、南雄珠璣巷人南遷後裔聯誼會衷玉華秘書長、廣州市省立中山圖書館倪俊明副館長，他們都支持筆者在廣東的實地調查與檔案鑽研。

三、鳴謝海外友好

2002年12月15日星期六，筆者飛香港，開始蒐集中山先生在香港的有關資料。承母校香港大學當時的副校長程介明教授特許，讓該校檔案部的何太太把香港西醫書院董事局和學術委員會的會議記錄打字稿副本外借予筆者帶回澳洲使用。又承當時歷史系主任陳劉潔貞教授鼎力幫忙，為筆者提供各類有關刊物的複印件並代為寄往澳洲，讓筆者在幾天之內，完成了一般來說需要幾個月才能辦到的事情。兩位學長對筆者的特殊照顧，有如及時雨。

同時，承香港大學建築系龍炳頤教授介紹，俾筆者能兩度親訪銅鑼灣禮頓道119號（Corner of Leighton Road and Pennington Street, Causeway Bay, Hong Kong）中華基督教會公理堂（Congregational Church）的陳志堅牧師，蓋該堂藏有孫中山在香港洗禮入耶教的記錄。有謝陳志堅牧師賜予該堂印刷品，其中複印了孫中山洗禮記錄。唯未獲睹真跡，為憾。又訪基督教合一堂（原名道濟會堂）堂主任余英嶽牧師。孫中山在香港唸中學和西醫書院期間，與道濟會堂主牧王煜初牧師和該堂教友關係密切。筆者原希望從該堂記錄中了解到一些情況，可惜未獲睹任何原始文獻。

從香港轉飛廣州，聖誕節就一如既往地在廣東省檔案館中、通過微弱的燈光凝視粵海關檔案的第三代縮微膠卷。新年過後再轉飛倫敦，農曆新年也如過去一樣在英國國家檔案館中渡過。後來又轉往倫敦大學亞非學院（School of Oriental and African Studies）的倫敦傳道會（London Missionary Society）閱覽檔案。蓋香港道濟會堂的教眾皆該會的華人教友也。承該檔案部主任茹施瑪麗・斯頓女士（Mrs Rosemary Seton）多方幫助，節省了不少時間。倫敦大學的另一個機構——瓦刊醫學史圖書館（Wellcome Institute Library for the History and Understanding of Medicine）藏有孫中山在西醫書院考試的親筆答卷和康德黎醫生的手稿與打字稿，亦一併抄錄或複印。大英圖書館東方部主任吳芳思博士（Dr Frances Wood）多方幫忙，至以為感。接着到劍橋大學看皇家聯邦圖書館（Royal Commonwealth Society Library, Cambridge）所藏有關香港西醫書院的檔案，承該館主任特別關照，把筆者需要的東西提前複印，省了不少時間。

　　2003年1月31日又從英國回到廣州看有關檔案。翌日，中國政府即首次宣佈沙士疫情。筆者大有「十面埋伏」之慨。筆者的飛機票是定了2003年2月28日才飛回悉尼，必須當機立斷：坐以待斃還是丟盔棄甲地趕快逃回澳洲？最後深感從天涯海角的澳洲飛往北半球的檔案館一次就很不容易，應該珍惜這難得的研究機會，於是決定留下來，天天仍然跑廣東省檔案館，爭分奪秒般研究。承該館張平安副館長特殊照顧，午休兩小時閉館期間，首先是差人為筆者往飯堂打飯，在隆冬時份能聞到香噴噴的熱飯，比起筆者在英國國家檔案館時吃自備的冷飯和冰冷水龍喉的水，對比太大了。草草吃過午飯，張平安副館長又藉我疊床，稍事休息，才花了一個小時，起來繼續奮戰。按規定讀者不能在沒有該館工作人員視察下看檔案，於是張平安副館長又安排工作人員輪番特別為筆者值班。深情厚意，畢生感激。此後多年，筆者每次到該館科研，張平安副館長都如此安排。若無這種特殊照顧，本書也無望趕上辛亥革命一百周年出版。

　　在華在英期間，堅持在晚上寫作，惜進度有如蝸牛爬行。原因之一，是筆者只懂得用電腦漢語拼音的輸入法：首先打入一個由一組英文字母組成的聲音，熒幕屏上即出現九個漢字。若其中有筆者所須的漢字，則上上大吉。若沒有，則把小老鼠移往九個漢字末端的箭頭上一按，熒幕屏上再出現九個漢字，若其中包括有筆者所需的漢字，則上吉。若仍沒有，則必須重新操作。當三番四次操作而仍未找到所需漢字時，眼睛已快掉下來了！匆忙間出現同音異字的情況極多，改不勝改，大大拖慢撰寫速度。另一個原因，是筆者當時用以寫作的是美國微軟公司設計的英語系統，只是上面附加美式的漢語輸入法而已。該美式的漢語輸入法，所用詞彙充滿美國的價值觀。當筆者用聯想方法輸入詞組之如「故事」的漢語拼

音詞組時，熒幕屏上總是出現「股市」等字樣；當筆者輸入「藉機」的漢語拼音詞組時，熒幕屏上肯定出現「劫機」等字樣，有力地體現了美國人在九一一事件之後的神經質；輸入「鑑於」的漢語拼音詞組時，熒幕屏上老是出現「監獄」等字樣。這種由金錢、暴力、神經質與地獄所組成的詞組以及其所代表的價值觀，不斷地互相糾纏不清，絲毫沒有筆者夢寐以求的那種具古雅之風的漢語，反而徒增筆者的寫作困難。這些晚上傑作，後來先部分挪用在《中山先生與英國》第二章，現在經整理修訂後收入本書。

筆者把本書寫作過程作如下比方：十多年來，筆者一面在日間研究，一面堅持在晚上寫作，積累了大量日記、筆記、調查報告、腹稿、底稿、草稿、英文稿、中文稿等等，作為將來撰寫本書時的基礎，猶如抗日戰爭時游擊隊遍地開花。先完稿的部分諸如「祖籍問題」、「澳門行醫」等，就投《九州學林》接受審查出版，以期拋磚引玉。到了真正撰寫本書事，就像解放戰爭時自萬疊重山之中召集大大小小的游擊隊，將其整編成正規軍一樣。這樣做會出現不少問題：游擊隊一向獨立作戰，習慣了我行我素，現在要接受統一指揮，步調一致，山寨王全不習慣！當然還要填補不少重要空白。但若在研究期間，日間科研不順利，晚上太疲勞而無法寫作，本書也絕對趕不上辛亥革命一百周年出版。

2003年5月23日，世界衛生組織終於把中國從疫區的名單上除名。筆者馬上向敝校申請7月寒假三週飛穗；2003年7月23日自廣州轉香港，又分秒必爭地繼續蒐集史料。並再次承香港大學副校長程介明教授、歷史系系主任陳劉潔貞教授，以及圖書館的鄭陳桂英和張慕貞女士等鼎力幫忙，事半功倍。尤其難得的是，香港歷史檔案館的許崇德先生，鑑於筆者分身乏術，無法再次親到該館蒐集史料，而犧牲公餘時間為筆者蒐集、複印並把複印件親自送到香港大學交筆者。筆者返回澳洲後，仍通過電郵不斷請他幫忙，他亦欣然給予援手。深情厚意，沒齒難忘。香港歷史檔案館當時的的總館長丁新豹博士總暨同仁邱小金館長和梁潔玲館長，同樣是通過電郵送來史料，至以為感。至於臺灣中研院近史所的陳三井先生和呂芳上先生，以及友好林碩彥先生，亦多次應筆者所求，代購書籍和複印史料及時擲下，皆一併致謝。

2003年11月28日到2004年3月1日之間，筆者先後再到廣州、香港、美國和英國等地蒐集原始材料。在香港期間，又承許崇德先生和陳劉潔貞教授幫忙、龍炳頤教授賜教。在哈佛大學期間，承孔飛力教授（Professor Philip Kuhn）安排

住宿、推薦予檔案館鑽研喜嘉理牧師的文書，並就學術問題親切交談。正是喜嘉理牧師在1884年於香港為孫中山洗禮入耶教的。同時也鑽研芙蘭・諦文牧師父子文書，他們與孫中山在夏威夷就讀的奧阿厚書院（Oahu College）關係密切。此後的2004年12月、2006年12月和2008年12月，筆者重到哈佛大學看檔案期間，孔飛力教授都熱情接待，既邀請筆者做學術講座，又賜盛宴。而耶魯大學的史景遷（Jonathan Spence）教授也多次盛宴接待，促膝長談之餘，讓本書結構更為緊湊，邏輯更為嚴密。

在紐約期間，多次承聖約翰大學李又寧教授邀請到該校做學術講座，又賜盛宴。同樣難能可貴的是：筆者每次訪問紐約科研，阮祝能、姚雅穗賢伉儷暨兩位公子都把筆者從飛機場接到其府上暫住，至以為感。阮祝能先生原籍廣東台山，同時又是虔誠的基督徒，筆者看過喜嘉理牧師在台山傳教的有關文書時，若有不懂的地方，就向他請教。聖誕佳節，就在阮氏府上歡渡。歡渡的方式，是各自睡大覺，足不出戶。誰在什麼時候睡醒了，就分別到廚房隨便弄點吃的。阮氏賢伉儷非常勤奮，一年到晚勤勞不息，一週工作六天，星期日大清早駕車到位於紐約市中心的教堂參加禮拜，之後就整天留在教堂，義務為那些剛移民到紐約的華人教友教授英語。可以說阮氏賢伉儷是名副其實的一週工作七天，到了聖誕佳節時就睡足一日一夜來慶祝。賢伉儷提出這種別致的慶祝方式，正中筆者下懷，不禁歡呼！

自紐約飛倫敦，每次筆者到英國科研，母校牛津大學老同學、英國交通部常務次長史提芬・賀祺博士（Dr Stephen Hickey）暨夫人瑾恩訥・琿祂教授（Professor Janet Hunter），都從飛機場把筆者接到家裏暫住，並騰出他們的書房讓筆者休息，更在生活上給予無微不至的照顧，至以為感。另一位老同學安德魯・普奇士博士（Dr Andrew Purkis）也慨予諮詢。也多次承已故康德黎爵士的孫子康德黎醫生（已七十高齡）暨夫人接到家裏居住，並迎來新年。白天筆者安心閱讀其祖母的日記，晚上就與康氏賢伉儷共同推敲筆者在白天看不懂的手跡，誰猜對了就賞一顆巧克力糖，其樂融融。日記中有不少藥物的名稱，康德黎醫生都一一為筆者解答，樂哉！過去筆者研究孫中山倫敦蒙難時曾看過該等日記的1896年10月1日到1897年7月1日共九個月的日記，現在則必須看1887至1895年間康德黎爵士在香港行醫和教學時期共九年的日記。為了爭取時間，一般來說筆者從清晨六時左右即俏俏地爬起來到客廳開始工作，過了半夜才休息。如此這

般地蠻幹，再次惹來傷風咳嗽。承康德黎醫生親自為筆者把脈開方，得以早日康復，幸焉！

2004年2月再到廣州，19日承廣東省檔案局張平安副局長帶筆者到中山市翠亨村孫中山故居博物館與當地學者交流，讓筆者對孫中山的家世又有了進一步了解。翌日張局長又應筆者要求，專程陪筆者往開平市，在該市檔案館同仁協助下，參觀了塘口鎮自力村和立園的碉樓。該等碉樓是曾經捐款予孫中山革命的美國華僑所建，不少同時也是要求美國基督教會派喜嘉理牧師到他們故鄉廣東四邑傳教的美國華僑。

2004年4月18至30日，承澳大利亞社會科學院與中國社會科學院的兩院的交流協議資助筆者訪問北京和上海的學者，就孫中山研究和其他學術問題交換意見。在中國社會科學院安排下，於北京則拜會了金冲及先生；北大則王曉秋、茅海建、王立新等教授；在清華則王憲明教授；在上海社會科學院則楊國強教授；在復旦則王立誠、朱蔭貴、馮筱才等教授。

2004年底筆者重訪英美檔案館。牛津大學聖安東尼研究院的舊同窗、現任職於夏威夷大學東西研究中心的Dr Ken Breazeale，後來2007年在該大學邀請到Ms Kathleen Ann McDonough為筆者助手，並按照筆者過去多次到夏威夷研究時所得線索，在夏威夷檔案館找到筆者所需原始文獻。孫中山曾在夏威夷的意奧蘭尼學校（Iolani School）讀書，其兄孫眉曾在夏威夷做生意及農牧。尤其重要的是，Dr Kennan Breazeale代筆者向旅居夏威夷的Mrs. Freeman，求得陸燦回憶錄打字稿副本（Luke Chan, *Memoirs,* Typescript, 1948），於本書第四章甚派用場，益增公信力。

母校牛津大學Rhodes House Library的同仁，熱情協助筆者鑽研該館所藏的韋禮士文書（Bishop Alfred Willis Papers）。孫中山曾在夏威夷讀書的意奧蘭尼學校，正是韋禮士主教所創辦和主持。大英圖書館東方文獻部主任Dr Frances Wood，把該館所藏有關檔案與圖書資料，尤其是各種版本的《香山縣志》預先調到閱覽室，以便筆者在多次往該館研究時，甫一到埗即能抓緊時間鑽研。同時倫敦大學亞非研究院（SOAS）圖書館中文部主任謝蕙興女士，2009年1月27日協助筆者追查該館所藏各種版本的《香山縣志》；該館特藏部同仁長期以來熱情協助筆者鑽研該館所藏的倫敦傳道會文書（London Missionary Society Papers）。孫中山曾在香港讀書的西醫書院，正是倫敦傳道會屬下的學府。

劍橋大學圖書館中文部主任Mr. Charles Aylmer，2009年1月21至23日及2010年1月20至22日協助筆者追查該館所藏各種版本的《香山縣志》，並與筆者分享其研究地方志的心得。

2008與2009年筆者再度到香港研究時，感謝香港大學中文學院的趙令揚教授與馬楚堅博士，與筆者分享他們對羅香林先生生平事蹟的研究成果並贈送圖書資料，以及不吝賜教。舊同窗麥振芳先生多次在紅磡火車總站接筆者到香港大學馮平山圖書館並與筆者並肩查閱資料，又多次陪筆者實地調查和拍照。

2009年7月3日，筆者蒙臺灣中央研究院近代史研究所陳永發所長盛情邀請，以拙稿第二章的部分章節做學術講座。承座的李雲漢、張存武、陳三井等前輩，民族所的黃樹民、歷史語言所的何漢威、近史所的謝國興、翟志成、葉其忠，政治大學的王文隆，澳大利亞駐臺北辦事處國際教育處孟克培（Nicholas McKay）處長等學者暨大批博士研究生不吝賜教，均致由衷謝意。其中臺灣高雄師範大學經學研究所的葉致均同學，在會後更兩度來函切磋，澄清兩點不夠清晰之處。

在完稿但仍未定稿之2011年6月，英國人Patrick Anderson先生來函詢問1895年廣州起義事敗後孫中山如何逃出生天。筆者還未解決此問題，唯由於本書必須趕在辛亥革命一百周年前夕出版，故只在初稿中曰：「孫中山儘管沒有像尤列所説那樣突圍躍登上船，但他終於脫離險境而安全到達香港，卻是事實。具體如何離開，則根據筆者目前所掌握到的史料，並不足以説明其事，且留待後人跟進。」當時十萬火急，爭取提前完稿，迫得只好這樣寫。唯Patrick Anderson先生正在撰寫電視劇本《孫中山倫敦蒙難》，而電視劇是以孫中山如何離開廣州做開始。如此這般，就牽涉到國際關係與中華民族的體面：因為如此重大的問題，而華夏兒女（包括海外華裔）則至今仍未解決，臉皮往哪裏擱？就像中國學術界過去沒搞清楚孫中山如何走上革命道路而讓法國學者白潔爾盡情譏諷中國學術界無能一樣。茲事體大，不能以「留待後人跟進」敷衍了事，必須認真查個水落石出。於是擱下一切事務攻堅。經過三晝夜的苦戰，終於在2011年7月1日星期五深夜破案，並補寫進拙稿，為慰。在此，必須感謝Patrick Anderson的鞭策。

本書觀點純屬筆者個人愚見，與他人無涉。「鳴謝」寫得最遲，為本書殿後。撰寫「鳴謝」期間，收音機播出莫札特臨終前掙扎而寫的《安息彌撒》。筆

者本來就很愛聽這音樂，待自己也愈來愈近臨終時，似乎就愈能聽出當時莫札特寫此音樂的心聲！日夜兼程撰寫本書，心力交瘁之餘，肯定錯漏百出，敬請讀者鑑諒。

筆者在悉尼大學醫務所暨悉尼大學附屬醫院，以及中山大學醫務所暨中山大學附屬醫院，均是常客。感謝各位醫師多年來的悉心診治；尤謝中山大學醫務所內科部的陳小曼醫生在2004年7月的酷熱天氣下，騎自行車到紫荊園為筆者急救；物理治療部的陳美雲醫生2005至2011年長時間為筆者做物理治療。香港的林鉅成醫生更是三番四次地救了筆者性命。

最後，容筆者鳴謝香港衛奕信信託慷慨支持本書部分研究經費，敝校悉尼大學長期在研究假期上，以及家人在精神上的全力支持。又謝已故的關曉峰老師之大弟子六十六歲的鄧偉強先生為本書題詞。此外，本書若缺少一位摯友的幫助，研究工作就根本沒法展開，更無從撰寫。事緣筆者蹲了幾十年的檔案館和長期寫作、教書和改卷子，腰痛難當本來已經沒法順利地坐飛機前往世界各地的檔案館，追蹤原始文獻了。承國泰航空公司朱董事國樑先生對筆者的摯誠關懷，多年來在飛機座位上特殊照顧，讓筆者能平躺着寰宇飛行，筆者的學術生涯得以延續。再生之德，沒齒難忘！此外，像其他在場的外國學者一樣，目睹2006年11月6日「紀念孫中山誕辰140周年國際學術研討會」上文革式的批鬥，震撼非同小可；蒙五大洲各行各業的友好專家跟筆者共同分析研究，對於中國「現代化」的攔路虎有了進一步認識，並藉本書把此珍貴知識留給後人，則感激之情，確實是非筆墨所能形容者。

黃宇和 謹識

2011年6月23日初稿於悉尼

2011年7月5日二稿於悉尼

2011年7月28日三稿於廣州

2011年7月29日四稿於香港

2011年8月8日定稿於悉尼

2011年8月19日「定稿後」於悉尼